Das Amt der Kirche

Das reformatorische Verständnis
des geistlichen Amtes
im ökumenischen Kontext

Werner Führer

Das Amt der Kirche

Das reformatorische Verständnis des geistlichen Amtes im ökumenischen Kontext

FREIMUND-VERLAG

Die Deutsche Bibliothek – CIP-Einheitsaufnahme

Führer, Werner:
Das Amt der Kirche : das reformatorische Verständnis des geistlichen
Amtes im ökumenischen Kontext /
Werner Führer. – Neuendettelsau : Freimund-Verl., 2001
ISBN 3-7726-0223-1

© Freimund-Verlag, Neuendettelsau 2001
Titelbild: „Die Predigt", Predella des Reformationsaltars der Stadtpfarr-
kirche St. Marien in Wittenberg, um 1547–1552, von Lucas Cranach d. Ä.
(1472–1553), vollendet von L. Cranach d. J. (1515–1586). Öl auf Holz.
(Ausschnittcollage)
Foto: AKG images
Umschlaggestaltung und Titelbildmontage: Sascha Müller-Harmsen
Satz und Druck: Freimund-Druckerei, Neuendettelsau

Inhalt

Zweiter Teil

MODELLE UND PROBLEME
DER REZEPTION

III.   Das Amt im ökumenischen Gespräch

9

Vorwort

Immer neue Generationen von Theologen und Pfarrern fragen nach dem Verständnis des kirchlichen Amtes. Die Frage ist dringlich und lebensnotwendig für jeden Prediger, weil es um Auftrag und Autorität der Verkündigung des Wortes Gottes geht. Es reicht nicht ohne weiteres, ältere Untersuchungen zum Thema zu befragen. Man muß über das Neueste der Amtsdebatte informiert sein. Vor allem scheint es wichtig, die theologische Begründung des Amtes im Licht der heiligen Schrift und ihrer Auslegung, der reformatorischen Theologie und der ökumenischen Gespräche unserer Zeit neu zu überdenken. In diese theologische Auseinandersetzung gehört die Frage: Wie ist das Amtsverständnis der evangelisch-lutherischen Reformation in der heutigen kontroverstheologischen Lage zu formulieren?

Der Autor, Oberkirchenrat Dr. Werner Führer, hat sich die anspruchsvolle Aufgabe vorgenommen, Luthers Amtsverständnis in seiner ökumenischen Bedeutung zu untersuchen. Die vorliegende Abhandlung besteht aus zwei Teilen. Teil I behandelt Luthers Amtsverständnis und Teil II Modelle und Probleme der heutigen Rezeption der lutherischen Auffassung des Amtes. Der Arbeit von Dr. Führer liegt eine umfangreiche Quellenarbeit zugrunde, die umfassende Studien zu Luthers Theologie, zur Reformationsgeschichte, zur neuzeitlichen Theologiegeschichte und zu den multilateralen und bilateralen ökumenischen Dialogen voraussetzt. Die vorliegende Studie ist also nicht nur eine Monographie über das Amt bei Luther, sondern eine kritische Analyse der Rezeption des evangelisch-lutherischen Amtsverständnisses in der deutschen Geschichte und in der ökumenischen Diskussion.

Zur Hauptfrage der Arbeit, wie Luther das kirchliche Amt theologisch begründet, stellt der Autor fest, daß es mit Christus und der Rechtfertigung unlöslich verknüpft ist. Luthers Frage nach dem theologischen Verständnis des Amtes gründet sich nicht auf einzelne biblische Belege, sondern auf das Evangelium und die Wahrheit der Heiligen Schrift in Christus. Aber das Evangelium beruht allein auf der Auslegung der Heiligen Schrift. Dr. Führer stellt fest, daß die Amtsauffassung bei Luther insgesamt biblisch wohlbegründet ist. Das Amt ergibt sich konsekutiv aus dem Evangelium in Wort und Sakrament. Es läßt sich als Dienst an den Heilsmitteln bestimmen. Die Sakramentalität der Heilsmittel schließt laut Führer die Sakramentalität des Amtes und der Amtsträger aus. Im Resümee der Abhandlung definiert der Verfasser das Amt so:

„Das kirchliche Amt ist Christi eigenes Amt, eingesetzt zur Verkündigung des Wortes Gottes und zur Verwaltung der Sakramente. Es ist der Kirche anvertraut, damit sie es durch die Ordination an zuvor geprüfte Menschen übertrage, die es in der Bindung an die Heilige Schrift in der Vollmacht des Wortes Gottes öffentlich zum Heil der Welt und zur Ehre Gottes ausüben."

In der Untersuchung der Amtsdebatte, wie sie in der ökumenischen Bewegung in der zweiten Hälfte des zwanzigsten Jahrhunderts geführt wurde, kommt Dr. Führer zu dem Ergebnis, daß die ökumenischen Dialoge seit Montreal 1963 (Weltkonferenz für Glauben und Kirchenverfassung) „unter unreformatorischen Vorzeichen" stehen. Es ist den protestantischen Theologen nicht gelungen, das reformatorische Verständnis von der Heiligen Schrift, vom Wort Gottes und vom Evangelium in die ökumenische Debatte einzubringen. Die ökumenische Amtsdiskussion steckt in einer Sackgasse, weil der Begriff Amt auf sakramentale Inhalte festgelegt ist, die mit dem reformatorischen Amtsverständnis nicht kompatibel sind. Nach Auffassung des Autors gibt es eigentlich nur eine Ausnahme, und das ist die Leuenberger Konkordie. Die Leuenberger Kirchengemeinschaft zwischen Lutheranern und Reformierten hat das biblisch-reformatorische Amtsverständnis in einer vorbildlichen Weise rezipiert. Sie besitzt deshalb Modellcharakter für die gesamte Ökumene.

In der heutigen ökumenischen Amtsdebatte wird die vorliegende Abhandlung zweifellos eine kontroverse Diskussion auslösen. Das ist erwünscht, ja beabsichtigt. Die Bedeutung der vorliegenden Arbeit liegt vor allem darin, daß sie das Amt konsequenterweise als Dienst an den Heilsmitteln versteht. Damit wird das sakramentale Verständnis des Amtes und der Amtsträger in Frage gestellt.

Professor Dr. theol. Torleiv Austad / Oslo

Einleitung

1. Problemstellung und Zielsetzung

Was ereignet sich, wenn der Prediger zur Gemeinde spricht? In wessen Auftrag handeln die Amtsträger bei der Spendung der Sakramente? Wie ist das Amt theologisch zu begründen? Nach welchen Kriterien muß es beurteilt werden?

In der Frage nach dem Amt kommt das Kirchesein der Kirche zur Sprache, ihr Sein in Christus. Damit ist die Grundfrage berührt, ob sie allein auf die Heilige Schrift gegründet ist und allein aus dem Evangelium von der Rechtfertigung lebt oder noch aus etwas anderem.

Bei interkonfessionellen Gesprächen erweist sich das kirchliche Amt immer wieder als ein neuralgischer Punkt, in dem dogmatische, historische, kirchenrechtliche und institutionelle Probleme koinzidieren und als unlösbar erscheinen. In der ökumenischen Diskussion über das Amt zeichnet sich kein Durchbruch ab. Innerhalb des Protestantismus reicht das Spektrum von der zynischen Geringschätzung bis zur hochkirchlichen Überschätzung des Amtes. Diese positionelle Unsicherheit beruht vor allem auf der Unklarheit über die theologischen Grundlagen des Amtes.

Die vorliegende Studie hat sich zum Ziel gesetzt, das Theologisch-Grundsätzliche von Martin Luthers Amtsverständnis darzulegen und in die Diskussion einzubringen. Die Behandlung der pastoraltheologischen Aspekte muß einer eigenen Darstellung vorbehalten bleiben.

Bei Luther kommt *Amt* zumeist in Verbindung mit anderen Themen vor und berührt vor allem das Problem der Heilsvermittlung: Die Amtsfrage ist bei ihm mit der Heils- und Wahrheitsfrage nach Christus und der Rechtfertigung unlöslich verknüpft. Daraus ergibt sich, daß es unsachgerecht wäre, sie außerhalb des theologischen Bezugsrahmens zu behandeln, in den sie hineingestellt ist.

Da Luther die Heils- und Wahrheitsfrage als Bibelausleger entfaltet hat, sind seine Vorlesungen über biblische Schriften auch für das Amtsverständnis grundlegend. Eine zweite wichtige Quelle sind die kontrovers-theologischen Schriften des Reformators. Luther war ein Gelegenheitsschriftsteller[1], der, wenn die Situation es gebot, einen Vorstoß gewagt, einen Angriff pariert oder eine Anfrage beantwortet hat. Damit Luthers Äußerungen über das Amt nicht gegen sein reformatorisches Grundanliegen ausgespielt werden, ist die sachliche Orientierung und Überprüfung an den *Schmalkaldischen Artikeln* (1536/37), seinem theologischen Vermächtnis, unerläßlich. Das stellt ein dringendes Desiderat dar; denn die Bezugnahme auf die *Confessio Augustana* (1530) reicht nicht aus, um die theologischen und kirchenrechtlichen Entscheidungen, die in der Reformation gefallen sind, in ihrer vollen Tragweite zu verstehen.[2]

Aus dem Befund der Quellen ergibt sich, daß die systematisch-theologische und die historisch-genetische Methode bei der Interpretation zu verbinden sind.[3] Das Amtsverständnis muß aus dem Zusammenhang von Luthers Theologie erschlossen und im Konnex mit der Rechtfertigungslehre dargelegt werden, und zwar aus der konkreten kontroverstheologischen Situation heraus mit Bezug auf die „Mitte und Grenze reformatorischer Theologie"[4].

Die kontroverstheologische Methode wird den Quellen nach wie vor am besten gerecht. Denn werden grundlegende theologische Sachunterschiede um der ökumenischen Verständigung willen bagatellisiert, fördern sie diese nicht nur nicht, sondern gefährden sie vielmehr. Solche Interpretationen müssen insofern als tendenziös bezeichnet werden, als das Ziel der Untersuchung nicht ausschließlich aus dem Gegenstand der Untersuchung gewonnen wird, sondern durch ökumenische Zielvorstellungen mitbestimmt ist.

---

1   Ist „nicht die ‚Gelegenheitsschrift' die literarische Grund- und Hauptgattung der theologischen Schriftstellerei", hat P. Brunner mit Recht gefragt (Pro Ecclesia (I), Berlin / Hamburg 1962, 6).

2   Bei der Darstellung von W. Pannenberg (Das kirchliche Amt in der Sicht der lutherischen Lehre, in: Lehrverurteilungen – kirchentrennend?, Bd. III: Materialien zur Lehre von den Sakramenten und vom kirchlichen Amt, hg. v. W. Pannenberg, DiKi 6, Freiburg/Br. / Göttingen 1990, 286–305) ist z. B. nicht zu erkennen, daß Luthers Theologie eine erkenntnisleitende Rolle gespielt hätte. Ohne diese Quelle sind die Bekenntnisschriften aber gar nicht zu verstehen!

3   Mit B. Lohse, Luthers Theologie in ihrer historischen Entwicklung und in ihrem systematischen Zusammenhang, Göttingen 1995, 13–21, bes. 19. Vgl. W. v. Meding, Lohses Lutherbuch, NZSTh 39 (1997), 157–175.

4   Vgl. E. Wolf, Die Rechtfertigungslehre als Mitte und Grenze reformatorischer Theologie, 1949/50, in: ders., Peregrinatio, Bd. II, München 1965, 11–21, bes. 14 f.

Bei jedem Kapitel muß ausgewählt, die Quellenbasis begrenzt und die Methode der Interpretation überdacht werden. Das muß sich aus der jeweiligen Fragestellung ergeben. Dabei ist nicht auszuschließen, daß manche der Darlegungen dem Leser weniger wichtig vorkommen als dem Autor.

Um der besseren Nachvollziehbarkeit willen werden alle Zitate aus Luthers Schriften gemäß seinem eigenen Grundsatz, rein und klar deutsch zu reden,[5] in einem heute verständlichen Deutsch dargeboten. Die Auseinandersetzung mit der Sekundärliteratur erfolgt bei der Interpretation der einschlägigen Quellentexte und nicht hier in der Einleitung.

Adolf von Harnack hat von mehreren Stufen der wissenschaftlichen Erkenntnis gesprochen.[6] Wissenschaft erschöpfe sich nicht im Feststellen, Analysieren und Ordnen, so gewiß dies dazugehöre. Wissenschaft sei „die Erkenntnis des Wirklichen zu zweckvollem Handeln"[7]. Das gilt auch und gerade von der theologischen Wissenschaft, die im Gottesdienst der Kirche gründet, in dem Gottes Wort als Gebot und Verheißung laut wird, und die auf das Handeln der Kirche bezogen bleibt.

2. Terminologische Vorverständigung

Amt geht etymologisch auf das keltisch-lateinische *ambactus* zurück.[8] Julius Caesar berichtet, daß die Gallier „plurimos . . . ambactos" hatten.[9] „Ambactus" ist der „Hofhörige"[10]. Das keltisch-lateinische Wort drang in die altgermanischen Sprachen ein[11] und wurde zu einem festen Begriff der

---

5 WA 30 II, 636, 15 f. – Alle Quellenbelege werden nach der WA und den BSLK zitiert. Die deutschen Schriften Luthers werden behutsam modernisiert (= mod.); die lateinischen Zitate ins Deutsche übersetzt (= Übers.).

6 A. v. Harnack, Stufen wissenschaftlicher Erkenntnis, 1930, in: ders., Aus der Werkstatt des Vollendeten, hg. v. Ax. v. Harnack, Gießen 1930, 202–205.

7 A. a. O., 202.

8 Vgl. J. Grimm / W. Grimm, Deutsches Wörterbuch, Bd. 1, 1854, 280 f.; U. Wolter, Verwaltung, Amt, Beamter (V–VI), GGB, Bd. 7, 1992, 26–47, 36.

9 Caesar, De bello Gallico VI, 15.

10 K. E. Georges, Ausführliches lateinisch-deutsches Handwörterbuch, Bd. I, [8]1913, Nachdr. Darmstadt 1995, 360.

11 Ahd. „ampath"; mhd. „ambet(e)" (vgl. Grimm, DWb 1, 280); noch im heutigen Schwedisch ist „ämbete" (= Amt) im Gebrauch. Dän.: *embede*; norw.: *embete*; niederl.: *ambt*.

15

Rechtssprache.[12] Es bezeichnete im Mittelalter „jede Art von Dienstleistung, die einem Untergebenen von seinem Herrn zu ständiger Besorgung überwiesen war"[13]. Im Übergang zur frühen Neuzeit wurde der ursprüngliche Personalbegriff zu einem Sachbegriff erweitert.[14] Luther kannte beide Bedeutungsnuancen.[15]

Vor dem weltlichen Rechtskreis brachte die Kirche in Anknüpfung an die römische Antike einen rationalen Amtsbegriff hervor.[16] Grundlegend ist Isidor von Sevilla, der den Begriff officium auf die geistlichen und administrativen Aufgaben bezogen hat, die der Kirche gestellt sind.[17] Isidor beschreibt die Pflichten der kirchlichen Amtsträger und erörtert ihre Rangstufen. Die Kanonistik und die scholastische Theologie konnten an dieses begriffliche Instrumentarium anknüpfen. So findet sich bei Thomas von Aquin eine breite Anwendungspalette des Begriffs officium.[18] Officium wurde im Hochmittelalter zum Synonym von Amt.[19]

Der von Luther bevorzugte Sprachgebrauch ist ministerium verbi (divini) und officium verbi (dei);[20] in den deutschen Schriften und Predigten Dienst, Am(p)t, Predigtamt. Die Verwendung des Wortes Amt

---

12 Vgl. K. Kroeschell, Amt, HDRG, Bd. 1, 1971, 150 f.; M. Stolleis, Amt (IV), LMA, Bd. 1, 1980, 549 ff.

13 H. Paul, Deutsches Wörterbuch, bearb. v. W. Betz, Tübingen [8]1981, 20.

14 Vgl. P. Riese, Amt, HWP, Bd. 1, 1971, 210–212; H. J. Wolff, Amt (im Staate), EStL, [2]1975, 31–33; A. Schindling, Verwaltung, Amt, Beamter (VII), GGB, Bd. 7, 1992, 47–69.

15 Vgl. Ph. Dietz, Wörterbuch zu Dr. Martin Luthers Deutschen Schriften, Bd. 1, [2]1870, Nachdr. Hildesheim 1997, 66 f. Zu Am(p)t s. a. U. Goebel / O. Reichmann (Hg.), Frühneuhochdeutsches Wörterbuch, Bd. 1, Berlin 1989, und das Glossar in StA 6, 1999.

16 Vgl. D. E. Heintschel, The Mediaeval Concept of an Ecclesiastical Office, Washington 1956; H. Müller, Amt, kirchliches, LMA, Bd. 1, 1980, 559–561; Wolter a. a. O. (Anm. 8), 28–36. Der Terminus officium administrare weist über die Spätantike zurück auf die klassische Zeit, z. B. auf M. T. Cicero, De officiis (vgl. S.-A. Fusco, Verwaltung, Amt, Beamter (IV), GGB, Bd. 7, 1992, 15–26).

17 Isidor von Sevilla (um 560–636), De ecclesiasticis officiis, PL 83, 737 ff. Vgl. R. J. H. Collins, Isidor von Sevilla, TRE, Bd. 16, 1987, 310–315.

18 Vgl. L. Schütz, Thomas-Lexikon, [2]1895, Nachdr. Stuttgart 1958, 540 f.

19 Vgl. z. B. Thetmar von Corvey, Urkunde v. 1205/16: „. . . iure officii, quod vulgo ambtregth dicitur . . ." (in: Westfälisches Urkunden-Buch, Bd. 4, 1, bearb. v. R. Wilmans, Münster/Westf. 1874, Nr. 18; zitiert bei Wolter, a. a. O. (Anm. 8), 38, Anm. 59). In der Merowinger- und Karolingerzeit war ministerium häufiger das lat. Äquivalent von Amt (vgl. Wolter, 37).

20 Lat. Äquivalente sind ministerium ecclesiae oder ministerium ecclesiasticum; vgl. WA 6, 566, 9–34; WA 7, 58, 18 und im Überblick WA 66, 452–458; WA 67, 52–56.

wird bei dem Reformator sehr stark von dem Kontext bestimmt. So hat er *diakonia* in 2. Kor. 5,18 mit *Amt* übersetzt, weil die Ausrichtung des „Wortes von der Versöhnung" (2. Kor. 5,19) von dem Auftraggeber sowie von dem Inhalt und der Form des Auftrags her geurteilt ein öffentliches *Amt* ist.[21] „Dienst" ist die Verkündigung in ihrem Vollzug und im Blick auf die Hörer. Daher kann *Dienst* die Wortbedeutung von Amt erläutern, aber nicht das Wort selbst ersetzen.[22]

Durch die Lutherbibel ist *Amt* zu einem Grundbegriff im deutschen Sprachraum geworden. Luther kennt das antike und mittelalterliche Verständnis von *Amt*. In diesem Sinn übersetzt er zum Beispiel 1. Mose 40,13 und 41,13 die Wiedereinsetzung Josefs in dessen Dienst vor dem Pharao mit *Amt*.[23] Er bezeichnet mit *Amt* ferner den institutionalisierten Dienstauftrag.[24] Damit bereitet er dem neuzeitlichen Sprachgebrauch den Weg. Zur Grundbedeutung von *Amt* in der Lutherbibel gehört:

– Das Amt beruht auf einem Auftrag.
– Dem Amtsauftrag korrespondiert die Amtsvollmacht.
– Der Amtsträger ist dem Auftraggeber verantwortlich und kann an seinem Auftrag gemessen werden.
– Der Amtsträger ist eine Person des öffentlichen Lebens.

Die Gefahr der terminologischen Nivellierung ist wegen der vielfachen Verwendbarkeit von *Amt* stets im Auge zu behalten.[25] Ihr ist aber nicht

---

21 Die „Botschafter" reden nicht in eigenem Namen, sondern „an Christi Statt" (2. Kor. 5,20). Sie üben eine für den Bestand der Kirche unentbehrliche Funktion „mit einer gewissen Konstanz" aus (J. Roloff, Die Kirche im Neuen Testament, GNT 10, Göttingen 1993, 139). Deshalb „heisst (es) ein Ampt" (WA 30 III, 521, 9).

22 Vgl. Amt – Ämter – Dienste – Ordination, hg. v. J. Rogge / H. Zeddies, Berlin 1982, 44–52.

23 In der BHS steht *ken*; vgl. dazu L. Koehler / W. Baumgartner, HALAT, Bd. I, ³1995, 460.

24 Vgl. z. B. 4. Mose 18,7: „. . . ewr Priesterthum gebe ich euch zum Ampt . . ." (Ausgabe v. 1545). M. Bubers Verdeutschung der Stelle mit „Gabe-Dienst" zeigt die Schwierigkeit, stellt aber keine befriedigendere Lösung dar. Ein dem dt. „Amt" genau entsprechendes Wort gibt es im Hebräischen nicht (vgl. M. Noth, Amt und Berufung im Alten Testament, Bonn 1958, 5; D. Michel, Amt II, TRE, Bd. 2, 1978, 501–504). Das gilt ebenso für das griech. NT (vgl. E. Käsemann, Amt und Gemeinde im Neuen Testament, in: ders., Exegetische Versuche und Besinnungen, Bd. 1, Göttingen ⁶1970, 109–134, bes. 109 f.).

25 Es gibt „Hunderte von Ableitungen und Zusatzbestimmungen" (R. Koselleck, Verwaltung, Amt, Beamter (I), GGB, Bd. 7, 1992, 1–7, 3). Die Gebrüder Grimm sahen in dieser Vielfalt gerade den Reiz der sprachgeschichtlichen Untersuchung (DWb 1, 280).

durch die Einführung einer neuen Nomenklatur zu begegnen. Diese würde nur zu einer Scheinlösung führen, wird doch *Amt* auch in den ökumenischen Dokumenten verwendet. Luthers Amtsverständnis muß vielmehr aus den verschiedenen Gattungen seiner Schriften erarbeitet werden. Die Fülle der historischen und theologischen Aspekte, die dabei berücksichtigt werden müssen, ist nicht gering zu veranschlagen.

In der heutigen Umgangssprache wird *Amt* zuallererst mit *Behörde* assoziiert und ruft abwehrende Emotionen hervor. Diese Assoziation ist nach den Erfahrungen mit dem Amtsmißbrauch der mittelalterlichen Kirche, aber auch und gerade des neuzeitlichen Staates nicht von der Hand zu weisen. Doch sie versperrt den Zugang zu Luthers Amtsverständnis. Denn für Luther ist *Amt* nicht etwas in sich Ruhendes und Eigenmächtiges. Es besitzt vielmehr hinweisenden Charakter und kann nicht ohne die Relation[26], in die es eingebunden ist, verstanden werden.

---

26 Vgl. Von der Winkelmesse und Pfaffenweihe, 1533, WA 38, 190, 32: „. . . officium est relativum nomen" (= „Amt ist ein Wort, das eine Beziehung ausdrückt"; nach der Übers. dieser Schrift v. G. Hoffmann, in: Luther 70 (1999), 116–126, 119).

Erster Teil

LUTHERS AMTSVERSTÄNDNIS

Quellen und Sekundärliteratur

1. Schriften Luthers in chronologischer Reihenfolge

In Luthers Äußerungen über das Amt gibt es unterschiedliche Akzentsetzungen, aber keine gravierenden Umbrüche. Wichtige Phasen sind:

1517–1521:   *Kontroversen im Ablaßstreit*
1522–1524:   *Erste Phase des Gemeindeaufbaus nach der Rückkehr von der Wartburg*
1526–1529:   *Zweite Phase des Gemeindeaufbaus nach dem Bauernkrieg*
1530 ff.:   *Zeit der Konsolidierung nach dem Augsburger Reichstag*

Die Schriften zum Gottesdienst, zur Ordination und zur Bischofsfrage werden gesondert aufgeführt. Neben den Vorlesungen über biblische Schriften, vor allem über den Römer- und Galaterbrief, sind die folgenden Schriften für Luthers Amtsauffassung besonders aufschlußreich:

Ad dialogum Silvestri Prieratis de potestate papae responsio, 1518, WA 1, (644) 647–686. – Resolutio Lutheriana super propositione sua decima tertia de potestate papae, 1519, WA 2, (180) 183–240. – Von dem Papstthum zu Rom wider den hochberühmten Romanisten zu Leipzig, 1520, WA 6, (277) 285–324. – An den christlichen Adel deutscher Nation von des christlichen Standes Besserung, 1520, WA 6, (381) 404–469. – De captivitate Babylonica ecclesiae praeludium, 1520, WA 6, (484) 497–573. – Tractatus de libertate christiana, 1520, WA 7, (39) 49–73. – Auf das überchristlich, übergeistlich und überkünstlich Buch Bocks Emsers zu Leipzig Antwort, 1521, WA 7, (614) 621–688. – Ad librum eximii Magistri Nostri Magistri Ambrosii Catharini, 1521, WA 7, (698) 705–778. – Vom Mißbrauch der Messe, 1521, WA 8, (477) 482–563. – Wider den falsch genannten geistlichen Stand des Papsts und der Bischöfe, 1522, WA 10 II, (93) 105–158. – Daß eine christliche Versammlung oder Gemeine Recht und Macht habe, alle Lehre zu urtheilen und Lehrer zu berufen, ein- und abzusetzen, Grund und Ursach aus der Schrift, 1523, WA 11, (401) 408–416. – De instituendis ministris Ecclesiae, 1523, WA 12, (160) 169–196. – Vorrede zum Unterricht der Visitatoren, 1528, WA 26, (175) 195–201. – Von den Schlüsseln, 1530, WA 30 II, (428) 435–507. – Eine Predigt, daß man Kinder zur Schule halten solle, 1530, WA 30 II, (508) 517–588. – Der 82. Psalm ausgelegt, 1530, WA 31 I, (183) 189–218. – Von den Schleichern und Winkelpredigern, 1532, WA 30 III, (510) 518–527. – Von der Winkelmesse und Pfaffenweihe, 1533, WA 38, (171) 195–256. – Die Schmalkaldischen Artikel, 1537, BSLK 405–468. – Von den Konziliis und Kirchen, 1539, WA 50, (488) 509–653. – Wider Hans Worst, 1541, WA 51, (461) 469–572.

2. Literatur zu Luthers Amtsverständnis seit 1930

In den Gesamtdarstellungen zu Luthers Theologie wird das Amtsverständnis zumeist nur am Rande behandelt. Einen breiteren und angemessenen Raum nimmt es ein bei:

> Paul Althaus, Die Theologie Martin Luthers, Gütersloh ²1963 (⁷1994), 279–287. – Ulrich Asendorf, Die Theologie Martin Luthers nach seinen Predigten, Göttingen 1988, 266–273. – Bernhard Lohse, Luthers Theologie in ihrer historischen Entwicklung und in ihrem systematischen Zusammenhang, Göttingen 1995, 304–316. – Lennart Pinomaa, Sieg des Glaubens, hg. v. H. Beintker, Göttingen 1964, 142–151.

In der folgenden Liste sind die Aufsätze und Monographien zu Luthers Amtsverständnis unter der Voraussetzung, daß die Literatur über das Priestertum aller Gläubigen, das Bischofsamt, die Ordination und die Ekklesiologie zunächst ausgegrenzt bleibt und erst am gegebenen Ort angeführt wird, zusammengestellt worden. Das ganze Spektrum der Literatur wurde berücksichtigt. Dennoch blieb es bei einigen Titeln eine Ermessensfrage, ob sie aufgenommen werden sollten oder nicht.

> Jan Aarts, Die Lehre Martin Luthers über das Amt in der Kirche. Eine genetisch-systematische Untersuchung seiner Schriften von 1512 bis 1525, SLAG A 15, Helsinki 1972. – Ulrich Asendorf, Katholizität und Amt bei Luther, StZ 194 (1976), 196–208. – Jörg Baur, Das kirchliche Amt im Protestantismus, in: ders., (Hg.), Das Amt im ökumenischen Kontext, Stuttgart 1980, 103–138. – Peter Bläser, Amt und Gemeinde im Neuen Testament und in der reformatorischen Theologie, Cath(M) 18 (1964), 167–192. – Peter Brunner, Das Heil und das Amt, 1959/60, in: ders., Pro Ecclesia, Bd. 1, Berlin / Hamburg 1962, 293–309; ders., Das Amt in der Kirche, in: Dem Wort gehorsam. FS für Hermann Dietzfelbinger, München 1973, 74–97; ders., Sacerdotium und Ministerium, in: ders., Bemühungen um die einigende Wahrheit, Göttingen 1977, 126–142. – Heinz Brunotte, Das Amt der Verkündigung und das Priestertum aller Gläubigen, 1962, in: ders., Bekenntnis und Kirchenverfassung, AKZG 3, Göttingen 1977, 210–239. – Wilhelm Brunotte, Das geistliche Amt bei Luther, Berlin 1959. – Martin Doerne, Predigtamt und Prediger bei Luther, in: Wort und Gemeinde. FS für Erdmann Schott, AVTRW 42, Berlin 1967, 43–55. – Hermann Dörries, Geschichte der vocatio zum kirchlichen Amt, in: ders., Wort und Stunde, Bd. III, Göttingen 1970, 347–386. – Gerhard Ebeling, Der Theologe und sein Amt in der Kirche, 1969, in: ders., Wort und Glaube, Bd. III, Tübingen 1975, 522–532. – Mark Ellingsen, Luthers katholische Amtsvorstellung, US 39 (1984), 240–253. – Holsten Fagerberg, Amt / Ämter / Amtsverständnis VI. Reformationszeit, TRE, Bd. 2, 1978, 552–574. – Helmut Feld, Lutherus Apostolus. Kirchliches Amt und apostolische Verantwortung in der Galaterbrief-Auslegung Martin Luthers, in: Wort Gottes in der Zeit. FS für Karl Hermann Schelkle, Düsseldorf 1973, 288–304. – Jan Freiwald, Das Verhältnis von allgemeinem Priestertum und besonderem Amt bei Luther, Diss. Heidelberg 1993. – Brian Gerrish, Luther on Priest-

hood and Ministry, ChH 34 (1965), 404–422. – Harald Goertz, Allgemeines Priestertum und ordiniertes Amt bei Luther, MThSt 46, Marburg 1997. – Leonhard Goppelt, Das kirchliche Amt nach den lutherischen Bekenntnisschriften und nach dem Neuen Testament, in: Zur Auferbauung des Leibes Christi. FS für Peter Brunner, hg. v. E. Schlink / A. Peters, Kassel 1965, 97–115. – Siegfried Grundmann, Sacerdotium – Ministerium – Ecclesia Particularis, in: Für Kirche und Recht. FS für Johannes Heckel, Köln / Graz 1959, 144–163. – Gert Haendler, Amt und Gemeinde bei Luther im Kontext der Kirchengeschichte, AzTh 63, Stuttgart 1979. – Hans Heinrich Harms, Das Amt nach lutherischem Verständnis, Luther 44 (1973), 49–65. – Gerhard Heintze, Allgemeines Priestertum und besonderes Amt, EvTh 23 (1963), 617–646. – Joachim Heubach, Das Priestertum der Gläubigen und das Amt der Kirche, LRb 19 (1971), 291–300. – Gösta Hök, Luther's Doctrine of the Ministry, SJTh 7 (1954), 16–40. – Ruben Josefson, Das Amt der Kirche, in: Ein Buch von der Kirche, hg. v. G. Aulén, Göttingen 1951, 386–401. – Eberhard Jüngel, Thesen zum Amt der Kirche nach evangelischem Verständnis, in: ders., Indikative der Gnade – Imperative der Freiheit. Theologische Erörterungen IV, Tübingen 2000, 373–380. – Friedrich Wilhelm Kantzenbach, Das reformatorische Verständnis des Pfarramtes, 1984, in: Das evangelische Pfarrhaus, hg. v. M. Greiffenhagen, Zürich / Stuttgart ²1991, 23–46. – Thomas Kaufmann, Amt V. 2, RGG, Bd. 1, ⁴1998, 427–429. – Robert Kolb, The Doctrine of Ministry in Martin Luther and the Lutheran Confessions, in: Called and Ordained. Lutheran Perspectives on the Office of Ministry, ed. T. Nichol / M. Kolden, Minneapolis 1990, 49–66. – Georg Kretschmar, Das Gegenüber von geistlichem Amt und Gemeinde, 1983, in: ders., Das bischöfliche Amt, hg. v. D. Wendebourg, Göttingen 1999, 80–110. – Hellmut Lieberg, Amt und Ordination bei Luther und Melanchthon, FKDG 11, Göttingen / Berlin 1962. – George Lindbeck, The Lutheran Doctrine of the Ministry, Catholic and Reformed, TS 30 (1969), 588–612. – Wenzel Lohff, Die lutherische Lehre von Amt und Gemeinde im gegenwärtigen ökumenischen Gespräch, in: Der Streit um das Amt in der Kirche, hg. v. A. Ganoczy, Regensburg 1983, 111–123. – Peter Manns, Amt und Eucharistie in der Theologie Martin Luthers, 1973, in: ders., Vater im Glauben, hg. v. R. Decot, VIEG 131, Stuttgart 1988, 111–216. – Georg Merz, Das kirchliche Amt, 1930/33, in: ders., Der Pfarrer und die Predigt, hg. v. F. W. Kantzenbach, TB 85, München 1992, 49–69. – Walter Meyer-Roscher, Das Amt bei Luther und in den Bekenntnisschriften, PBl 104 (1964), 675–683. – Wilhelm O. Münter, Begriff und Wirklichkeit des geistlichen Amts, BEvTh 21, München 1955. – Anders Nygren, Vom geistlichen Amt, ZSTh 12 (1935), 36–44. – Wolfhart Pannenberg, Das kirchliche Amt in der Sicht der lutherischen Lehre, in: Lehrverurteilungen – kirchentrennend?, Bd. III: Materialien zur Lehre von den Sakramenten und vom kirchlichen Amt, hg. v. W. Pannenberg, DiKi 6, Freiburg / Göttingen 1990, 286–305. – Benedikt Peter, Der Streit um das kirchliche Amt. Die theologischen Positionen der Gegner Martin Luthers, VIEG 170, Mainz 1997. – Albrecht Peters, Thesen zur reformatorischen Sicht des öffentlichen Dienstes am Wort und Sakrament, in: Grenzüberschreitende Diakonie. FS für Paul Philippi, Stuttgart 1984, 17–28. – Regin Prenter, Die göttliche Einsetzung des Predigtamtes und das allgemeine Priestertum bei Luther, 1961, in: ders., Theologie und Gottesdienst, Aarhus / Göttingen 1977, 207–221. – Tarald Rasmussen, Das kirchliche Amt bei Luther, LuJ 62 (1995), 201–203 (Seminarbericht). – Karl Heinrich Rengstorf, Wesen und Bedeutung des geistlichen Amtes nach dem Neuen Testament und der Lehre des Luthertums, in: Welt-Luthertum von heute. FS für Anders Nygren, Stockholm / Lund 1950, 243–268; (vgl. ders., Apostolat und Predigtamt, TSSTh 3, 1934, Stuttgart ²1954). – Jan

Rohls, Das geistliche Amt in der reformatorischen Theologie, KuD 31 (1985), 135–161. – Hermann Sasse, Zur Frage nach dem Verhältnis von Amt und Gemeinde, 1949, in: ders., In Statu Confessionis, hg. v. F. W. Hopf, Berlin / Hamburg 1966, 121–130. – Max Schoch, Verbi divini ministerium, Bd. 1, Tübingen 1968. – Jobst Schöne, Das Amt der Kirche nach lutherischem Verständnis, 1980, in: ders., Botschafter an Christi Statt, Groß Oesingen 1996, 14–34. – Erdmann Schott, Amt und Charisma in reformatorischer Sicht, in: Reformation 1517–1967, hg. v. E. Kähler, Berlin 1968, 127–144. – Reinhard Slenczka, Das kirchliche Amt, in: ders., Neues und Altes, hg. v. A. I. Herzog, Bd. 2, Neuendettelsau 2000, 115–134. – Ernst Sommerlath, Amt und allgemeines Priestertum, in: SThKAB 5, Berlin 1953, 40–89. – Wolfgang Stein, Das kirchliche Amt bei Luther, VIEG 73, Wiesbaden 1974. – Klaus Tuchel, Luthers Auffassung vom geistlichen Amt, LuJ 25 (1958), 61–98. – Vilmos Vajta, Thesen und Antithesen in Luthers Auffassung vom geistlichen Amt im Lichte des Zweiten Vaticanums, ThLZ 97 (1972), 249–265. – Gottfried Voigt, Ohnmacht und Vollmacht des Amts, ThLZ 97 (1972), 481–496. – Gunther Wenz, Charisma und Amt, 1990, in: ders., Grundfragen ökumenischer Theologie. GAufs. 1, FSÖTh 91, Göttingen 1999, 237–257; ders., Amt, Ämter und Ordination in lutherischer Perspektive, in: Gemeinsame Arbeitsstelle für gottesdienstliche Fragen 34/99, Hannover 1999, 4–20. – Thomas G. Wilkens, Ministry, Vocation and Ordination, LuthQ 29 (1977), 66–81. – Ernst Wolf, Zur Verwaltung der Sakramente nach Luther und lutherischer Lehre, 1938, in: ders., Peregrinatio (I), München ²1962, 243–256; ders., Das kirchliche Amt im Gericht der theologischen Existenz, 1951/52, in: ders., Peregrinatio, Bd. II, München 1965, 161–178.

(Stand: Dezember 2000)

I.
Der theologische Bezugsrahmen
der Lehre vom Amt

1. Die coram-Deo-Relation

Früh erkennbar und bleibendes Strukturelement der Theologie Luthers ist die coram-Deo-Relation[1]. *Coram* sei eine „dictio Hebraica" und bedeute „im Angesicht von"[2]. Repräsentativ für das inhaltliche Verständnis dieser Relationsbestimmung ist Luthers Auslegung von Röm. 1,17.[3]

In der Glosse zu Röm. 1,17 gebraucht Luther *coram Deo* zweimal.[4] Dieser zweimalige Gebrauch dient dazu, die Gerechtigkeit Gottes als das endzeitliche Heil zu interpretieren, das dem Gerechten, nämlich dem, der dem Evangelium glaubt, *jetzt* zuteil wird. In dem Scholion wird diese Kernaussage durch die antithetische Gegenüberstellung von *coram Deo* und *coram se et hominibus* präzisiert.[5] Die Gerechtigkeit, die der Mensch

---

1 G. Ebeling bezeichnet die Präposition *coram* „geradezu als Schlüsselwort für Luthers Seinsverständnis" (Luther, Tübingen 1964 (⁴1990), 220). Ihm folgt K.-H. zur Mühlen, Nos extra nos. Luthers Theologie zwischen Mystik und Scholastik, BHTh 46, Tübingen 1972, 31. Vor Ebeling hat in der Forschung bes. H. J. Iwand auf die kategoriale Bedeutung des *esse coram Deo* hingewiesen (Glaubensgerechtigkeit nach Luthers Lehre, 1941, in: ders., Glaubensgerechtigkeit. GAufs. II, hg. v. G. Sauter, TB 64, München 1980, 11–125, 33 f., 65, 107 u. ö.). Etwa zur gleichen Zeit wie Iwand hat H. E. Weber „die Bezogenheit auf Gott (als) das Wesensgesetz des Menschen" interpretiert (Reformation, Orthodoxie und Rationalismus, Bd. I, 2, BFChTh 2, 45, Gütersloh 1940, 6).

2 Erste Psalmen-Vorlesung, 1513–1516, WA 3, 214, 18 f. (zu Ps. 37,4). Weitere Belege aus dieser Vorlesung untersucht G. Metzger, Gelebter Glaube. Die Formierung reformatorischen Denkens in Luthers erster Psalmenvorlesung, FKDG 14, Göttingen 1964, 137–148. *panim* zählt „zu den am häufigsten vertretenen Wörtern des AT", bes. „in Verbindung mit einer Präposition" (A. S. van der Woude, *panim*, THAT, Bd. II, 1979, 432–460, 433 f.). Zu Luthers Gebrauch von *panim* m. Präp. vgl. S. Raeder, Das Hebräische bei Luther untersucht bis zum Ende der ersten Psalmenvorlesung, BHTh 31, Tübingen 1961, 222 ff.

3 Unerklärlicherweise sind die Belege aus der Glosse und Scholie zu Röm. 1,17 nicht in das Register der WA aufgenommen worden (vgl. WA 64, 598).

4 WA 56, 10, 5. 9; WA 57 I, 14, 1–7. Vgl. z. St. G. Schmidt-Lauber, Luthers Vorlesung über den Römerbrief 1515/16, AWA 6, 1994, 62 f.

5 WA 56, 171, 26–172, 1.

vor sich selbst und vor anderen Menschen hat, resultiert aus der Selbstbewertung und gilt nur vor einem Forum, das vor Gott irrelevant ist. Diese antithetische Gegenüberstellung ist in den kontradiktorischen Gegensatz von Glaube und Werk, die systematische Basis von Luthers Denken,[6] eingebunden. „Vor Gott wird man allein durch den Glauben gerecht, durch den man dem Wort Gottes glaubt."[7] Die „Gerechtigkeit, die vor Gott gilt", wie Luther *dikaiosyne theou* in Röm. 1,17 übersetzt, unterscheide sich von der Gerechtigkeit der Menschen, die aus den Werken komme.[8] Nach Aristoteles folge die Gerechtigkeit unserem Handeln und entstehe aus ihm; aber bei Gott gehe sie den Werken voran, und diese entstünden aus ihr.[9]

Zur Erweiterung des Spektrums werden nun noch andere Quellenbelege herangezogen. Die folgende Auswahl ist chronologisch geordnet.

1. Aus der Vorlesung über den Römerbrief ist außerdem vor allem auf die Auslegung von *Röm. 3,4 f.* hinzuweisen.[10] Veranlaßt durch das Zitat des Paulus aus Ps. 51,6, verwendet Luther in ihr den Begriff der „Rechtfertigung Gottes"[11]. Durch ihn wird die coram-Deo-Relation als Wort-

---

6   Vgl. H. J. Iwand, Rechtfertigungslehre und Christusglaube, 1930, TB 14, München ³1966, 1–20. Durch den Gegensatz von *fides* und *opus* expliziert Luther, was in dem Bekenntnis zu Christus enthalten ist, nämlich die kritische Infragestellung der christuslosen Gottesbeziehung und Selbstbewertung.

7   WA 56, 172, 1; Übers. Als Schriftbeleg für die Heilsnotwendigkeit des Glaubens führt Luther – wie in der Glosse – Mk. 16,16 an.

8   A. a. O., 172, 8 f.

9   A. a. O., 172, 9–11. Möglicherweise Anspielung auf Aristoteles, Nikomachische Ethik; vgl. dazu E. Andreatta, Aristoteles als literarische Quelle Martin Luthers, LuJ 65 (1998), 45–52. Mit der Abgrenzung gegen Aristoteles stellt „Luther bewußt einen scharfen Gegensatz prinzipieller Art (auf)" (L. Grane, Modus loquendi theologicus. Luthers Kampf um die Erneuerung der Theologie (1515–1518), AThD 12, Leiden 1975, 65).

10 WA 56, 212–234. Diese Auslegung gehört zu den umfangreichsten und bedeutendsten der Vorlesung. Vgl. Iwand, a. a. O. (Anm. 1), 21–39; H. Bornkamm, Zur Frage der Iustitia Dei beim jungen Luther, 1961/62, in: B. Lohse (Hg.), Der Durchbruch der reformatorischen Erkenntnis bei Luther, WdF 123, Darmstadt 1968, 289–383, bes. 308–320; E. Bizer, Fides ex auditu, Neukirchen ³1966, 53–58; M. Kroeger, Rechtfertigung und Gesetz, FKDG 20, Göttingen 1968, 41–51; E. Plutta-Messerschmidt, Gerechtigkeit Gottes bei Paulus. Eine Studie zu Luthers Auslegung von Römer 3,5, HUTh 14, Tübingen 1973, 18 ff.; Grane, a. a. O. (Anm. 9), 72–75; Schmidt-Lauber, a. a. O. (Anm. 4), 78–86.

11 WA 56, 213, 13: „Iustificatio Dei." Vgl. WA 3, 289, 33; WA 5, 494, 22; WA 40 I, 224, 17.

geschehen und Rechtsstreit zwischen dem sich im Evangelium offen-
barenden Gott und dem dieser Offenbarung widerstrebenden Menschen
charakterisiert. „Wer demütig alle Gerechtigkeit von sich weist und sich
vor Gott als Sünder bekennt, der verherrlicht Gott ganz gewiß als den, der
allein gerecht ist."[12] Der Duktus der Argumentation zielt nicht auf
eigenmächtige Selbstdemütigung[13], sondern auf die Ratifikation der Verheißung: „Gott wird in seinen Worten gerechtfertigt, wenn man ihm im
Evangelium von der Erfüllung der Verheißung glaubt."[14] Die „Rechtfertigung Gottes" ist mithin „unsere eigene Rechtfertigung"[15], die in der Urteilskonformität von Wort und Glaubendem zum konkreten Ereignis wird.[16]
„Und so wandelt er uns in sein Wort, nicht aber sein Wort in uns."[17]
2. In der Schrift *Die sieben Bußpsalmen* (1517) schreibt Luther zu Ps. 51,6
nieder, daß die äußeren guten Werke vor Gott nicht für gut gehalten
werden,[18] wenn sie vor Gott zur Rechtfertigung dienen sollen, und diesem
Mißbrauch sind sie durch die Sünde unterworfen. Gott erfährt von denen,
die auf ihrer Selbstrechtfertigung beharren, ein stetes Widersprechen,
Widerstreben, Richten und Verdammen.[19] Zwischen ihm und ihnen herrscht
ohne Unterlaß ein „kriegerischer Gerichtshandel" über seinen Worten und
Werken.[20] Dieser Streit kommt nicht zur Ruhe, Gott werde denn in seinem
Wort „gerechtfertigt und als wahrhaftig erfunden"[21].

---

12 WA 56, 215, 5–7. Übers.
13 Gegen Bizer, a. a. O. (Anm. 10), 57. Der Beleg aus Ps. 51,6 wie der Kontext von
    Röm. 3 machen es freilich nötig, daß das Gott-recht-Geben durch das Bekenntnis der
    Sünde von Luther besonders betont wird.
14 WA 56, 225, 15 f. Übers.
15 A. a. O., 213, 13 f.
16 A. a. O., 227, 6 f. Vgl. z. St. Iwand, a. a. O. (Anm. 1), 29 f.
17 WA 56, 227, 4 f. Übers.
18 WA 1, 187, 9. 11 f. In dieser Schrift wird eine „ungeheure Wendung im Blick auf die
    christliche Existenz" vollzogen (H. J. Iwand, Theologia crucis, 1959, in: ders., Vor-
    träge und Aufsätze, hg. v. D. Schellong / K. G. Steck, NW 2, München 1966, 381–398,
    395). O. Bayer, Promissio. Geschichte der reformatorischen Wende in Luthers Theo-
    logie, FKDG 24, Göttingen 1971, 144–158, bes. 144 f., Anm. 4, unterwirft den Text
    seinen eigenen Vorstellungen und korrigiert ihn, statt ihn zu interpretieren. Zur Inter-
    pretation vgl. J. E. Brush, Gotteserkenntnis und Selbsterkenntnis. Luthers Verständnis
    des 51. Psalms, HUTh 36, Tübingen 1997, 112–125.
19 WA 1, 187, 23 f. Mod.
20 A. a. O., 187, 24 f.
21 A. a. O., 187, 27.

3. „Nicht durch Handeln, sondern durch Glauben wird Gott verherrlicht", führt Luther im *Freiheitstraktat* aus.[22] „In diesem Sinne ist der Glaube allein die Gerechtigkeit des Christenmenschen und die Erfüllung aller Gebote."[23] Dem an Christus Glaubenden wird die Königs- und Priesterwürde Christi zu eigen.[24] So „sind wir durch das Priestertum würdig, vor Gott zu erscheinen, für andere zu beten und uns gegenseitig die göttlichen Dinge zu lehren"[25]. Priestersein ist im Kontext des Freiheitstraktats identisch mit Christsein und heißt glauben. Darauf wird zurückzukommen sein. An dieser Stelle ist lediglich festzuhalten, daß Luther mit *coram Deo* die von dem Evangelium herbeigeführte endzeitliche Situation interpretiert.

4. In den *Predigten über das erste Buch Mose* (1523/24) hebt Luther hervor, daß vor den Augen Gottes der Unterschied der Zeit aufgehoben und alles Gegenwart ist.[26] An dieser Stelle ist *coram (oculis dei)* auf den Jüngsten Tag bezogen.

5. „Wer in dem Vertrauen auf sich selbst beharrt, was das Heil anlangt, und nicht völlig an sich verzweifelt, der demütigt sich nicht vor Gott, sondern er . . . wünscht für sich . . . Gelegenheit, Zeit oder irgendein Werk, wodurch er endlich zum Heil gelangen möge."[27] Mit *coram Deo* unterstreicht Luther in dieser Passage aus *De servo arbitrio,* daß Gott durch sein Wort und seinen Geist ein Heute setzt. Das Liebäugeln mit dem Morgen, die Zuflucht zu einem Reinigungsappell,[28] ist ein Ausweichmanöver, durch das der Mensch bei sich selbst zu bleiben versucht und das Heil verfehlt.

6. In der Auslegung des *112. Psalms* aus dem Jahr 1526 unterscheidet Luther zwischen einer doppelten Gerechtigkeit *(duplex iustitia)*[29]. Die

---

22 Tractatus de libertate christiana, 1520, WA 7, 56, 4 f. Übers.
23 A. a. O., 56, 5 f. Übers.
24 A. a. O., 56, 35 ff.; 57, 28 f.
25 A. a. O., 57, 25 f. Übers. Ein weiterer Beleg, in dem „coram Deo" in diesem Sinn verwendet wird, findet sich Z. 30 f.
26 WA 14, 183, 2–4.
27 De servo arbitrio, 1525, WA 18, 632, 33–36. Übers. Demut ist nicht als Tugend verstanden, sondern als das Einbezogenwerden in ein Handeln, das von Gott ausgeht. Dieses Handeln zielt darauf, daß der Mensch an sich selbst verzweifelt (a. a. O., 632, 37). Eine solche „Demütigung unseres Hochmuts" (a. a. O., Z. 28) führt in die „Evangelica desperatio" (WA 39 I, 430, 19) im Unterschied zur teuflischen Verzweiflung, in der sich der Mensch der Zuwendung Gottes in Christus verschließt.
28 Die Verbesserer *(correctores)* ohne Geist sind Heuchler (WA 18, 632, 4 f.).
29 WA 19, 312, 5–10, bes. 6. Vgl. den Sermo de duplici iustitia, 1519 (WA 2, 145–152) und dazu W. v. Loewenich, Duplex Iustitia, VIEG 68, Wiesbaden 1972, 2–5.

weltliche Gerechtigkeit ist auf ein Gesetz wie etwa den Sachsenspiegel bezogen und währt so lange wie das zeitliche Leben.[30] Die äußere[31], geistliche und wahre ist dagegen eine ewige Gerechtigkeit, „weil sie Gerechtigkeit vor Gott ist"[32]. Sie „gilt fur Gott, der kein ende hat", heißt es im deutschen Text.[33]

7. In der *Predigt am Himmelfahrtstag* 1526 hebt Luther hervor, „daß die Taufe vor Gott nichts nützt", „wenn das Wort abgetan ist".[34]

8. Schließlich die *Vorlesung über Ps. 51* aus dem Jahr 1532, und zwar die am 8. Juli über Vers 6 gehaltene.[35] In Luthers Auslegung dieser Stelle geht es um Gottes Wahrheit und Recht sowie um das Wahrwerden des Menschen durch das Bekenntnis seiner Sünde.[36] Dieses Wahrwerden des Menschen ist an die Situation *coram Deo* geknüpft, in die der Mensch durch Gottes Wort hineingestellt wird. Zwar steht er als Geschöpf vor Gott, der ihn „geschaffen hat" und „noch erhält",[37] aber er hat sich von Gott abgewandt und ihm sozusagen den Rücken zugekehrt. Darum beruht die coram-Deo-Relation jetzt auf dem Überführtwerden des Menschen durch das Wort.[38] „Allein vermöge der göttlichen Offenbarung durch das Wort ist zu erkennen, daß wir Sünder sind und Gott allein gerecht ist."[39] Diese Offenbarung, in der die Erkenntnis Gottes, der Sünde und der menschlichen Natur beschlossen liegt,[40] geschieht durch das Gesetz und durch das Evangelium.[41] Doch das Gesetz richtet Zorn an (Röm. 4,15); denn die Vernunft sträubt sich gegen Gottes Urteil, der Mensch sei durch die Sünde von Gott verworfen und in seinem Menschsein von der Sünde

---

30 WA 19, 312, 7 f.
31 Gemeint ist die Gerechtigkeit Gottes als die *iustitia externa* (1. Kor. 1,30). Sie ist „extern", aber keineswegs „äußerlich", sondern vielmehr ein geistliches Gut *(spiritualem thesaurum)* (WA 19, 312, 5 f.).
32 A. a. O., 312, 9. Übers.
33 A. a. O., 312, 34 f.
34 WA 20, 387, 14 f. und 15 f. Übers.
35 WA 40 II, 313–470. Die Auslegung von Ps. 51,6 umfaßt S. 364–379.
36 Brush stellt seine Interpretation dieser Auslegung Luthers unter die Überschrift: „Der Streit um das peccatum" (a. a. O. (Anm. 18), 154–164).
37 KlKat, 1529, BSLK 510, 33. 36. Der Mensch ist zur *coram-Deo*-Existenz bestimmt, weil er in ihr erschaffen ist.
38 Vgl. WA 40 II, 370, 35. Luther beruft sich auf Röm. 7,7.
39 A. a. O., 371, 34 f. Übers. aus dem Druck von 1538.
40 Vgl. a. a. O., 371, 33 f.
41 A. a. O., 369, 29: „Fit autem haec peccati revelatio per legem et per Euangelion . . ."

so völlig bestimmt, daß er sich aus eigener Kraft nicht aus ihr herausarbeiten könne.[42] Sie „nimmt das Menschsein in Schutz"[43]; aber so sehr sie den Angeklagten verteidigt, das „göttliche Urteil"[44] steht unverrückbar fest. Der Widerstand gegen dieses Urteil kann „zur Rebellion eines großen Teiles der ganzen Welt" führen.[45] Aber nicht nur in der Welt, „auch in uns selbst gibt es Kampf gegen dieses Urteil Gottes"[46]. Luther sieht in diesem hartnäckigen Widerstreben ein Indiz dafür, „daß die menschliche Vernunft zusammen mit dem Willen verblendet und abgewendet ist von dem Guten und Wahren"[47]. Von Natur sucht der Mensch Gott nicht und kümmert sich nicht um ihn.[48] Darin besteht seine Sünde, die von Gottes Gesetz ungeschönt aufgedeckt wird.[49] Von ihr wird er nicht frei, er bekenne denn: „Vor dir bin ich nichts als ein Sünder."[50] „Wer auf diese Weise bekennt, daß er allein an Gott gesündigt hat, der hat einen rechtfertigenden Gott. Denn wer Gott verherrlicht durch jenes Bekenntnis, daß Gott allein gerecht ist, den wird Gott wiederum herrlich machen durch die Rechtfertigung."[51]

Zusammenfassung: Die Ausbildung der für Luthers Denken grundlegenden coram-Struktur erfolgt im Zug der Wiederentdeckung biblischer Relationsbestimmungen.[52] In und mit der coram-Deo-Relation reflektiert er die Grundaussage der Bibel, daß der Mensch unausweichlich durch Gott bestimmt ist und daß er vor ihm Rechenschaft abzulegen hat.[53] Im besonderen dient die coram-Deo-Relation als Interpretament für die durch Gottes Wort heraufgeführte endzeitliche Situation: Gott setzt den Menschen durch das Gesetz und das Evangelium zu sich selbst ins Ver-

---

42 A. a. O., 368, 29 ff., bes. 369, 15–17.
43 Brush, a. a. O. (Anm. 18), 158.
44 WA 40 II, 373, 26: „iudicium divinum".
45 A. a. O., 373, 27 f.
46 A. a. O., 373, 29. Übers.
47 A. a. O., 372, 25 f. Übers.
48 A. a. O., 372, 23.
49 Vgl. Röm. 3,20; 7,7.
50 WA 40 II, 366, 24: „Coram te nihil sum nisi peccator." Vgl. aus der Fülle weiterer Belege bes. WA 15, 482, 8.
51 WA 40 II, 379, 25–28. Übers.
52 Vgl. Ebeling, a. a. O. (Anm. 1), 221 u. ö.; zur Mühlen, a. a. O. (Anm. 1), 29–31 und 92.
53 Entscheidet *Gott* über den Menschen, ist Luthers Rechtfertigungslehre nicht mit den Bedingungen der Zeit hinfällig geworden, in der sie entstand, wie W. Dilthey – etwas kurzschlüssig – gemeint hat (Auffassung und Analyse des Menschen im 15. und 16. Jahrhundert, in: ders., Gesammelte Schriften, Bd. II, Stuttgart ⁷1964, 1–89, 53 ff., bes. 57).

hältnis. Dadurch wird dem Menschen ein Spiegel vorgehalten, in dem er sich selbst außerhalb seiner, nämlich vor Gott, zu Gesicht bekommt.[54] Das löst einen „kriegerischen Gerichtshandel" aus,[55] in dem der Mensch sich vor Gott zu rechtfertigen sucht. Aber die Zuflucht zu seinen Werken ist unterbunden, weil Gott die Person *vor* allem Tun ansieht, und er sieht sie um Christi willen vor sich selbst für gerecht an. Die Rechtfertigung des Menschen besteht deshalb darin, daß er Gott durch den Glauben an dessen Wort recht gibt. In der Urteilskonformität von Wort und Glaubendem wird die Wahrheit und Gerechtigkeit Gottes zur Wahrheit und Gerechtigkeit des Menschen, die ihn ermächtigt, vor Gott zu leben und ihn „Abba! Vater" zu nennen.[56] In der Überwindung der Feindschaft gegen Gott gründet seine Freiheit, für andere in Gebet, Wort und Tat einzutreten.

Die coram-Deo-Relation impliziert zwar, daß jeder Mensch vor Gott steht, aber sie besagt nicht, daß das Verhältnis des Menschen zu Gott unvermittelt wäre. Dieses wird vielmehr durch Gottes Wort vermittelt, ohne das sogar die Taufe vor Gott wirkungslos sein würde.[57] Den herangezogenen Quellen ist zu entnehmen, besonders der Stelle aus dem Freiheitstraktat[58], daß alle, die dem Evangelium glauben, an Jesu Christi Priesterwürde Anteil haben und vor Gott stehen. Ist auch nicht der Gedanke der Gottunmittelbarkeit in Luthers Verständnis der coram-Deo-Relation enthalten, so doch der, daß alle Christen Priester sind und daß ihr Priestersein nicht der Vermittlung durch ein Amtspriestertum bedarf.

2. Das Verständnis des Evangeliums

Luthers Verständnis des Evangeliums ist konstitutiv für seine gesamte Theologie.[59] Grundlegend sind die Vorlesungen über den Römer- und

---

54 Die o. herangezogenen Belege stützen nicht die These von E. Hirsch, daß „conscientia und coram deo (bei Luther) (ineinander) fallen" (Lutherstudien, Bd. I, Gütersloh 1954, 140). Dem Gewissen korreliert vielmehr die coram-meipso-Relation.

55 S. o. Anm. 20.

56 WA 7, 57, 30 (Röm. 8,15; Gal. 4,6); s. o. Anm. 25.

57 S. o. Anm. 34.

58 Ähnlich wie im Freiheitstraktat (WA 7, 57) argumentiert Luther auch später, z. B. in der Predigt über Ps. 72,15–20 am 7.3.1540, WA 49, 45–49, bes. 46, 41 ff.

59 Es gibt zahllose Spezialuntersuchungen zu allen möglichen Begriffen und Themen aus Luthers Theologie, aber keine umfassende über sein Verständnis des Evangeliums. Die

Galaterbrief. Luthers Auslegung der einschlägigen Stellen werden im folgenden weitere Quellenbelege zugeordnet. Einerseits ist die Beschränkung auf einige wichtige Aspekte unabdingbar. So werden die hermeneutischen und ekklesiologischen Aspekte zunächst ausgespart und erst später wieder aufgegriffen. Andererseits muß der theologische Kontext in die Darstellung einbezogen werden, wenn die Antwort auf die erkenntnisleitende Frage, was das Verständnis des Evangeliums für die Lehre vom Amt bedeutet, nicht beliebig ausfallen soll.

1. *Sprachgebrauch und Definition.* Evangelium „heißt auf deutsch: eine fröhliche Botschaft"[60]. Es ist „die gute Botschaft und Verkündigung des Friedens von dem Sohn Gottes, der Fleisch geworden ist, gelitten hat und wiederauferweckt ist durch den Heiligen Geist zu unserem Heil"[61]. Evangelium ist nicht allein das, was Matthäus, Markus, Lukas und Johannes geschrieben haben;[62] es ist nicht an Petrus oder Paulus gebunden, sondern es hat Vorrang vor allen Aposteln und ist die im Wort Ereignis werdende Manifestation Christi selbst.[63] „Siehe, die Predigt von der Vergebung der Sünden durch den Namen Christi, das ist das Evangelium."[64] In der ersten Disputation gegen die Antinomer (1537) wird das Evangelium definiert als „Verheißung von Christus, der von den Schrecken des Gesetzes, der Sünde

---

ital. Diss. von M. Galzignato behandelt die Zeit von 1509–16 (s. LuJ 67 (2000), 199, Nr. 303). Auch die Gesamtdarstellungen zu Luthers Theologie behandeln das Evangelium unter übergeordneten Fragestellungen wie „Gesetz und Evangelium", „Evangelium und weltliches Recht" u. a. – Zum ntl. Befund vgl. J. Schniewind, Die Begriffe Wort und Evangelium bei Paulus, Bonn 1910; ders., Euangelion, Bd. 1, BFChTh 2, 13, Gütersloh 1927; Bd. 2, BFChTh 2, 25, 1931; O. Michel, Evangelium, RAC, Bd. 6, 1966, 1107–1160; P. Stuhlmacher, Das paulinische Evangelium, Bd. I, FRLANT 95, Göttingen 1968; ders., Zum Thema: Das Evangelium und die Evangelien, in: ders. (Hg.), Das Evangelium und die Evangelien, WUNT 28, Tübingen 1983, 1–26.

60 Adventspostille 1522, über Mt. 11,2–10, WA 10 I, 2, 158, 21. Mod. Vgl. WA 34 I, 415, 17.

61 Zu Gal. 1,11 f., 1519, WA 2, 467, 12 f. Übers. Ähnlich 1515/16 in der Scholie zu Röm. 1,3 f. (WA 56, 168, 33–169, 1). Vgl. außerdem bes. WA 1, 616, 20–24 (mit Bezugnahme auf Röm. 1,3 f.).

62 Vgl. WA 56, 169, 12–14. – Es „(ist) nur *ein* Evangelium, aber durch viele Apostel beschrieben" (Kirchenpostille, 1522, WA 10 I, 1, 9, 6 f.). Dem *einen* Christus entspricht das *eine* Evangelium (a. a. O., 10, 8 f.). S. a. Schniewind, a. a. O. (Anm. 59), 1910, 76.

63 Vgl. zu Gal. 2,6, 1531, WA 40 I, 170 ff., bes. 172, 18–22. S. a. WA 2, 481, 25 (zu Gal. 2,6, 1519); WA 56, 4, 7 (Glosse zu Röm. 1,1 f.); ferner WA 27, 118, 37: „Manifestatio (Christi) . . . ist gestelt ins wort i. e. Euangelium."

64 Zu Gal. 1,11 f., 1519, WA 2, 466, 12 f. Übers.

und dem Tod befreit und der die Gnade, die Vergebung der Sünden, die Gerechtigkeit und das ewige Leben mit sich bringt"[65]. Aus diesen Belegen ergibt sich: (1.) Evangelium ist für Luther Gottes *eigenes* Wort (Röm. 1,1) und der apostolischen Predigt sowie der kirchlichen Verkündigung *vorgegeben*.[66] (2.) Inhalt des Evangeliums ist Christus, der Sohn Gottes. Er ist „zu unserem Heil Mensch geworden, hat gelitten und ist auferstanden und verherrlicht". (3.) Für das Evangelium ist die Mündlichkeit charakteristisch: Es ist Predigt im Namen Christi. Inhalt dieser Predigt ist die Befreiung von Gesetz, Sünde und Tod; positiv: Gerechtigkeit, Friede mit Gott und ewiges Leben.

2. *Das Evangelium als Offenbarung der Gerechtigkeit Gottes* (Röm. 1, 16–17). In Röm. 1,16–17 wird der im Präskript des Briefes genannte Inhalt des Evangeliums (1,3–4) präzisiert und das Briefthema artikuliert.[67] In der Glosse zu Röm. 1,16 interpretiert Luther das Evangelium als die „Macht zur Errettung aller Gläubigen; das heißt, es ist das Wort, das mächtig ist, alle zu erretten, die daran glauben, und das durch Gott und aus Gott"[68]. In dem Scholion erläutert er, unter „Macht" oder „Kraft Gottes" sei „nicht die zu verstehen, durch die er seinem Wesen nach in sich selbst mächtig ist, sondern die, vermöge deren er mächtig und stark macht"[69]. Die Eigenschaften Gottes werden mithin als Ausdruck seiner schöpferischen Macht verstanden.[70] In dem Selbstzeugnis von 1545 wird dieses Verständnis als Indiz für den reformatorischen Durchbruch gewertet.[71]

Auf die Glosse zu Röm. 1,17 wurde bereits eingegangen.[72] In dem Scholion führt Luther aus: „Allein im Evangelium wird die Gerechtigkeit

---

65 WA 39 I, 387, 2–4. Übers. Vgl. WA 31 I, 522, 13 f.

66 Zu Paulus vgl. O. Hofius, Paulusstudien, WUNT 51, Tübingen ²1994, 6 f., 28, 31, 150 f., bes. 197: „Für Paulus ist das Evangelium ja nicht einfach mit der Missionspredigt identisch, sondern es ist das der Predigt vorgegebene und in ihr laut werdende *Selbstwort Christi* . . ."

67 Vgl. E. Käsemann, An die Römer, HNT 8 a, Tübingen ³1974, 8 und 18 ff.

68 WA 56, 10, 16 f. Übers.

69 A. a. O., 169, 29–170, 1. Übers.

70 In dieser Interpretation Luthers sieht E. Seeberg die „originale Durchbrechung des nominalistischen Ansatzes" (Luthers Theologie, Bd. 1, Göttingen 1929, 113 f.).

71 Vgl. WA 54, 186, 10–13, bes. 12: „virtus Dei, qua nos potentes facit." Sachlich – bis in den Wortlaut hinein – genauso im Scholion zu Röm. 1,16.

72 S. o. Anm. 4.

Gottes offenbart . . . Denn die Gerechtigkeit Gottes ist der Grund des Heils. Wiederum ist hier unter der Gerechtigkeit Gottes nicht die zu verstehen, durch die er selbst gerecht ist in sich selbst, sondern die, durch die wir von ihm gerecht gemacht werden. Das geschieht durch den Glauben an das Evangelium."[73]

Was Luthers Interpretation von Röm. 1,16–17 für die Frage nach dem Durchbruch der reformatorischen Erkenntnis bedeutet, wird im nächsten Abschnitt wieder aufgegriffen. Für das Verständnis des Evangeliums ist an dieser Stelle festzuhalten: (1.) Im Evangelium wird Gottes verborgene Wirklichkeit offenbar,[74] und zwar zur endzeitlichen Rettung für alle, die ihm glauben. (2.) Als Gefäß der Gerechtigkeit Gottes ist es wirksame Macht. Diese „Macht" versteht Luther nicht antiintellektualistisch, sondern als „Kraft des Geistes"[75]. (3.) Als Gottes unwiderruflich „letztes Wort"[76] ist das Evangelium exklusiv auf Gottes Handeln in Christus bezogen. Daß Gott als der Richter der Welt den Sünder gerechtspricht, liegt in seinem Handeln an Christus begründet. Darauf kommt Paulus – und ihm folgend Luther – Röm. 3,24–26 zu sprechen.

3. *Die Eindeutigkeit des Evangeliums.* Durch die Unterscheidung von dem Gesetz wird das Evangelium eindeutig bestimmt: „Das Gesetz nämlich spricht: ‚Bezahle, was du mir schuldig bist!' (Mt. 18,28). Das Evangelium sagt dagegen: ‚Deine Sünden sind dir vergeben.' (Mk. 2,5)."[77] Die Unterscheidung zwischen Gesetz und Evangelium ist um Christi, um der Wahrheit des Evangeliums und um der Freiheit des Glaubens willen notwendig.[78] Denn wo immer diese Unterscheidung nicht durchgeführt wird, dort bleibt die Heilsfrage offen, als könnte die Gerechtigkeit auch

---

73 WA 56, 171, 27 f. und 172, 3–5. Übers. Luther beruft sich auf Augustin, De spir. et litt. 11, 18 (PL 44, 211).

74 In der Vorlesung über die Kleinen Propheten (1524–26) gebraucht Luther den schönen Ausdruck, „durch das Evangelium (werde) das Antlitz des Herrn enthüllt" (WA 13, 412, 10 f.; Übers. aus der Auslegung von Hab. 2,20).

75 WA 56, 170, 7 ff., bes. 16.

76 Vgl. die Predigt über Lk. 14, 14.6.1523, WA 12, 598, 21 f.; ferner WA 20, 668, 5–7.

77 Zu Gal. 1,11 f., 1519, WA 2, 466, 6 f. Übers.

78 Vgl. WA 40 I, 209, 16 f.: „. . . die Unterscheidung von Gesetz und Evangelium ist unbedingt notwendig; darin besteht die Summe der ganzen christlichen Lehre." (Zu Gal. 2,14, 1531; Übers.)

durch das Gesetz kommen.[79] Dann aber wäre „Christus vergeblich gestorben" (Gal. 2,21).[80]

4. *Evangelium und Glaube*. In dem Scholion zu Röm. 10,6 stellt Luther heraus, „daß die ganze Gerechtigkeit des Menschen, die zum Heil führt, am Wort durch den Glauben hängt"[81]. Das Evangelium, dessen Inhalt die zum Heil führende Gerechtigkeit ist, kann auf keinem anderen Weg als durch das Hören vernommen werden.[82] „Ohne Glaube ist es unmöglich, daß Gott mit uns ist oder handelt, da er allein durch das Wort alles schafft. Daher kann niemand mit ihm wirken *(cooperari)*, es sei denn, er hängt dem Wort an, was durch den Glauben geschieht."[83]

Daraus wird deutlich, daß die Heilsfrage, das Bestehenkönnen des Menschen vor Gott, allein im Hören auf das Evangelium entschieden wird. Im Gefälle der Konzentration der Heilsfrage auf die Grundrelation Wort – Glaube liegt die kritische Infragestellung der Religion des Menschen,[84] aber auch der priesterlichen Heilsvermittlung, des überkommenen Sakramentalismus und der kirchlichen Hierarchie aus göttlichem Recht. Was in den frühen Vorlesungen im Kern vorliegt, wird dann im Ablaßstreit von Luther entfaltet. Der Ablaßstreit ergibt sich keineswegs aus den frühen Vorlesungen, aber Luther ist durch das Verständnis des Evangeliums theologisch auf ihn vorbereitet.

---

79 In einer Tischrede aus dem Winter 1542/43 erinnert sich der Reformator: „Ich war lange irre . . . Bis ich über die Stelle Röm. 1,17 kam . . . Da reimte sich das Abstraktum und das Konkretum zusammen, und ich wurde meiner Sache gewiß und lernte zwischen der Gerechtigkeit des Gesetzes und des Evangeliums zu unterscheiden. Zuvor mangelte es mir an nichts, als daß ich keinen Unterschied zwischen Gesetz und Evangelium machte . . . Aber als ich den Unterschied fand, . . . da riß ich hindurch." (WA.TR 5, 210, 7 ff.; Nr. 5518; mod.) Der „Oberbegriff" von Gesetz und Evangelium ist Gerechtigkeit Gottes. „Gesetz und Evangelium unterscheiden, heißt die Gerechtigkeit Gottes verstehen." (H. J. Iwand, Gesetz und Evangelium, hg. v. W. Kreck, NW 4, München 1964, 14).

80 Vgl. z. St. WA 2, 503–505, bes. 503, 31 f.: „Hüte dich, in der Theologie etwas Gerechtigkeit zu nennen, was außerhalb des Glaubens an Christus ist." (Übers.)

81 WA 56, 415, 22 f. Übers.

82 Vgl. die Glosse zu Röm. 10,16 f., WA 56, 103, 3 f.; ferner WA 57 III, 139, 16.

83 Scholie zu Hebr. 3,7, WA 57 III, 143, 1–4. Übers.

84 Vgl. E. Wolf, Martin Luther. Das Evangelium und die Religion, 1934, in: ders., Peregrinatio (I), München ²1962, 9–29. Die Erkenntnis, daß das „Evangelium die Krisis aller Religion (ist)" (a. a. O., 29), ist genuin reformatorisch. Das Evangelium stellt der Religion die Wahrheitsfrage. Dieser Aspekt bleibt in neueren Darstellungen unterbestimmt; vgl. z. B. H. Zahrnt, Martin Luther, Leipzig 2000, 10 u. ö.

1520 schreibt Luther in *De captivitate Babylonica ecclesiae praeludium* nieder, daß das *Sacerdotium* „eigentlich nichts anderes ist als der Dienst des Wortes" *(ministerium verbi),* und zwar „nicht des Gesetzes, sondern des Evangeliums".[85] Mit dieser These expliziert der Reformator die Amtsauffassung, die in dem Verständnis des Evangeliums impliziert ist.

3. Der Artikel von Christus und der Rechtfertigung

In den *Schmalkaldischen Artikeln (ASm),* diktiert im Dezember 1536, bestimmt für den Bundestag in Schmalkalden, ohne daß sie dort im Februar 1537 wirklich zur Geltung gekommen wären, hat Luther sein theologisches Testament niedergelegt.[86] Der mittlere Teil handelt „von den Artikeln, die das Amt und Werk Jesu Christi oder unsere Erlösung betreffen"[87] und besteht aus vier Artikeln: 1. Christus und die Rechtfertigung, 2. die Messe, 3. Stifte und Klöster und 4. das Papsttum. ASm II, 1, der „Häuptartikel", umfaßt wiederum drei Teile, nämlich die christologische Grundlegung, die rechtfertigungstheologische Entfaltung und die papstkritische Schlußfolgerung. Aus diesem Aufbau wird deutlich, daß der Artikel von Christus und der Rechtfertigung den theologischen Interpretationsrahmen für das Verständnis der Heilsvermittlung, die Lehre vom Amt und die Ekklesiologie darstellt. Die Isolierung des Amtsverständnisses wäre nicht nur methodisch unvertretbar, sie schlüge sich auch auf den Artikel von Christus und der Rechtfertigung nieder und würde das christliche Heilsverständnis verändern. Und genau das hat Luther gegen die Messe, das Amtspriestertum und Papsttum einzuwenden!

---

85 WA 6, 566, 32–34. Übers.

86 Vgl. H. Volz (Hg.), Urkunden und Aktenstücke zur Geschichte von Martin Luthers Schmalkaldischen Artikeln (1536–1574), KlT 179, Berlin 1957, 19. Später wurden sie in den Rang einer Bekenntnisschrift erhoben (vgl. ebd., 188 ff.). Luther war im Winter 1536/37 todkrank (vgl. H.-J. Neumann, Luthers Leiden, Berlin 1995, 119–129); daher bezeichnete er sie als „die Artikel, darauf ich stehen muß und stehen will bis in meinen Tod" (BSLK 462, 5 f.). Abgesehen von dem nahe geglaubten Tod waren die Artikel aus zwei Gründen notwendig: erstens als Bekenntnis gegen diejenigen aus den eigenen Reihen, die seine Schriften gegen ihn selbst anführten (BSLK 410, 2–4), und zweitens gegen die Verleumder aus den Anhängern des Papsttums (411, 1–16). Lit. zu den ASm im Überblick: BSLK 1226–1228; WA 60, 131; StA 5, 341–343; K. Breuer, Schmalkaldische Artikel, TRE, Bd. 30, 1999, 214–221.

87 BSLK 415, 4 f.

Die folgende Darstellung nimmt andere Quellenbelege hinzu, hält sich aber an die Grenzen, die durch ASm II, 1 gesetzt sind. Die biblischen Belege, die Luther anführt, dienen bei der Interpretation als Leitfaden. Die papstkritische Schlußfolgerung wird zunächst übergangen und später in anderem Zusammenhang behandelt.

3.1. Die christologische Grundlegung

„Hier ist der erste und Hauptartikel:

Daß Jesus Christus, unser Gott und Herr, ,um unsrer Sünde willen gestorben und um unsrer Gerechtigkeit willen auferstanden' ist (Röm. 4, 25), und er allein ,das Lamm Gottes ist, das der Welt Sünde trägt' (Joh. 1,29), und ,Gott unser aller Sünde auf ihn gelegt hat' (Jes. 53,6), ferner: ,Sie sind allzumal Sünder und werden ohne Verdienst gerecht aus seiner Gnade durch die Erlösung Jesu Christi in seinem Blut' (Röm. 3,23–25)."[88]

Der in dem Eigennamen „Jesus Christus" enthaltene Christustitel sowie die Titel „Gott" und „Herr" sind durch das Possessivpronomen „unser" von vornherein in den soteriologisch-rechtfertigungstheologischen Kontext eingebunden. Terminologisch und sachlich knüpft Luther an die Erklärung des zweiten Artikels in den Katechismuspredigten und Katechismen[89] an: Wie in diesen sind in den Schmalkaldischen Artikeln die christologische Grundlegung und die rechtfertigungstheologische Entfaltung des Bekenntnisses zu Jesus Christus unlöslich verknüpft.[90] Bei der Auslegung des Römerbriefes hat Luther gelernt, daß Paulus die Christologie durch die Rechtfertigungslehre expliziert.[91] An diesem *Modus loquendi* hält er in allen Phasen seines Wirkens fest. Andere Akzentuierungen sind – wie zum Beispiel im Abendmahlsstreit – durch andere Problemkonstellationen bedingt.[92] Gerade aus den vier biblischen Belegen

---

88 BSLK 415, 6–13. Mod.
89 Vgl. dazu A. Peters, Kommentar zu Luthers Katechismen, Bd. 2: Der Glaube, hg. v. G. Seebaß, Göttingen 1991, 92 ff.
90 Vgl. BSLK 415, 6–13 mit BSLK 511, 23–38 (KlKat) und BSLK 652, 25 – 653, 15 (GrKat).
91 Vgl. Iwand, a. a. O. (Anm. 6), XI. Zu Paulus vgl. z. B. G. Eichholz, Die Theologie des Paulus im Umriss, Neukirchen ²1977, 215 u. ö.
92 Iwands bahnbrechende Studie hat vor allem E. Wolf, Die Christusverkündigung bei Luther, 1936, in: ders., a. a. O. (Anm. 84), 30–80, vgl. bes. 39, aufgenommen. Wolf bezeichnet Iwand als „kongeniale(n) Interpret(en) Luthers", weil er ihn weder in

in ASm II, 1 wird deutlich, daß Luther die Struktur seiner Argumentation beibehalten hat und 1536/37 wie 1515/16 von der Heilsbedeutung des Werkes Jesu Christi auf die der Person schließt. Vorausgesetzt wird die unlösliche Zusammengehörigkeit von Werk und Person Christi: Luther unterscheidet, trennt aber nicht das Werk von der Person, wie er auch Wort und Person Christi zwar unterscheidet, aber nicht trennt. Von dieser Position aus erfolgt die Rezeption der altkirchlichen Trinitätslehre und Zweinaturenchristologie. Sie stellt keine historische Reminiszenz dar,[93] sondern liegt zutiefst in der „Sache" der Reformation begründet, nämlich, „daß Jesus Christus . . . mein HERR (ist)"[94]. Die lutherischen Bekenntnisschriften unterstreichen durch die hervorgehobene Stellung des trinitarischen und christologischen Dogmas die Übereinstimmung mit der Lehre der alten und mittelalterlichen Kirche. In den Schmalkaldischen Artikeln wird diese Lehre nicht durch Bibelstellen untermauert.[95] Die vier zum zweiten Artikel angeführten Belege bilden eine Grundlage, von der aus

---

Richtung auf ein Luthertum der Orthodoxie noch in Richtung auf A. H. Francke noch auf Kant oder Hegel, sondern immer in Richtung auf das Evangelium hört und selbständig nachdenkt" (In memoriam Hans Joachim Iwand (11.7.1899–2.5.1960), ThLZ 85 (1960), 793–796, 793). Zur Rezeption Iwands vgl. W. Führer, Rechtfertigung und Heiligung bei Hans Joachim Iwand, KuD 40 (1994), 272–281; ders., Iwand, H. J., BBKL, Bd. XIV, 1998, 1101–1104 (Lit.); R. Meier, Gesetz und Evangelium bei Hans Joachim Iwand, FSÖTh 80, Göttingen 1997, 27–35; M. Hoffmann (Hg.), Die Provokation des Kreuzes, Waltrop 1999; H. Assel, „. . . für uns zur Sünde gemacht . . .", EvTh 60 (2000), 192–210.

93 Den theologisch unbegründeten Vorwurf, Luther und Melanchthon nähmen das altkirchliche Dogma aus theologischem Opportunismus und religionspolitischer Taktik auf, erheben in merkwürdiger Übereinstimmung der katholische Kontroverstheologe der Reformationszeit J. Eck (vgl. R. Jansen, Studien zu Luthers Trinitätslehre, BSHSt 26, Bern / Frankfurt/M. 1976, 87–91) und neuprotestantische Interpreten wie A. Ritschl und A. v. Harnack (dagegen mit Recht E. Schlink, Theologie der lutherischen Bekenntnisschriften, München ²1946, 99, Anm. 22).

94 BSLK 511, 23. 26. Vgl. E. Wolf, „Jesus Christus, mein HERR" – die „Sache" der Reformation, in: Vierhundertfünfzig Jahre lutherische Reformation. FS für Franz Lau, Berlin 1967, 416–425.

95 Luther ist der Meinung, daß es „in der Schrift viele Stellen (gibt), die eindeutig die Trinität bezeugen" (WA 39 II, 382, 6 f. Übers.). Zur Rezeption des altkirchlichen Dogmas bei Luther vgl. J. Koopmans, Das altkirchliche Dogma in der Reformation, BEvTh 22, München 1955, bes. 55 ff.; ferner C. Markschies, Luther und die altkirchliche Trinitätstheologie, in: ders. / M. Trowitzsch (Hg.), Luther – zwischen den Zeiten, Tübingen 1999, 37–85.

sich jedoch auch die theologische Bedeutung und die Notwendigkeit des altkirchlichen Dogmas erschließt.

1. In der Auslegung von *Röm. 4,25* stellt Luther heraus, der Tod Christi bedeute nicht nur, sondern er bewirke die Vergebung der Sünden als die allergenugsamste Genugtuung.[96] Ebenso sei die Auferstehung Christi nicht bloß das Unterpfand unserer Gerechtigkeit, sondern sie bewirke sie auch in uns, sofern wir daran glauben.[97] Ähnlich, was die theologische Grundintention anlangt, argumentiert Luther auch in der Folgezeit.[98] Röm. 4,25 ist eine Schlüsselstelle für Luthers Theologie; in ihr sieht er die christologische Begründung der Rechtfertigung gegeben.

2. In *Joh. 1,29* bezeichnet Johannes der Täufer Jesus als das von Gott bestimmte Lamm, dessen Tod sündentilgende Kraft besitzt. Luther sieht in diesem Wort ein Summarium des Evangeliums von Jesus Christus, der die Sünde der ganzen Welt auf sich lädt und dadurch den Frieden mit Gott stiftet. In dem Ablaßstreit legt Luther mit Joh. 1,29 dar, daß der Tod Christi auch ohne den Papst eine die Sünden tilgende Wirkung hat;[99] der Papst kann die von Christus erwirkte Vergebung der Schuld lediglich deklarieren und bestätigen.[100] Unter Berufung auf Joh. 1,29 sagt Luther von Christus: „Siehe, der ist es, der allein das Gesetz für euch erfüllt."[101]

Die Unterscheidung von Gesetz und Evangelium führt in den Disputationen gegen die Antinomer zur Bezugnahme auf Joh. 1,29: „Das Gesetz, das zuvor Unmögliches von uns forderte, hat nun kein Recht mehr, etwas von uns zu verlangen, weil wir jetzt das Lamm Gottes als Gabe und Geschenk gegenwärtig haben, das der Welt Sünde trägt. Das hat reichlich erstattet, was das Gesetz forderte."[102] Ist Christus, das Lamm Gottes, im

---

96 WA 56, 296, 19 f.: „Mors eius non solum significat, Sed etiam facit remissionem peccati tanquam satisfactio sufficientissima."

97 A. a. O., Z. 20–22. Über den Zusammenhang der Gerechtigkeit aus dem Werk Christi und der Gerechtigkeit aus dem Wort Christi in Luthers Vorlesung über den Röm. vgl. W. Führer, Das Wort Gottes in Luthers Theologie, GTA 30, Göttingen 1984, 27–29.

98 Vgl. z. B. WA 1, 112, 37–113, 34; WA 57 II, 54, 7–12; WA 2, 455, 11–29; WA 30 II, 642, 6–15; WA 36, 161, 24–27.

99 Resolutiones disputationum de indulgentiarum virtute, 1518, WA 1, 612, 40–613, 5.

100 A. a. O., 538, 36–539, 10. Ebenfalls mit Bezug auf Joh. 1,29.

101 A. a. O., 616, 33; Übers. Der Bezug auf Joh. 1,29 scheint abwegig zu sein, aber Luther deutet diese Stelle von Joh. 1,17 (und Röm. 10,4) her. Zur Christusverkündigung in Luthers Auslegung des Joh. vgl. E. Ellwein, Summus Evangelista, München 1960, 92 ff.

102 Die erste Disputation gegen die Antinomer, 1537, WA 39 I, 366, 16–367, 3 (A); Übers.

Glauben gegenwärtig, verstummt die anklagende Stimme des Gesetzes.[103] Christus selbst ist der „Grund", die Bezugsperson der Rechtfertigung.[104] 3. *Jes. 53* ist ein Kapitel, das nach Luthers Einschätzung fast in der gesamten Schrift nicht seinesgleichen hat.[105] Dieses Kapitel spielt schon in der Frühzeit seines Denkens eine Rolle.[106] Die Auslegung aus der Fastenzeit 1544, bei der Luther auf seine Jesaja-Vorlesung von 1527–1530 zurückgreifen kann,[107] stellt eine Meditation der Passion Jesu Christi auf der Grundlage des prophetischen Zeugnisses dar.[108]

Der Stellvertretungsgedanke steht im Zentrum des vierten Gottesknechtsliedes und bildet sein Eigengut im Vergleich zu den anderen Liedern.[109] Das vierte Gottesknechtslied besteht aus drei großen Abschnitten.[110] Das Zitat in ASm II, 1 ist Jes. 53,(4–)6 entnommen.

Die Auslegung von 1544 gehört zu den tiefsten, die Luther hinterlassen hat.[111] Aus ihr können im folgenden nur einige zentrale Gedanken hervorgehoben werden. Der Prophet „nennt den Messias den Herrn der Herrlichkeit, den Arm des Herrn, König, Priester und gleichwohl den erbärm-

---

103 Die zweite Disputation gegen die Antinomer, 1538, WA 39 I, 455, 3–8.

104 Vgl. die Predigt über Joh. 1,29, 1537, WA 45, 410, 18–412, 40. In dieser Predigt sagt Luther über das Predigtamt, es weise auf das Lamm Gottes wie Johannes der Täufer, und zwar bis ans Ende der Welt (a. a. O., 412, 8 f.). Jedoch: „Man kann es nicht weiter bringen als bis in die Ohren. Christus muß es allein durch den Heiligen Geist ins Herz bringen" (Z. 9 f.; mod.).

105 Enarratio 53. capitis Esaiae, 1544, WA 40 III, 686, 30–687, 2.

106 Vgl. z. B. WA 1, 343, 4 f.; WA 2, 140, 6–9.

107 WA 31 II, 428–441. Vgl. ferner die Predigt vom 8.4.1531, WA 34 I, 262–271.

108 Luthers Auslegung schließt sich an die ntl. Überlieferung und bes. die Deutung von Jes. 53 bei Paulus an. Vgl. dazu H. W. Wolff, Jesaja 53 im Urchristentum, Gießen ⁴1984, 79–83, 93–99; ferner O. Hofius, Das vierte Gottesknechtslied in den Briefen des Neuen Testaments, in: Der leidende Gottesknecht. Jesaja 53 und seine Wirkungsgeschichte, hg. v. B. Janowski / P. Stuhlmacher, FAT 14, Tübingen 1996, 107–127. Zur neueren Exegese vgl. H. Haag, Der Gottesknecht bei Deuterojesaja, Darmstadt ²1993; B. Janowski, Stellvertretung, SBS 165, Stuttgart 1997, 67–96.

109 Jes. 52,15 – 53,12 stellt eine „Einheit" dar (J. Begrich, Studien zu Deuterojesaja, hg. v. W. Zimmerli, TB 20, München 1969, 62). G. Fohrer bestimmt die Form des vierten Gottesknechtsliedes als „eine prophetische Liturgie" (Das Buch Jesaja, Bd. 3, ZBK.AT 19, 3, Zürich 1964, 160 f.; vgl. G. v. Rad, Theologie des Alten Testaments, Bd. II, München ⁵1968, 264 f.; Janowski, a. a. O. (Anm. 108), 1997, 78 ff.).

110 Diese „(geben) sich durch den Wechsel der Sprecher zu erkennen" (O. Kaiser, Der Königliche Knecht, FRLANT 70, Göttingen 1952, 87).

111 Ihr kann lediglich die von Gal. 3,13 (1531) an die Seite gestellt werden; s. u. in Abschnitt 3.2.2. (S. 56–59).

lichsten und verworfensten Menschen, denn niemand im ganzen Menschengeschlecht ist verachteter als er, – und dennoch ist er als Gott in seiner Majestät anzubeten!"[112] In ihm „liegt unser ganzes Heil"[113]. Er hat „durch sein Opfer für unsere Sünden genuggetan, uns aus der Gewalt des Satans zurückgekauft und das ewige Leben geschenkt"[114].

Luther unterstreicht, daß Christus nach dem Willen *Gottes* die Sünde der ganzen Welt auf sich geladen hat und verurteilt worden ist.[115] Christus ist gestorben, um sein Leben zum „Sühnopfer" für die Sünde zu geben.[116] Die das Menschengeschlecht versklavenden Mächte Sünde, Tod und Teufel, ferner Gesetz und Gewissen,[117] hätten nicht überwunden, der Zorn Gottes hätte nicht versöhnt werden können – „außer durch ein solch großes Opfer, wie es der Sohn Gottes gewesen ist, der nicht sündigen konnte"[118]. Jesus Christus, „die ewige und unendliche Person"[119], vertritt die von Gott abgewandte und von den gottwidrigen Mächten versklavte Menschheit vor Gott, damit diese durch ihn wieder vor Gott treten und leben kann. „Unsere Sünde war ihm fremd. Er hatte sie nicht und tat sie nicht. Sie ist ihm zu eigen geworden wegen der Liebe, mit der er uns umfing."[120]

4. *Röm. 3,23–25* hat Luther in ASm II, 1 bruchstückhaft zitiert. 1515/16 hält er in der Glosse zu Röm. 3,24 fest, Gott gebe die Gnade nicht deshalb umsonst, weil sie wohlfeil wäre, „sondern er hat Christus für uns dahingegeben, daß dieser für uns genugtäte", so daß Gott nun um der Lebenshingabe Christi willen die Gnade umsonst schenkt.[121] Gott wird nicht Sühne geleistet, er leistet sie vielmehr selbst durch die Dahingabe seines Sohnes![122]

---

112 WA 40 III, 687, 2–5. Wiedergabe in Anlehnung an: Der Knecht Gottes. Luthers Auslegung zu Jesaja 53, übers. v. H. Robscheit, Berlin 1957, 9.

113 WA 40 III, 686, 21 f. Übers.

114 A. a. O., 687, 8 f. Übers.

115 A. a. O., 721, 14–16; 722, 19 f.; 731, 32 f. Zusammenfassende Wiedergabe.

116 A. a. O., 732, 18–20.

117 A. a. O., 715, 6 ff.; 717, 6. Zusammenfassende Wiedergabe.

118 A. a. O., 732, 22 f. Übers. Zu dem Zusammenhang von Zorn Gottes und Gericht vgl. L. Pinomaa, Der Zorn Gottes in der Theologie Luthers, AASF B 41, 1, Helsinki 1938, 55 ff.

119 WA 40 III, 717, 27. Die *ganze* Welt wird wegen der unschätzbaren Würde seiner Person durch nur einen einzigen Tropfen seines Blutes befreit (a. a. O., 717, 27–31).

120 A. a. O., 743, 18 f. Übers. nach Robscheit, a. a. O. (Anm. 112), 69.

121 WA 56, 37, 26–28; Übers. v. Z. 27.

122 Im Unterschied zu Anselm von Canterbury (1033–1109) vertritt Luther keine legalistische Satisfaktionstheorie, sondern der Versöhnungs- und Genugtuungs-

Röm. 3,25 glossiert Luther so, Christus sei „die Sühnung für die Sünden"; „er wollte nicht für uns der ‚Gnadenstuhl' werden, bevor er nicht durch sein Blut für uns genuggetan hätte. So ist er in seinem Blut der ‚Gnadenstuhl' für die Glaubenden geworden."[123] Das Blut Christi umschließt die Wirkung des von Gott zur Sühne dahingegebenen *und* auferweckten Lebens Jesu Christi.[124]

Zusammenfassung: Mit diesen vier biblischen Belegen faßt Luther seine Christusverkündigung abbreviaturhaft zusammen. Gottes sühnendes Handeln an dem gekreuzigten und auferstandenen Christus stellt das Fundament der Rechtfertigung des Gottlosen dar.[125] Wer abgesehen von diesem Handeln mit Gott ins Verhältnis zu treten sucht, sei es auch allein aus dem Glauben, der verfehlt Gott! Denn Gott ist in Christus aus seiner Verborgenheit herausgetreten, hat in der Dahingabe seines Sohnes den Zorn über die von ihm Abgewandten und dennoch von seiner Schöpfergüte Lebenden auf seinen Sohn niedergehen lassen; er hat die das Menschengeschlecht versklavenden Mächte durch die Auferweckung des Menschen Jesus besiegt und mit dem vergossenen Blut Jesu den Zugang zu sich selbst geöffnet und Frieden gestiftet.

3.2. Die rechtfertigungstheologische Entfaltung

Die reformatorische Rechtfertigungslehre ist aus der Schriftauslegung erwachsen und faßt diese zugleich stringent zusammen. Luther hat mit ihr keine Sonderlehre vorgetragen oder einem theologischen Einzelthema willkürlich den Vorzug gegeben,[126] sondern „das Ganze des Leben wirken-

---

gedanke ist in die durch die Rechtfertigungslehre dargelegte Christusverkündigung integriert. Vgl. Th. Harnack, Luthers Theologie, Bd. 2, 1886, Nachdr. München 1927, 268–280, bes. 275. S. a. B. F. Eckardt, Anselm and Luther on the atonement: was it „necessary"?, San Francisco 1992.

123 WA 56, 38, 13–20; z. T. übers.

124 Vgl. H. J. Iwand, Blut Christi II, RGG, Bd. 1, ³1957, 1330 f. Ebd. Verweis auf Luthers Hauspostille, 1545, WA 52, 816, 18–21.

125 Luther hat damit das theologische Grundanliegen des Paulus aufgenommen (vgl. J. Schniewind, Die Schmalkaldischen Artikel, ihre biblische Grundlage und ihre Gegenwartsbedeutung, 1946, in: ders., Nachgelassene Reden und Aufsätze, hg. v. E. Kähler, TBT 1, Berlin 1952, 140–155, 141).

126 Mit G. Ebeling, Cognitio Dei et hominis, in: ders., Lutherstudien, Bd. I, Tübingen 1971, 221–272, 266. Lit. im Überblick: A. Peters, Rechtfertigung, HST 12, Gütersloh

den Wortes Gottes" ausgesagt[127]. Der Einebnung der Rechtfertigungslehre in ein übergreifendes theologisches System ist Luther seit Beginn der Römerbrief-Vorlesung entgegengetreten.[128] Die Rechtfertigungslehre seines Erfurter Lehrers Arnoldi von Usingen ist „zugleich *sola gratia* und *solis operibus*"[129]. Demgegenüber stellt Luther den kontradiktorischen Gegensatz zwischen beiden heraus, der de facto besteht. Dadurch legt er dar, was in dem Evangelium von Jesus Christus enthalten ist; dieses kann und muß durch die Unterscheidung vom Gesetz eindeutig identifiziert werden. In dieser Funktion ist die Rechtfertigungslehre nicht ein Bestandteil der Theologie, sondern die Theologie findet in ihr den „Meister, Fürst, Herr, Lenker und Richter über alle Arten der Lehren"[130]. Aber nicht nur die Theologie: „Ohne diesen Artikel ist die Welt gänzlich Tod und Finsternis."[131]

---

[2]1990, 27–30; G. Sauter (Hg.), Rechtfertigung als Grundbegriff evangelischer Theologie, TB 78, München 1989, 312–322; ders., Rechtfertigung IV, TRE, Bd. 28, 1997, 315–328, 325 ff. Nachtrag: R. Schwarz, Luthers Rechtfertigungslehre als Eckstein der christlichen Theologie und Kirche, in: E. Jüngel (Hg.), Zur Rechtfertigungslehre, Beiheft 10 der ZThK, 1998, 14–46; E. Jüngel, Das Evangelium von der Rechtfertigung des Gottlosen als Zentrum des christlichen Glaubens, Tübingen 1998.

127 E. Wolf, Die Rechtfertigungslehre als Mitte und Grenze reformatorischer Theologie, 1949/50, in: ders., Peregrinatio, Bd. II, München 1965, 11–21, 14.

128 Vgl. Grane, a. a. O. (Anm. 9), 63 ff. – O. H. Pesch (Die Theologie der Rechtfertigung bei Martin Luther und Thomas von Aquin, 1967, Darmstadt 1985) hat im Sinn der *complexio oppositorum* der kath. Theologie Luthers Rechtfertigungslehre mit der des Thomas von Aquin verglichen und in Einklang zu bringen versucht. Aber zweifellos hat Luther seine Rechtfertigungslehre im bewußten Gegensatz zur scholastischen Theologie, auch und gerade den aristotelischen Denkvoraussetzungen des Aquinaten, entfaltet. Es ist im übrigen unbefriedigend und irreführend, alle Unterschiede und Gegensätze zwischen Thomas und Luther auf den Strukturunterschied zwischen existentieller und sapientaler Theologie einzuebnen (so Pesch, 950). Luther selbst war der Meinung, Thomas sei nicht eine Laus wert (WA.TR 2, 193, 3; Nr. 1721, 12.7.1532): „Im gantzen Thoma ist nicht ein wort, das einem mocht ein zuversicht zu Christo machen." (Z. 5 f.) Mit diesem beiläufig hingeworfenen Diktum ist der entscheidende Unterschied markiert: Kriterium ist nicht die existentielle (Luther) oder sapientale (Thomas) Argumentationsstruktur, diese ist vielmehr von untergeordneter Bedeutung, sondern ob sie Zuversicht zu Christus macht. Vgl. dazu ferner D. R. Janz, Luther on Thomas Aquinas, VIEG 140, Stuttgart 1989.

129 H. A. Oberman, Spätscholastik und Reformation, Bd. I, Zürich 1965, 171. Vgl. O. Müller, Die Rechtfertigungslehre nominalistischer Reformationsgegner, Breslau 1939, 12–73.

130 WA 39 I, 205, 2 f. Übers. aus Luthers Vorrede zur Promotionsdisputation von Palladius und Tilemann, 1.6.1537. Vgl. z. St. Jüngel, a. a. O. (Anm. 126), 7 ff.

131 A. a. O., 205, 5. Übers.

Doch zurück zu den Schmalkaldischen Artikeln: Wie ist die Gerechtigkeit vor Gott, die auf der sühnenden Lebenshingabe und Auferweckung Jesu beruht, zu erlangen? Dem prophetisch-apostolischen Zeugnis von Christus „muß geglaubt werden"[132]. *Jeder* hat Zugang zu Christus durch den Glauben; *niemand* ohne ihn; denn Christus kann „mit keinem Werk, Gesetz noch Verdienst erlangt werden"[133].

Der Mittelteil von ASm II, 1 enthält die theologische Grundaussage der Reformation, „daß allein solcher Glaube uns gerecht mache"[134]. Als biblische Belege führt Luther Röm. 3,28, den *locus classicus,* und die zweite Hälfte von Röm. 3,26 an. Was impliziert diese theologische Grundaussage? Das soll nun entfaltet werden. Ich orientiere mich an ASm II, 1, beziehe andere Quellen ein und versuche, den Bogen zu den Anfängen der reformatorischen Theologie und von ihnen wieder zurück zu den Schmalkaldischen Artikeln zu schlagen.

3.2.1. Heilsvergewisserung durch Schriftauslegung

Luthers berufliche Aufgabe der Auslegung der Heiligen Schrift an der Universität Wittenberg[135] ist mit seiner Lebensfrage, wie es um ihn vor Gott bestellt ist, untrennbar verbunden.[136] Daher ist bei Luther das Ringen um Gottes Gerechtigkeit von Anfang an mit dem Ringen um das rechte Schriftverständnis verflochten.[137] Es erfolgt „im Zugleich von Glaubens-

---

132 BSLK 415, 14.

133 A. a. O., 415, 14 f.

134 A. a. O., 415, 16 f. Vgl. E. Schott, Christus und die Rechtfertigung allein durch den Glauben in Luthers Schmalkaldischen Artikeln, ZSTh 22 (1953), 192–217; K. Schwarzwäller, Rechtfertigung und Ekklesiologie in den Schmalkaldischen Artikeln, in: ders., Um die wahre Kirche, Kontexte 20, Frankfurt/M. 1996, 87–112.

135 Vgl. dazu K. Bauer, Die Wittenberger Universitätstheologie und die Anfänge der Deutschen Reformation, Tübingen 1928, 14–30; G. Hammer, Historisch-theologische Einleitung, in: M. Luther, Operationes in psalmos, 1519–1521, Teil I, AWA 1, 1991, 36–42.

136 Vgl. R. Hermann, Luthers Theologie, hg. v. H. Beintker, GNW I, Göttingen 1967, 24; K. G. Steck, Doktor der Theologie, in: H. J. Schultz (Hg.), Luther kontrovers, Stuttgart 1983, 78–86, 82.

137 Vgl. H. Boehmer, Der junge Luther, 1925, hg. v. H. Bornkamm, Stuttgart ⁶1971, 86; P. Schempp, Luthers Stellung zur Heiligen Schrift, 1929, in: ders., Theologische Entwürfe, hg. v. R. Widmann, TB 50, München 1973, 10–74, 10.

erfahrung, Lebenspraxis und wissenschaftlicher Durchdringung"[138]. In Luthers Antwort auf die Grundfrage des Menschen, „daß allein (der) Glaube uns gerecht mache"[139], ist 1. das Problem des Durchbruchs der reformatorischen Erkenntnis angesprochen und 2. ein neues Schrift- und Theologieverständnis enthalten.

1. Mit der Frage nach dem *Durchbruch der reformatorischen Erkenntnis* sticht man in ein Wespennest hinein.[140] Wer indessen dieses Problem wegen der drohenden Gefahren meidet, dem entgeht Entscheidendes.[141] Notwendig ist es allerdings, die Schilderung des Durchbruchs in der von Luther gegebenen Begrenzung zu erfassen.[142]

Erst in relativ späten Selbstzeugnissen hat sich Luther über seine Entdeckung der Gerechtigkeit Gottes geäußert.[143] Die einzige von ihm selbst geschriebene Passage über seinen Durchbruch enthält die Vorrede zum ersten Band seiner gesammelten lateinischen Schriften aus dem Jahr 1545.[144] Die Schilderung des Durchbruchs ist eingeflochten und fällt aus

---

138 H. A. Oberman, Luther. Mensch zwischen Gott und Teufel, Berlin ²1983, 167.

139 S. o. Anm. 134. Ganz ähnlich antwortet er 20 Jahre zuvor; zitiert oben Anm. 7.

140 Überblick über die Lit. und den Stand der Forschung bei: O. H. Pesch, Zur Frage nach Luthers reformatorischer Wende, in: B. Lohse (Hg.), a. a. O. (Anm. 10), 1968, 445–505; ders., Neuere Beiträge zur Frage nach Luthers „Reformatorischer Wende", in: B. Lohse (Hg.), Der Durchbruch der reformatorischen Erkenntnis bei Luther. Neuere Untersuchungen, VIEG B 25, Stuttgart 1988, 245–341.; K.-H. zur Mühlen, Zur Erforschung des „jungen Luther" seit 1876, LuJ 50 (1983), 48–125, bes. 86 ff.; A. McGrath, Luther's Theology of the Cross, Oxford 1994, 141–147; B. Lohse, Luthers Theologie in ihrer historischen Entwicklung und in ihrem systematischen Zusammenhang, Göttingen 1995, 97–110, bes. 98–102.

141 Es ist unsachgemäß, daß die Monographien zu Luthers Amtsverständnis den reformatorischen Durchbruch übergehen. Niemand vermag Luthers Aussagen über das Amt ohne dessen Interpretation des Evangeliums theologisch nachzuvollziehen.

142 Mit R. Schwarz, Luther, KIG 3, I, Göttingen 1986, 29.

143 Vgl. z. B. WA.TR 2, Nr. 1351; WA.TR 3, Nr. 3232; WA.TR 4, Nr. 4007; WA.TR 5, Nr. 5553; ferner aus der Vorlesung über die Genesis WA 43, 537, 12–15.

144 Darauf hat E. Stracke (Luthers großes Selbstzeugnis 1545, SVRG 140, Leipzig 1926, 119 f.) mit Recht hingewiesen. Text: WA 54, (176) 179–187 (StA 5, (618) 624–638). „Daß Luthers großer Altersrückblick eine Vorrede ist, hat man zwar als eine Selbstverständlichkeit nie in Abrede gestellt. Es ist aber auch nie die richtige Folgerung aus diesem Umstand gezogen worden." (R. Schäfer, Zur Datierung von Luthers reformatorischer Erkenntnis, 1969, in: B. Lohse (Hg.), a. a. O. (Anm. 140), 1988, 134–153, 136.) Von Schäfers Untersuchung ist auszugehen; er hat das literarische Genus der Vorrede angemessen berücksichtigt.

dem Kontext der Vorrede etwas heraus.[145] Sie ist zugleich nüchterner Werkstattbericht und emphatisches Bekenntnis. Sie enthält (1.1.) eine Rückblende mit drei abgestuften Zeitangaben (185, 12–17), (1.2.) einen zweiten Abschnitt über Luthers Haß gegen Gott (185, 17 – 186, 2), den inhaltlich aufschlußreichsten (1.3.) Abschnitt über die Gerechtigkeit Gottes (186, 3–13) und am Schluß (1.4.) die Bezugnahme auf Augustin (186, 14–29). 1.1. Ausgangspunkt der Rückblende ist, daß sich Luther in die Zeit des Beginns der zweiten Psalmenvorlesung zurückversetzt (185, 12; vgl. 186, 21), die er wahrscheinlich im Frühjahr 1519 aufgenommen hat.[146] Von dort blickt er auf seine Vorlesungen über die Briefe an die Römer, Galater und Hebräer zurück (185, 13 f.), gehalten vom Wintersemester 1515 bis Ostern 1518. Dahinter greift Luther schließlich drittens auf die Zeit vor der Römerbrief-Vorlesung zurück: „Es war gewiß wunderbar, wie ich von brennendem Eifer gefangen gewesen war,[147] Paulus im Römerbrief zu verstehen; aber nicht Kaltherzigkeit hatte mir bis dahin im Wege gestanden, sondern ein einziges Wort, das im ersten Kapitel steht (1,17): ‚Die Gerechtigkeit Gottes wird in ihm (sc. dem Evangelium) offenbart.'‟[148]

Die drei zeitlichen Abstufungen der Rückblende weisen mithin in die Zeit der Vorbereitung auf die Vorlesung über den Römerbrief: Frühjahr-Sommer 1515. Luther steckt indessen lediglich den zeitlichen Rahmen ab; ein Datum nennt er nicht. 1.2. Luther hat seinen Haß gegen Gott und das Wort „Gerechtigkeit Gottes‟ (185, 17 f.) *vor* Gott ausgetragen (185, 22). In seinen Ausführungen meldet sich der *wirkliche* Atheismus zu Wort (bes. 185, 25–28).[149] Diesem liegt im Fall Luthers das philosophische und moralische Verständnis der Gerechtigkeit Gottes zugrunde,[150] das das biblische zugedeckt hat.

---

145 WA 54, 185, 12–186, 29. Die folgenden Stellenangaben o. im Text beziehen sich auf WA 54.

146 Gegen M. Brecht, Martin Luther, Bd. 1, Stuttgart ³1990, 130; mit Hammer, a. a. O. (Anm. 135), 108–113, 221–223.

147 „captus fueram‟ wird nicht als ein Plusquamperfectum imperfectum (so WA 54, 185, Anm. 4), sondern als ein Plusquamperfectum ulterius aufgefaßt (vgl. StA 5, 635, Anm. 124); gegen K. Aland, Der Weg zur Reformation, TEH NF 123, München 1965, 49 f.

148 WA 54, 185, 14–17. Übers.

149 „Gott leugnen heißt nicht irgendwelche atheistische Parolen aufstellen . . ., sondern es heißt in erster Linie: In seinen eigenen Taten und Leistungen Frieden suchen‟ (H. J. Iwand, Leben und Lehre, Königsberg/Pr. 1931, 8 f.).

150 Nach diesem Verständnis ist „Gerechtigkeit die Tugend, die einem jeden zuteilt, was sein ist‟ (Übers. von WA 2, 503, 35). Unter der „aktiven‟ Gerechtigkeit Gottes hat

1.3. „Bis sich Gott meiner erbarmte, daß ich, bei Tag und Nacht darüber sinnend, auf den Zusammenhang der Worte achtgab."[151] Mit diesem Satz hält Luther fest, worin der Durchbruch besteht, nämlich in der völlig undramatischen Lösung, dem Achtgeben auf den Zusammenhang der Worte in Röm. 1,17, eines höchst dramatischen Konflikts mit Gott um dessen Gerechtigkeit. Der Durchbruch beruht auf dem Nachvollzug dessen, was geschrieben steht, ist also Auslegung – belastet mit dem ganzen Gewicht der Heilsfrage. Die Heilsfrage ist exklusiv an die Schriftauslegung gebunden, und die Schrift legt Luther das Sein vor Gott aus, und zwar vor dem Forum seines auf den Zusammenhang der Worte achtenden Gewissens. Das Reformatorische liegt in der Koinzidenz von Wahrheit der Heiligen Schrift, zugespitzt auf die Frage nach der Gerechtigkeit Gottes, und der Antwort auf die Grundfrage des Menschen, ob und wie er vor Gott leben kann.[152] Die Zusammengehörigkeit der beiden Vershälften von Röm. 1,17 sahen bereits andere vor Luther.[153] Aber wer vernimmt daraus die Antwort auf die sein Leben entscheidende Frage? Das konnte Luther bei den mittelalterlichen Theologen nicht feststellen.[154]

1.4. Nachdem ihm jene Paulus-Stelle das Tor zum Paradies geworden sei, habe er Augustins Schrift „Über den Geist und den Buchstaben" gelesen, berichtet Luther.[155] Wider Erwarten *(praeter spem)* verstehe auch Augustin

---

Luther also Gottes richterliche Tätigkeit verstanden (mit Hermann, a. a. O. (Anm. 136), 234).

151 WA 54, 186, 3 f.: „Donec miserente Deo meditabundus dies et noctes connexionem verborum attenderem."

152 Die Frage, ob „der reformatorische Durchbruch primär als Erlebnis und sekundär als Erkenntnis oder primär als Erkenntnis und sekundär als Erlebnis interpretiert werden (muß)" (B. Lohse, Vorwort, in: ders. (Hg.), a. a. O. (Anm. 10), 1968, XI), bringt eine Scheinalternative zum Ausdruck. Ist doch die Pointe gerade, daß der reformatorische Durchbruch nach Luthers Selbstzeugnis beides *zugleich* ist!

153 H. Denifle suchte dafür den Nachweis zu erbringen (Die abendländischen Schriftausleger über Röm. 1,17, Mainz 1905). Diese Mühe hätte er sich ersparen können. Denifles Polemik stößt ins Leere.

154 Daher gewann Luther „gegenüber diesem einhelligen Zeugnis der scholastischen Theologie seine Auffassung der iustitia dei nicht dadurch, daß er an noch vorhandene Reste der augustinischen exegetischen Tradition anknüpfte, sondern durch ein neues selbständiges Bibelverständnis" (H. Bornkamm, Iustitia dei in der Scholastik und bei Luther, 1942, in: ders., Luther. Gestalt und Wirkungen, SVRG 188, Gütersloh 1975, 95–129, 115).

155 WA 54, 186, 15 f. – Augustin, De spiritu et littera, 412, PL 44, 201–246 und CSEL 60, 155–230. Vgl. H.-U. Delius, Augustin als Quelle Luthers, Berlin 1984, bes. 171–174.

unter Gerechtigkeit Gottes die, „mit der uns Gott bekleidet, indem er uns rechtfertigt"[156]. Dies sei allerdings noch unvollkommen gesagt, was die Anrechnung der Gerechtigkeit betreffe.[157]

Es wird aus dem Selbstzeugnis von 1545 deutlich, daß der reformatorische Durchbruch eine einmal gewonnene[158], die Gewissensnot wendende, aus dem Zusammenhang der Worte von Röm. 1,17 erschlossene, schlechthin entscheidende und fortan leitende Erkenntnis darstellt, durch die Luther seinen Konflikt mit Gott als von Christus zu seinen Gunsten gelöst wahrnimmt, so daß er im Glauben an das Evangelium um Christi willen vor Gott leben kann. Das Erkennen *(intelligere)* meint die Einsicht in den Zusammenhang der Worte und *zugleich* einen neuen Stand vor Gott, in den sich der Erkennende zu seiner eigenen Überraschung durch den Glauben versetzt sieht.

Als zeitlicher Rahmen ergibt sich aus dem Selbstzeugnis für den reformatorischen Durchbruch das Jahr 1515[159]. Für diese Hypothese spricht

---

156 WA 54, 186, 17 f. – Wörtlich sagt Augustin, De spir. et litt. 9, 15, PL 44, 209: „iustitia dei, non qua deus iustus est, sed qua induit hominem, cum iustificat impium" = Gerechtigkeit Gottes – nicht die, durch die Gott (in sich selbst) gerecht ist, sondern die, mit der er den Menschen bekleidet, indem er den Gottlosen rechtfertigt.

157 WA 54, 186, 18 f. *(imputatio)*. Der Imputationsbegriff fehlt in Luthers erster Psalmenvorlesung (vgl. E. Vogelsang, Die Anfänge von Luthers Christologie nach der ersten Psalmenvorlesung, AKG 15, Berlin / Leipzig 1929, 87). Es dominiert noch der Konformitätsgedanke (mit E. Vogelsang, Der angefochtene Christus bei Luther, AKG 21, Berlin / Leipzig 1932, 99). Luther hat also nicht „das paulinische Evangelium aus den Psalmen heraus(geholt)" (so K. Holl, Gesammelte Aufsätze zur Kichengeschichte, Bd. I: Luther, Tübingen ⁶1932, 546; Holl folgen – in modifizierter Form – E. Hirsch, E. Vogelsang u. a.). Das hat Luther erst ansatzweise getan, ausgebildet dann in der Vorlesung über den Römerbrief (gegen die Deutung dieser Vorlesung bei Bizer, a. a. O. (Anm. 10), 23–52; M. Brecht, Iustitia Christi. Die Entdeckung Martin Luthers, ZThK 74 (1977), 179–223, bes. 204–212; ders., Römerbriefvorlesungen Martin Luthers, in: Paulus, Apostel Jesu Christi. FS für Günter Klein, Tübingen 1998, 207–225, 207 f.; u. a.).

158 Gegen Iwand, a. a. O. (Anm. 6), 112–128, bes. 124, ist mit H. Bornkamm, a. a. O. (Anm. 154), 116, festzuhalten, daß die biographische Fragestellung durch die hermeneutische nicht aufgehoben ist und daß es im Widerspruch zu dem Befund der Quellen steht, die Einmaligkeit des Durchbruchs zugunsten eines theologischen Entwicklungsprozesses einzuebnen. Beide Fragestellungen gehören zusammen; sie dürfen nicht methodisch gegeneinander ausgespielt werden.

159 Wenn Bizer die Entdeckung auf Frühjahr / Sommer 1518 ansetzt und meint, die Entdeckung bestehe darin, daß Luther das Wort Gottes als das Gnadenmittel entdeckt habe (a. a. O. (Anm. 10), 7 u. ö., bes. 167), so mag es eine „Entdeckung" dieser Art zu dem entsprechenden Zeitpunkt gegeben haben, aber es ist nicht die, von der Luther in

auch Luthers Bezugnahme auf Augustin[160]. In Luthers Rückblicken wird indessen kein Datum genannt. Es deutet nichts darauf hin, daß er es selbst noch wußte. Der Ort, an dem sich Luther das evangeliumsgemäße Verständnis der Gerechtigkeit Gottes erschloß, war wohl seine Studierstube im Turm des Wittenberger Klosters.

2. „Da zeigte mir sogleich die *ganze Schrift* ein anderes Gesicht."[161] Wer die Zusammengehörigkeit von zwei Vershälften erkennt,[162] hat keinen Grund zu besonderem Überschwang. Aber Luther erschloß sich in der Erkenntnis des Zusammenhangs der Worte, wer *Gott* ist und daß seine Gerechtigkeit als heilschaffende Macht im Evangelium von Jesus Christus offenbart wird. Nicht durch die Summierung ihrer Teile öffnet sich die Schrift, sondern durch die Erkenntnis dessen, den sie bezeugt: Gott[163].

---

seinem Selbstzeugnis redet (so mit Recht G. Rupp, Rez. E. Bizer, Fides ex auditu, ZKG 71 (1960), 351–355). Denn wenn man die Kriterien aus dem Selbstzeugnis auf die Auslegung von Röm. 1,17 anwendet, dann läßt sich der Nachweis nicht führen, Luther vertrete in der Vorlesung über den Röm. ein vorreformatorisches Verständnis der Gerechtigkeit Gottes. Die Meinung, Luther halte in ihr an dem juristischen, aristotelischen Begriff der Gerechtigkeit eindeutig fest (so Bizer, a. a. O., 28) und vertrete eine durch und durch philosophische Theologie (so Bayer, a. a. O. (Anm. 18), 339), widerspricht dem Befund der Quelle und beruht auf dem Vorverständnis der Interpreten. Die Polemik gegen Aristoteles und das philosophisch-juristische Verständnis der Gerechtigkeit Gottes sowie gegen die Philosophie im allgemeinen ist vielmehr ein fester Bestandteil der Vorlesung (vgl. z. B. WA 56, 255, 18 f. 287, 16. 355, 13. 371, 17–21).

160 Außerordentlich häufig hat Luther Augustins *De spiritu et littera* in der Römerbrief-Vorlesung angeführt (vgl. B. Lohse, Die Bedeutung Augustins für den jungen Luther, 1965, in: ders., Evangelium in der Geschichte (I), hg. v. L. Grane u. a., Göttingen 1988, 11–30, bes. 22 f.; ferner D. Demmer, Lutherus interpres, UKG 4, Witten 1968, 169 ff.).

161 WA 54, 186, 9 f. Übers. Hervorhebung von mir.

162 „Gerechtigkeit Gottes" (Röm. 1,17 a) und „Glaube" (V. 17 b) sind in diesem Vers korrelativ aufeinander bezogen, nicht ist „Gerechtigkeit Gottes" von 1,18 her zu deuten (vgl. WA.TR 5, 235, 1–8 (Nr. 5553) und dazu G. Pfeiffer, Das Ringen des jungen Luther um die Gerechtigkeit Gottes, 1959, in: B. Lohse (Hg.), a. a. O. (Anm. 10), 1968, 163–202, 182). Gemäß der *connexio verborum* in Röm. 1,17 ist „Gerechtigkeit Gottes" die, „durch die der barmherzige Gott gerecht macht durch den Glauben" (WA 54, 186, 7; Übers.). Daß diese Deutung zutrifft, wird Luther aus einem Vergleich mit anderen Genitivverbindungen in der Bibel bestätigt (a. a. O., Z. 12 f.).

163 Der Einwand von J. Lortz, Die Reformation als religiöses Anliegen heute, Trier 1948, 137 ff., Luther sei nicht „Vollhörer der Bibel" gewesen, ist abwegig; denn auf wen soll der Mensch in der Bibel hören, wenn nicht auf Gott?

Die Entdeckung des Evangeliums durch das Achtgeben auf den Zusammenhang der Worte des apostolischen Zeugnisses öffnet die Schrift durch das Evangelium und bestätigt die das Evangelium bezeugende Schrift als die einzige Autorität in Kirche und Theologie. In dieser Entdeckung ist zugleich der Konflikt mit einer Kirche angelegt, die sich von der Schrift entfernt oder gar über sie erhoben hat.

Für Luther stellt nicht die Frage, ob Gott ist, sondern ob und wie der Mensch vor ihm bestehen kann, die Grundfrage des Menschen dar. Nur wenn die Daseins- und die Heilsfrage zusammenfallen, vermag die Antwort auf die Heilsfrage die Daseinsangst zu überwinden.[164] Durch die Zuordnung aller theologischen Probleme auf die *eine* Frage, wie der Mensch vor Gott bestehen kann, und das beharrliche Insistieren darauf, daß die Heilige Schrift allein die Antwort darauf weiß, hat Luther den *Modus loquendi theologicus seu apostolicus*[165] zurückgewonnen. Charakteristisch für diesen Modus ist, daß die Heils- und Wahrheitsvergewisserung durch die Auslegung der Heiligen Schrift erfolgt. In dieser reformatorischen Position sind zwei Negationen enthalten: (1.) Die von dem Sein vor Gott absehende Schriftauslegung ist Tändelei, gleichviel, ob sie den vierfachen Schriftsinn des Mittelalters oder die historisch-kritische Methode der Neuzeit anwendet. (2.) Der Mensch, der sein Verhältnis zu Gott unter Mißachtung des biblischen Zeugnisses zu bestimmen sucht, verfehlt das Heil, das in der Rechtfertigung des Gottlosen für ihn beschlossen liegt.

Der eigentliche Gegenstand der Theologie ist „der schuldige und verdammte Mensch und der rechtfertigende Gott und Heiland"[166]. Mit der

---

164 „Wenn nicht beides in eins fällt: die Heils- und die Daseinsgewißheit, dann gibt es *keine* Gewißheit", führt H. J. Iwand im Blick auf die Spätscholastik *und* den Neuprotestantismus aus (Glauben und Wissen, hg. v. H. Gollwitzer, NW 1, München 1962, 108).

165 WA 56, 334, 14 ff. Die sachgerechte Übers. der Formel ist schwierig. Z. 14 f. läßt sich so wiedergeben: „Die Weise *(modus)*, wie der Apostel redet, ist der Weise, wie man metaphysisch oder moralisch redet, entgegengesetzt." An den apostolischen *Modus* knüpft die reformatorische Theologie in bewußtem Gegensatz zur metaphysischen Theologie und Moralphilosophie an. Vgl. z. St. Grane, a. a. O. (Anm. 9), 95 f. E. Schlink beklagt zu Recht, dieser *Modus* sei nach Luthers Tod alsbald wieder verlorengegangen (Weisheit und Torheit, KuD 1 (1955), 1–22, bes. 7).

166 WA 40 II, 328, 1 f. Übers. Was außerhalb dieses Gegenstandes behandelt werde, sei „gänzlich Irrtum und Eitelkeit in der Theologie" (a. a. O., Z. 3; im Druck von 1538 steht sogar „error et venenum" = „Irrtum und Gift" (a. a. O., 328, 19 f.).

Rechtfertigungslehre hat Luther als Ausleger der Heiligen Schrift dargelegt, daß der vor Gott schuldige Mensch um der Selbsthingabe Jesu Christi willen vor Gott im Glauben an das Evangelium *lebt*.

3.2.2. Aspekte der Rechtfertigungslehre

In der auf Röm. 3,28 und 3,26 basierenden Grundaussage (BSLK 415, 14–17) ist die reformatorische Theologie in nuce enthalten. Hervorzuheben sind vor allem (1.) das Verständnis des Menschen, das sich aus der Abgrenzung des Glaubens gegen das Werk ergibt; ferner grundlegende Aspekte der (2.) Soteriologie und Christologie, der (3.) Gotteslehre, schließlich der (4.) Imputations- und Wortlehre.

1. Dem *Gegensatz von Glaube und Werk* pflegt man keine Beachtung zu schenken, als wäre er selbstverständlich. Aber verstünde er sich wirklich von selbst, würde ihn Luther im Gefolge des Paulus nicht immer wieder betonen. Sagt er doch nicht, der Glaube rechtfertige, sondern *allein* der Glaube[167], und diese erweiterte Aussage präzisiert er zumeist noch durch formelhafte Wendungen wie „on alle werk"[168] oder „mit keinem Werk"[169]. Hat er 1515/16 gegen Aristoteles und die aristotelischen Denkvoraussetzungen der scholastischen Theologie auf der Vorordnung des Glaubens vor allen Werken insistiert,[170] so hält er daran in den Schmalkaldischen Artikeln unbeirrbar fest und unterstreicht gerade in den dreißiger Jahren den Gegensatz von Glaube und Werk, und zwar nicht nur in der Vorlesung über den Galaterbrief (1531), sondern auch und vor allem in den Disputationen. Was ist gemeint? Mit diesem Gegensatz wird die prinzipielle Negation des Menschen als des Gestalters seiner selbst ausgesprochen, die radikale Kritik des Persönlichkeitsideals[171], das sich auf den sittlichen Tugenden aufbaut und darauf beruht, daß der Mensch seinen Selbstwert

---

167 Das „allein" fügt er bekanntlich sogar in die Übersetzung von Röm. 3,28 ein und rechtfertigt diese Übersetzung 1530 im *Sendbrief vom Dolmetschen* ausdrücklich als sachgerecht (WA 30 II, 636, 11 ff.).

168 Vgl. z. B. WA 7, 23, 27 f.

169 BSLK 415, 14 f.

170 Nachweis o. Anm. 9. Bei dieser Vorordnung geht es „nicht um die Ablehnung der Werke, sondern um die Ablehnung der Wertung der Werke (aestimatio operum)" (Iwand, a. a. O. (Anm. 79), 60).

171 Vgl. Iwand, a. a. O. (Anm. 6), 38–54.

aus den Werken gewinnt. „Wer aber möchte diese Lästerung ertragen, daß unsere Werke uns erschaffen oder daß wir Geschöpfe unserer Werke seien!"[172] „Wie es mithin blasphemisch ist zu sagen, daß man selbst sein eigener Gott, sein Schöpfer oder Erzeuger sei: so blasphemisch ist es (anzunehmen), man werde gerechtfertigt durch seine Werke."[173] Luther meint also, daß der Mensch mit der Selbstbewertung aus seinen Werken Gottes Gottheit usurpiert,[174] um sich zum Bildner seiner selbst zu machen. Dadurch aber wird Gott zum Götzen erklärt.

1.1. Das Verständnis des Menschen, das aus der Abgrenzung des Glaubens gegen das Werk gewonnen wird, mündet in das Verständnis der *Sünde* ein.[175] Das Sündersein des Menschen wird offenbar in dem Verhältnis, das er zu seinen Werken einnimmt. Erwartet er von ihnen die Rechtfertigung, liegt darin der Erweis, daß er im Verhältnis zu sich selbst an die Stelle Gottes getreten ist. Das ist ihm jedoch keineswegs bewußt! Im Gegenteil, die menschliche Natur, die durch die „Hauptsünde" korrumpiert ist, kann sich eine Rechtfertigung, die jenseits der Werke liegt, gar nicht vorstellen.[176] Dieses Sündersein – nicht die Akt- oder Tatsünden, die aus dem Sündersein allererst hervorgehen[177] – ist eine so „tiefe, böse Verderbnis der Natur, daß sie keine Vernunft erkennt, sondern sie muß aus der Offenbarung der Schrift geglaubt werden"[178]. Deutet man den Ausdruck „Verderbnis der Natur" nicht erbbiologisch, sondern relational, dann ist mit dem *peccatum originale* gemeint: Der Mensch steht vor Gott, aber er kann nicht vor ihm stehen, sondern er lebt abgewandt von ihm, obwohl Gott die Quelle des Lebens ist (Ps. 36,10); er ist auf der Flucht vor ihm (1. Mose 3,8), obwohl dieser Himmel und Erde erfüllt (Jer. 23,24; Ps.

---

172 Erste Disputation über Röm. 3,28, 11.9.1535, WA 39 I, 48, 24 f. Übers. der Th. 69.
173 A. a. O., 48, 28–30. Übers. der Th. 71.
174 Vgl. P. Althaus, Gottes Gottheit als Sinn der Rechtfertigungslehre Luthers, 1931, in: ders., Luther und die Rechtfertigung, Darmstadt 1971, 9–31, bes. 22.
175 Der Theologe definiert den Menschen anders als die Philosophie, nämlich als einen Sünder (WA 40 II, 327, 17 f. 21). Vgl. H. J. Iwand, „Sed originale per hominem unum". Ein Beitrag zur Lehre vom Menschen, 1946/47, in: ders., a. a. O. (Anm. 1), 1980, 171–184; B. Hägglund, Luthers Anthropologie, in: H. Junghans (Hg.), Leben und Werk Martin Luthers von 1526 bis 1546, Bd. I, Berlin / Göttingen 1983, 63–76, bes. 68.
176 So Luther in Th. 6 der *Disputatio de iustificatione,* 1536, WA 39 I, 82, 15 f. „Hauptsünde" ist die Verdeutschung von *peccatum originale* nach ASm III, 1 (BSLK 433, 16).
177 Vgl. BSLK 434, 1 ff.
178 A. a. O., 434, 8–10. Mod. Schriftbelege: Röm. 5,12(–19); Ps. 51,6 f.; 2. Mose 33,20 und 1. Mose 3,6(–19). Vgl. ferner bes. WA 39 I, 84, 10 f.

139). Er kann „nicht wollen, daß Gott Gott ist; er möchte vielmehr, daß *er* Gott und Gott nicht Gott ist"[179]. Aber er hört in dem Griff nach Gottes Gottheit nicht auf, Geschöpf zu sein, sondern bezieht sich vielmehr auf sich selbst zurück.[180] Er verfehlt seine Geschöpflichkeit durch den verzweifelten Versuch, über sie hinauszukommen und wie Gott zu sein. So verstanden kommt die Hauptsünde in dem Festgelegtsein auf eine falsche Richtung zum Ausdruck. Der Mensch kann diese nicht ändern; denn sie wird ja gerade aus ihm selbst, seinem Personzentrum und Willen immer wieder aufs neue herausgesetzt, und zwar aus der „Notwendigkeit" heraus,[181] das eigene Dasein durch Werke rechtfertigen zu müssen. Er ist frei in der Wahl der Werke, durch die er sich rechtfertigt, aber unfrei gegenüber der Grundausrichtung und Erwartung, er werde durch Werke gerechtfertigt.

In der Lehre vom unfreien Willen findet dieses Sündenverständnis seinen angemessenen theologischen Niederschlag.[182] Unter der Unfreiheit des Willens versteht Luther nicht, dieser könne nichts tun, sondern er sei vielmehr geschäftig – aber in der Gefangenschaft des Teufels[183]. „Wenn der Mensch die Größe der Sünde fühlte, würde er keinen Augenblick länger leben, solche Gewalt hat die Sünde."[184]

Mit diesen Ausführungen ist die reformatorische Lehre von der Sünde keineswegs erschöpfend dargestellt, sondern lediglich *ein* Aspekt hervorgehoben. Dieser ergibt sich aus der Abgrenzung des Glaubens gegen das Werk und gehört zum Verständnis des Werks Jesu Christi unabdingbar hinzu. Denn ist der Mensch frei, sich selbst und sein Verhältnis zu Gott aus eigener Vernunft und mit gutem Willen zu gestalten, dann „ist Christus vergeblich gestorben, weil kein Schaden noch Sünde im Menschen ist, für

---

179 Disputatio contra scholasticam theologiam, 1517, WA 1, 225, 1 f. Übers. aus Th. 17.

180 Vgl. WA 56, 258, 23–28 u. 356, 5 f.: „homo incurvatus in se". Diese *curvitas* umfaßt Leib *und* Geist.

181 Luther spricht von einer *necessitas operum* (zu Gal. 5,2, 1519, WA 2, 562, 31 f.; vgl. z. St. Iwand, a. a. O. (Anm. 1), 102).

182 Vgl. WA 56, 235, 25–35; WA 1, 147, 10 ff., bes. 38 f.; vor allem aber WA 1, 359, 33; WA 7, 142, 23; WA 18, 756, 6–8; BSLK 434, 13 ff., bes. 17 f.

183 Vgl. WA 7, 446, 12–14 und 447, 12; ferner BSLK 433, 15. Zu dem „theologischen Ort des Teufels" bei Luther vgl. H.-M. Barth, Der Teufel und Jesus Christus in der Theologie Martin Luthers, FKDG 19, Göttingen 1967, bes. 13 und 208–210. Nach Barth ist dieser Ort zentral und ergibt sich aus dem Christusverständnis und Gottesbild des Reformators.

184 Luther in der Promotionsdisputation v. J. Marbach, 1543, WA 39 II, 210, 20–22. Übers.

die er hätte sterben müssen"[185]. Das Sündenverständnis sowie die Negation der Selbstbewertung des Menschen aus seinen Werken beruht bei Luther auf der Position, daß Christus für den Menschen genuggetan hat. Denn mit dem kontradiktorischen Gegensatz von Glaube und Werk, wie er in der Formel *sola fide* enthalten ist, stellt der Reformator auch und vor allem die völlige Genugsamkeit und Exklusivität des Heilswerkes Jesu Christi heraus. Das wirft die Frage auf, wie Luther das Werk und die Person Jesu Christi gedeutet hat.

2. Gerade dadurch, daß Luther das *Christusverständnis* rechtfertigungstheologisch durch den Gegensatz von Glaube und Werk expliziert, erschließt er die Tiefe und Fülle der biblischen und altkirchlichen Christusverkündigung. Welche (2.1.) soteriologischen und (2.2.) christologischen Begriffe, Titel und Metaphern gebraucht er? Er hat sich keine Beschränkungen auferlegt. Das muß aber die folgende kurze Darstellung tun und sich auf die wichtigsten konzentrieren.

2.1. Luther hat Gottes Menschwerdung und Epiphanie in Jesus Christus als rettendes Handeln interpretiert und verkündigt. Seine *Soteriologie* kulminiert in der Deutung des Todes und der Auferweckung Jesu Christi. Im Zentrum dieser Deutung und Verkündigung steht das Bild vom „fröhlichen Wechsel".

In der Scholie zu Röm. 2,15 führt Luther aus,[186] der Mensch nehme, wenn seine Gedanken ihn verklagten, seine Zuflucht zu Christus und spreche: „Hier ist der, der genuggetan hat *(satisfecit),* der gerecht ist, der meine Verteidigung ist, der für mich gestorben ist *(pro me mortuus est),* der seine Gerechtigkeit zu der meinigen und meine Sünde zu der seinigen gemacht hat. Hat er meine Sünde zu der seinigen gemacht, so habe ich sie nicht mehr und bin frei. Wenn er aber seine Gerechtigkeit zu der meinigen

---

185 BSLK 435, 12–14 (mod.); vgl. 434, 13–16.

186 Nach J. Rogge gebraucht Luther in dieser Scholie „zum ersten Mal sein Bild vom fröhlichen Wechsel" (Anfänge der Reformation, KGE II, 3–4, Berlin ²1985, 121). Aber dieses Motiv war schon im Mittelalter und in der Alten Kirche bekannt, und Luther gebraucht es von den Anfängen (1509) bis ans Lebensende (so Th. Beer, Der fröhliche Wechsel und Streit. Grundzüge der Theologie Luthers, 2 Bde., Leipzig 1974, Bd. 1, 2–16, 264). Die Arbeit von Beer ist hilfreich bei der Erschließung der Quellen, aber begrifflich zu unscharf, (auch in der überarb. 2. Aufl. Einsiedeln 1980). Vgl. ferner W. Allgaier, Der „fröhliche Wechsel" bei Martin Luther, Diss. Erlangen-Nürnberg 1966, und neuerdings U. Rieske-Braun, Duellum mirabile, FKDG 73, Göttingen 1999.

gemacht hat, so bin ich nunmehr gerecht in derselben Gerechtigkeit wie er. Meine Sünde aber kann ihn nicht verschlingen, sondern sie wird verschlungen vom unendlichen Abgrund seiner Gerechtigkeit, ist er doch selbst Gott, gepriesen in Ewigkeit."[187] Die Rechtfertigung wird als der lebendige Vorgang beschrieben, durch den die Gerechtigkeit Gottes infolge des Austausches der Sünde des Sünders mit der Gerechtigkeit Jesu Christi „einen neuen geschichtlichen Träger (bekommt)"[188]. Das Fundament der Rechtfertigung ist die Genugtuung. Diese beruht darauf, daß Christus „für mich gestorben ist". Ohne dieses Sterben wäre der Rechtfertigung der Boden entzogen. Aber durch Christi Tod ist sie fest gegründet; denn Christus ist Gott selbst. Die Frucht des satisfaktorischen Todes Jesu ist die Freiheit. Diese gründet darin, daß der Glaubende gerecht ist in derselben Gerechtigkeit *(eadem Iustitia)* wie Christus, also in der Einheit mit Christus aufgrund der Selbstübereignung Christi.

An Georg Spenlein, Augustiner-Eremit in Memmingen, schreibt Luther: „Darum, mein lieber Bruder, lerne Christus, und zwar den Gekreuzigten. Lerne ihm lobsingen und an dir selbst verzweifeln; zu ihm aber sprich: Du, Herr Jesus, bist meine Gerechtigkeit, ich aber bin deine Sünde; du hast angenommen, was mein ist, und mir gegeben, was ich nicht war."[189] In der Vorstellung eines Wechsels sind zwei Aspekte enthalten. Einmal wird mit „Wechsel" der Vollzug des Austauschs von Sünde und Gerechtigkeit, Tod und Leben durch die Lebenshingabe des sündlosen Jesus für die Sünder ausgedrückt. Das ist der Tataspekt. Er veranschaulicht Gottes Heilshandeln am Kreuz Jesu Christi. Zum anderen steht das Bild vom „fröhlichen Wechsel" für das elementare Sprachgeschehen des

---

187 WA 56, 204, 17–23. Übers. Nach der Lektüre dieser Scholie schreibt Iwand am 5.8.1921 an seinen theologischen Lehrer: „An solchen Stellen könnte man wirklich aufspringen und vor Freude wer weiß was tun." (H. J. Iwand, Briefe an Rudolf Hermann, hg. v. K. G. Steck, NW 6, München 1964, 44; vgl. J. Seim, Hans Joachim Iwand, Gütersloh 1999, 29.)

188 R. Hermann, Das Verhältnis von Rechtfertigung und Gebet nach Luthers Auslegung von Römer 3 in der Römerbriefvorlesung, 1925, in: ders., Gesammelte Studien zur Theologie Luthers und der Reformation, Göttingen 1960, 11–43, 20.

189 Nr. 11, 8.4.1516, WA.B 1, 35, 24–27. Übers. Dieser Brief enthält durchaus nicht die „deutlichste Anzeige eines Konflikts" (so Brecht, a. a. O. (Anm. 157), 1977, 191). Wenn Luther sagt, er habe noch nicht ausgekämpft (WA.B 1, 35, 22 f.), so ist diese Aussage nicht im Sinn eines noch nicht erfolgten Durchbruchs zu verstehen, sondern im Sinn von Phil. 3,12, drückt er sich doch auch später ähnlich aus, z. B. 1531 (WA 40 I, 41, 7 f.) und noch auf dem Sterbebett 1546 (WA.TR 5, Nr. 5677).

Glaubens: das Gebet. In ihm wendet der Beter sich an Christus und nimmt in Anspruch, was Christus für ihn getan hat, und lädt zugleich die eigene Sünde und die Sorge um das Heil auf Christus ab. Das ist der Wortaspekt. Im worthaften Nachvollzug wird der tathafte Vollzug des Wechsels von Sünde und Gerechtigkeit, der am Kreuz Christi ein für allemal Ereignis geworden ist, heute zum konkreten Widerfahrnis. Darin ist er das Gegenstück zu dem steten Widersprechen, das Gott von denen widerfährt, die auf ihrer Selbstrechtfertigung beharren.[190] Wird der Austausch von Sünde und Gerechtigkeit als „fröhlicher Wechsel" bezeichnet, könnte jener „kriegerische Gerichtshandel" auch als verzweifelte Besitzstandswahrung bezeichnet werden.

Die Fülle der Belege würde eine eigene Darstellung erforderlich machen. Repräsentativ dürfte die Stelle aus dem Freiheitstraktat 1520 sein;[191] aus der späteren Schaffensperiode sind die Auslegungen von Gal. 3,13 (1531) und Jes. 53 (1544) hervorzuheben.[192] Ich beschränke mich im folgenden auf Luthers Deutung des Todes Jesu Christi nach seiner Auslegung von Gal. 3,13 aus dem Jahr 1531.

„Der Nachdruck", stellt Luther zu Beginn der Auslegung fest, liegt auf der „particula ‚pro nobis'"[193]. „Denn Christus ist, was seine Person betrifft, unschuldig *(innocens)*." (433, 17 f.) Folglich mußte er nicht für sich am „Holz hängen", sondern „weil er die Person des Sünders und Räubers, und zwar nicht eines einzelnen, sondern aller Sünder und Räuber vertreten hat" (433, 20 f.). „Christus hat alle unsere Sünden auf sich genommen und ist für sie am Kreuz gestorben." (433, 23 f.) „Alles in allem: Christus ist der,

---

190 S. o. Anm. 19 und 20.

191 WA 7, 25, 26–26, 12, bes. 25, 34 und 26, 4–6. Der „fröhliche Wechsel" ist das „Kernstück des Traktates" (W. Maurer, Von der Freiheit eines Christenmenschen, Göttingen 1949, 68). Gegen Maurers Verhältnisbestimmung von altkirchlicher und reformatorischer Christologie (ebd., 51–55) hat E. Wolf mit Recht kritische Bedenken geäußert (Wolf, a. a. O. (Anm. 92), 1936/1962, 54–57).

192 In der Auslegung von Jes. 53,6 leitet Luther die Passage über den „fröhlichen Wechsel" wie in der Scholie zu Röm. 2,15 mit „Hic" ein (vgl. WA 40 III, 721, 1 f. mit WA 56, 204, 17 ff.). Es signalisiert 1544 wie 1515/16, daß die Argumentation ihren Höhepunkt erreicht und daß der verschlungene Knoten sich löst. Die Grenze zwischen Argumentation und Predigt ist in beiden Stellen fließend.

193 WA 40 I, 433, 16 f. Die folgenden Quellenbelege im Text sind WA 40 I entnommen und aus dem Lat. übers. Übers.: H. Kleinknecht: Luthers Galaterbrief-Auslegung von 1531, Göttingen 1980; Th. Beer / A. v. Stockhausen (Hg.), Erklärungen Martin Luthers zum Brief des hl. Paulus an die Galater, Weilheim 1998.

der an seinem Leib alle Sünden aller Menschen trägt." (433, 32) Er trägt sie nicht, weil er sie selbst begangen hätte, sondern er hat sie auf sich genommen, um mit seinem eigenen Blut für sie genugzutun (434, 12), und das nach seinem eigenen und des Vaters Willen (434, 17). Der reale Grund der Rechtfertigung ist also, daß Christus von *Gott* für uns zu etwas „gemacht" worden ist, was er nicht war: zum „Fluch" (Gal. 3,13; vgl. 2. Kor. 5,21, angeführt 435, 11). Schon die Menschwerdung des Sohnes steht unter dem Schatten des Kreuzes (437, 20 ff.). Infolge der von Gott gewollten und herbeigeführten Identifizierung des Christus mit allen Sündern fällt das Gesetz über ihn her und tötet ihn (438, 12 f.). Und „durch diese Tat ist die ganze Welt gereinigt und von allen Sünden entsühnt; deshalb ist auch die Freiheit vom Tod und allen Übeln (erwirkt)" (438, 13–15).[194]

In der Auslegung von Gal. 3,13 deutet Luther den Tod Jesu Christi durch den Sühnegedanken[195], die Vorstellung von der Genugtuung für die Sünden durch Christi Blut[196], den Gedanken von der Vertretung der Person des Sünders durch die Person des Christus[197], das Verständnis der Versöhnung nach 2. Kor. 5,14–21[198], den Antagonismus von Gesetz und Sünde[199] und anderes mehr. Diese Interpretamente sind der Wechselvorstellung zugeordnet, die in dieser Auslegung durch das Motiv des Kampfes besonders akzentuiert ist und als *duellum mirabile* bezeichnet wird, und dem Christologumenon *maxima persona*. Durch sie werden Werk und Person Jesu Christi von Luther wechselseitig interpretiert. Er gebraucht überkommene Metaphern, Vorstellungen und Titel, bildet gegebenenfalls auch eigene – um einen einzelnen Bibelvers zu erklären. Die Soteriologie mündet argumentativ in die Christologie ein: „Die Sünde der Welt, den Tod, den Fluch und den Zorn Gottes in sich selbst zu besiegen, das ist nicht Sache irgendeiner Kreatur, sondern das Werk der göttlichen Macht. Daher mußte jener, der in sich selbst alle (Mächte) besiegt hat, in Wahrheit und

---

194 „Nach der Theologie des Paulus ist ferner keine Sünde, kein Tod, kein Fluch mehr in der Welt, sie sind Christus (aufgeladen), der als das Lamm Gottes der Welt Sünde trägt (Joh. 1,29), der zum Fluch gemacht ist, daß er uns vom Fluch befreite (Gal. 3,13)" (WA 40 I, 445, 19–22; Übers.).

195 A. a. O., 438, 14: „expiatus".

196 A. a. O., 434, 12: „sanguine proprio satisfacturus"; 437, 26 f.: „pro eis satisfacias".

197 A. a. O., 433, 20 f.: „gessit personam peccatoris . . ."

198 A. a. O., 435, 11; 448, 28–31.

199 A. a. O., 438, 12 f. u. ö.

von Natur Gott sein."[200] Daraus wiederum zieht Luther den Schluß: „Die Leugner der Gottheit Christi verlieren am Ende das ganze Christentum und werden schließlich Heiden und Türken."[201]

Das Bild vom „fröhlichen Wechsel" ist die Veranschaulichung dessen, daß die Gerechtigkeit Gottes der „Grund des Heils"[202] ist. An ihm wird besonders deutlich, daß Luthers Rechtfertigungslehre unlösbar mit der Christologie verbunden ist und daß er diese durch jene expliziert. In der Wechselvorstellung sind der Tat- und der Wortaspekt des Versöhnungswerkes Gottes korrelativ aufeinander bezogen. Die Verselbständigung des Tataspekts gegenüber dem Wortaspekt würde zu einer dogmatischen Konstruktion führen und Gottes Handeln einer beliebigen Deutung ausliefern. Nicht weniger fatal wäre die Verselbständigung des Wortaspekts, würde doch dadurch Gottes konkretes Handeln an dem gekreuzigten Christus verflüchtigt. Charakteristisch für Luthers Theologie ist, daß beide Aspekte des Handelns Gottes in dem Artikel von der Rechtfertigung so aufeinander bezogen sind, daß sie sich gegenseitig interpretieren und durch das Bild vom „fröhlichen Wechsel" in ihrer Zusammengehörigkeit dargestellt werden.

Den Gesamtrahmen für seine soteriologischen und christologischen Aussagen stellt die *Theologie des Kreuzes* dar,[203] die er sich als Ausleger des Paulus angeeignet hat, umfaßt diese doch Gottes *Handeln* am Kreuz sowie das *Wort* vom Kreuz.[204] So ist für Luther der Sühnetod Jesu die Grundlage der Rechtfertigung. Er interpretiert Jesu Tod als Opfer,

---

200 A. a. O., 441, 16–19.
201 A. a. O., 441, 27 f.
202 WA 56, 172, 3; zitiert o. Anm. 73.
203 Vgl. M. Lienhard, Luthers Christuszeugnis, in: H. Junghans (Hg.), a. a. O. (Anm. 175), 1983, 77–91, 88 ff. Grundlegend für das Verständnis der Kreuzestheologie Luthers sind nach wie vor P. Althaus, Das Kreuz Christi, in: ders., Theologische Aufsätze, Gütersloh 1929, 1–50; W. v. Loewenich, Luthers Theologia crucis, 1929, Witten ⁵1967. Aus der neueren Diskussion sei bes. auf McGrath, a. a. O. (Anm. 140), 1994, und H. Blaumeiser, Martin Luthers Kreuzestheologie, KKTS 40, Paderborn 1995, hingewiesen.
204 Vgl. dazu P. Stuhlmacher, Achtzehn Thesen zur paulinischen Kreuzestheologie, in: ders., Versöhnung, Gesetz und Gerechtigkeit, Göttingen 1981, 192–208; H. Weder, Das Kreuz Jesu bei Paulus, FRLANT 125, Göttingen 1981; O. Hofius, Sühne und Versöhnung, in: ders., a. a. O. (Anm. 66), 33–49; Th. Söding, Das Wort vom Kreuz, WUNT 93, Tübingen 1997; V. Gäckle (Hg.), Warum das Kreuz?, Wuppertal 1998.

Genugtuung und als Strafleiden, das Gottes Zorn trägt.[205] Aber er hat keine Opfer-, Sühne- oder Satisfaktionstheorie.[206] Das stellvertretende Handeln Gottes in dem Tod und der Auferweckung Christi bildet das Fundament seiner Theologie, aber Luther hat keine Lehre von der Stellvertretung ausgebildet.[207] Vielmehr sind diese Theologumena allesamt in die Theologie des Kreuzes eingebunden. Sie werden durch den Artikel von der Rechtfertigung dargelegt, der ihre theologische Relevanz erschließt und zugleich ihre Verselbständigung unterbindet, und durch das Bild vom „fröhlichen Wechsel" in Predigt, Unterweisung und Lied dem Volk Gottes vor Augen geführt.[208]

2.2. *Jesus Christus* ist „die *Person* mit der unbesiegten und ewigen Gerechtigkeit"[209]. Ihr gebühren die Titel der „göttlichen Majestät" (BSLK 414, 11): „Gott und Herr" (415, 7). Denn „wer Gnade und Seligkeit gibt,

---

205 Vgl. O. Tiililä, Das Strafleiden Christi, AASF 48, 1, Helsinki 1941.

206 Luther gebraucht den Begriff „Genugtuung", ist sich aber darüber im klaren, daß er für sich genommen nicht auszudrücken vermag, was die Gnade Christi ist (vgl. WA 21, 264, 27 ff.).

207 Iwand sieht im Stellvertretungsgedanken das Geheimnis des ganzen theologischen Denkens Luthers ausgedrückt (a. a. O. (Anm. 6), 24 f.). Das ist wohl auch nicht falsch, aber das Abstraktum *Stellvertretung* hat Luther gar nicht gebraucht (so E. Jüngel, Das Geheimnis der Stellvertretung. Ein dogmatisches Gespräch mit Heinrich Vogel, in: ders., Wertlose Wahrheit, BEvTh 107, München 1990, 243–260, 250 f.).
Wie oben dargelegt, kennt Luther zweifellos die „Sache", nämlich, daß „Christi Stellvertretung . . . nicht aus seinem Eingegliedertsein in die Menschheit (erwächst)" (W. v. Loewenich, Christi Stellvertretung, in: ders., Von Augustin zu Luther, Witten 1959, 150–160, 152).

208 Vgl. z. B. „Christ lag in Todesbanden", 1524, WA 35, 443, 21 f. / AWA 4, 195 (= EG 101, 3); ferner „Nun freut euch, lieben Christen g'mein", 1523, WA 35, 422 f. / AWA 4, 154–157 (= EG 341).
Aus beiden Liedern erhellt, daß Elementarisierung nicht mit Vereinfachung und inhaltlicher Verkürzung gleichzusetzen ist. Der Liederdichter Luther spricht genauso unverblümt wie der theologische Ausleger und Disputator von der Gefangenschaft des Menschen unter dem Teufel aufgrund seiner Sünde; dem freien Willen, der Gottes Gericht haßt und zum Guten erstorben ist; von der Angst, die in die Verzweiflung treibt; von der Wende, die Gott durch seinen Sohn dadurch herbeigeführt hat, daß dessen Blut vergossen wurde, und von dem unverbrüchlichen Festhalten an dieser Botschaft, die durch Menschenlehre nur verdorben werden kann (kurze Paraphrase von EG 341; vgl. C. Zippert, Luthers Präsenz in seinen Liedern, in: C. Markschies / M. Trowitzsch (Hg.), Luther – zwischen den Zeiten, Tübingen 1999, 207–229, 209 ff.).

209 Zu Gal. 3,13, 1531, WA 40 I, 439, 24; Übers. Hervorhebung von mir.

als ein Herr, der muß rechter Gott sein"[210]. Die biblischen Belege, mit denen Luther in ASm II, 1 die Heilsbedeutung des Werkes Jesu Christi zusammenfaßt, explizieren zugleich, was in der Person des Christus impliziert ist. Von der Rechtfertigung vor Gott könnte keine Rede sein, beruhte sie nicht auf dem Sühnetod Jesu. Der Sühnetod Jesu wiederum hätte keine universale Heilsbedeutung, wenn nicht Gott selbst in Christus auf den Plan getreten wäre und in dem Tod und der Auferweckung Jesu stellvertretend für alle Menschen gehandelt hätte. „Außerhalb dieses Menschen Jesus ist kein Gott."[211] Das ist einer der theologischen Spitzensätze Luthers. Er ist explizite Theologie des Kreuzes und entspricht der Schlußfolgerung, die Luther 1518 in der Erläuterung der 20. These der Heidelberger Disputation gezogen hat: „Also liegt in dem gekreuzigten Christus die wahre Theologie und Erkenntnis Gottes."[212]

Der neuzeitliche Einwand gegen die Satisfaktionslehre, besonders nachdrücklich von Immanuel Kant erhoben, ist nicht nur gegen die lutherische Orthodoxie oder gegen Anselm von Canterbury gerichtet, sondern auch gegen die biblische Theologie des Kreuzes, die Luther als Ausleger des Paulus dargelegt hat. Für Kant stellt Schuld „keine transmissible Verbindlichkeit" dar;[213] ihre Übertragung ist also sittlich nicht möglich. Das gilt für das System der Sittlichkeit. Aber was dem Gesetz unmöglich ist, gerade das ist der Inhalt des Evangeliums![214] Die theologische Kategorie, daß Gott in Christus aus seiner Verborgenheit herausgetreten ist und das Werk der Versöhnung am Kreuz vollbracht hat, ist für Luthers Denken grundlegend und für die Interpretation und Verkündigung des Evangeliums schlechthin unverzichtbar. Kants Meinung, daß „bei aller Achtung für eine solche überschwengliche Genugtuung" doch „gebes-

---

210 Von den Konziliis und Kirchen, 1539, WA 50, 562, 14 f.; mod. Vgl. z. St. M. Lienhard, Martin Luthers christologisches Zeugnis, Berlin / Göttingen 1980, 233, 276 f.

211 Zu Ps. 132,5, 1532/33, WA 40 III, 400, 20 f. Übers. Vgl. WA 3, 267, 22; WA 3, 553, 29 f.; WA 18, 689, 23; WA 35, 456, 14 f. (= EG 362, 2); bes. WA 40 III, 337, 11: „Außerhalb Jesu Gott suchen ist der Teufel." (Übers.)

212 „Ergo in Christo crucifixo est vera Theologia et cognitio Dei." (WA 1, 362, 18 f.; unter Bezugnahme auf Joh. 14,6.) Es „gibt keinen Gedanken in der Theologie Luthers, der nicht im Zusammenhang mit der Person Christi stünde" (C. Stange, Die Person Jesu Christi in der Theologie Luthers, ZSTh 6 (1929), 449–483, 449).

213 I. Kant, Die Religion innerhalb der Grenzen der blossen Vernunft, ²1794, in: ders., Werke, hg. v. W. Weischedel, Bd. VIII, Wiesbaden 1956, 649–879, 726.

214 Vgl. Röm. 8,3 f.

serter Lebenswandel vorhergehen müsse"[215], hätte Luther nicht angefochten; denn sie entspricht der vorreformatorischen Position, die er mit
der durch den Artikel von der Rechtfertigung dargelegten Theologie des
Kreuzes überwunden hat.[216]

3. *Gott* ist der Urheber der Rechtfertigung als des Heilsgeschehens im
neuen Bund.[217] Die Zuwendung Gottes im Evangelium entdecken heißt,
die „kostbare Perle" finden (Mt. 13,45 f.).

In ASm I faßt Luther in vier Punkten die Trinitätslehre und Christologie
zusammen. Die Formulierung, vornehmlich dem Apostolikum und
Athanasianum entnommen,[218] stellt eine auf das Wesentliche reduzierte
Redaktion seines Bekenntnisses von 1528 dar.[219] Durch die Aufnahme der
altkirchlichen Trinitäts- und Zweinaturenlehre entfaltet der Reformator
das biblische Zeugnis von dem *einen* Gott: Gott, der Schöpfer des
Himmels und der Erde,[220] vor dem die Völker wie Tropfen am Eimer sind
(Jes. 40,15), ist selbst in Jesus Christus Mensch geworden[221] und erschließt
sich selbst immer wieder neu als der in Christus den Menschen gnädig

---

215 Kant, a. a. O., 780.

216 Der dt. Protestantismus ist seit F. Schleiermacher eher Kant als Luther gefolgt. Das gilt
bis in die ntl. Exegese der Gegenwart hinein; vgl. z. B. G. Friedrich, Die Verkündigung
des Todes Jesu im Neuen Testament, BThSt 6, Neukirchen ²1985, 150; dagegen mit
Recht P. Stuhlmacher, Sühne oder Versöhnung?, in: Die Mitte des Neuen Testaments.
FS für Eduard Schweizer, hg. v. U. Luz / H. Weder, Göttingen 1993, 291–316.

217 Glosse zu Röm. 1,16 f., WA 56, 10, 17: „Et hoc per Deum et ex Deo." Luther ist es
immer zuerst um Gott gegangen, auch als er das Evangelium noch nicht entdeckt hatte
(so mit Recht W. v. Loewenich, Martin Luther, München 1982, 60, 69 ff.). „Gott war
für Luther in allem das Erste und das Letzte, sein ein und alles, der Eine, um dessen
Sache es ihm ging." (H. Beintker, Luthers Gotteserfahrung und Gottesanschauung, in:
H. Junghans, a. a. O. (Anm. 175), 1983, 39–62, 39.)

218 BSLK 21 und 28–30. Die Formulierung von Punkt 3 lehnt sich an das Nicaenum an
(vgl. BSLK 414, 18 f. und 38 f. mit 26, 15; s. dazu H. Fagerberg, Die Theologie der
lutherischen Bekenntnisschriften von 1529 bis 1537, Göttingen 1965, 117, Anm. 5).

219 Vgl. WA 26, 500, 10–502, 15 mit BSLK 414, 10–26.

220 BSLK 414, 14 f.; s. a. WA 26, 500, 11 ff. Zu Luthers Berufung auf 1. Mose 1,1 als
Begründung für die Trinitätslehre vgl. Jansen, a. a. O. (Anm. 93), 154–158. Für Luther
ist Gott-Sein Schöpfer-Sein (vgl. L. Pinomaa, Sieg des Glaubens, Göttingen 1964, 40).

221 Vgl. WA 3, 545, 13 f.; WA 40 III, 405, 8 f. Es ist derselbe Gott, der die Welt erschaffen
hat, auf dem Plan (vgl. WA 39 II, 93, 2–9); aber nicht der Vater noch der Heilige Geist,
sondern der Sohn ist Mensch geworden (BSLK 414, 18 f.). Der Sohn ist wie der Vater
und der Geist „Person, die durch sich selbst existiert" (WA 39 II, 117, 23; Übers.), also
Gott, aber verhüllt in der Menschheit und von dieser nicht zu trennen (WA 26, 501,
10–12; vgl. Lienhard, a. a. O. (Anm. 210), 278–280).

Zugewandte durch seinen Geist. Gott *ist* dreieinig. Erst die trinitätstheologische und christologische Interpretation der Bibel enthüllt „den tiefsten Abgrund seines väterlichen Herzens"[222].

Gott hat sich in seiner Offenbarung „ganz und gar ausgeschüttet und nichts behalten, das er uns nicht gegeben hätte"[223]. Er ist als der in Christus durch das Wirken seines Geistes sich offenbarende Gott erkenn- und erfahrbar, erweist sich aber eben darin als *Gott* und bleibt menschlichem Zugriff entzogen.

4. Schließlich die *Imputationslehre*. Durch sie stellt Luther die Verbindung zwischen dem Rechtfertigungs- und Wortverständnis her.

Wie bei der Auslegung von Röm. 3,4 Ps. 51,6, so ist es bei der *Auslegung von Röm. 4,7 f.* Ps. 32,1 f., der bei Luther einen großen Reichtum an theologischen Gedanken entbindet.[224] Die Aufmerksamkeit richtet sich im folgenden auf die beiden Hauptgedanken, nämlich a) den Begriff der Imputation und b) die simul-These.

a) „Außerhalb von uns ist all unser Gut, in Christus."[225] Deshalb „(sind wir) allein durch die ‚Anrechnung Gottes'[226], der sich unser erbarmt, durch den Glauben an sein Wort . . . gerecht"[227]. Die Lehre von der Imputation umfaßt die Nichtanrechnung der Sünde und die Anrechnung der fremden Gerechtigkeit. Durch die Nichtanrechnung der Sünde wird herausgestellt,[228] daß Christus an die Stelle des Sünders getreten ist und daß in

---

222 GrKat, BSLK 660, 30.

223 A. a. O., 651, 13–15. Mod. Vgl. z. St. H. G. Pöhlmann, Gott, in: ders. / T. Austad / F. Krüger, Theologie der lutherischen Bekenntnisschriften, Gütersloh 1996, 50–72, 50.

224 WA 56, 268–291. Vgl. R. Hermann, Luthers These „Gerecht und Sünder zugleich", 1930, Darmstadt 1960; Iwand, a. a. O. (Anm. 6), 55–76; W. Link, Das Ringen Luthers um die Freiheit der Theologie von der Philosophie, 1940, Berlin 1954, 7 ff.; Kroeger, a. a. O. (Anm. 10), 72–85; zur Mühlen, a. a. O. (Anm. 1), 116–148; Grane, a. a. O. (Anm. 9), 75–86.

225 WA 56, 279, 22 f. Übers. – „Extra" und „extrinsecum" stehen in schärfstem Gegensatz zum scholastischen Verständnis des Glaubens als einer „qualitas animae". Schriftbeleg ist die klassische Stelle für die *iustitia externa et aliena*: 1. Kor. 1,30 (WA 56, 279, 23 f.; von Luther schon in der Scholie zu Röm. 1,1 angeführt (a. a. O., 158, 13)).

226 „Imputatio Dei" oder „reputatio" (WA 56, 287, 18. 23). Der Begriff ist Luther durch Röm. 4,7 f. und Ps. 31,1 f. (Vulg.) vorgegeben.

227 WA 56, 287, 23 f. Übers. Mit dieser imputativen Fassung der Rechtfertigung geht Luther über Augustin hinaus (s. o. Anm. 156 f.). Als mir bei Paulus die Tür aufging, sagt Luther 1532, da war es „aus mit yhm" (WA.TR 1, 140, 5–7; Nr. 347).

228 WA 56, 280, 2 f.: „Sed propter Christum tegi et non imputari."

dieser Stellvertretung der Grund für seine Gerechtigkeit liegt. Gottes einmal am Kreuz Christi vollbrachtes Werk der Versöhnung wird im Wort von der Versöhnung aller Welt proklamiert. Wer diesem Wort glaubt, dem wird Gottes Tat als Gerechtigkeit angerechnet, so daß er vor Gott in derselben Gerechtigkeit ist wie Christus.[229] Die an sein Wort Glaubenden sind gerecht – „außerhalb von ihnen in Christus, der gleichwohl durch den Glauben in ihnen ist"[230]. Also „nicht der Akt, sondern der Inhalt des Glaubens rechtfertigt"[231].

b) „Er ist zugleich Sünder und Gerechter; in Wirklichkeit wahrhaft Sünder, aber gerecht aus der Anrechnung und gewissen Verheißung Gottes."[232] Der Akzent liegt bei Luthers These, deren Bedeutung für seine Theologie kaum überschätzt werden kann, auf dem „zugleich" *(simul)*: Sünde und Gerechtigkeit sind in ein und dieselbe Zeit gerückt; der einmal erfolgte Sühnetod Jesu gilt hier und heute als Gerechtigkeit vor Gott. Die Heilsfrage wird nicht durch den sittlichen Appell in die Zukunft verlegt, sondern in der Gegenwart entschieden, nämlich durch die Ratifikation der Verheißung Gottes im Glauben. Durch den Glauben wird aus der herrschenden Sünde um der Heilsgegenwart Christi willen eine beherrschte.[233] Der Mensch wird nicht substanzhaft verändert, sondern in Christi Tod und Auferweckung einbezogen. Die Einheit seines neuen Seins liegt nicht in ihm selbst, sondern in Christus. Sie wird nicht in der Identität des Menschen mit sich selbst erfahren, sondern in der Relation Verheißung – Glaube. Der Fortschritt des neuen Lebens als das Zunehmen in Christus ist der psychologischen Gesetzmäßigkeit der Selbstbeobachtung entzogen und ereignet sich doch vor aller Augen als das Einbeziehen aller Lebensbereiche des Gerechtfertigten in den Glauben an die Taufverheißung.[234]

---

229 A. a. O., 204, 21: „Iustus ego sum eadem Iustitia, qua ille." Dt. o. Anm. 187.

230 A. a. O., 280, 3 f.: „extra se in Christo, qui tamen per fidem in ipsis est." Das bleibt ein beherrschender Gedanke in Luthers Rechtfertigungslehre; vgl. z. B. WA 40 I, 228, 31 ff. und z. St. W. v. Loewenich, Zur Gnadenlehre bei Augustin und bei Luther, in: ders., a. a. O. (Anm. 207), 75–87, bes. 86: „Der Christus extra nos ist immer zugleich der Christus in nobis."

231 Iwand, a. a. O. (Anm. 6), 40.

232 WA 56, 272, 17 f.: „(Sed) simul peccator et Iustus; peccator re vera, Sed Iustus ex reputatione et promissione Dei certa."

233 Zu Luthers Unterscheidung zwischen dem *peccatum regnans* und dem *peccatum regnatum* vgl. Hermann, a. a. O. (Anm. 224), 67.

234 Vgl. Hermann, a. a. O. (Anm. 224), 234 ff. – Niemand ist ganz Glaube; das Sein des Christen ist vielmehr im Blick auf ihn selbst im Werden begriffen. So gesehen ist er

Durch die simul-These hat Luther endgültig mit der mittelalterlichen Theologie und Frömmigkeit gebrochen, die sich an der ontologischen Kategorie der Substanz orientiert hatte.[235]

Das imputative Verständnis der Rechtfertigung unter Einschluß der simul-These hat Luther auch in Predigten behandelt. Als Beispiel diene eine *Pfingstpredigt* aus dem Jahr 1531.[236] Die Gerechtigkeit des Christen ist Christus, den er als seine Versöhnung ergreift; um dieses Glaubens willen ist er fromm, obgleich er in sich selbst ein Sünder ist.[237] Doch die Gerechtigkeit Christi muß wirklich in uns sein, und das ist sie durch den Glauben.[238] „Durch seine Auferstehung hat sich Christus an uns gehängt, daß er unsere wahre Auferstehung sei . . ., damit alles ganz in ihm beschlossen liegt."[239] So steht „die christliche Gerechtigkeit nicht in meinem eigenen Willen, dies oder das zu tun, sondern darin, daß ich ganz fest glaube, Christi Auferstehung und Himmelfahrt und Sitzen zur Rechten des Vaters gehöre mir zu eigen . . ., und ich sei bei ihm *(et sim cum eo)*"[240]. Sie wird Ereignis im Glauben an das Wort; im Hören auf die Predigt vollzieht sich der Austausch von Sünde und Gerechtigkeit.[241] Infolgedessen ist Christus selbst meine Gerechtigkeit.[242] Denn der Heilige Geist will, daß er *ein* Leib mit uns wird.[243] „Wenn du an Christus glaubst, sols zugerechnet dir werden."[244] Das geschieht alles durch den Glauben und das Wort *(per fidem et verbum)*.[245]

„teils gerecht, teils Sünder" (WA 56, 260, 23 f. (Übers.). Daher ist der „Partialaspekt" von dem „Totalaspekt" zu unterscheiden (vgl. K.-H. zur Mühlen, Luther II, TRE, Bd. 21, 1991, 530–567, 545 f.).

235 So hat es die ältere kath. Lutherinterpretation empfunden, z. B. H. Denifle, Luther und Luthertum in der ersten Entwicklung, Bd. I, 2, Mainz ²1906, bes. 608. Beruht diese Deutung auf einem Mißverständnis, wie Pesch, a. a. O. (Anm. 128), 109 ff., meint? M. E. hat Denifle deutlicher als Pesch gesehen, daß die reformatorische Position mit der thomistischen und tridentinischen theologisch nicht vereinbar ist.

236 WA 34 I, 469–476. Nach G. Rörer. Ein bibl. Text ist nicht angegeben.

237 A. a. O., 470, 7–9. Paraphrase.

238 A. a. O., 470, 11 f.

239 A. a. O., 471, 13–15. Übers.

240 A. a. O., 472, 4–7. Übers.

241 A. a. O., 472 f. Zusammenfassende Wiedergabe. Anspielung auf Röm. 10,17 in 473, 17–474, 1.

242 A. a. O., 475, 14.

243 A. a. O., 475, 16 f.

244 A. a. O., 476, 4 f. Der erste Teil des Zitats ist aus dem Lat. übers.

245 A. a. O., 476, 8.

In der *dritten Thesenreihe über Röm. 3,28* (1536) hat Luther das imputative Verständnis der Rechtfertigung thetisch zusammengefaßt. Die Thesen 27 und 28 lauten:

„27. Nun ist gewiß, daß Christus oder die Gerechtigkeit Christi, da sie außer uns ist und für uns eine fremde (darstellt), nicht mit unseren Werken ergriffen werden kann.

28. Sondern der Glaube, der uns aus der Predigt von Christus durch den Heiligen Geist eingegossen wird, der ergreift Christus."[246]

Dazu einige Erläuterungen: (1.) Die Heilsfrage ist durch Christus definitiv entschieden. (1.1.) Die Gewißheit des Heils tritt nicht zum Glauben an Christus hinzu, so daß sie gegebenenfalls auch fehlen könnte, sondern sie ist die Bedingung seiner Möglichkeit. (1.2.) Entsprechend ist die Theologie gewiß, daß die Rechtfertigung des Menschen vor Gott nicht aus dem Glauben und den Werken zugleich kommt,[247] sondern die Rechtfertigung aus den Werken ist per definitionem ausgeschlossen. (2.) Die „fremde Gerechtigkeit"[248] ist die auf dem Sühnetod Jesu beruhende und in Christus beschlossene Gerechtigkeit. (2.1.) Sie ist selbst „Werk" und kann daher nicht „mit Werken" ergriffen werden. (2.2.) Die in Christus beschlossene Gerechtigkeit wird vielmehr durch das Evangelium erschlossen und allein durch den Glauben ergriffen. (3.) Die Christusverkündigung ist das endzeitliche Heilshandeln, in dem Gott selbst durch seinen Geist wirksam ist. (3.1.) Der Heilige Geist gießt durch die Verkündigung den Glauben ein. (3.2.) Der Glaube ist das Stehen vor Gott aufgrund der Gerechtigkeit Christi. (4.) Die den Glauben einschließende Gerechtigkeit Christi ist von der Person Jesu Christi nicht ablösbar. (4.1.) Deshalb wird sie dadurch ergriffen, daß Christus ergriffen wird.[249] (4.2.) Christus ist selbst im

---

246 WA 39 I, 83, 24–27: „27. Iam certum est, Christum seu iustitiam Christi, cum sit extra nos et aliena nobis, non posse nostris operibus comprehendi. – 28. Sed fides, quae ex auditu Christi nobis per Spiritum sanctum infunditur, ipsa comprehendit Christum."

247 So Arnoldi von Usingen; s. o. Anm. 129. Luthers reformatorisches Theologieverständnis ist dem seines Erfurter Lehrers völlig entgegengesetzt; vgl. z. B.: „Unsere Theologie ist gewiß, weil sie uns außerhalb unserer versetzt . . ." (WA 40 I, 589, 8; Übers.).

248 Vgl. dazu die Erläuterung in der Disputation: WA 39 I, 109, 1–3. Danach ist der Gegensatz des *esse extra nos* das *esse ex nostris viribus*. Die *iustitia aliena* gehört uns, weil sie uns aus Barmherzigkeit geschenkt wurde, aber sie ist uns „fremd", da sie nicht auf unserem Verdienst beruht.

249 Die „fides apprehensiva" (WA 39 I, 45, 21) ist die „fides vera" (44, 4), weil sie „Christus (ergreift), der für unsere Sünden stirbt und für unsere Gerechtigkeit aufersteht" (45, 21 f.; Übers.). Der Glaube ergreift also den „ganzen Christus" (WA 40 II, 42, 2; Übers.).

Glaubenden gegenwärtig[250] als die ihn vor Gott bestimmende Gerechtigkeit. (4.3.) Infolgedessen ist er frei von dem Zwang zur Selbstrechtfertigung zum Dienst am Nächsten.[251]

In der dritten Thesenreihe über Röm. 3,28 wie in der herangezogenen
Pfingstpredigt aus dem Jahr 1531 hat Luther die Kontinuität zur Rechtfertigungslehre der Römerbrief-Vorlesung gewahrt und sein Rechtfertigungsverständnis im Abfassungsjahr der Schmalkaldischen Artikel dargelegt.

ASm II, 1 wird außer Röm. 3,28 noch *Röm. 3,26* angeführt. Nach
dieser Stelle ist Gott gerecht und *macht* zugleich gerecht. So wenig wie in
der Vorlesung über den Römerbrief läßt sich Luthers spätere Rechtfertigungslehre auf den Gegensatz effektiv-forensisch einengen.[252] Vielmehr
wird in der Rechtfertigung das Todesurteil vollzogen, das in der Taufe über
den alten Menschen ausgesprochen und stellvertretend an Christus vollstreckt worden ist, und zugleich der neue Mensch gesetzt, der an dem Auferstehungsleben Jesu Christi teilhat und zu einer lebendigen Hoffnung
wiedergeboren ist (1. Petr. 1,3). Das basiert auf dem endzeitlichen Handeln des dreieinigen Gottes, durch das dieser den Menschen um Christi
willen zu sich selbst in ein neues Verhältnis setzt und ihn gegen sein Gewissen[253] und die anklagenden Mächte verteidigt.

---

250 S. o. Anm. 230.
251 Vgl. BSLK 460, 6–461, 6. In der 53. Th. der ersten Disputation über Röm. 3,28 sagt
   Luther, die Christen würden „neue Dekaloge" machen (WA 39 I, 47, 27). P. Althaus
   kommentiert: „. . . in der Gemeinschaft mit Christus erwachsen von selber Normen für
   das Leben" (Die Rechtfertigung allein aus dem Glauben in Thesen Martin Luthers,
   LuJ 28 (1961), 30–51, 42).
252 Diese Fragestellung ist – auch wenn sie in der exegetischen Diskussion über das Verständnis der Gerechtigkeit Gottes in modifizierter Form wieder aufgetreten ist (vgl. im
   Überblick D. Lührmann, Gerechtigkeit III, TRE, Bd. 12, 1984, 414–420, bes. 416 f.) –
   genauso obsolet wie die andere, ob das Rechtfertigungsurteil analytisch oder syn-
   thetisch sei (vgl. Wolf, a. a. O. (Anm. 127), 16 f.).
253 Das Sein vor Gott spiegelt sich im Gewissen wider (vgl. WA 54, 185, 22 u. a.). Das
   Gewissen ist wohl „der Ort aller vom Menschen empfangnen Wahrheitsgewißheit"
   (Hirsch, a. a. O. (Anm. 54), 179), aber es ist für Luther keineswegs „der Quell alles
   menschlichen Wahrheitssuchens" (so Hirsch, ebd.). Das Gewissen kann sich vielmehr
   auf die Seite der verklagenden Mächte schlagen (s. o. Anm. 117). Nach reformatorischem Verständnis gibt es Gewissen nur *zusammen* mit dem Wort Gottes,
   „erschrockenes Gewissen unter dem Zorneswort, getröstetes Gewissen unter dem
   Evangelium" (E. Wolf, Vom Problem des Gewissens in reformatorischer Sicht, 1942,
   in: ders., a. a. O. (Anm. 84), 81–118, 102). Mit Recht hat Wolf gegen die Deutung des
   Gewissens in Luthers Theologie durch Holl und Hirsch Einspruch erhoben; vgl. auch
   H. Assel, Der andere Aufbruch, FSÖTh 72, Göttingen 1994, 140 ff.

3.2.3. Zusammenfassung

Die grundlegenden Aspekte der Rechtfertigungslehre beruhen auf den biblischen Belegen, die Luther in ASm II, 1 zusammengestellt hat. Ihre unterschiedliche Betonung wird von den jeweils wechselnden theologischen Frontstellungen bestimmt.[254] In der reformatorischen Rechtfertigungslehre korrelieren außer- und innermenschliche Faktoren. Versucht man, sie zu ordnen und zusammenzufassen, kann man zwischen der Rechtfertigung als Tat Gottes und der Rechtfertigung als Widerfahrnis des Menschen unterscheiden.[255]

A. *Die Rechtfertigung als Tat und Wort Gottes*
1. Gott ist der Initiator der Rechtfertigung. Würde er die Rechtfertigung des Gottlosen nicht selbst wollen, bliebe die Menschheit von Gott als der Quelle des Lebens (Ps. 36,10) abgeschnitten. Es gibt keine Ursache für Gottes Heilswillen als diesen selbst und die Liebe, die sich in ihm widerspiegelt.[256]
2. Gottes Heilswille kommt in und durch Christus zur Ausführung. Im Tod Jesu Christi am Kreuz sowie in der Auferweckung des Gekreuzigten hat Gott stellvertretend für die gesamte an die Sünde preisgegebene Menschheit durch die Schuldübernahme und die Überwindung der versklavenden Mächte gehandelt und die Versöhnung der Welt mit sich selbst herbeigeführt.[257] Gott leistet die Sühne für den Rechtsbruch der Sünde selbst und offenbart dadurch *seine* Gerechtigkeit. Deren Kennzeichen ist, daß sie den Sünder nicht verurteilt, sondern freispricht und eine Gemeinschaft

---

254 Luther ist im übrigen „ein Genie der Vielfalt . . . Er hat wohl keinen Gedanken zweimal auf dieselbe Weise ausgedrückt. Seine Theologie widersetzt sich aller Formelhaftigkeit." (G. Maron, „. . . Eine seltsame, ja ärgerliche Predigt". Gedanken zu Luthers Botschaft von der Rechtfertigung, in: ders., Die ganze Christenheit auf Erden, hg. v. G. Müller / G. Seebaß, Göttingen 1993, 19–42, 26 f.) Das wird gerade an den ASm deutlich (so mit Recht Lohse, a. a. O. (Anm. 140), 276).

255 In Anlehnung an Holl, a. a. O. (Anm. 157), 111 ff. Holl spricht von „Erlebnis" statt von „Widerfahrnis".

256 Vgl. o. Anm. 120. S. a. WA 10 III, 56, 2 f.: An *Christus* liest Luther ab, „Gott (sei) ein glühender Backofen voller Liebe, der da von der Erde bis an den Himmel reicht" (mod.).

257 Das ist „die Hauptstelle der christlichen Lehre" (WA 40 I, 441, 13; Übers.); der „besondere Artikel unseres Glaubens und Bekenntnisses" (WA 40 III, 687, 9 f. Übers.). Durch ihn unterscheidet sich die Christenheit von allen anderen Religionen (WA 25, 330, 12).

zwischen Gott und dem Menschen stiftet, die nicht durch Sünde, Tod und Teufel begrenzt ist.

3. Gottes Tat am Kreuz ist der Inhalt des Wortes vom Kreuz. Als Träger des Handelns Gottes ist das Evangelium das Instrument, durch das Gott seine Gerechtigkeit zueignet. Die in dem Evangelium liegende „Kraft" wird durch Gottes Geist so entbunden, daß er bei den Hörern der Predigt des Evangeliums den Glauben wirkt. Der „Glaube ist ein göttliches Werk in uns, das uns wandelt und neu gebiert aus Gott"[258].

4. Mit der Rechtfertigung des Gottlosen erfüllt Gott in Tat und Wort die im Alten Testament gegebene Heilsverheißung. Die Erfüllung in Christus ist ein Geschehnis, das im Licht der alttestamentlichen Verheißungen steht, aber die Quelle dieses Lichts ist nicht das Alte Testament, sondern Gottes Auferweckung des gekreuzigten Christus. Entsprechend knüpft das Evangelium an die Botschaft der Propheten an (vgl. Röm. 1,2), aber es fügt sich nicht in einen vorgegebenen Rahmen ein, sondern setzt etwas Neues, und zwar gerade dadurch, daß es Gottes unwiderruflich „letztes Wort" ist,[259] in dem Gottes Gerechtigkeit offenbar wird, durch die das Leben der neuen Schöpfung anbricht.

5. Die Rechtfertigung des Gottlosen ist das endzeitliche Handeln des allmächtigen Gottes, durch das er seine Treue zum Geschöpf erweist und die Vollendung der Schöpfung verbürgt. Um dieser Treue willen ist der verborgene Gott selbst in Christus epiphan geworden. Freilich wurde er dadurch nicht zum *Deus publicatus*. Vielmehr erschließt er sich selbst im Evangelium von Jesus Christus immer wieder neu durch seinen Geist.

5.1. Daß Gottes ein für allemal durch Christus geschehene Tat hier und heute im Evangelium wirksam ist, ist trinitarisch begründet. Die Trinitätslehre wird nach Luther von der Bibel bezeugt.[260] Deshalb führt ihre Preisgabe zum Verlust der biblischen Heilslehre und schließlich – mit der Leugnung der Gottheit Christi – zur Preisgabe des Christentums.[261]

B. *Die Rechtfertigung als Widerfahrnis des Menschen*

6. Die Rechtfertigung kommt worthaft auf den Menschen zu, nämlich in dem ineinandergeschlungenen Nein des Gesetzes und dem Ja des Evan-

---

258 Vorrede zum Röm., 1522/1546, WA.DB 7, 10, 6 f. und 11, 6 f.; mod. S. a. WA 39 I, 83, 24–27 (zitiert o. Anm. 246) und 103, 16–21.

259 S. o. Anm. 76.

260 S. o. Anm. 95; ferner Anm. 221.

261 S. o. Anm. 201.

geliums. Sie wird dadurch Ereignis, daß der Mensch sich diesem Andringen Gottes aussetzt und seinem Urteil wie seinem Freispruch im Glauben recht gibt.[262] Gottes Wort löst einen „kriegerischen Gerichtshandel" aus,[263] weil die Person des Menschen durch die Unterscheidung von Gesetz und Evangelium in die Krisis geführt wird.

7. Das neue Leben, das Gott durch die Rechtfertigung schafft, ist der Glaube,[264] durch den Christus in uns Gestalt gewinnt (vgl. Gal. 4,19). Gott zieht den Gerechtfertigten durch seinen Geist in die Geschichte seines Sohnes hinein, damit er durch den Glauben an ihn vor ihm lebt. Dadurch wird eine Geschichte initiiert, die Bestand hat; denn sie erwächst aus der von dem Evangelium neu gestifteten Gemeinschaft mit Gott.

7.1. Der Grund des Glaubens ist die Nichtanrechnung der Sünde sowie die Anrechnung der Gerechtigkeit Gottes um Jesu Christi willen. Der Inhalt des Glaubens ist Christus, der in dem Glauben selbst gegenwärtig ist. Beide Gedanken bedingen einander; sie sind zwei Seiten ein und desselben Rechtfertigungsprozesses. Was wie ein Nacheinander aussieht, fällt in Wirklichkeit in dieselbe Zeit und ist unlöslich verbunden.[265] Denn die *imputatio* ist nur wirksam, wenn Christus selbst, der von seinem Werk nicht getrennt werden kann, gegenwärtig ist. Wiederum ist Christus nur gegenwärtig, wenn sein Werk durch die Anrechnung in Kraft gesetzt ist. Christus ist als der Gegenstand des Glaubens der Grund seiner Geltung als Gerechtigkeit Gottes.

7.2. Die Rechtfertigung ist ein lebendiger Vorgang, in den der Gerechtfertigte insofern hineingezogen wird, als „der menschliche Empfänger der Gabe zur Gerechtigkeit Gottes mit hinzugehört"[266]. Der Gerechtfertigte ist an ihr nicht aktiv beteiligt, aber die Gerechtigkeit Gottes wirkt sich durch

---

262 „Dieser seiner Offenbarung . . ., diesen seinen Worten müssen wir Raum geben und Glauben schenken und sie so rechtfertigen und bestätigen *(iustificare et verificare)*, damit aber uns selbst . . . im Gehorsam gegen sie als Sünder bekennen" (WA 56, 229, 29–32; Übers.).

263 S. o. Anm. 20.

264 Vgl. Iwand, a. a. O. (Anm. 79), 110 ff.

265 Vgl. Luthers Auslegung von Röm. 4,7 f.; s. o. bes. Anm. 230. Zu Luthers Auslegung von Gal. 2,16 und 2,20 vgl. M. Seils, Der Grund der Rechtfertigung, in: Rechtfertigung und Erfahrung. FS für Gerhard Sauter, hg. v. M. Beintker u. a., Gütersloh 1995, 25–42. Zu Luthers Glaubensverständnis s. im übrigen R. Slenczka, Glaube VI, TRE, Bd. 13, 1984, 318–365, 320 ff.; M. Seils, Glaube, HST 13, Gütersloh 1996, 21 ff.

266 Hermann, a. a. O. (Anm. 188), 42.

den Glauben aktiv – beziehungsweise „effektiv" – aus und unterstellt den Gerechtfertigten mitsamt allen Lebensbereichen, in denen er steht, dem Urteil und Freispruch des Wortes Gottes. Zum Austausch von Gerechtigkeit und Sünde kommt es im Gebet,[267] das die Anerkennung der Gerechtigkeit Gottes zur Voraussetzung und die bleibende Sünde des Gerechtfertigten zur Bedingung hat. In dem Gleichgestaltetwerden mit Christus aufgrund der Taufe, in der Gottes Urteil, an Christus einmal vollstreckt, am Gerechtfertigten vollzogen worden ist, wird die Rechtfertigung durch den Glauben, der Gottes Urteil wie auch seine Verheißung gelten läßt, zum konkreten Widerfahrnis.

7.2.1. Die Gegenwart Gottes in der Rechtfertigung bedingt ein Heraustreten aus der Zeit und eröffnet dem Glaubenden eine Zukunft,[268] die bereits in der Zeit von Gottes Ewigkeit bestimmt ist. Der Glaube wirkt also für die Person des Gerechtfertigten eine Zeitenwende, insofern dieser nicht mehr von der Sünde, sondern von Gottes Gerechtigkeit, heraufgeführt durch Jesu Tod und Auferstehung, dargeboten durch das Evangelium, bestimmt wird. Das Widerfahrnis der Rechtfertigung besteht in der Freiheit des Glaubens, der gestaltende Kräfte freisetzt, die im Dienst am Nächsten zur Auswirkung kommen.[269]

8. Gemäß dem generischen Unterschied zwischen der aktiven Gerechtigkeit *(iustitia activa)* und der passiven Gerechtigkeit *(iustitia passiva)* unterscheidet sich das von der Rechtfertigungslehre bestimmte theologische Verständnis des Menschen von jeder philosophischen und naturwissenschaftlichen Anthropologie. Luther geht von Gottes Offenbarung in Christus aus und definiert den Menschen in und aus seinem Bezogensein auf Gott. Der Mensch trägt die Einheit seines Seins nicht in sich selbst,

---

267 S. o. Anm. 189. Außer auf den o. Anm. 188 angeführten Aufsatz sei bes. hingewiesen auf R. Hermann, Rechtfertigung und Gebet, 1925/26, in: ders., Studien zur Theologie Luthers und des Luthertums, hg. v. H. Beintker, GNW II, Göttingen 1981, 55–87.

268 S. o. Anm. 26–28. Vgl. Hermann, a. a. O. (Anm. 188), 43; ders., a. a. O. (Anm. 267), 74–82; außerdem P. Brunner, Die Zeit im christlichen Glauben, 1964, in: ders., Pro Ecclesia, Bd. 2, Berlin / Hamburg 1966, 50–59, bes. 53.

269 Der Glaube „(ist) das neue Leben in nuce und nicht nur ein Mittel zu diesem" (E. Kinder, Rechtfertigung II, RGG, Bd. 5, ³1961, 828–840, 835). Der Glaube erweckt also nicht erst die sittliche Initiative, sondern diese ist in ihm enthalten (vgl. Hermann, a. a. O. (Anm. 267), 53 und 71), wie die Zehn Gebote in dem Ersten Gebot enthalten sind.

sondern hat diese allein in Christus.[270] Sein Werden, Fortschreiten und seine Vollendung bleiben an die Relation Evangelium – Glaube geknüpft. Substanzontologische Kategorien sind Luthers Wirklichkeitsverständnis daher unangemessen.[271] Insofern die Individualität der Weg ist, „auf dem das Heil in die Geschichte eintritt"[272], kann eine relationale Ontologie als Interpretationshilfe dienen.[273]

C. Bewertung und Schlußfolgerung

9. Luthers Rechtfertigungslehre ist die theologisch stringente Entfaltung der Soteriologie und Christologie auf der Basis des Zeugnisses der Heiligen Schrift.[274] Diese legt er mit dem Artikel von der Rechtfertigung durch ihre eigene Mitte, Christus, aus.[275] Den theologischen Gesamtrahmen für die soteriologischen und christologischen Aussagen Luthers bildet die paulinische Theologie des Kreuzes,[276] nicht die altkirchliche oder

---

270 W. Joest spricht von dem „exzentrische(n) Charakter des Person-Seins" bei Luther (Ontologie der Person bei Luther, Göttingen 1967, 233 ff.).

271 Mit G. Ebeling, Luthers Wirklichkeitsverständnis, in: ders., Wort und Glaube, Bd. IV, Tübingen 1995, 460–475. Ebeling wendet sich mit Recht gegen die These der finnischen Lutherforschung von der „Vergottung" (Theosis), z. B. vertreten von T. Mannermaa, Der im Glauben gegenwärtige Christus, AGTL NF 8, Hannover 1989, 11 ff.; s. a. A. Ghiselli u. a. (Hg.), Luther und Ontologie, SLAG 31, Helsinki / Erlangen 1993. Noch weniger als mit Ebelings Lutherinterpretation ist dieser finnische Beitrag mit der Lutherdeutung von Hermann und Iwand vereinbar. Auch Lohse hat sie als unsachgerecht zurückgewiesen (a. a. O. (Anm. 140), 237). Dem schließe ich mich an.

272 Iwand, a. a. O. (Anm. 6), 87.

273 Iwand meinte dagegen, *alle* Ontologie helfe nicht weiter (Die Freiheit des Christen und die Unfreiheit des Willens, 1957, in: ders., Um den rechten Glauben, hg. v. K. G. Steck, TB 9, München ²1965, 247–268, 268, Anm. 21).

274 Zur positiven exegetischen Bewertung s. Schniewind, a. a. O. (Anm. 125); ferner Hofius, a. a. O. (Anm. 66), V und 174; vgl. außerdem F. Hahn, Luthers Paulusverständnis, in: Martin Luther. „Reformator und Vater im Glauben", hg. v. P. Manns, VIEG B 18, Wiesbaden 1985, 134–153, bes. 150. Eine differenzierte dogmatische Zustimmung zu Luthers theologischem Ansatz findet sich bei Jüngel, a. a. O. (Anm. 126), 12 ff., bes. 24 (ebd. mit Recht gegen K. Barth).

275 Vgl. O. Hof, Schriftauslegung und Rechtfertigungslehre bei Luther, in: ders., Schriftauslegung und Rechtfertigungslehre, Karlsruhe 1982, 13–26, bes. 15. A. Peters sieht in Luthers Rechtfertigungslehre die „Entfaltung einer in der Schrift selber sichtbaren Dynamik" (Glaube und Werk. Luthers Rechtfertigungslehre im Lichte der Heiligen Schrift, AGTL 8, Berlin / Hamburg 1962, 225 ff.). Der von J. Lortz (Die Reformation in Deutschland, Bd. 1, Freiburg/Br. ³1948, 407–409) gegen Luther erhobene Vorwurf des „Subjektivismus" ist historisch abwegig und theologisch unzutreffend.

276 S. o. Anm. 203.

scholastische Unterscheidung zwischen Person und Werk Christi oder die spätere altprotestantische Lehre von den Ämtern und Ständen Christi.[277] Durch ihre Positionierung, die Stringenz der Darstellung und nicht zuletzt ihre Spitzensätze führt Luthers Rechtfertigungslehre mit der Anknüpfung an Paulus einen in der Theologie- und Kirchengeschichte analogielosen Umbruch herauf.[278] Sie ist die „Mitte und Grenze reformatorischer Theologie"[279]. Ihr Recht und ihre bleibende Bedeutung ist darin zu sehen, daß sie die Autorität der biblischen Christusverkündigung gegenüber der Kirche und aller natürlichen Theologie zur Geltung bringt. Als die angemessenste Interpretation muß *die* gelten, die Luther „in Richtung auf das Evangelium hört und selbständig nachdenkt"[280].

10. Hängt die ganze Gerechtigkeit des Menschen, die zum Heil führt, am Wort durch den Glauben,[281] dann entscheidet sich die Heils- und Wahrheitsfrage des Menschen allein im Rechtfertigungsgeschehen. Mit der Aussage, daß die Welt ohne den Artikel von der Rechtfertigung gänzlich Tod und Finsternis ist,[282] hält Luther fest, was das biblische Christuszeugnis impliziert, nämlich, daß allein Christus das Licht und das Leben aller Menschen ist, nicht unsere Vernunft.[283] *Deshalb* „bewacht und steuert er (sc. der Artikel von der Rechtfertigung) jede kirchliche Lehre und richtet unser Gewissen vor Gott auf"[284]. Ein Leben ohne die Rechtfertigung durch Gott wäre ein „Rückfall in das Chaos"[285]. Es beruhte auf der Selbsttäuschung des Menschen, daß er sich in der von Sünde, Tod und Teufel beherrschten

---

277 Daher steht es in Spannung zu dem reformatorischen *Modus loquendi,* Luthers Christologie durch „die Lehre von den Ämtern Christi" zu interpretieren (so H. Goertz, Allgemeines Priestertum und ordiniertes Amt bei Luther, MThSt 46, Marburg/L. 1997, 81 ff.; K. Bornkamm, Christus – König und Priester. Das Amt Christi bei Luther im Verhältnis zur Vor- und Nachgeschichte, BHTh 106, Tübingen 1998).

278 S. o. Anm. 154.

279 Mit E. Wolf, a. a. O. (Anm. 127), bes. 14 f.

280 So E. Wolf, a. a. O. (Anm. 92), 1960, 793, mit Blick auf Iwand. S. a. Maron, a. a. O. (Anm. 254), 32 f.

281 S. o. Anm. 81.

282 S. o. Anm. 131.

283 Zu Gal. 4,8, 1519, WA 2, 538, 15 f.: „Solus Christus est lux et vita omnium hominum, non ratio nostra."

284 WA 39 I, 205, 3–5; Übers. S. o. Anm. 130.

285 Jüngel, a. a. O. (Anm. 126), 8. Bei Jüngel kursiv.

Welt ohne den gekreuzigten und auferstandenen Christus selbst verwirklichen und seine Bestimmung erfüllen könnte.[286]

Aus der Rezeption des Artikels von Christus und der Rechtfertigung ergibt sich für die Lehre vom Amt: Luthers Amtsverständnis kann nur im Kontext des Artikels von Christus und der Rechtfertigung theologisch adäquat dargestellt werden. Eine von diesem Artikel isolierte Lehre vom Amt ist nicht nur methodisch unangemessen, sondern sie führt dazu, daß das christliche Heilsverständnis inhaltlich verändert und Christus als das Licht der Welt verdunkelt wird.[287] Es drohen vor allem zwei Abwege, auf die schon an dieser Stelle hinzuweisen ist: 1. Das kirchliche Amt usurpiert die Heilsvermittlung, indem es die Gabe der Rechtfertigung von ihrem Geber löst und die von Gott eingesetzten Instrumente der Rechtfertigung, nämlich das Evangelium und die beiden Sakramente, in die eigene Regie nimmt, um durch sie versöhnend auf Gott einzuwirken. 2. Die Heilsvermittlung wird aus dem rechtfertigungstheologischen Bezugsrahmen von Wort und Sakrament herausgelöst. Auch dadurch wird das alleinige Heilsmittlertum Jesu Christi geleugnet. Denn zwischen Gott und dem Glaubenden steht zwar nichts Vermittelndes, aber nicht deshalb, weil der Mensch unmittelbar zu Gott wäre, sondern weil Gott in dem kirchlich verkündigten Wort selbst redet und sich in den kirchlich verwalteten Sakramenten selbst gibt. So vermittelt das kirchliche Amt nicht das Heil, sondern dieses vermittelt allein Christus durch das Wirken seines Geistes. Aber das geschieht in der Selbstbindung des dreieinigen Gottes an die Heilsmittel, denen zu dienen das Amt der Kirche berufen ist.

Die Offenbarung des Evangeliums, nicht die Reformation der Kirche, „ist der Ursprung, aus dem alles weitere hervorging"[288]. Die theologische Interpretation des Evangeliums erfolgt durch die Rechtfertigungslehre, durch die Luther „das Ganze der Bibel in Eines (faßt)"[289]. Der Artikel von

---

286 Der Selbsttäuschung des Menschen über sich entsprechen falsche Gottesvorstellungen (s. dazu Iwand, a. a. O. (Anm. 1), 33).

287 Zusammenfassend und zugleich programmatisch stellt Luther im dritten Abschnitt von ASm II, 1 fest (BSLK 415, 21 f. 416, 3 f.; mod.): „Von diesem Artikel kann man in nichts weichen oder nachgeben, es falle Himmel und Erde ... Und auf diesem Artikel steht alles, was wir wider den Papst, Teufel und Welt lehren und leben."

288 P. Brunner, Reform – Reformation. Einst – Heute, 1967, in: ders., Bemühungen um die einigende Wahrheit, Göttingen 1977, 9–33, 17.

289 G. Merz, Der junge Luther und der Rechtfertigungsglaube, in: ders., Kirchliche Verkündigung und moderne Bildung, München 1931, 44–64, 45.

Christus und der Rechtfertigung setzt auch der Lehre vom Amt einen festen Rahmen. Durch ihn wird ein ganz außerordentlicher Reichtum an theologischen Gedanken entbunden. Deren Grenze liegt in den reformatorischen *particulae exclusivae* beschlossen.

II.
Die Theologie des Amtes

1. Die Notwendigkeit des Amtes

Ist das Amt bei Luther in der durch den Artikel von der Rechtfertigung explizierten Theologie des Kreuzes verankert, so muß die Notwendigkeit des Amtes auch aus ihr begründet werden. Luther kennt noch andere Begründungszusammenhänge, aber diese sind jenem sachlich untergeordnet.

Die Theologie des Kreuzes umfaßt, wie im ersten Kapitel dargelegt wurde, Gottes Handeln am Kreuz *und* das Wort vom Kreuz, das dieses Handeln zum Inhalt hat.[1] Gottes versöhnendes Handeln am Kreuz Christi ist auf die Ausrichtung der Versöhnungsbotschaft bezogen. Nach 2. Kor. 5,14–21 hat Gott die Versöhnung der Welt mit sich selber ein für allemal durch den Kreuzestod Jesu herbeigeführt und mit dem Evangelium „die Worte hinzugetan", wie Luther in einer Predigt über 2. Kor. 5,16 sagt,[2] durch die Gottes Versöhnungstat zu verkündigen ist. Durch das an „das Wort von der Versöhnung" (2. Kor. 5,19) gebundene *Amt* „kommt" die Tat der Versöhnung, nämlich „die Passion und Auferstehung Christi in Gebrauch *(in usum)*"[3]. Der einzig adäquate *usus* auf der Seite der Hörer ist der Glaube. Die Notwendigkeit des Amtes liegt also in der Mündlichkeit und Öffentlichkeit des Evangeliums begründet, das Gottes Tat in Christus als die Gerechtigkeit, die vor ihm gilt (Röm. 1,17), zum Inhalt hat und kraft dieses Inhalts den, der glaubt, vor Gott rechtfertigt.[4]

---

1   Wegen dieses Inhalts ist das Wort „eine Gotteskraft" (1. Kor. 1,18; vgl. Röm. 1,16).

2   Predigt am 26.12.1527, WA 23, 733–737, bes. 736, 36; Übers. aus der Rörer-Nachschrift. Zur Exegese vgl. O. Hofius, „Gott hat unter uns aufgerichtet das Wort von der Versöhnung", 1980, in: ders., Paulusstudien, WUNT 51, Tübingen ²1994, 15–32; F. Lang, Die Briefe an die Korinther, NTD 7, Göttingen 1986, 295–303.

3   Predigt am 16.4.1531, WA 34 I, 318–328, bes. 318, 16 (Übers.) und 319, 17; zitiert bei W. Elert, Morphologie des Luthertums, Bd. 1, München 1931, 302. Vgl. ferner WA 10 I, 1, 131, 13 ff.; WA 29, 308, 13 f.; WA 36, 46, 5 f.; ASm II, 2, BSLK 423, 11–424, 9.

4   Ph. Melanchthon hat – ähnlich wie Luther – die Notwendigkeit des Amtes in CA V, 1 mit dem Artikel von der Rechtfertigung begründet (vgl. Elert, a. a. O., 297). Nicht nur inhaltlich, auch sprachlich ist CA V, 1 durch einen Finalsatz mit CA IV verknüpft (BSLK 58, 2).

In der Begründung des Amtes durch das Evangelium liegt die entscheidende Wende im Verständnis des Amtes beschlossen. Das wird in den folgenden Abschnitten zu entfalten sein. An dieser Stelle ist lediglich auf drei Folgerungen hinzuweisen, die sich unmittelbar aus dem kreuzes- und rechtfertigungstheologischen Bezugsrahmen der Lehre vom Amt ergeben.[5]

Erstens: Durch diesen Begründungszusammenhang ist vorentschieden, daß Luther unter Amt das Verkündigungsamt und nicht ein Priester- oder Leitungsamt versteht.[6] Zwar bejaht er in seinen Anfängen die überkommene kirchliche Amtspraxis,[7] aber die Kritik an der Verweltlichung des Amtes und an dem anmaßenden und pompösen Auftreten der Amtsträger ist seit der Entdeckung des Evangeliums nicht moralisch, sondern zutiefst theologisch begründet.[8]

Zweitens: Durch diesen Begründungszusammenhang wird der Dienstcharakter des Amtes mit Nachdruck unterstrichen. Amt und Amtsträger sind kein Selbstzweck; ihre Bedeutung liegt in der Funktion, von sich weg auf Christus zu weisen. Die Legitimität des Amtes liegt in dem Gegenstand, auf den es bezogen ist. *Amt* ist ein relationaler Begriff; substanzontologische Kategorien scheiden aus der Amtsauffassung als unangemessen aus. Im relationalen Amtsbegriff ist die Negation der mittelalterlichen Zweiständelehre enthalten, die auf der Unterscheidung zwischen Klerus und Laien beruht. Luther hat diese Negation 1520 in den reformatorischen Hauptschriften offen ausgesprochen und zu einem Bestandteil der antirömischen Polemik gemacht.

Drittens: In diesem Bezugsrahmen wird die Heilsvermittlung nicht an das Amt, sondern an das Wort Gottes und an den gebunden, den es bezeugt. Darin ist die schwerste Zäsur zu sehen. Die Kirche als Heilsvermittlerin wird gerade dadurch in die Krise geführt, daß das Amt nach

---

5   Mit Recht begründet H. Lieberg die Notwendigkeit des Amtes „von der Rechtfertigung her" (Amt und Ordination bei Luther und Melanchthon, FKDG 11, Göttingen / Berlin 1962, 19–24), aber er führt nicht aus, daß die Rechtfertigungslehre explizite Theologie des Kreuzes ist.

6   Zu Recht hervorgehoben von E. Kinder, Der evangelische Glaube und die Kirche, Berlin 1958, 151.

7   Vgl. W. Stein, Das kirchliche Amt bei Luther, VIEG 73, Wiesbaden 1974, 6.

8   Nachweise der kritischen Bemerkungen Luthers über die Amtsträger aus der Frühzeit bei Stein, a. a. O., 14 ff., 34 ff., 54 ff. Daß das Evangelium die Heilsfrage löst (vgl. z. B. WA 56, 415, 22 f.) und dadurch die überkommene kirchliche Praxis der Heilsvermittlung unterläuft, bleibt bei Stein allerdings unterbestimmt. Darin unterscheidet sich aber Luthers Kritik fundamental von der Kritik der Humanisten!

Luthers Verständnis von sich weg auf den weist, der das Heil gebracht hat: Christus. Das ist zwar das Grundgeschehen von Kirche – aber es schlägt sich so nieder, daß wahre und falsche Kirche einander gegenübertreten.

Mit der kreuzes- und rechtfertigungstheologischen Begründung sind ekklesiologische, anthropologische, schöpfungstheologische und ethische Aspekte verbunden. Ein von den Anfängen bis zur abschließenden Genesis-Vorlesung immer wiederkehrendes Argument für die Begründung des Amtes ist, daß Gott mit den Menschen nicht unvermittelt, sondern durch Menschen redet und handelt. Wie er die Welt durch Menschen und durch Ämter regieren will,[9] so will er dem Menschen auch das Heil durch Menschen bringen.[10] Wohl könnte er das Menschengeschlecht auch ohne das Amt des Wortes retten, aber er hat es so nicht gewollt.[11] Das Amt leiht Gott Hand und Zunge,[12] durch die er handelt und redet. Luther versteht das Amt somit funktional, aber die Funktionalität schließt den Aspekt der Institutionalität nicht aus, sondern vielmehr ein.

Wie ist der Amtsträger Luther von seinen Zeitgenossen gesehen worden? Lucas Cranach hat zusammen mit seinem Sohn auf der Predella des Flügelaltars der Wittenberger Stadtkirche, in der Luther drei Jahrzehnte gepredigt hat, anschaulich gemacht, wie Luther sein Amt ausgeübt hat und was mit *Amt* im Sinn des Reformators gemeint ist. In der Mitte hängt – überdimensional – der an das Kreuz geschlagene Christus; rechts ist der predigende Luther zu sehen, der von der Kanzel auf den Gekreuzigten weist; seine linke Hand liegt auf der geöffneten Bibel, die zur Predigt ermächtigt. Links sitzt oder steht die Gemeinde.[13] Nicht das Amt oder gar der Amtsträger Luther – der gekreuzigte Christus ist der

---

9 Vgl. Vorlesung über 1. Mose 19,14, 1535–45, WA 43, 71, 2 f.; ferner WA 44, 648, 27–31. S. a. M. Seils, Der Gedanke vom Zusammenwirken Gottes und des Menschen in Luthers Theologie, Berlin 1962, bes. 141 ff.

10 Vgl. WA 4, 211, 18 f.; WA 56, 163, 31 ff.; WA 48, 688, 4. Luther bringt sein Erstaunen über das Wunder zum Ausdruck, daß Gott durch elende, sterbliche Menschen sein Reich auf Erden gegen den Teufel bewahrt (WA.TR 1, 427, 15–18; Nr. 4674).

11 Vorl. über 1. Mose 32,24 f.; WA 44, 95, 21–24. Vgl. Predigten über das 5. Buch Mose, 1529, WA 28, 628, 17–25; ferner die Predigt am 29.9.1531, WA 34 II, 245, 24 f.

12 Predigt am 20.1.1538, WA 46, 148, 20. Vgl. ferner WA 4, 425, 20–22; WA 34 II, 487, 22 f.

13 Vgl. H. Junghans, Martin Luther und Wittenberg, München / Berlin 1996, 118 f. S. a. die Farbtafeln in: P. Manns / H. N. Loose, Martin Luther, Freiburg/Br. ²1983, Nr. 46, 58, 59. Zu Cranach s. H. G. Thümmel, „du rühmst immer deinen Mönch zu Wittenberg". Lucas Cranach – Maler der Reformation, in: Ev. Predigerseminar Wittenberg (Hg.), Luther und seine Freunde, Wittenberg 1998, 28–55.

Mittler des Heils, und zwar er allein. *Das* herauszustellen, ist die Funktion des Amtes; *darin* wirkt es vermittelnd, daß es die Hand ist, die wie Johannes der Täufer von sich weg auf den Mittler weist.[14] Dessen bedarf die Gemeinde um der Externität des Heils in Christus willen. In dieser Funktion sind Amt und Amtsträger nicht entbehrlich, sondern notwendig.

2. Die Grundlegung des Amtes

Das Amtsverständnis wird dadurch theologisch durchsichtig, daß es sich konsequent aus dem theologischen Ansatz des Reformators ergibt. Aber das Amt als solches beruht keineswegs auf theologischen Schlußfolgerungen. Dann wäre es eine kirchliche Einrichtung, der eine – wenn auch folgerichtige – theologische Konstruktion zugrundeläge. Doch das trifft weder auf Luther noch auf die lutherischen Bekenntnisschriften zu[15]. Das Amt ist vielmehr der Niederschlag des endzeitlichen Berufungs- und Sendungsgeschehens Gottes. Diese These ist nach drei Seiten hin zu entfalten, nämlich im Blick auf (2.1.) Christus und das Amt, (2.2.) den Apostolat und das Amt und (2.3.) die Kirche und das Amt.

2.1. Christus und das Amt

In den *Dictata super Psalterium* (1513–1516) hebt Luther hervor, die Verkündigung des Evangeliums erfordere das *ministerium* der Apostel und ihrer Nachfolger.[16] Er unterscheidet zwischen Apostelamt und Predigtamt und pflegt seit seinen Anfängen unter Amt das Nachfolgeamt des Apostolats zu verstehen.[17] Sein Interesse gilt „fast ausschließlich dem Nachfolgeamt der Apostel"[18].

---

14 Vgl. Viel fast nützlicher Punkt, 1537, WA 45, 389–392, bes. 390, 6–10.
15 So mit Recht in bezug auf die luth. Bekenntnisschriften L. Goppelt, Das kirchliche Amt nach den lutherischen Bekenntnisschriften und nach dem Neuen Testament, in: Zur Auferbauung des Leibes Christi. FS für Peter Brunner, hg. v. E. Schlink / A. Peters, Kassel 1965, 97–115, 99.
16 Vgl. Scholie zu Ps. 84(85),9, WA 4, 9, 18–27, bes. 26.
17 Vgl. Glosse zu Ps. 103(104),4, WA 55 I, 684, 6 f.; ferner die Glosse zu Ps. 113(114), 4, a. a. O., 748. Weitere Belege bei J. Aarts, Die Lehre Martin Luthers über das Amt in der Kirche, SLAG A 15, Helsinki 1972, 57 ff., bes. 59, Anm. 16.
18 Stein, a. a. O. (Anm. 7), 1. Dieser wichtige Aspekt bleibt bei H. Goertz, Allgemeines Priestertum und ordiniertes Amt bei Luther, MThSt 46, Marburg/L. 1997, unterbestimmt.

In der *Vorlesung über den Römerbrief* (1515/16) bestimmt Luther das Evangelium als „praedicatio Christi"[19] und versteht darunter, daß in der Verkündigung des Evangeliums nicht nur über Christus geredet werde, sondern daß vielmehr Christus selbst durch sie rede und handle.[20]

Aufgeschreckt durch die das Wahrheitsgewissen verletzende Ablaßpredigt in der Umgebung Wittenbergs, veranlaßt durch die Ablaßinstruktion des Erzbischofs Albrecht von Mainz für die Kirchenprovinz Magdeburg[21] und genötigt durch die seelsorgerliche Verantwortung hat Luther in den *95 Thesen* „im Namen unseres Herrn Jesus Christus"[22] das Wort ergriffen. Der Amtsträger Luther versteht sich als „Instrument des Herrn Jesus Christus"[23]. In den Ablaßstreit, der zum Anlaß für die Reformation der Kirche wurde, sei er wie ein geblendetes Pferd hineingeführt worden.[24]

Wichtiger Kontroverspunkt im *Ablaßstreit* ist neben der Buß- und Ablaßfrage und dem Primat des Papstes das Theologumenon von dem „Gnadenschatz der Kirche"[25]. In der 58. der 95 Thesen stellt Luther fest, die Verdienste Christi wirkten immer *(semper)* ohne den Papst.[26] Die Verdienste Christi *(merita Christi)* sind zweifellos der „Gnadenschatz" schlechthin; denn Christus tilgt die den Menschen von Gott trennende Schuld der Sünde „durch das Verdienst seines Leidens"[27]. Dieser Gnadenschatz ist der Inhalt des Evangeliums; deshalb ist dieses „der wahre Schatz der Kirche"[28]. Über das Evangelium aber gibt es keine jurisdiktionelle Gewalt,

---

19 WA 56, 153, 10.
20 WA 56, 523, 16–30, bes. 29 f. Vgl. z. St. K. Tuchel, Luthers Auffassung vom geistlichen Amt, LuJ 25 (1958), 61–98, 63.
21 Instructio summaria, 1517, in: DCL 1, (246) 255–293. Vgl. B. Moeller, Die letzten Ablaßkampagnen, in: ders., Die Reformation und das Mittelalter, hg. v. J. Schilling, Göttingen 1991, 53–72, bes. 69.
22 Disputatio pro declaratione virtute indulgentiarum, 1517, WA 1, 233, 8. Übers.
23 H. A. Oberman, „Immo". Luthers reformatorische Entdeckungen im Spiegel der Rhetorik, in: Lutheriana, hg. v. G. Hammer / K.-H. zur Mühlen, AWA 5, 1984, 17–38, 34 f., Anm. 129.
24 WA.TR 1, 601, 18 f. (Nr. 1206). Vgl. z. St. W. v. Loewenich, Martin Luther, München 1982, 111.
25 „Thesaurus ecclesiae" (WA 1, 236, 10 f.).
26 A. a. O., 236, 14 f. Vgl. Resol. z. 58. Th., WA 1, 605–614.
27 WA 1, 613, 5 f. Übers. Es werden Joh. 1,29 und Jes. 43,24 f. als Schriftbelege angeführt (a. a. O., 613, 2–4).
28 Th. 62, WA 1, 236, 22 f.

auch nicht für den Papst, sondern lediglich eine deklaratorische, die an das Evangelium gebunden bleibt.[29] So sind die Verdienste Christi als der Inhalt des Evangeliums der Gnadenschatz ohnegleichen – jedoch „nicht der Kirche, sondern Gottes des Vaters"[30] beziehungsweise des zur Rechten Gottes erhöhten Christus[31].

Johannes *Tetzel* hat diese Auffassung von dem Gnadenschatz der Kirche als Irrtum bezeichnet,[32] ebenso – und das wiegt schwerer – Kardinal *Cajetan*, der gelehrteste Thomist seiner Zeit, während des Verhörs Luthers im Fuggerhaus zu Augsburg vom 12. bis 14. Oktober 1518.[33] Cajetan hat sich besonders mit Luthers 58. These auseinandergesetzt.[34] Es ist ihm nicht entgangen, daß in ihr implizit die Lösung der Heilsvermittlung von der päpstlichen Suprematie, kirchlichen Hierarchie und dem Amtspriestertum ausgesprochen ist.[35] Gleich am ersten Verhandlungstag hält er Luther die Bulle *Unigenitus* von Papst Clemens VI. aus dem Jahr

---

29 Th. 6, a. a. O., 233, 20 f. Vgl. K.-H. zur Mühlen, Nos extra nos. Luthers Theologie zwischen Mystik und Scholastik, BHTh 46, Tübingen 1972, 181.
30 WA 1, 613, 7: „. . . thezaurus non Ecclesiae, sed dei patris".
31 A. a. O., 613, 7 f.
32 J. Tetzel / K. Wimpina, Frankfurter Thesen über Ablaß und päpstliche Gewalt, Frankfurt/O., Frühjahr 1518, in: DCL 1, (310) 320–337, bes. 333.
33 Das Verhör war wie der Thesenanschlag „ein historischer Augenblick erster Ordnung" (K. Brandi, Deutsche Geschichte im Zeitalter der Reformation und Gegenreformation, Leipzig ²1941, 71). Cajetan war „der erste Mann der Kirche von großem Format, der dem Mönch gegenübertrat" (R. Friedenthal, Luther, München 1967, 212). Quellen: WA 2, (1) 6–26; WA.B 1, 208 ff., bes. Nr. 99–104, 110; DCL 2, (69) 78 ff.; zur Edition s. a. Ch. Morerod, Cajetan et Luther en 1518, 2 Bde., Fribourg 1994. Vgl. G. Hennig, Cajetan und Luther, AzTh II, 7, Stuttgart 1966; K.-V. Selge, Die Augsburger Begegnung von Luther und Kardinal Cajetan im Oktober 1518, JHKGV 20 (1969), 37–54; O. H. Pesch, „Das heißt eine neue Kirche bauen". Luther und Cajetan in Augsburg, in: Begegnung. FS für Heinrich Fries, Graz 1972, 645–661; E. Iserloh / B. Hallensleben, Cajetan de Vio (1469–1534), TRE, Bd. 7, 1981, 538–546; J. Wicks, Cajetan und die Anfänge der Reformation, KLK 43, Münster/Westf. 1985; B. Lohse, Cajetan und Luther, in: ders., Evangelium in der Geschichte (I), hg. v. L. Grane u. a., Göttingen 1988, 44–63.
34 Nach der Lektüre von Luthers *Sermo de poenitentia* (1518) und den *Resolutiones* (1518) im neunten der „Augsburger Traktate": Cajetan, Utrum Indulgentiae Ecclesiae fiant de thesauro meritorum Christi Sanctorum, 7.10.1518, in: ders., Opuscula omnia, Lyon 1562, 112 a–116 b. Nach Wicks, a. a. O., 80 f., sind die Augsburger Traktate Cajetans das erste größere Werk der Kontroverstheologie gegen Luther gewesen.
35 Es steht die „Bedeutung (sc. der Kirche) bei der Heilsvermittlung zur Frage" (B. Hallensleben, Communicatio. Anthropologie und Gnadenlehre bei Thomas de Vio

1343 entgegen;[36] denn das Theologumenon vom Schatz der Kirche ist ein wesentlicher Bestandteil der Ablaßtheorie des Thomas von Aquin, und zwar im Einklang mit der Bulle *Unigenitus*, daß die Kirche den unerschöpflichen Schatz von Gnaden, den sie aufgrund der überschüssigen Verdienste Christi und der Heiligen besitzt, ihren Gliedern mitteilen kann.[37] Der Grunddissens betrifft nicht die Autorität des Papstes,[38] sondern die Heilsvermittlung: Cajetan hat wahrgenommen, daß die exklusive Bindung der Gnade an das Evangelium die überkommene kirchliche Heilsvermittlung in die Krise führt. Wenn die Heilsfrage bereits in der Relation Evangelium – Glaube zur Entscheidung kommt,[39] dann bedeutet das für Cajetan, daß eine neue Kirche gebaut werden soll.[40]

In den *Operationes in psalmos* (1519–21) versteht Luther unter Amt den „Dienst des Wortes Gottes in der Kirche"[41]. Entsprechend bestimmt er das Amt als *Predigtamt*.[42] Die Predigt ist eine Kampfhandlung und als solche die „eigentliche Tätigkeit Christi in der Kirche" und „das Werk des Geistes"[43]. Luthers Ausführungen zu Psalm 8 in der zweiten Psalmen-Vorlesung gehören zu den aufschlußreichsten für die Lehre vom Amt. Sie enthalten als den Ertrag der frühen Vorlesungen und des Ablaßstreits: *Amt* ist der im Auftrag Christi geschehende, an das Evangelium gebundene öffentliche Verkündigungsdienst der Kirche.

Cajetan, RGST 123, Münster/Westf. 1985, 29; vgl. Morerod, a. a. O. (Anm. 33), Bd. 2, 597 f.).

36 DH 1025–1027. Diese Bulle bestimmt die kirchliche Lehre und Praxis seit dem 14. Jh. Lediglich J. Wyclif, De ecclesia (1378) und – im 15. Jh. – J. Hus und Johann Ruchrath von Wesel haben ihr widersprochen (vgl. G. A. Benrath, Ablaß, TRE, Bd. 1, 1977, 347–364, 352).

37 Vgl. Thomas von Aquin, S. th. III, Suppl. q. 25 a. 2.

38 Gegen Lohse, a. a. O. (Anm. 33), 63.

39 Vgl. Acta Augustana, 1518, WA 2, 13, 18–22 und 14, 6 f.

40 Cajetan, a. a. O. (Anm. 34), 111 a: „Hoc enim est novam ecclesiam construere."

41 Zu Ps. 8,1, AWA 2, 444, 9 f.: „... ministerium verbi dei in ecclesia". Unter Bezugnahme auf Augustin. Diese Definition des Amtes ist ebenso grundlegend wie einprägsam.

42 Zu Ps. 8,3, a. a. O., 458, 12 – 469, 8.

43 A. a. O., 466, 16 f.: „... est proprium negotium Christi in ecclesia ... et opus spiritus ..." In der Auslegung von Ps. 68,24 (1521) bezeichnet Luther das Predigtamt als „Fuß Christi", mit dem die Welt angegriffen wird (WA 8, 24, 13–15). Vgl. ferner WA 7, 654, 24–31 und WA 8, 539, 25–28.

In der *Adelsschrift* (1520) spricht Luther von dem „Pfarr(er)stand, den Gott eingesetzt hat, der eine Gemeinde mit Predigen und Sakramenten regieren muß"[44]. Diesen Gedanken betont er nach den Wittenberger Unruhen 1521/22 stärker als zuvor,[45] ändert dadurch aber nicht sein Amtsverständnis, sondern akzentuiert lediglich anders.

Die wohl stärkste Hervorhebung des Stiftungsgedankens findet sich in dem Traktat *Eine Predigt, daß man Kinder zur Schule halten solle* (1530). Der mehrmals variierte Spitzensatz über das Amt lautet, „daß der geistliche Stand von Gott eingesetzt und gestiftet ist – nicht mit Gold oder Silber, sondern mit dem teuren Blut und bitterem Tod seines einzigen Sohnes, unseres Herrn Jesus Christus"[46]. Nicht durch einzelne Bibelstellen, sondern gewissermaßen durch deren Summe, durch das Heilswerk Christi selbst, durch dessen soteriologische Relevanz, begründet Luther das Amt!

Im Kontext des Traktats ist der geistliche Stand als eigener Berufsstand im Unterschied zum weltlichen Stand mit seinen verschiedenen Berufen gemeint. Diese Aussage fügt sich in Luthers Zwei-Regimenten-Lehre und die Drei-Stände-Lehre ein. Auf beide wird unten in Kapitel III eingegangen.

Begründet Luther den Gedanken der Stiftung des Amtes durch Gott oder Christus auch nicht biblizistisch, greift er doch immer auf zentrale biblische Stellen zurück. So versteht er Mt. 28,19, Mk. 16,15, Joh. 17,18 und 20,19–23 von der Sendung der Jünger und Apostel und zugleich von der Sendung und Beauftragung ihrer Nachfolger.[47] Es ist derselbe Christus, der als der Erhöhte durch den Geist herrscht und die Prediger sendet,[48] wie

---

44 An den christlichen Adel deutscher Nation, 1520, WA 6, 441, 24 f. Mod.

45 Weitere Belege bei W. Brunotte, Das geistliche Amt bei Luther, Berlin 1959, 118 ff.

46 WA 30 II, 527, 14–17. Mod. Mit Bezug auf 1. Petr. 1,18 f. Vgl. dazu M. Brecht, „Denn durch sein amt und wort wird erhalten das reich gottes in der Welt", Luther 69 (1998), 116–123.

47 Vgl. Predigt über Joh. 17,18 f., 1528, WA 28, 168–178, bes. 169, 12 ff.; Der 82. Psalm ausgelegt, 1530, WA 31 I, 196, 11–13 (Mt. 28,19 f.) und 211, 2 ff. (Mk. 16,15); Predigt über Ps. 110, 1535, WA 41, 123, 35–37 (Christus – Apostel – Nachkommen); und zu Joh. 20,19 ff., 1537, WA 45, 460–462, bes. 461, 13 ff. Zu Mt. 28,18 f. s. a. R. Slenczka, „Mein Reich ist nicht von dieser Welt", in: ders., Neues und Altes, hg. v. A. I. Herzog, Bd. 2, Neuendettelsau 2000, 237–284, 251 ff.

48 Predigt über Joh. 17, 1528, WA 28, 154–167, bes. 156, 13. Entscheidend ist, „daß beide, das Amt und des Amtes Wort, in göttlichem Befehl gehen" (Der Prophet Jona ausgelegt, 1526, WA 19, 233, 6 f.; mod.). Steht es auf göttlichem „Beruf und Befehl"

er die Apostel gesandt hat. Wer das Predigt- und Pfarramt innehat, steht in dem Amt, das Christus gehört.[49] Christus selbst redet in der Predigt;[50] er selbst ist der rechte Täufer[51] und gibt sich selbst im Abendmahl.[52] Es ist die Lehre von dem Hohenpriestertum Jesu Christi, in die der kreuzes- und rechtfertigungstheologische Gedankengang einmündet.

In den *Schmalkaldischen Artikeln* (1537) sucht man vergeblich nach einem besonderen Artikel über das Amt.[53] Die Ausführungen über das Amt stehen im Zuge der Darlegung von Gottes Handeln an dem sündigen und durch Christus erlösten Menschen. Expressis verbis ist von „Ampt" in den Artikeln über das Gesetz, die Buße (BSLK 436, 17; 437, 11. 24), das Evangelium (449, 10), die Schlüsselgewalt (452, 9), die Beichte (453, 13) und die Ordination (458, 4 f. 10) die Rede. Bemerkenswert ist der Sprachgebrauch in den Artikeln über Gesetz, Buße und Evangelium: Gott ist das Subjekt und der Träger; die Instrumente seines Handelns sind Gesetz und Evangelium; der Mensch ist das „Handlungsfeld" des dreieinigen Gottes; der Vollzug dieses worthaften und geistgewirkten Handelns wird mit „Ampt" bezeichnet. In diesem Handeln begegnet Gott selbst als der Dreieinige.

In *Von den Konziliis und Kirchen* (1539)[54] und *Wider Hans Worst* (1541)[55] wird das Amt zu den Kennzeichen der Kirche gezählt. Das Wort Gottes und die beiden Sakramente unter Einschluß der Absolution sind *Konstitutiva* der Kirche. Die zusätzlich genannten *Signa*, darunter das Amt, sind nur mit Bezug auf die Konstitutiva Kennzeichen der Kirche. Diese beiden Spätschriften bestätigen, daß das Amt allein in der Relation zu den Heils- und Gnadenmitteln ist, was es ist. Im einzelnen hebt Luther hervor: 1. Es gibt nur *ein* Amt, an dem alle Bischöfe, Pfarrer, Prediger par-

---

(WA 31 I, 211, 19), dann ist das Predigtamt weder „ein Hofdiener" noch ein „Bauern-knecht", sondern allein Gott zu Gehorsam verpflichtet (WA 31 I, 198, 12–15).

49 Vgl. WA 22, 184, 8 f.; WA 32, 398, 25–28 und 488, 18–22; WA 38, 243, 23.
50 S. o. Anm. 20. Vgl. ferner WA.TR 3, 357, 15 f. (Nr. 3494) und z. St. M. Doerne, Predigtamt und Prediger bei Luther, in: Wort und Gemeinde. FS für Erdmann Schott, AVTRW 42, Berlin 1967, 43–55, 44.
51 WA 38, 239, 29 und 240, 24 f.
52 A. a. O., 246, 26–28.
53 Auch von CA V sagt L. Grane, dieser Artikel handle „nicht vom Amt, sondern von den Gnadenmitteln" (Die Confessio Augustana, Göttingen 1970, 47). Allerdings ist diese Alternative schief; denn die Pointe ist doch gerade, daß CA V vom Amt handelt, *indem* von den Gnadenmitteln gehandelt wird.
54 WA 50, 632, 35–641, 19.
55 WA 51, 481, 7–16.

tizipieren.[56] 2. Es besteht im Dienst an den Konstitutiva der Kirche.[57] 3. Es beruht auf der Einsetzung Christi.[58] 4. Die öffentliche Ausübung ist an die Berufung durch die Kirche gebunden.[59] 5. Es steht in der Sukzession der Wortverkündigung, die Christus den Aposteln aufgetragen hat.[60]

Zusammenfassung:

1. Das Amt beruht auf der Einsetzung Jesu Christi und ist „eschatologisch begründet"[61]: Christus ist Subjekt und eigentlicher Träger des Amtes. Diese These schließt nicht aus, sondern ein, daß das Amt mittelbar übertragen wird.[62] Aber mit ihr ist intendiert, daß nicht die Kirche, sondern Gott selbst das Wort von der Versöhnung unter uns aufgerichtet hat (2. Kor. 5,19); daß der Verkündigungsauftrag nicht von der Kirche, sondern von dem Herrn der Kirche gegeben wurde und an dessen Wort gebunden bleibt (Mt. 28,19); daß die Wirksamkeit der Verkündigung nicht von kirchlichem Aktivismus abhängig ist, sondern von der Verheißung der Gegenwart Christi und dem Wirken seines Geistes (Mt. 28,20).

2. Das Amt ist eingesetzt, weil der erhöhte Christus mit der Verkündigung des Evangeliums durch das Wirken seines Geistes Anteil an seiner einmal geschehenen Heilstat geben will: Christus wirkt und redet in der Predigt des Evangeliums und gibt sich selbst in den Sakramenten. Die Träger des Amtes haben keine Heilsbedeutung, sondern allein das Evangelium und die Sakramente. Das Amt besteht, weil und solange es diese Heilsmittel gibt. Es wird ausgeübt in der Bindung an sie und ist Dienst an ihnen im Gehorsam gegen das Mandat Christi. Die Kirche, die an die Heils- oder Gnadenmittel gebunden ist, tritt der Kirche gegenüber, welche die Heils-

---

56 Vgl. WA 50, 633, 1.

57 A. a. O., 633, 2 f.

58 A. a. O., 633, 3. Luther führt den klassischen Beleg, Eph. 4,8.11, an (633, 4 f.).

59 A. a. O., 632, 36 – 633, 1.

60 WA 51, 481, 9 f. Darin sieht Luther die Kontinuität zur alten Kirche gegeben (Z. 11 f.). Vgl. WA 50, 634, 11 f. 14 f.

61 G. Merz, Das kirchliche Amt, 1930/33, in: ders., Der Pfarrer und die Predigt, hg. v. F. W. Kantzenbach, TB 85, München 1992, 49–69, 55.

62 Der nach 1848 in der deutschen Amtsdiskussion aufgebrochene Gegensatz zwischen der „Übertragungstheorie" und dem „Stiftungsgedanken" ist eine Vergröberung, die den Quellen zu Luthers Theologie nicht gerecht wird und im übrigen „methodisch unzulänglich" ist (mit R. Prenter, Die göttliche Einsetzung des Predigtamtes und das allgemeine Priestertum bei Luther, 1961, in: ders., Theologie und Gottesdienst, Aarhus / Göttingen 1977, 207–221, 214).

mittel an sich gebunden hat. Dieser Grunddissens, für Außenstehende kaum wahrnehmbar, ist 1518 in Augsburg zwischen Cajetan und Luther aufgebrochen.

3. Von den Anfängen bis zu seinen Spätschriften versteht Luther unter Amt das Nachfolgeamt der Evangelisten und Apostel. Er sieht das an das Evangelium gebundene Predigtamt in der Sukzession der Verkündigung stehen, die Christus den Aposteln aufgetragen hat.

2.2. Apostolat und Amt

Versteht Luther – ebenso wie auch Melanchthon[63] – unter dem Amt der Kirche das Nachfolgeamt der Apostel, dann stellt sich die Frage, wie das Verhältnis von Apostolat und Amt näher bestimmt werden kann. Als Quellen bieten sich von selbst Luthers Auslegungen der einschlägigen Stellen an, nämlich seine Auslegung von Röm. 1, vor allem aber die von Gal. 1–2 aus den Jahren 1516/17, 1519 und 1531, betont Paulus doch in keinem anderen Brief „sein Apostelamt mit solchem Nachdruck und mit solcher Wortgewalt" wie im Brief an die Galater.[64] Andere Belege werden dieser Quellenbasis zugeordnet.

1. *Sprachgebrauch und Definition des Apostolats.* Paulus bezeichnet sich im Präskript seines Briefes an die Römer als „Knecht Jesu Christi, berufen zum Apostel" (Röm. 1,1). Er bringt nach Luther damit zum Ausdruck, daß er „sein Amt von Gott über andere empfangen hat"[65]. Auf diesen „Knecht"

---

63 Vgl. Tractatus de potestate papae, 1537, BSLK 474, 8–11: „(Wir) haben ... ein gewisse Lehre, daß das Predigamt vom gemeinen Beruf der Apostel herkommet." Vgl. 479, 13 ff.

64 Die erste Vorlesung über den Gal., 1516/17, WA 57 II, 1, 11 f. Übers. Bedenkt man, daß Luther von seiner ersten Vorlesung an um die Apostolizität der Kirche gerungen hat (Nachweise bei J. Vercruysse, Fidelis populus. Eine Untersuchung über die Ekklesiologie in Martin Luthers Dictata super Psalterium, VIEG 48, Wiesbaden 1968, 103–120), muß man es fragwürdig finden, daß die Anfänge von Luthers Theologie in neueren Untersuchungen über sein Amts- und Kirchenverständnis nicht einbezogen worden sind (z. B. von Goertz, a. a. O. (Anm. 18) und G. Neebe, Apostolische Kirche, TBT 82, Berlin 1997). Zur Verhältnisbestimmung von Apostolat und Amt vgl. aus der älteren Lit. bes. K. H. Rengstorf, Apostolat und Predigtamt, TSSTh 3, 1934, Stuttgart ²1954; R. Josefson, Das Amt der Kirche, in: Ein Buch von der Kirche, hg. v. G. Aulén u. a., Göttingen 1951, 386–401; Kinder, a. a. O. (Anm. 6), bes. 153, Anm. 1 (Lit.).

65 Scholie zu Röm. 1,1, 1515/16, WA 56, 162, 12 f.: „acceptum officium ... a Deo super alios." – Zum ntl. Hintergrund von Röm. 1,1 vgl. z. B. W. Bieder, Die Berufung im

ist zu hören wie auf Gott selbst[66] – nicht, weil er ein Herr wäre, der hinter einem tief stapelnden Titel zu verbergen sucht, was er zu sagen hat, sondern weil er Knecht ist, der von Christus für das Evangelium Gottes in Beschlag genommen ist und nichts Eigenes auszurichten hat. In dem Titel „Apostel" ist enthalten: Von Gott zu solchem Amt berufen,[67] ist der Apostel der oberste Gesandte Gottes und der höchste Engel des Herrn der Heerscharen, nämlich Jesu Christi.[68]

In der ersten Vorlesung über den Galaterbrief (1516/17) erläutert Luther „apostolus" mit „‚nuncius‘ et ‚missus‘"[69], „Bote und Gesandter". Ähnlich 1519 im Kommentar zum Galaterbrief: „‚Apostel‘ bedeutet dasselbe wie ‚Gesandter‘."[70] (Gemeint ist: Jemanden mit bestimmtem Auftrag als Boten senden.[71]) „Apostel" ist der bevollmächtigte Gesandte, der im Auftrag und im Namen seines Entsenders eine Botschaft überbringt.[72] „Wer aber ist ein

---

Neuen Testament, AThANT 38, Zürich 1961, 36 f.; N. A. Dahl, Das Volk Gottes, Darmstadt ²1963, 229 f.; P. Stuhlmacher, Theologische Probleme des Römerbriefpräskripts, EvTh 27 (1967), 374–389; U. Wilckens, Der Brief an die Römer, EKK VI, 1, Neukirchen ²1987, 55 ff., bes. 61–63.

66 Glosse zu Röm. 1,1, WA 56, 4, 18.

67 A. a. O., 4, 19 f.: „a Deo ad tale officium vocatur".

68 A. a. O., 163, 29 f.: „. . . supremus Legatus Dei et summus Angelus Domini . . ." Den Titel „Herr Zebaoth" wendet Luther seit der ersten Psalmenvorlesung auf Jesus Christus an (z. B. WA 3, 553, 29 f.). S. a. „Ein feste Burg ist unser Gott" (1529): „Er heißt Jesus Christ, / der Herr Zebaoth, / und ist kein andrer Gott, / das Feld muß er behalten" (WA 35, 456, 14 f. / AWA 4, 247 f.; zitiert nach EG 362, 2; vgl. G. Maron, „Ein feste Burg ist unser Gott", in: ders., Die ganze Christenheit auf Erden, hg. v. G. Müller / G. Seebaß, Göttingen 1993, 284–289). Dieses Lied ist nicht „Ausdruck trotzigen Bekennens, sondern . . . Inbegriff leidenden Widerstehens gegen die päpstliche Gewalt" (H. Assel mit Bezug auf R. Hermann, in: Der du die Zeit in Händen hast. Briefwechsel zwischen Rudolf Hermann und Jochen Klepper 1925–1942, hg. v. A. Wiebel / H. Assel, BEvTh 113, München 1992, 149).

69 Zu Gal. 1,1, WA 57 II, 53, 11 f.

70 Zu Gal. 1,1, WA 2, 452, 6. Übers. (Lat.: *missus*.) – H. Bornkamm bezeichnet Luthers aus dem Kolleg von 1516/17 umgearbeiteten Kommentar zum Gal. von 1519 als „die Krone seiner Kommentare" (Luther I, RGG, Bd. 4, ³1960, 480–495, 485).

71 Nach dem hebräischen Äquivalent *schalach* (vgl. M. Delcor / E. Jenni, *senden*, THAT, Bd. II, ²1979, 909–916, bes. 912), auf das Luther durch Hieronymus (Commentarius in epistolam Pauli ad Galatas, PL 26, 335 f.) aufmerksam wurde (WA 2, 452, 6–8).

72 WA 57 II, 53, 4–12; WA 2, 452, 3 ff., bes. 18 f. und 453, 27–29. Vgl. z. St. K. Bornkamm, Luthers Auslegungen des Galaterbriefs von 1519 und 1531, AKG 35, Berlin 1963, 3 f.; K. Hagen, Luther's Approach to Scripture as seen in his „Commentaries" on Galatians 1519–1539, Tübingen 1993, 19 ff.

Apostel, wenn nicht der, der das Wort Gottes herbeiträgt?"[73] Auch in der Vorlesung von 1531 wird „apostolus" mit „missus" erläutert: „Apostel ist derjenige, der unmittelbar von Gott selbst gesandt ist ohne vermittelnde (menschliche) Person."[74]

Eine knappe und treffende Definition gibt Luther 1519 in der Leipziger Disputation: Apostel ist der Bote des Wortes, und der Apostolat ist das Amt des Wortes.[75] In der Auslegung des 1. Petrusbriefes (1523) bezeichnet er den Apostel als einen „Mundboten", „der eine Sache mündlich vorbringt und wirbt"[76]. „Also will er sagen: Ich bin ein Apostel Jesu Christi, das ist, ich habe einen Befehl von Jesus Christus, daß ich predigen soll von Christus."[77]

2. *Zur inhaltlichen Bestimmung des Apostolats.* Zu „ausgesondert, zu predigen das Evangelium Gottes" (Röm. 1,1 b) schreibt Luther nieder: „Der Beschäftigung mit anderen Aufgaben entnommen, werde ich allein zu diesem Amt verordnet, geweiht und geheiligt, daß ich das Evangelium lehre."[78] Die inhaltliche Bestimmung des Apostolats ergibt sich bei Luther somit aus dem Evangelium.[79] Luthers Verständnis des Evangeliums ist oben im ersten Kapitel dargelegt worden. An dieser Stelle sollen lediglich drei Aspekte hervorgehoben werden.

Erstens: Mit der Offenbarung seiner Gerechtigkeit im Evangelium setzt Gott einen neuen Anfang in seinem Verhältnis zum Menschengeschlecht.[80] Diesen zu proklamieren, sind die Apostel eingesetzt. Sie sind „Botschafter

---

73 WA 2, 452, 28 f. Übers.
74 Zu Gal. 1,1, WA 40 I, 61, 11 f. (Hs.); Übers.
75 WA 59, 513, 2493 f.: „Est enim apostolus nuncius verbi, et apostolatus . . . officium verbi."
76 Zu 1. Petr. 1,1, WA 12, 261, 14 f.
77 A. a. O., 261, 16 f. Mod.
78 WA 56, 165, 5–7. Übers.
79 Zum ntl. Befund vgl. K. H. Rengstorf, *Apostolos,* ThWNT, Bd. 1, 1933, 397–448; H. v. Campenhausen, Der urchristliche Apostelbegriff, 1947, in: K. Kertelge (Hg.), Das kirchliche Amt im Neuen Testament, WdF 439, Darmstadt 1977, 237–278; J. Roloff, Apostolat – Verkündigung – Kirche, Gütersloh 1965; ders., Apostel / Apostolat / Apostolizität I, TRE, Bd. 3, 1978, 430–445 (Lit.); P. Stuhlmacher, Evangelium – Apostolat – Gemeinde, KuD 17 (1971), 28–45; F. Hahn, Der Apostolat im Urchristentum, KuD 20 (1974), 54–77; J. Becker, Paulus. Der Apostel der Völker, Tübingen ²1992, 60–86.
80 Der „neue Bund" (2. Kor. 3,6), den Gott gesetzt hat, ist „das Evangelium, das zu verkündigen Paulus als ‚Diener des Evangeliums' berufen ist" (O. Hofius, Das Gesetz des Mose und das Gesetz Christi, in: ders., a. a. O. (Anm. 2), 50–74, 61).

an Christi Statt" (2. Kor. 5,20) und „tun nichts, als daß sie das Wort predigen"[81]. Im Unterschied zur *diakonia* Jesu Christi, die in seiner Selbsthingabe besteht,[82] ist die *diakonia* der Apostel[83] nicht der Vollzug, sondern der Dienst *an* der von Christus vollzogenen Versöhnung. Dieser Dienst geschieht worthaft im öffentlichen Zeugnis unter Einsatz der ganzen Existenz des Amtsträgers.[84]

Zweitens: Wie das Evangelium hat der Apostolat seinen Grund nicht diesseits, sondern jenseits der Todesgrenze. Entsender ist „Jesus Christus und Gott, der Vater, der ihn auferweckt hat von den Toten" (Gal. 1,1 b).[85] Die Apostel sind also von *dem* berufen und autorisiert, der den Tod, und zwar den Tod am Kreuz, nicht mehr vor sich, sondern hinter sich hat. Die Autorität der Apostel und ihrer Botschaft ist mithin von der Autorität des auferstandenen Christus unmittelbar abgeleitet.[86]

Drittens: Im Gegensatz zum Menschenwort „(schafft) das Wort Gottes, sooft es gepredigt wird, frohe, weite, ruhige Gewissen in Gott; denn es ist das Wort der Gnade, der Vergebung, gut und süß"[87]. Durch den Erweis der Kraft legitimieren sich Evangelium und Apostolat wechselseitig.

---

81   WA.TR 6, 78, 29 f.; mod. (Nr. 6614; J. Aurifaber).
82   Vgl. Mk. 10,45 (Mt. 20,28) und z. St. J. Schniewind, Das Evangelium nach Markus, NTD 1, Göttingen [10]1963, 145; J. Jeremias, Neutestamentliche Theologie I, Gütersloh 1971, 277 f.; P. Stuhlmacher, Biblische Theologie des Neuen Testaments, Bd. 1, Göttingen 1992, 121 ff.
83   Vgl. 2. Kor. 5,18. Luther übersetzt *diakonia* mit *Amt* – im Unterschied zur Zwingli-Bibel, Zürich (1955) 1993, und zur Einheitsübersetzung, Stuttgart [2]1980, die „Dienst" den Vorzug geben, – wegen des Öffentlichkeitscharakters dieses Dienstes (s. o. S. 17, Anm. 21). Die engl. Übersetzungen haben „ministry"; das franz. NT „le ministère". Anders als im dt. „Dienst" ist damit in beiden westeurop. Sprachen der Öffentlichkeitscharakter, der in 2. Kor. 5 intendiert ist, zum Ausdruck gebracht.
84   Vgl. 2. Kor. 6,1–10 und z. St. WA 47, 666–671. Seit der Alten Kirche gilt das Leben der Amtsträger als *biblia laicorum* (vgl. A. Köberle, Amt und Person, in: Bekenntnis zur Kirche. FS für Ernst Sommerlath, Berlin 1960, 278–283, bes. 282). Aus heutiger Perspektive s. G. Friedrich, Amt und Lebensführung, BSt 39, Neukirchen 1963, bes. 57 ff.
85   Vgl. z. St. WA 2, 453, 13 ff., bes. 455, 11–29; ferner WA 40 I, 64 f., bes. 64, 25 f.: „Der lebendige und aus den Toten erweckte Christus spricht aus ihm (sc. dem Apostel)." (Übers.)
86   „. . . die Apostel sind nur Boten und Werkzeuge des Wortes Christi" (Pred. über Mk. 16, 14 ff. am 29.5.1522, WA 10 III, 143, 12 f.; mod.). Vgl. ferner WA 45, 521, 32 f.
87   WA 2, 453, 2–4. Übers.

3. *Das Verhältnis von Apostolat und Amt.* 3.1. Was ist auf der Grundlage der bisherigen Ausführungen unter dem Apostolat zu verstehen? 3.2. Worin besteht der Unterschied zwischen Apostolat und Amt? 3.3. Welche Folgerungen ergeben sich daraus für das Amtsverständnis?

3.1. Der Apostolat gründet in der endzeitlichen Berufung und Sendung, deren Urheber *Gott* ist, der durch die Propheten zu seinem Volk Israel geredet und sich abschließend in seinem Sohn Jesus Christus offenbart hat (Röm. 1,2 f.)[88]. Er ist nicht aus der Gemeinde erwachsen, sondern beruht auf der Selbstoffenbarung und Beauftragung des auferstandenen Christus[89]. Inhalt des Apostolats ist das Evangelium. Wie es den Apostolat ohne das Evangelium nicht gegeben hätte, so wäre die Heilstat Christi ohne die Verkündigung des Evangeliums durch die Apostel unwirksam geblieben. Das Kennzeichen des Apostolats, vor allem des Paulus, ist die Konzentration auf die Wortverkündigung. Deren Ziel ist die Aufrichtung des Glaubensgehorsams unter allen Heiden (Röm. 1,5), also die weltweite Kirche.

3.2. „Es ist aber gewiß, daß zwischen der Berufung der Apostel und der Väter ein großer Unterschied besteht."[90] Dieser Unterschied ist nicht nur zeitlich, sondern auch und vor allem sachlich bedingt; denn der Apostolat beruht auf dem *Augenzeugnis* der Apostel[91]. Daher ist der Apostolat auf die von dem auferstandenen Christus berufenen Apostel unter Einschluß des Paulus als der „unzeitigen Geburt" (1. Kor. 15,8) begrenzt. Er ist mit der Ausrichtung ihres grundlegenden Verkündigungsdienstes abgeschlossen und nicht wiederhol- oder übertragbar. Der Apostolat ist somit kein auswechselbarer Teil der Kirche, sondern „die Apostel sind zur

---

88 Vgl. WA 56, 4, 18 ff.; WA 2, 454, 4 f. und 475, 27 f.

89 S. WA 40 I, 58, 25–28. – Vgl. Roloff, a. a. O. (Anm. 79), 1965, 135 f.; ferner P. Brunner, Das Amt in der Kirche, in: Dem Wort gehorsam. FS für Hermann Dietzfelbinger, München 1973, 74–97, 87.

90 Vorlesung über 1. Mose 2,20, 1535, WA 42, 91, 34 f. Übers.

91 Vgl. dazu L. Goppelt, Die apostolische und nachapostolische Zeit, KIG 1 A, Göttingen ²1966, 10 ff., 121–138, bes. 123. Zu den dogmatischen Aspekten vgl. A. F. C. Vilmar, Die Lehre vom geistlichen Amt, Marburg / Leipzig 1870, 5–14, bes. 11; D. Bonhoeffer, Sichtbare Kirche im Neuen Testament, 1936, in: ders., Werke, Bd. 14 (DBW 14), hg. v. O. Dudzus u. a., Gütersloh 1996, 420–466, bes. 432; P. Brunner, Das Heil und das Amt, 1959, in: ders., Pro Ecclesia, Bd. 1, Berlin / Hamburg 1962, 293–309, bes. 300–302. Für Brunner „erweist sich die eigentliche Krise des Amtes . . . als Krise des Osterglaubens mit seiner eschatologischen Ausrichtung" (a. a. O. (Anm. 89), 83). Das ist eine treffende Diagnose!

Gründung der Kirche gesandt, und sie sind selbst die Grundsteine der Kirche"[92]. Sie „sind die ersten Steine auf jenem einzigen Felsen", Christus.[93] So ist die Kirche durch die Apostel konstituiert worden.[94]

3.3. Das kirchliche Amt setzt den Apostolat nicht fort, sondern als unabdingbar *voraus*; aber gerade dadurch, daß es ihn immer wieder aufs neue voraussetzt, setzt es ihn fort. Diese These ist nach ihrer positiven (3.3.1.) und negativen (3.3.2.) Seite hin zu entfalten.

3.3.1. Wie die Apostel an das Evangelium als das Selbstwort Jesu Christi gebunden waren, so sind die kirchlichen Amtsträger an das Evangelium in der Gestalt gebunden, in der es durch das Zeugnis der Apostel auf sie gekommen ist.[95] Weil der Apostolat auf Gottes Sendung beruht, ist er aus göttlichem Recht.[96] Die Apostolizität des Amtes kann nur in der ausschließlichen Bindung an das im Neuen Testament bezeugte Evangelium gewahrt werden. Diesen Sachverhalt hat die Kirche durch die Bildung des Kanons zum Ausdruck gebracht.[97] In der Bindung des Amtes an das

---

92 Glosse zu Röm. 15,20, WA 56, 144, 2 f. Übers.

93 Annotationes in aliquot capita Matthaei, 1538, WA 38, 620, 10–15 (Hs). Übers. aus Z. 13 f.

94 Vorlesung über Jesaja 34, 1527–29, WA 25, 216, 30: „. . . ecclesiam per Apostolos constitutam".

95 Das Evangelium ist „nicht von menschlicher Art" (Gal. 1,11) und kann nach Luther durch die Unterscheidung vom Gesetz eindeutig identifiziert werden (vgl. bes. seine Auslegung dieser Stelle aus dem Jahr 1519: WA 2, 465, 8 – 467, 23). Formal ist sie nicht schwer, aber inhaltlich menschlichem Unterscheidungsvermögen unerreichbar; denn ihr Vollzug kommt erst in dem In-Christus-Sein zum Ziel: „Wenn du daher in der Sache der Rechtfertigung die Person Christi und deine Person unterscheidest, bist du im Gesetz, bleibst in ihm und lebst in dir; und das heißt: tot sein bei Gott und von dem Gesetz verdammt werden" (zu Gal. 2,20, 1531, WA 40 I, 285, 15–17; Übers.).

96 Vgl. Leipziger Disputation, 1519, WA 59, 465, 1005 f.: „. . . auctoritate apostoli Pauli, id est divino iure . . ." S. a. WA 2, 455, 28; WA 39 I, 47, 39. Luther ordnet mit dieser Formel die kirchliche Auslegung und Rechtsprechung dem Wahrheitsanspruch des Evangeliums unter.

97 Die Bildung des Kanons (vgl. dazu z. B. O. Cullmann, Die Tradition und die Festlegung des Kanons durch die Kirche des 2. Jahrhunderts, in: E. Käsemann (Hg.), Das Neue Testament als Kanon, Göttingen 1970, 98–108) wird von Luther vorausgesetzt und bejaht (vgl. W. Maurer, Luthers Verständnis des neutestamentlichen Kanons, 1960, in: ders., Kirche und Geschichte, Bd. I, hg. v. E.-W. Kohls / G. Müller, Göttingen 1970, 134–158). Kanon im Kanon ist für ihn, „was Christus treibt" (WA.DB 7, 385, 27). Was Christus nicht lehrt, ist *nicht* apostolisch, wenn es gleich Petrus und Paulus lehrte (a. a. O., 384; vgl. I. Lönning, „Kanon im Kanon", Oslo / München 1972, 72 ff., bes. 108–115; W. Künneth, Kanon, TRE, Bd. 17, 1988, 562–570 (Lit.), bes. 565).

im Neuen Testament bezeugte apostolische Evangelium kommt die Autorität Jesu Christi *über* das Amt und zugleich *durch* das Amt zur Geltung.

3.3.2. Durch die Bindung an das in der Bibel überkommene Evangelium stellt sich das Amt in die Lehr- und Verkündigungssukzession der apostolischen und nachapostolischen Zeit hinein.[98] In dieser Bindung gründet die Freiheit und Unabhängigkeit des Amtes von jeder Autorität, die nicht auf göttlichem Recht beruht. Auf diesen Ansatz geht Luthers Konflikt mit dem Papsttum zurück; vor allem jedoch: die Erneuerung der Kirche durch das Evangelium.

Amt und Apostolat haben gemeinsam, daß sie nicht auf steinerne Tafeln, sondern auf den Klang der lebendigen Stimme gestellt sind.[99] „Daher muß man sich in der Kirche mehr darum bemühen, daß man viele Prediger, als daß man gute Schriftsteller hat."[100]

1531 unterscheidet Luther bei der Auslegung von Gal. 1,1 zwischen einer mittelbaren und unmittelbaren Berufung.[101] In der nachapostolischen Zeit ruft Gott in das Amt des Wortes durch mittelbare Berufung, die durch Menschen geschieht.[102] Die Apostel dagegen sind unmittelbar durch Christus berufen worden, so wie die Propheten im Alten Testament von Gott selbst.[103] Aber auch die mittelbare Berufung ist göttlich *(divina)*.[104] Die Bindung des Amtes an das Evangelium setzt Kräfte frei, deren Wirkung sich von der in der Apostelzeit unterscheiden mag, aber unabsehbar und gewaltig wie in der Reformationszeit sein kann.

---

98 Die Boten des Evangeliums sitzen an der „Apostel Statt" (WA 6, 300, 25 f.). S. a. Anm. 60.

99 Operationes in psalmos (zu Ps. 18,45), 1520, WA 5, 537, 17 f. Es ist ein „Mysterium", daß es in der Kirche nicht genug ist, Bücher zu schreiben und zu lesen; vielmehr ist es notwendig, daß geredet und gehört wird. Denn Christus hat nichts geschrieben, sondern geredet; die Apostel haben wenig geschrieben, aber viel geredet (a. a. O., Z. 10–12). Auf die *viva vox* (Z. 14) kommt es deshalb in der Kirche an!

100 A. a. O., 537, 21 f. Übers.

101 „Est enim duplex vocatio divina: mediata, immediata" (WA 40 I, 59, 3 f.).

102 A. a. O., 59, 4 f.

103 A. a. O., 59, 18–20 (Druck).

104 A. a. O., 59, 23.

2.3. Kirche und Amt

Von Anfang an versteht Luther das Amt als zur Kirche gehörig. Das jedoch nicht, weil er von der ekklesiologischen Konstruktion ausginge, daß eine Institution von der Größe und Bedeutung der Kirche auch Ämter haben müsse. Luther hat sich dieser rationalen Argumentation nicht verschlossen, aber sie bestimmt nicht sein Kirchen- und Amtsverständnis. Er sieht die Kirche vielmehr von Christus her, aus der Perspektive der Theologie des Kreuzes, und versteht sie als Frucht des Todes und der Auferstehung Jesu Christi, geschaffen durch die Verkündigung des Wortes Gottes, das nicht leer zurückkommt (Jes. 55,11), sondern das den Geist gibt, der die Kirche als das endzeitliche Volk Gottes ins Leben ruft. Die Bestimmung des Verhältnisses von Kirche und Amt weist somit ebenfalls auf die Theologie des Kreuzes zurück; sie ist nur sekundär ein ekklesiologisches Problem. Darin liegt es begründet, daß die Kirche und das Amt sowie das Priestertum aller Gläubigen und das Amt nicht in einem Konkurrenzverhältnis stehen. Sie haben vielmehr einen gemeinsamen Ursprung und eine gemeinsame Existenzgrundlage. Das gilt es nun darzulegen.

2.3.1. Die Grundlage des Kirchenverständnisses[105]

Das Wort „Kirche" empfindet Luther als „undeutsch", „blind" und „undeutlich"[106]. In der Tat hätte sich kaum ein unpassenderes Wort in den germanischen Sprachen durchsetzen können. Auf der anderen Seite ist „Kirche" wie „Amt" ein relationaler Begriff, dessen Sinn sich aus den Bezügen ergibt, in denen er steht. So gesehen ist „Kirche" „notwendig ein unfertiges Wort"[107]. Selbst das Volk-Gottes-Motiv und der Leib-Christi-

---

105 Lit. zu Luthers Kirchenverständnis im Überblick: Kinder, a. a. O. (Anm. 6), 57 f.; U. Kühn, Kirche VI, 1, TRE, Bd. 18, 1989, 262–267, 266 f.; K.-H. zur Mühlen, Luther II, TRE, Bd. 21, 1991, 530–567, 565. Zum Stand der Forschung vgl. M. Beyer, Luthers Ekklesiologie, in: H. Junghans (Hg.), Leben und Werk Martin Luthers von 1526 bis 1546, Bd. I, Berlin / Göttingen 1983, 93–118, bes. 93–98; Neebe, a. a. O. (Anm. 64), 1997, 20–31.

106 Von den Konziliis und Kirchen, 1539, WA 50, 624, 19 und 625, 16.

107 J. Wirsching, Kirche und Pseudokirche, Göttingen 1990, 28–40, bes. 31. „Selbstdefinition" wäre „zugleich ein Akt der Selbstverfügung und darin ein kirchenzerstörender Akt" (ebd., 29).

Gedanke, die beiden Brennpunkte des paulinischen Kirchenverständnisses,[108] umfassen nicht das gesamte Spektrum. Aus den drei wichtigsten Relationen, in denen die Kirche steht, läßt sich die *Grundlage* von Luthers Kirchenverständnis am prägnantesten ermitteln. (Die institutionellen Aspekte von Kirche und Amt werden unten in Kapitel III behandelt.)

1. Maßgeblich ist der Bezug zu Christus. Von der ersten Psalmen-Vorlesung an sieht Luther die Kirche in der Relation zu Christus als ihrem Haupt stehen.[109] In der 1517 beginnenden Auseinandersetzung mit Rom wird die Haupt-Leib-Relation sodann profiliert. Gegen Augustin von Alveldt hebt Luther 1520 hervor, „daß die erste (sc. geistliche) Christenheit, die allein die wahrhaftige Kirche ist, kein Haupt auf Erden haben mag und kann und daß sie von niemandem auf Erden, weder Bischof noch Papst, regiert werden kann; sondern allein Christus im Himmel ist hier das Haupt und regiert allein"[110]. Der Gedanke der Hauptschaft Christi[111] entspricht dem der Externität des Heils: Kirche wird in der Geschichte Ereignis, ohne daß sie aus ihr begründet werden könnte. Sie bleibt unverfügbar auf Christus als ihr Haupt bezogen.[112] Sie lebt wohl im Fleisch, aber nicht gemäß dem Fleisch.[113]

---

108 Vgl. J. Roloff, Die Kirche im Neuen Testament, GNT 10, Göttingen 1993, 87–90; W. Kraus, Das Volk Gottes, WUNT 85, Tübingen 1996, bes. 111 ff.

109 Nachweise bei H. Fagerberg, Die Kirche in Luthers Psalmenvorlesungen 1513–1515, in: Gedenkschrift für Werner Elert, hg. v. F. Hübner u. a., Berlin 1955, 109–118, 113. Zur Ekklesiologie in den *Dictata super Psalterium* vgl. ferner W. Maurer, Kirche und Geschichte nach Luthers Dictata super Psalterium, 1958, in: ders., a. a. O. (Anm. 97), 38–61; G. Müller, Ekklesiologie und Kirchenkritik beim jungen Luther, 1965, in: ders., Causa Reformationis, hg. v. G. Maron / G. Seebaß, Gütersloh 1989, 472–500, 473 ff.; Vercruysse, a. a. O. (Anm. 64), 1968; S. Hendrix, Ecclesia in via, SMRT 8, Leiden 1974.

110 Von dem Papstthum zu Rom wider den hochberühmten Romanisten zu Leipzig, 1520, WA 6, 297, 37–40; mod. Zu Luthers Kontroverse mit Alveldt vgl. H. Smolinsky, Augustin von Alveldt und Hieronymus Emser, RGST 124, Münster/Westf. 1983, 50 ff.; C. A. Aurelius, Verborgene Kirche, AGTL NF 4, Hannover 1983, 32–42; K. Hammann, Ecclesia spiritualis, FDKG 44, Göttingen 1989, 17 ff.

111 Vgl. F. W. Kantzenbach, Jesus Christus Haupt der Kirche, LuJ 41 (1974), 7–44.

112 „Die Kirche ist nicht ‚prolongierter Christus', ein das Heilswerk Christi … fortsetzender Apparat" (E. Wolf, Die Einheit der Kirche im Zeugnis der Reformation, 1938, in: ders., Peregrinatio (I), München ²1962, 146–182, 157).

113 Vgl. WA 39 II, 149, 21–24 und z. St. U. Kühn, Kirche, HST 10, Gütersloh ²1990, 25.

2. An zweiter Stelle ist der Bezug zu Gottes Wort zu nennen: Kirche hat ihr Leben und ihren Bestand nicht in sich selbst, sondern in Gottes Wort.[114] Sie ist „neue Kreatur"[115], „Geschöpf des Evangeliums" beziehungsweise des „Wortes Gottes"[116]. Die Predigt des Evangeliums schafft Kirche; denn aus ihr kommt der Glaube (Röm. 10,17), durch den Christus sein Volk geistlich regiert. *Nach* dem Evangelium nennt Luther die Taufe und das „Brot".[117] Durch die Taufe und das Abendmahl gibt Christus Anteil an seinem Tod am Kreuz sowie an seinem Leben, das den Tod überwunden hat. Indem der erhöhte Christus durch die Sakramente Anteil an seinem Leib und Blut gibt, inkorporiert er die Kommunikanten seinem Leib. Das ist das Grundgeschehen von Kirche.

3. Die dritte Relation ist die der inneren Kirche zur äußeren Kirche. Die innere ist die durch Gottes Wort und Geist geborene Kirche, die äußere das Kirchentum. Das komplexe Problem der Identität der Kirche läßt sich nicht gemäß dem platonischen oder idealistischen Schema von Idee und Erscheinung lösen.[118] Darin ist die potentielle Entwertung des Sichtbaren und Leiblichen enthalten. Sie ist mit der Inkarnation unvereinbar; das fleischgewordene Wort braucht einen Raum. Hätte Luther die Kirche ins Unsichtbare verflüchtigt, wäre er nicht zum Reformator der Kirche geworden. Für ihn tritt vielmehr die innere, eigentliche Kirche durch die Gnadenmittel in Erscheinung.[119] Allerdings dürfen innere und äußere

---

114 Luther gegen Ambrosius Catharinus, 1521, WA 7, 721, 12 f.: „. . . tota vita et substantia Ecclesiae est in verbo dei." Verweis auf Mt. 4,4 (5. Mose 8,3).

115 WA 4, 81, 2 f. u. ö.

116 Vgl. z. B. WA 1, 13, 38 f.; WA 2, 430, 6 f.; WA 6, 560, 33 ff.; WA 17 I, 99, 26 f.; WA 50, 629, 34 f. S. a. M. Doerne, Gottes Volk und Gottes Wort, LuJ 14 (1932), 61–98; K. G. Steck, Ecclesia – creatura verbi, in: J. Beckmann u. a. (Hg.), Von Einheit und Wesen der Kirche, Göttingen 1960, 40–56.

117 WA 7, 721, 9 ff.; vgl. WA 6, 301, 3 ff.

118 Noch zu sehr dem Denken des deutschen Idealismus verhaftet ist z. B. K. Holl, Die Entstehung von Luthers Kirchenbegriff, 1915, in: ders., Gesammelte Aufsätze zur Kirchengeschichte, Bd. 1: Luther, Tübingen ⁶1932, 288–325, bes. 296–298. Dagegen mit Recht H. J. Iwand, Zur Entstehung von Luthers Kirchenbegriff, 1957, in: ders., Glaubensgerechtigkeit. Ges. Aufs. II, hg. v. G. Sauter, TB 64, München 1980, 198–239, bes. 229.

119 Die Sichtbarkeit der Kirche ist „die Sichtbarkeit des Vorganges, in dem die göttlich gestifteten Mittel des Heils dargeboten werden" (P. Brunner, Von der Sichtbarkeit der Kirche, 1950, in: ders., a. a. O. (Anm. 91), 1962, 205–212, 211). Vgl. M. Doerne, Luthers Kirchenverständnis, in: Fragen der Kirchenreform, hg. v. H. v. Rautenfeld, KIVR 205–207, Göttingen 1964, 10–41, bes. 26 f.

Kirche nicht einfach identifiziert werden. Daß die Kirche um der Wirksamkeit der Gnadenmittel willen als Leib Christi auf dem Plan ist, ist ein Bestandteil des Credo. Aber nur *diese* Kirche gehört ins Credo, nicht das Kirchentum![120] Wird die äußere Kirchenorganisation in den Glaubensartikel einbezogen, dann bildet sich ein fiduziales Verhältnis zu dieser äußeren Kirche aus.[121] Dadurch aber wird äußeren Erscheinungsformen und Institutionen der Kirche Heilsnotwendigkeit zugeschrieben.[122] Das bringt diese „Kirche" wiederum in den Gegensatz zum ersten Gebot und stört die Lebensrelation zwischen dem Haupt und seinen Gliedern.

Die Kirche ist eine sichtbare Versammlung und umfaßt alle, die im rechten Glauben, in der Hoffnung und in der Liebe leben.[123] Aber *weil* sie eine Versammlung der Gläubigen ist, hat sie ihr „Wesen, Leben und ihre Natur" nicht in der leiblichen Zusammenkunft, sondern sie ist „eine Versammlung der Herzen in *einem* Glauben", „eine Versammlung im Geist"[124]. Im Glauben und im Geist gründet ihre wesentliche Einheit. Diese nennt Luther „ein geistliche einickeit"[125]. Diese Einigkeit allein ist genug; sie allein macht die Christenheit aus; ohne sie ist keine andere ausreichend, sei es der Stadt, der Zeit, der Person, des Werkes oder was es sonst sein mag.[126] Unter Bezugnahme auf Joh. 18,36 stellt Luther fest: Die Christenheit ist „ausgezogen" von allen weltlichen Gemeinwesen,[127] nicht

---

120 Mit Th. Harnack, Die Kirche, ihr Amt, ihr Regiment, 1862, Nachdr. Gütersloh 1947, 13.

121 Darin sieht E. Wolf mit Recht eine Fehldeutung des Apostolikums (Sanctorum communio, 1942, in: ders., a. a. O. (Anm. 112), 279–301, 299).

122 Die Anhänger Roms „wollen, daß es zur Seligkeit nötig sei, St. Peter als Haupt zu haben" (WA 6, 299, 18; mod.). Vgl. Iwand, a. a. O. (Anm. 118), 220: „Der Mythos der sichtbaren Kirche erhält sich dadurch, daß diese die unsichtbare Kirche als metaphysische Größe ins ‚Jenseits' abdrängt und sich als Vermittlung jener unsichtbaren Kräfte für das irdische Dasein der Menschen einschaltet und anbietet."

123 Vgl. WA 6, 293, 2 f. Unter *congregatio* und *communio* versteht Luther nicht die „Versammlung" oder „Gemeinschaft", die die Kirche konstituiert, sondern in der sich die von den Gnadenmitteln gestiftete Gemeinschaft niederschlägt (vgl. P. Althaus, Communio sanctorum, FGLP 1, 1, München 1929, 37 ff.). Als Gemeinschaft ist Kirche primär „Hörgemeinschaft" des „Wortes Gottes" (W. Härle, Kirche VII, TRE, Bd. 18, 1989, 277–317, 285).

124 WA 6, 293, 3–6. Unter Berufung auf Eph. 4,5.

125 A. a. O., Z. 9.

126 A. a. O., Z. 10–12.

127 A. a. O., Z. 15 f. „‚Ausziehen' (‚eximieren') ist ein Begriff der Rechtssprache" (Beyer, a. a. O. (Anm. 105), 94).

leiblich, sondern durch den Glauben. Daher ist sie nicht an Rom gebunden oder an irgendeine äußerliche Stätte.[128]

Den Bezug der inneren zur äußeren Kirche hat Luther als äußerst konfliktträchtig erfahren. Er wirkte sich als Antagonismus von wahrer und falscher Kirche aus. Aus diesem Antagonismus ist die Kirche der Reformation hervorgegangen.

2.3.2. Das Priestertum der Christen

Durch die Lehre vom Priestertum aller Gläubigen hat Luther inhaltlich näher bestimmt, was *Kirche* ist.[129] Diese Lehre ist zwar polemisch bedingt, aber auch und vor allem biblisch begründet. Sie fügt sich in die reformatorische Theologie ein und wird auch nach dem Ende des Ablaßstreits beibehalten. Im folgenden werden wichtige Quellen aus der Zeit von 1519 bis 1523 herangezogen, vor allem aus den 1520 erschienenen drei reformatorischen Hauptschriften.

1. Am 18. Dezember 1519 hat Luther in einem *Brief* an *Georg Spalatin* das Problem unverblümt angesprochen: „Die Pflichten eines Priesters, nach denen Du mich fragst, kenne ich nicht. Wie sehr ich darüber nachdenke, ich finde nichts, was ich schreiben könnte, außer über Zeremonien. Daher bewegt mich sehr der Apostel Petrus, der sagt (1. Petr. 2,5.9), daß wir alle Priester sind, ebenso Johannes (Offb. 1,6; 5,10), so daß die Art von Priestertum, in dem wir stehen, ganz und gar nicht von dem der Laien ver-

---

128 WA 6, 293, 21 ff., bes. 23 und 36 f. Die Bindung der Kirche an bestimmte Stätten und Personen „ist die Ursünde, die er (sc. Luther) der römischen Kirche zum Vorwurf macht" (Doerne, a. a. O. (Anm. 116), 85).

129 Lit.: H. Asmussen, Das Priestertum aller Gläubigen, Stuttgart 1948; V. Vajta, Der Christenstand als „königliches Priestertum", in: Welt-Luthertum von heute. FS für Anders Nygren, Stockholm / Lund 1950, 350–373; H. Storck, Das allgemeine Priestertum bei Luther, TEH NF 37, München 1953; W. Nagel, Das „allgemeine Priestertum" in seiner biblischen Begründung und seiner Auswirkung in der kirchlichen Praxis, in: Solange es „heute" heißt. FS für Rudolf Hermann, Berlin 1957, 200–209; E. Mülhaupt, Allgemeines Priestertum oder Klerikalismus?, CwH 65, Stuttgart 1963; E. Winkler, Die Gemeinde und ihr Amt, AVTRW 59, Berlin 1973, bes. 7–11; H.-M. Barth, Einander Priester sein, KiKonf 29, Göttingen 1990, bes. 29–53; K. P. Voß, Der Gedanke des allgemeinen Priester- und Prophetentums, Wuppertal 1990, bes. 31–91; O. Herlyn, Sache der Gemeinde, Neukirchen 1997; H. Goertz / W. Härle, Priester / Priestertum II/1, TRE, Bd. 27, 1997, 402–410 (Lit.).

schieden zu sein scheint, außer durch das Amt, durch das die Sakramente und das Wort verwaltet werden. Im übrigen ist alles gleich . . . Und wir müssen uns sehr wundern, woher die Ordination den Namen eines Sakraments hat."[130] Daraus spricht nicht die Pflichtvergessenheit des im Jahr 1507 geweihten Priesters,[131] sondern es liegt das Votum dessen vor, der aus seinem Beruf herausgewachsen ist, jedoch nicht aus Überheblichkeit oder Verdruß, sondern aufgrund der Einsicht, daß die Institution des beamteten Priesters als eines Heilsmittlers mit dem Dienst am Evangelium und den Sakramenten nicht im Einklang steht und daß die Verheißung, alle seien Priester, unter der Voraussetzung der Zweiständelehre, die zwischen Klerus und Laien theologisch und kirchenrechtlich prinzipiell unterschieden hat,[132] nicht zur Geltung kommen kann. Aus diesem Brief wird außerdem deutlich, daß Luther das Priestertum aller Gläubigen nicht in Konkurrenz zu dem an das Evangelium und die Sakramente gebundenen Amt sieht.

2. In dem *Sermon von dem neuen Testament, das ist von der heiligen Messe* behandelt Luther die Frage des „rechten Gottesdienstes"[133]. Grundlegend für den Gottesdienst ist Gottes Zusage. Auf das Wort der Zusage, das ewige Testament[134] in Christi Blut zur Vergebung der Sünde, kann allein der *Glaube* angemessen antworten. „Denn der Glaube muß alles tun. Er ist allein das rechte priesterliche Amt."[135] Er macht uns alle „zu Pfaffen und Pfäffinnen"[136]. Wie Luther die Messe durch den Begriff des Testaments bestimmt und sie dadurch aus dem religiösen Bezugsrahmen

---

130 WA.B 1, 595, 26–33 (Nr. 231). Übers. Der Brief fällt in die Zeit, in der sich Spalatin Luthers Lehre aneignet (vgl. I. Höß, Georg Spalatin, Weimar 1956, 156–186, bes. 167 ff.; s. a. H. Junghans, Spalatin, TRE, Bd. 31, 2000, 605–607).

131 Vgl. H. Boehmer, Der junge Luther, Stuttgart ⁶1971, 45 f.; R. Schwarz, Luther, KIG 3, I, Göttingen 1986, 13 f.; B. Lohse, Martin Luther, München ³1997, 42 f.

132 Den in der Priesterweihe eingeprägten *character indelebilis* hält Luther für „ertichtet" (WA 6, 408, 22 und 562, 31). Er wurde z. B. von Petrus Lombardus (Sent. 4 dist. 24, PL 192, 900 ff.), aber auch von Thomas von Aquin u. a. vertreten und 1563 im Tridentinum dogmatisiert: DH 1609; 1763–1778.

133 WA 6, (349) 353–378, bes. 354, 26. Der Sermon ist Ende Juli 1520 von Luther als Druck verschickt worden.

134 Das kleine Wörtlein „Testament" ist der Inbegriff aller Wunder und Gnaden Gottes, erfüllt durch Christus (a. a. O., 357, 26 f.). Es unterstreicht den Zusagecharakter des Evangeliums.

135 A. a. O., 370, 24 f. Vgl. Z. 7–11.

136 A. a. O., 371, 22 f.

des Gott durch Opfer dienenden Menschen herauslöst:[137] So füllt er den
Begriff des Priestertums mit einem Inhalt, der das überkommene Verständnis des Priestertums auf den Kopf stellt. Der Priester opfert nicht, es sei
denn sich selbst (Röm. 12,1); für ihn hat sich vielmehr Christus geopfert,
und diese Selbsthingabe Christi wird durch die Verheißung des Evangeliums im Wort und Sakrament testamentarisch zugesprochen. Konstitutiv
und signifikativ für das Priestertum ist somit der Glaube an diese Zusage
Gottes.

3. In der *Adelsschrift*[138], der ersten der reformatorischen Hauptschriften,
geht Luther von der Unbelehrbarkeit und Unreformierbarkeit des Papsttums aus und begründet mit dem Gedanken des Priestertums aller Gläubigen die Notwendigkeit der Reformation der Kirche. Sein Angriff richtet
sich vornehmlich gegen die mittelalterliche Klerikalisierung der Gesellschaft, die theologisch auf der Zweiständelehre und politisch auf der
Zweischwertertheorie beruht. Im ersten Teil greift Luther die drei
„Mauern" an, mit denen sich das Papsttum gegen Kritik und Verbesse-
rungsvorschläge abschirmt. Es verschanzt sich erstens hinter der angemaßten Oberherrschaft der geistlichen über die weltliche Gewalt, zweitens
nimmt es das Auslegungsmonopol über die Heilige Schrift in Anspruch,
und drittens beansprucht es das alleinige Einberufungsrecht eines Konzils.
Im zweiten Teil der Schrift erörtert Luther die Themen, die auf einem
freien Konzil behandelt werden sollten. In einem abschließenden dritten
Teil macht er konkrete Vorschläge für „des christlichen Standes Besserung"
im kirchlichen, sozialen und wirtschaftlichen Leben sowie im Bildungsbereich.

---

137 Luthers Polemik richtet sich in dem Sermon folgerichtig gegen das Meßopfer und
gegen die sich darum rankende Meßtheologie und Meßfrömmigkeit (vgl. C. Wislöff,
Abendmahl und Messe, AGTL 22, Berlin / Hamburg 1969, bes. 21). Die Messe ist
kein Opfer, sondern die Heilsgabe des sich in Christus schenkenden Gottes, vermittelt
durch Wort und Sakramente (vgl. V. Vajta, Die Theologie des Gottesdienstes bei
Luther, FKDG 1, Göttingen 1952, 43 ff., bes. 113).

138 An den christlichen Adel deutscher Nation von des christlichen Standes Besserung,
WA 6, (381) 404–469 (StA 2, (89) 96–167). Von Luther am 23.6.1520 im Manuskript
abgeschlossen (vgl. J. Rogge, Anfänge der Reformation. Der junge Luther 1483–1521.
Der junge Zwingli 1484–1523, KGE II, 3–4, Berlin ²1985, 194–199). „Das Buch ist in
einer hinreißenden Sprache geschrieben", urteilt W. v. Loewenich (a. a. O. (Anm. 24),
156). S. a. Lohse, a. a. O. (Anm. 131), 147.

Die „erste Mauer" stützt sich auf die Zweiständelehre. Luther attakkiert diese durch den Gedanken des Priestertums aller Gläubigen.[139] Sein Gegenargument lautet: „Alle Christen sind wahrhaftig geistlichen Standes, und es ist unter ihnen kein Unterschied als allein des Amtes halber."[140] Er begründet es damit, daß „(allein) die Taufe, das Evangelium und der Glaube" „(geistlich) machen"[141]. Darin schlägt sich der Durchbruch der reformatorischen Erkenntnis nieder, daß die Beziehung zu Gott, in der das Heil des Menschen beschlossen liegt, in dem Glauben an das Evangelium zur Entscheidung kommt und daß dieser Glaube in Gottes endzeitliches Volk eingliedert. In diesem Gedanken ist die Negation des Priesterstandes sowie der Priesterweihe enthalten.[142] Der Klerus ist „erfunden"[143], die Priesterweihe „erdichtet"[144]. An ihre Stelle tritt bei Luther die Gleichheit aller Christen, deren Qualifikation allein auf der Taufe beruht: „(Wir) werden allesamt durch die Taufe zu Priestern geweiht, wie Sankt Peter sagt (1. Petr. 2,9)."[145] „Denn was aus der Taufe gekrochen ist, das kann sich rühmen, daß es schon zum Priester, Bischof oder Papst geweiht ist."[146]

Der Hauptgedanke des ersten Abschnitts des ersten Teils der Adelsschrift ist, daß in dem endzeitlichen Gottesvolk *alle* aufgrund der Taufe durch den Glauben ungehinderten Zugang zu Gott haben. Darin eingeschlossen ist, daß auch „alle gleiche Gewalt haben"[147]. Zwischen Gott und dem Menschen bedarf es nicht der Vermittlung durch Priester. Man muß den Begriff des Priesters also entweder aufgeben, wozu Luther aber keinen

---

139 WA 6, 407, 9 – 411, 7, bes. 407, 10–13. Den Terminus „allgemeines" Priestertum verwendet Luther weder in der Adelsschrift noch anderswo. Er ist auch schief; denn er suggeriert, daß es neben dem allgemeinen noch ein besonderes Priestertum gebe. Aber ein solches gibt es nach dem NT und Luther gerade *nicht*.

140 A. a. O., 407, 13–15; mod. Als biblischen Beleg führt Luther 1. Kor. 12,12 ff. an, wonach viele Glieder einen Leib bilden. Außerdem spielt er auf Eph. 4,4 f. an.

141 A. a. O., 407, 18 f.; mod.

142 A. a. O., 407, 19–22. Die Weihe des Papstes und der Bischöfe kann „Ölgötzen machen", aber keinen „Christen oder geistlichen Menschen" (hervorbringen) (Z. 21 f.).

143 A. a. O., 407, 10.

144 A. a. O., 408, 22; s. o. Anm. 132.

145 A. a. O., 407, 22 f. Neben 1. Petr. 2,9 wird Offb. 5,10 angeführt. (In der Revision des Neuen Testaments der Lutherbibel von 1984 wird „Priestertum" in 1. Petr. 2,9 ohne zwingenden Grund mit „Priesterschaft" wiedergegeben.)

146 A. a. O., 408, 11 f.; mod.

147 A. a. O., 407, 30 f. u. ö.

Grund sieht, oder ihn auf alle Christen anwenden; denn sachlich gemeint ist die einfache Gleichung: Gläubige gleich Geistliche oder Priester.

Der Amtsgedanke steht nicht nur nicht im Widerspruch zu dem Gedanken des Priestertums aller Gläubigen, sondern wird gerade in diesem Abschnitt profiliert. Diesem Textabschnitt kann man jedoch nur dann gerecht werden, wenn man der Versuchung widersteht, die Theorieansätze des 19. und 20. Jahrhunderts in ihn einzutragen. Auf sie ist später *auch* einzugehen, aber zunächst ist die Konzentration auf den Text unumgänglich. Was hat Luther in diesem Abschnitt über das Amt ausgesagt? Erstens: Das Amt beruht nicht auf einem Standesunterschied, sondern hat vielmehr die Gleichheit aller Christen, was ihren Stand *vor* Gott betrifft, zur Voraussetzung. Dadurch wird es eschatologisch – und nicht ontologisch – qualifiziert. Zweitens: Wenn Luther sagt, alle seien geistlichen Standes, und es bestehe kein Unterschied als allein des Amtes wegen,[148] dann kann das Amt als „geistlich" bezeichnet werden – jedoch nicht zur Unterscheidung von den Christen, sondern als Unterscheidungsmerkmal von den Nichtchristen. Drittens: „Amt" dient als Bezeichnung des Berufes, der mit Gottes Wort und den Sakramenten befaßt ist,[149] im Unterschied zu anderen Berufen, die andere Aufgaben innerhalb des *einen* christlichen Standes wahrnehmen.[150] Der Träger dieses Berufes ist „Amtmann"[151], übt eine öffentliche Funktion aus und ist Bestandteil der vom Christentum geprägten Gesellschaft, statt ein Fremdkörper zu sein, der eine klerikale Sonderexistenz führt.[152] „Amt" ist in der Adelsschrift mithin nicht nur eine Funktionsbezeichnung, sondern auch und vor allem eine Bezeichnung des Berufsstandes. In diesem Sinn bildet die Gesamtheit der kirchlichen Amtsträger den „Pfarr stand"[153]. Darin ist kein Rückfall in die Zweiständelehre zu sehen, sondern die Einbeziehung des kirchlichen Amtes in die Lehre von den zwei Regimenten und drei Hierarchien.[154] Viertens: Weil alle Getauften „Priester" und „Königskinder" sind,[155] sind auch alle zur Amtsausübung berechtigt und können „taufen

---

148 A. a. O., 407, 14 f. (s. o. Anm. 140); ferner 408, 27 f.
149 A. a. O., 409, 3 f.
150 Vgl. a. a. O., 408, 20 ff. und 409, 5–10.
151 A. a. O., 408, 19.
152 Zu Luthers Kritik an den Privilegien des Priesterstandes vgl. z. B. a. a. O., 410, 16–19.
153 A. a. O., 441, 22–27, bes. 24.
154 Dieser Aspekt wird u. in Kap. III behandelt.
155 A. a. O., 407, 30 ff., bes. 32.

und absolvieren"[156]. Entsteht die Notlage, daß ein Amtsträger fehlt, wählen die Christen einen aus ihrer Mitte, dem sie das Amt übertragen.[157] Dabei soll sich niemand selbst hervortun oder gar ohne Einwilligung der Gemeinde das Amt ausüben.[158] Die Gemeinde überträgt das Amt;[159] aber diese Übertragung konstituiert es nicht, sondern betraut eine bestimmte Person mit der Wahrnehmung des Amtes, das „Gott eingesetzt hat"[160].

Zwischenbilanz: Luther leitet das Amt nicht von dem Priestertum aller Gläubigen ab, noch gründet er das Priestertum auf das Amt. Das Priestertum aller Gläubigen verfügt nicht über das Amt, sondern findet es in seiner Mitte vor. Das Amt wiederum verfügt nicht über das Priestertum aller Gläubigen, sondern sieht sich durch es in den endzeitlichen Horizont hineingestellt. Amt und Priestertum setzen einander gegenseitig voraus, wie sie je für sich die Heilsmittel voraussetzen. Darin liegt keine Inkonsequenz, sondern das konsequente Festhalten an dem reformatorischen Denkansatz der Externität des Heils.

4. Luthers im Spätsommer 1520 verfaßte Schrift *De captivitate Babylonica ecclesiae praeludium*[161] ist die zweite der reformatorischen Hauptschriften und theologisch von noch größerem Gewicht als die erste. Den theologischen Schwerpunkt stellen die Sakramente dar.

Worin besteht die „babylonische Gefangenschaft der Kirche"? Im theologischen und situativen Kontext des Entscheidungsjahres 1520 sieht sie Luther in der Inbeschlagnahme der wesentlichen Kirche durch das römische Kirchentum. Die Vermittlung des Heils durch Gottes Bindung an das Evangelium und die Sakramente wird von der römischen Kirche usurpiert, so daß an die Stelle der Bindung an das Evangelium die Bindung an das Papsttum und den Klerus tritt. Die Heilsvermittlung durch das Priestertum aufgrund der Inbesitznahme der Gnadenmittel hat die Kirche in eine Gefangenschaft geführt, die Luther nur noch mit dem babylo-

---

156 A. a. O., 408, 1 f.
157 A. a. O., 408, 2–7. Beispielhaft sind für Luther die Bischofswahlen von Augustin, Ambrosius und Cyprian (vgl. W. Köhler, Luthers Schrift „An den christlichen Adel deutscher Nation" im Spiegel der Kultur- und Zeitgeschichte, Halle/S. 1895, 68–71).
158 WA 6, 408, 13 ff., bes. 14 und 16 f.
159 Vgl. a. a. O., 407, 29–408, 7.
160 A. a. O., 441, 24.
161 WA 6, (484) 497–573 (StA 2, (168) 172–259). Mit dieser Schrift tastete Luther „den Bestand des ganzen bisherigen Kultursystems an" (Boehmer, a. a. O. (Anm. 131), 266).

nischen Exil des alttestamentlichen Gottesvolkes vergleichen kann. Daraus erklärt sich die Schärfe des Tons, mit dem er die Auseinandersetzung führt.

Luther interpretiert die Sakramente aus der Relation Verheißung – Glaube heraus: „Gott hat mit den Menschen niemals anders gehandelt, handelt auch jetzt nicht anders mit ihnen als durch das Wort der Verheißung. Wir hingegen können mit Gott niemals anders handeln als durch den Glauben an das Wort seiner Verheißung."[162] Die Bindung der Heilsvermittlung an das Wort der Verheißung, das im Glauben ratifiziert wird, entsakramentalisiert den Priesterstand: Priester sind nicht Heilsmittler, sondern werden vielmehr aus dem Glauben an die Verheißung geboren und sind mit den Christen als den Gliedern des Leibes Christi identisch.

In dem mit *De ordine* überschriebenen Abschnitt[163] finden sich Kernaussagen über Priestertum und Amt, die eine Wende im Verständnis der Heilsvermittlung markieren. Gleich zu Beginn negiert Luther den sakramentalen Charakter des Priesterstandes und der Priesterweihe. Die Priesterweihe sei eine Erfindung der Kirche des Papstes und beruhe nicht auf Gottes Stiftung; im Neuen Testament stehe davon kein Wort.[164] Dagegen richtet Luther den grundsätzlichen Einwand, die Kirche habe keine Gewalt, neue göttliche Verheißungen der Gnade aufzurichten und Sakramente zu stiften.[165] „Denn die Kirche wird aus dem Wort der Verheißung durch den Glauben geboren und mit demselben Wort gespeist und erhalten; das bedeutet: Sie wird durch die Verheißungen Gottes konstituiert und nicht umgekehrt die Verheißung Gottes durch sie. Das Wort Gottes steht nämlich in unvergleichlicher Weise über der Kirche. Über dieses Wort hat die Kirche nichts zu stiften, anzuordnen und zu tun, sondern sie soll gestiftet, angeordnet und geschaffen werden wie ein Geschöpf. Denn wer hat seine Eltern gezeugt?"[166] So wenig sie über Gott steht, so wenig steht die Kirche über dem Evangelium.[167] Während die falsche Kirche sich über das Evangelium erhebt und es mit Menschenlehre vermischt,

---

162 WA 6, 516, 30–32. Übers. Ganz ähnlich äußert sich Luther in der Scholie zu Hebr. 3,7, 1517/18, WA 57 III, 143, 1–4.
163 WA 6, 560, 19 – 567, 31.
164 A. a. O., 560, 20–30, bes. Z. 20 und 23 f.
165 A. a. O., 560, 31 f.
166 A. a. O., 560, 33 – 561, 2. Übers.
167 A. a. O., 561, 5 f.

zuweilen in wohlmeinender Absicht, ist die wahre Kirche von dem Evangelium durchdrungen und wird durch die Wahrheit des Evangeliums ermächtigt, zwischen dem Wort Gottes und den Worten der Menschen zu unterscheiden.[168]

Über das Priestertum aller Gläubigen wiederholt Luther, was er in der Adelsschrift ausgeführt hat: „daß alle Christen gleicherweise Priester sind, das meint, die gleiche Gewalt am Wort Gottes und an jedem Sakrament haben"[169]. Er unterstreicht auch wieder, daß der Gebrauch dieser *potestas* nur bei Einwilligung der Gemeinde oder mit Berufung erlaubt ist.[170] Christen sind also durch das Evangelium urteils- und unterscheidungsfähig geworden, binden aber die öffentliche Amtsausübung an die Berufung.

Priestertum und Amt stehen in *De captivitate* so wenig wie in der Adelsschrift in Konkurrenz zueinander.[171] Das erhellt gerade aus dem Kapitel über den *ordo*. In unmittelbarem Anschluß an die Ausführungen über das Priestertum der Christen kommt Luther auf das *ministerium Ecclesiasticum* zu sprechen.[172] Erstens merkt er an, daß die „Weihe" als Ritus bei der Berufung in das Amt der Kirche dienen kann, ohne jedoch als Sakrament gelten zu können.[173] Zweitens hebt er hervor, daß das *Sacerdotium* nicht Opferdienst ist, sondern eigentlich nichts anderes als der Dienst des Wortes *(ministerium verbi)*, und zwar nicht der Dienst am Wort des Gesetzes, sondern des Evangeliums.[174] Zum Verständnis dieser wichtigen Stelle muß man sich vergegenwärtigen, daß Luther den Begriff *Sacerdotium* in *De captivitate* in dreifacher Bedeutung verwendet: 1. für das überkommene Amtspriestertum, mit dem er in dieser Schrift definitiv

---

168 Vgl. a. a. O., 561, 3–18; s. a. StA 2, 246, Anm. 538 f.

169 A. a. O., 566, 27 f. Übers.

170 A. a. O., 566, 28 f.

171 Die Interpreten, die Luthers Schrift auf die Abgrenzung zwischen besonderem und allgemeinem Priestertum einengen, obwohl sie doch über die Sakramente handelt, und den Gegensatz zwischen beiden auf das Verhältnis von Amt und Priestertum aller Gläubigen übertragen, werden Luthers Intention nicht gerecht (vgl. z. B. W. Brunotte, a. a. O. (Anm. 45), 47–60; Stein, a. a. O. (Anm. 7), 73–86; G. Haendler, Amt und Gemeinde bei Luther im Kontext der Kirchengeschichte, AzTh 63, Stuttgart 1979, 19, 23–25).

172 WA 6, 566, 26 ff.

173 A. a. O., 566, 30–32.

174 A. a. O., 566, 32–34.

bricht;[175] 2. für das Priestertum aller Gläubigen im Sinn von 1. Petr. 2,9;[176] 3. für das Amt des Wortes oder das Predigtamt, das die Haushalterschaft über Gottes Geheimnisse im Sinn von 1. Kor. 4,1 wahrnimmt.[177] Der Mehrfachgebrauch ist durch die Umbruchssituation bedingt. Die Aussageintention ist eindeutig die, daß dem Opferpriestertum das Priestertum aller Gläubigen einerseits und das Predigtamt andererseits entgegengesetzt werden soll. Für das Priestertum aller Gläubigen ergibt sich daraus, daß die Betätigung des Priestertums eine worthafte Dimension hat; für das Predigtamt wiederum, daß der Dienst am Wort und den Sakramenten priesterlich zu verrichten ist.

5. Den *Freiheitstraktat*[178], die dritte reformatorische Hauptschrift, hat Luther nicht mit geballter Faust wie *De captivitate*, sondern mit lockerer

---

175 Es ist den Zeitgenossen nicht verborgen geblieben, daß Luther in *De captivitate* den Bruch mit der römischen Kirche als einer für das Heil notwendigen Sakramentsanstalt vollzogen hat (vgl. z. B. Erasmus von Rotterdam, An die Theologen zu Löwen, 1521, Opus epistolarum, hg. v. P. S. und H. M. Allen, Oxford 1906 ff., Bd. 4, 537, 8 f.).

176 Vgl. WA 6, 564, 6–11. Die Amtsträger sind nicht „Priester", sondern „Diener von Priestern" (Z. 11–14).

177 A. a. O., 564, 11–14; vgl. 543, 28–30. Die Amtsträger sind nicht Herren, sondern Verwalter, die über das, was ihnen anvertraut ist, Rechenschaft ablegen müssen (vgl. Mt. 25,19).

178 Von der Freiheit eines Christenmenschen, 1520, WA 7, (12) 20–38 / Tractatus de libertate christiana, 1520, WA 7, (39) 49–73. Ausdrücklich hingewiesen sei auf StA 2, (260) 263–309, wo beide Fassungen nebeneinanderstehen. Die dt. Fassung spricht unmittelbarer an, aber der lat. Traktat ist kompakter, gedankenreicher und begrifflich präziser. Es spricht wenig dafür, daß die dt. Fassung die ursprünglichere ist (so W. Maurer, Von der Freiheit eines Christenmenschen, Göttingen 1949, 78; dagegen B. Stolt, Studien zu Luthers Freiheitstraktat mit besonderer Rücksicht auf das Verhältnis der lateinischen und der deutschen Fassung zueinander und die Stilmittel der Rhetorik, Stockholm 1969, 114–117). Weitere Lit.: E. Wolf, Libertas christiana und libertas ecclesiae, EvTh 9 (1949/50), 127–142; K. D. Schmidt, Luthers Auffassung von Freiheit, 1953, in: ders., Gesammelte Aufsätze, hg. v. M. Jacobs, Göttingen 1967, 128–136; H. J. Iwand, Von der christlichen Freiheit, 1953, in: ders., a. a. O. (Anm. 118), 194–197; G. Ebeling, Frei aus Glauben, 1968, in: ders., Lutherstudien, Bd. I, Tübingen 1971, 308–329; ders., Die königlich-priesterliche Freiheit, in: ders., Lutherstudien, Bd. III, Tübingen 1985, 157–180; E. Jüngel, Zur Freiheit eines Christenmenschen, 1978, in: ders., Indikative der Gnade – Imperative der Freiheit, Tübingen 2000, 84–160; B. Hamm, Martin Luthers Entdeckung der evangelischen Freiheit, ZThK 80 (1983), 50–68; G. Maron, „Von der Freiheit eines Christenmenschen", in: ders., a. a. O. (Anm. 68), 43–65; K.-H. zur Mühlen, Innerer und äußerer Mensch, in: ders., Reformatorisches Profil, hg. v. J. Brosseder u. a., Göttingen 1995, 199–207;

Hand geschrieben.[179] Gotteserkenntnis und Wirklichkeitserfassung treten in ihm nicht auseinander, sondern durchdringen sich gegenseitig.[180]

In der „königlichen Hochzeit" gibt der Bräutigam Christus seiner armen, verachteten und gottlosen Braut, der Kirche, an allen seinen Gütern Anteil.[181] Daraus schließt Luther auf das „zweifache Amt" der Christen: Darum sind wir in Christus auch alle Priester und Könige, sofern wir an ihn glauben.[182] Im Glauben schlägt den Christen alles zum Guten aus;[183] auch Kreuz und Tod wirken zum Heil.[184] Das ist „eine geistliche Herrschaft" ohnegleichen[185]; eine „köstliche Freiheit"[186]. Noch vortrefflicher aber ist das Priestertum; denn durch das Priestertum sind wir würdig, „vor Gott zu erscheinen, für andere zu beten und uns wechselseitig die göttlichen Dinge zu lehren"[187]. Wer kann die Höhe und Ehre eines Christenmenschen ermessen? „Durch sein Königreich ist er aller Dinge mächtig, durch sein Priestertum ist er Gottes mächtig ... Zu diesen Ehren kommt der Christ ausschließlich durch den Glauben."[188] So ist das Priestertum der

---

H. Hirschler, Luther ist uns weit voraus, Hannover 1996, 39–73; B. K. Holm, Wechsel ohnegleichen, NZSTh 40 (1998), 182–196; K. Bornkamm, Christus – König und Priester, BHTh 106, Tübingen 1998, 135–214, bes. 190 ff. Zur Vorgeschichte von Luthers Freiheitsaussagen (1515–1519) vgl. außerdem Th. Jacobi, „Christen heißen Freie", BHTh 101, Tübingen 1997, bes. 240 ff.

179 Sie ist unter dem Eindruck des Ausgleichsversuchs zwischen dem Papsttum und Luther entstanden und setzt Luthers Treffen mit Karl von Miltitz in Lichtenburg im Oktober 1520 voraus (vgl. H.-G. Leder, Ausgleich mit dem Papst? Luthers Haltung in den Verhandlungen mit Miltitz 1520, AVTRW 44, Berlin 1969, bes. 36–39).

180 G. Ebeling sieht in dem Traktat den „Versuch einer systematischen Gesamtdarstellung" (a. a. O. (Anm. 178), 1985, 157), aber das Zitat aus WA 7, 11, 8–10, das er anführt, stützt diese Interpretation nicht. Ebensowenig ist der Traktat eine „christliche Sozialethik" (so E. Wolf, a. a. O. (Anm. 178), 136). Beide Zuordnungsversuche zeigen eigentlich nur, wie wenig Luthers Schrifttum in den heutigen theologischen Fächerkanon paßt.

181 Vgl. WA 7, 55, 24–27.

182 A. a. O., 56, 37 f. (Beleg: 1. Petr. 2,9). Vgl. K. Bornkamm, a. a. O. (Anm. 178), 198–207.

183 WA 7, 57, 2–7; vgl. 27, 21–25 (Röm. 8,28).

184 A. a. O., 57, 11 ff.; 27, 32 ff.

185 A. a. O., 57, 14: „Potentia ... spiritualis".

186 A. a. O., 28, 5 (57, 13).

187 A. a. O., 57, 26 f. Übers. nach K.-H. zur Mühlen, in: M. Luther, Freiheit und Lebensgestaltung, KIVR 1493, Göttingen 1983, 52.

188 WA 7, 28, 14 f. 18; mod. – „Luther konzentriert alles auf den Glauben. Damit legt er alles in das lebendige Verhältnis zu Christus und zu Gott" (K. Bornkamm, a. a. O. (Anm. 178), 207).

Christen die dem Glauben geschenkte geistliche Kraft, im Gebet vor Gott zu erscheinen, für andere einzutreten und in Gottes Wort zu unterweisen. Das christliche Priestertum ist mithin die Praxis des Glaubens. Diese wiederum ist die Praxis der Freiheit, die in der Liebe als dem Dasein für andere konkrete Gestalt annimmt.

In der deutschen wie in der lateinischen Fassung geht Luther sodann auf die Frage ein, worin der Unterschied zwischen Priestern und Laien besteht.[189] Er besteht überhaupt nicht; der Standesunterschied ist aufgehoben. Er wurde ausgedacht, um eine „furchterregende Tyrannei" aufzurichten.[190] Durch sie wurde das Priestertum aller Gläubigen *und* der besondere Dienst am Wort unterdrückt. Wie in den beiden anderen reformatorischen Hauptschriften stehen das Priestertum der Christen und das Amt des Wortes auch im Freiheitstraktat in *einer* Front gegen den Priesterstand, der satisfaktorische Funktionen usurpiert hat. Das *ministerium verbi* ist dazu da, „den Glauben an Christus und die Freiheit der Gläubigen zu lehren"[191]. Zur Lehre und Unterweisung ist auch das Priestertum aller Gläubigen ermächtigt.[192] Den Unterschied zwischen beiden sieht Luther darin, daß „wir nicht alle öffentlich dienen und predigen"[193].

6. In Luthers *Auslegung* von *1. Petr. 2,5* und *9* aus dem Jahr 1523 spielt der Gedanke des Priestertums aller Gläubigen keine unverhältnismäßige Rolle,[194] wie man nach der Polemik in der Zeit von 1519–1521 vermuten könnte. Der Gedanke des Priestertums aller Gläubigen ist biblisch und sachlich begründet. Er vertieft das Kirchenverständnis und beruht nicht auf antiklerikaler Polemik, so gewiß er auch dazu geeignet ist. Allerdings richtet sich diese Polemik bei Luther nicht gegen das Amt als solches. Vielmehr sind auch in der Auslegung der neutestamentlichen Hauptbelege für das Priestertum aller Gläubigen Predigtamt und Priestertum der Christen einander zugeordnet.[195]

---

189 A. a. O., 28, 26 ff.; 58, 12 ff.

190 A. a. O., 58, 23 f. Übers.

191 A. a. O., 58, 18 f. Übers.

192 S. o. Anm. 187.

193 A. a. O., 58, 21: „. . . publice servire et docere".

194 Epistel S. Petri gepredigt und ausgelegt, 1523, WA 12, (249) 259–399, 306 f. Vgl. H. Bornkamm, Martin Luther in der Mitte seines Lebens, hg. v. K. Bornkamm, Göttingen 1979, 207–212.

195 Vgl. bes. WA 12, 306, 10–12: „Wie können wir uns bauen? Durchs Evangelium und die Predigt. Die Bauleute sind die Prediger. Die Christen, welche das Evangelium

Am Schluß sollen zwei Zitate aus Luthers Auslegung von 1. Petr. 2,9 stehen, die keiner Kommentierung mehr bedürfen: „Darum wollte ich sehr gern, daß dieses Wort ‚Priester‘ ebenso gebräuchlich wäre, wie man uns Christen heißt. Denn es ist alles ein Ding: Priester, Getaufte, Christen.“[196] Ferner: „Ein Priester sein, gehört nicht in ein Amt, das äußerlich ist; es ist allein ein solches Amt, das vor Gott handelt.“[197]

Zusammenfassung:

1. In der Zeit von 1519 bis 1523, besonders zwischen der Leipziger Disputation 1519 und dem Wormser Reichstag 1521, befindet sich Luther auf der Höhe seines Lebens und Werkes.[198] Er erweist sich als Meister der Sprache und des situationsgerechten und zielsicheren theologischen Vorstoßes. Die Frage, wodurch der Mensch vor Gott bestehen kann, weiß er *so* als die entscheidende Lebensfrage des Menschen darzustellen, daß sie sich auch Nichttheologen in ihrer Bedeutung und befreienden Wirkung erschließt.

2. Der Gedanke des Priestertums aller Gläubigen oder Getauften ist aus der Auslegung von 1. Petr. 2,5.9 (2. Mose 19,6) erwachsen und stellt einen integrierenden Bestandteil der reformatorischen Ekklesiologie dar. Durch diesen Gedanken interpretiert Luther die geistliche Existenz des endzeitlichen Gottesvolkes. Drei wichtige Aspekte sollen hervorgehoben werden:[199]

– Alle haben durch den Glauben an das Evangelium ungehinderten Zugang zu Gott.

– Alle Gläubigen sind geistlich (WA 6, 407) und haben die gleiche Gewalt am Wort Gottes (WA 6, 566).

– Christsein ist Priestersein als Sein vor Gott für andere.[200]

---

hören, sind die, die gebaut werden, und die Steine, die man auf diesen Eckstein fügen muß.“ Wiedergabe nach: M. Luthers Epistel-Auslegung, Bd. 5, hg. v. H. Günther / E. Volk, Göttingen 1983, 210.

196 WA 12, 317, 9–11; mod.

197 A. a. O., 317, 19 f.; mod.

198 „Es verschlägt einem noch heute den Atem, wenn man sich in sie vertieft“, schreibt v. Loewenich, a. a. O. (Anm. 24), 142, über die Zeit zwischen Leipzig und Worms.

199 Vgl. Storck, a. a. O. (Anm. 129), 53 f.

200 Neben die „liturgische“ Funktion tritt die „diakonische“; vgl. bes. WA 7, 38, 6–8 (mod.): „Ein Christenmensch lebt nicht in sich selbst, sondern in Christus und seinem Nächsten: in Christus durch den Glauben, im Nächsten durch die Liebe.“

3. Die Konsequenz des Gedankens des Priestertums aller Gläubigen ist die Negation der Zweiständelehre. Der aus dem Rechtfertigungsverständnis gewonnene ekklesiologische Neuansatz gehört zu den größten Pionierleistungen Luthers und stellt eine bleibende Errungenschaft der Reformation dar.[201] Sie versteht sich freilich nicht von selbst, sondern um ihre Erhaltung oder Durchsetzung muß immer wieder neu gerungen werden. Luther hat mit dieser Negation nicht nur die Fundamente der mittelalterlichen Kirche und Gesellschaftsordnung angetastet, sondern mit dem Verständnis der Heilsvermittlung gebrochen, das seit etwa dem dritten Jahrhundert in der Christenheit bestimmend war. Das war der katholischen Kontroverstheologie, vor allem Kardinal Cajetan, durchaus bewußt. So erhebt sich die Frage, ob Luther im Entscheidungsjahr 1520 dem biblischen Befund gerecht geworden ist? Diese Frage soll in dem folgenden Exkurs angesprochen werden.

2.3.3. Exkurs: Luthers Rezeption des biblischen Priesterbegriffs

1. Grundlegend für das Verständnis des Priestertums im Alten Testament ist die Unterscheidung zwischen dem (levitischen) Priestertum und dem Priestertum des gesamten Volkes Israel. Die Institution des Priestertums ist ein „Organ des Bundes"[202], durch das Gott an Israel mit dem Ziel der Heiligung seines Volkes handelt.[203] Die Aufgabenbereiche des institutionellen Priestertums umfassen die Orakelerteilung (z. B. 5. Mose 33,8), die Lehre (Jer. 2,8) und Unterweisung über heilig und profan (Hes. 44,23), die Mit-

---

201 Zu Recht bezeichnet H. Dörries die „Absage an den sakramentalen Priesterstand" als „ein unaufgebbares Stück von Luthers Erbe" (Geschichte der vocatio zum kirchlichen Amt, in: ders., Wort und Stunde, Bd. III, Göttingen 1970, 347–386, 366 f., Anm. 61).

202 So W. Eichrodt, Theologie des Alten Testaments, Teil 1, Berlin ⁷1963, 264–294. Vgl. ferner W. Graf Baudissin, Die Geschichte des alttestamentlichen Priestertums, 1889, Nachdr. Osnabrück 1967; A. H. J. Gunneweg, Leviten und Priester, FRLANT 89, Göttingen 1965; W. Dommershausen, *Kohen,* ThWAT, Bd. IV, 1984, 68–79; L. Perlitt, Opfer und Priester in der Bibel, in: ders., Allein mit dem Wort, hg. v. H. Spieckermann, Göttingen 1995, 189–205; U. Dahmen, Leviten und Priester im Deuteronomium, BBB 110, Bodenheim 1996; H. Graf Reventlow, Priester / Priestertum I/2, TRE, Bd. 27, 1997, 383–391 (Lit.).

203 Vgl. H. D. Preuß, Theologie des Alten Testaments, Bd. 2, Stuttgart 1992, 56–71, bes. 70.

wirkung bei der Rechtspflege und den Opferdienst.[204] Das Priestertum nimmt die satisfaktorische Funktion wahr, die Sünden des Volkes durch das von Gott eingesetzte Opfer zu sühnen.[205] Diese alttestamentliche Grundlinie mündet nach Luther in das Priestertum Jesu Christi ein.

Der andere Hauptgedanke ist, daß Israel nach 2. Mose 19,6 in „der Reihe der irdischen Staaten . . . die Rolle des priesterlichen Gliedes haben (soll)"[206], ausgestattet mit dem besonderen Vorrecht der Priester, sich Gott nahen zu dürfen. Dieser Gedanke liegt dem neutestamentlichen und reformatorischen Verständnis des Priestertums aller Gläubigen zugrunde.[207]

2. Der stellvertretende Sühnetod Jesu Christi bewirkt die Versöhnung mit Gott. Daher „(bedeutet) das Kreuz Jesu . . . das Ende des alten Kultus und seiner Gemeinde, Ostern den Anfang der neuen Gemeinde"[208]. Folgerichtig wird „Priester" im Neuen Testament an keiner Stelle als Bezeichnung eines christlichen Amtsträgers verwendet.[209] Denn ein Priestertum, das nach dem Vorbild des alttestamentlichen rekonziliatorische und satisfaktorische Funktionen wahrnimmt, *kann* es nach dem Selbstopfer und der Erhöhung Jesu Christi im endzeitlichen Gottesvolk gar nicht geben. Es würde das Mittlertum Jesu Christi einschränken und wäre ein Rückfall in den alten Bund oder in das Heidentum.

---

204 „Die verschiedenen priesterlichen Aufgaben haben als gemeinsamen Grund die Mittlerfunktion: Der Priester vertritt durch Orakel und Unterweisung Gott vor den Menschen, durch das Opfer und die Fürbitte die Menschen vor Gott" (Dommershausen, a. a. O. (Anm. 202), 73).

205 Vgl. G. v. Rad, Theologie des Alten Testaments, Bd. I, München ⁶1969, 263–285; H. Seebaß, Opfer II, TRE, Bd. 25, 1995, 258–267.

206 M. Noth, Das zweite Buch Mose, ATD 5, Göttingen 1959, 126 (z. St.).

207 Vgl. E. Kinder, „Allgemeines Priestertum" im Neuen Testament, in: SThKAB 5, Berlin 1953, 5–23, bes. 7 ff. und 13 ff.

208 G. Delling, Merkmale der Kirche nach dem Neuen Testament, in: ders., Studien zum Neuen Testament und zum hellenistischen Judentum, Göttingen 1970, 371–390, 372.

209 Der Terminus ist im NT für alttestamentlich-jüdische (Mk. 1,44; 2,26; 14,53 ff.; Lk. 1,5; Joh. 1,19; Apg. 4,6) oder heidnische Priester (z. B. Apg. 14,13) reserviert. Vgl. G. Schrenk, *hiereus*, ThWNT, Bd. III, 1938, 257–284, bes. 263 ff.; A. Sand, *hiereus*, EWNT, Bd. II, ²1992, 427–429; D. Sänger, Priester / Priestertum I/4, TRE, Bd. 27, 1997, 396–401 (Lit.). Das im NT verwendete Amtsvokabular ist „weltlich"; vgl. im Überblick E. Schweizer, Gemeinde und Gemeindeordnung im Neuen Testament, AThANT 35, Zürich 1959, 154 ff.; F. Hahn, Neutestamentliche Grundlagen für eine Lehre vom kirchlichen Amt, in: ders., Exegetische Beiträge zum ökumenischen Gespräch, Göttingen 1986, 159–231, 166 ff. Zu dem israelitischen Priestertum zur Zeit Jesu vgl. J. Jeremias, Jerusalem zur Zeit Jesu, Göttingen ³1962, 166–251.

Keine christliche Quelle gebraucht vor Beginn des 3. Jahrhunderts den Titel „Priester" für kirchliche Amtsträger.[210] Die Entstehung eines kirchlichen Priestertums ist an die Rezeption des Opferbegriffs im 3. Jahrhundert geknüpft.[211] Seitdem konnte der christliche Priester ein dem alttestamentlichen analoges Opfer darbringen, und dem entsprach es, daß er zum Mittler zwischen Gott und den Gläubigen wurde.[212] Vollends seit der Entwicklung der römischen Messe zur Opfermesse ist die Vermittlung des Heils an das Amtspriestertum gebunden.[213]

3. Vor diesem Hintergrund läßt sich ermessen, welche Erschütterung Luthers Verneinung des Amtspriestertums ausgelöst haben muß.[214] Mit der

---

210 Vgl. H. v. Campenhausen, Die Anfänge des Priesterbegriffs in der Alten Kirche, in: ders., Tradition und Leben, Tübingen 1960, 272–289; J. Martin, Die Genese des Amtspriestertums in der frühen Kirche, Freiburg/Br. 1972; D. König, Amt und Askese. Priesteramt und Mönchtum bei den lateinischen Kirchenvätern in vorbenediktinischer Zeit, RBS.S 12, St. Ottilien 1985, 4 ff.; P. F. Bradshaw, Priester / Priestertum III/1, TRE, Bd. 27, 1997, 414–421 (Lit.), bes. 414 f.

211 Der Begriff des Opfers ist zwar bereits in der nachapostolischen Zeit nachweisbar (z. B. Did. 14, 1–3; vgl. H. Lietzmann, Messe und Herrenmahl, Berlin ³1954, 82; A. Tuilier, Didache, TRE, Bd. 8, 1981, 731–736, 734; K. Niederwimmer, Die Didache, KAV 1, Göttingen ²1993, 234–240). Aber eine umfassende Rezeption erfolgte erst im 3. Jh. (vgl. im Überblick E. Kinder, Opfer IV, RGG, Bd. 4, ³1960, 1651–1656, 1652 f.; F. M. Young, Opfer IV, TRE, Bd. 25, 1995, 271–278, 273 ff.).

212 Nach Cyprian von Karthago (z. B. Ep. 59, 5) nimmt der Priester eine mittlerische Funktion zwischen Gott und den Gläubigen wahr (vgl. M. Bévenot, „Sacerdos" as understood by Cyprian, JThS NS 30 (1979), 413–429). Dieser Gedanke findet sich im 3. und 4. Jh. auch im Osten, z. B. bei J. Chrysostomus, De sacerdotio 3, 4, 175; vgl. H. Dörries, Erneuerung des kirchlichen Amts im vierten Jahrhundert, in: Bleibendes im Wandel der Kirchengeschichte, hg. v. B. Moeller / G. Ruhbach, Tübingen 1973, 1–46; M. Lochbrunner, Über das Priestertum. Historische und systematische Untersuchung zum Priesterbild des Johannes Chrysostomus, Bonn 1993. Sehr aufschlußreich ist nach wie vor A. Hauck, Priestertum, RE, Bd. 16, ³1905, 47–52, bes. 48 f.

213 Zur Entwicklung und Geschichte der Messe seit dem 3. Jh. vgl. J. A. Jungmann, Missarum sollemnia, Bd. I, Wien 1952, 63 ff.; W. Nagel, Geschichte des christlichen Gottesdienstes, SG 1202/1202 a, Berlin ²1970, 88 ff.

214 Neben den reformator. Hauptschriften vgl. bes. WA 7, 630 ff.; WA 8, 485 ff.; WA 12, 178, 21 f. – Alveldt, Emser u. a. waren Verteidiger einer jahrhundertelangen Tradition. Sie konnten aber Luthers Vorstoß nicht aufhalten, weil die schrifttheologische Begründung ihrer Argumente viel zu schwach war (vgl. G. Kawerau, Hieronymus Emser, SVRG 61, Halle/S. 1898, 28–39; Smolinsky, a. a. O. (Anm. 110), 105 ff., 256 ff.; B. Peter, Der Streit um das kirchliche Amt, VIEG 170, Mainz 1997, 49 ff.). Die Bannandrohungsbulle *Exsurge Domine* Leos X. vom 15.6.1520 (in: DCL 2, 317 ff.) versuchte durch das noch untauglichere Mittel der Drohung etwas zu halten, was theologisch bereits unterminiert war.

Anknüpfung an die durch den Artikel von der Rechtfertigung explizierte Theologie des Kreuzes, für die der Kultus und das Amtspriestertum als Bestandteile einer sakralen Ordnung ein für allemal überwunden sind, gewinnt er ein biblisch fundiertes, jedoch keineswegs biblizistisches Kirchen-, Priester- und Amtsverständnis zurück. Darin ist eine in der Geschichte der Kirche beispiellose Befreiung in bezug auf das Verhältnis des Menschen zu Gott enthalten.

Luthers Theologie des Kreuzes beruht nicht nur auf dem Corpus Paulinum, sondern auf dem neutestamentlichen Gesamtzeugnis von Christus; während des Ablaßstreits besonders auf dem Hebräerbrief, über den er 1517/18 eine Vorlesung gehalten hat.[215] Er legt dar, „daß ohne Christus weder das Gesetz noch das Priestertum noch die Prophetie noch endlich auch der Dienst der Engel zum Heil genug gewesen ist"[216]. Notwendig war vielmehr, daß *der* auf den Plan getreten ist, durch den Gott die Welt gemacht hat[217] und der „die Reinigung von den Sünden (vollbracht hat)" (Hebr. 1,3). Christus ist der Priester ohnegleichen, der nicht Tiere, sondern sich selbst zum Opfer bringt. Er ist „der wahre Aaron – als ‚das Lamm Gottes, das der Welt Sünde trägt' (Joh. 1,29)"[218]. Sein „Priestertum ist da am wirksamsten gewesen, als er am Kreuz für uns schrie"[219]. Als der von Gott für uns eingesetzte Hohepriester[220] hat Christus den Seinen das Priestertum erworben, nämlich durch sein Selbstopfer den Zugang zu Gott geöffnet.

Die Theologie des Kreuzes, in die Luther die Hohenpriester-Christologie des Hebräerbriefes integriert,[221] impliziert sowohl den Gedan-

---

215 WA 57 III. Dt.: Luthers Hebräerbrief-Vorlesung von 1517/18, übers. v. E. Vogelsang, AKG 17, Berlin / Leipzig 1930. Vgl. H. Feld, Martin Luthers und Wendelin Steinbachs Vorlesungen über den Hebräerbrief, VIEG 62, Wiesbaden 1971; K. Hagen, A Theology of Testament in the Young Luther. The Lectures on Hebrews, SMRT 12, Leiden 1974.

216 WA 57 III, 5, 12–14. Übers.

217 Zu Hebr. 1,2 schreibt Luther nieder, Christus sei der „Urheber aller Welten und Zeiten" (a. a. O., 98, 21 f.). Bei der Auslegung von Hebr. 1,1–12 in der Kirchenpostille (1522) bemerkt er lakonisch: „Wem diese Worte nicht die Gottheit Christi sagen, dem wird's niemand sagen." (WA 10 I, 1, 157, 17 f.; mod.)

218 WA 57 III, 166, 10 f.

219 A. a. O., 166, 11–13.

220 A. a. O., 27, 21 f.

221 Vgl. E. Ellwein, Die Entfaltung der Theologia crucis in Luthers Hebräerbriefvorlesung, in: Theologische Aufsätze. FS für Karl Barth, München 1936, 382–404.

ken des Priestertums aller Gläubigen als auch das vom Evangelium bestimmte Amtsverständnis. Darin liegt es sachlich begründet, daß beide zusammen in einer Front stehen gegen die auf dem kanonischen Recht beruhende Umklammerung der Kirche, durch die das endzeitliche Gottesvolk entmündigt wird, und zugleich gegen die satisfaktorische Entstellung des kirchlichen Amtes, die das Kreuz Jesu Christi verdunkelt.[222]

Mit der Theologie des Kreuzes hat Luther die Grundintention der Botschaft des Neuen Testament in bezug auf das Kirchen-, Priester- und Amtsverständnis aufgenommen. Er ist auch in der polemischen Stoßrichtung gegen das römische Amtspriestertum biblisch im Recht.[223]

2.3.4. Die Zusammengehörigkeit von Priestertum, Amt und Kirche

In dieser Zusammenfassung wird eine Zwischenbilanz gezogen. Die institutionellen und ökumenischen Aspekte werden in den folgenden Kapiteln behandelt.

Der primäre theologische Ort für die Verhältnisbestimmung von Priestertum, Amt und Kirche ist die Theologie des Kreuzes, die Luther durch die Rechtfertigungslehre dargelegt hat. Das muß noch einmal unterstrichen werden, da es sich keineswegs von selbst versteht. An zweiter Stelle steht die Lehre von dem Wort Gottes und den Heilsmitteln, an dritter die Ekklesiologie.[224] Der historische Gegensatz zwischen dem Priestertum

---

222 Terminologisch in Anlehnung an Lieberg, a. a. O. (Anm. 5), 25 f. formuliert.

223 S. bes. Vom Mißbrauch der Messe, 1521, WA 8, 487–505 und 538 ff. – Aus ntl. Sicht vgl. E. Käsemann, Die Heilsbedeutung des Todes Jesu bei Paulus, in: ders., Paulinische Perspektiven, Tübingen ²1972, 61–107, bes. 61: „Mit unbestreitbarem Recht gründete die Reformation ihr Verständnis evangelischer Theologie als Kreuzestheologie auf Paulus ... Mit äußerster Schärfe muß behauptet werden, daß Paulus historisch wie theologisch von der reformatorischen Einsicht her verstanden werden muß."

224 In der Forschung werden Priestertum und Amt primär im Kontext der Ekklesiologie behandelt. Das ist nicht falsch, aber die Verschiebung des Akzents verengt den Horizont. Diese Engführung wirkt sich so aus, daß Luthers Amtsverständnis auf die Verhältnisbestimmung von „allgemeinem" Priestertum und Amt zugespitzt wird (z. B. bei E. Sommerlath, Amt und allgemeines Priestertum, in: SThKAB 5, Berlin 1953, 40–89; W. Brunotte, a. a. O. (Anm. 45), 1959; H. Brunotte, Das Amt der Verkündigung und das Priestertum aller Gläubigen, 1962, in: ders., Bekenntnis und Kirchenverfassung, AKZG 3, Göttingen 1977, 210–239; G. Heintze, Allgemeines Priestertum

aller Gläubigen und dem römischen Amtspriestertum kann nur bei völliger Verkennung des theologischen Ansatzes Luthers auf das Verhältnis von Priestertum und Amt übertragen werden. Stehen doch in Luthers Schrifttum, wie es besonders anhand seiner reformatorischen Hauptschriften dargelegt wurde, das Priestertum aller Gläubigen und das Amt der Verkündigung auf einer gemeinsamen Linie gegen die hierarchische Kirche und den Priesterstand. Enthält die Theologie des Kreuzes beide Gedanken, das Priestertum aller Gläubigen sowie das Amt des Wortes, dann werden auch beide gemeinsam gewonnen oder verfehlt. Nirgendwo hat Luther den einen Gedanken zu Lasten des anderen entfaltet.[225] Weil sich beide Gedankenreihen nicht gegenseitig begründen,[226] sondern weil beider Begründung vielmehr in der Theologie des Kreuzes beschlossen liegt, darum empfindet Luther nicht nur keinen Widerspruch zwischen ihnen,[227] sondern ein solcher besteht gar nicht!

Die Zusammengehörigkeit von Priestertum und Amt liegt nicht in diesen selbst, sondern außerhalb von ihnen: in Gott, der „uns nicht durch

---

und besonderes Amt, EvTh 23 (1963), 617–646; G. Haendler, a. a. O. (Anm. 171), 1979; J. Freiwald, Das Verhältnis von allgemeinem Priestertum und besonderem Amt bei Luther, Diss. Heidelberg 1993; H. Goertz, a. a. O. (Anm. 18), 1997). Daß diese Fragestellung dominiert, liegt nicht in den Quellen begründet. Sie ist vielmehr auf die unerledigten Probleme der theologischen Amtsdiskussion seit 1848 zurückzuführen (vgl. dazu H. Fagerberg, Bekenntnis, Kirche und Amt in der deutschen konfessionellen Theologie des 19. Jahrhunderts, UUA 9, Uppsala / Wiesbaden 1952). Das hat zwar schon Lieberg, a. a. O. (Anm. 5), 11 f., deutlich gesehen, aber diese Einsicht hat ihn nicht daran gehindert, derselben Fragestellung den Vorrang zu geben.

225 Unterschwellig, auch bei Beteuerung des Gegenteils (so z. B. Lieberg, a. a. O. (Anm. 5), 235), werden beide Gedanken immer wieder in einem gegenseitigen Konkurrenzverhältnis gesehen. Obwohl Luther das Problem gar nicht berührt, sehen viele Interpreten (s. o. Anm. 224) eine ihrer vordringlichsten Aufgaben darin, beide Gedankenreihen zu einem Ausgleich zu bringen. Entweder wird festgestellt, zu einem vollen Ausgleich werde es nicht kommen (so z. B. Sommerlath, a. a. O. (Anm. 224), 41; ähnlich B. Lohse, Luthers Theologie in ihrer historischen Entwicklung und in ihrem systematischen Zusammenhang, Göttingen 1995, 305), oder der eine Gedanke wird zu Lasten des anderen herausgestellt (s. o. Anm. 171).

226 Gegen die Begründung des Amtes aus dem allgemeinen Priestertum bei Lieberg, a. a. O. (Anm. 5), 69 ff.; ferner gegen den Duktus der Argumentation bei Goertz, der das Amt als „Konsequenz des Allgemeinen Priestertums" interpretiert (a. a. O. (Anm. 18), 192 ff.). Goertz folgt Härle, für den selbst das Apostelamt „kein anderes Amt als das Priesteramt aller Gläubigen (ist)" (a. a. O. (Anm. 123), 298). Im Neuen Testament steht es anders!

227 So Elert, a. a. O. (Anm. 3), 301.

eigene, sondern durch fremde Gerechtigkeit retten will"[228]; in Christus, an dem Gott seinen Heilswillen durchgeführt hat, damit allen Menschen durch den geholfen werde, der sich selbst nicht helfen konnte (vgl. Mt. 27,42); im Evangelium, in dem Gottes versöhnendes Handeln als „fremde" Gerechtigkeit offenbart ist. Priestertum und Amt legitimieren sich nicht gegenseitig. Aber sie haben eine gemeinsame Grundlage, das Evangelium, und einen gemeinsamen Bezug: Gott, den das Evangelium bezeugt. Durch das Evangelium und mit dem Evangelium sind das Priestertum aller Gläubigen und das Verkündigungsamt „gleich ursprünglich" auf dem Plan.[229] Das Priestertum aller Gläubigen ist kein äußerliches Amt, sondern ein solches Amt, in dem der Christ vor Gott handelt.[230] Auf der anderen Seite ist das Evangelium Gottes zwar „priesterlich auszurichten" (Röm. 15,16), aber das Priesterliche ist *nicht* das Besondere des Verkündigungsamtes, sondern das allen Christen Gemeinsame.[231]

Die Christenheit tritt in die Tradition Israels ein und nimmt als das endzeitliche Gottesvolk priesterliche Funktionen vor Gott für die Völkerwelt wahr. *Durch* sie handelt Christus an den Völkern. Mit dem Nachfolgeamt des Apostels handelt Christus *an* der Christenheit, damit sie für ihren priesterlichen und königlichen Dienst ernannt, instandgesetzt und immer wieder neu ermutigt werde. Die Zusammengehörigkeit von Priestertum und Amt liegt in dem Handeln Gottes in Christus beschlossen. Da beide auf Gottes Wort bezogen sind, können und sollen sie sich gegenseitig tragen und fördern, aber auch ermahnen und sich gegebenenfalls eine Abweichung von Gottes Wort vorhalten.[232] Bei dem Ringen um das Wort in der Gemeinschaft unter dem Wort aber ereignet sich *Kirche*. In diesem Sinn ist das Amt *in* der Kirche grundgelegt, deren Haupt Jesus Christus ist und die ihr Leben und ihren Bestand nicht in sich selbst, sondern in Gottes Wort hat.

---

228 Zu Röm. 1,1, WA 56, 158, 10 f. Übers.
229 So mit Recht Prenter, a. a. O. (Anm. 62), 215.
230 S. o. Anm. 197.
231 Vgl. G. Voigt, Kirche in ihrer Bewegung, LKW 45 (1995), 9–28, bes. 18–22.
232 Vgl. WA 6, 412, 37 f. – Das Priestertum Gesamtisraels gegen das institutionelle Priestertum in Israel auszuspielen ist durch die Rotte Korach versucht worden (4. Mose 16). Kinder hat dieses Fehlverhalten treffend als den „„korachitische(n)' Kurzschluß" bezeichnet (a. a. O. (Anm. 207), 10). Fehlverhalten gibt es auch im neuen Bund. Das Verhältnis von Priestertum aller Gläubigen und Verkündigungsamt läßt sich gar nicht prinzipiell konfliktfrei gestalten.

Festzuhalten ist, daß es falsch wäre, die eine Größe von der anderen abzuleiten. Beide, das kirchliche Amt und die Kirche als das Priestertum aller Gläubigen, sind vielmehr unmittelbar auf das Evangelium bezogen. Sie haben die gleiche Gewalt und den gleichen Auftrag; der Unterschied zwischen ihnen liegt in der öffentlichen Ausübung. Durch die Herleitung des allgemeinen Priestertums aus dem Amt würden die Gläubigen zur Hilfstruppe der Amtsträger deklariert. Mit der Herleitung des Amtes aus dem allgemeinen Priestertum würde auf der anderen Seite das Amt des Evangeliums kirchlich domestiziert. Die mit der Kreuzestheologie gegebene Ursprungsrelation darf nicht mit der ekklesiologischen Funktionsrelation vermischt werden! Wie das Amt und das Priestertum aller Gläubigen ihre übergreifende Einheit in Christus und seinem Wort haben, so wird ihre Grenze auch allein in Christus aufgehoben. „In der Welt besteht sie weiter um des Evangeliums willen bis zum jüngsten Tag."[233]

3. Die Aufgaben des Amtes

3.1. Die Funktionen des Amtes im Überblick

Zum Priester wird man geboren, zum Diener gewählt und berufen.[234] Setzt Luther eine Funktionsgemeinschaft von Priestern und Dienern voraus,[235] dann besteht der Unterschied zwischen ihnen in der Art der Wahrnehmung der Funktionen.

---

233 Prenter, a. a. O. (Anm. 62), 220. Luthers Amtslehre ist nicht „zweipolig" (so Lieberg, a. a. O. (Anm. 5), 235–238). Sie ist vielmehr aus einem Guß. Die Funktionsgemeinschaft von Amt und Priestertum aller Gläubigen besteht zweifellos, aber sie ist sekundär und ergibt sich aus dem kreuzestheologischen Ansatz. Die Bestimmung des Verhältnisses von Amt und Priestertum in neueren Arbeiten (s. o. Anm. 224–226) bleibt hinter der von Prenter zurück, der seinerseits Anregungen von Th. Harnack aufgenommen hat.

234 De instituendis ministris Ecclesiae, WA 12, 178, 9 f. Freie Wiedergabe. Ganz ähnlich argumentiert Luther auch später, z. B. in der 6. Predigt über den 110. Psalm, 9.6.1535, WA 41, 204–215, bes. 209, 4–16 (nach Rörer).

235 Vgl. Prenter, a. a. O. (Anm. 62), 219. Aus der „Funktionsgemeinschaft" darf nicht geschlossen werden, das Amt sei „eine Funktion der ‚Gemeinde'" (so Elert, a. a. O. (Anm. 3), 299); denn das ist es bei Luther gerade nicht (gegen Elert mit Recht E. Wolf, Zur Verwaltung der Sakramente nach Luther und lutherischer Lehre, 1938, in: ders., a. a. O. (Anm. 112), 243–256, 249).

Die hauptsächliche Aufgabe des Amtes ist nach der Vorlesung über den Römerbrief (1515/16), das Evangelium zu lehren.[236] In der Adventspostille (1522) wird die Aufgabe des „Predigtamtes" in der „Lehre und Ermahnung" gesehen.[237] In *De instituendis* (1523) zählt Luther sieben Funktionen auf, zu denen das Priestertum aller Gläubigen sowie das Amt bevollmächtigt sind:[238] 1. Das Lehren des Wortes Gottes, das erste und höchste von allem, von dem alles andere abhängt;[239] 2. die Taufe; 3. das Segnen und Darreichen von Brot und Wein; 4. die Schlüsselgewalt; 5. das Opfern des eigenen Leibes (gemäß Röm. 12,1); 6. Gebet und Fürbitte; 7. die Lehrbeurteilung.[240] Nach einer „Predigt" aus dem Jahr 1530 hat das „ampt" „zu predigen, taufen, lösen, binden, Sakramente (zu) reichen, (zu) trösten, warnen, ermahnen, mit Gottes Wort"[241]. „Diener ist, der in die Kirche gesetzt ist zur Lehre des Wortes und zur Darreichung der Sakramente", lautet eine Definition in *Von der Winkelmesse und Pfaffenweihe* (1533).[242] Schließlich zwei Belege aus der Vorlesung über die Genesis (1535–45): „Wir tun, was unseres Amtes ist *(officium nostrum)*, nämlich Gottes Wort sorgfältig zu pflanzen *(plantando verbum Dei)*, die Kirchen zu lehren, Laster zu strafen, zu Richtigem zu ermahnen, die Schwachen zu trösten, Ruchlose zu tadeln."[243] Zu 1. Mose 19,1 führt Luther gegen die Antinomer, „unsere neuen Propheten"[244], über das *ministerium verbi* aus: „Gott hat aber das Amt des Wortes nicht dazu in diese Welt gesetzt, daß die Diener schweigen sollten, sondern daß sie aufzeigten *(arguerent)*, lehrten, trösteten, erschreckten, damit sie auf diese Weise retteten, wen immer sie könnten."[245]

---

236 WA 56, 165, 6 f.: „. . . ut euangelium doceam".
237 WA 10 I, 2, 1, 19 f. Doctrina et exhortatio; nach Röm. 12,7 f. (Vulgata).
238 WA 12, 180–188.
239 A. a. O., 180, 5 f.: „Primum vero et summum omnium, in quo omnia pendent alia, est docere verbum dei."
240 A. a. O., 187, 29 f.: „. . . iudicare et decernere de dogmatibus".
241 Eine Predigt, daß man Kinder zur Schule halten solle, WA 30 II, 527, 19 f.; mod. Ähnlich WA 31 I, 196, 7 f. u. ö. In der o. Anm. 234 angeführten Predigt werden „Predigen odder Leren und Regieren" als Amtsfunktionen genannt (WA 41, 210, 15).
242 WA 38, 187, 10 f. Übers.
243 Zu 1. Mose 9,20–22, WA 42, 382, 35–37. Übers.
244 WA 43, 46, 15. Übers.
245 A. a. O., 46, 32–34. Übers.

Das Wort Gottes, „dorauff das ampt gestifft ist"[246], ist Grundlage, Inhalt und Aufgabe des Amtes in allen seinen Funktionen. „Wenn einem das Amt des Wortes verliehen wird, so werden ihm alle Ämter (der Kirche) verliehen ... Es ist das höchste unter allen, nämlich das apostolische Amt, das den Grund für alle anderen Ämter legt."[247] Die Schriftauslegung in Lehre und Unterweisung, Verkündigung und Seelsorge ist die alles andere umfassende und bestimmende Aufgabe des Amtes.

Was ist mit dieser These intendiert? Damit nicht verständnisloses Nachsprechen an die Stelle des Verstehens tritt, ist zunächst Luthers Schrift- und Lehrverständnis im Grundriß darzustellen.

3.2. Exkurs: Grundlinien des Schrift- und Lehrverständnisses

3.2.1. Die Autorität der Schrift

„Da ich jung war, gewöhnte ich mich zur Bibel."[248] Die Grundlage von Luthers Denken und Handeln ist die Bibel. Er sagt von sich, er habe an alle Äste dieses mächtigen Baumes angeklopft.[249] Er ist der „Mann *eines* Buches"[250] – weil dieses eine Buch mehr ist als jedes andere Buch; denn es bezeugt den, der „das Leben und das Licht der Menschen" ist (Joh. 1,4).

Die Voraussetzung des Schriftgebrauchs ist bei Luther die ungelöste Heilsfrage. In dem Maß, in dem sich das Ringen um die Heilsgewißheit

---

246 Auslegung von Joh. 3 und 4, 1538–40, WA 47, 193, 5.
247 WA 12, 191, 6 ff. (Übers.), bes. 9 f.: „... officium omnium summum est, nempe apostolicum, quod fundamentum ponit omnibus aliis officiis ..."
248 WA.TR 4, 432, 18 f. (Nr. 4691). Vgl. R. Bring, Luthers Anschauung von der Bibel, Berlin 1951; R. Bainton, Studies on the Reformation, Boston 1963, 3–12; G. Ebeling, Luther und die Bibel, 1967, in: ders., Lutherstudien, Bd. I, Tübingen 1971, 286–301; M. Brecht, Beobachtungen über die Anfänge von Luthers Verhältnis zur Bibel, 1980, in: B. Lohse (Hg.), Der Durchbruch der reformatorischen Erkenntnis bei Luther. Neuere Untersuchungen, VIEG B 25, Stuttgart 1988, 212–232. Lit. zu Luthers Schriftverständnis im Überblick bei zur Mühlen, a. a. O. (Anm. 105), 1991, 561 ff.; M. Schulze, Luther, Martin, BBKL, Bd. V, 1993, 447–482, 478; Lohse, a. a. O. (Anm. 225), 1995, 204; M. Ohst, Schrift, Heilige IV, TRE, Bd. 30, 1999, 412–423, 421 ff.
249 WA.TR 2, 244, 20–23 (Nr. 1877). Vgl. WA.TR 1, 320, 9 f. (Nr. 674).
250 J. Becker, Luther als Bibelausleger, in: ders. (Hg.), Luthers bleibende Bedeutung, Husum 1983, 7–21, 8. Zur Bedeutung des Buches im Handeln und Denken des Reformators vgl. im übrigen H. Flachmann, Martin Luther und das Buch, SuR NR 8, Tübingen 1996, bes. 137 ff.

aus der Selbstbeobachtung in das Schriftstudium verlagerte, wurde die Frage nach der Heilsgewißheit identisch mit der Frage nach der Schriftgewißheit.

Das Auseinanderfallen von Schriftauslegung und Heilsvergewisserung ist vorreformatorisch und, wie man heute weiß, nachreformatorisch. Das Kennzeichen der Wittenberger Reformation ist, daß die Grundfrage des Menschen durch die Schrift beantwortet wird und daß gerade dadurch die Schrift inhaltlich zur Geltung kommt. Denn in der Entdeckung, daß die Heilsfrage im Glauben an das Evangelium entschieden wird und daß die Schrift dies selbst bezeugt, liegt zugleich die Wiedereinsetzung der Bibel in ihre ursprüngliche Autorität.

Die Lehre von der Autorität der Heiligen Schrift gehört zum Erbe der spätmittelalterlichen Kirche und des mittelalterlichen Augustinismus und Nominalismus,[251] das Luther vorausgesetzt hat. War die Autorität der Bibel auch selbstverständlich,[252] so war doch unklar, wie sie sachgerecht zur Geltung gebracht werden sollte. Das ist Luther im Ablaßstreit deutlich geworden.

In dem *Sermon von Ablaß und Gnade* weist Luther ausdrücklich darauf hin, daß alle von ihm dargelegten Punkte „yn der schrifft gegrund (sind)"[253]. Denn auf Meinungen (*opiniones*) kann man die Lehre und Verkündigung der Kirche nicht gründen.[254] So verfahren die Scholastiker; aber

---

251 Vgl. H. A. Oberman, Spätscholastik und Reformation, Bd. I, Zürich 1965, 335 ff.

252 Die Formel *sola scriptura* ist „vulgärkatholisch" (F. Kropatscheck, Das Schriftprinzip der lutherischen Kirche, Bd. 1, Leipzig 1904, 439 f.; G. Gloege, Zur Geschichte des Schriftverständnisses, in: ders., Theologische Traktate, Bd. II, Göttingen 1967, 263–292, 274). Zum Autoritätsproblem vgl. bes. H. Ostergaard-Nielsen, Scriptura sacra et viva vox, FGLP 10, 10, München 1957, 9 ff.; K.-G. Steck, Lehre und Kirche bei Luther, FGLP 10, 27, München 1963, 62 ff.; W. Oesch, Luther zur Heiligen Schrift, zu ihrer Inspiration und zu ihrer Auslegung, 1964, in: ders., Solus Christus, sola scriptura, Groß Oesingen 1996, 98–133; R. Slenczka, Kirchliche Entscheidung in theologischer Verantwortung, Göttingen 1991, 38 ff., 94 ff.; A. Beutel, Erfahrene Bibel, in: ders., Protestantische Konkretionen, Tübingen 1998, 66–103, 77 ff.; K.-H. Kandler (Hg.), Die Autorität der Heiligen Schrift für Lehre und Verkündigung der Kirche, Neuendettelsau 2000.

253 1517/18, WA 1, (239) 243–246, bes. 246, 28. Mit diesem Sermon hat Luther eine außerordentlich große Breitenwirkung erzielt.

254 Zur Unterscheidung zwischen Lehre und Meinung vgl. L. Grane, Modus loquendi theologicus. Luthers Kampf um die Erneuerung der Theologie (1515–1518), AThD 12, Leiden 1975, 163–167, bes. 164 f.

„sie sind allesamt nicht genug ..., daß sie *eine* Predigt befestigen sollten"[255]. *Tetzel* wendet gegen Luther ein, die Ablaßpraxis werde durch die Infallibilität des Papstes gerechtfertigt.[256] Dagegen wiederum Luther: Zitate aus der kirchlichen und theologischen Tradition gelten nichts „gegen einen einzigen Spruch der Heiligen Schrift"[257]. Tetzel behandle die Schrift, „unseren Trost", „wie die saw ein(en) habbersack"[258]. Dadurch mache er „das einzige Heiligtum, das Wort Gottes, das alle Dinge heiligt, lästerlich zunichte"[259].

Im Frühjahr 1518 hat *Silvester Prierias* Luthers schrifttheologischem Ansatz vier fundamentaltheologische Sätze entgegengestellt, von denen vor allem der dritte hervorgehoben zu werden verdient: „Wer sich nicht an die Lehre der römischen Kirche und des Papstes hält als an die unfehlbare Glaubensregel, von der auch die Heilige Schrift ihre Kraft und Autorität bezieht, der ist ein Ketzer."[260] Für Luther ist der *Dialogus* des päpstlichen Hoftheologen bodenlos; denn er argumentiert ohne Schrift *(sine scriptura)*, ohne Väter und ohne alle Vernunftgründe.[261] Nicht um den Austausch von Meinungen kann es in Theologie und Kirche gehen, sondern um die gesunde Lehre *(doctrina sana)* der Schrift, die von Gott eingegeben *(inspiratam)* ist.[262] Die Auseinandersetzung zwischen Prierias und Luther hat noch vor dem Augsburger Verhör Luthers durch Cajetan die unüberbrückbare Kluft zwischen dem römischen Papalismus und dem reformatorischen Ansatz aufgedeckt. Im Grunde hätte der Streit zwischen Rom und Wittenberg bereits 1518 abgeschlossen werden können. „Beide Seiten hatten sich nichts mehr zu sagen."[263]

---

255 WA 1, 246, 29 f. Mod. Luther bezeichnet die Scholastiker als „finster gehyrne, die die Biblien nie gerochen" (Z. 33 f.).

256 J. Tetzel, Vorlegung, 1518, in: DCL 1, (337) 340–363, 359 f.

257 WA 1, 384, 33 f. Mod.

258 A. a. O., 385, 19.

259 A. a. O., 387, 24 f. Mod.

260 S. Prierias, Dialogus de potestate papae, 1518, in: DCL 1, (33) 52–107, 55; Übers. Vgl. H. A. Oberman, Wittenbergs Zweifrontenkrieg gegen Prierias und Eck, 1969, in: ders., Die Reformation. Von Wittenberg nach Genf, Göttingen 1986, 113–143, bes. 116–125; s. a. H. Smolinsky, Prierias, TRE, Bd. 27, 1997, 376–379.

261 Ad dialogum S. Prieratis de potestate papae responsio, 1518, WA 1, 647, 30–33. Vgl. auch 648, 3: „sine textu".

262 A. a. O., 648, 5–7. Vgl. L. Grane, Martinus noster. Luther in the German Reform movement 1518–1521, VIEG 155, Mainz 1994, 21 f.

263 H. A. Oberman, Luther. Mensch zwischen Gott und Teufel, Berlin ²1983, 207.

Konsequent gebraucht Luther in der *Leipziger Disputation* 1519 die Heilige Schrift als ausschließliche Autorität. Die Formel *sola scriptura* ist endgültig aus dem überkommenen Biblizismus herausgelöst und wird entsprechend der Ausschließlichkeit Jesu Christi und des Glaubens als *particula exclusiva* im Sinne des reformatorischen Ansatzes verwendet.[264]

Dieses Verständnis der Schriftautorität schließt negativ die Ablehnung der kirchlichen Tradition ein, soweit sie sich gegenüber der Schrift verselbständigt oder gar über sie erhebt, und positiv die Selbstauslegung der Schrift im Licht ihres Zeugnisses von Christus. Das traditionskritische Element stellt Luther durch die exklusiv gebrauchte Formel *sola scriptura* heraus. Deren hermeneutischen Sinn expliziert er durch die Formel *scriptura sacra sui ipsius interpres.*

Geprägt in der letzten Phase des Ablaßstreits und gegen die päpstliche Lehrautorität und kirchliche Auslegungstradition gerichtet, wird die Formel *scriptura sacra sui ipsius interpres* später auch gegen das humanistische Bibelverständnis und den Enthusiasmus der Schwärmer verwendet.[265] Mit dieser Formel hebt Luther hervor, daß die Schrift gemäß ihrem

---

264 Gemäß der Ankündigung Luthers, er wolle die Schrift nicht nach menschlichem Maßstab, sondern vielmehr die Schriften, Worte und Taten aller Menschen nach dem Urteil der Schrift verstehen (WA 2, 184, 2 f.; vgl. WA 59, 509, 2351–2353). Die Anwendung des Schriftprinzips im inklusiven Verständnis der Formel *sola scriptura* hätte den Kontrahenten J. Eck nicht aus der Fassung gebracht (gegen die Simplifizierung von E. Iserloh, Geschichte und Theologie der Reformation im Grundriß, Paderborn 1980, bes. 37). Zu Eck s. a. E. Mühlenberg, Scriptura non est autentica sine authoritate ecclesiae, ZThK 97 (2000), 183–209.

265 Assertio omnium articulorum M. Lutheri per bullam Leonis X. novissimam damnatorum, (Dez.) 1520, WA 7, (91) 94–151, bes. 97, 23. S. a. Grund und Ursach aller Artikel D. Martin Luthers, so durch römische Bulle unrechtlich verdammt sind, 1521, WA 7, (299) 308–457. Insbesondere die lat. Vorrede (WA 7, 95, 10–101, 9) ist grundlegend für das reformatorische Schriftverständnis. Dt.: M. Luther, Assertio, übers. v. E. Peusch, hg. v. W. Schnabel, Waltrop 2000. Lit.: O. Hof, Schriftauslegung und Rechtfertigungslehre bei Luther, 1943, in: ders., Schriftauslegung und Rechtfertigungslehre, Karlsruhe 1982, 13–26; E.-W. Kohls, Luthers Aussagen über die Mitte, Klarheit und Selbsttätigkeit der Heiligen Schrift, LuJ 40 (1973), 46–75; W. Mostert, Scriptura sacra sui ipsius interpres, 1979, in: ders., Glaube und Hermeneutik, hg. v. P. Bühler u. a., Tübingen 1998, 9–41; W. Führer, Das Wort Gottes in Luthers Theologie, GTA 30, Göttingen 1984, 113 f.; H.-Chr. Daniel, Luthers Ansatz der claritas scripturae in den Schriften „Assertio omnium articulorum" und „Grund und Ursach aller Artikel" (1520/21), in: Thesaurus Lutheri, hg. v. T. Mannermaa, Helsinki 1987, 279–290; Grane, a. a. O. (Anm. 262), 1994, 273; N. Slenczka, Die Schrift als „einige Norm und Richtschnur", in: K.-H. Kandler (Hg.), a. a. O. (Anm. 252), 2000, 53–78, 58 ff.

eigenen Geist, der sich nirgendwo authentischer findet als in ihr selbst, auszulegen ist. Scheinbar eine Selbstverständlichkeit, muß dies ausdrücklich unterstrichen werden! Es gilt, der Selbstauslegung der Schrift, in deren Mitte Christus steht,[266] gehorsam zu folgen und ihr Urteil zu vernehmen, statt diesem Urteil durch wohlmeinende Frömmigkeit zuvorzukommen, es durch pseudotheologische Gelehrsamkeit zu zerreden oder es durch angemaßte kirchliche Autorität umzudeuten.[267] In dem erschrockenen Vernehmen des Gesetzes Gottes – das Luther so wörtlich aufgefaßt hat, wie er penibel auf den Zusammenhang der Worte in Röm. 1,16 f. achtete – und dem gespannten Hören auf den Freispruch des Evangeliums liegt der Ursprung der Reformation. Die Abgründe, Paradoxien und Spitzensätze der reformatorischen Schriftauslegung beruhen auf Luthers einfältigem Gehorsam gegenüber dem Wort Gottes in der Heiligen Schrift. Luther hat *in* diesem Wort unterschieden, und zwar durch das Wort Gottes selbst,[268] aber unter der Voraussetzung, daß die ganze Schrift die ganze Offenbarung Gottes darstellt.[269]

In kirchlichen und theologischen Konflikten gebührt daher der Schrift die ausschließliche Autorität: „Man muß nach dem Rechtsspruch der Schrift das Urteil fällen, und das kann nicht geschehen, wenn wir nicht den ersten Platz in allem, was den Vätern beigelegt wird, der Schrift einräumen, das heißt, daß sie selbst durch sich selbst die allergewisseste ist, die leichteste, zugänglichste, die, die sich selbst auslegt, die alle Worte aller prüft, beurteilt und erleuchtet."[270]

1522 hebt Luther in *Ein kleiner Unterricht, was man in den Evangelien suchen und erwarten soll* hervor, das Evangelium solle „eigentlich nicht

---

266 Christus ist „der Punkt im Zirkel" (WA 47, 66, 21).

267 Vgl. Mostert, a. a. O. (Anm. 265), 17: „Der scheinbare Widerspruch zwischen der äußersten Aktivität des Auslegers und der Selbstinterpretation der Schrift löst sich so auf, daß wegen der Macht des spiritus proprius die Anstrengung (das studium) des Auslegers gerade deshalb vonnöten ist, um die Eigenmacht der Schrift zum Zuge kommen zu lassen."

268 Der „Ursprung der Versuchung" liegt darin, „wenn die Vernunft von sich aus versucht, über das Wort und über Gott zu urteilen ohne das Wort" (WA 42, 116, 18 f.; Übers.). Vgl. G. Gloege, Freiheit und Bindung im Umgang mit der heiligen Schrift nach Luther, KuD 22 (1976), 237–249, bes. 244.

269 Mit P. Schempp, Luthers Stellung zur Heiligen Schrift, 1929, in: ders., Theologische Entwürfe, hg. v. R. Widmann, TB 50, München 1973, 10–74, 20.

270 WA 7, 97, 20–24 (Übers.); s. bes. 23 f.: „. . . per sese certissima, facillima, apertissima, sui ipsius interpres, omnium omnia probans, iudicans et illuminans . . ."

Schrift, sondern mündliches Wort sein . . ., das die Schrift hervortrüge"[271]. Gemeint ist, daß die ausschließliche Autorität der Schrift gerade durch die Verkündigung des Evangeliums, das in der Schrift beschlossen liegt, entbunden wird. Die „Predigt weckt die Schrift auf"[272]. Aus der Zusammengehörigkeit von Evangelium und Schrift ergibt sich die von Verkündigung und Lehre.

3.2.2. Freiheit und Bindung gegenüber dem Gesetz

Wie der *Unterricht* enthält auch die *Unterrichtung, wie sich die Christen in Mose sollen schicken,*[273] eine Anleitung zum sachgerechten Schriftverständnis. Sie ist beachtenswert; denn besonders im Gebrauch des Gesetzes hätten viele große und vortreffliche Leute „gefehlt"; sie verstünden Mose nicht zu predigen und wüßten nicht, wie weit Mose gelehrt werden sollte.[274] Als Beispiele nennt Luther Origenes und Hieronymus (393, 11). Eigentlich gemeint ist aber die biblizistische und spiritualistische Bewegung der Reformation.

Zweimal hat Gott durch eine „öffentliche Predigt" geredet (363, 21 ff.), am Sinai und am Pfingsttag. Ansonsten hat er innerlich gewirkt durch die Erleuchtung der Herzen (364, 21 f.). Beim dritten Mal wird er persönlich kommen in göttlicher Herrlichkeit (366, 24 f.). „Die erste Predigt und Lehre ist das Gesetz Gottes, die zweite das Evangelium." (366, 28 f.)

„Das Gesetz Moses geht die Juden an, es bindet uns somit nicht mehr, denn dieses Gesetz ist allein dem Volk Israel gegeben." (371, 27 f.) Es dürfen nicht isolierte Vorschriften aus der Tora herausgegriffen und als „Wort Gottes" bezeichnet werden, wie dies die „Schwarmgeister" (372, 24 f.) und „Rottengeister" (374, 19) tun. Entweder wird das ganze Gesetz gehalten, oder es ist ganz abgetan (375, 27–29). Als Christus kam, war es „aus" mit ihm (373, 28). Daraus ist zu schließen: „Mose wollen wir für einen

---

271 WA 10 I, 1, 17, 7–9. Textliche und inhaltliche Parallelen zu dem *Unterricht* finden sich in der Vorrede zum Neuen Testament, 1522, WA.DB 6, 2–10. Vgl. W. Bodenstein, Der einfältige Glaube. Luthers Entwicklung von 1521–1525, TBF 7, Tübingen 1998, 61 f.

272 Predigt am 3.1.1538 über Gal. 3,23 ff., WA 46, 123, 37. Mod. Das Hören bekommt bei Luther „ontologischen Vorrang vor dem Denken" (Mostert, a. a. O. (Anm. 265), 24).

273 WA 16, 363–393 (WA 24, 2–16). Gepredigt im August 1525 im Rahmen einer Kanzelauslegung des 2. Buches Mose.

274 WA 16, 393. Die folgenden Belege im Text sind WA 16 entnommen.

Lehrer halten, aber für unseren Gesetzgeber wollen wir ihn nicht halten, es sei denn, daß er mit dem Neuen Testament und dem natürlichen Gesetz übereinstimme." (374, 20–22) Diese Schlußfolgerung wirft die Frage auf, warum dann überhaupt über Mose gepredigt wird (375, 30)?

Aus drei Gründen. Erstens wegen der Übereinstimmung des mosaischen Gesetzes mit dem der Natur eingepflanzten Gesetz (376–380, bes. 380, 24 f.). Dazu zählen beide Tafeln der zehn Gebote, auch das erste Gebot (379, 24–26). Zweitens wegen der Verheißungen und Zusagen Gottes in Christus (381, 19). Sie hat der Mensch nicht aus der Natur (381, 18); dazu braucht er das Gesetz und die Propheten. Bei den Verheißungen Gottes ist aber darauf zu achten, „zu *wem* das Wort Gottes geredet wird" (384, 28). Drittens wird Mose gelesen „wegen der schönen Beispiele des Glaubens, der Liebe und des Kreuzes bei den lieben heiligen Vätern" (391, 19 f.). Ferner wegen der Beispiele des Unglaubens und des Zornes Gottes (391, 23).

Die „Schwarm- und Rottengeister"[275] charakterisiert Luther folgendermaßen: Sie „wollen klug sein, wollen etwas Weiteres wissen als was in dem Evangelium begriffen ist, achten den Glauben für gering, bringen etwas Neues auf, rühmen sich und geben vor, es stehe im Alten Testament, wollen nach dem Buchstaben des Gesetzes Moses das Volk regieren, als ob man's zuvor nie gelesen hätte" (372, 27–30). Entscheidend ist die Entwertung des Evangeliums und des Glaubens. Die Berufung auf isolierte Teile der Bibel ist – ohne den Bezug auf das Evangelium – biblizistisch; sie mißbraucht die Bibel für ihr übergeordnete Zwecke. Diesen Vorwurf hat Luther besonders gegen Andreas Karlstadt und Thomas Müntzer erhoben.

1. Im Sommer 1524 spitzte sich der schon lange schwelende theologische Streit mit *Andreas Karlstadt* zu. Theologische Differenzen bestanden jedoch nicht erst seit den Wittenberger Unruhen hinsichtlich der Bilderfrage und der Meßreform, sondern schon vor der Leipziger Disputation. Karlstadt hatte durch Luther Augustin entdeckt und mit Luther die augustinische Theologie im Kampf gegen die Scholastik vertreten.[276] Er war

---

275 Zur Schwärmerterminologie vgl. G. Mühlpfordt, Luther und die „Linken", in: G. Vogler (Hg.), Martin Luther. Leben, Werk, Wirkung, Berlin ²1986, 325–345; s. ferner V. Leppin, Schwärmer, TRE, Bd. 30, 1999, 628 f.

276 Vgl. Grane, a. a. O. (Anm. 254), 130–138. Zu Karlstadt s. U. Bubenheimer, Karlstadt, TRE, Bd. 17, 1988, 649–657; S. Looß u. a. (Hg.), Andreas Bodenstein von Karlstadt

aber bei der Augustin-Rezeption stehengeblieben[277] und nicht wie Luther von Augustin zu Paulus durchgedrungen. War für Luther die Unterscheidung von Geist und Buchstabe unter Anleitung von Augustins Schrift *De spiritu et litera* eine Station auf dem Weg zur reformatorischen Unterscheidung von Gesetz und Evangelium, verharrte Karlstadt bei der Unterscheidung von Geist und Buchstabe und sah das theologische Proprium nicht wie Luther in der Freiheit vom Gesetz in bezug auf die Heilsfrage, sondern vielmehr in der Verinnerlichung des Gesetzes.[278] Das hatte schwerwiegende Konsequenzen für das Rechtfertigungs-, Gesetzes- und Schriftverständnis: Die Heilsgewißheit war nicht im Glauben an das gepredigte Evangelium zu erlangen, sondern in Verbindung mit den vom Gesetz geforderten und vom Geist gewirkten Werken. Luthers Imputationslehre, die Krönung seines Rechtfertigungsverständnisses, hat Karlstadt nicht rezipiert. Darin wurzelt der tiefgreifende theologische Unterschied zwischen ihm und Luther. Karlstadts Puritanismus[279], Moralismus[280] und Biblizismus[281], Spiritualismus und Mystizismus[282] sind darauf zurückzuführen oder hängen damit zusammen.

(1486–1541), Wittenberg 1998; Th. Kaufmann, Reformatoren, KIVR 4004, Göttingen 1998, 59 f.

277 Vgl. B. Lohse, Zum Wittenberger Augustinismus, 1990, in: ders., Evangelium in der Geschichte, Bd. 2, hg. v. G. Borger u. a., Göttingen 1998, 213–230.

278 Vgl. A. Karlstadt, 151 Thesen vom 26.4.1517, bes. Th. 85, in: E. Kähler (Hg.), Karlstadt und Augustin, HM 19, Halle/S. 1952, 25: „Gratia facit nos legis dilectores" (Die Gnade macht uns zu Freunden (Liebhabern) des Gesetzes). S. a. WA.DB 7, 18, 34 f. Vgl. Karlstadt, Promotionsthesen, 11.10.1521, in: H. Barge, Andreas Bodenstein von Karlstadt, Bd. 1, 1905, Nieuwkoop 1968, 483, wo Karlstadt in These 11 sagt, das Gesetz mache lebendig. Diese Aussage steht in schroffem Gegensatz zu Paulus und Luther; s. Gal. 3,22.

279 Vgl. G. Rupp, Andrew Karlstadt and Reformation Puritanism, JThS NS 10 (1959), 308–326.

280 Vgl. G. Ebeling, Luthers Kampf gegen die Moralisierung des Christlichen, in: ders., a. a. O. (Anm. 178), 1985, 44–73, bes. 59–63.

281 Vgl. U. Bubenheimer, Consonantia Theologiae et Iurisprudentiae. Andreas Bodenstein von Karlstadt als Theologe und Jurist zwischen Scholastik und Reformation, JusEcc 24, Tübingen 1977, 237–245, bes. 244.

282 Vgl. H.-P. Hasse, Karlstadt und Tauler, QFRG 58, Gütersloh 1993, der herausgearbeitet hat, daß neben Augustin die mittelalterliche Mystik, und zwar auch in den 1520er Jahren, eine wichtige Quelle für Karlstadts Theologie darstellte. Darin liegt auch seine theologische Nähe zu Müntzer begründet. Politisch hat er sich dagegen deutlich von Müntzer abgegrenzt.

Bei der Kontroverse 1524/25 geht es nicht nur um das Gesetzes- und Abendmahlsverständnis, sondern um „die ganze Lehre des Evangeliums", die Karlstadt durch „listige Behandlung der Schrift zu verderben" suche.[283] Das Gesetz des Mose gilt nach Luther unverbrüchlich, und zwar in doppelter Hinsicht. Es wird gepredigt, damit die Sünde erkannt werde.[284] Es gilt ferner in seiner Rechtserheblichkeit im bürgerlichen Leben, sofern es mit dem Naturgesetz übereinstimmt, und das trifft für alle Gebote des Dekalogs zu.[285] Aber seine Herrschaft ist ein für allemal gebrochen; es vermag den Sünder nicht mehr zu verdammen. Noch weniger bindet es die Christen im bürgerlichen Leben. „Darum lasse man Mose der Juden Sachsenspiegel sein und uns Heiden unverworren damit; gleichwie Frankreich den Sachsenspiegel nicht achtet und doch in dem natürlichen Gesetz mit ihm übereinstimmt."[286]

2. *Thomas Müntzer*[287], 1517 Wittenberger Student, ist von Luthers Theologie beeinflußt worden. Es läßt sich jedoch nicht erkennen, daß er sich den Artikel von Christus und der Rechtfertigung angeeignet hätte.[288]

---

283 Wider die himmlischen Propheten, von den Bildern und Sakrament, 1525, WA 18, 62, 11–13.

284 WA 18, 65, 9–11. Die Sünde ist so verborgen, daß sie erst durch Gottes Gesetz offenbart wird; vgl. WA 56, 231, 6 f.; WA 8, 104, 7 f.; WA 39 II, 365, 25–27; WA 40 II, 369, 6 f.

285 WA 18, 81, 4–6. Vgl. H. Bornkamm, Luther und das Alte Testament, Tübingen 1948, 113. Zum Verhältnis des mosaischen Gesetzes zum natürlichen Gesetz vgl. ferner H. Gerdes, Luthers Streit mit den Schwärmern um das rechte Verständnis des Gesetzes Mose, Göttingen 1955, 24 ff.; R. Hermann, Naturrecht und Gesetz bei Luther, 1932/1958, in: ders., Studien zur Theologie Luthers und des Luthertums, GNW II, hg. v. H. Beintker, Göttingen 1981, 98–109.

286 WA 18, 81, 14–17. Mod.

287 Quellen: Th. Müntzer, Schriften und Briefe. Unter Mitarbeit v. P. Kirn hg. v. G. Franz, QFRG 33, Gütersloh 1968. Zum Stand der Forschung vgl. S. Bräuer, Müntzerforschung von 1965 bis 1975, LuJ 44 (1977), 127–141; LuJ 45 (1978), 102–139; B. Lohse, Thomas Müntzer in neuer Sicht, Hamburg 1991; G. Seebaß, Müntzer, Thomas, TRE, Bd. 23, 1994, 414–436.

288 Bei Müntzer bleiben die Aussagen, „daß Christus die Sünde trägt oder durch sein Blut erlöst, . . . beharrlich unentfaltet" (M. Brecht, Thomas Müntzers Christologie, in: S. Bräuer / H. Junghans (Hg.), Der Theologe Thomas Müntzer, Berlin 1989, 62–83, 79). „Müntzer scheint . . . das Werk Christi . . . eher vorbildlich als gnadenhaft rechtfertigend verstanden zu haben" (a. a. O., 80; vgl. Seebaß, TRE 23, 421). Müntzers „Kreuzestheologie" ist weder von der „Wechselvorstellung" wie bei Luther noch von dem paulinischen „Wort vom Kreuz" (1. Kor. 1,18) bestimmt (vgl. H. Beintker, Jesu Nachfolge im Zeichen des Kreuzes bei Müntzer und Luther, Luther 61 (1990), 80–91).

Für Müntzers Schriftverständnis ist das „Prager Manifest" (1521) grundlegend.[289] Kein „Pfaffe" und kein „Mönch" könne etwas über „den Grund des Glaubens" sagen.[290] Der „Grund des Glaubens" liegt für Müntzer nicht in der Schrift. Es bedarf des „siebenmaligen Geistbesitzes"; anders vermag der Mensch weder zu hören noch zu verstehen.[291] Die Bindung an die äußere Autorität der Schrift öffnet sie nicht, sondern raubt vielmehr den Schlüssel zur Schrift: Pfaffen und Gelehrte „schließen die Schrift zu und sagen, Gott dürfe nicht in eigener Person mit dem Menschen reden"[292]. Gott will aber nicht wie einst in der Schrift, sondern mit seinem „lebendigen Finger" reden und wirken.[293] Erst dadurch werde der Zugang zur Wahrheit der Schrift geöffnet.[294] Der Schlüssel zur Schrift ist für Müntzer das im Seelengrund des Menschen lebendig redende innere Wort Gottes.[295] Dieses innere Wort schließt Träume, Visionen und Auditionen ein,[296] die über die Schrift hinausgehen können.

Müntzer legt den Akzent auf die eigenständige Erfahrung, die der Mensch in der Anfechtung mit Gottes Wort macht und durch die er dem

---

Sie steht vielmehr in der Tradition der mittelalterlichen Mystik (vgl. H.-J. Goertz, Innere und äußere Ordnung in der Theologie Thomas Müntzers, SHCT 2, Leiden 1967; S. Ozment, Mysticism and Dissent, New Haven 1973; W. Rochler, Ordnungsbegriff und Gottesgedanke bei Thomas Müntzer, ZKG 85 (1974), 369–382; R. Schwarz, Thomas Müntzer und die Mystik, in: Bräuer / Junghans (Hg.), a. a. O., 283–301).

289 Müntzer, a. a. O., 491–505. Über die Zeit in Prag s. W. Elliger, Thomas Müntzer, Göttingen ³1976, 181–213. Vgl. ferner H.-J. Goertz, „Lebendiges Wort" und „totes Ding". Zum Schriftverständnis Thomas Müntzers im Prager Manifest, ARG 67 (1976), 153–177; R. Mau, Müntzers Verständnis von der Bibel, in: Thomas Müntzer, hg. v. C. Demke, Berlin 1977, 21–44; A. Friesen, Thomas Müntzer und das Alte Testament, in: Thomas Müntzer, hg. v. A. Friesen / H.-J. Goertz, WdF 491, Darmstadt 1978, 383–402; R. Schwarz, Thomas Müntzers hermeneutisches Prinzip der Schriftvergleichung, LuJ 56 (1989), 11–25; G. Seebaß, Reich Gottes und Apokalyptik bei Thomas Müntzer, 1991, in: ders., Die Reformation und ihre Außenseiter, Göttingen 1997, 165–185, bes. 166 ff.; K.-H. zur Mühlen, Heiliger Geist und Heilige Schrift bei Thomas Müntzer, in: ders., a. a. O. (Anm. 178), 259–278.

290 Müntzer, a. a. O., 495, 5 ff.

291 A. a. O., 496, 7–9. Nach Goertz, ARG 67 (1976), 160, erinnert dieser Sprachgebrauch an die sieben Stufen der Geistlehre des Johannes Tauler.

292 Müntzer, a. a. O., 498, 21 ff. Mod.

293 A. a. O., 498, 27.

294 A. a. O., 498, 27–29.

295 Vgl. zur Mühlen, a. a. O. (Anm. 289), 266.

296 Vgl. Goertz, a. a. O. (Anm. 288), 52 ff.

leidenden Christus „gleichförmig" wird.[297] Der Konformitätsgedanke ist der „Kern" von Müntzers „Vorstellung vom Glauben"[298]. Er spielt in Luthers erster Psalmen-Vorlesung eine dominierende Rolle, ist aber vorreformatorisch.[299] Müntzer hat ihn aufgenommen – nicht von Luther, sondern wohl eher von der deutschen Mystik[300] – und mit dem Enthusiasmus der „Zwickauer Propheten"[301], ferner mit dem apokalyptischen Gedankengut der Taboriten verbunden.[302] Dadurch konnte die von dem „Geist" geöffnete Schrift zugleich gesetzlich verstanden werden.

Mit Luther verbindet Müntzer das Ringen um die lebendige Anrede Gottes.[303] Von Luther unterscheidet Müntzer:[304] (1.) Die Anrede Gottes erfolgt nach reformatorischem Verständnis nicht im Gegensatz zum äußeren Wort. Vielmehr wirkt Gottes Geist in und durch das äußere Wort. Gottes Geist entwertet es nicht, sondern setzt es in Kraft. Bei Luther verherrlicht der sich an das Wort bindende Geist Jesus Christus; bei Müntzer dagegen relativiert der Geist das Wort und entleert die Christologie und Soteriologie. (2.) Der Schlüssel zur Schrift liegt nicht in dem Seelengrund des Menschen, sondern in dem Evangelium. Deshalb muß es präzise von dem Gesetz unterschieden werden. Diese Unterscheidung ist bei Müntzer nicht klar durchgeführt.[305] (3.) Gottes lebendige Anrede erfolgt in Christus und nicht unvermittelt. Sie redet den Menschen nicht auf seinen Seelen-

---

297 Müntzer, a. a. O., 499, 24–26.

298 Lohse, a. a. O. (Anm. 287), 93. Vgl. E. Gritsch, Thomas Müntzers Glaubensverständnis, in: Bräuer / Junghans (Hg.), a. a. O. (Anm. 288), 156–173.

299 Vgl. Führer, a. a. O. (Anm. 265), 25 f., 187.

300 Vgl. Gritsch, a. a. O., 167.

301 Vgl. A. Friesen, Thomas Muentzer, a Destroyer of the Godless, Berkeley / Los Angeles / Oxford 1990, 73–99.

302 Vgl. R. Schwarz, Die apokalyptische Theologie Thomas Müntzers und der Taboriten, BHTh 55, Tübingen 1977, 19 ff., bes. 21.

303 Darin steht Müntzer dem Wittenberger Reformator wohl näher als sein Zwickauer Antipode Johannes Egranus, der „rein historisch (dachte)" (H. Kirchner, Johannes Sylvius Egranus, AVTRW 21, Berlin 1961, 15–21, 48–60, bes. 16).

304 Vgl. W. Elliger, Zum Thema Luther und Thomas Müntzer, LuJ 34 (1967), 90–116; E. Mühlhaupt, Luther über Müntzer, Witten 1973; G. Maron, Thomas Müntzer in der Sicht Martin Luthers, 1973, in: ders., a. a. O. (Anm. 68), 81–94; L. Grane, Thomas Müntzer und Martin Luther, in: Bauernkriegs-Studien, hg. v. B. Moeller, Gütersloh 1975, 69–97.

305 Vgl. z. B. Müntzer, a. a. O., 330, 6: „Christus hat im evangelio durch seine gütigkeyt des vaters ernst erklert."

grund hin an, sondern versetzt ihn außerhalb seiner, so daß er im Glauben an das Evangelium in Christus um der Rechtfertigung willen vor Gott steht. (4.) Die Schrift ist zur transsubjektiven Vergewisserung der Wahrheit des Evangeliums unverzichtbar. Gerade mit der biblizistischen Orientierung an dem Ganzen der Schrift hat Müntzer die Autorität der Schrift untergraben.[306] (5.) Mit seinen haßerfüllten Aufrufen hat Müntzer die mittelalterlichen Kreuzzugsprediger übertroffen.[307] Dagegen hat Luther die Kreuzzugsideologie durch die Theologie des Kreuzes überwunden.[308]

3.2.3. Die Klarheit der Schrift

Am Ende des Krisenjahres 1525 erschien Luthers Antwort auf die im September 1524 veröffentlichte *Diatribe* des Erasmus von Rotterdam, eine Abhandlung über die Freiheit des Willens in Dialogform.[309] Luthers

---

306 Ab 1523 hat Müntzer gegen den „stückwerkischen" Umgang mit der Bibel polemisiert (vgl. z. B. a. a. O., 228 und 330, 26 ff.). Zu Müntzers „Biblizismus" vgl. zur Mühlen, a. a. O. (Anm. 289), 273 f. Die für die Wittenberger reformatorische Theologie kennzeichnenden „Allein"-Formeln fehlen bei Müntzer (vgl. Lohse, a. a. O. (Anm. 287), 87). In der „Protestation" (1523) hat er gegen die Formeln „solus Christus" und „sola fide" ausdrücklich Einspruch erhoben (Müntzer, a. a. O., 225–240, bes. 234, 14 und 235, 29).

307 Von den Kreuzzugspredigern ist m. W. nicht überliefert, was Müntzer am Schluß der „Fürstenpredigt" (1524) gesagt hat: „Die Gottlosen haben kein Recht zu leben, es sei denn die Auserwählten gönnen (gewähren) es ihnen." (Müntzer, a. a. O. (Anm. 287), 241–263, 262, 32 – 263, 1; mod.) Luther hat die genaue Gegenposition eingenommen: Die Gottlosen und der Antichrist sollen „ohne Hand" (Dan. 8,25) überwunden werden (vgl. WA 7, 777, 1–8; WA 8, 677, 18–23; WA 15, 219, 5–18; u. ö.). Rechtsgeschichtlich steht Luther „am Ende des Fehdezeitalters" (G. Maron, Bauernkrieg, TRE, Bd. 5, 1980, 319–338, 329).

308 Mit K. G. Steck, Luther und die Schwärmer, ThSt 44, Zürich 1955, 33.

309 Erasmus von Rotterdam, De libero arbitrio (= Dla), in: ders., Ausgewählte Schriften. Lat. und dt., Bd. 4, hg. v. W. Welzig, übers. v. W. Lesowsky, Darmstadt 1969, 1–195. – Luther, De servo arbitrio (Dsa), WA 18, (551) 600–787 (StA 3, (170) 177–356). – Lit. im Überblick in: C. Augustijn, Erasmus, Desiderius, TRE, Bd. 10, 1982, 1–18, 17 f.; ders., Erasmus von Rotterdam, München 1986, 177–197; Schulze, a. a. O. (Anm. 248), 481; G. B. Winkler, Erasmus, RGG, Bd. 2, ⁴1999, 1380–1384. Zur Rezeption von Dsa s. bes. K. Schwarzwäller, sibboleth, TEH 153, München 1969; G. Ph. Wolf, Das neuere französische Lutherbild, VIEG 72, Wiesbaden 1974, 220–224; W. Behnk, Contra Liberum Arbitrium Pro Gratia Dei, EHS 23, 188, Frankfurt/M. 1982. Neuere Darstellungen: B. Rothen, Die Klarheit der Schrift, Teil 1, Göttingen 1990; P. Walter,

Entgegnung ist eine polemische Gelegenheitsschrift von ganz außerordentlichem Gedankenreichtum. Während Erasmus im Stil der deliberativen Rhetorik argumentiert,[310] wendet Luther den von Paulus überkommenen *Modus loquendi theologicus* an. Er folgt dem Aufbau der *Diatribe* und nimmt diese zum Anlaß, die der Theologie durch die Heilige Schrift gestellte Wahrheitsfrage in wohl kaum überbietbarer Schärfe zu durchdringen.[311] Erasmus hat sich durch Luthers Polemik verletzt gefühlt. Tatsächlich war sie überzogen, was die Person des Erasmus betrifft, nicht jedoch im Blick auf die „Sache"; denn Erasmus hatte den Kardinalpunkt des Christentums berührt.[312]

Im Schriftverständnis knüpft Luther an die *Assertio* von 1520 an[313] und entfaltet die These von der Klarheit der Schrift. Dem Schriftverständnis

---

Theologie aus dem Geist der Rhetorik, TSTP 1, Mainz 1991; H. Karpp, Schrift, Geist und Wort Gottes, Darmstadt 1992; R. Brandt, Die ermöglichte Freiheit, Hannover 1992; G. Wenz, „Daß der freie Wille nichts sei", 1992, in: ders., Lutherische Identität, Bd. 1, Hannover 2000, 77–126; A. Buchholz, Schrift Gottes im Lehrstreit, EHS 23, 487, Frankfurt/M. 1993; C. Augustijn, Erasmus. Der Humanist als Theologe und Kirchenreformer, SMRT 59, Leiden 1996; K. Kopperi (Hg.), Widerspruch. Luthers Auseinandersetzung mit Erasmus von Rotterdam, SLAG 37, Helsinki 1997; E. Herms, Äußere und innere Klarheit des Wortes Gottes bei Paulus, Luther und Schleiermacher, in: C. Landmesser u. a. (Hg.), Jesus Christus als die Mitte der Schrift, BZNW 86, Berlin / New York 1997, 3–72; E. Jüngel, . . . unum aliquid assecutus, omnia assecutus . . ., in: C. Landmesser (Hg.), a. a. O., 1997, 73–99; W. Otto, Verborgene Gerechtigkeit, RSTh 54, Frankfurt/M. 1998; Th. Wabel, Sprache als Grenze in Luthers theologischer Hermeneutik und Wittgensteins Sprachphilosophie, TBT 92, Berlin 1998; S. Kettling, Vom unfreien Willen, in: K. Heimbucher (Hg.), Luther und der Pietismus, Gießen ²1999, 120–157.

310 Vgl. M. Hoffmann, Erasmus im Streit mit Luther, in: O. H. Pesch (Hg.), Humanismus und Reformation, München / Zürich 1985, 91–118, 107. S. a. M. Hoffmann, Rhetoric and Theology. The Hermeneutic of Erasmus, Toronto 1994.

311 Vgl. K. Schwarzwäller, Theologia crucis, FGLP 10, 39, München 1970, 9. In einem Brief an W. Capito (9.7.1537) hat sich Luther ausdrücklich zu Dsa bekannt; außer dieser Schrift wollte er nur den GrKat (1529) der Nachwelt erhalten wissen (WA.B 8, 99, 5–8).

312 Luther bestätigt Erasmus ausdrücklich, er allein habe den *cardo rerum* erkannt (WA 18, 786, 30 f.). Mit J. Huizinga muß freilich gefragt werden: „War Erasmus je der Mann gewesen, um über einen Gegenstand wie diesen zu schreiben?" (Erasmus, Reinbek (1958) 1993, 207). S. a. Augustijn, a. a. O. (Anm. 309), 1986, 121–130.

313 Die *Assertio* hat die Abwendung des Erasmus von Luther mitausgelöst. Von 1517 bis 1520 hatte Erasmus gegenüber Luther in „wohlwollender Neutralität" gestanden (H. Holeczek, Die Haltung des Erasmus zu Luther nach dem Scheitern seiner Vermittlungspolitik 1520/21, ARG 64 (1973), 85–112, 85).

gilt zunächst die ausschließliche Aufmerksamkeit. Andere Themen aus der Kontroverse werden in den darauf folgenden Abschnitten aufgegriffen.

1. Die Schrift als *primum principium.* In der Vorrede zur *Assertio* stellt Luther heraus, „daß Einsicht allein durch die Worte Gottes gegeben wird, gleichsam wie durch einen offenen Eingang oder ein erstes Prinzip, von dem derjenige anfangen muß, der zum Licht oder zur Einsicht fortschreiten will"[314]. Bei der Wahrheitsfindung sind die Worte Gottes an erster Stelle *(primo loco)* zu lernen und beim Urteil über alle Worte als erstes Prinzip *(principio primo)* anzuwenden.[315] Daraus folgt: „Also sollen die ersten Prinzipien *(prima principia)* der Christen allein die göttlichen Worte *(verba divina)* sein; die Worte aller Menschen aber sind von hier gezogene Schlußfolgerungen *(conclusiones)* und müssen wieder dorthin zurückgeführt *(reducendae)* und bestätigt *(probandae)* werden."[316] In der deutschen Ausgabe lautet die Quintessenz der Vorrede, daß die Schrift allein „Meister über alle Schrift und Lehre auf Erden (ist)"[317].

In *De servo arbitrio* bezieht sich Luther terminologisch und sachlich auf die *Assertio* und sieht in der Heiligen Schrift das erste Prinzip, durch das alles andere zu beweisen ist.[318] *Principium* wird von ihm in den angeführten Stellen im Sinn der Logik und Dialektik gebraucht und meint ein Erstes und Unableitbares, aus dem alles andere hervorgeht und abgeleitet wird.[319] Daraus ergibt sich, daß die Schrift oder das Wort Gottes das *primum principium* ist, aus dem in der Theologie alles andere hervorgeht, auch die Lehre von der Klarheit und Selbstauslegung der Schrift. Luther entfaltet die These von der Klarheit und Selbst-

---

314 WA 7, 97, 27–29: „. . . et intellectum dari docet per sola verba dei, tanquam per . . . principium (quod dicunt) primum . . ."

315 A. a. O., 97, 31 f.

316 A. a. O., 98, 4–6. Übers.

317 WA 7, 317, 7 f. Mod.

318 WA 18, 653, 33 f.: „. . . primum principium nostrum, quo omnia alia probanda sunt . . ." Vgl. z. St. J. Wirsching, Was ist schriftgemäß?, Gütersloh 1971, 44.

319 Vgl. WA 18, 653, 34 f. und 658, 9, wo Luther sich auf Aristoteles (Metaphysik 1, 3) bezieht. Zum Schriftprinzip im besonderen und zum Gebrauch von *principium* im allgemeinen s. B. Hägglund, Evidentia sacrae scripturae, in: Vierhundertfünfzig Jahre lutherische Reformation 1517–1967. FS für Franz Lau, hg. v. H. Junghans u. a., Berlin / Göttingen 1967, 116–125; G. Wieland, Prinzip II, HWP, Bd. 7, 1989, 1345–1355. – Nach augustinischem Vorbild verwendet Luther den Begriff außerdem in der Trinitäts- und Schöpfungslehre (z. B. WA 39 II, 398, 9–13), aber auch in der Christologie (WA 40 I, 427, 1–4 u. ö.).

auslegung der Schrift nicht, um zu begründen, daß die Schrift als *primum principium* in der Kirche zu gelten habe. Im Gegenteil, weil er von ihr als dem *primum principium* ausgeht, das durch nichts zu begründen ist, sondern vielmehr selbst alles begründet, darum expliziert er durch die These von der Klarheit und Selbstauslegung der Schrift, was in dem Verständnis der Schrift als dem *primum principium* impliziert ist.

Darauf muß ausdrücklich hingewiesen werden, weil über diesen entscheidend wichtigen Punkt in der Forschung Unklarheit herrscht. Die falsche Weichenstellung findet sich bereits bei Hans Joachim Iwand, dessen Erläuterungen zu Luthers Schrift im übrigen nach wie vor unübertroffen sind: „Dagegen setzt Luther seine These von der grundsätzlichen Klarheit der Schrift, sie ist das Fundament seiner Argumentation und durchzieht seine Ausführungen als der Nerv des Ganzen (primum principium)."[320] Jedoch: Das Fundamt der Argumentation ist die Schrift, nicht die These von der Klarheit der Schrift. Die Heilige Schrift selbst ist das *primum principium*, nicht die *claritas scripturae*. Diese ergibt sich vielmehr aus jenem *primum principium*.

Rudolf Hermann, theologischer Lehrer Iwands und vielleicht der subtilste Interpret der Theologie Luthers im 20. Jahrhundert,[321] hat den durch den Kontext eindeutig bestimmten Gebrauch von *primum principium* bei Luther klar gesehen.[322] Er warnt vor der „Gefahr des ‚papierenen Papstes'", die mit dem Schriftprinzip gegeben sei.[323] Diese Gefahr soll nicht verharmlost werden, aber am wirksamsten läßt sich ihr gewiß dadurch begegnen, daß man das Schriftprinzip bei Luther konturiert und den Unterschied zur späteren Verwendung des Schriftprinzips herausstellt. Das hat Hermann – wohl um der späteren Entstellung des Schriftprinzips willen – jedoch unterlassen.

---

320 H. J. Iwand, Erläuterungen, in: M. Luther, Daß der freie Wille nichts sei, MA.E 1, München (1939/1954) ³1962, 251–315, 271.

321 Vgl. H. Assel, Der andere Aufbruch, FSÖTh 72, Göttingen 1994, 305 ff., 482 ff.; s. a. A. Wiebel, Rudolf Hermann (1887–1962), Bielefeld 1998. An der Schwerfälligkeit und Umständlichkeit Hermanns darf man sich nicht gar zu sehr stören! Zur Entstehung des Verhältnisses zwischen Hermann und Iwand s. J. Seim, Hans Joachim Iwand, Gütersloh 1999, 14 ff.

322 R. Hermann, Von der Klarheit der Schrift, 1958, in: ders., a. a. O. (Anm. 285), 170–255, 202.

323 A. a. O., 201.

Daß die These von der Klarheit und Selbstauslegung der Schrift eine Folgerung aus dem Schriftprinzip darstellt, bleibt auch in neueren Arbeiten unterbestimmt. Friedrich Beißer hat in der monographischen Behandlung der *claritas scripturae* das Verhältnis von Schriftprinzip und Schriftklarheit bei Luther nicht klar herausgearbeitet.[324] Das ist auch mir selbst nicht gelungen.[325] Bernhard Rothen deutet Luther entgegen dem Befund der Quellentexte um, wenn er behauptet, der Reformator habe 1525 die *Klarheit* der Schrift – im Unterschied zu 1520 – als „Grundprinzip" angesehen.[326] Albrecht Beutel hat nicht ohne Grund vor „dem Schematismus einer Berufung auf ein zur Formalautorität entleertes Schriftprinzip" gewarnt,[327] aber mit der darin enthaltenen negativen Wertung den positiven Sinn, den die Schrift als *primum principium* bei Luther hat, zugleich verdeckt. Auch andere neuere Studien, etwa von Gunther Wenz[328] oder Eilert Herms[329], tragen nichts Erhellendes zur Bestimmung des Verhältnisses von Schriftprinzip und Klarheit der Schrift bei.[330]

Die Akzentverschiebung von der Schrift als *primum principium* zur Klarheit der Schrift als Grundprinzip ist gewiß nur eine Nuance. Aber sie birgt die Gefahr, die Autorität der Schrift durch etwas anderes, sei es auch durch ihre Klarheit, begründen zu wollen. Das hat die Aushöhlung der Schriftgrundlage zur Folge. Außerdem wird die Aufmerksamkeit von der Schrift abgezogen und auf die Hermeneutik gerichtet. Aber die Erkenntnis

---

324 F. Beißer, Claritas scripturae bei Martin Luther, FKDG 18, Göttingen 1966. Vgl. E. Wolf, Über „Klarheit der Heiligen Schrift" nach Luthers „De servo arbitrio", ThLZ 92 (1967), 721–730; N. Slenczka, a. a. O. (Anm. 265), 2000, 60.

325 Führer, a. a. O. (Anm. 265), 1984, 109. Ich orientiere mich in dieser Arbeit an Iwand (s. o. Anm. 320), Wolf (s. o. Anm. 324) und Schwarzwäller (s. o. Anm. 311).

326 Rothen, a. a. O. (Anm. 309), 1990, 83 f. Dagegen mit Recht N. Slenczka, a. a. O. (Anm. 265), 59, Anm. 14. Ob sich Rothen zu Recht auf O. Bayer (Oratio, Meditatio, Tentatio, LuJ 55 (1988), 7–59) beruft, mag dahingestellt bleiben.

327 A. Beutel, In dem Anfang war das Wort, HUTh 27, Tübingen 1991, 252; vgl. ders., a. a. O. (Anm. 252), 1998, 84. Beutel orientiert sich an Ebeling; s. z. B. G. Ebeling, Hermeneutik, RGG, Bd. 3, ³1959 (1986), 242–262, bes. 251; ders., Luther, Tübingen ⁴1990, 103 f.

328 G. Wenz, a. a. O. (Anm. 309), (1992) 2000, bes. 91–97.

329 E. Herms, a. a. O. (Anm. 309), 1997, 5–49.

330 A. Buchholz, a. a. O. (Anm. 309), 1993, kommt zu dem Ergebnis, daß zwischen Luthers und dem historisch-kritischen Schriftverständnis „ein unüberbrückbarer Widerspruch (besteht)" (248). Wie man auch dazu steht, die Fremdheit und Schroffheit von Luthers Schriftprinzip ist jedenfalls nicht geglättet worden.

des Wortes Gottes, das lebendig ist und schärfer als jedes zweischneidige Schwert (Hebr. 4,12), liegt in diesem selbst beschlossen und nicht in dem Verstehen des Menschen oder gar in den Verstehenslehren.

Festzuhalten ist, daß für Luther die Heilige Schrift selbst das *primum principium* ist, aus dem sich die Klarheit und Evidenz der Schrift herleitet. Wo immer die Selbstbegründung der Schrift aufgehoben und durch andere Gründe ersetzt wird,[331] sei es auch durch subtile Begründungszusammenhänge theologischer Hermeneutik, dort kann das Erbe der Reformation, nämlich die Erhaltung der apostolischen Autorität durch die exklusive Bindung von Kirche und Lehre an die Schrift,[332] nicht unverfälscht bewahrt werden.[333] Weit davon entfernt, ein Biblizist oder Fundamentalist gewesen zu sein,[334] war Luther in der theologischen Prinzipienfrage, bei der es nicht um die Methode der Auslegung, sondern vielmehr um die alleinige Grundlage der Kirche und Theologie geht,[335] völlig unnachgiebig. Das hat Erasmus genauso zu spüren bekommen wie das Papsttum und die innerprotestantischen Widersacher. Hier wie dort erheben sich gottlose Menschen über die Schrift und machen aus ihr, was immer ihnen beliebt.[336]

2. Die Fundamentalunterscheidung: *Gott und die Schrift Gottes. Scriptura* gehört zu den am häufigsten gebrauchten Begriffen in *De servo arbitrio*[337] und steht zumeist im Zusammenhang mit *spiritus*. Alle Stellen zu behan-

---

331 Formuliert in Anlehnung an R. Slenczka, Die Heilige Schrift, das Wort des Dreieinigen Gottes, in: ders., Neues und Altes, hg. v. A. I. Herzog, Bd. 1, Neuendettelsau 2000, 13–15, 13.

332 Vgl. P. Brunner, Schrift und Tradition, 1951, in: ders., a. a. O. (Anm. 91), 1962, 23–39, 39: „Um der Erhaltung der apostolischen Autorität willen ist an dem *scriptura sola* festzuhalten."

333 Strenggenommen hat der Protestantismus seit Schleiermacher (vgl. F. D. E. Schleiermacher, Der christliche Glaube (²1831), Bd. II, hg. v. M. Redeker, Berlin 1960, bes. § 128, wo Luthers Position, ohne daß Schleiermacher direkt auf sie Bezug nimmt, auf den Kopf gestellt ist) weder Kanon noch Dogma (so Schempp, a. a. O. (Anm. 269), 12). Zur Problematik vgl. H. H. Schmid / J. Mehlhausen (Hg.), Sola Scriptura. Das reformatorische Schriftprinzip in der säkularen Welt, Gütersloh 1991; s. dazu R. Slenczka, Die Auflösung der Schriftgrundlage und was daraus folgt, in: ders., a. a. O. (Anm. 331), Bd. 3, 2000, 249–261.

334 Vgl. Oberman, a. a. O. (Anm. 263), 1983, 234–239.

335 Mit R. Slenczka, a. a. O. (Anm. 252), 1991, 271.

336 Nach WA 18, 653, 3 ff.

337 Synonym gebraucht werden *liber, litera, verbum* u. a. Begriffe. Gemeint ist die Bibel als *verbum dei scriptum* (gegen Beißer, a. a. O. (Anm. 324), 94; U. Duchrow, Die

deln ist in diesem Rahmen nicht möglich. Die Konzentration auf zentrale Aspekte – vor allem aus der *Vorrede*, die einen breiten Raum einnimmt – ist unumgänglich.

Luther greift die Aussage des Erasmus auf, „in der Heiligen Schrift (gebe) es gewisse unzugängliche Stellen, in die uns Gott nicht tiefer eindringen lassen wollte"[338]. Erasmus beruft sich auf mehrere – aus dem Zusammenhang gerissene – Belege aus der Schrift, darunter auf Röm. 11,33 und Jes. 40,13. Die Unerforschlichkeit der Ratschlüsse Gottes ist für ihn ein Indiz für die Unerforschlichkeit und Unzugänglichkeit der Heiligen Schrift. Doch Luther stellt klar, Paulus sage nicht, unerforschlich seien die Ratschlüsse der Schrift, sondern die Ratschlüsse *Gottes*.[339] Das ist ein gravierender Unterschied! Luther führt, um seine Position darzulegen, die folgende, für die Auseinandersetzung mit Erasmus fundamentale Distinktion ein: „Es sind zwei Dinge: Gott und die Schrift Gottes."[340] Mit dieser Unterscheidung unterhöhlt er nicht den Wahrheitsanspruch der Schrift, sondern er stellt die Schrift durch sie vielmehr als die in der Kirche *exklusiv* geltende Wahrheit heraus. Denn nicht in der Schrift – in Gott sind viele Dinge verborgen, die sich nicht erkennen lassen.[341] Auf dem Hintergrund der Verborgenheit Gottes, der Unbegreiflichkeit seiner Gerichte und Unerforschlichkeit seiner Wege (Röm. 11,33), erweist sich die Heilige Schrift als das *eine* geistliche Licht, das heller ist als die Sonne selbst, besonders in dem, was das Heil anlangt.[342] Sie ist das „Licht, das da scheint an einem dunklen Ort, bis der Tag anbreche und der Morgenstern aufgehe"[343].

Luthers Unterscheidung zwischen Gott und der Schrift Gottes hängt sachlich mit der Unterscheidung zwischen dem verborgenen und offen-

---

     Klarheit der Schrift und die Vernunft, KuD 15 (1969), 1–17, 9; mit Buchholz, a. a. O. (Anm. 309), 65–69).

338 Erasmus, Dla Ia7, a. a. O. (Anm. 309), (10) 11. Zur Schriftauffassung des Erasmus vgl. E.-W. Kohls, Die Theologie des Erasmus, Bd. 1, ThZ.S I, 1, Basel 1966, 126 ff.; F. Krüger, Humanistische Evangelienauslegung, BHTh 68, Tübingen 1986; Walter, a. a. O. (Anm. 309), 1991, bes. 96 ff.; Karpp, a. a. O. (Anm. 309), 1992, 134 ff.

339 WA 18, 607, 19 f.

340 A. a. O., 606, 11 (StA 3, 184, 8 f.): „Duae res sunt Deus et Scriptura Dei." Vgl. dazu H. Bandt, Luthers Lehre vom verborgenen Gott, ThA 8, Berlin 1958, 83 ff.; ferner Buchholz, a. a. O. (Anm. 309), 61 ff.

341 WA 18, 606, 12 f.

342 A. a. O., 653, 30 f.

343 2. Petr. 1,19; aufgenommen 653, 29 f.; 655, 3; 656, 16 f.

baren Gott zusammen. Wird das Schriftverständnis aus diesem Zusammenhang herausgelöst, tritt an die Stelle der Klarheit der Schrift, die
sich vor dem Hintergrund der Verborgenheit Gottes als das helle Licht
abhebt, ein vor- oder nachreformatorisches Schriftverständnis, gegebenenfalls mit der inklusiven Auffassung des *sola scriptura*. Die Lösung
des Schriftverständnisses von der Gotteslehre stellt aber eine Verflachung
und Entstellung der Gedanken Luthers dar.[344] Denn wer die Schrift liest,
ohne von der Gottes- und Wahrheitsfrage durchdrungen zu sein, kann
keinen Zugang zu dem finden, den sie bezeugt. Die Schriftlektüre muß
vielmehr mit dem ganzen Gewicht der Heils- und Wahrheitsfrage belastet
werden, ist *diese* doch der Gegenstand der Schrift. Im Gegensatz zu
Erasmus, der ihr Anweisungen zu einem guten Lebenswandel entnimmt,
erkennt Luther aus der Schrift, wie Gott über den Menschen denkt und wie
er durch Gesetz und Evangelium an ihm handelt. Nur wer diese schlechthin entscheidende Dimension ausblendet, wird der Schrift Unklarheit
unterstellen können. Es ist die Unklarheit, die der Mensch in sich selbst
trägt und die er vorschützt, um seinem eigenen Offenbarwerden zu entgehen.

Resümierend läßt sich festhalten: Erasmus identifiziert Gott und die
Schrift Gottes und überträgt infolgedessen die Verborgenheit Gottes auf
die Schrift, woraus er wiederum folgern muß, es gebe in ihr unzugängliche
Stellen. Dadurch beraubt er die Schrift ihrer Exklusivität im Blick auf ihr
Zeugnis von Gott und räumt dem Menschen zugleich die *cooperatio* in der
Gotteserkenntnis ein. Dagegen unterscheidet Luther zwischen Gott und
der Schrift Gottes und bindet infolge dieser Unterscheidung die Offenbarung des dreieinigen Gottes exklusiv an die Schrift. Dadurch stellt er als
irrelevant für die Heils- und Wahrheitsfrage heraus, was der Mensch aus
sich heraus über Gott denkt. Im Gegensatz zu Erasmus zieht er damit
zugleich eine ganz klare Grenze zwischen dem *Deus absconditus* und dem

---

344 Vgl. Iwand, a. a. O. (Anm. 320), 272, 293; E. Jüngel, Quae supra nos, nihil ad nos,
EvTh 32 (1972), 197–240, (auch in: ders., Entsprechungen: Gott – Wahrheit –
Mensch, BEvTh 88, München 1980, 202–251; s. dazu ders., a. a. O. (Anm. 309), 1997,
77 ff.); J. Matsuura, Zur Unterscheidung von Deus revelatus und Deus absconditus in
„De servo arbitrio", in: AWA 5, 1984, 67–85; K.-H. zur Mühlen, Gotteslehre und
Schriftverständnis in Martin Luthers Schrift „De servo arbitrio", in: ders., a. a. O.
(Anm. 178), 208–223. In der Rede vom *deus absconditus* liegt keine theologische
Grenzüberschreitung vor (so Wabel, a. a. O. (Anm. 309), 1998, 221–224), sondern
durch sie zieht Luther vielmehr die Grenze nach, die der Theologie gesetzt ist.

Deus revelatus:[345] Die Verborgenheit Gottes verdunkelt nicht Gottes Offenbarung in Christus; mit der *biblischen* Anschauung von der Verborgenheit Gottes wird vielmehr unterstrichen,[346] daß die Erkenntnis Gottes allein in dem gekreuzigten Christus liegt[347] und daß der sich in Christus offenbarende Gott mit dem ewigen, verborgenen Gott eins ist. Die Einheit von Gott, dem Vater, und dem Sohn (vgl. Mt. 11,25–27; Joh. 10,30) erschließt Gottes Geist, indem er gemäß dem Willen des Vaters an dem Heilswerk des Sohnes durch den Glauben an das Evangelium und durch die Sakramente Anteil gibt.

3. Die Sache der Schrift *(res scripturae).* Im Anschluß an die Fundamentalunterscheidung zwischen Gott und der Schrift Gottes hebt Luther gegen Erasmus hervor, daß die Sache der Schrift im Licht stehe.[348] Was ist gemeint? Zunächst ist zu klären, was unter *res* zu verstehen ist.

In den *Randbemerkungen zu den Sentenzen des Petrus Lombardus* (1510/11) rekurriert Luther auf den hebräischen Sprachgebrauch und hält zu *dabar* fest, diese Vokabel bedeute sowohl Begebenheit / Sache *(res)* als auch Wort *(verbum).*[349] Ähnlich wie bei *dabar* ist auch bei *res* der weit gespannte Bedeutungsradius im Auge zu behalten: Luther bezeichnet mit *res* nicht nur Sachen und Dinge, sondern zum Beispiel auch das durch das Lehren des Geistes hervorgerufene Leben[350] oder die geistlichen Güter *(bona spiritualia)*[351], ja, Christus selbst[352], Gott[353] oder die Trini-

---

345 Mit Ostergaard-Nielsen, a. a. O. (Anm. 252), 97.

346 Luthers Anschauung von Gottes Verborgenheit ist biblisch begründet und „ein wesentlicher Bestandteil seiner reformatorischen Theologie" (H. Rückert, Luthers Anschauung von der Verborgenheit Gottes, 1952, in: ders., Vorträge und Aufsätze zur historischen Theologie, Tübingen 1972, 96–107, 96). B. Lohse sieht in der Unterscheidung zwischen dem *Deus absconditus* und dem *Deus revelatus* den wichtigsten Beitrag Luthers „zur Tradition der christlichen Gotteslehre" (a. a. O. (Anm. 225), 234).

347 Vgl. aus der Heidelberger Disputation 1518: „. . . in Christo crucifixo est vera Theologia et cognitio Dei" (WA 1, 362, 18 f.).

348 4 mal allein WA 18, 606, nämlich Z. 30, 31, 34 und 36.

349 WA 9, 67, 30 f. Zu *dabar* vgl. O. Grether, Name und Wort Gottes im Alten Testament, BZAW 64, Gießen 1934, 59 ff. Zu *res* bei Luther s. WA 67, 702–707.

350 Vgl. zu Gal. 5,6, 1519, WA 2, 567, 3 u. ö.

351 WA 7, 730, 35 f.

352 WA 7, 532, 14; s. a. WA 40 I, 535, 13 f.

353 WA 18, 606, 11 (zitiert o. Anm. 340). Buchholz schließt aus Luthers Fundamentalunterscheidung: „Damit ist die ganze Hl. Schrift eine einheitliche kreatürliche res"

tät[354]. Im theologischen Gebrauch ist *res* „personal bezogen auf den Herrn, der durch die Schrift bezeugt wird und der sich in ihr wirksam bezeugt"[355].

In diesem Sinn, als Inbegriff des Heilsgutes, verwendet Luther *res* in der folgenden zentralen Stelle seiner Schrift gegen Erasmus: „Was kann an Erhabenem in der Schrift noch verborgen sein, nachdem die Siegel aufgebrochen sind und der Stein von der Grabestür weggewälzt und damit jenes höchste Geheimnis preisgegeben ist: Christus, der Sohn Gottes, sei Mensch geworden, Gott sei dreifaltig und doch einer, Christus habe für uns gelitten und werde herrschen ewiglich? . . . Nimm Christus aus der Schrift, was wirst du außerdem noch darin finden? Die Dinge *(res)* also, die in der Schrift enthalten sind, sind alle zur öffentlichen Kenntnis gebracht."[356]

Mit dieser „credoartigen Zusammenfassung"[357] des Zeugnisses der Schrift stellt Luther die Ausrichtung der Schrift auf Christus heraus, die in der Schrift selbst begründet liegt. Die *res scripturae* ist der auferstandene Herr[358], die zweite Person der Trinität, die Mensch geworden ist, für uns

---

(a. a. O. (Anm. 309), 1993, 85). Zwar vergleicht Luther „Gott und die Schrift Gottes" mit „Schöpfer und Geschöpf Gottes" (Z. 12), aber *res* ist ebenso auf „Gott" wie auf „Schrift Gottes" zu beziehen!

354 WA 39 II, 305, 14.

355 R. Slenczka, a. a. O. (Anm. 252), 1991, 111. Im „Exkurs 1" weist Slenczka nach, daß der spezifisch theologische Sprachgebrauch von *res* bei Luther auf Augustin zurückgeht (ebd. 264). In *De Doctrina christiana* I, 5 schreibt der Kirchenvater: „Res igitur quibus fruendum est, Pater et Filius et Spiritus sanctus, eademque Trinitas, una quaedam summa res . . ." (PL 34/35, 21). Frei wiedergegeben: „Der Gegenstand, den man um seiner selbst willen zu genießen hat, ist also der Vater, der Sohn und der Heilige Geist, die sich selbst gleiche Dreieinigkeit als die einzige und höchste Sache." Augustin war sich der Frage bewußt, ob man sie eine Sache oder nicht vielmehr die Ursache aller Sachen nennen soll: „si tamen res et non rerum omnium causa sit" (ebd.).

356 WA 18, 606, 24–30 (StA 3, 184, 21 – 185, 5). Übers. – R. Hermann ist auf der falschen Fährte, wenn er dem Verhältnis von *res* und *signum* nachspürt (a. a. O. (Anm. 322), 184–186); denn das ist Bestandteil der Sakramentslehre; in *De servo arbitrio* aber geht es um die Relation *res – verba*. E. Herms versteht unter *res* die „Wirklichkeit als Heilsveranstaltung Gottes" (a. a. O. (Anm. 309), 1997, 9, Anm. 20), entfernt sich dann aber sehr weit von dem Kontext, in dem *res* bei Luther steht (s. bes. S. 28–32).

357 So z. St. Beißer, a. a. O. (Anm. 324), 81.

358 Aus der Genesis-Vorlesung s. a. WA 44, 510, 34 f.

gelitten hat *(pro nobis passum)* und in Ewigkeit herrschen wird. Die *res scripturae* als der Inbegriff des Heilsgutes ist zwar eine unverfügbare *res externa*, aber da diese *res* keine Sache, sondern der lebendige Herr selbst ist, ist sie anrufbar. „Denn die Schrift spricht (Jesaja 28,16): ‚Wer an ihn glaubt, wird nicht zuschanden werden.‘ Es ist hier kein Unterschied zwischen Juden und Griechen; es ist über alle derselbe Herr, reich für alle, die ihn anrufen." (Röm. 10,11 f.)

4. Die Klarheit der Schrift *(claritas scripturae)*. Die Sache der Schrift steht im klarsten Licht, weil die Gottes-, Wahrheits- und Heilsfrage dadurch beantwortet ist, daß Christus „uns von Gott gemacht ist zur Weisheit und zur Gerechtigkeit und zur Heiligung und zur Erlösung" (1. Kor. 1,30). Nur für die, die sich von dem stellvertretenden Handeln Gottes in Christus dispensieren, die also die Schrift entgegen ihrem Christuszeugnis lesen, bleibt die Heilsfrage unbeantwortet.[359]

Erasmus hat die offenen philologischen Fragen, die sich bei der Auslegung der Schrift stellen, auf die Sachebene übertragen. Das ist etwa so, als wenn man ein Testament für unklar erklärt, weil es Rechtschreibfehler aufweist, obwohl die Aussage des Testaments völlig eindeutig ist. Nicht in überzogener Polemik, sondern aus sachlichem Recht bezeichnet es Luther als töricht *(stultum)* und gottlos *(impium)*, zu wissen, daß alle Sachfragen der Schrift ins klare Licht gesetzt sind, daß aber gleichwohl wegen weniger dunkler Worte die Sache selbst dunkel genannt wird.[360] Das empört den Reformator geradezu; denn dadurch werde vom Lesen der Heiligen Schrift abgeschreckt.[361]

In der eindeutigen Ausrichtung auf Christus liegt die äußere Klarheit der Schrift beschlossen. Genauer: In dem aus dem Grab auferstandenen Christus liegt die Klarheit der Schrift, also außerhalb ihrer, aber insofern klar und eindeutig von ihr selbst bezeugt, als derselbe Christus ihr Skopus ist.

---

359 Vgl. dazu W. Maurer, Offenbarung und Skepsis, in: ders., Kirche und Geschichte, Bd. II, Göttingen 1970, 366–402, 378: „Was Gott in der Schrift den Menschen zum Heil bezeugt hat, nämlich die Unzulänglichkeit ihrer willentlichen Bemühungen um die Seligkeit, das macht Erasmus ... unter frommen Worten zum undurchdringlichen Geheimnis."

360 WA 18, 606, 31–33.

361 A. a. O., 606, 20; s. a. 607, 16 f.

Die Schrift ist zwar offen, aber die Jünger bedürfen dessen, daß der Auferstandene ihnen die Schrift öffnet. Luther führt aus: „Christus nämlich hat uns den Sinn aufgetan, daß wir die Schrift verstehen."[362] Dieser Spitzensatz spielt auf die Emmaus-Perikope an:[363] Christus erschließt das Verständnis der Schrift, indem er sich als der zu erkennen gibt, den die Schrift bezeugt.[364] Die Klarheit der Schrift ist also die Klarheit Gottes, der in Christus offenbar geworden ist. „Aus diesem Grunde, weil Jesus Christus die Klarheit Gottes und der Schrift zugleich ist, ist er Subjekt und Objekt ihrer Auslegung. Er öffnet uns den Sinn der Schrift und ist selbst ihr Inhalt."[365]

Ob die Schrift klar ist oder nicht, hat für Erasmus im Unterschied zu Luther eher eine untergeordnete Bedeutung, liegt die Einheit der Erkenntnis für ihn doch von vornherein in der sich selbst beglaubigenden Vernunft. Dieses Apriori zu hinterfragen, hat Erasmus unterlassen. „Erasmus versucht nicht, sich der Wahrheit Christi zu entziehen – er ist von ihr gar nicht berührt."[366]

Für Erasmus ist lediglich dies wichtig, daß „die Vorschriften für ein gutes Leben" klar sind.[367] Er zweifelt nicht im geringsten daran, daß Gott uns diese ganz klar hat erkennen lassen.[368] Das ist zwar auch Luthers Meinung, aber dieser Sachverhalt ist viel komplizierter, als Erasmus dies bewußt zu sein scheint. Denn nach Paulus erfolgt im Gesetz Gottes Zugriff auf das Leben des Menschen, gegen den dieser sich zur Wehr setzt, weil er

---

362 WA 18, 607, 4: „Christus enim aperuit nobis sensum, ut intelligamus scripturas."

363 Lk. 24,13–35, bes. 32. In der Vulgata wie in Dsa wird „aperio" im Sinn von „öffnen, erschließen" gebraucht.

364 Die „doppelte Verschlossenheit" kann „einzig durch eine doppelte ‚Öffnung' überwunden werden", bemerkt O. Hofius mit Bezug auf Lk. 24,32 und 45 (Gesetz und Evangelium nach 2. Korinther 3, in: ders., a. a. O. (Anm. 2), 1994, 75–120, 106, Anm. 198). Treffend stellt G. Voigt aus homiletischer Sicht zur Emmaus-Perikope fest: „Wäre Christus lediglich ins Kerygma hinein auferstanden, dann könnte er selbst künftig aus dem Spiel bleiben. Aber die Emmausgeschichte geht anders weiter. Er gibt sich zu erkennen. Nicht nur etwas von ihm ist da. Er selbst ist da." (Der schmale Weg, Göttingen 1978, 230).

365 Iwand, a. a. O. (Anm. 320), 271. Zu WA 18, 607, 4; zitiert o. Anm. 362.

366 Rothen, a. a. O. (Anm. 309), 1990, 116.

367 Dla Ia9, a. a. O. (Anm. 309), 14: „Quaedam voluit nobis esse notissima, quod genus sunt bene vivendi praecepta."

368 Die Vorschriften für ein gutes Leben müssen von allen genau gelernt werden, „die übrigen (Dinge) werden richtiger Gott überlassen" (a. a. O., 15).

sich der Sünde ausgeliefert hat. Der natürliche Mensch kann der Begegnung mit Gott im Gesetz gar nicht standhalten. Er zieht sich entweder auf die sittliche Autonomie zurück, oder er weicht in den sittlichen Appell an sich selbst aus. Daß durch das Gesetz Erkenntnis der Sünde kommt (Röm. 3,20), ist Erasmus in der theologischen Tragweite, die das Verständnis von Gesetz und Sünde bei Paulus und Luther hat, verborgen geblieben.[369]

Luthers Schriftverständnis impliziert die Unterscheidung zwischen der äußeren und inneren Klarheit der Schrift. Auf sie wird unten in Abschnitt 3.3.1. näher eingegangen. An dieser Stelle ist festzuhalten, daß durch das Wort der schriftgebundenen Predigt in das gewisseste Licht gerückt und aller Welt dargelegt wird, was die Schrift in sich birgt.[370] Dies muß klar und nachvollziehbar geschehen, thetisch und antithetisch im Vollzug der Unterscheidung zwischen Gesetz und Evangelium.[371]

Auf die äußere Klarheit der Schrift ist die innere bezogen: Gott hat es gefallen, nicht ohne das Wort, sondern *durch* das Wort den Geist zu schenken.[372] So besteht die innere Klarheit in der Erleuchtung des Herzens.[373] „Kein Mensch nimmt auch nur einen Buchstaben in der Schrift wahr, wenn er nicht den Geist Gottes hat."[374]

---

369 Mit Befremden konstatiert Luther, daß die *Diatribe* nicht zwischen Gesetz und Evangelium zu unterscheiden vermag (WA 18, 680, 23 u. ö.). Stattdessen schließt Erasmus aus dem Sollen unkritisch auf das Vermögen des Menschen zurück (a. a. O., 676 f.). Aber Sollen und Erkenntnis dessen, was der Mensch soll, ist keine Kraft noch schenkt sie Kraft, sondern sie zeigt auf, daß im Menschen die Kraft, das Gute zu tun, nicht vorhanden ist (677, 13–15). Wer in der Schrift zwischen Gesetz und Evangelium nicht zu unterscheiden vermag, vermengt alles und weiß nichts von Christus (680, 30 f.).

370 WA 18, 609, 12–14.

371 Vgl. G. Heintze, Luthers Predigt von Gesetz und Evangelium, FGLP 10, 11, München 1958, bes. 257 ff.; E. Wolf, Habere Christum omnia Mosi, 1959, in: ders., Peregrinatio II, München 1965, 22–37. Weitere Lit. in: E. Kinder / K. Haendler (Hg.), Gesetz und Evangelium, WdF 142, Darmstadt 1968, bes. 357 ff.; A. Peters, Gesetz und Evangelium, HST 2, Gütersloh ²1994, 29 f.

372 WA 18, 695, 28 f.

373 A. a. O., 609, 5.

374 A. a. O., 609, 6 f. Übers.

3.2.4. Der Theologie- und Lehrbegriff

Seit seinen Anfängen will der Theologe Luther „den Kern der Nuß" erforschen.[375] Er tut dies als Schriftausleger[376], der aus dem Wort der Heiligen Schrift das Urteil des dreieinigen Gottes über sich selbst sowie über die Kirche und Theologie seiner Zeit entgegennimmt und gelten läßt. Dies geschieht nicht durch die Anpassung des Wortes Gottes an die eigenen menschlichen Maßstäbe,[377] sondern dadurch, daß er Gott in seinem Urteil, aber auch und vor allem in seinem Freispruch, der im Evangelium laut wird, recht gibt.[378] „Und so wandelt er (sc. Gott) uns in sein Wort, nicht aber sein Wort in uns."[379]

Im Unterschied zu den „Vorreformatoren" John Wyclif und Jan Hus sieht Luther in der Lehre des Wortes Gottes durch die Auslegung der Heiligen Schrift seine eigentliche Berufung und Aufgabe.[380] Seit Beginn des Ablaßstreits beruft er sich ausdrücklich auf sein Doktorat und die mit ihm gegebene öffentliche Lehrverantwortung.[381] „Summa: meine Lehre ist

---

375 An Joh. Braun, 17.3.1509, WA.B 1, 17, 43 f. (Nr. 5). Vgl. z. St. Lohse, a. a. O. (Anm. 225), 48 f.

376 Vgl. H. J. Iwand, Theologie als Beruf, 1951, in: ders., Glauben und Wissen, hg. v. H. Gollwitzer, NW 1, München 1962, 228–274, 230: „Und was geschieht denn in diesen Wittenberger Hörsälen . . . es wird die Schrift ausgelegt . . . Nur die Schrift."

377 In der Anpassung des Wortes Gottes an den Menschen hat Luther das Kennzeichen der Häresie gesehen (vgl. WA 56, 423, 15 ff., bes. 19 f.: „Sed vere verbum Dei, si venit, venit contra sensum et votum nostrum." (= Sondern in Wahrheit kommt das Wort Gottes, wenn es kommt, im Widerspruch zu unserem Sinn und Urteil.) Darin, „daß das Wort Gottes stets als adversarius noster, als unser Widersacher kommt", sieht G. Ebeling die „inhaltliche Fremdsprachigkeit der Bibel" gegeben, die „das Hauptproblem dar(stellt)" (Wiederentdeckung der Bibel in der Reformation – Verlust der Bibel heute?, in: ders., Umgang mit Luther, Tübingen 1983, 16–38, 36).

378 Vgl. die Auslegung von Röm. 3,4 f. (Ps. 51,6), 1515/16, WA 56, 212 ff., bes. 213, 13.

379 A. a. O., 227, 4 f. Übers. Luther gebraucht das Verbum *mutare* = ändern, verwandeln, umschaffen; so auch später, z. B. WA 18, 627, 9.

380 S. WA.TR 1, 294, 19–25 (Nr. 624). Vgl. G. A. Benrath, Die sogenannten Vorreformatoren in ihrer Bedeutung für die frühe Reformation, in: (St. Buckwalter) / B. Moeller (Hg.), Die frühe Reformation in Deutschland als Umbruch, SVRG 199, Gütersloh 1998, 157–166.

381 An Erzbischof Albrecht von Mainz, 31.10.1517, WA.B 1, 112, 69–71 (Nr. 48). S. a. gegen die „Schleicher und Winkelprediger", 1532, WA 30 III, 522, 2 f. (mod.): „Ich wollte nicht das Gut der (ganzen) Welt für mein Doktorat nehmen." Vgl. H. Steinlein, Luthers Doktorat, Leipzig 1912, 36–46; G. Ebeling, Lehre und Leben in Luthers Theologie, in: ders., a. a. O. (Anm. 178), Bd. III, 1985, 3–43, bes. 10–14; B. Lohse, Luthers Selbsteinschätzung, in: ders., a. a. O. (Anm. 33), 158–175, bes. 166 ff.

das Hauptstück, auf das ich trotze, nicht allein gegen Fürsten und Könige, sondern auch gegen alle Teufel."[382]

Auch im Mittelalter konnten Theologie *(theologia)* und Lehre *(doctrina)* als Äquivalente zur Heiligen Schrift *(scriptura sacra)* gebraucht werden.[383] Worin ist das Eigentümliche des reformatorischen Theologie- und Lehrbegriffs zu sehen?[384] Vor allem in der gegenseitigen Durch-dringung von Form und Inhalt. Wie sehr Form und Inhalt in Luthers Theo-logie verflochten sind, zeigt sich besonders in der Heidelberger Disputa-tion. In der durch das Thema gegebenen Begrenzung soll zunächst auf sie eingegangen werden. In einem zweiten Schritt wird das Spezifische von Luthers Lehrverständnis durch den Vergleich mit dem Denken des Erasmus hervorgehoben. Die Auswertung der Ergebnisse erfolgt unten in Abschnitt 3.3.

1. Für den Theologiebegriff sind besonders die Thesen 19 bis 21 der Heidelberger Disputation aufschlußreich.[385] In ihnen wird jeder Versuch der Vernunft, Gott eigenmächtig zu (er)denken oder zu leugnen, und der Mystik, Gott unmittelbar zu begegnen, von Luther ebenso strikt zurück-gewiesen wie die Erlangung der Gerechtigkeit vor Gott durch die Werke. Moralismus und Rationalismus wachsen für ihn aus derselben Wurzel. Der

---

382 Auf des Königs zu England Lästerschrift Titel Martin Luthers Antwort, 1527, WA 23, 29, 5 f. Mod. S. a. 36, 31 f.: „Mein Leib ist bald aufgerieben, aber meine Lehre wird *euch* aufreiben . . ." (Hervorhebung von mir).

383 Vgl. U. Köpf, Die Anfänge der theologischen Wissenschaftstheorie im 13. Jahr-hundert, BHTh 49, Tübingen 1974, 21 ff.

384 Luthers Lehrverständnis ist von der Forschung etwas vernachlässigt worden. Hin-zuweisen ist vor allem auf die Studie von K. G. Steck, a. a. O. (Anm. 252), 1963. Vgl. ferner H. J. Iwand, Leben und Lehre, Königsberg/Pr. 1931, bes. 5–11; G. Merz, Luthers Lehre von der rechten Gestalt der christlichen Lehre, 1937, in: ders., Um Glauben und Leben nach Luthers Lehre, hg. v. F. W. Kantzenbach, TB 15, München 1961, 142–160; J. Wicks, Man Yearning for Grace. Luther's early spiritual teaching, VIEG 56, Wiesbaden 1969; Ebeling, a. a. O. (Anm. 381); H. C. Knuth, Das Leben bedarf der Lehre, in: Kirche in der Schule Luthers. FS für Joachim Heubach, hg. v. B. Hägglund / G. Müller, Erlangen 1995, 139–152.

385 April 1518, WA 1, (350) 353–374 (StA 1, (186) 190–218). Vgl. H. Scheible, Die Uni-versität Heidelberg und Luthers Disputation, in: ders., Melanchthon und die Reformation, hg. v. G. May / R. Decot, VIEG B 41, Mainz 1996, 371–391; M. Plathow, Martin Luther in Heidelberg, Luther-Bulletin 7 (1998), 76–93; s. a. LuJ 66 (1999), 263 f. Zum Aufbau der Disputation vgl. H. Bornkamm, Die theologischen Thesen Luthers bei der Heidelberger Disputation und seine theologia crucis, in: ders., Luther. Gestalt und Wirkungen, SVRG 188, Gütersloh 1975, 130–146, bes. 131–133.

antispekulative Zug in Luthers Theologie ist eine Konsequenz seiner Rechtfertigungslehre.[386]

Der „Theologe der Herrlichkeit" nennt gut, was ein Übel darstellt, nämlich die Spekulation über Gott, und bezeichnet das Gute, nämlich das Kreuz, als ein Übel. Dadurch verfehlt er Gott *und* den Menschen. Denn er redet an Gott, der sich dem Menschen im Kreuz Christi zugewandt hat, vorbei über einen Gott, den er sich ausgedacht hat. Dadurch verfehlt er aber zugleich den Menschen, dem Gott gnädig zugewandt ist, und läßt ihn der Sorge um sein Heil ausgeliefert bleiben. Diese Sorge findet darin ihren Ausdruck, daß der Mensch Werke tut, „durch die er aufgebaut wird"[387], damit er durch sie vor Gott bestehen kann. Der „Theologe der Herrlichkeit" sucht also die geistliche Situation, in die der Mensch durch den ihm im Kreuz zugewandten Gott gestellt ist, durch den Appell an sich selbst in eine ethisch zu bewältigende zu verwandeln.[388] Der „Theologe des Kreuzes" dagegen sagt, was „Sache" ist;[389] denn er rät dem Menschen nicht zur Flucht in den sittlichen Appell, sondern dazu, daß er der Situation hier und jetzt im Glauben standhält.

Die Erkenntnis Gottes in dem gekreuzigten Christus ist nicht auf den kognitiven Bereich beschränkt, sondern sie schließt den Vollzug des „fröhlichen Wechsels" und damit den *ganzen* Menschen ein. Daher gilt: „Durch Leben, vielmehr durch Sterben und Verdammtwerden wird einer zum Theologen, aber nicht durch Erkennen, Lesen oder Spekulieren."[390] Theologie ist nicht Ausdruck, sondern vielmehr Kritik menschlich-religiöser Erwartungen: „Ohne die Theologie des Kreuzes mißbraucht der Mensch die besten Dinge aufs schlimmste"[391], auch und gerade die Erkenntnis

---

386 Vgl. Th. Harnack, Luthers Theologie, Bd. 1, 1862, Nachdr. München 1927, 58; W. v. Loewenich, Luthers Theologia crucis, 1929, Witten ⁵1967, 20 f.

387 WA 1, 362, 30 f. Übers.

388 Vgl. H. J. Iwand, Theologia crucis, in: ders., Vorträge und Aufsätze, hg. v. D. Schellong / K. G. Steck, NW 2, München 1966, 381–398, bes. 388.

389 „Theologus crucis dicit id quod res est" (Th. 21; WA 1, 362, 22).

390 WA 5, 163, 28 f. (= AWA 2, 296, 10 f.); Übers. aus der Auslegung von Ps. 5,12, 1519. Vgl. z. St. H. Mich. Müller, Erfahrung und Glaube bei Luther, Leipzig 1929, 35; H. Blaumeiser, Martin Luthers Kreuzestheologie, KKTS 60, Paderborn 1995, 100 f. Zu Müllers Rezeption von Luthers Erfahrungsbegriff s. S. Degkwitz, Wort Gottes und Erfahrung, Frankfurt/M. 1998, 38 ff.

391 WA 1, 363, 25 f. (StA 1, 210, 6 f.). Übers.

Gottes in der Theologie.[392] Deshalb ist das Kreuz allein unsere Theologie.[393] Es ist „die alleinige Unterweisung in dem Wort Gottes, die lauterste Theologie"[394].

2. Erasmus möchte die Auseinandersetzung mit Luther als Skeptiker führen: „Ich habe so wenig Freude an festen Behauptungen, daß ich leicht geneigt bin, mich auf die Seite der Skeptiker zu schlagen, wo immer es durch die unverletzliche Autorität der Heiligen Schrift und die Entscheidungen der Kirche erlaubt ist, denen ich meine Überzeugungen überall gerne unterwerfe, ob ich nun verstehe, was sie vorschreibt, oder ob ich es nicht verstehe."[395] Luther nimmt diesen Passus auf,[396] vor allem das Stichwort *assertio*, und stellt dagegen, es sei nicht die Art eines christlichen Herzens, keine Freude an klaren Aussagen zu haben, im Gegenteil, ein Christ freue sich an ihnen, oder er werde gar kein Christ sein.[397]

Assertio ist im klassischen Latein ein Ausdruck der Gerichtssprache und bezeichnet eine rechtsgültige Aussage. Erasmus hat mit diesem Terminus dagegen etwas Subjektives und Willkürliches im Sinn einer Behauptung assoziiert. So ist *assertio* bei Luther nicht gemeint. Er

---

392 Der „alte Adam (benutzt) auch die Theologie, um seine Sache zu vertreten" (E. Schott, Fleisch und Geist nach Luthers Lehre unter besonderer Berücksichtigung des Begriffs „totus homo", Leipzig 1928, 30).

393 WA 5, 176, 32 f. (= AWA 2, 319, 3): „CRUX sola est nostra theologia."

394 WA 5, 217, 2 f. (= AWA 2, 389, 15 f.). Übers. – Zur Vorgeschichte der *Theologia crucis* vgl. B. Lohse, Luthers Selbstverständnis in seinem frühen Romkonflikt und die Vorgeschichte des Begriffs „Theologia crucis", in: M. Beyer / G. Wartenberg (Hg.), Humanismus und Wittenberger Reformation, Leipzig 1996, 15–31. Die *Theologia crucis* ist nicht ein Kapitel neben anderen Kapiteln der Theologie, sondern für Luther der angemessene Ausdruck von Theologie überhaupt; mit v. Loewenich, a. a. O. (Anm. 386), 18; ders., Erlebte Theologie, München 1979, 214; vgl. K.-H. zur Mühlen, Die Heidelberger Disputation, in: L. Grane / B. Lohse (Hg.), Luther und die Theologie der Gegenwart, Göttingen 1980, 164–169, 168; ferner R. Weier, Das Theologieverständnis Martin Luthers, KKTS 36, Paderborn 1976, 25; P. Bühler, Kreuz und Eschatologie, Tübingen 1981, 74 (mit Recht gegen K. Barth, KD IV, 1, 1953, 622 f.).

395 Dla Ia4, a. a. O. (Anm. 309), (6) 7. Zur Sympathie des Erasmus für die Skeptiker s. R. Bainton, Erasmus, Göttingen 1972, 30. – „. . . non delector assertionibus" ist eine Grundformel des spätantiken Skeptizismus und ein skeptisches Schlagwort der frühen Neuzeit (vgl. G. Bader, Assertio, HUTh 20, Tübingen 1985, 22 ff. u. 37 ff.).

396 WA 18, 603, 4 ff.

397 A. a. O., 603, 10–12. Vgl. K. Schwarzwäller, Delectari assertionibus, LuJ 38 (1971), 26–58.

definiert *assertio (asserere)* so: an etwas standhaft festhalten, es bejahen, bekennen, bewahren und unüberwindlich dabei bleiben.[398] Nicht auf subjektive Meinungen und willkürliche Behauptungen, sondern auf die „Sache" der Schrift ist der Terminus bei Luther bezogen.[399] Durch die *assertio* wird herausgestellt, was in der Schrift enthalten ist, und zwar klar und unmißverständlich im Sinn einer verbindlichen Aussage.

Luther bezieht sich auf 1. Thess. 1,5: „. . . unsere Predigt des Evangeliums kam zu euch nicht allein im Wort, sondern auch in der Kraft und in dem Heiligen Geist und in großer Gewißheit." Es hieße, die Verkündigung des Evangeliums als unwirksam und zweideutig bezeichnen, wollte man die volle Gewißheit des Glaubens bestreiten.[400] Das käme der Aufhebung des Christentums gleich: „Hebe die verbindlichen Aussagen auf, und du hast das Christentum aufgehoben."[401] Die Aufhebung des Christentums durch die Negation verbindlicher Aussagen schließt ein zu behaupten – und an *dieser* Stelle ist „behaupten" zutreffend –, daß der Heilige Geist ohnmächtig, unwirksam und zweideutig ist. In der Gottes-, Wahrheits- und Gewißheitsfrage gründet mithin der Unterschied zwischen Luther und Erasmus.

Die zentrale Aussage des Abschnitts liegt in Luthers Ausführung über das Wirken des Heiligen Geistes: Der Heilige Geist wird den Christen vom Himmel gegeben, „daß er Christus erkläre und bekenne bis in den Tod"[402]. Der Heilige Geist ist das Subjekt der Erhebung und Bestimmung dessen, was in der Schrift enthalten ist, und das „Objekt" ist Christus. Er läßt das Entscheidende nicht unklar und zweideutig, sondern er erklärt mit Gewißheit, wer Christus ist, und bekennt ihn – so sehr, daß er die Welt von sich aus der Sünde überführt, als wolle er sie zum Kampf herausfordern.[403] „Der Heilige Geist ist kein Skeptiker, nicht Zweifel oder subjektive Ansichten

---

398 WA 18, 603, 12 f. Vgl. Bader, a. a. O. (Anm. 395), 169 f.; Brandt, a. a. O. (Anm. 309), 1992, 16 ff.

399 WA 18, 603, 15.

400 1. Thess. 1,5 wird mit *Gewißheit* der „übergroße Reichtum des Tuns Gottes auch im gegenwärtigen Leben der Christenheit sprachlich (zum Ausdruck gebracht)" (G. Delling, *Plerophoria,* ThWNT, Bd. 6, 1959, 309).

401 WA 18, 603, 28 f. Übers. Vgl. 604, 2–4.

402 A. a. O., 603, 29 f. Übers. Das Verb „clarificet" hat Luther aus Joh. 16,14 (Vulgata) übernommen und im September-Testament (1522) mit „verkleren" übersetzt; „verkleren" aber bedeutet im 16. Jh. „erklären".

403 A. a. O., 603, 31–33.

hat er in unsere Herzen geschrieben, sondern verbindliche Aussagen, die gewisser und unerschütterlicher sind als das Leben selbst und alle Erfahrung."[404]

Dieser pneumatologische Spitzensatz ist grundlegend für das Verständnis der Lehrbeurteilung. Luther unterscheidet zwischen einer inneren und äußeren Lehrbeurteilung. Die innere durch den Heiligen Geist vollzieht sich im Glauben. Sie ist für jeden Christen unabdingbar und entspricht der inneren Klarheit der Schrift. Die äußere Lehrbeurteilung steht im Dienst aller und beurteilt „auf das gewisseste die Geister und Dogmen aller"[405]. „Dieses Urteil gehört zu dem öffentlichen Dienst am Wort und zum äußeren Amt."[406] Die Wahrnehmung dieser Aufgabe durch das Amt, in dem Lehre und Verkündigung zusammengehören, entspricht der äußeren Klarheit der Schrift. „Alle Geister sind nach dem Urteilsspruch der Schrift vor den Augen der Kirche zu prüfen."[407]

3.3. Schriftauslegung und Lehre als Hauptaufgabe des Amtes

Die Fülle der Aspekte von Luthers Schrift- und Lehrverständnis gilt es nun für die Amtsauffassung auszuwerten. Vor allem die nähere Bestimmung der Autorität, Legitimität und Aufgabe des Amtes ergibt sich aus dem Schrift- und Lehrverständnis.

1. Es ist von vornherein ausgeschlossen, daß die Autorität des Amtes von der Schrift unabhängig oder gar eine der Schrift übergeordnete Autorität sein könnte. Luther geht von der Autorität der Heiligen Schrift aus, profiliert das Schriftverständnis in den frühen Vorlesungen und verteidigt seine Position im Ablaßstreit. Ein Hauptertrag des Ablaßstreits ist die Erkenntnis, daß die Autorität des Amtes sich nicht auf die Verschmelzung von Schrift und Amt gründen kann. Dadurch entstünde zwar Autorität, aber sie beruhte auf Usurpation. Die Autorität des Amtes liegt vielmehr *allein* in der Schrift begründet und wird von der Autorität der Schrift hergeleitet.

---

404 A. a. O., 605, 32–34. Nach der Übers. von B. Jordahn (MA.E 1, 14).
405 A. a. O., 653, 13–24; Übers. v. Z. 23 f.
406 A. a. O., 653, 24 f.: „Hoc iudicium est publici ministerii in verbo et officii externi . . ." Vgl. z. St. Hermann, a. a. O. (Anm. 322), 190.
407 WA 18, 653, 26–28; Übers. v. Z. 28.

Luthers Bestimmung der Autorität der Schrift schließt ein: (1.) Gott begegnet im Wort[408] und nicht in den Geschöpfen. Der Ursprung und die Bestimmung des Geschaffenen wird vielmehr durch Gottes Wort erschlossen. (2.) Gott hat durch das Gesetz und die Propheten[409] und abschließend in seinem Sohn geredet.[410] Die Verschriftung des Wortes Gottes im Alten und Neuen Testament verbürgt die Unverbrüchlichkeit der Offenbarung Gottes und die Verbindlichkeit ihrer Geltung.[411] (3.) Die Lehre und Verkündigung der Kirche gründet sich allein auf die inspirierte Schrift.[412] Die ausschließliche Autorität Jesu Christi und der Apostel kann allein durch die exklusive Bindung an die Heilige Schrift erhalten werden.[413] Nicht das inklusive, sondern das exklusive Verständnis des Allein liegt der Reformation der Kirche zugrunde. Die Reformation ist der Rückbezug auf den *einen*, von den Aposteln gelegten Grund, „welcher ist Jesus Christus" (1. Kor. 3,11).

2. Ist die Autorität des Amtes keine ursprüngliche, sondern eine von der Schrift abgeleitete Autorität, dann bedeutet das, daß sie sich durch die Schrift zu legitimieren hat. Lehre, Unterweisung und Verkündigung haben den Nachweis ihrer Schriftgemäßheit zu führen; denn „was seine Auskunft aus der Schrift nicht hat, das ist gewißlich vom Teufel selbst"[414]. Was in der Kirche Geltung beansprucht, ist zu beglaubigen, und zwar durch die

---

408 Das macht Luther mit Vorliebe an dem Beispiel Abrahams deutlich; s. zu 1. Mose 12,1–3: WA 42, 436 ff. und dazu J. Forsberg, Das Abrahambild in der Theologie Luthers, VIEG 117, Stuttgart 1984.

409 Vgl. H. Bornkamm, a. a. O. (Anm. 285), 152: „Durch beides, Gesetz und Verheißung, ist das Alte Testament mittelbar und unmittelbar Gottes Wort." Die Verwerfung des Alten Testaments würde aus dem Evangelium ein Gesetz machen (s. ebd., 72). Die Einheit des Alten und Neuen Testaments liegt primär darin, daß das AT Verheißung auf Christus ist (vgl. z. B. WA 13, 88, 1 f.).

410 Vgl. vor allem die Auslegungen von Hebr. 1,1–12 und Joh. 1,1–14 in der Kirchenpostille 1522 (WA 10 I, 1, 142 ff.); ferner die Disputation über Joh. 1,14 aus dem Jahr 1539 (WA 39 II, 1–33; s. dazu S. Streiff, „Novis linguis loqui", FSÖTh 70, Göttingen 1993).

411 Vgl. WA 17 II, 313, 3 f. (mod.): „Ohne die Schrift ist der Glaube bald (da)hingerissen." S. a. R. Slenczka, a. a. O. (Anm. 252), 1991, 45: „Zu Bund und Testament gehört die Schriftlichkeit, die ihre Geltung über den Tod hinaus bewahrt."

412 Die Inspiration der Schrift (s. o. Anm. 262) ist auf die Unverbrüchlichkeit von Gottes Selbstmitteilung bezogen; sie „darf also nicht auf äußerliche Kriterien wie z. B. ursprüngliche Textgestalt, Fehlerlosigkeit der Textüberlieferung etc. begrenzt werden" (Slenczka, a. a. O. (Anm. 252), 265).

413 S. o. Anm. 332.

414 WA 8, 491, 14 f. Mod.

Formel: „So steht's geschrieben."[415] So verfuhren auch die Apostel, ja, Christus selbst.[416]

Die Legitimität des Amtes beruht auf dem äußeren Wort der Heiligen Schrift. Von dieser theologisch-inhaltlichen Legitimität ist die kirchenrechtlich-institutionelle zu unterscheiden, die in der ordentlichen Berufung und Amtseinsetzung besteht. Die Bindung an die Schrift stellt das Amt auf eine fest umrissene Grundlage. Sie gewährleistet die Nachvollziehbarkeit der Amtsausübung. Sie zieht den Amtsträgern eine Grenze, aber sie entlastet sie zugleich von der Überforderung, sie müßten das Amt ständig neu aus sich selbst heraussetzen. Sie können vielmehr von etwas Vorgegebenem ausgehen, in dessen *Dienst* sie stehen.

3. Die Hauptaufgabe des Amtes ist Schriftauslegung in Verkündigung, Lehre, Unterweisung, Beratung, Seelsorge und Leitung. Sie liegt allen anderen Aufgaben zugrunde. Diese haben sich vor ihr auszuweisen und nicht umgekehrt. Sie gibt das Ziel vor und weist den Weg. Durch sie werden alle anderen Tätigkeiten auf Christus hin ausgerichtet.

Hier kommt es entscheidend darauf an, daß man sich Luthers Verständnis der Schriftauslegung und Lehre nicht von vor- oder nachreformatorischen Deutungen verstellen läßt.[417] Luther kann Weiden und Lehren, also Hirtendienst und Lehramt, geradezu identifizieren.[418] Der *Sitz im Leben* ist die Gewissensunterrichtung und Seelsorge; der primäre Ort der Gottesdienst, nicht der Hörsaal.

Im folgenden soll die Relevanz der Unterscheidung zwischen der äußeren und inneren Klarheit der Schrift für das Amtsverständnis herausgestellt werden. Ohne die Erörterung dieser Unterscheidung bliebe der Amtsbegriff unterbestimmt. Danach wird in einem zweiten, abschließenden Teil der Stellenwert, den das Dogma in Luthers theologischem Denken einnimmt, in seiner Bedeutung für die Amtsauffassung dargestellt.

---

415 Vgl. WA 10 I, 1, 15, 14 f. u. ö.
416 A. a. O., 15, 13. Vgl. J. A. Bengel im Vorwort zum *Gnomon Novi Testamenti* (§ 27): „Heutzutage ist der mannigfaltige Mißbrauch der Heiligen Schrift, mehr noch ihre frevelhafte Verachtung, an einem Höhepunkt angelangt ... Das *gegraptai, Es stehet geschrieben,* womit selbst Gottes Sohn im Zweikampf mit Satan alle Anläufe besiegte, ist heutzutage ... wertlos geworden" (Gnomon. Dt. Übers., Bd. I, (1742), Stuttgart ⁸1970, LXXV).
417 Mit Josefson, a. a. O. (Anm. 64), 393; s. a. V. Vajta, Gelebte Rechtfertigung, Göttingen 1963, 12 ff., bes. 52–54.
418 Vgl. z. B. WA 6, 564, 23 f.

3.3.1. Die doppelte Klarheit der Schrift und das Amt des Wortes

Am Ende der Ausführungen Luthers über die Klarheit der Schrift in seiner Auseinandersetzung mit Erasmus findet sich einer der wichtigsten Belege für das reformatorische Amtsverständnis.[419] Thetisch stellt Luther fest: „Es gibt eine zweifache Klarheit der Schrift, so wie es auch eine zweifache Dunkelheit (gibt): eine äußere, in das Amt des Wortes gesetzte, und eine andere, in der Erkenntnis des Herzens gelegene."[420] Luther scheidet nicht die äußere Klarheit von der inneren, als stünden beide beziehungslos nebeneinander, sondern er *unterscheidet* zwischen zwei Seiten ein und derselben Klarheit, nämlich zwischen ihrer Außen- und Innenseite. Diese Differenzierung, für die es im Denken des Reformators viele Parallelen gibt, ist um des tieferen Eindringens in das Sachproblem willen notwendig.

Unter der äußeren Klarheit der Schrift ist im Kontext der Ausführungen die Klarheit der Heiligen Schrift als des äußerlich vorliegenden Buches der Bibel zu verstehen. „Äußere" *(externa)* wird wegen der beabsichtigten Unterscheidung *in* der Klarheit der Schrift als Komplementärbegriff zu „innere" *(interna)* eingeführt.[421] Auf die äußere Klarheit der Schrift, also auf das Bibelbuch, ist das Amt des Wortes *(ministerium verbi)* bezogen. Es stellt nicht die äußere Klarheit der Schrift durch die Verkündigung her, sondern die Verkündigung des Amtes geht vielmehr von der äußeren Klarheit der Schrift aus und läßt sich von ihr leiten, gegebenenfalls aber

---

419 WA 18, 609, 4–14. Z. 4 ist *est* statt *et* zu lesen; s. a. StA 3, 186, 13–23. Übers.: MA.E 1, 17 f. (B. Jordahn); LD 3, 164 (K. Aland). Lit.: Hermann, a. a. O. (Anm. 322), 207–212; Iwand, a. a. O. (Anm. 320), 271–273; Beißer, a. a. O. (Anm. 324), 82–97; Wolf, a. a. O. (Anm. 324), bes. 730; Schwarzwäller, a. a. O. (Anm. 311), 18, 103 ff.; A. Niebergall, Luthers Auffassung von der Predigt nach „De Servo Arbitrio", in: ders., Der Dienst der Kirche, Kassel 1974, 85–109; zur Mühlen, a. a. O. (Anm. 344), 215–222; Rothen, a. a. O. (Anm. 309), 1990, 83–95; Buchholz, a. a. O. (Anm. 309), 1993, 74–85; Herms, a. a. O. (Anm. 309), 1997, 8–49; Wabel, a. a. O. (Anm. 309), 1998, 215–231.

420 WA 18, 609, 4 f. (StA 3, 186, 13 f.): „Duplex est claritas scripturae, sicut et duplex obscuritas, Una externa in verbi ministerio posita, altera in cordis cognitione sita." Man kann *ministerium* mit *Dienst* übersetzen (so MA.E 1, 17), aber nicht mit *Hilfe* (so LD 3, 164).

421 Vgl. Buchholz, a. a. O. (Anm. 309), 75 f. Daß eine „Begründung der externa claritas in der interna claritas" u. a. bei „Führer, Wort Gottes, S. 115" begegne, ist mir allerdings neu.

auch durch sie korrigieren.[422] Die Ausübung des Amtes besteht nach *De servo arbitrio* im Dienst am äußeren Bibelwort.[423]

In der Erläuterung des Begriffs der äußeren Klarheit, die am Schluß des Abschnitts steht und im übrigen viel kürzer ist als die des Begriffs der inneren Klarheit, stellt Luther heraus: „Nichts Dunkles oder Zweideutiges bleibt übrig, sondern alles, was auch immer in der Schrift steht, ist durch das Wort ins gewisseste Licht gerückt und der ganzen Welt dargelegt."[424] Das „Wort", also die Predigt, welche die verbindliche und nachvollziehbare Rede im Sinn von Lehre einschließt, legt aus, was in der Schrift enthalten ist. Das ist der Grundvorgang des Dienstes am Wort. Luther bestimmt ihn an dieser Stelle in doppelter Hinsicht näher. Zum einen: Dieser Dienst läßt die Schrift nicht im Verborgenen, sondern er rückt sie „ins gewisseste *(certissimam)* Licht". Im Kontext der reformatorischen Theologie heißt das: Durch den Dienst am Wort wird herausgestellt, was nach dem Zeugnis der Schrift gemäß ihrem Generalskopus in bezug auf das Verhältnis des Menschen zu Gott der Wahrheit entspricht. Dies geschieht in assertorischen Aussagen unter Berücksichtigung des jeweiligen Kasus. Die Schrift ist durch das Wort *(per verbum)*, nämlich durch sich selbst, auszulegen – in schriftlicher Form, vor allem aber mündlich durch die lebendige Verkündigung des Evangeliums *(viva vox evangelii)*. Dieser Dienst am Wort darf aber nicht auf den Raum der Kirche beschränkt bleiben. Die andere Näherbestimmung lautet daher: Alles, was in der Schrift

---

422 Mit Recht stellt Wirsching fest: „Die Abhängigkeit der Schriftklarheit von der subjektiven Glaubensklarheit ist Lehre Lessings und Schleiermachers, nicht Luthers!" (a. a. O. (Anm. 318), 43, Anm. 49). So weit hätte Wirsching gar nicht ausholen müssen; denn dieser Sachverhalt wird bereits aus Luthers Widerspruch gegen Müntzer und die Spiritualisten der Reformationszeit deutlich.

423 Zu diesem Dienst gehört das Erlernen der hebräischen und griechischen Sprache sowie die Pflege des Buchstabens (vgl. z. B. WA 15, 37, 17 f.), aber – weil die Sache der Schrift im Licht steht – durchaus nicht die Fixierung auf exegetische Methoden! „Ich mag nicht leiden Regeln oder Maße, die Schrift auszulegen; denn das Wort Gottes, das alle Freiheit lehrt, soll und darf nicht gefangen sein" (WA 7, 9, 30 f. (mod.); vgl. z. St. Steck, a. a. O. (Anm. 252), 39). Luther hat zwar den überkommenen vierfachen Schriftsinn aufgegeben und den Literalsinn in den Mittelpunkt seiner Auslegungen gestellt, aber er konnte gelegentlich auch noch die Allegorese anwenden. Jedenfalls darf sich die Arbeit an der sprachlichen Gestalt des Textes nicht verselbständigen und zur Hauptsache werden (vgl. WA 42, 599, 6–8 und z. St. Beißer, a. a. O. (Anm. 324), 55 f.).

424 WA 18, 609, 12–14 (StA 3, 186, 21–23). Übers.

steht, ist durch den Dienst am Wort der ganzen Welt öffentlich darzulegen. Diese Ausweitung des Aufgabenbereichs ins Universale entspricht dem Missionsauftrag des auferstandenen Christus.

Der „in das Amt des Wortes gesetzten" äußeren Klarheit korrespondiert die „in der Erkenntnis des Herzens gelegene" innere Klarheit. Sie kommt nicht aus dem Herzen heraus,[425] sondern wird in dieses (hinein)gelegt *(sita)*. „Herz" ist als der anthropologische Ort verstanden, in dem sich das Leben der Person konzentriert.[426] *Cognitio* ist die den ganzen Menschen in Beschlag nehmende „Erkenntnis". Sie beruht auf der glaubenden Annahme und dem glaubenden Verstehen des die Schrift auslegenden Wortes.[427] Sie wird von Gottes Geist gewirkt:[428] „Der Geist nämlich ist zum Verstehen der ganzen Schrift oder irgendeines ihrer Teile erforderlich."[429] Die innere Klarheit ist also nicht etwas außer oder neben der äußeren Klarheit der Schrift, sondern vielmehr diese selbst. Sie spiegelt sich in der Urteilskonformität von Wort Gottes und Glaube im Herzen des Glaubenden wider. Gottes Geist wirkt *durch* das äußere Wort und *in* dem äußeren Wort. Er macht das Wort nicht entbehrlich, sondern streicht es vielmehr als Gnadenmittel heraus. Er enthüllt keinen hinter dem Wort verborgen liegenden Sinn, sondern bewirkt, daß Gottes Wort so verstanden wird, wie es lautet.[430] Weil er *in* Gottes Wort wirksam ist, „kommt Gottes Wort, sooft es kommt, um die ganze Welt zu wandeln und zu erneuern"[431].

---

425 Was aus dem Herzen herauskommt, sind „böse Gedanken, Unzucht, Diebstahl, Mord, Ehebruch, Habgier, Bosheit, Arglist, Ausschweifung, Mißgunst, Lästerung, Hochmut, Unvernunft" (Mk. 7,21 f.).

426 Vgl. H. Cremer, Herz, RE, Bd. 7, ³1899, 773–776, bes. 775; B. Stolt, Martin Luthers Rhetorik des Herzens, UTB 2141, Tübingen 2000, 49 ff.

427 Vgl. Röm. 10,17. Beißer spricht von der „glaubende(n) Annahme" (a. a. O. (Anm. 324), 84); Karpp ergänzt und interpretiert die innere Klarheit als „das glaubende Verstehen der Sache" (a. a. O. (Anm. 309), 154). Zum Glauben gehört das Verstehen: „Ohne Verstehen gibt es keine Glaubensgewißheit" (Jüngel, a. a. O. (Anm. 344), 1972, 198).

428 WA 18, 609, 6 f.

429 A. a. O., 609, 11 f.: „Spiritus enim requiritur ad totam scripturam et ad quamlibet eius partem intelligendam."

430 Vgl. a. a. O., 703, 1.

431 A. a. O., 626, 26 f. Übers. Dieses Zitat steht repräsentativ für andere. Aus Luthers Zeugnis vom Geist in Dsa wird deutlich, daß sein Verständnis des Heiligen Geistes „keine durch einen Konflikt hervorgerufene Reaktionserscheinung ist, sondern organisch mit seiner evangelischen Gesamtschau zusammengehört" (R. Prenter, Spiritus Creator, FGLP 10, 6, München 1954, 15).

Der inneren Klarheit steht die innere Dunkelheit entgegen.[432] Sie besteht in der Verfinsterung des Herzens und kommt im inneren Widerstreben gegen die von der schriftgebundenen Verkündigung bezeugten Offenbarung Gottes zum Ausdruck. Mit Bezug auf Ps. 14,1 („Die Toren sprechen in ihrem Herzen: ‚Es ist kein Gott.‘ ") hebt Luther hervor: „Alle haben ein verfinstertes Herz, so daß sie, wenn sie auch alles, was in der Schrift steht, zu sagen und vorzubringen wissen, dennoch nichts davon wahrnehmen oder wirklich erkennen."[433] Sie glauben weder an Gott noch daran, daß sie seine Geschöpfe sind,[434] übertreten also das erste Gebot und leben, als wären sie wie Gott geworden (1. Mose 3,22). Das hat zur Folge, daß sie nicht wahrnehmen, was geschrieben steht,[435] auch wenn sie es auswendig können. Wem Gott nichtig geworden ist, den gibt Gott an die Nichtigkeit dahin (Röm. 1,18 ff.)! Das wiederum heißt, „daß der freie Wille oder das menschliche Herz von der Macht Satans so geknechtet ist, daß er, wenn er nicht durch den Geist Gottes wunderbar erweckt wird, durch sich selbst das weder sehen noch hören kann, was deutlich in die Augen und in die Ohren springt . . . So groß ist das Elend und die Blindheit des menschlichen Geschlechts!"[436] Ohne Gottes Geist ist es „ein verworrenes Chaos von Finsternis"[437].

Die Unterscheidung zwischen der äußeren und inneren Klarheit der Schrift erschließt ein tieferes Verständnis für die spezifische Eigenart des Handelns Gottes: Gott wirkt durch das die Schrift auslegende äußere Wort so an dem Menschen, daß er ihm durch seinen Geist ins Herz schreibt, wozu dieses Wort gesandt ist. Es wäre nicht *Gottes* Offenbarung, wenn sie in die Verfügung des Amtes überginge. Aber diese Verborgenheit, die auf dem allein durch Gottes Geist im Herzen zu bewirkenden Zusammenfallen von äußerer und innerer Klarheit der Schrift beruht, darf nicht mit der Ver-

---

432 Luther gebraucht nicht den Begriff *obscuritas interna,* äußert sich aber inhaltlich in diesem Sinn. Dagegen führt er hier nichts zur *obscuritas externa* aus. Das ist Buchholz bewußt, aber er trifft dennoch „eine analoge Unterscheidung" (a. a. O. (Anm. 309), 1993, 78). Diese liegt nicht in den Quellen begründet, sondern beruht auf Systemzwang.

433 WA 18, 609, 7–9 (StA 3, 186, 16 f.). Übers.

434 A. a. O., 609, 9.

435 Vgl. Schempp, a. a. O. (Anm. 269), 28: „Daß die Schrift einen einfachen, . . . hellen Sinn und Verstand hat, das nimmt dem Menschen jede Entschuldigungsmöglichkeit."

436 WA 18, 658, 23–27. Übers. in Anlehnung an MA.E 1, 72.

437 A. a. O., 659, 6 f.

borgenheit von Gottes Weltregiment verwechselt werden. Sie ist die Verborgenheit des Wortes vom Kreuz, das den Juden ein Ärgernis und den Griechen eine Torheit ist, aber gleichwohl weiser und stärker als die Menschen ist (1. Kor. 1,18.23–25). In dem gepredigten Gott *(Deus praedicatus)* ist der in seiner Majestät verborgene Gott *(in sua maiestate absconditus)* wirksam, ohne daß er dadurch zu einem verfügbaren Gott *(Deus publicatus)* würde. Das Amt ist in dieses Heilsgeschehen werkzeuglich einbezogen. Aus der Unterscheidung zwischen der äußeren und inneren Klarheit der Schrift ergibt sich, daß das Amt der *Dienst* am Wort ist, durch das Gott selbst den Menschen anredet und an ihm handelt. Gerade die Unentbehrlichkeit des Amtes im Sinn der funktionalen Kooperation schließt die Sakramentalität des Amtes prinzipiell aus.

Ist die Hauptaufgabe des Amtes der Dienst am Wort in Schriftauslegung und Predigt, so läßt sich diese Aufgabe auf der Basis der Unterscheidung zwischen der äußeren und inneren Klarheit der Schrift präzisieren: Dem Amt ist die Aufgabe gestellt, die „Sache" *(res)* der Schrift unzweideutig herauszustellen. Das geschieht durch das Dogma, in dem die Klarheit der Schrift brennpunktartig zusammengefaßt ist.[438]

3.3.2. Dogma und Amt

Bei Luther sind Christus und Dogma so eng verbunden,[439] daß eine Verselbständigung des Dogmas gegenüber Christus und der Schrift von vornherein ausgeschlossen ist. Mit der Zusammengehörigkeit von Christus und Dogma wird ausgesagt: Das Zeugnis der Schrift über Christus ist nicht nebulös, sondern hat klare Konturen und ist eindeutig.[440] Dies stellt das Dogma heraus. Das ist die eine Seite. Die andere Seite ist nicht weniger wichtig: Im Dogma kommt der Widerfahrnischarakter des Wortes Gottes zum Ausdruck. Der im äußeren Wort wirksame Geist Gottes nimmt die an das Wort Glaubenden in die durch Gottes stellvertretendes Handeln in Christus heraufgeführte endzeitliche Situation hinein. Das wird durch das Dogma ausgesprochen. Darin liegt die Affinität des Dogmas zum Be-

---

438 Vgl. WA 18, 639, 11 f. und z. St. Iwand, a. a. O. (Anm. 320), 271 f.
439 WA 18, 604, 6: „. . . Christo et dogmatibus eius . . ." (= Christus und seine Dogmen).
   Vgl. z. St. Hermann, a. a. O. (Anm. 322), 175; Iwand, a. a. O. (Anm. 320), 269.
440 Vgl. WA 18, 606, 27 f.; zitiert o. Anm. 356.

kenntnis. Es ist zugleich subjektiv und transsubjektiv. Es hält fest, daß die äußere Klarheit der Schrift die innere Klarheit des Herzens bewirkt,[441] weil der dreieinige Gott in der Bindung an das äußere Wort am inneren Menschen gegenwärtig wirksam ist. Indem das Dogma die *res*, die Sache der Schrift, herausstellt, nimmt es zugleich eine transsubjektive Funktion wahr. Als schriftlich fixiertes Bekenntnis bewahrt das Dogma davor, das Verständnis der Schrift einem Pluralismus des Verstehens auszuliefern. Dessen Kennzeichen ist, daß er immerzu forscht, aber nie zur Erkenntnis der Wahrheit kommt (vgl. 2. Tim. 3,7).

In Analogie zur Unterscheidung zwischen der äußeren und inneren Klarheit der Schrift läßt sich die doppelte Funktion des Dogmas als die lehrhafte auf der einen Seite und die geistliche auf der anderen Seite bezeichnen. Was die lehrhafte Seite betrifft, so ist es für Luther nicht zweifelhaft, daß man die Schrift nicht verstehen kann, wenn man nicht von der „summa summarum des Evangeliums" ausgeht, nämlich, daß Christus Gottes und Davids Sohn ist, gestorben, auferstanden und zum Herrn gesetzt.[442] Wer immer das außer acht läßt, interpretiert die Schrift entgegen ihrem Christuszeugnis. Die Bindung an das Dogma als die Bindung an die „Sache" der Schrift bewahrt nicht nur vor Irrlehren,[443] sondern auch vor dem sinnlosen Versuch, das Rad ein zweites Mal erfinden zu wollen. Diese Aufgabe, die Schrift gemäß ihrem Generalskopus verbindlich auszulegen[444] und Irrlehren zu widerlegen[445], sieht Luther dem Amt des Wortes gestellt. Mit den Katechismen (1529) hat er den Amtsträgern das dafür nötige Rüstzeug an die Hand gegeben.

---

441 Vgl. R. Slenczka, a. a. O. (Anm. 252), 1991, 139.

442 Vgl. WA 10 I, 1, 10, 6–19, bes. 7 u. 18. S. a. die Zusammenstellung in WA 18, 606, 24–30 (o. Anm. 356).

443 Die *res* der Schrift, nämlich Christus, der dreieinige Gott (s. o. Anm. 350–354), beruht auf dem Zeugnis der Schrift und erschließt dieses zugleich inhaltlich. Im Zweifelsfall gebührt der „Sache" der Schrift der Vorrang vor den Worten und der Grammatik; vgl. WA 42, 195, 3–13, bes. 4 und 7–9; WA.TR 5, 26, 11–16 (Nr. 5246). In diesem Zusammenhang ist auch das bekannte Wort Luthers zu sehen, daß, wenn die Gegner die Schrift gegen Christus bemühen, *wir* Christus gegen die Schrift zu führen gezwungen sind (WA 39 I, 47, 19 f.).

444 Vgl. WA 24, 16, 1–3.

445 Vgl. WA 5, 339, 1 f.; WA 8, 344, 20 f.; WA 15, 218, 18–21; WA 18, 653, 2–10. S. dazu H.-W. Gensichen, Damnamus. Die Verwerfung von Irrlehre bei Luther und im Luthertum des 16. Jahrhunderts, AGTL 1, Berlin 1955; U. Mauser, Der junge Luther und die Häresie, SVRG 184, Gütersloh 1968, 50 ff.

Der Inbegriff der die Schrift verbindlich auslegenden Lehre ist die Unterscheidung von Gesetz und Evangelium. Nur durch sie kann die Sachautorität der Bibel, nämlich die Wahrheit des Evangeliums als des Trägers der Gerechtigkeit Gottes, unverkürzt zur Geltung gebracht werden. Während Müntzer mit der Parole von der ganzen Schrift ihren zentralen Inhalt verfehlte,[446] hat Luther durch die Unterscheidung *im* Wort Gottes die ganze Schrift wiederentdeckt.[447] Wird nicht zwischen Gesetz und Evangelium unterschieden, bleibt die Heilsfrage offen. Mit Erasmus könnte man in dem Offenhalten dieser Fragestellung das Nonplusultra der Theologie sehen,[448] wenn darin nicht der alte Mensch zu Wort käme, der sich im Verhältnis zu Gott selbst in der Hand behalten möchte. Aber die Heilsfrage ist nicht mehr offen, sie ist in Christus beantwortet und mit ihr die eigentliche Frage der Menschheit. Weil das so ist, darum ist der Dienst an Gottes Wort etwas unvergleichlich Erhabenes.

Schließlich der geistliche Aspekt des Dogmas: Wird im Dogma die Selbstoffenbarung des dreieinigen Gottes bündig zusammengefaßt, dann ist es nicht nur ein Lehrsatz, sondern zugleich ein Lebenswort, in dem das Verhältnis des Menschen zu Gott wegweisend geklärt ist. Indem sich der Mensch an Dogmen und Bekenntnisformulierungen ausrichtet,[449] bezieht er sich im Glauben in das Geschehen ein, das ihm in der Taufe grundlegend widerfahren ist. Durch die Orientierung am Dogma durchdringen sich Lehre und Leben gegenseitig. Die Skepsis des nur am praktischen Christentum interessierten Erasmus hingegen „(zerschneidet) das Band zwischen Leben und Lehre"[450].

---

446 S. o. Anm. 306.

447 Vgl. WA 54, 186, 9 f.

448 Vgl. C. Augustijn, Erasmus und seine Theologie: Hatte Luther recht?, in: ders., a. a. O. (Anm. 309), 1996, 293–310, bes. 309 f., der die Haltung des Erasmus positiv würdigt. Es ist jedoch festzuhalten, daß auf der Grundlage des Schrift- und Theologieverständnisses des Erasmus niemals eine Reformation stattgefunden hätte.

449 Vgl. R. Slenczka, Was heißt und was ist schriftgemäß?, KuD 34 (1988), 304–320, 307: „Dogmen sind, entgegen verbreiteter Auffassung, keineswegs nur historische Dokumente, sondern Bewußtseinsbindung und Gemeinschaftsgrundlage." S. a. K. Beyschlag, Grundriß der Dogmengeschichte, Bd. I, Darmstadt ²1988, 19: „Während das Dogma im römisch-katholischen Verständnis der Substanz nach offenbarungs*identisch* ist (daher unfehlbar, irreversibel, imperatives Mandat), ist das protestantische Bekenntnis lediglich offenbarungs*bezogen*, nämlich auf die hl. Schrift . . ."

450 H. J. Iwand, Studien zum Problem des unfreien Willens, 1930, in: ders., Um den rechten Glauben, hg. v. K. G. Steck, TB 9, München ²1965, 31–61, 37. Bei I. gesperrt.

4. Die Vollmacht des Amtes

1517 bringt sich Luther mit den 95 Thesen in den Gegensatz zu einer jahrhundertealten dogmatischen und kirchenrechtlichen Entwicklung, indem er „die Gewalt der Kirche" angreift[451]. Davor sei er gewarnt worden,[452] aber diese Auseinandersetzung mußte um der Wahrheit des Evangeliums und um der Freiheit des Glaubens willen geführt werden; denn die kirchliche Praxis setzte die ständige Abhängigkeit der einzelnen Christen vom Priester und von der Gewalt der Kirche voraus.

1. Grundlegend für das Verständnis der Gewalt *(potestas)* der Kirche im Ablaßstreit sowie für die weitere Entwicklung ist These 60 der *95 Thesen:*

„Wir erklären die Schlüssel der Kirche, die uns Christi Verdienst geschenkt hat, mit gutem Grund für den Schatz (der Kirche)."[453]

Aus dem Kontext der 95 Thesen ergibt sich, daß nach Luthers Verständnis die Versöhnung mit Gott in Christus Ereignis geworden ist und durch das Evangelium zugesprochen wird, und zwar unabhängig von dem Papst.[454] Die Binde- und Lösegewalt ist an das Evangelium gebunden. Eine jurisdiktionelle Verfügung des Papstes über die Schlüssel der Kirche gibt es so wenig wie eine solche über das Evangelium. Die Schlüsselgewalt ist vielmehr die deklaratorische und proklamatorische Gewalt, die in der Verkündigung des Evangeliums und besonders in der Absolution, der Vergebung der Sünden um Christi willen, wirksam wird.

2. Aus der Zeit nach dem Ablaßstreit ist der *Sermon von der Gewalt Sanct Peters* über Mt. 16,13–19 vom 29. Juni 1522 besonders aufschlußreich.[455] Aus ihm geht hervor, daß die Schlüsselgewalt nach reformatorischem Verständnis in den theologischen Bezugsrahmen der Schrift-, Christus- und Glaubensgewißheit hineingehört. Dazu drei Belege: Wenn jemand in der Schrift hin und her schwankt ohne gewisses Verständnis, auf das er sein Herz gründen kann, der lasse lieber ganz davon (208, 10–12). Man muß Gewißheit haben; denn „wenn ich über Christus keine Gewißheit

---

451 Wider Hans Worst, 1541, WA 51, 540, 21 f. Vgl. z. St. H. Bornkamm, Thesen und Thesenanschlag Luthers, TBT 14, Berlin 1967, 9.
452 Vgl. WA 51, 540, 22 ff.
453 WA 1, 236, 18 f. Übers. Vgl. dazu WA 1, 594–596; WA 2, 187–194, 248 f., 722 f.; WA 6, 309 f. S. a. V. Joestel, Luthers 95 Thesen, Berlin 1995, 56 ff.
454 Vgl. Th. 58, WA 1, 236, 14 f.: „. . . semper sine Papa".
455 WA 10 III, 208–216. Die folgenden Zitate im Text sind diesem Fundort entnommen und werden modernisiert wiedergegeben.

habe, so ist mein Gewissen niemals still, mein Herz hat auch nie Ruhe" (209, 24 f.). Nun „kommt man mit Werken nicht an ihn heran"; „denn Christus wird nicht erkannt außer allein durch sein Wort, ohne es hülfe auch Christi leibliche Gegenwart nichts" (210, 1. 11 f.).

„Die christliche Kirche hat allein die Schlüssel, sonst niemand" (215, 21 ff.). „Ein Pfarrer verwaltet das Amt der Schlüssel: Er tauft, predigt und reicht das Sakrament."[456] Schließlich: „Die Schlüssel zu binden und zu lösen, das ist die Gewalt (Vollmacht) zu lehren und nicht allein zu absolvieren. Denn die Schlüssel werden auf all das bezogen, womit ich meinem Nächsten helfen kann: auf den Trost, den einer dem anderen gibt, auf die öffentliche und geheime Beichte, auf die Absolution, aber doch im allgemeinen auf das Predigen; denn wenn man predigt ‚Wer da glaubt, der wird selig' (Mk. 16,16), so heißt das aufschließen und lösen und umgekehrt . . ." (216, 6–12) Die Schlüsselgewalt impliziert mithin die Lehr- *und* Absolutionsgewalt. Luther bestimmt die Schlüsselgewalt als den Dienst, Gottes Wort vollmächtig zu lehren und zu verkündigen, dem Nächsten durch den Trost des Evangeliums beizustehen,[457] Verzweifelte loszusprechen und Mutwillige zu binden.[458]

3. Das Verständnis der Schlüsselgewalt aus den frühen zwanziger Jahren bleibt bestimmend.[459] Am ausführlichsten hat Luther das Thema 1530 in dem Traktat *Von den Schlüsseln* behandelt.[460] In diesem Traktat setzt sich

---

456 A. a. O., 215, 25 f. An der Schlüsselgewalt haben *alle* Anteil (216, 17 f.). Sie ist der universalen, nicht nur der römischen Kirche gegeben (WA 2, 208, 37 u. ö.). Sie ist ein seelsorgerlicher Dienst, keine Jurisdiktionsgewalt (WA 10 III, 216, 19 f.). Das Amt hat das Verkündigungsrecht, aber keine Exekutionsgewalt (vgl. WA 10 III, 15, 9–12).

457 „Trösten heißt für Luther . . ., einem Menschen neuen Boden außerhalb seiner selbst zu geben, den Boden von Gottes Wort . . ." (Ch. Möller, Luthers Seelsorge und die neueren Seelsorgekonzepte, in: Luther als Seelsorger, hg. v. J. Heubach, VLAR 18, Erlangen 1991, 109–128, 116).

458 Die Lehrgewalt ist im NT die Voraussetzung der Disziplinargewalt; beide zusammen machen die Schlüsselgewalt aus (vgl. H. Strack / P. Billerbeck, Kommentar zum Neuen Testament aus Talmud und Midrasch, Bd. I: Das Evangelium nach Matthäus, München ³1926, 739 (zu Mt. 16,19); J. Jeremias, *Kleis*, ThWNT, Bd. III, 1938, 749–753).

459 Vgl. neben WA 10 III, 208 ff. noch WA 10 III, 96, 15 ff. und bes. WA 12, 183–185.

460 WA 30 II, 465–507 (=StA 4, (388) 391–448). Lit. in: StA 4, 390; vgl. bes. J. Vercruysse, Schlüsselgewalt und Beichte bei Luther, in: H. Junghans (Hg.), a. a. O. (Anm. 105), Bd. I, 153–169 und II, 775–781; A. Peters, Buße – Beichte – Schuldvergebung in evangelischer Theologie und Praxis, KuD 28 (1982), 42–72; M. Plathow, Lehre und Ordnung im Leben der Kirche heute, FSÖTh 43, Göttingen 1982, 269–274.

Luther vor allem mit den in der römischen Kirche herrschenden Mißbräuchen der Schlüsselgewalt auseinander, wie er sie seit Beginn des Ablaßstreits aufgedeckt hat. Gleichsam erst im Anhang redet Luther „von den Schlüsseln aus rechtem Grunde und nach der Wahrheit"[461], wie es bereits bekannt ist. Neben diesem Traktat sind aus der späteren Schaffensperiode Luthers resümierende Passagen über die Schlüsselgewalt zu nennen.[462] Sie bestätigen, daß Luther seine im Ablaßstreit entstandene und in dem Sermon über Mt. 16,13–19 1522 dargelegte Lehre von der Schlüsselgewalt später uneingeschränkt vertreten hat. Die Bestreitung des hierarchischen Charakters der Schlüsselgewalt ist zwischen 1530 und 1546 nicht weniger energisch als in der Zeit von 1517 bis 1521. Schlüsselgewalt ist nicht die durch den *ordo* verliehene bischöfliche und priesterliche Jurisdiktionsgewalt wie in der scholastischen Theologie[463], sondern der an das Wort Gottes gebundene vollmächtige Seelsorgedienst der Kirche, der in der Predigt von Gesetz und Evangelium, in der Beichte und in der Anwendung des Bannes ausgeübt wird.

4. In den *Schmalkaldischen Artikeln* (1537) lautet die Kernaussage: „Die Schlüssel sind ein Amt und eine Gewalt, der Kirche von Christus gegeben, um die Sünden zu binden und zu lösen."[464] Christi Verdienst werde nicht durch die Gewalt des Papstes, sondern durch die Predigt oder Gottes Wort dargeboten.[465] Mit dieser antithetischen Formulierung hat Luther den seit dem Ablaßstreit bestehenden Grunddissens mit Rom zusammengefaßt. Die Gewalt des Papstes, worin immer sie bestehen mag, ist für die Heilsfrage irrelevant. Denn die heilsrelevante Gewalt der Kirche ist die Predigt, die Christi Verdienst durch das Evangelium verkündigt. Diese Gewalt verdichtet sich in der Anwendung der Schlüssel.

---

461 WA 30 II, 497, 1 f. – 31 von 42 S. sind den Mißbräuchen gewidmet. Aus dieser Disposition erhellt, daß die Interpretation von Vercruysse insofern schief ist, als sie die bei Luther vorherrschende antirömische Frontstellung nicht angemessen würdigt (a. a. O., 153 ff.).

462 Vgl. vor allem WA 47, 285–305 (über Mt. 18,18 f.); WA 50, 631 f.; WA 51, 492 f.; WA 54, 249–253.

463 Vgl. L. Hödl, Die Geschichte der scholastischen Literatur und Theologie der Schlüsselgewalt, Münster/Westf. 1960; ders., Schlüsselgewalt II, LThK, Bd. 9, ²1964, 422–425.

464 ASm II, 7, BSLK 452, 9 f. Mod.

465 A. a. O., 424, 5–9.

5. In *Von den Konziliis und Kirchen* (1539) und *Wider Hans Worst* (1541) wird die Schlüsselgewalt zu den Kennzeichen der Kirche gezählt.[466] Luther unterscheidet zwischen der öffentlichen oder allgemeinen Ausübung der Schlüsselgewalt in der Predigt von Gesetz und Evangelium und der besonderen oder speziellen in der Beichte mit der Anwendung der exhibitiven Absolutionsformel.[467] Der Beichte und Absolution bedarf es;[468] „denn das menschliche Herz ist vom Gesetz, der Sünde und dem Tod so gefangen, daß es den Artikel der Rechtfertigung, den Glauben an Jesus Christus, gar nicht zuläßt"[469]. Für diese Verzagten ist der Löseschlüssel eingesetzt; für die Hartherzigen und Unbußfertigen dagegen der Bindeschlüssel.[470] Die Anwendung der Schlüsselgewalt in der öffentlichen und privaten Bezeugung von Gesetz und Evangelium ist der Inbegriff des kirchlichen Amtes.[471] Sie ruft den Menschen aus der Selbstanalyse heraus,

---

466 WA 50, 631, 36 – 632, 34, bes. 632, 12 f.: „Und wo die Schlüssel nicht sind, da ist Gottes Volk nicht." – WA 51, 480, 14 – 481, 6 wird die Kontinuität mit der alten Kirche im Gebrauch der Schlüssel besonders hervorgehoben. – Vgl. ferner WA 43, 425, 7 f.

467 WA 50, 632, 4 f.; mit Bezug auf Mt. 18,15–20. Im Unterschied zur Beichte geschieht der Zuspruch in der Predigt pronuntiativ.

468 Aus ASm III, 8 geht hervor, daß Luther an der Privatbeichte, die von dem Amt der Schlüssel herkommt (BSLK 453, 12 f.), festgehalten hat; denn sie stellt ein Instrument der Vergewisserung im Glauben an die Vergebung der Sünde durch Christus dar. In dieser positiven Wertung unterscheidet er sich von Zwingli und den Schwärmern (vgl. J. Köstlin, Luthers Theologie, Bd. 2, 1901, Darmstadt ³1968, 246). Vgl. ferner L. Klein, Evangelisch-lutherische Beichte, KKTS 5, Paderborn 1961, 11 ff., 161 ff.; O. Hof, Die Privatbeichte bei Luther, in: ders., a. a. O. (Anm. 265), 1982, 27–44; B. Lohse, Die Privatbeichte bei Luther, in: ders., a. a. O. (Anm. 33), 357–378.

469 WA.TR 1, 405, 8–10 (Nr. 852); Übers. In der TR ohne direkten Bezug auf die Beichte. – Daher kann die Rechtfertigungslehre niemals genug behandelt werden (WA 40 I, 39, 10).

470 WA 50, 632, 4–10. Vgl. D. Bonhoeffer, Schlüsselgewalt und Gemeindezucht im Neuen Testament, 1937, in: ders., Werke, DBW 14, Gütersloh 1996, 829–843, bes. 830: „Der Löseschlüssel selbst hat keinen ewigen Ernst, wenn nicht auch der Bindeschlüssel ewigen Ernst hat." Zur theologischen Begründung und kirchlichen Praxis des Bannes und der Exkommunikation bei Luther vgl. R. Hermann, Die Probleme der Exkommunikation bei Luther und Thomas Erastus, 1955, in: ders., Gesammelte Studien zur Theologie Luthers und der Reformation, Göttingen 1960, 446–472; R. Götze, Wie Luther Kirchenzucht übte, ThA 9, Berlin 1959; H.-J. Goertz, Kirchenzucht, TRE, Bd. 19, 1990, 173–183 (Lit.). Luther bejaht den „kleinen" Bann (WA 47, 288, 20 f.), und zwar „stets mit dem Ziel der Umkehr und Wiederaufnahme des Gebannten" (J. Heubach, Schlüsselgewalt II, RGG, Bd. 5, ³1961, 1452).

471 Die Anwendung der Schlüsselgewalt „ist Evangeliumsverkündigung in reinster und konzentriertester Form" (W. Maurer, Pfarrerrecht und Bekenntnis, Berlin 1957, 141).

in die er sich immer wieder verstrickt, und versetzt ihn durch das Evangelium außerhalb seiner. Durch Menschen wendet sich Gott dem Menschen konkret zu. Darin liegt das Ärgernis, aber zugleich die Menschenfreundlichkeit und Herrlichkeit des Amtes.[472]

Zusammenfassung: Die Vollmacht des Amtes liegt in Gottes Wort beschlossen. Sie ist unvergleichlich groß; denn die Vergebung und Behaltung der Sünden hat Wirkung und Geltung vor Gottes Gericht (vgl. Joh. 20,23 par.). In ihr kommt die Gabe des Geistes zur vollen Auswirkung. Hat sie ihren Grund allein in Gottes Wort, dann ist sie keine freischwebende, sondern eine durch Gottes Wort begrenzte Vollmacht. Sie wird „an Christi Statt" (2. Kor. 5,20) wahrgenommen und durch die Predigt entbunden. Sie verdichtet sich in der Anwendung der Schlüssel und ist keine jurisdiktionelle, sondern eine proklamatorische Gewalt. Ihr Ziel ist die Rettung aus dem kommenden Gericht Gottes, nicht die Veränderung der Gesellschaft, auch nicht die Bewahrung der Schöpfung durch einen konziliaren Prozeß.[473] Sie besteht darin, im Namen Jesu Christi eine Richtungsänderung herbeizuführen, nämlich Menschen, die sich von Gott abgewandt haben, durch den Bußruf und die Verheißung des Evangeliums auf Gott hin auszurichten. Sie umfaßt die Absolutions- und Lehrgewalt. Luther hat sie der römischen Supremats-, Jurisdiktions-, Lehr- und Weihegewalt entgegengestellt.

5. Zusammenfassung

1. Das Amt, welches das Wort von der Versöhnung verkündigt, ist unabdingbar notwendig, weil ohne es die Tat der Versöhnung, die Passion und Auferstehung Jesu Christi, nicht „in Gebrauch"[474], das heißt zu seinem

---

Die Schlüssel gehören der ganzen Christenheit und können in ihr von allen gebraucht werden. Bei öffentlichen Vergehen ist das öffentliche Amt gefordert (a. a. O., 142).

472 In der Auslegung von 1. Mose 17,22 hebt Luther hervor, es sei eine große Sache, daß wir Gott haben, der mit uns rede und umgehe (WA 42, 666, 11 f.). Er erzeige sich uns im Wort, im Gebrauch der Schlüssel und in den Sakramenten (Z. 15 f.); aber wir seien daran so gewöhnt, daß wir es verachteten (Z. 17). Doch wenn Abraham gesehen hätte, daß Gott täglich mit uns redete im Predigtamt, in der Taufe und im Abendmahl, würde er sich darüber zu Tode gewundert und gefreut haben (Z. 26–28). Daher gelte es, die von Gott selbst eingesetzten Gnadenmittel in Ehren zu halten (Z. 33–37)!

473 Vgl. Slenczka, a. a. O. (Anm. 47), 256.

474 S. o. Anm. 3.

Zweck und Ziel käme. Zwar redet Gott in dem Wort von der Versöhnung selbst, aber er läßt dieses Wort in der Bindung an das Mandat Christi von *Menschen* ausrichten.[475]

1.1. Die Lehre vom Amt liegt in der Theologie des Kreuzes begründet, die durch den Artikel von der Rechtfertigung entfaltet wird. Zwar steht das Amt bei Luther auch in anderen Begründungszusammenhängen, aber diese sind dem Primat der Theologie des Kreuzes untergeordnet. Der sekundäre Begründungszusammenhang ist mit dem reformatorischen Verständnis des Wortes Gottes und der Heilsmittel gegeben. Erst auf dieser Basis erschließt sich der Zugang zum Kirchenbegriff.[476] Das kann gar nicht nachdrücklich genug betont werden; denn wo immer das Amt primär im Kontext der Ekklesiologie behandelt wird, verfehlt man den Ansatz der reformatorischen Theologie und droht das Heilsverständnis zu verändern.[477]

1.2. In der Konzentration auf den Artikel von Christus und der Rechtfertigung liegt die Ursache für die Weite und Offenheit der Amtsauffassung Luthers. Aus der terminologischen Unbekümmertheit der Äußerungen Luthers über das Amt darf man nicht deren theologische Unabgeschlossenheit folgern. Vielmehr kann Luther die Äußerungen über das Amt deshalb ständig variieren, weil sein Amtsverständnis theologisch klar positioniert und in sich schlüssig ist.

2. Die biblische Grundlage für Luthers Amtsverständnis ist das Evangelium von Jesus Christus. Darin, daß sich der Auftrag und die Vollmacht des Amtes konsekutiv aus dem Evangelium ergibt, besteht die entscheidende Wende in der Auffassung vom Amt. Die Textgrundlage stellt vor allem Röm. 1 und Gal. 1–2 dar. Das neutestamentliche Amtsvokabular aus den Pastoralbriefen wird auf dieser Grundlage herangezogen.

2.1. Man greift zu kurz und redet an der Sache vorbei, wenn man sich auf Luthers Deutung einzelner biblischer Belege beschränkt, die das Amt betreffen. Man muß sich der Frage aussetzen, ob er das Evangelium wiederentdeckt hat oder nicht. Die Plausibilität sowie die Legitimität der

---

475 S. o. Anm. 9–12.

476 Es ist theologisch kurzschlüssig, das Amt als ein Spezialthema „innerhalb des Kirchenproblems" zu bezeichnen (so O. H. Pesch, Hinführung zu Luther, Mainz ²1983, 212). *Amt* ist ein relationaler Begriff; es kann *nicht* „unabhängig von seiner Funktion *in sich selbst* betrachtet werden" (so Peter, a. a. O. (Anm. 214), 15).

477 S. o. Anm. 224.

Lutherschen Amtsauffassung steht und fällt mit dem reformatorischen Verständnis des Evangeliums. Das Verständnis des Evangeliums wiederum beruht auf Schriftauslegung und ist schriftgemäß. Luthers Amtsauffassung kann daher gar nicht ohne seine schrifttheologischen Prämissen nachvollzogen werden. Das schließt zugleich ein, daß keine Kritik an der reformatorischen Lehre vom Amt durchschlagend sein wird, die nicht Luthers Schriftverständnis durch die Schrift selbst als falsch nachweist.

2.2. In Luthers Lehre vom Amt spiegelt sich das Ringen um die Wahrheit des Evangeliums wider. Die wiederentdeckte Wahrheit des Evangeliums hat er einer jahrhundertealten dogmatischen und kirchenrechtlichen Entwicklung der Lehre vom Amt entgegengestellt. Die Konsequenz ist die Verwerfung des kirchlichen Amtspriestertums, dessen unbiblischer Charakter sich zwingend aus dem biblischen Verständnis des Priestertums Jesu Christi ergibt. Luther war bewußt, daß er mit der Verwerfung des Amtspriestertums das Fundament der überkommenen Ordnung erschüttern würde.[478] Dadurch, daß er die Wahrheit des Evangeliums über die kirchliche Tradition stellte, ist er zum Reformator der Kirche geworden.

3. Durch die Schriftauslegung in Lehre, Unterweisung, Verkündigung und Seelsorge hat Luther die Wahrheit des Evangeliums und *zugleich* das Sein des Menschen vor Gott ausgelegt. Schriftgemäße Lehre ist für ihn die gewißheitsstiftende Wahrheit, die verbindlich aussagt, wie der Mensch vor Gott steht und wodurch er vor ihm lebt. Weil Lehre und Leben unlöslich aufeinander bezogen sind und sich gegenseitig durchdringen, ist das schriftgemäße Lehren und Verkündigen die Hauptaufgabe des Amtes. Es läßt die Heilsfrage nicht offen, sondern legt durch die Unterscheidung von Gesetz und Evangelium dar, daß sie in Christus beantwortet ist. Dadurch wird das Leben des Glaubenden außerhalb seiner versetzt und mit dem Rückbezug auf die Taufe in den Tod und die Auferweckung Jesu Christi hineingenommen. Die Vollmacht des Amtes ist die Vollmacht des Wortes Gottes, in dem das Auferstehungsleben des gekreuzigten Christus als rechtfertigende Gnade in Kraft steht.

4. Unter dem Vorbehalt, daß die Institutionen des Amtes erst im folgenden Kapitel behandelt werden, kann das Amt theologisch so definiert werden: Das Amt nimmt keine selbständige, sondern eine dienende Funktion wahr. Es ist das Instrument der Heilsmittel, durch die der *eine* Mittler Jesus

---

478 Das geht besonders aus der Schrift *Vom Mißbrauch der Messe* (1521) hervor; s. vor allem WA 8, 482, 16–485, 27; ferner 487, 3 f.; 489, 25–30 und 490, 12–25.

Christus handelt, indem er Menschen aufgrund des Dienstes von Menschen am Wort der Heiligen Schrift und an den Sakramenten durch seinen Geist in das am Kreuz bewirkte Heil Gottes einbezieht und für sie eine Zeitenwende herbeiführt, durch welche die Gläubigen den Mächten Sünde, Welt und Teufel absagen und mit ihrer gesamten Existenz auf Gott und sein Reich ausgerichtet werden. Das Amt steht in der Nachfolge des Apostolats, setzt diesen aber nicht fort, sondern als unabdingbar voraus. Es ist Christi eigenes Amt, aber nicht vor oder neben der Kirche, sondern in ihr und ist gleich ursprünglich wie sie.

III.
Die Institutionen des Amtes

1. Amt und Gemeinde

Als Luther in Worms vor Kaiser und Reich zur Verantwortung gezogen und zum Widerruf aufgefordert wurde,[1] stand die bis dahin geschenkte und erarbeitete Einsicht auf dem Prüfstand. Luthers Antwort am 18. April 1521 ließ jedoch keinen Zweifel daran, *wem* das Gewissen in diesem Autoritätskonflikt letztlich zu folgen hat: „Wenn ich nicht durch Schriftzeugnisse oder einen klaren Grund widerlegt werde . . ., dann bin ich durch die von mir angeführten Schriftworte überwunden. Und da mein Gewissen in den Worten Gottes gefangen ist, kann und will ich nichts widerrufen."[2]

Worms stellt eine welt- und kirchengeschichtliche Zäsur dar.[3] Eine gegenseitige Annäherung war danach kaum mehr möglich, hatte doch das Wormser Edikt nicht nur über Luther die Reichsacht verhängt, sondern

---

1   Quellen in: Luther in Worms (1521–1971), hg. v. J. Rogge, Witten 1971. Vgl. W. Borth, Die Luthersache 1517–1524, Lübeck 1970, 99–129; F. Reuter (Hg.), Der Reichstag zu Worms von 1521, Worms 1971; D. Olivier, Der Fall Luther. Geschichte einer Verurteilung 1517–1521, Stuttgart 1972, 173 ff.; H. Scheible, Die Gravamina, Luther und der Wormser Reichstag 1521, in: ders., Melanchthon und die Reformation, hg. v. G. May / R. Decot, VIEG B 41, Mainz 1996, 393–409. Weitere Lit. in: M. Schulze, Luther, Martin, BBKL, Bd. V, 1993, 447–482, 473 f.; B. Moeller, Deutschland im Zeitalter der Reformation, KlVR 1432, Göttingen ⁴1999, 196 f.; R. Mau, Evangelische Bewegung und frühe Reformation 1521 bis 1532, KGE II/5, Leipzig 2000, 16 f., 23 ff.

2   WA 7, 838, 4. 6 f. Übers. S. a. WA.B 2, 314–317; dt. in: Luther 71 (2000), 62–67 (bearb. v. R. Schwarz). Vgl. K.-V. Selge, Capta conscientia in verbis Dei, in: F. Reuter (Hg.), a. a. O., 180–207.

3   Luthers Auftritt in Worms markiert eine „der denkwürdigsten Stunden der deutschen Geschichte" (K. Kupisch, Feinde Luthers, Berlin 1951, 19). Ein armer Mönch beruft sich gegen das gesamte Gefüge der Autoritäten seiner Zeit auf Gottes Wort, dem er allein im Gewissen Gehorsam schuldig sei. Daß der junge Kaiser Karl V. dem nicht folgen mochte, spricht noch nicht gegen ihn. Er hat aber seine Kompetenz überschritten, als er Luther einen notorischen Ketzer nannte, da seiner Meinung nach ein einzelner Bruder nicht gegen die ganze Christenheit stehen könne (Deutsche Reichstagsakten, Jüngere Reihe, München 1892 ff., Bd. II, 595 f.; vgl. I. Ludolphy, Die Voraussetzungen der Religionspolitik Karls V., AVTRW 32, Berlin 1965, 18 f.; A. Kohler, Karl V., München ²2000, 153 ff.).

außerdem die Beschlagnahme reformatorischer Schriften und die Unterdrückung der reformatorischen Bewegung angeordnet.[4]

Die Botschaft von der Rechtfertigung aus Gnade allein und deren Anwendung auf den Kirchenbegriff durch den Gedanken von dem Priestertum aller Gläubigen hatte dem Mönchtum, Amtspriestertum und der kirchlichen Hierarchie theologisch den Boden entzogen. Nahezu alle Formen der spätmittelalterlichen Frömmigkeit und Einrichtungen der bestehenden Kirche waren in die Krise geführt worden: Heiligenverehrung, Wallfahrten, Ablässe, Reliquien, ferner Gelübde, klösterliches Leben, Zölibat, Beichtzwang, Privatmessen und Meßopfer. Nicht die humanistische Kritik an den abergläubischen Elementen der Volksfrömmigkeit hatte das bewirkt, sondern der reformatorische Aufbruch in die Freiheit des Glaubens durch die Bindung an Gottes Wort.

In den Jahren 1522 bis 1524, besonders aber 1523, dann wieder in der zweiten Aufbauphase nach dem Bauernkrieg ist Luther bei der konzeptionellen, praktischen und institutionellen Neuordnung von Gottesdienst, Gemeinde, Kirche und Amt gefordert. Die institutionelle Ausgestaltung ist das Ergebnis der, was die politischen Rahmenbedingungen anlangt, auf dem Wormser Reichstag vorgegebenen geschichtlichen Konstellation und des von Gottes Wort getragenen Aufbruchs, das in diese Situation hineinwirkte.[5] Der Weg, der zu den Institutionen des Amtes führte, muß mitbedacht werden, vor allem im ersten Teil dieses Kapitels.

1.1. Erneuerung des geistlichen Lebens und Gottesdienstreform

Die Voraussetzung dafür, daß sich das geistliche Leben neu orientieren und entfalten konnte, hat Luther durch die Übersetzung der Bibel

---

4   Deutsche Reichstagsakten, a. a. O., 640 ff. (Nr. 92).
5   F. Lau charakterisiert die Jahre nach dem Wormser Reichstag m. E. zutreffend als „Aufbruch und Wildwuchs der Reformation" (Reformationsgeschichte bis 1532, in: ders. / E. Bizer, Reformationsgeschichte Deutschlands bis 1555, KIG 3, K, Göttingen ²1969, 1–65, 17 ff.). Zur Diskussion, die diese Interpretation ausgelöst hat, vgl. G. Krodel, „Evangelische Bewegung" – Luther – Anfänge der lutherischen Landeskirche, in: Luthers Wirkung. FS für Martin Brecht, Stuttgart 1992, 9–45, bes. 41, Anm. 101; H. Junghans, Plädoyer für „Wildwuchs der Reformation" als Metapher, LuJ 65 (1998), 101–108.

geschaffen, zunächst – noch auf der Wartburg – des Neuen Testaments[6]. Die Bibelübersetzung kann in ihrer Bedeutung für den sich nach und nach ausbreitenden evangelischen Glauben kaum überschätzt werden. „Ich warne dich", sagt Luther, „hüte dich vor geistlichem Leben, das ohne Schrift geführt wird."[7] Für die von der Reformation erfaßten Christen änderte sich die Blickrichtung: Sie schauten nicht nach Rom, sondern in die Bibel. Die Bibel ist die Grundlage für die Erneuerung des geistlichen Lebens und ein mündiges Christsein im Sinn der reformatorischen Hauptschriften.

Ein Anwendungsbeispiel des reformatorischen Aufbruchs ist die Gottesdienstreform.[8] An Melanchthon schreibt Luther am 1. August 1521, er wolle „in alle Ewigkeit keine Privatmesse mehr lesen"[9]. Er befürwortet die stiftungsgemäße Feier des Abendmahls in beiderlei Gestalt, verwahrt sich aber gegen die Schlußfolgerung seines Kollegen Andreas Karlstadt, daß derjenige sündige, der nur das Brot empfange.[10] Doch Karlstadt setzt sich schließlich an die Spitze der Wittenberger Bewegung[11] und feiert am

---

6   Am 18.12.1521 kündigt Luther J. Lang an, er wolle das Neue Testament ins Deutsche übersetzen (WA.B 2, 413, 6 f.). Er bewältigt sein Übersetzungsvorhaben in der erstaunlich kurzen Zeit von Advent / Weihnachten 1521 bis Ende Februar 1522. Vgl. H. Volz, Martin Luthers deutsche Bibel. Eingel. v. F. W. Kantzenbach, hg. v. H. Wendland, Hamburg 1978; B. Stolt, Luthers Übersetzungstheorie und Übersetzungspraxis, in: H. Junghans (Hg.), Leben und Werk Martin Luthers von 1526 bis 1546, Göttingen/Berlin 1983, Bd. I, 241–252; dies., Martin Luthers Rhetorik des Herzens, Tübingen 2000, 84 ff.; H. Wolf, Martin Luther. Eine Einführung in germanistische Luther-Studien, Berlin 1983, 101–111.

7   Wider den falsch genannten geistlichen Stand des Papsts und der Bischöfe, 1522, WA 10 II, 129, 14 f. Mod.

8   Die Gottesdienstreform beginnt nicht 1523 mit Luthers liturgischen Entwürfen, sondern mit der sog. Wittenberger Bewegung. Dokumente in: N. Müller (Hg.), Die Wittenberger Bewegung 1521 und 1522, Leipzig ²1911; vgl. S. Preus, Carlstadt's Ordinaciones and Luther's Liberty. A Study of the Wittenberg Movement 1521–22, Cambridge, Mass. 1974.

9   WA.B 2, 372, 73 (Übers.). Vgl. WA 8, 398 ff. und dazu K. Müller, Kirche, Gemeinde und Obrigkeit nach Luther, Tübingen 1910, 87–102.

10 WA.B 2, 371, 51 ff.

11 An ihrer Spitze stand im Herbst 1521 der Augustinereremit Gabriel Zwilling, eine Zeitlang als „zweiter Martinus" gefeiert (vgl. N. Müller (Hg.), a. a. O. (Anm. 8), 16). Melanchthon und Amsdorf haben die Lücke, die Luther hinterlassen hatte, nicht ausfüllen können (vgl. W. Maurer, Der junge Melanchthon zwischen Humanismus und Reformation, Bd. 2, Göttingen 1969, 200 ff.; J. Rogge, Amsdorff, Nikolaus von, TRE, Bd. 2, 1978, 487–497, 490). So ging die Führung der Bewegung im Dezember 1521 an Karlstadt über.

25. Dezember 1521 die erste Messe in deutscher Sprache ohne liturgisches Gewand unter beiderlei Gestalt.[12] Es gelingt ihm schließlich sogar, seine auf einem „juristischen Biblizismus"[13] beruhenden Vorstellungen der Meßreform in die „Ordnung der Stadt Wittenberg" vom 24. Januar 1522 hineinzuschreiben.[14] Ferner sollen – von Karlstadt publizistisch unterstützt durch seine weitverbreitete Flugschrift „Von Abtuhung der Bilder"[15] – die Bilder und Altäre in der Kirche entfernt werden.

Der Versuch, das gottesdienstliche Leben und die Praxis der Frömmigkeit durch die „Ordnung der Stadt Wittenberg" gesetzlich zu regeln, mißlang. Nicht die Ordnung wurde wiederhergestellt, es wurde im Gegenteil der „Bildersturm" entfacht.[16] Die Reform wurde dadurch diskreditiert und der Kurfürst politisch in Bedrängnis gebracht.[17] Der Rat der Stadt Wittenberg sowie Angehörige der Universität riefen schließlich den auf der Wartburg internierten Luther zu Hilfe.[18]

Gegen den Willen des Kurfürsten ist Luther am 1. März 1522 von der Wartburg in Richtung Wittenberg aufgebrochen[19] und hat durch die

---

12 Vgl. N. Müller (Hg.), a. a. O., 127, 135, 170.

13 Vgl. U. Bubenheimer, Consonantia Theologiae et Iurisprudentiae. Andreas Bodenstein von Karlstadt als Theologe und Jurist zwischen Scholastik und Reformation, JusEcc 24, Tübingen 1977, 244.

14 Abgedruckt in: Luther, StA 2, 525–529. Vgl. R. Sider, Andreas Bodenstein von Karlstadt. The Development of His Thought 1517–1525, SMRT 11, Leiden 1974, 153–173.

15 A. Karlstadt, Von Abtuhung der Bilder, (27.1.1522), hg. v. H. Lietzmann, KlT 74, Bonn 1911. In dieser Flugschrift setzt Karlstadt das Bilderverbot, wie er es versteht, dem Verbot des Totschlags und Diebstahls gleich (a. a. O., 22, 9 ff.). Vgl. A. Zorzin, Karlstadt als Flugschriftenautor, GTA 48, Göttingen 1990, 150 f. Zu den Flugschriften als Massenmedien in der Reformationszeit vgl. M. Arnold, Handwerker als theologische Schriftsteller, GTA 42, Göttingen 1990, 38 ff.; T. Hohenberger, Lutherische Rechtfertigungslehre in den reformatorischen Flugschriften der Jahre 1521–22, SuR NR 6, Tübingen 1996.

16 Vgl. M. Stirm, Die Bilderfrage in der Reformation, QFRG 45, Gütersloh 1977, 24 ff.

17 Vgl. I. Ludolphy, Friedrich der Weise. Kurfürst von Sachsen (1463–1525), Göttingen 1984, 448–452, 468 f.

18 Vgl. WA.B 2, 460, 22–27; 462, Anm. 4 (CR 1, 566).

19 Luther begründet seinen Schritt am 5.3.1522 von Borna aus und entbindet den Kurfürsten von der Verantwortung (WA.B 2, 453–457; Nr. 455). Dieser Brief ist ein wichtiges Dokument für Luthers Selbstverständnis und Sendungsbewußtsein (vgl. H. v. Campenhausen, Reformatorisches Selbstbewußtsein und reformatorisches Geschichtsbewußtsein bei Luther 1517–1522, in: ders., Tradition und Leben, Tübingen 1960, 318–342). Unter Anspielung auf Gal. 1,11 f. hebt der Reformator hervor, daß er das Evangelium nicht von Menschen, sondern allein vom Himmel durch unseren Herrn Jesus Christus habe (WA.B 2, 455, 40–42).

Predigten von Sonntag Invokavit bis Reminiszere 1522[20] die Ruhe in der Wittenberger Gemeinde wiederhergestellt, indem er in ihnen den endzeitlichen Horizont der menschlichen Existenz und die konkrete Lebenssituation der Wittenberger Gemeinde aufeinander bezog.[21] Die Voraussetzung dafür, daß dies geschehen konnte, ist, daß das gepredigte Wort Gottes in sich selbst evident und durch sich selbst wirksam ist. Darin liegt der theologische und zugleich homiletische Ansatz der Invokavitpredigten. Der gesetzliche Charakter und der von den Reformen erzeugte Gruppendruck der Wittenberger Bewegung wurden durch die Invokavitpredigten bloßgestellt und die aus dem Glauben erwachsende Gewissenhaftigkeit des einzelnen wiedergewonnen.

Der Hauptgedanke dieser Predigten, besonders der zweiten, lautet: „Darum soll man das Wort frei lassen und nicht unser Werk dazu tun: Wir haben wohl jus verbi aber nicht executionem. Das Wort sollen wir predigen, aber die Folge soll Gott allein anheimgestellt sein."[22] Unter dem *jus verbi* ist das Recht der Wortverkündigung zu verstehen.[23] Davon zu unterscheiden ist die „Exekutionsgewalt", die Gott vorbehalten bleibt. Denn Gottes Wort stellt nicht eine Theorie dar, die in der Praxis umzusetzen wäre, sondern es ist das Medium, durch das sich Gott dem Menschen zuwendet und durch das er an ihm handelt. Er handelt aber so an ihm, daß er zu seinem Herzen redet und ihn dadurch für sich einnimmt.[24] „Summa summarum: Predigen will ich's, sagen will ich's, schreiben will ich's. Aber zwingen, mit Gewalt dringen will ich niemanden . . . Ich habe allein Gottes Wort getrieben, gepredigt und geschrieben, sonst hab' ich nichts getan. Das hat, wenn ich geschlafen habe, wenn ich Wittenbergisches Bier mit meinem Philipp Melanchthon und mit Amsdorf getrunken habe, soviel getan, daß das Papsttum so schwach geworden ist, daß ihm noch nie ein Fürst oder Kaiser soviel Abbruch getan hat. Ich habe nichts getan, das Wort hat es alles bewirkt und ausgerichtet."[25]

---

20 Acht Sermone, gepredigt vom 9.–16.3.1522, WA 10 III, 1–64 (StA 2, (520) 530–558).

21 Imposant ist der Einstieg: „Wir sind alle zum Tod gefordert, und keiner wird für den andern sterben" (WA 10 III, 1, 15 f.; mod.). *Jeder* muß also vor dem Forum Gottes verantworten, was er ohne Rücksichtnahme auf die Schwachen im Glauben in Wittenberg mitgemacht hat. Die Flucht in die Anonymität der Bewegung ist abgeschnitten.

22 WA 10 III, 15, 9–12; mod.

23 Vgl. StA 2, 535, Anm. 82.

24 WA 10 III, 16, 32 f.

25 A. a. O., 18, 10 f. 14 ff. Mod.

Luthers Einwand ist gegen Amtsträger gerichtet, die Gottes Wort in die eigene Regie nehmen, als wenn Gott die Anwendung seines Wortes nicht selbst in der Hand behielte. Die Folge dieser Eigenmächtigkeit ist bei Karlstadt wie im Papsttum Gesetzlichkeit. Sie beruht im Winter 1521/22 auf einer Reformgläubigkeit, die durch religiösen Druck noch verstärkt wird und dadurch den Charakter einer Nötigung bekommt. Doch die Liebe, das zweite Leitthema der Invokavitpredigten, überrumpelt den Nächsten nicht mit pseudogeistlicher Gewaltsamkeit. Vielmehr dient sie ihm;[26] „denn Gott ist ein glühender Backofen voller Liebe, der von der Erde bis an den Himmel reicht"[27].

In seinen liturgischen Entwürfen geht Luther wie in den Invokavitpredigten von der Selbstwirksamkeit des Wortes Gottes aus sowie von der Grundeinsicht, daß die Heilsfrage des Menschen im Glauben an das Evangelium entschieden wird. Darin ist die Konsequenz enthalten, daß der Reformator „den Begriff des Gottesdienstes *grundsätzlich* von dem Vollzug des Zeremoniellen losgelöst hat"[28]. Entsprechend versteht Luther unter dem wahren Gottesdienst den Glauben an Gottes Wort.[29] Das den Gottesdienst bestimmende Geschehen ist der Dienst Gottes am Menschen, der in

---

26 A. a. O., 3, 28 ff. u. ö.

27 A. a. O., 56, 2 f. Mod.

28 W. Elert, Morphologie des Luthertums, Bd. 1, München 1931, 282. Elert zählt dies mit Recht „zu den wichtigsten reformatorischen Erkenntnissen Luthers" (ebd.). Ihre Rezeption tritt in der neueren Liturgiewissenschaft in den Hintergrund, weil diese die liturgischen Schriften Luthers isoliert betrachtet (vgl. z. B. H.-C. Schmidt-Lauber, Die Zukunft des Gottesdienstes, Stuttgart 1990, 358–373). Zum Stand der Diskussion vgl. F. Schulz, Der Gottesdienst bei Luther, in: H. Junghans (Hg.), a. a. O. (Anm. 6), 297–302; P. Cornehl, Gottesdienst VIII, TRE, Bd. 14, 1985, 54–85; H. Junghans, Luthers Gottesdienstreform: Konzept oder Verlegenheit?, in: R. Morath / W. Ratzmann (Hg.), Herausforderung: Gottesdienst, Leipzig 1997, 77–92; D. Wendebourg, Den falschen Weg Roms zu Ende gegangen? Zur gegenwärtigen Diskussion über Martin Luthers Gottesdienstreform und ihr Verhältnis zur Alten Kirche, ZThK 94 (1997), 437–467; dies., Luthers Reform der Messe – Bruch oder Kontinuität?, in: (St. Buckwalter) / B. Moeller (Hg.), Die frühe Reformation in Deutschland als Umbruch, SVRG 199, Gütersloh 1998, 289–306. Zur Theologie des Gottesdienstes vgl. A. Allwohn, Gottesdienst und Rechtfertigungsglaube, Göttingen 1926; V. Vajta, Die Theologie des Gottesdienstes bei Luther, FKDG 1, Göttingen 1952; P. Brunner, Zur Lehre vom Gottesdienst der im Namen Jesu versammelten Gemeinde, 1954, Nachdr. mit Vorwort v. J. Stalmann, Hannover 1993.

29 Vgl. WA 2, 749, 30–35; WA 6, 370, 24 f.; WA 7, 595 f.; WA 8, 172, 3; WA 10 I, 1, 675, 6–15; u. a.

der Vergebung der Sünde wirksam wird, zu deren Sühne Christus den Tod am Kreuz erlitt.

Abgesehen von Schriften über das Gebet, die Taufe und die Trauung haben sich Luthers Gestaltungsvorschläge in drei liturgischen Entwürfen niedergeschlagen:

1. Von Ordnung Gottesdiensts in der Gemeine, 1523;[30]
2. Formula Missae et Communionis, 1523;[31]
3. Deutsche Messe und Ordnung Gottesdiensts, 1526.[32]

1. Grundlegend ist die erste Schrift. Aus ihr wird deutlich: Gottesdienst ist kein isoliertes kultisches Geschehen, sondern der Inbegriff des Lebens aus dem Glauben an Gottes Wort. Luther unterbreitet der Gemeinde in Leisnig sein einziges Reformanliegen: „Daß das Wort im Schwang gehe"[33]. Gottes Wort muß *täglich* gehört, geübt und getrieben werden;[34] denn der Glaube ist täglich neu auf die Vergewisserung durch das Wort angewiesen. Luther schlägt vor, die Schrift täglich zweimal, am Morgen und am Abend, gegebenenfalls auch am Mittag, für etwa eine Stunde zu meditieren. Als Grundstruktur des an die Stelle des Stundengebets tretenden Predigtgottesdienstes sieht er vor: Lesung[35] – Auslegung – Dankgebet – Lobpreis – Fürbitte. Dieser Entwurf trägt mit besonderem Nachdruck Luthers theologischer Einsicht Rechnung, daß die Entscheidung über Leben und Tod am Evangelium fällt und nicht in einem abgelösten kultischen Bereich. Er zeigt zugleich, in welchem Ausmaß sich die Wittenberger Reformation der geistlichen Erfahrung und Übung an und mit der Bibel verdankt.[36]

---

30 WA 12, (31) 35–37.

31 WA 12, (197) 205–220.

32 WA 19, (44) 72–113.

33 WA 12, 37, 27 (mod.). Vgl. K.-H. Bieritz, Daß das Wort im Schwang gehe, JLH 29 (1985), 90–103.

34 Der Akzent liegt auf „täglich"; Luther betont das in seiner drei Seiten umfassenden Schrift gleich viermal: WA 12: 35, 27; 36, 7; 36, 29; 37, 33. Vgl. WA 6, 373, 10 f.

35 Morgens ein bis zwei Kap. aus dem AT (Lectio continua); abends eine Lesung aus dem NT, „bis die ganze Bibel ausgelesen werde" (a. a. O., 36, 6).

36 Vgl. M. Seitz, Martin Luther, in: ders., Erneuerung der Gemeinde, Göttingen ²1985, 115–124, bes. 122.

2. Im Dezember 1523 ist die *Formula Missae* erschienen.[37] In ihr wird der Grundsatz beherzigt, daß „wir uns hüten müssen, aus der Freiheit ein Gesetz zu machen"[38]. Ziel der Schrift ist die Reinigung des überkommenen Meßgottesdienstes von unbiblischen Zusätzen und die Ausgestaltung des Abendmahlsteils gemäß dem reformatorischen Rechtfertigungsverständnis. Dementsprechend kann an der Messe alles beibehalten werden, ihr Name[39], ihr Aufbau[40], nur ihr Opfercharakter nicht; denn durch diesen wird sie in ihr Gegenteil verkehrt. So werden das *Offertorium* und der *Canon Missae* von Luther aufs schärfste angegriffen. Er empört sich darüber, daß die heiligen Worte des Lebens und der Seligkeit, nämlich die Einsetzungsworte, in denen die Kraft der Messe beschlossen liegt,[41] „mitten in das greuliche Opferwesen hineingesetzt sind, wie vor Zeiten die Lade des Herrn im abgöttischen Tempel neben dem Götzen Dagon stand"[42].

3. Luthers *Deutsche Messe* vom Januar 1526[43] soll das lateinische Meßformular nicht ersetzen, sondern ergänzen, damit auch im Gottesdienst die in der gelehrten Welt damals übliche Zweisprachigkeit erhalten bleibe.[44] Für die „Laien" soll als zweite Form die deutschsprachige Messe eingeführt werden[45] – als „eine öffentliche Reizung zum Glauben und zum

---

37 Abdruck mitsamt der Übers. v. P. Speratus in: W. Herbst (Hg.), Evangelischer Gottesdienst, Göttingen 1992, 17–49. Zum Verständnis vgl. F. Schulz, Luthers liturgische Reformen, ALW 25 (1983), 249–275, bes. 256–258; O. Jordahn, Martin Luthers Kritik an der Meßliturgie seiner Zeit, ALW 26 (1984), 1–17, 2–8; R. Meßner, Die Meßreform Martin Luthers und die Eucharistie der Alten Kirche, IThS 25, Innsbruck 1989, 191–198.

38 WA 12, 214, 14 f. u. ö.; Übers. Vgl. H. Bornkamm, Martin Luther in der Mitte seines Lebens, hg. v. K. Bornkamm, Göttingen 1979, 126 f., 406.

39 Vgl. WA 12, 206, 18 f.

40 Vgl. Schulz, a. a. O. (Anm. 37), 272–274.

41 WA 6, 512, 34; 517, 34; 525, 36 ff.

42 WA 12, 211, 15–17; Übers. Vgl. außerdem WA 8, 506–537.

43 In Wittenberg wurde die erste Messe nach den Wirren 1521/22 in deutscher Sprache am 20. Sonntag nach Trinitatis (29. Oktober) 1525 gehalten (vgl. A. Boes, Die reformatorischen Gottesdienste in der Wittenberger Pfarrkirche von 1523 an, JLH 4 (1958/59), 1–40, 13–17; JLH 6 (1961), 49–61).

44 Sie soll vor allem der Schuljugend zugute kommen (vgl. WA 19, 74, 4–21).

45 WA 19, 74, 22 ff.; 80, 25. In der Vorrede deutet Luther eine dritte Weise an, Gottesdienst zu feiern (a. a. O., 75, 3 ff.). Sie ist den Predigtgottesdiensten an den Werktagen verwandt und kann als Versammlung im Haus gehalten werden.

Christentum"[46]. Luther schlägt eine feste „Ordnung" vor,[47] die freilich „eyn eusserlich ding" ist und geändert werden kann,[48] wenn Mißbrauch oder Erstarrung drohen.

Nicht der Gottesdienst als perfektioniertes Ritual, sondern *der* Gottesdienst, in dessen Zentrum das Wort, die Sakramente und der Glaube stehen, ist die Mitte der christlichen Existenz und des Gemeindelebens. Diese innere Bewegung liegt Luthers Gottesdienstreform und der Anknüpfung an liturgische Traditionen[49] zugrunde. Für die äußere Gottesdienstgestaltung ergeben sich daraus folgende Konsequenzen:

- Wiedereinsetzung der Predigt in ihre für den Gottesdienst zentrale Bedeutung;
- Wiedergewinnung des Altarsakraments als Testamentseröffnung und Mittel der Heilszueignung und damit zugleich Verwerfung des Meßopfers;[50]
- Beseitigung unbiblischer Zusätze;
- Beteiligung der Gemeinde durch das Gemeindelied und die Übernahme liturgischer Gesänge;
- Wahrung der liturgischen Gestaltungsfreiheit.[51]

---

46 A. a. O., 75, 1 f.; mod.
47 Vgl. Boes, a. a. O. (Anm. 43), 1958/59, 4–11.
48 WA 19, 113, 13–15.
49 Vgl. dazu Wendebourg, a. a. O. (Anm. 28), 1998, bes. 305 f.
50 Indem Luther den Glauben als den wahren Gottesdienst bezeichnet (Nachweise o. Anm. 29), stellt er die durch Opferdarbringungen gekennzeichnete Religion des natürlichen Menschen „auf den Kopf" (J. Stalmann, Grundzüge einer Geschichte des Gottesdienstes unter dem Blickwinkel einer Vorgeschichte zur Erneuerten Agende, in: W. Reich / J. Stalmann (Hg.), Gemeinde hält Gottesdienst, Hannover 1991, 9–20, 15). Das Verständnis der Messe als Opfer ist „antzweyffel . . . der ergist mißprauch" (WA 6, 365, 24 f.), den die Reformationsgegner dann ab 1520 zu verteidigen suchten (Nachweise in: E. Iserloh, Der Kampf um die Messe in den ersten Jahren der Auseinandersetzung mit Luther, KLK 10, Münster/Westf. 1952; vgl. H. B. Meyer, Luther und die Messe, Paderborn 1965, 160 f.).
51 Grundlegend für die praktischen Gestaltungsvorschläge Luthers war die Verankerung des Gottesdienstes im Gesamtkatechumenat der Kirche. Damit war der Selbstzwecksetzung des Kultus gewehrt, aber es drohte die Pädagogisierung des Gottesdienstes. Diese wurde bei Luther freilich durch den Rechtfertigungsglauben im Zaum gehalten (mit W. Nagel, Geschichte des christlichen Gottesdienstes, SG 1202/1202 a, Berlin ²1970, 127).

Zusammenfassung: Analog zur Infragestellung des Amtspriestertums wird die römische Opfermesse um des Evangeliums willen als Ort und Instrument der Heilsvermittlung in die Krisis geführt. Der zentrale reformatorische Gedanke, daß die Heilsgegenwart Christi durch das Wirken seines Geistes im Glauben an das Evangelium und die Sakramente Ereignis wird, ist für die Wittenberger Gottesdienstreform erkenntnisleitend und hat die Herauslösung des Gottesdienstes aus dem von dem Opfergedanken der Messe bestimmten Bezugsrahmen zur Folge.[52] Die Einbeziehung des Gottesdienstes in die durch den Artikel von der Rechtfertigung explizierte Theologie des Kreuzes stellt den Gottesdienst auf eine durch die Relation Wort Gottes – Glaube bestimmte Grundlage. Dem Amtspriestertum ist dadurch der Boden entzogen; denn Gott handelt im Gottesdienst nicht durch den an dem Priestertum Christi partizipierenden Priesterstand *(ordo)* – haben doch alle Christen durch die Taufe an Christi Priestertum Anteil –, sondern er handelt durch sein Wort und die Sakramente. Das Handeln des dreieinigen Gottes ist also weder an die Amtsträger noch an das Amt als solches gebunden. Um der Sakramentalität des Handelns Gottes im Wort und den Sakramenten willen hat Luther das Amt entsakramentalisiert und den instrumentalen Dienst an den Heilsmitteln in das Zentrum seiner Amtsauffassung gestellt. Dadurch wurde der Bruch mit der überkommenen Messe unvermeidlich. Zugleich aber wurde dadurch die praktische Gottesdienstreform notwendig und möglich.

Der Ertrag der Gottesdienstreform für das Amtsverständnis ist in der Befreiung des Gottesdienstes aus seiner kultischen Isolation und der gleichzeitigen ausschließlichen Bindung an das Evangelium, die Sakramente und den Glauben zu sehen. Nicht die Amtsträger, aber auch nicht die Gemeinden stehen im Zentrum des Gottesdienstes, sondern Gottes Wort, die Sakramente und der Glaube. Daß sich das Schwergewicht im Gottesdienst auf die Heilsmittel verschiebt, entspricht Luthers reformatorischem Ansatz und ist exemplarisch für die Durchführung der Reformation.

---

52 *Darauf* ist es Luther entscheidend angekommen, nicht auf die bloße Revision des Meßformulars. Solche Revisionen sind nach 1521 in großer Anzahl entstanden (vgl. J. Smend, Die evangelischen deutschen Messen bis zu Luthers deutscher Messe, Göttingen 1896; Herbst (Hg.), a. a. O. (Anm. 37), 9 ff.). Als Leitagenden haben sich dann später der „Typus Bugenhagen" und der „Typus Brandenburg-Nürnberg" durchgesetzt (vgl. A. Niebergall, Agende, TRE, Bd. 2, 1978, 1–91, 1–5, 13, 16 f.).

1.2. Die Neuordnung der Gemeinde

Die an die Schrift gebundene Evangeliumsverkündigung in der Predigt und das Gemeindelied sowie auf publizistischer Ebene die Flugschriften und Traktate waren die wichtigsten Medien des reformatorischen Aufbruchs.[53] Die Erneuerung der Spiritualität aus der Bibel und die Gottesdienstreform hatten Vorrang vor der rechtlichen Neuordnung der Gemeinde, erhoben diese aber zur unbedingten Notwendigkeit; denn ohne sie konnte das Erreichte nicht bewahrt werden.

Klosteraustritte und Eheschließungen von Priestern waren Rechtsverletzungen, an deren Ende die Auflösung der überkommenen kirchlichen Ordnung stehen mußte. Luther hat diese Entwicklung theologisch befürwortet.[54] Bei der Neuorganisation knüpft er an das mittelalterliche Parochialsystem an und zielt auf die Beseitigung der von den Orden geschaffenen Parallelstruktur. Er geht nicht von der von Rom usurpierten hierarchischen Spitze aus, sondern kehrt das Parochialsystem dadurch um, daß er – gemäß dem Gedanken des Priestertums aller Gläubigen – Kirche von der Ortsgemeinde aus versteht.[55] „Jede Gemeinde, wie klein sie auch sein mag, ist im Besitz aller Gaben und Rechte, die aus dem Evangelium fließen."[56]

---

53 Zu schriftgemäßer Evangeliumsverkündigung waren nach dem Wormser Reichstag zunächst nur wenige fähig. Diesem Mißstand hat Luther durch die *Kirchenpostille* (1522) entgegengewirkt. Zum Beginn von Luthers Liedschaffen vgl. M. Jenny, Allgemeine Einleitung, in: Luthers geistliche Lieder und Kirchengesänge, AWA 4, 1985, 3–16, 12 f. S. ferner B. Moeller, Die frühe Reformation als Kommunikationsprozeß, in: H. Boockmann (Hg.), Kirche und Gesellschaft im Heiligen Römischen Reich des 15. und 16. Jahrhunderts, Göttingen 1994, 148–164; B. Hamm, Die Reformation als Medienereignis, JBTh 11 (1996), 137–166.

54 Gegen die Klostergelübde vgl. z. B. WA 8, 323–335, bes. die Thesen 33, 37, 85, 113 und 129; ferner WA 8, 573 ff., bes. 577, 22–27; s. dazu B. Lohse, Mönchtum und Reformation, FKDG 12, Göttingen 1963, 363–370; ferner H.-M. Stamm, Luthers Stellung zum Ordensleben, VIEG 101, Wiesbaden 1980, 38 ff. Grundlegend gegen die Zölibatsverpflichtung: WA 6, 440–443; WA 7, 674–680; WA 10 II, 151, 38 ff.; WA.B 2, 347, 30 f. u. a.; vgl. St. Buckwalter, Die Priesterehe in Flugschriften der frühen Reformation, QFRG 68, Gütersloh 1998, bes. 60–78. Als einer der ersten Priester heiratete Bartholomäus Bernhardi, den Luther 1516 zum Sententiar promoviert hatte (vgl. R. Stupperich, Reformatorenlexikon, Gütersloh 1984, 34; Buckwalter, a. a. O., 79 f.).

55 So mit Recht Ch. Möller, Gemeinde I, TRE, Bd. 12, 1984, 316–335, 320.

56 K. Holl, Luther und das landesherrliche Kirchenregiment, 1911, in: ders., Gesammelte Aufsätze zur Kirchengeschichte, Bd. I: Luther, Tübingen ⁶1932, 326–380, 350.

Paradigmatisch für Luthers Beteiligung an der Neuordnung der Gemeinden ist seine Stellungnahme zu der Anfrage des Rates und der Gemeinde der kursächsischen Stadt Leisnig über die Probleme der Pfarrstellenbesetzung, Lehrbeurteilung und Vermögensverwaltung.[57] Die Situation in Leisnig war dadurch bestimmt, daß Friedrich der Weise zwar die evangelische Predigt in seinem Kurfürstentum zuließ, aber den Bruch mit dem überkommenen Recht und den kirchlichen Institutionen aus politischer Vorsicht vermied. Nun war die Pfarrei Leisnig seit dem Ende des 12. Jahrhunderts mit dem benachbarten Zisterzienserkloster Buch verbunden. Nach dem mittelalterlichen Kirchenrecht war der Abt zugleich der Pfarrer von Leisnig, der die Kirche und Kapellen mit Vikaren besetzte. Der 1522/23 amtierende Abt Antonius Dietz (gestorben 1525) stand der Reformation ablehnend gegenüber. Der Rat und die Gemeinde Leisnig hatten sich dagegen der reformatorischen Bewegung geöffnet. Die Leisniger beriefen daraufhin zwei „evangelische" Prediger; aber der Abt bestand auf seinem Recht, einen anderen zum Pfarramt zu designieren. Wie sollte der dadurch entstandene Konflikt gelöst werden? Dazu bedurfte es zunächst der theologischen Klärung dessen, woran die Gemeinde als *christliche* Gemeinde erkannt werden kann. Danach mußten die Fragen der Lehrhoheit, Pfarrerwahl und Vermögensverwaltung behandelt werden.

Luthers Antwort birgt zwar keine theologische Überraschung, wenn man seine Schriften des Jahres 1520 kennt, ist aber gleichwohl einschneidend für die kirchliche Neuordnung: Erkennungszeichen und einziges Identitätsmerkmal der christlichen Gemeinde ist das lautere Evan-

---

57 Daß eine christliche Versammlung oder Gemeine Recht und Macht habe, alle Lehre zu urteilen und Lehrer zu berufen, ein- und abzusetzen. Grund und Ursach aus der Schrift, (Mai) 1523, WA 11, (401) 408–416 (StA 3, (72) 75–84). Der Titel ist etwas umständlich formuliert und stellt gewissermaßen eine kurze Inhaltsangabe dar. Vgl. K. Müller, a. a. O. (Anm. 9), 42 ff.; Holl, a. a. O. (Anm. 56), 350–360; K. D. Schmidt, Luthers Ansatz zur Neuordnung der Gemeinden im Jahre 1523, in: ders., Gesammelte Aufsätze, hg. v. M. Jacobs, Göttingen 1967, 149–156; W. Brunotte, Das geistliche Amt bei Luther, Berlin 1959, 60–76; W. Stein, Das kirchliche Amt bei Luther, VIEG 73, Wiesbaden 1974, 167–178; K. Trüdinger, Luthers Briefe und Gutachten an weltliche Obrigkeiten zur Durchführung der Reformation, RGST 111, Münster/Westf. 1975, 54 ff.; H. Bornkamm, a. a. O. (Anm. 38), 115–119; H.-W. Krumwiede, Glaubenszuversicht und Weltgestaltung bei Martin Luther. Mit einem Ausblick auf Dietrich Bonhoeffer, Göttingen 1983, 117–122; K. Dummler, Die Leisniger Kastenordnung von 1523, ZEvKR 29 (1984), 337–353; Ch. Möller, Lehre vom Gemeindeaufbau, Bd. 2, Göttingen 1990, 68–72.

gelium, und zwar dieses als das *gepredigte* Evangelium.[58] Aus der Verheißung der Wirksamkeit des Wortes Gottes gemäß Jes. 55,10 f. schließt Luther:[59] Wo das Evangelium „gehet"[60], dort sind auch Christen. Umgekehrt, wo es nicht gepredigt wird, dort sind keine Christen, mögen sie diesen Namen auch aus Tradition führen oder für sich in Anspruch nehmen wie die Bischöfe, Stifte und Klöster, die auf Menschenlehren stehen und das Evangelium von sich weisen.[61] Luthers These, von der er in seiner Stellungnahme ausgeht, lautet wie in den kontroverstheologischen Auseinandersetzungen nach der Leipziger Disputation: Die christliche Gemeinde ist erkenn- und identifizierbar – jedoch nicht an ihren Eigenschaften oder Strukturen, sondern allein an dem Evangelium. Der Reformator mutet Nichttheologen zu, was die Ordenstheologen Augustin von Alveldt und Ambrosius Catharinus nicht nachzuvollziehen vermochten: die Fixierung auf das Erscheinungsbild der Kirche und die rückwärts gewandte Absicherung durch die Tradition aufzugeben und beides durch das hörbare Evangelium als Kriterium zu ersetzen und in getroster Zuversicht nach vorn zu schauen.

Bei der Frage der Lehrbeurteilung können Gesetze, Herkommen, Brauch und Gewohnheit keine ausschlaggebende Rolle spielen.[62] Der Mensch steht vor *Gott*, seine Seele ist ewig; „darum darf sie nur mit ewigem Wort regiert und ausgerüstet sein"[63]. Auch und gerade durch die ausschließliche Konzentration auf das Menschliche verfehlt der Mensch seine Bestimmung. Luther achtet den Menschen so hoch, daß er unverblümt herausstellt, der Mensch gehe an der Menschenlehre zugrunde. Menschenlehre und Gottes Wort sind widereinander;[64] der Konflikt zwischen beiden ist unausweichlich und muß ausgetragen werden. Der Rückzug auf Autoritäten wie die Bischöfe, Gelehrten und auf Konzils-

---

58 WA 11, 408, 8–10. „Lauter" meint: ohne Zusatz durch Menschenlehre; unvermischt mit dem Gesetz.
59 A. a. O., 408, 12–16. Vgl. WA 10 III, 172, 30 – 173, 12, wo sich der Reformator ebenfalls auf Jes. 55,10 f. beruft, eine „von Luther über alles geliebte Verheißung" (Bornkamm, a. a. O. (Anm. 38), 119).
60 WA 11, 408, 17 f. Gemeint ist: „im Schwang geht", gepredigt wird (WA 12, 37, 27).
61 WA 11, 408, 19–28. Den Gegensatz von Gottes Wort und Menschenlehre hat Luther gerade 1522/23 immer wieder thematisiert; vgl. bes. WA 10 II, (61) 72–92.
62 WA 11, 408, 29 – 409, 2.
63 A. a. O., 409, 3 f. Mod.
64 A. a. O., 409, 7 f.

beschlüsse ist kurzschlüssig. Über das Sein vor Gott, in dem und durch das jeder Mensch erst er selbst ist, kann er nicht andere bestimmen lassen. Dieses Bestimmtsein durch Gott und das Evangelium wiederum ist insofern gemeindebildend, als es für alle gilt.

Christus nimmt den Bischöfen, Gelehrten und Konzilien das Recht wie die Macht, über die Lehre zu urteilen, und gibt sie jedermann und allen Christen insgemein, da er spricht (Joh. 10,27): „Meine Schafe kennen meine Stimme"; ferner (10,5): „Einem Fremden aber folgen sie nicht nach, sondern fliehen vor ihm"[65]. Bischöfe, Gelehrte und andere haben die Vollmacht zu lehren, aber sie prüfen die Lehre nicht selbst, sondern „die Schafe sollen urteilen, ob sie die Stimme Christi oder die Stimme der Fremden lehren"[66]. „Darum sollen und müssen alle Lehrer dem Urteil der Zuhörer unterworfen sein mit ihrer Lehre."[67] Daß die Lehrer ihre Lehre selbst begutachten, ist eine Pervertierung ihres Auftrags und beruht auf scholastischem Ungeist. Es stellt die Inbeschlagnahme fremden Rechts dar und ist in seinen Auswirkungen entmündigend[68]. Mit mehreren Schriftbelegen untermauert Luther seine These, daß die Hörer nicht nur das Recht, sondern die Pflicht zur Lehrbeurteilung haben.[69] Sie sind bei Verlust der Seligkeit „schuldig zu urteilen"[70]! Diese Lehrhoheit, an der jeder einzelne und alle Christen insgesamt durch das Evangelium Anteil haben, gibt wiederum das „göttliche Recht"[71], *die* zu meiden, zu fliehen und abzusetzen, die offenkundig gegen Gott und sein Wort lehren und regieren.[72]

Worin sieht Luther ihre Urteilsfähigkeit begründet? Darin, „daß ein jeder Christ Gottes Wort hat und von Gott gelehrt und zum Priester gesalbt ist"[73]. Man muß Gottes Wort haben, um es beurteilen zu können! Die Urteilsfähigkeit gründet in dem von dem gepredigten Evangelium

---

65 A. a. O., 409, 20–24.
66 A. a. O., 409, 26–28. Mod.
67 A. a. O., 410, 19 f. Mod.
68 Vgl. a. a. O., 410, 6 ff.
69 A. a. O., 410, 13 – 411, 12.
70 A. a. O., 411, 7.
71 A. a. O., 411, 20.
72 A. a. O., 411, 13–21, bes. 17 f.
73 A. a. O., 411, 31 f. Schriftbelege: Joh. 6,45; Ps. 45,8; 1. Petr. 2,9. Die zentrale Stelle ist Joh. 6,45 (Jes. 54,13) (vgl. H.-M. Barth, Einander Priester sein, KiKonf 29, Göttingen 1990, 33).

geschenkten Hören, „das der Mensch von Haus aus nicht besitzt, das aber in ihm erzeugt wird, wenn das lautere Evangelium ihn trifft"[74]. Die Lehrhoheit der Gemeinde wird durch die Predigt des Evangeliums gegeben und in der ausschließlichen Bindung an das Evangelium wahrgenommen. Da auch das Predigt- und Lehramt allein an das Evangelium gebunden ist, liegt in dem Evangelium zugleich der Grund für die unlösliche Zusammengehörigkeit von Gemeinde und Amt. Beide erkennen sich gegenseitig am Evangelium als in Christus einander zugeordnet wieder. Erkennen sie einander nicht, ist das Evangelium entweder gar nicht verkündigt worden, und dann kann von einer christlichen Gemeinde keine Rede sein, oder es fehlt auf einer der beiden Seiten, und dann ist der Konflikt unausweichlich. Zwar kann der Konflikt zu Trennungen und Verwerfungen führen, aber er ist immerhin ein Zeichen dafür, daß das Evangelium im Schwange geht.

Luther plädiert für die Berufung und Einsetzung von Predigern, die man für geeignet hält und die Gott mit Verstand erleuchtet und mit Gaben dazu geziert hat.[75] Denn die christliche Gemeinde kann ohne Gottes Wort nicht sein; sie muß Lehrer und Prediger haben, die das Wort lehren und verkündigen.[76] Luthers Stellungnahme zielt zwar auf den Bruch des bestehenden Rechts, aber das Patronatsrecht des benachbarten Zisterzienserklosters hatte sich doch bereits selbst überlebt. In der Praxis nahm der Abt die Predigtaufgabe nicht selbst wahr, sondern er delegierte sie an Mönche und Kapläne, deren Eignung zweifelhaft erschien. An diesem alten Privileg sollte der Aufbau der Gemeinde durch das Evangelium scheitern, obwohl der Rat der Stadt Leisnig und die Gemeindeglieder einen Neuanfang wollten? Schützt das Recht auch Amtsinhaber, die ihr Amt gar nicht ausfüllen? Lag der erste Rechtsbruch nicht darin, fragt Luther, daß der Papst, die Bischöfe, Äbte, Kapläne nicht die Stelle der Apostel, sondern die des Teufels einnahmen und Wölfe waren, die das Evangelium nicht lehren noch dulden wollten?[77]

Damit ist ein Grundproblem des Gemeindeaufbaus während des reformatorischen Aufbruchs angesprochen: Prediger, die das Evangelium

---

74 Möller, a. a. O. (Anm. 57), 70. Ähnlich urteilt E. Winkler, Die Gemeinde und ihr Amt, AVTRW 59, Berlin 1973, 11.
75 WA 11, 411, 29 f.
76 A. a. O., 411, 22–24.
77 Vgl. a. a. O., 413, 23–35, bes. 31 f.

verkündigen wollen, stoßen auf erbitterten Widerstand aus den Reihen der kirchlichen Amtsinhaber, die entweder ihrer Aufgabe nicht gewachsen sind oder die bewußt gegen das Evangelium Stellung beziehen. Dadurch entsteht eine äußerst notvolle Situation. Luther hat in ihr ein Zeichen der Endzeit gesehen.[78] Doch sie erlaubt keinen Rückzug, sondern mutet den Predigern und Gemeinden zu, die Konflikte durchzustehen.

Mit dem Plädoyer für die Pfarrerwahl durch die Gemeinde stellt Luther heraus, daß die Gemeinden ein unveräußerliches Recht auf die Verkündigung des Evangeliums haben und daß dieses Recht im Fall eines Konflikts anderes Recht bricht. Darin liegt die rechtstheologische Relevanz des zweiten Teils seiner Stellungnahme.

Luther hebt in dieser Schrift die außerordentliche Bedeutung des Predigtamtes hervor. Er nennt es „das allerhöchste Amt, an dem alle anderen hängen und aus dem sie folgen, während keines von den anderen Ämtern folgt, wenn das Predigtamt nicht da ist"[79]. Wem darum „das Predigtamt aufgetragen wird, dem wird das höchste Amt in der Christenheit aufgetragen"[80].

Schließlich noch eine kurze Bezugnahme auf die *Leisniger Kastenordnung*[81]. Zum reformatorischen Umbruch gehört auch die Neuorganisation der Vermögensverwaltung. Luther hat sich an ihr als Berater und Gutachter beteiligt, und zwar über Wittenberg hinaus.

Nach der Einsetzung des von ihr berufenen Pfarrers mußte die Gemeinde Leisnig für dessen Besoldung aufkommen. Diese Notwendigkeit warf die grundsätzliche Frage auf, wie und von wem das kirchliche Vermögen in Zukunft verwaltet werden sollte. Die Leisniger haben eine „Kastenordnung" beschlossen, in der die mit Finanzfragen verbundenen kirchlichen Aufgaben geregelt waren:[82] der Unterhalt des Pfarrers, des

---

78 Vgl. a. a. O., 411, 24–26. Zu Recht hervorgehoben von Krumwiede, a. a. O. (Anm. 57), 118.

79 WA 11, 415, 26 f.; mod.

80 A. a. O., 415, 30 f. (mod.); vgl. WA 12, 181, 17 f. Fast wörtlich von Melanchthon übernommen (ApolCA XV, 44, BSLK 305, 43).

81 Ordnung eines gemeinen Kastens, 1523, WA 12, (1) 11–30. (S. 11–15: Luthers Vorrede; S. 16–30: Leisniger Kastenordnung.) Vgl. M. Beyer, Martin Luther und das Kirchengut – ekklesiologische und sozialethische Aspekte der Reformation, Diss. Leipzig 1984; P. Landau, Kirchengut, TRE, Bd. 18, 1989, 560–575, 570 f.

82 Sie ist mehr als „eine Almosenordnung" (so A. Sprengler-Ruppenthal, Kirchenordnungen II, TRE, Bd. 18, 1989, 670–707, 699); denn sie regelt die gesamte kirchliche Ordnung in dem Kirchspiel.

Küsters, der Lehrer, außerdem die Fürsorge für die Armen, Kranken, Alten und Waisen, ferner die Wartung der kirchlichen Bauwerke, schließlich sogar die Bevorratung mit Getreide für Notzeiten und Unterstützungskredite für in Not geratene Handwerker und Bauern. Verantwortlicher Träger war eine „brüderliche Vereinigung" der zum Kirchspiel Leisnig gehörenden Adligen, des Magistrats der Stadt Leisnig, der Zunftvorsteher, Ältesten und Bewohner der Stadt sowie der eingepfarrten Dörfer der Umgebung.[83] Die für den „gemeinen Kasten" nötigen Mittel sollten vor allem durch die Säkularisation der Klöster aufgebracht werden.[84]

Luther erhoffte sich von der Kastenordnung eine geordnete Armenfürsorge in der Gemeinde und zugleich die Beseitigung des Bettelunwesens, die Beendigung des Mißbrauchs mit dem Bann um der Klostergüter willen, die Eindämmung des „Zinskaufs"[85] und die Hebung des Bildungsstands durch die Errichtung von Klosterschulen[86]. Zunächst kam es aber bei der Einrichtung des „gemeinen Kastens" wegen der komplizierten Rechtslage zu Schwierigkeiten und Verzögerungen. Erst anläßlich der Visitation im Jahr 1529 wurde die Ordnung von dem kurfürstlichen Hof bestätigt. In der Praxis hat der Magistrat die kirchliche Vermögensverwaltung an sich gezogen, so daß er bei der Visitation von 1599 an die 1523 beschlossene Ordnung erinnert werden mußte.[87]

Zusammenfassung:

1. Aus dem Anwendungsbeispiel der Neuordnung in Leisnig wird deutlich, daß das Evangelium auch bei der Organisation der Gemeinde im Mittelpunkt steht. Es macht urteilsfähig, indem es die Bibel erschließt, und bewahrt gerade dadurch vor der gesetzlichen Anwendung der Bibel bei der Ausgestaltung des Lebens der Gemeinde. Die Hauptsorge der durch das Evangelium mündig gewordenen Gemeinde gilt der lauteren Evan-

---

83 Zum Kirchspielsgedanken als Organisations- und Strukturprinzip im Luthertum vgl. Elert, a. a. O. (Anm. 28), Bd. 2, 1932, 429 ff.

84 Vgl. M. Heckel, Das Problem der „Säkularisation" in der Reformation, in: Zur Säkularisation geistlicher Institutionen im 16. und im 18./19. Jahrhundert, hg. v. I. Crusius, Göttingen 1996, 31–56; H.-O. Binder, Säkularisation, TRE, Bd. 29, 1998, 597–602.

85 Vgl. H.-J. Prien, Luthers Wirtschaftsethik, Göttingen 1992, 69 ff., bes. 97–105; R. Rieth, „Habsucht" bei Martin Luther, Weimar 1996, bes. 206 ff.

86 Vgl. WA 12, 15, 8–25.

87 Vgl. die Einleitung in diese Schrift, WA 12, 7.

geliumsverkündigung[88]. Ihr sind die als dringlich empfundenen diakonischen und sozialen Aufgaben untergeordnet.

2. Aus der Heilsnotwendigkeit des Evangeliums hat Luther das Recht der Gemeinde auf die unverfälschte Lehre und Verkündigung des Evangeliums abgeleitet. Im Fall eines Konflikts bricht dieses Grundrecht anderes Recht. Daraus ergibt sich das Recht auf Pfarrerwahl unter Einschluß des Rechts auf Absetzung eines Amtsinhabers, der sein Amt nicht dem Evangelium gemäß ausübt. Dieses Recht läßt sich nicht konfliktfrei durchsetzen. Nicht der Illusion einer konfliktfreien Lösung sollte man anhängen, die Luther ganz fremd war, sondern stattdessen die seelsorgerliche Begleitung und die rechtlich geordnete Behandlung des Konflikts gewährleisten.

3. Analog zur liturgischen Gestaltungsfreiheit herrscht bei der Neuordnung der Gemeinde organisatorische Gestaltungsfreiheit. Die Gefahr der Willkür wird durch die Bindung an das Liebesgebot auf der Grundlage der inneren Ausrichtung auf das Evangelium im Zaum gehalten.

4. Luthers Gemeindegedanke knüpft konsequent an den von dem Evangelium bestimmten theologischen Ansatz an: Nicht dem Amt, sondern dem Priestertum aller Gläubigen eignet die kirchliche Jurisdiktionsgewalt.[89] Gemeindeordnung und Vermögensverwaltung sind Sache aller Christen und nicht des Amtsträgers allein. Im Gegenteil, dieser hat die öffentliche Lehr- und Verkündigungsgewalt inne und sollte sich bei den Gestaltungs- und Ordnungsaufgaben zurücknehmen, damit er sich auf die ihm gestellte Aufgabe der Schriftauslegung in Unterricht und Predigt, Sakramentsverwaltung, Seelsorge und Gottesdienstgestaltung[90] konzentrieren kann.

---

88 Schmidt stellt mit Recht fest (a. a. O. (Anm. 57), 152): „Der Skopus der Schrift, die oft zur Begründung eines reinen Gemeindeprinzips herangezogen ist, ist also vielmehr die Aufrichtung eines rechten evangelischen Pfarramtes. Das nun allerdings auf dem Boden des allgemeinen Priestertums!"

89 Nicht herausgearbeitet von Stein, a. a. O. (Anm. 57), 167–178; mit H. Fagerberg, Amt/ Ämter / Amtsverständnis VI, TRE, Bd. 2, 1978, 552–574, 554 f.

90 Das Recht der Gottesdienstgestaltung *(ius liturgicum)* beläßt Luther bei dem in Gottes Wort unterwiesenen Amtsträger, wünscht aber, daß sich die Pfarrer einer Region miteinander abstimmen. Zum theologischen Ort des *ius liturgicum* vgl. R. Slenczka, Jus Liturgicum, 1981, in: ders., Neues und Altes, hg. v. A. I. Herzog, Bd. 1, Neuendettelsau 2000, 211–227, 212 ff.

2. Amt und Kirchenregiment

2.1. Die Verwerfung des päpstlichen Primats

Im Advent 1516 bestätigte Papst Leo X. unter Berufung auf die Bulle *Unam sanctam* die unumschränkte Gewalt des Papstes:[91] „daß es für jedes menschliche Geschöpf unbedingt notwendig zum Heil ist, dem Römischen Bischof unterworfen zu sein"[92]. Dies gehe aus der göttlichen Schrift und dem Zeugnis der heiligen Väter hervor.[93]

Das reformatorische Amtsverständnis beruht auf dem wiederentdeckten Evangelium, nicht auf der Verwerfung des päpstlichen Primats. Aber es kann kein Zweifel darüber bestehen, daß das evangeliozentrische Amtsverständnis des Reformators die Negation des päpstlichen Primats einschließt. Eine Darstellung der Lehre Luthers vom Amt, die den fundamentalen Gegensatz zu dem Primat des Papstes verschweigt oder herunterspielt,[94] gleicht einer Darstellung der französischen Revolution, die den Gegensatz der Revolution zur Monarchie bagatellisiert.

Luthers Gegensatz zum Primat des Papstes liegt in dem Artikel von Christus und der Rechtfertigung begründet. Es ist kurzschlüssig, ihn auf überzogene Polemik zurückzuführen. Den sachlichen Gehalt der Verwerfung des päpstlichen Primats für das Amtsverständnis gilt es herauszustellen. Dabei können nur die wichtigsten Stationen der kontroverstheologischen Auseinandersetzung um den päpstlichen Primat berücksichtigt werden.

---

91 Leo X., Pastor aeternus, 11. Sitzung des 5. Laterankonzils am 19.12.1516. Text in: C. Mirbt (Hg.), Quellen zur Geschichte des Papsttums und des römischen Katholizismus, Tübingen ⁴1924, Nr. 414, § 8. Vgl. C. Stange, Luther und das fünfte Laterankonzil, Gütersloh o. J. Zu Leo X. vgl. E. Iserloh, Die Päpste im Zeitalter der Reformation und des Konzils von Trient, in: Gestalten der Kirchengeschichte, hg. v. M. Greschat, Bd. 12, Stuttgart 1985, 53–78, 53–60; G. Simon, Leo X., TRE, Bd. 20, 1990, 744–748; P. Baumgart, Die Renaissancepäpste Julius II. und Leo X. und die Anfänge der Reformation, in: C. Roll (Hg.), Recht und Reich im Zeitalter der Reformation. FS für Horst Rabe, Frankfurt/M. 1996, 309–329.

92 Bonifatius VIII., *Unam sanctam*, 18.11.1302, DH 870–875; Übers. aus Nr. 875.

93 Mirbt (Hg.), a. a. O. Dort wird kein Beleg genannt. Die Bulle *Unam sanctam* beruft sich auf Mt. 16,19 (DH 874).

94 Die Arbeit von Stein, a. a. O. (Anm. 57), hat diesen Gegensatz heruntergespielt, wo immer sich eine Gelegenheit dazu bot.

2.1.1. Die Primatsfrage in der Leipziger Disputation

Im Dezember 1518 ließ Johannes Eck Thesen drucken, deren 12. (später die 13.) die Vorherrschaft der römischen Kirche problematisierte.[95] Eck griff eine Äußerung aus Luthers Resolutionen zu den Ablaßthesen auf,[96] derzufolge Luther die Vorrangstellung Roms über alle anderen Kirchen bestritten habe, und behauptete dagegen, daß der, der den Stuhl des Petrus innehabe, immer als Nachfolger des Petrus und als Stellvertreter Christi anerkannt worden sei.[97]

Luther gab im Februar zwölf und im Mai 1519 dreizehn Gegenthesen heraus.[98] Grundlegend für die Primatsdiskussion ist die 13. These: „Daß die römische Kirche über allen anderen stehe, wird mit den kahlen Dekreten der römischen Päpste begründet, die seit 400 Jahren aufgekommen sind; dagegen stehen die beglaubigte Geschichte von 1100 Jahren, der Wortlaut der Heiligen Schrift und der Beschluß des Konzils von Nizäa, des heiligsten von allen."[99]

In einer Erläuterungsschrift stellt Luther heraus, daß der Primat des Papstes zwar im Sinn eines Ehrenprimats nach menschlichem Recht bestehen bleiben könnte, daß er aber beseitigt werden sollte, wenn er mehr

---

95 WA 9, 208–210. Zur Vorgeschichte der Leipziger Disputation vgl. K.-V. Selge, Der Weg zur Leipziger Disputation zwischen Luther und Eck im Jahr 1519, in: B. Moeller/ G. Ruhbach (Hg.), Bleibendes im Wandel der Kirchengeschichte, Tübingen 1973, 169–210; L. Grane, Martinus noster. Luther in the German Reform movement 1518–1521, VIEG 155, Mainz 1994, 45–80; ders., The Fathers and the Primacy according to John Eck, in: ders. u. a. (Hg.), Auctoritas patrum, Bd. II: Neue Beiträge zur Rezeption der Kirchenväter im 15. und 16. Jahrhundert, VIEG B 44, Mainz 1998, 67–76; M. Schulze, Johannes Eck im Kampf gegen Martin Luther, LuJ 63 (1996), 39–68.

96 WA 1, 571, 16–20.

97 Eck, Th. 12 in der 1. Ausgabe (WA 9, 209 f.) und Th. 13 in der Neuausgabe 1519, in: DCL 2, 253: „. . . Sed eum, qui sedem beatissimi Petri habuit et fidem, successorem Petri et vicarium Christi generalem semper agnovimus." Ecks 13. Th. kehrt als Nr. 54 der 404 Artikel wieder, die er 1530 mit auf den Augsburger Reichstag gebracht hat (in: W. Gußmann (Hg.), Quellen und Forschungen zur Geschichte des Augsburgischen Glaubensbekenntnisses, Bd. II, Kassel 1930, 110).

98 WA 2, (153) 158–161. In einem Brief an J. v. Staupitz vom 20.2.1519 deutet Luther an, daß der „arglistige Eck" ihn nun in die Primatsdiskussion hineinziehe, daß diese Diskussion aber übel für die römischen Rechte und Bräuche ausgehen könnte (WA.B 1, 344, 26–29).

99 WA 2, 161, 35–39. Übers.

Schaden anrichte als Nutzen stifte.[100] Eine kirchliche Oberhoheit aus göttlichem Recht gebe es jedoch nach der Heiligen Schrift nicht.[101] „Es ist kein
anderer Vorrang in der Kirche als der Dienst des Wortes."[102]

Der Primat des Papstes war der zentrale Kontroverspunkt der Leipziger
Disputation 1519.[103] Die Primatsdiskussion zwischen Eck und Luther fand
vom 4. bis 7. Juli statt; zuvor hatten Eck und Karlstadt über Rechtfertigung
und Willensfreiheit disputiert; ab dem 8. Juli wurden andere Themen wie
Buße und Ablaß behandelt.

Eck bezieht sich auf Luthers 13. Gegenthese und stellt ihr zu Beginn
der Primatsdiskussion die These entgegen: „Eine Monarchie und *eine*
Oberherrschaft ist in der Kirche Gottes aus göttlichem Recht und von
Christus eingesetzt."[104] Die biblischen Belege, die er beibringt, beweisen
nicht, was er behauptet, sondern fügen sich in seine unumstößliche Überzeugung ein, daß die Kirche – und zwar die streitende Kirche in Analogie
zur triumphierenden – ohne Haupt ein monströses Gebilde wäre.[105]
Unsachgemäß, aber verfänglich ist Ecks Schlußbemerkung seines ersten

---

100 Resolutio Lutheriana super propositione sua decima tertia de potestate papae, Juni
　　1519 (überarbeitet im August 1519), WA 2, (180) 183–240, bes. 230, 22–25.
101 A. a. O., 227, 28–31, bes. 29: „. . . primatus ecclesiasticus iure divino nullus est . . ."
102 A. a. O., 223, 34 f.: „Non est alia praecellentia in ecclesia quam verbi ministerium."
103 Quellen: WA 2, (250) 254–383 (bearb. v. J. K. F. Knaake); O. Seitz (Hg.), Text der
　　Leipziger Disputation (1519), Berlin 1903; WA 59, (427) 433–605 (bearb. v. F. T.
　　Bos). Vgl. ferner F. Gess (Hg.), Akten und Briefe zur Kirchenpolitik Herzog Georgs
　　von Sachsen, Bd. 1, Leipzig 1905; DCL 2, 241–315 (J. Eck). – Lit.: J. C. Seidemann,
　　Die Leipziger Disputation im Jahre 1519, Dresden / Leipzig 1843; E. Kähler,
　　Beobachtungen zum Problem von Schrift und Tradition in der Leipziger Disputation
　　von 1519, in: Hören und Handeln. FS für Ernst Wolf, München 1962, 214–229;
　　L. Grane, Gregor von Rimini und Luthers Leipziger Disputation, 1968, in: ders.,
　　Reformationsstudien, hg. v. R. Decot, VIEG B 49, Mainz 1999, 37–56; ders., a. a. O.
　　(Anm. 95), 1994, 81–113; H. A. Oberman, Wittenbergs Zweifrontenkrieg gegen
　　Prierias und Eck, in: ders., Die Reformation. Von Wittenberg nach Genf, Göttingen
　　1986, 113–143; K.-V. Selge, Die Leipziger Disputation zwischen Luther und Eck,
　　ZKG 86 (1975), 26–40; E. Iserloh, Johannes Eck, KLK 41, Münster/Westf. 1981,
　　28–46; R. Schwarz, Luther, KIG 3, I, Göttingen 1986, 66–72; B. Peter, Der Streit um
　　das kirchliche Amt, VIEG 170, Mainz 1997, 91–94; E. Mühlenberg, Scriptura non est
　　autentica sine authoritate ecclesiae, ZThK 97 (2000), 183–209.
104 WA 59, 435, 72 f.: „Monarchia et unus principatus in ecclesia dei est de iure divino et
　　a Christo institutus." (4.7.1519, vormittags.)
105 A. a. O., 435, 87 f. Eck beruft sich auf Dionysius Areopagita, De ecclesiastica hie-
　　rarchia, PG 3, 538 A.

Diskussionsbeitrags: „So war es auch ein Irrtum des Wyclif, (zu behaupten,) die römische Kirche sei nicht höher als andere nach dem evangelischen Gesetz."[106]

Doch Luther läßt sich nicht in die Ketzerecke abdrängen[107] und bestätigt, daß die weltweite Kirche *ein* Haupt hat.[108] Aber das Haupt der streitenden Kirche, nicht allein der triumphierenden Kirche, ist nicht ein Mensch, sondern Christus selbst.[109] „Deshalb darf man die nicht hören, die Christus aus der streitenden Kirche in die triumphierende hinausstoßen; denn sie (sc. die streitende Kirche) ist das Reich des Glaubens; das heißt, daß wir unser Haupt nicht sehen und dennoch haben."[110] Eck behauptet zwar, in der streitenden Kirche gebe es die Oberherrschaft eines einzelnen aus göttlichem Recht und von Christus eingesetzt, aber er kann seine Behauptung nicht beweisen.[111] Luther geht Ecks Schriftbelege und Kirchenväterzitate durch und weist im einzelnen nach, daß Ecks Argumentation haltlos ist.[112] Zwei Aspekte seien hervorgehoben.

Einmal: Ecks Meinung, von dem römischen Stuhl komme die „priesterliche Einheit" her, läßt Luther zunächst gelten, modifiziert sie aber dahingehend, dies könne allein von der abendländischen Kirche gesagt werden. Die Mutter aller Kirchen sei eigentlich die Urgemeinde in Jerusalem. Daher könne aus dem Umstand, daß Rom die Einheit der lateinischen Christenheit repräsentiere, nicht geschlossen werden, Rom sei das Haupt und die Herrin aller anderen Kirchen.[113]

Zum anderen: Ecks Hieronymus-Zitat als Beleg für die römische Monarchie aus göttlichem Recht stellt Luther klar. Nach Hieronymus seien in der frühen Christenheit Presbyter und Bischof gleichberechtigt gewesen.[114] So kann es zwar eine Abstufung innerhalb des Episkopats

---

106 WA 59, 436, 93 f. („de lege evangelica").
107 Wyclifs Leugnung des Primats des Papstes über die anderen Teilkirchen wurde 1415 auf dem Konstanzer Konzil als Irrtum verurteilt (DH 1191).
108 WA 59, 436, 96 f.
109 A. a. O., 437, 131 f. Als wichtigster Schriftbeleg dient 1. Kor. 15,25: „Er (sc. Christus) muß herrschen, bis Gott ihm ‚alle Feinde unter seine Füße legt' (Ps. 110,1)."
110 WA 59, 437, 141–144. Übers.
111 A. a. O., 437, 146–148.
112 A. a. O., 437–440. Vgl. Grane, a. a. O. (Anm. 95), 1994, 90–100.
113 WA 59, 439, 191–197.
114 A. a. O., 439, 217–440, 226. Luther bezieht sich auf Hieronymus, Comm. in ep. ad Titum, PL 26, 597 A (zu Tit. 1,5 f.). Vgl. G. Grützmacher, Hieronymus, Bd. 2, 1906 (Nachdr. Aalen 1986), 47–50. Nach Hieronymus beruht das Bischofsamt nicht auf göttlicher Anordnung, sondern auf „Gewohnheitsrecht" (Grützmacher, 48).

geben – aber nicht nach göttlichem Recht, sondern aus menschlicher Übereinkunft.

Die Diskutanten bewegen sich im weiteren Verlauf der Auseinandersetzung über den Primat des Papstes nicht aufeinander zu. Eck nimmt am Ende der Primatsdiskussion dieselbe Position ein wie zu Beginn; das gilt auch für Luther. Die gleichen Schriftbelege, Kirchenväter, theologischen und kirchenrechtlichen Argumente kehren immer wieder. Bei dem Versuch, die Zusammenhänge zu erfassen und ein Resümee zu ziehen, ist es hilfreich, die beiden folgenden Gesichtspunkte in den Vordergrund zu stellen:

1. Läßt sich der Primat biblisch begründen?
2. Welcher Tradition folgen die Kontrahenten?

1. Als biblischer Hauptbeleg für den Primat des Papstes dient Eck Mt. 16,17–19, besonders Vers 18. Obwohl Eck immer wieder auf diese Stelle zurückkommt, ist dem umfangreichen Disputationsprotokoll nicht zu entnehmen,[115] daß es ihm gelungen wäre, diese Stelle unter Berücksichtigung des nahen und ferneren Kontexts auszulegen. Er ist theologisch unselbständig, wirkt beinahe hilflos und trägt immer wieder aufs neue die Zeugnisse der Väter vor.[116] Eck ist offenbar der Ansicht, der Beweis sei erbracht, *weil* viele heilige Väter gesagt haben, der Primat sei göttlichen Rechts.[117] Er führt Mt. 16,18 lediglich an, um zu belegen, was er als selbstverständlich voraussetzt, gewinnt aber sein Verständnis nicht aus diesem biblischen Beleg.[118] Daß ein Bibelwort etwas geschichtlich Gewordenes wie das Papsttum in die Krise führen könnte, erscheint Eck so abwegig, daß er darauf gar keinen Gedanken richtet.

Luthers These, dargelegt in der Erläuterungsschrift vor der Disputation, wiederholt in der Predigt zu Beginn der Disputation und mit Nachdruck verteidigt während der Disputation, lautet: Der Primat des Papstes läßt sich biblisch nicht begründen, weder mit Mt. 16,18 noch mit einem

---

115 Das Protokoll der Primatsdiskussion umfaßt über 90 S. (WA 59, 433–525). Die anderen Gegenstände, Fegefeuer, Ablaß, Buße, nehmen insgesamt weniger Raum ein.

116 Dazu Luther: „Der Herr Dr. Eck wollte (den Primat) aus göttlichem Recht beweisen, und alsbald vergaß er es und geriet an die Zeugnisse der Väter, die wir schon behandelt haben" (a. a. O., 464, 989–991; Übers.).

117 A. a. O., 470, 1161 f.

118 Beispiele: 470, 1163 f.; 485, 1640 ff.; 494, 1874 f.; 520, 2700 ff. (Ecks conclusio).

anderen Beleg. Darin ist Luther zuzustimmen; denn ein Petrusamt, das auf dem Weg der Sukzession weiterzugeben wäre, „kennt Matthäus gerade nicht"[119]. Exegetisch fragwürdig ist Luthers Verflüchtigung des geschichtlichen Petrus; denn Mt. 16,18 „ist tatsächlich gemeint, daß auf Petrus als auf den Felsen die Gemeinde gebaut wird"[120]. Damit ist das geschichtlich Einmalige und Unwiederholbare ausgesprochen.[121]

Die Bestreitung des päpstlichen Primats steht bei Luther ganz im Zuge der Wiedergewinnung und Verteidigung der Apostolizität der Kirche. Da diese allein durch die Bindung an das apostolische Zeugnis der Heiligen Schrift gewahrt werden kann, lautet Luthers Grundposition in der Leipziger Disputation: „Ein gläubiger Christ kann nicht über die Heilige Schrift hinaus (zu etwas) genötigt werden, denn die Schrift ist im eigentlichen Sinne das göttliche Recht."[122] Von dieser Position aus erklärt sich Luthers Negation des göttlichen Ursprungs und Rechts des päpstlichen Primats. Göttlichen Rechts ist der Primat des Papstes um des göttlichen Rechts willen gerade *nicht*! Erhebt das Papsttum diesen Anspruch, erweist es sich dadurch als antichristlich.

2. Vor der Leipziger Disputation vertritt Eck noch nicht eine ausschließlich auf die römische Kurie fixierte Ekklesiologie.[123] In der Leipziger Primatsdiskussion setzt er sich dann leidenschaftlich für den ekklesiologischen Standpunkt der spätmittelalterlichen römischen Kircheninstitution ein.[124] Von diesem Standpunkt aus sichtet und beurteilt er die Tradition. Infolge dieser Voreingenommenheit entgeht ihm, daß sich ein göttliches Recht für den Primat des Papstes gar nicht wirklich aus der Geschichte der alten und mittelalterlichen Kirche begründen läßt.[125] Die Auslegung von Mt. 16,18

---

119 U. Luz, Das Evangelium nach Matthäus, EKK I, 2, Neukirchen 1990, 472 (z. St.). Vgl. O. Cullmann, Petrus. Jünger – Apostel – Märtyrer, München / Hamburg ³1967, 177 ff.

120 J. Schniewind, Das Evangelium nach Matthäus, NTD 2, Göttingen ¹²1968, 188 (z. St.).

121 Vgl. Cullmann, a. a. O., 235.

122 WA 59, 466, 1061 f.: „Nec potest fidelis christianus cogi ultra sacram scripturam, quae est proprie ius divinum."

123 Vgl. Oberman, a. a. O. (Anm. 103), 127 f.

124 Vgl. Selge, ZKG 86 (1975), 30. Diese Tendenz verstärkt sich nach 1519 noch (s. Peter, a. a. O. (Anm. 103), 94 ff.).

125 Vgl. H. Koch, Cathedra Petri. Neue Untersuchungen über die Anfänge der Primatslehre, BZNW 11, Berlin 1930; J. Ludwig, Die Primatsworte Mt. 16,18–19 in der altkirchlichen Exegese, NTA 19/4, Münster/Westf. 1952; K. Fröhlich, Formen der

im Sinn des päpstlichen Primatsanspruchs findet sich fast nur in Dekreten.[126] Weder im Osten noch im Westen steht die kuriale Deutung von Mt. 16,18 im Vordergrund. Sie bestimmt auch nicht die mittelalterliche Auslegung in der lateinischen Christenheit.

Luther wehrt sich zu Recht dagegen, daß die Tradition gegen die von ihm vorgetragene Interpretation von Mt. 16,18 ausgespielt wird. Nicht ohne den Unterton eines Triumphes weist er darauf hin, daß Eck kaum zwei Gewährsmänner für seine Deutung von Mt. 16,18 aufbieten könne.[127] Luther selbst gehört im wesentlichen in die augustinische Auslegungstradition hinein,[128] nach der Christus gemäß 1. Kor. 3,11 der „Fundamentalfels der Kirche" ist.[129]

Für Eck ist die Primatsfrage entschieden, weil die Päpste diese Ansprüche erheben und kirchenrechtliche Texte diese Ansprüche stützen. Das Gewicht des historisch Gewordenen und des Faktischen, das er in der römischen Kircheninstitution vor Augen hat, besitzt für ihn ausreichende Überzeugungskraft und läßt ihn biblische Belege und Kirchenväterzitate leichter nehmen, als sie theologisch genommen werden dürfen. Eck steht jedoch nicht auf der Seite der Kurie, weil er ein Opportunist wäre, sondern er vertritt den ekklesiologischen Standpunkt der Kurie, weil er sich eine Institution, die sich wie die Kirche über alle Länder erstreckt, nicht ohne Haupt vorstellen kann.[130] Nur eine straffe Organisation mit einer monarchischen Spitze kann seiner Überzeugung nach bei Zerwürfnissen entscheiden, handelnd eingreifen und Spaltungen vermeiden. Dieses rationale Argument tritt zu seiner Loyalität gegenüber dem Papsttum und seinem theologischen Positivismus hinzu.

Für Luther ist die Primatsfrage entschieden, weil sich der göttliche Ursprung und das göttliche Recht des Papsttums biblisch nicht begründen

---

Auslegung von Matthäus 16,13–18 im lateinischen Mittelalter, Tübingen 1963; ders., Petrus II, TRE, Bd. 26, 1996, 273–278; F. Hahn, Die Petrusverheißung Mt. 16,18 f., 1970, in: K. Kertelge (Hg.), Das kirchliche Amt im Neuen Testament, WdF 439, Darmstadt 1977, 543–561, bes. 543 f.; Cullmann, a. a. O. (Anm. 119), 177–190, 262; Luz, a. a. O. (Anm. 119), 467–480; O. Böcher, Petrus I, TRE, Bd. 26, 1996, 263–273 (Lit.), bes. 265.
126 Vgl. Fröhlich, a. a. O., 117.
127 WA 59, 495, 1916–1919.
128 Vgl. Cullmann, a. a. O. (Anm. 119), 181.
129 Luz, a. a. O. (Anm. 119), 477. In der „östlichen Deutung" ist das Bekenntnis bzw. der Glaube des Petrus „Fundamentalfels der Kirche" (476).
130 Vgl. z. B. WA 59, 441, 251 ff.

läßt. Die Auslegungstradition steht zum größten Teil auf seiner Seite. Gegenüber dem rationalen Argument, die Institution Kirche bedürfe einer einheitlichen Leitung, zeigt er sich durchaus aufgeschlossen. Luther kann den Papalismus als juristische Theorie akzeptieren[131] und dem Papst den Ehrenprimat in der westlichen Christenheit zugestehen.[132]

Eck insistiert auf dem göttlichen Ursprung und dem göttlichen Recht des Papsttums, obwohl ihm die Brüchigkeit des historischen Materials und die Dürftigkeit der Argumente, mit denen der Primat von der Kurie begründet wird, nicht verborgen geblieben sein sollte.[133] Für die Zurückweisung des von Luther vorgeschlagenen Ehrenprimats mag die Erwägung den Ausschlag gegeben haben, daß dem Papsttum seine größte Kraft genommen würde, wenn es aus theologischer Einsicht und in intellektueller Redlichkeit auf seine sakrale Unangreifbarkeit verzichtete. Denn gäbe das Papsttum den Anspruch auf, daß der Kirche aus göttlichem Recht Gehorsam gebührte,[134] hätte das den Verlust der „göttlichen" Legitimität zur Folge und bedeutete eine erhebliche Einbuße an weltlicher Macht und Einfluß.

In der lateinischen Kirche haben sich jedoch trotz der päpstlichen Suprematsgewalt Sekten ausgebreitet. Ist die Kirche ein Reich des Glaubens,[135] kann sie ihre Einheit nur im Glauben an Christus und an das Wort, das Christus bezeugt, haben, wiedergewinnen und bewahren.[136] Allein durch Christus, das Haupt der Kirche, wird alle Spaltung überwunden.[137] Vor Schismen gibt es keine Fluchtburg, schon gar nicht, wenn diese Fluchtburg selbst Schismen erzeugt.[138] Es gibt keine Sicherheit; denn auch Konzile können irren.[139] In der Freiheit des Glaubens, die in der Bindung an das

---

131 Vgl. z. B. WA 2, 22, 6 ff. und 187, 12.

132 Vgl. WA 59, 499, 2035–2037: „. . . sit primus in honore . . ."

133 Vgl. a. a. O., 524, 2829–2835.

134 Mit ungeheucheltem Entsetzen schreibt Eck unmittelbar nach der Leipziger Disputation an J. Hochstraten, den Inquisitor in den Rheinlanden, Luther habe sich erdreistet zu bestreiten, daß der Kirche aus göttlichem Recht Gehorsam gebühre (in: DCL 2, 262).

135 WA 59, 437, 141–144 (zitiert o. Anm. 110).

136 Vgl. a. a. O., 449, 520 ff. Mit Bezug auf Eph. 4,3–5.

137 A. a. O., 510, 2394 f.: „. . . volens solum Christum esse caput, quo vero tollitur omne schisma." – Vgl. Kähler, a. a. O. (Anm. 103), 221.

138 Vgl. Selge, ZKG 86 (1975), 39.

139 Vgl. WA 59, 500, 2080–2089. Das Konzil hat so wenig wie der Papst die Macht, neue Artikel des Glaubens aufzustellen (59, 500, 2083–2085).

von der Bibel bezeugte Evangelium ihren Grund wie ihren Bestand hat, ist die Kirche gegen Häresien und Schismen besser gerüstet als durch die Unterordnung unter eine unbiblisch begründete päpstliche Suprematsgewalt.

2.1.2. Die Deutung des Papsttums in der Schrift gegen Ambrosius Catharinus

In der ersten Märzwoche 1521, möglicherweise zusammen mit der Einladung zum Reichstag nach Worms, erhielt Luther die „Apologie" des italienischen Dominikaners Ambrosius Catharinus[140]. Die Themen, die Catharinus behandelt,[141] sind für Luther zu diesem Zeitpunkt bereits von untergeordneter Bedeutung. Er konzentriert sich in seiner Gegenschrift auf das Problem, woran Kirche als Kirche erkennbar ist.[142] Unlöslich damit verbunden ist die Frage, was die römische Kurie ist, wenn sie nicht als Kirche angesehen werden kann. Auf diesen Aspekt ist die Aufmerksamkeit im folgenden gerichtet.

Der weitaus größere Teil der Schrift Luthers gegen Catharinus dient mit der Auslegung von Dan. 8,23–25 und anderer Schriftstellen dem Nachweis, daß das Papsttum, und zwar nicht die Person des Papstes, sondern die Institution des Papsttums, der Antichrist ist.[143] Im März 1521 ist die

---

140 Ambrosius Catharinus, Apologia pro veritate catholicae et apostolicae fidei ac doctrinae adversus impia ac valde pestifera Martini Lutheri dogmata, 1520, hg. v. J. Schweizer / A. Franzen, CCath 27, Münster/Westf. 1956. Vgl. U. Horst, Ambrosius Catharinus, in: Katholische Theologen der Reformationszeit, hg. v. E. Iserloh, Bd. 2, KLK 45, Münster/Westf. 1985, 104–114. – Bemerkenswert ist, daß Catharinus das Studium der Schriften Girolamo Savonarolas in Florenz 1515–1517 den Zugang zu Luthers reformatorischem Anliegen nicht geöffnet hat.

141 In fünf Büchern hat Catharinus die Scholastik, den Primat des Papstes, ferner den Ablaß, die thomistische Bußlehre und das Fegefeuer verteidigt.

142 Ad librum eximii Magistri Nostri Magistri Ambrosii Catharini, defensoris Silvestri Prieratis acerrimi, responsio, WA 7, (698) 705–778. Vgl. J. Benzing, Lutherbibliographie, Baden-Baden 1966, 104–106.

143 WA 7, 722, 20 – 777, 8. Vgl. H. Kirchner, Luther und das Papsttum, in: H. Junghans (Hg.), a. a. O. (Anm. 6), Bd. I, 441–456, bes. 443; K. Hammann, Ecclesia spiritualis. Luthers Kirchenverständnis in den Kontroversen mit Augustin von Alveldt und Ambrosius Catharinus, FKDG 44, Göttingen 1989, 162–219.

Ahnung, über die Luther im Dezember 1518 noch erschrocken war,[144] zur Gewißheit geworden und der Bruch mit Rom, augenfällig vollzogen durch die Verbrennung der Bannbulle am 10. Dezember 1520,[145] bereits ein Tatbestand, von dem er in seinen Überlegungen ausgeht.[146]

Worin sieht Luther den antichristlichen Charakter des Papsttums? Es bindet die im Glauben an das Evangelium auf den Plan tretende geistliche Wirklichkeit der Kirche an Personen und Institutionen. Es nimmt Gottes Heilsmittel in die eigene Hand und setzt sich dadurch an die Stelle Gottes.

Der Antichrist kann sich nicht über Gott selbst erheben; denn dieser ist unangreifbar.[147] Auch nicht über Christus, der durch seinen Tod und seine Auferstehung alle Mächte besiegt hat und in personaler Einheit mit Gott dem Vater und Gott dem Heiligen Geist lebt und regiert.[148] Vielmehr erhebt er sich über den gepredigten, im Gottesdienst geglaubten und in den Herzen verehrten Gott; genauer: über das gepredigte Wort Gottes.[149] Er widersteht Christi Wort und verdammt die Wahrheit dieses Wortes.[150] Durch das Evangelium und die Sakramente vergegenwärtigt sich Gott. Aber dagegen sträubt sich der Antichrist und bezeichnet sich selbst als den Statthalter Gottes.[151] Doch wo Gott selbst gegenwärtig ist, bedarf es keines Statthalters, sondern allein der Diener.[152] Weil der Papst die Stellvertretung Christi an sich gezogen hat, als wenn Christus nicht durch seinen Geist vertreten würde, und sogar die Einheit mit Christus behauptet,[153] darum ist

---

144 Vgl. WA.B 1, 270, 11–14 u. a., bes. WA.B 2, 167, 13–17 (nicht der Papst, sondern das Papsttum ist der wahre Antichrist). Vgl. G. Seebaß, Antichrist IV, TRE, Bd. 3, 1978, 28–43, bes. 29–31; V. Leppin, Luthers Antichristverständnis vor dem Hintergrund der mittelalterlichen Konzeptionen, KuD 45 (1999), 48–63; s. a. ders., Antichrist und Jüngster Tag, QFRG 69, Gütersloh 1999.

145 Vgl. H. Boehmer, Luther und die Verbrennung der Bannbulle, 1920/21, in: ders., Studien zur Kirchengeschichte, hg. v. H. Bornkamm / H. Hofmann, TB 52, München 1974, 77–123.

146 WA 6, 612, 15 ff. (dt. 629, 14–21), veröffentlicht im Okt. / Nov. 1520, setzt den definitiven Bruch mit Rom bereits voraus.

147 WA 7, 741, 17 f.

148 A. a. O., 776, 33 f.

149 A. a. O., 741, 19: „super verbum dei praedicatum".

150 A. a. O., 776, 26 f., 31.

151 A. a. O., 741, 32 ff.

152 A. a. O., 742, 14 f.: „Ubi enim deus praesens est, Vicario non est opus, sed dumtaxat ministris."

153 A. a. O., 742, 4–6. Das ist für Luther die Lästerung schlechthin (Z. 6 f.): „O blasphemiarum blasphemia furiosissima!"

in der Institution des Papsttums das Wort aus 2. Thess. 2,4 erfüllt:[154] „Er ist der Widersacher, der sich erhebt über alles, was Gott oder Gottesdienst heißt, so daß er sich in den Tempel Gottes setzt und vorgibt, er sei Gott."

Gott hat die Kirche nicht an Stätten und Personen, sondern allein an das Evangelium und die Sakramente gebunden. Durch sie übt Christus seine Herrschaft aus. Das Papsttum herrscht dagegen durch „Menschenlehre"[155], die an die Stelle des lebendigen Wortes Gottes tritt[156] und auf der Verfälschung der Heiligen Schrift beruht.[157] Das Papsttum hat das Amt des Wortes an sich gezogen, aber es richtet es nicht aus.[158] Stattdessen bindet es die Kirche an seine Zeremonien und an das, was es erdichtet hat.[159] Das Amt des Wortes ist preisgegeben, die Titel und Kleider sind geblieben.[160]

Das Papsttum ist demnach antichristlich darin, daß es die Selbstbindung Gottes an das Wort und die Sakramente unterwandert, das apostolische Evangelium durch Menschenlehre unterdrückt, Gottes Gnadenmittel in die eigene Regie nimmt, sie mit der Jurisdiktionsgewalt des Papstes verknüpft und daraus Rechtstitel ableitet, durch welche die Gewissen in der Abhängigkeit von der römischen Kirchenorganisation gehalten werden. Dadurch wird die Zuwendung des durch die Gnadenmittel rechtfertigenden Gottes unterlaufen. An dessen Stelle tritt die „Kirche" als notwendige Vermittlerin des Heils. Daraus ist ein sonderbares „Reich" entstanden;[161] weder weltlich noch geistlich, drückt es dem ganzen Zeitalter durch ausdrucksvolle Gesten und imponierende Gebärden seinen

---

154 A. a. O., 742, 16–21. Luthers Antichristvorstellung ist biblisch bestimmt; sie darf nicht einfach als zeitgebunden relativiert werden (mit E. Kohlmeyer, Zu Luthers Anschauungen vom Antichrist und von weltlicher Obrigkeit, ARG 24/25 (1927/28), 142–150, 145).

155 WA 7, 724, 8–10; 725, 7 f. u. ö.

156 Das ist die größte Plage, die Gott in seinem Zorn zufügen kann (a. a. O., 724, 36–39).

157 A. a. O., 775, 9. – Der Antichrist hat das Wort, den Glauben, die ganze Schrift des Alten Testaments und die apostolischen Bücher des Neuen Testaments ganz und gar verwüstet (a. a. O., 776, 34 f.). Er stützt sich dabei auf die hohen Schulen an den Universitäten (a. a. O., 736, 8 – 740, 4, bes. 737, 32 f.). Gegen die hohen Schulen als Hilfsinstitutionen des Papsttums vgl. ferner WA 7, 640, 19; 664, 23–26; außerdem WA 8, 542, 11–15; 553, 11 f.; 555, 12; 558, 24–28.

158 WA 7, 739, 19 ff., bes. 740, 1–3, 7 f.

159 A. a. O., 761, 16–19.

160 A. a. O., 762, 17 f.

161 A. a. O., 729, 5–22, bes. 11–13. Z. 5 ist von der „wunderlichen Macht dieses absonderlichen Königs" die Rede („mira potentia huius regis monstrosi").

Stempel auf.[162] Es vermag, sich Schulen und Universitäten, Städte, Nationen und die Universalgewalt des Kaisertums gefügig zu machen, obwohl es über nur geringe Hilfsmittel verfügt und weder ein legitimes weltliches noch ein legitimes geistliches Mandat besitzt. Das Herrschaftsinstrument der Gewissensbindung beruht auf der Inbeschlagnahme der an die Verkündigung des Evangeliums geknüpften Schlüsselgewalt, also auf Amtsmißbrauch.

Der Okkupation des Gewissens vermag allein das Evangelium entgegenzuwirken. Dieses „Reich" wird daher ohne Zutun von Menschenhand zerbrochen werden.[163] „Ich weiß und bin gewiß, daß unser Herr Jesus Christus noch lebt und regiert. Auf dieses Wissen und Vertrauen trotze ich so, daß ich auch tausend Päpste nicht fürchte."[164]

2.1.3. Die Verwerfung des Papsttums in den Schmalkaldischen Artikeln

Aus der Zuordnung des Artikels über das Papsttum zu dem Hauptartikel in ASm II ergibt sich, daß er theologisch angemessen nur in dem von dem Artikel von Christus und der Rechtfertigung gesetzten Rahmen interpretiert werden kann. Das steht für Luther seit dem Ablaßstreit fest und wird in den Schmalkaldischen Artikeln noch einmal nachdrücklich unterstrichen. ASm II, 4 stellt Luthers Resümee in der Beurteilung des Papsttums dar.[165] In den späteren Stellungnahmen verschärft er bisweilen die Polemik,[166] ändert aber nicht mehr seinen Standpunkt.

---

162 A. a. O., 730, 34 – 736, 34: Das Papsttum als das Reich der „Gebärden" (*facies*).

163 Dan. 8,25; WA 7, 777, 1–8. Diese Aussage ist gegen die „Pfaffenkriegspläne" von U. von Hutten und F. von Sickingen gerichtet (vgl. WA.B 2, 249, 12–15). Ähnlich wie in WA 7, 777, 1–8 wird Dan. 8,25 später des öfteren aufgenommen (z. B. WA 8, 677, 20–25).

164 WA 7, 778, 12–14. Übers. aus dem Schluß der Schrift. Dieselbe Zuversicht spricht aus Luthers Brief an Spalatin, geschrieben in Frankfurt/M. auf der Reise nach Worms am 14.4.1521 (WA.B 2, 298, 8–10).

165 Mit Kirchner, a. a. O. (Anm. 143), 453. Vgl. ferner E. Mülhaupt, Vergängliches und Unvergängliches an Luthers Papstkritik, LuJ 26 (1959), 56–74; R. Bäumer, Martin Luther und der Papst, KLK 30, Münster/Westf. ⁵1987, 90–93.

166 Vgl. z. B. Wider das Papsttum zu Rom, vom Teufel gestiftet, 1545, WA 54, (195) 206–299.

Luthers Haupteinwand gegen das Papsttum lautet wie in der Leipziger Disputation: „Daß der Papst nicht jure divino oder aus Gottes Wort das Haupt der ganzen Christenheit ist (denn das gehört einem allein zu, der heißt Jesus Christus), sondern allein Bischof oder Pfarrer der Kirche zu Rom."[167] Den Ausschlag gibt das theologische Argument, das Papsttum lasse sich nicht aus Gottes Wort begründen und sei deshalb keine von Gott gestiftete Institution. Dagegen hat Gott der Kirche Jesus Christus als Haupt gegeben, wäre sie doch ohne ihr himmlisches Haupt nicht das endzeitliche Gottesvolk, sondern lediglich eine Religionsgemeinschaft.

Aus der fehlenden göttlichen Legitimation des Papsttums folgt die Negation seiner „angemaßten Gewalt" (BSLK 428, 5). Im Jurisdiktionsprimat des Papstes ist die Weihegewalt *(potestas ordinis)*, die oberste Lehrautorität *(suprema magisterii potestas)* und das oberste Gesetzgebungsrecht *(potestas iurisdictionis)* enthalten. Aber diese dreifach aufgefächerte Gewalt läßt sich nicht nach göttlichem Recht begründen. Das ist die kirchenrechtliche Schlußfolgerung aus der theologischen Argumentation. Von einem Papst*amt* kann deshalb gar nicht geredet werden. Im Gegenteil, das Papsttum ist „etwas von Menschen Erdichtetes, das nicht geboten, unnötig und zwecklos ist" (429, 1 f.; mod.).

Doch kann dem Papst als dem Bischof und Pfarrer von Rom, der traditionsreichsten christlichen Gemeinde des Abendlandes, ein Ehrenvorrang *(primatus honoris)* eingeräumt werden. „Ein solches Haupt würde von Menschen erwählt, und es stünde in menschlicher Wahl und Gewalt." (429, 12 f.) Luther sieht aber ganz richtig, daß ein Papsttum, das sich auf menschliches Recht gründete, damit den Keim seiner inneren Auflösung in sich aufnähme (429, 16–20). Diese Sicht, daß ein Papsttum, das nicht auf Gottes Befehl, sondern auf menschlichem guten Willen beruht, der Christenheit in keiner Weise nützen kann (429, 21 – 430, 4), teilt Luther zwar nicht mit Melanchthon[168], aber mit der papalistischen Theorie, die wohl mit Recht davon ausgeht, daß die Faszination sowie die Funktionsfähigkeit des Papsttums auf seiner „göttlichen" Legitimation basiert.

Was den antichristlichen Charakter der Institution des Papsttums betrifft, so sieht ihn Luther in dem unverfrorenen Anspruch zum Ausdruck

---

167 BSLK 427, 7–10. Mod.

168 Melanchthon hat bei seiner Unterschrift unter die ASm den Vorbehalt erhoben, man könne die Superiorität des Papstes über die Bischöfe, „die er hat jure humano, auch von uns zulassen" (BSLK 464, 3 f.).

gebracht, „daß kein Christ selig werden könne, er sei denn ihm gehorsam und untertan in allen Dingen" (428, 14 f.). „Das ist so viel gesagt wie: ‚Wenn du gleich an Christus glaubst und alles an ihm hast, was zur Seligkeit nötig ist, so ist das doch nichts und alles umsonst, wenn du mich nicht für einen Gott hältst, mir untertan und gehorsam bist.'" (428, 16–20) Das Kennzeichen des Antichrists ist mithin der „Zusatz"[169], durch den er Gottes Offenbarung in Christus an sich selbst zu binden sucht. Er kann Gottes Offenbarung unverändert übernehmen, verändert sie aber grundlegend durch die Bindung an sich selbst. Das Papsttum unterwirft sich die Gnadenmittel, statt sich an sie zu binden. Das ist Antichristentum par excellence! Der „Türke" mag ein Feind der Christen sein, aber er kann sich nicht „geistlich" über die Predigt und den Glauben erheben, sondern allenfalls mit äußerer Gewalt.[170]

Das Heil kommt im Glauben an „die Predigt oder Gottes Wort" zur Entscheidung; es hängt nicht an der „Gewalt des Papstes" (424, 7–9). Daraus ist im Blick auf das Amtsverständnis zu schließen: „Das Papsttum hat keinen Nutzen in der Kirche, denn es übt kein christliches Amt (aus); so muß die Kirche ohne den Papst bleiben und bestehen." (429, 5–7; mod.)

2.2. Das geistliche Regiment

Alle Welt ist schuldig, „euch mit eurem Regiment zu vertilgen", urteilt Luther über die kirchliche Hierarchie, die Gottes Wort unterdrückt.[171] Die Kritik an der hierarchischen Entstellung der Kirche und des Amtes und der Bruch mit der überkommenen Hierarchie geht der kirchlichen Neuordnung voraus. Luthers Gedanken zur Neuordnung stehen im Kontext des gesamten theologischen Themenbestandes von der Urstands- und Sündenlehre über die Christologie, Pneumatologie, Ekklesiologie und Ethik bis hin zur Eschatologie. Besonders durch die drei aufeinander bezogenen

---

169 Vgl. E. Wolf, Leviathan. Eine patristische Notiz zu Luthers Kritik des Papsttums, 1945, in: ders., Peregrinatio (I), München ²1962, 135–145, 139 f.

170 Vgl. BSLK 430, 14 – 431, 4. Als biblischer Beleg für den antichristlichen Charakter des Papsttums dient wie zwischen 1518 und 1521 vor allem 2. Thess. 2,4; vgl. H. Preuß, Die Vorstellungen vom Antichrist im späteren Mittelalter, bei Luther und in der konfessionellen Polemik, Leipzig 1906, 156.

171 Wider den falsch genannten geistlichen Stand des Papsts und der Bischöfe, 1522, WA 10 II, 140, 20. Mod.

Unterscheidungen zwischen Reich Gottes und Reich der Welt, geistlichem und weltlichem Regiment, Christperson und Weltperson legt Luther das theologische Fundament, auf das sich die Neuordnung von Kirche und Amt gründet.

Einen zusammenfassenden Ausdruck hat Luthers Verständnis des geistlichen Reiches und Regiments in dem Sermon *Von weltlicher Obrigkeit* aus dem Jahr 1523 gefunden.[172] Luther nimmt sich vor, die Grenze der Gehorsamspflicht zu erörtern. Ferner will er vor allem auf die Frage eingehen, ob und wie man das „Schwert" christlich gebrauchen kann.[173] Ausgangspunkt ist die Bergpredigt; geschichtlicher Hintergrund die mittelalterliche Zweistufenethik, in der die Gebote Jesu in „Räte" *(consilia)* umgedeutet wurden, die nur von einer geistlichen Elite zu befolgen seien.

Der Sermon ist in drei Teile gegliedert. Im ersten Teil hebt Luther die Notwendigkeit der Obrigkeit hervor und legt außerdem dar, daß sie mit Christi Wort, besonders mit dem in Mt. 5,38–42 gebotenen Gewaltverzicht, im Einklang steht. Im zweiten Teil erörtert er die Grenze der obrigkeitlichen Gewalt. Der dritte Teil enthält einen christlichen Fürstenspiegel[174]. Grundlegend ist der erste Teil, auch wenn Luther den zweiten gemäß der Ankündigung im Titel als das „Hauptstück dieses Sermons" bezeichnet.[175] Es wäre unsachgemäß, lediglich einige

---

172 Von weltlicher Oberkeit, wie weit man ihr Gehorsam schuldig sei, (März) 1523, WA 11, (229) 245–281 (StA 3, (27) 31–71). Zur Bestimmung des Begriffs *Obrigkeit* vgl. G. Scharffenorth, Den Glauben ins Leben ziehen . . . Studien zu Luthers Theologie, München 1982, 275–281. Lit. im Überblick in: H.-H. Schrey (Hg.), Reich Gottes und Welt, WdF 107, Darmstadt 1969, 557–566; G. Wolf (Hg.), Luther und die Obrigkeit, WdF 85, Darmstadt 1972, 469–482; J. Haun, Bibliographie, in: G. Sauter (Hg.), Zur Zwei-Reiche-Lehre Luthers, TB 49, München 1973, 215–245; E. Herms, Obrigkeit, TRE, Bd. 24, 1994, 723–759, 755 ff.

173 WA 11, 245, 8–10. Mit „Schwert" *(gladius)* umfaßt Luther alles, was zum weltlichen Regiment gehört (vgl. WA.B 2, 357, 32 ff.; WA 23, 514, 2; dazu E. Wolgast, Die Wittenberger Theologie und die Politik der evangelischen Stände, QFRG 47, Gütersloh 1977, 45).

174 Wie ein Fürst als Christ regieren kann, zeigt Luther später vor allem in der Auslegung des 101. Psalms, 1535, WA 51, 200–264; vgl. dazu W. Sommer, Die Unterscheidung und Zuordnung der beiden Reiche bzw. Regimente Gottes in Luthers Auslegung des 101. Psalms, 1988, in: ders., Politik, Theologie und Frömmigkeit im Luthertum der Frühen Neuzeit, FKDG 74, Göttingen 1999, 11–53.

175 WA 11, 261, 27. Vgl. z. St. P. Manns, Luthers Zwei-Reiche- und Drei-Stände-Lehre, in: ders., Vater im Glauben. Studien zur Theologie Martin Luthers, hg. v. R. Decot, VIEG 131, Stuttgart 1988, 376 – 399, 385.

Spitzensätze herauszuschreiben. Man muß Luthers Argumentation folgen.

Weltliches Recht und obrigkeitliche Gewalt liegen in Gottes Willen begründet und sind eine Anordnung Gottes.[176] Das Recht des Schwertes hat es von Anfang der Welt an gegeben.[177] Es dient zur Erhaltung der Welt.[178] Daher ist es Gottes Wille, „das weltliche Schwert und Recht zu handhaben zur Strafe der Bösen und zum Schutz der Frommen"[179].

Gegen den Gebrauch der Gewalt scheint Christi Gebot des Gewaltverzichts zu sprechen.[180] Die mittelalterliche Lösung des Problems durch die Unterscheidung zwischen „Räten" für die Vollkommenen und „Geboten" für die Allgemeinheit hat keinen Grund in der Schrift und führt zur Außerkraftsetzung der Gebote Christi.[181] Aber Christus will nicht, daß auch nur das kleinste Gebot aufgelöst wird.[182] Im übrigen besteht die Vollkommenheit nicht in Werken oder einem äußerlichen Stand, sondern im Herzen, im Glauben und der Liebe; und Liebe und Glaube machen keine Sekten noch äußeren Unterschiede.[183]

Zur Lösung des Problems holt Luther weiter aus und formuliert die folgende Fundamentalaussage: „Hier müssen wir Adams Kinder und alle Menschen teilen in zwei Teile: die ersten zum Reich Gottes, die andern

---

176 WA 11, 247, 21 f. Biblische Hauptbelege: Röm. 13,1 f.; 1. Petr. 2,13 f. Zum Verständnis des Willens Gottes als Quelle des Rechts vgl. J. Heckel, Lex charitatis. Eine juristische Untersuchung über das Recht in der Theologie Martin Luthers, ABAW.PH 36, München 1953, 68 ff.

177 WA 11, 247, 31 ff.

178 Die von Luther angeführten Belege (1. Mose 4,14 f.; 9,6) deuten darauf hin, daß es sich bei dem weltlichen Regiment um eine göttliche Stiftung im infralapsarischen Sinn handelt (vgl. Harald Diem, Luthers Lehre von den zwei Reichen, 1938 in: G. Sauter (Hg.), a. a. O. (Anm. 172), 1–173, 59 f.; zur Diskussion vgl. ferner O. Hof, Luthers Lehre von den zwei Reichen, in: ders., Schriftauslegung und Rechtfertigungslehre, Karlsruhe 1982, 143–159, 145).

179 WA 11, 248, 30 f.

180 A. a. O., 248, 32 – 249, 8.

181 A. a. O., 249, 9 ff., bes. 14. Vgl. K. D. Schmidt, Luthers Staatsauffassung, 1961, in: ders., a. a. O. (Anm. 57), 1967, 157–168, bes. 158 f.

182 WA 11, 249, 14 f.

183 A. a. O., 249, 18–23. Unter „Sekten" kann Luther scholastische und philosophische Schulmeinungen verstehen (so S. Mühlmann, in: StA 3, 37, Anm. 85), aber auch Mönchsorden und in den 1520er Jahren Täufer, Rotten- und Schwarmgeister.

zum Reich der Welt."[184] In der Erläuterung dieser These geht er von dem Glaubensbegriff aus und führt über den Begriff der Kirche als der innerlichen Christenheit[185] zur notwendigen Unterscheidung zwischen Reich Gottes und Reich der Welt: „Die zum Reich Gottes gehören, das sind alle Rechtgläubigen in Christus und unter Christus. Denn Christus ist der König und Herr im Reich Gottes . . . Diese Leute bedürfen keines weltlichen Schwerts noch Rechts . . . Denn wozu sollte es ihnen dienen, da sie den heiligen Geist im Herzen haben, der sie lehrt und macht, daß sie niemandem Unrecht tun, jedermann lieben, von jedermann gern und fröhlich Unrecht leiden, auch den Tod?"[186] Im Unterschied zu ihnen „tun die Ungerechten nichts Rechtes"; „darum bedürfen sie des Rechts, das sie lehre, zwinge und dringe"[187]. Das „Herrschaftsinstrument" im Reich der Welt ist das „Schwert", im Reich Gottes das „Evangelium", das Gottes Reich „lehrt, regiert und erhält"[188].

Mit dem Begriff der beiden Reiche verknüpft Luther den der beiden Regimente:[189] Gott hat zwei Regimente verordnet, „das geistliche, welches Christen und fromme Leute macht durch den heiligen Geist unter Christus, und das weltliche, das den Unchristlichen und Bösen wehrt, daß sie

---

184 A. a. O., 249, 24 f.; mod. Strenggenommen unterscheidet Luther nicht zwischen „Reich Gottes und Welt" (so H.-H. Schrey (Hg.), a. a. O. (Anm. 172), 1969), sondern zwischen „Reich Gottes und *Reich* der Welt". Luthers Weltbegriff ist weiter gespannt (vgl. M. Schmidt, Luthers Weltverständnis, LuJ 37 (1970), 102–120, bes. 107 f.).

185 Vgl. z. B. WA 6, 292–296; WA 10 III, 372, 3; ferner WA.B 2, 605, 8 (Nr. 605): „Das Reich Gottes ist die Kirche Christi, die durch das Wort Gottes regiert wird." (Übers. aus einem Brief an Spalatin; 4.10.1522.) „Reich Gottes" ist bei Luther also ein ekklesiologischer Terminus (mit F. Lau, Luthers Lehre von den beiden Reichen, Berlin 1952, 18 f.; E. Mühlhaupt, Herrschaft Christi bei Luther, 1959, in: H.-H. Schrey (Hg.), a. a. O. (Anm. 172), 432–456, 446). Die Ekklesiologie wiederum hat die Eschatologie zum „Hintergrund" (U. Asendorf, Eschatologie bei Luther, Göttingen 1967, 129 ff.).

186 WA 11, 249, 26 f., 36 und 250, 1–4; mod.

187 A. a. O., 250, 11 f. mod.

188 A. a. O., 249, 35.

189 Man kann von der „Reichslehre im Grundsinn" reden (so J. Heckel, Im Irrgarten der Zwei-Reiche-Lehre, TEH NF 55, München 1957, 6), die der Regimentenlehre zugrundeliegt. Beide sind nach Heckel „aus *einem* Guß". Die Isolierung der Zwei-Reiche-Lehre ist wie die Isolierung der Regimentenlehre (so z. B. bei G. Törnvall, Geistliches und weltliches Regiment bei Luther, FGLP 10, 2, München 1947) unsachgerecht.

äußerlich Frieden halten."[190] Dieses theologische Argument ergänzt Luther durch den Erfahrungsbeweis: Wenn jemand die Welt nach dem Evangelium regieren und alles weltliche Recht und Schwert aufheben wollte, der würde den wilden Tieren die Ketten auflösen, daß sie jedermann zerrissen und zerbissen.[191] Denn die Welt und die Menge sind und bleiben Unchristen, obwohl sie alle getauft sind und Christen heißen.[192] „Darum muß man die beiden Regimente sorgfältig voneinander unterscheiden und beide bleiben lassen . . . Keins reicht ohne das andere aus in der Welt."[193]

Christus ist ein König über Christen und regiert ohne Gesetz allein durch den heiligen Geist.[194] Die Christen bedürfen für sich des weltlichen Regiments nicht.[195] Aber ein Christ lebt nicht sich selbst, sondern dem Nächsten.[196] Gemäß Röm. 13,1 und 1. Petr. 2,13 begibt er sich darum freiwillig unter das weltliche Regiment;[197] denn dieses ist „ein notwendiges, nicht ein arbiträres Amt"[198]. Für den Christen stellt es den institutionellen Rahmen dar, in dem er sein Leben im Dienst für andere führen kann. Deshalb soll der Christ dieses Amt nicht fliehen, sondern sich „dazu erbieten"[199]. Es „gebührt den Christen zu eigen vor allen anderen auf Erden"[200].

Die Unterscheidung zwischen den beiden Reichen und Regimenten läuft schließlich auf die Unterscheidung zwischen Christperson und Weltperson zu: Ein Christ soll so beschaffen sein, „daß er alles Übel und Unrecht leide, sich nicht selbst räche, sich auch nicht vor Gericht schütze, sondern daß er in allen Dingen der weltlichen Gewalt und des weltlichen Rechts für sich selbst nicht bedürfe. Aber für andere kann und soll er Rache, Recht, Schutz und Hilfe suchen und dazu tun, was und womit er

---

190 WA 11, 251, 15–18; mod. „Fromm" ist Synonym für gerechtfertigt im Glauben.
191 A. a. O., 251, 22–27. Zusammenfassende Wiedergabe.
192 A. a. O., 251, 35–37.
193 A. a. O., 252, 12–14; mod.
194 A. a. O., 252, 35 f.
195 Vgl. a. a. O., 253, 22.
196 A. a. O., 253, 24 f.
197 A. a. O., 253, 26 ff.
198 Wolgast, a. a. O. (Anm. 173), 49.
199 WA 11, 255, 2.
200 A. a. O., 258, 2 f.

kann."[201] Gilt Christi Gebot unverbrüchlich,[202] stellt ferner die Flucht aus der Welt ins Kloster keine Lösung dar: Dann kann der Glaube an Christi Gebot und Verheißung nicht gegen die Institutionen, sondern nur *in* ihnen geübt werden.[203] „So geht's denn beides fein miteinander, daß du zugleich Gottes Reich und der Welt Reich genug tust, äußerlich und innerlich, zugleich Übel und Unrecht leidest und doch Übel und Unrecht strafst, zugleich dem Übel nicht widerstehst und doch widerstehst."[204] Luther ist der Meinung, durch die Unterscheidung zwischen Christperson und Weltperson das Verbot gewaltsamer Selbsthilfe in der Bergpredigt mit der Gewaltausübung des Staates in Römer 13 in Einklang gebracht zu haben,[205] und zwar nicht nur im Sinn der passiven Unterordnung, sondern der aktiven Beteiligung an den obrigkeitlichen Aufgaben. Dabei ist freilich nicht an das demokratische Ideal der Beteiligung aller gedacht; außerdem ist vorausgesetzt, daß die Obrigkeit christlich ist.

Der zweite Teil des Sermons ist für das Verständnis des geistlichen Regiments insofern ergiebig, als Luther die Grenze des weltlichen Regiments von vornherein im Gegenüber zum geistlichen Regiment zieht. Als Ausgangspunkt der Überlegungen ist in Erinnerung zu rufen: Christus regiert die Seinen inwendig; er gibt den Geist und Gottes Wort.[206] In diesem Amt mußten ihm die Apostel nachfolgen und alle geistlichen

---

201 A. a. O., 259, 9–13; mod. Zwischen Christperson und Weltperson unterscheidet Luther bereits im *Sermo de duplici iustitia,* 1519, WA 2, 151, 1–10. Vgl. D. Bielfeldt, Freedom, Love, and Righteousness in Luther's Sermo de Duplici Iustitia, in: ders. / K. Schwarzwäller (Hg.), Freiheit als Liebe bei Martin Luther, Frankfurt/M. 1995, 19–34.

202 WA 11, 259, 17–19; vgl. a. a. O., 249, 15–17.

203 Zur Ansatzstelle der reformatorischen Ethik wird der Berufsgedanke, den Luther ab 1522 entfaltet hat (z. B. WA 10 I, 1, 306, 17 f.; vgl. K. Holl, Die Geschichte des Wortes Beruf, in: ders., Gesammelte Aufsätze zur Kirchengeschichte, Bd. III: Der Westen, Tübingen 1928, 189–219, bes. 204 ff.; G. Wingren, Luthers Lehre vom Beruf, FGLP 10, 3, München 1952, 10 ff.; E. Wolf, Politia Christi, in: ders., a. a. O. (Anm. 169), 214–242, bes. 228). Mit dem Berufsgedanken ist die Drei-Stände-Lehre verknüpft (s. u. 3.1.1.).

204 WA 11, 255, 12–15; mod. – „Es ist die entscheidende Frage an das Gewissen, in welcher Relation in bestimmter Situation gehandelt werden muß, als persona privata in der Beziehung coram meipso oder als persona publica in der coram mundo; dabei sind aber beide Relationen orientiert an der Relation coram Deo, die beide Verhaltensweisen übergreift." (Wolgast, a. a. O., (Anm. 173), 52.)

205 WA 11, 260, 16 f.

206 A. a. O., 258, 22–24.

„Regierer"[207]. Ihr geistliches Schwert ist das Wort Gottes.[208] Das Regieren im Nachfolgeamt der Apostel ist daher „nichts anderes als Gottes Wort treiben, mit ihm die Christen führen und Ketzerei überwinden . . . Christen müssen im Glauben regiert werden, nicht mit äußeren Werken. Glaube kann aber durch kein Menschenwort, sondern nur durch Gottes Wort kommen (Röm. 10,17)."[209] Mithin ist das geistliche Regiment „nicht eine Obrigkeit oder Gewalt, sondern ein Dienst und Amt"[210].

Dieses Verständnis des geistlichen Regiments schließt ein, daß sich die obrigkeitliche Gewalt nicht weiter erstrecken darf als über Leib und Gut und was äußerlich ist auf Erden; denn über die Seele kann und will Gott niemanden regieren lassen als sich selbst allein.[211] Ferner ist in diesem Verständnis ein spezifisch evangelischer Begriff der Toleranz enthalten:[212] Man kann niemanden zum Christentum zwingen[213] noch Ketzerei durch die weltliche Obrigkeit – auch nicht durch eine nach menschlichem Kirchenrecht eingesetzte Kirchenleitung – überwinden; denn das menschliche Herz läßt sich nicht zwingen.[214] Über die Seele hat allein Gott Gewalt.[215] Deshalb (soll) „Gottes Wort hier streiten; wenn's das nicht ausrichtet, so wird es wohl unausgerichtet bleiben"[216]. Aber „das Wort Gottes (ist) da, das tut's"![217] „Gottes Wort erleuchtet die Herzen, und damit fallen dann von selbst alle Ketzerei und Irrtümer aus dem Herzen."[218]

Der christliche Fürstenspiegel im dritten Teil des Sermons braucht in diesem Zusammenhang nur gestreift zu werden.[219] Luther zeigt in ihm auf,

---

207 A. a. O., 258, 24 f.
208 A. a. O., 258, 26. Vgl. Hebr. 4,12; Eph. 6,17.
209 A. a. O., 271, 15–20; mod.
210 A. a. O., 271, 11 f. – „Ein geistliches Regiment in der Form der kirchlichen Jurisdiktion wird damit ausgeschlossen" (Schwarz, a. a. O. (Anm. 103), 135).
211 WA 11, 262, 7–10.
212 Vgl. E. Wolf, Toleranz nach evangelischem Verständnis, in: ders., Peregrinatio II, München 1965, 284–299; H. Bornkamm, Das Problem der Toleranz im 16. Jahrhundert, in: ders. Das Jahrhundert der Reformation, Göttingen ²1966, 262–291. S. a. LuJ 62 (1995), 207–212; LuJ 66 (1999), 291–293.
213 WA 11, 260, 8 f.; vgl. 264, 23 (mit Bezug auf Augustin, PL 43, 315).
214 WA 11, 264, 24 ff., bes. 27 f.
215 A. a. O., 265, 32 f. u. ö.
216 A. a. O., 268, 24–26. Mod.
217 A. a. O., 268, 28 f.
218 A. a. O., 269, 14 f.
219 S. o. Anm. 174. Zu der mittelalterlichen Tradition der Fürstenspiegel vgl. H.-H. Anton, Fürstenspiegel, LMA, Bd. 4, 1989, 1040–1048.

was es heißt, als Christ ein obrigkeitliches Amt zu bekleiden und öffentliche Verantwortung zu tragen. Es heißt, ein Leben für andere zu führen nach dem Vorbild Christi.[220] „Denn verflucht und verdammt ist alles Leben, das sich selbst zu Nutzen und zugute gelebt und gesucht wird, verflucht alle Werke, die nicht in der Liebe gehen."[221] Darum zielt es nicht auf die Klerikalisierung der Politik, freilich auch nicht auf ihre Säkularisierung im Sinn der Renaissance oder der Aufklärung. Es zielt vielmehr auf die Sachgemäßheit der Amtsführung aufgrund der Gewissensbindung des Amtsträgers. Durch die Bindung des Amtsträgers an Gottes Wort wird die Rechtsbindung der Politik untermauert.[222] Das Kriterium der Amtsführung ist das Gemeinwohl, wie es von der Vernunft von Fall zu Fall erkannt wird.[223] Die Aufgabe der Obrigkeit ist neben der Förderung des Gemeinwohls[224] und dem Schutz der Schwachen vor Unrecht[225] die Friedenssicherung[226] und die Erhaltung größtmöglicher Freiheit für alle.[227]

Zusammenfassung:

1. Bei der Unterscheidung der beiden Herrschaftsbereiche und Herrschaftsweisen Gottes[228] geht es Luther um die Erkenntnis des *einen* Gottes,

---

220 WA 11, 273, 13–24. – „Weil das öffentliche Amt sein Wesen darin hat, für andere zu sein, . . . kann im Grunde nur derjenige, der seinen Stand in Gott hat (Gebet!), dieser Belastung voll standhalten" (U. Duchrow, Christenheit und Weltverantwortung, FBESG 25, Stuttgart 1970, 551).

221 WA 11, 272, 1–3; mod.

222 Zur Bedeutung des Rechts vgl. J. Heckel, Naturrecht und christliche Verantwortung im öffentlichen Leben nach der Lehre Martin Luthers, in: ders., Das blinde, undeutliche Wort ,Kirche', hg. v. S. Grundmann, Köln / Graz 1964, 243–265, bes. 259; H. Bornkamm, Luthers Lehre von den zwei Reichen im Zusammenhang seiner Theologie, Gütersloh ³1969, 19 f.; K. Schlaich, Martin Luther und das Recht, in: ders., Gesammelte Aufsätze, hg. v. M. Heckel / W. Heun, JusEcc 57, Tübingen 1997, 3–23, bes. 18 f.

223 Vgl. K. Schwarzwäller, Theologische Kriterien für politische Entscheidungen bei Luther, KuD 26 (1980), 88–108, 95.

224 Vgl. WA 11, 273, 20–23.

225 Vgl. WA 6, 428, 4 f.; WA 31 I, 200, 7 f.

226 Vgl. WA 11, 251, 18; 253, 26–28. Weitere Stellen bei Elert, a. a. O. (Anm. 28), Bd. 2, 319. Die Friedenssicherung kann den Verteidigungskrieg einschließen (vgl. Wolgast, a. a. O. (Anm. 173), 53–64).

227 Vgl. WA 18, 396, 15; WA 31 I, 194, 21.

228 Terminologisch nach Bornkamm, der „regnum / Reich" mit „Herrschaftsbereich" und „regimen / Regiment" mit „Herrschaftsweise" wiedergegeben hat (a. a. O. (Anm. 222), 15).

dessen welterhaltendes Handeln sich von dem rechtfertigenden Handeln in Christus und dem heiligenden und kirchegründenden Handeln durch seinen Geist unterscheidet.

2. In dem rechtfertigenden Glauben ist die Wiederentdeckung der Welt als Schöpfung Gottes enthalten. Der Glaube schenkt eine neue Einstellung zum menschlichen Dasein in der Gemeinschaft und ermächtigt zu selbstlosem Dienst.[229] Den institutionellen Rahmen für diesen Dienst stellen die drei von Gott eingesetzten Stände dar: Kirche und Predigtamt, Ehestand und Ökonomie, weltliche Obrigkeit und Politik. Der Christ steht in allen zugleich und handelt durch seinen Beruf öffentlich in einem der beiden Herrschaftsbereiche Gottes.

In Luthers Lehre von den drei Ständen oder Hierarchien ist eine polemische Spitze gegen die Hierarchie der römischen Kirche und die Mönchsorden enthalten, die keiner der Hierarchien angehören, sondern einen Fremdkörper im Sozialleben darstellen.[230] Positiv sagt Luther aus, daß der Amtsträger, der Gottes Wort treibt und die Sakramente verwaltet, einen unentbehrlichen Berufsstand in diesem Gemeinwesen repräsentiert und großen Nutzen stiftet. Die Grundintention der Lehre von den drei Hierarchien ist, das gesamte Leben der Gläubigen in allen Berufen und Ständen auf Gottes Wort auszurichten und gerade durch diese Neuausrichtung zu entklerikalisieren.[231]

3. Während die, die nicht an das Evangelium glauben und daher nicht von Gottes Geist regiert werden, lediglich in dem Reich der Welt leben, jedoch auf Hoffnung, lebt und wirkt der Christ, der in der Taufe allein Christus zu eigen geworden ist, so daß er nicht zwei Herren dienen kann (Mt. 6,24)[232], in beiden Herrschaftsbereichen Gottes.[233] Damit er Gottes Liebesgebot

---

229 Diese neue Einstellung zu Ehe, Ökonomie und Politik ist neben der Wiedergewinnung lauterer Evangeliumsverkündigung und evangeliumsgemäßer Sakramentsverwaltung die dritte wesentliche Errungenschaft der Reformation (so mit Recht E. Wolf, Reformatorische Religiosität und neue Weltlichkeit, in: ders., a. a. O. (Anm. 212), 300–317, bes. 306).

230 Sie ist keine „völlig unoriginelle Theorie" (so Duchrow, a. a. O. (Anm. 220), 504, Anm. 245), sondern sie stellt einen Gegenentwurf zur mittelalterlichen Sozialstruktur dar (vgl. R. Schwarz, Luthers Lehre von den drei Ständen und die drei Dimensionen der Ethik, LuJ 45 (1978), 15–34, bes. 17). Weitere Lit. s. u. Anm. 278.

231 Vgl. Wolf, a. a. O. (Anm. 203), 232.

232 Vgl. BSLK 511, 23–38.

233 Der Christ lebt und wirkt in beiden Herrschaftsbereichen Gottes (gegen die Konzeption der Zwei-Reiche-Lehre von Heckel, a. a. O. (Anm. 189), 1957), aber er

nicht dadurch entgegenwirkt, daß er die von Gott gegen das Reich des Teufels[234] eingesetzten Hierarchien schwärmerisch unterwandert, ist dem Christen im Berufsalltag die Aufgabe gestellt, den *einen* Gotteswillen, der in der Verkündigung des Wortes Gottes wie im weltlichen Regiment auf zweierlei Weise wirksam ist, durch die Unterscheidung der beiden Herrschaftsweisen Gottes zu erkennen. Diese Erkenntnis wirkt sich in der Unterscheidung zwischen Christperson und Weltperson aus und schlägt sich in der Verhältnismäßigkeit der Mittel nieder.[235] Gottes Herrschaft durch das weltliche Regiment unterscheidet sich nicht in der Intention von den Geboten der Bergpredigt, sondern in der Verfahrensweise und Durchsetzungsstruktur.

4. Gott übt das geistliche Regiment durch die Verkündigung des Wortes Gottes aus.[236] Im weltlichen Regiment handelt er durch die Obrigkeit, im geistlichen Regiment durch das an das äußere Bibelwort *(verbum externum)* gebundene Amt der Kirche.[237] Gottes geistliches Regiment quali-

---

gehört in beiden allein Christus. Die These von der „Eigengesetzlichkeit" des Reiches der Welt ist gerade deshalb, weil der Christ in beiden Herrschaftsbereichen Gottes wirkt, eine „spätlutherische Pervertierung" (H.-D. Wendland, Thesen zur Zwei-Reiche-Lehre und ihrer Bedeutung für die Zukunft, in: ders. (Hg.), Sozialethik im Umbruch der Gesellschaft, Göttingen 1969, 39–42, 40). Wer die Bergpredigt auf die Innerlichkeit beschränken will, „der begeht denselben Fehler wie die Scholastik" (F. Beißer, Zur Deutung von Luthers Zwei-Reiche-Lehre, KuD 16 (1970), 229–241, 235). Darin liegt der Wahrheitsgehalt des Interpretationsmodells von der „Königsherrschaft Jesu Christi". Ansonsten wird es Luther nicht gerecht, weist doch die Gegenüberstellung von Zwei-Reiche-Lehre auf der einen und Königsherrschaft Jesu Christi auf der anderen Seite weniger auf die Reformation als vielmehr auf den Kirchenkampf zurück (exemplarisch dafür ist E. Wolf, Königsherrschaft Jesu Christi und lutherische Zwei-Reiche-Lehre, 1964, in: ders., a. a. O. (Anm. 212), 207–229).

234 Das „regnum diaboli hat die Eigenschaft, daß es mit keinem Regiment, es mag von geistlicher oder leiblicher Art sein, identifiziert werden kann" (Törnvall, a. a. O. (Anm. 189), 187).

235 Es kann nicht angehen, die Seele mit Eisen und den Leib mit Briefen zu regieren, was aber dann geschieht, wenn weltliche Fürsten geistlich und geistliche Fürsten weltlich regieren (WA 11, 270, 1–3). Dagegen gibt die Liebe ein „freies Urteil", ferner das natürliche Recht, das aller Vernunft voll ist (a. a. O., 279, 32 f.).

236 „Die ewige Vorsehung Gottes wird also verwirklicht in der glaubenwirkenden Verkündigung des Evangeliums" (G. Forck, Die Königsherrschaft Jesu Christi bei Luther, ThA 12, Berlin 1959, 96).

237 Gott handelt in beiden Regimenten durch „Mittel" (Törnvall, a. a. O. (Anm. 189), 10).

fiziert das Amt der Kirche als Verkündigungsamt.[238] Das äußere Kirchenregiment ist nicht Bestandteil des geistlichen Regiments[239] und nicht ausschließlich an das Amt der Kirche gebunden.

2.3. Anfänge des äußeren Kirchenregiments

Die von dem Evangelium hervorgerufene „Bewegung"[240] griff von Anfang an über die Einzelgemeinde hinaus und trug Impulse zur Reformation der gesamten Kirche in sich. Die Einzelgemeinde trägt ihre Bestimmung zwar in sich selbst, aber sie kann diese gar nicht erfüllen, zum Beispiel im Bereich der Ausbildung des theologischen Nachwuchses, ohne Formen des übergemeindlichen Zusammenschlusses. Der Zweck der Gemeinden ist nicht das übergemeindliche Kirchentum, aber dieses ist um der Gemeinden willen erforderlich.

Die übergemeindliche und überregionale Zusammengehörigkeit wird durch das Evangelium gestiftet. Denn das Evangelium sprengt die Grenzen, die durch Geschlecht, Rasse, sozialen Status oder Volkszugehörigkeit gezogen sind, und schafft die Einheit aller in Christus.[241] Diese Einheit ist geistlich vorgegeben. Nicht um diese Einheit herzustellen, sondern weil sie mit dem Evangelium bereits gegeben ist, ist es sinnvoll, die Kirche als Institution zu gestalten.

Voraussetzung der kirchlichen Neuordnung ist der 1520 vollzogene Bruch mit dem kanonischen Recht.[242] Dieses beruht auf der Vermischung von göttlichem und menschlichem Recht und sichert der römischen Kirchenorganisation eine heilsnotwendige vikarische Funktion im Verhältnis des Menschen zu Gott. Dadurch aber wird die Lebensrelation des Hauptes Jesus Christus zu seinen Gliedern unterbunden und die Heilsver-

---

238 „Christus (hat) seiner Kirche ein Amt gegeben, nicht zur Regierung derselben, sondern zur Predigt des Evangeliums" (Th. Harnack, Die Kirche, ihr Amt, ihr Regiment, 1862, Nachdr. Gütersloh 1947, 62).

239 Mit Forck, a. a. O. (Anm. 236), 115.

240 Zur Näherbestimmung des Begriffs „Bewegung" vgl. Krodel, a. a. O. (Anm. 5), 10 ff.

241 Vgl. Gal. 3,28 und z. St. WA 2, 530 f.; WA 40 I, 542 ff. S. a. J. Wirsching, Kirche und Pseudokirche, Göttingen 1990, 59 ff.

242 Vgl. M. Heckel, Die Veränderungen des kanonischen Rechts durch die Reformation und die Religionsverfassung des Alten Reiches, in: ders., Gesammelte Schriften, Bd. III, hg. v. K. Schlaich, JusEcc 58, Tübingen 1997, 336–381.

mittlung von den Gnadenmitteln zugleich auf die Kirche, die sie verwaltet, übertragen. Die Folge davon ist, daß das geistliche Regiment in der Form der kirchlichen Jurisdiktion ausgeübt und die Gewissen an die Kirche gebunden werden. Auf diesem Fundament beruht die babylonische Gefangenschaft der Kirche. Nur unter der Bedingung, daß dieses Fundament aufgegeben wird, kann Kirche als Kirche im Sinn der Theologie Luthers organisiert werden.

Auf dem Reichstag zu Speyer im Sommer 1526 wurde das Wormser Edikt im Grunde außer Kraft gesetzt und die Verantwortung für die Lösung des von Luther aufgeworfenen Kirchenproblems an die Kurfürsten, Fürsten und Stände des Reiches delegiert.[243] Wo die reformatorische Predigt Fuß gefaßt hatte, konnte ein vom Evangelium geprägtes Kirchentum entstehen.[244] Die Grundlagen dafür waren zuvor gelegt worden; nun konnte die territoriale Ausweitung der Reformation ungehinderter erfolgen.[245]

Als das wichtigste Instrument, durch das der institutionelle Übergang von der römischen Hierarchie zu der an das Evangelium gebundenen Kirche vollzogen wurde, diente die Visitation.[246] Längst bevor dieses In-

---

243 Reichstagsabschied, § 4, 27.8.1526, in: H. A. Oberman (Hg.), Die Kirche im Zeitalter der Reformation, KTGQ III, Neukirchen 1981, 138 f. (Nr. 69 b).

244 Quellen in Auswahl bei R. Kastner (Hg.), Quellen zur Reformation 1517–1555, AQDGNZ 16, Darmstadt 1994. Zur Entstehung des evangelischen Kirchentums im Überblick vgl. Lau, a. a. O. (Anm. 5), 43–65; Mau, a. a. O. (Anm. 1), 164 ff.

245 Der Speyerer Reichstag 1526 war vielleicht „nicht die große Zäsur" (so Krodel, a. a. O. (Anm. 5), 23), die man seit L. v. Ranke in ihm gesehen hat, aber zweifellos gab er das Signal zur reichsrechtlichen Duldung des territorialen Ausbaus der Reformation (vgl. dazu Schwarz, a. a. O. (Anm. 103), 156 ff., bes. 161–166; E. Wolgast, Die deutschen Territorialfürsten und die frühe Reformation, in: (St. Buckwalter) / B. Moeller (Hg.), a. a. O. (Anm. 28), 1998, 407–434, 428 ff.).

246 Vgl. K. A. H. Burkhardt, Geschichte der sächsischen Kirchen- und Schulvisitationen von 1524 bis 1545, 1879, Nachdr. Aalen 1981; R. Herrmann, Die Kirchenvisitation im ernestinischen Thüringen vor 1528, BThKG 1 (1929–31), 167–230; 3 (1933/34), 1–69; ders., Thüringische Kirchengeschichte, Bd. II, 1947, Nachdr. Waltrop 2000, 23 ff.; H.-W. Krumwiede, Zur Entstehung des landesherrlichen Kirchenregimentes in Kursachsen und Braunschweig-Wolfenbüttel, SKGNS 16, Göttingen 1967, 48–119; E. Koch, Neue Quellen zur Visitation im ernestinischen Thüringen, HerChr 19 (1995), 111–115; G. Strauss, Visitations, in: The Oxford Encyclopedia of the Reformation, hg. v. H. J. Hillerbrand, Vol. 4, Oxford / New York 1996, 238–242. Zu den ntl. Grundlagen vgl. U. Heckel, Paulus als „Visitator" und die heutige Visitationspraxis, KuD 41 (1995), 252–291. Zu kirchengeschichtlich-dogmatischen Aspekten s. M. Plathow,

strument angewandt wurde,[247] 1525 von Jakob Strauß in der Umgebung von Eisenach,[248] waren die theologischen Voraussetzungen von Luther geschaffen worden.[249] An sie hat er in seiner Vorrede zu Melanchthons *Unterricht der Visitatoren*[250] angeknüpft.[251]

Luther weist in seiner *Vorrede* auf die biblischen Vorbilder des Besuchsdienstes hin und vergleicht mit ihnen die kirchlichen Bischöfe und Erzbischöfe;[252] denn „eigentlich heißt ein Bischof ein Aufseher oder Visitator, und ein Erzbischof (der), der über diese Aufseher und Visitatoren (gesetzt) ist" (196, 5 f.). Doch aus diesem Besuchsdienst ist eine „weltliche, prächtige Herrschaft geworden, in der die Bischöfe sich zu Fürsten und Herren gemacht (haben)" (196, 10 f.). So ist „dieses kostbare, edle Werk ganz dahingefallen und nichts davon übriggeblieben" (196, 22 f.). Aber „wer kann aufzählen, wie nützlich und notwendig dieses Amt in der Christenheit ist" (196, 33 f.)? Denn „keine Lehre, kein Stand" ist rein geblieben (196, 35). Die Kirche ist unterdrückt, der Glaube erloschen, Liebe in Zank und Krieg verwandelt, das Evangelium unter die Bank gesteckt, so daß an dessen Stelle Menschenwerk und -lehre regieren (197, 2–5). Die Notwendigkeit der Visitation begründet Luther damit, daß „das Evangelium durch unaussprechliche Gnade Gottes (so) barmherzig wiedergekommen (ist)" (197, 12 f.). Deshalb „hätten wir auch dieses rechte

---

Lehre und Ordnung im Leben der Kirche heute, FSÖth 43, Göttingen 1982; ders., Visitatio est gubernatio et reformatio, KuD 37 (1991), 142–159. Aus prakt.-theol. Perspektive vgl. F. Krause, Visitation als Chance für den Gemeindeaufbau, Göttingen 1991, bes. 19 ff.

247 Zur Vorgeschichte der kursächsischen Visitation vgl. Krumwiede, a. a. O., 60 ff.; H. Junghans, Freiheit und Ordnung bei Luther während der Wittenberger Bewegung und der Visitationen, ThLZ 97 (1972), 95–104, 100 f.; H. Kunst, Evangelischer Glaube und politische Verantwortung, Stuttgart ²1979, 191–206.

248 Vgl. J. Rogge, Der Beitrag des Predigers Jakob Strauß zur frühen Reformationsgeschichte, ThA 6, Berlin 1957, 86–90.

249 Vgl. z. B. Wider den falsch genannten geistlichen Stand des Papsts und der Bischöfe, 1522, WA 10 II, 143, 30–34.

250 Unterricht der Visitatorn an die Pfarhern ym Kurfürstenthum zu Sachsen, 1528, MWA I, (215) 220–271. Zur Interpretation vgl. K. Müller, a. a. O. (Anm. 9), 62 ff.; Holl, a. a. O. (Anm. 56), 360 ff.; Krumwiede, a. a. O. (Anm. 246), 91–109. Zur theologischen Auseinandersetzung zwischen Ph. Melanchthon und J. Agricola über Buße und Gesetz s. J. Rogge, Johann Agricolas Lutherverständnis, ThA 14, Berlin 1960, 98 ff.; Maurer, a. a. O. (Anm. 11), 470–481; E. Koch, „Deutschlands Prophet, Seher und Vater." Johann Agricola und Martin Luther, in: Ev. Predigerseminar Wittenberg (Hg.), Luther und seine Freunde, Wittenberg 1998, 56–71, 61 ff.

bischöfliche und Besuchsamt, als aufs höchste vonnöten, gern wieder eingerichtet gesehen" (197, 15 f.). Zu diesem Besuchsamt kann sich jedoch keiner selbst ernennen (197, 16 ff.). Nach der *Adelsschrift* (1520) haben „alle (die) gleiche Gewalt" (WA 6, 408, 15); die Beauftragung muß von der Gemeinde ausgehen. Deshalb wünscht sich der Reformator, daß der Kurfürst als das „vornehmste Glied" der christlichen Gemeinde, das von der reformatorischen Predigt des Evangeliums erfaßt ist,[253] die Initiative ergreift, und zwar „aus christlicher Liebe", nicht als „weltliche Obrigkeit", denn diese ist dazu nicht verpflichtet (WA 26, 197, 25 f.). Wunschgemäß hat der Kurfürst „dem Evangelium zugut" und den „elenden Christen" des Landes „zu Nutz und Heil" eine vierköpfige Visitationskommission eingesetzt, nämlich Repräsentanten der Kirche, jedoch keine ordinierten Amtsträger, freilich mit juristischem und theologischem Sachverstand reichlich ausgestattet (197, 27 ff.). Luther hofft, daß sich die anderen deutschen Fürsten daran ein Beispiel nehmen (199, 1).[254]

Aus Luthers *Vorrede* ergibt sich, daß das Evangelium bei der Neuordnung der Kirche im Mittelpunkt steht. Darin entspricht die zweite Phase der kirchlichen Aufbauarbeit, die 1529 mit Luthers Katechismen ihren Abschluß fand, der ersten Phase, in der die Gottesdienst- und Gemeindereform im Vordergrund standen. Der andere Aspekt, der besondere Hervorhebung verdient, ist, daß Luther den Gedanken des Priestertums aller Gläubigen 1528 wie in der Adelsschrift 1520 auch und gerade auf die

---

251 Luthers *Vorrede* und Melanchthons *Unterricht* war die kurfürstliche *Instruktion* aus dem Jahr 1527 vorausgegangen (in: Die evangelischen Kirchenordnungen des 16. Jahrhunderts, hg. v. E. Sehling, Bd. I, 1, Leipzig 1902, 142–148). Diese drei Dokumente dürfen nicht gegeneinander ausgelegt werden (wie es Holl, a. a. O. (Anm. 56), 366 ff.) getan hat. Sie bilden vielmehr „eine innere Einheit" (H.-W. Krumwiede, Kirchenregiment, Landesherrliches, TRE, Bd. 19, 1990, 59–68, 60).

252 Vorrede, 1528 (²1538, ³1545), WA 26, (175) 195–201, 195 f. Alle folgenden Zitate im Text sind WA 26 entnommen und werden aus der Vorrede von 1528 mod. wiedergegeben.

253 Das gilt für Johann von Sachsen, an den Luther hier denkt, und mehr noch für dessen Nachfolger (1532) Johann Friedrich von Sachsen (vgl. Kunst, a. a. O. (Anm. 247), 97 ff. und 263 ff.; G. Wartenberg, Luthers Beziehungen zu den sächsischen Fürsten, in: H. Junghans (Hg.), a. a. O. (Anm. 6), Bd. I, 549–571).

254 Die Fürsten hätten im übrigen auch an die vorreformatorische Praxis der Visitation anknüpfen können, die auf landesherrlicher Initiative beruhte (vgl. M. Schulze, Fürsten und Reformation. Geistliche Reformpolitik weltlicher Fürsten vor der Reformation, SuR NR 2, Tübingen 1991, 136 ff.).

weltliche Obrigkeit ausweitet. Diese wird in den Dienst der Kirche gestellt, nicht wird die Kirche an sie ausgeliefert.[255]

Welche Schlußfolgerungen lassen sich aus den Anfängen des äußeren Kirchenregiments (1526–1529) ziehen? Es sind vor allem drei zu nennen. Die Folgerungen, die sich für die institutionelle Ausgestaltung des Amtes ergeben, werden im nächsten Abschnitt behandelt.

1. Die kirchliche Ordnung ist auf das Geschehen ausgerichtet, durch welches die Verkündigung des Wortes Gottes zu Gehör gebracht wird. Diese Grundausrichtung ist vorgegeben, die Umsetzung und äußere Ausgestaltung dagegen frei. Luther hat sich nicht einem kirchenverfassungsrechtlichen Ideal verschrieben,[256] sondern sein wichtigster Beitrag zu dieser Problematik ist darin zu sehen, daß er die kirchlichen Organisations- und Verfassungsfragen prinzipiell entdogmatisiert hat. Unduldsam ist er nur gegenüber der Anmaßung, daß die Ordnung und Verfassung der römischen Kirche auf göttlichem Recht beruhe. Dagegen scheint er offen zu sein für *jede* kirchliche Ordnung und Verfassung aus menschlichem Recht, in welcher der evangeliumsgemäßen Verwaltung der Gnadenmittel so optimal, wie es die Verhältnisse erlauben, Raum gegeben wird.

---

255 Nimmt man zu den drei Dokumenten (s. o. Anm. 251) noch die Korrespondenz ab 1524 hinzu (WA.B 3, 230 ff.), dann ergibt sich daraus eindeutig, daß „Luther der Agierende (ist), der Hof und der Kurfürst die Reagierenden" (Kunst, a. a. O. (Anm. 247), 201). Das weitverbreitete Urteil, das landesherrliche Kirchenregiment beginne 1527, ist nicht aus den Quellen genommen, sondern aus der späteren Entwicklung auf die Visitationsinstruktion zurückprojiziert worden. Eine Theorie des landesherrlichen Kirchenregiments ist Luther „völlig fremd" (J. Heckel, Cura religionis, Ius in sacra, Ius circa sacra, 1938, Libelli 49, Darmstadt ²1962, 48; so auch Krumwiede, a. a. O. (Anm. 251), 60 f.). Holls Darstellung aus dem Jahr 1911, a. a. O. (Anm. 56), ist im übrigen nicht nur veraltet, sondern auch unvollständig. So hat er die Verhältnisse in Hessen unberücksichtigt gelassen, in der die Reformation unter der Schirmherrschaft des Landgrafen „im Einvernehmen mit dem Volkswillen geschehen ist" (W. Maurer, Die Entstehung des Landeskirchentums in der Reformation, in: ders., Die Kirche und ihr Recht, hg. v. G. Müller / G. Seebaß, Tübingen 1976, 135–144, 139).

256 Vgl. dagegen z. B. H. Liermann, Luther ordnet seine Kirche, LuJ 31 (1964), 29–46, 39: „Sein Verfassungsideal ist niemals der fürstliche summus episcopus, sondern immer der evangelische Bischof gewesen." Bezeichnenderweise führt Liermann für seine These, die auf einer falschen Alternative beruht, keinen Quellenbeleg an. Er deutet Luther vielmehr von den Bedürfnissen her, die in Deutschland nach 1918 entstanden sind.

2. Luthers Äußerungen zum Kirchenregiment bleiben an den Gemeinden orientiert. Man mag gegen die Einbeziehung der weltlichen Obrigkeit Einwände erheben, müßte sie aber aus der geschichtlichen Konstellation der Jahre 1526–1529 und nicht aus der Perspektive der Zeit nach 1918 begründen.[257] Nicht zu verkennen ist jedenfalls, daß Luther das Kirchenregiment entklerikalisiert und das Laien-Element bei der Neuordnung der Kirche gestärkt hat.[258] *Das* ist als die bleibende Errungenschaft festzuhalten und müßte für heutige Visitationsordnungen fruchtbar gemacht werden.

3. Das Kirchenregiment steht im Dienst der Sammlung und des Aufbaus der Gemeinden unter Berücksichtigung des volkskirchlichen Kontextes. Es erschöpft sich nicht „im Aufstellen neuer Dekretalien"[259]. Ordnungen können Mißstände beseitigen und das bestehende kirchliche Leben in feste Bahnen lenken, aber sie können kein neues Leben schaffen.[260] Deshalb stellen sie eine zweitrangige Aufgabe dar und dürfen niemals den ersten Rang für sich beanspruchen.

3. Die institutionelle Ausgestaltung des Amtes

3.1. Verkündigungsauftrag und Institutionalisierung

Es ist in Erinnerung zu rufen: Der Verkündigungsauftrag, den der auferstandene Herr seinen Jüngern gegeben hat,[261] soll geschichtlich wirksam werden, aber er ist nicht geschichtlich, sondern eschatologisch begründet.[262] Auftrag und Vollmacht des Apostolats und seines Nachfolgeamtes

---

257 Wenn man sich vor Augen führt, daß Vertreter des Adels Kirchengut an sich gebracht hatten, ist es unmittelbar einleuchtend, daß eine Neuordnung der Verhältnisse ohne die weltliche Obrigkeit von vornherein aussichtslos gewesen wäre (vgl. Kunst, a. a. O. (Anm. 247), 201).

258 Im Ergebnis ist Luthers Neugestaltung „ein Bruch mit dem bisherigen Zustand" (Wolgast, a. a. O. (Anm. 245), 433).

259 F. Krause, a. a. O. (Anm. 246), 21.

260 Luther riet z. B. „Philipp von Hessen von der Einführung der *Reformatio ecclesiarum Hassiae* ab, mit der Franz Lambert von Avignon 1526 alles nur Erdenkliche in der Gemeinde zu regeln versuchte" (Ch. Möller, a. a. O. (Anm. 55), 320).

261 Vgl. Mt. 28,16–20; Mk. 16,14 ff. und zu Mk. z. B. WA 10 III, 143, 12 ff.

262 So mit Recht G. Merz, Das kirchliche Amt, 1930/33, in: ders., Der Pfarrer und die Predigt, hg. v. F. W. Kantzenbach, TB 85, München 1992, 49–69, bes. 55.

haben ihren Grund nicht diesseits, sondern jenseits der Todesgrenze Jesu Christi.[263] Das Verkündigungsamt ist durch Gottes Wort mitgesetzt, „darauf" es „gestiftet ist"[264]. Es wird nicht „gemacht", sondern „vorgefunden"[265]. Durch dieses Amt „redet *Gott* mit uns"[266], und zwar in der Bindung an das *verbum externum*, durch das er das geistliche Regiment ausübt, in dem er dem äußeren Wort innere Kraft verleiht.[267]

Analog zur Unterscheidung zwischen der geistlichen, innerlichen und der leiblichen, äußerlichen Christenheit[268] muß „zwischen Amt und Amtstum"[269] unterschieden werden. Luther wäre mißverstanden, wenn man beide voneinander scheiden würde.[270] Es wäre aber auch kurzschlüssig, beide zu identifizieren. Nicht die Scheidung, aber sehr wohl die Unterscheidung von Amt und Amtstum gewährleistet, daß Christi Verkündigungsauftrag unverkürzt und unverfälscht *über* dem empirischen Amt stehenbleibt und daß er dort, wo er kirchlich vereinnahmt zu werden droht, wieder zur Geltung gebracht werden kann. Läuft doch die Identifizierung von Amt und Amtstum auf die Inbeschlagnahme des dem Herrn der Kirche gehörenden Amtes durch die Kircheninstitution hinaus. Genau darin sah Luther den antichristlichen Charakter des Papsttums begründet.[271]

Die Unterscheidung zwischen Amt und Amtstum enthält zwei Gedanken, die sich gegenseitig auszuschließen scheinen. Zum einen ist darin die These von der Singularität des Amtes impliziert. Luther spricht

---

263 Vgl. z. B. WA 40 I, 64, 25 f.

264 Auslegung von Joh. 3 und 4, 1538–40, WA 47, 193, 5. Mod.

265 So – mit polemischer Spitze gegen den Papst – in einer Predigt über die Taufe, 9.2.1528, WA 27, 41–45, bes. 43, 31.

266 Predigt über Joh. 16,24 ff., 14.5.1531, WA 34 I, 395, 15 f. Übers. Hervorhebung von mir.

267 Vgl. ASm III, 8, BSLK 453, 16–20.

268 Vgl. WA 6, 297, 1 f.

269 So mit Recht Th. Harnack, a. a. O. (Anm. 238), 39.

270 Vgl. WA 6, 297, 3.

271 S. o. Anm. 149–154. Im Protestantismus ist die Identifizierung mit dem Pfarramt „zwar sehr verbreitet, aber dennoch kurzschlüssig und mit Recht zu verwerfen" (W. Maurer, Pfarrerrecht und Bekenntnis, Berlin 1957, 68). Maurer sagt das mit Bezug auf CA V. Gegen ihn wendet sich neuerdings G. Wenz, Theologie der Bekenntnisschriften der evangelisch-lutherischen Kirche, Bd. 2, Berlin / New York 1998, 322–325. Aber Wenz verkennt, daß das Amt, das dem Evangelium zu Diensten steht, „streng geschieden von irgendeiner geschichtlichen Ordnung (ist)" (Merz, a. a. O. (Anm. 262), 55).

nicht „weithin von ‚Ämtern' im Plural"[272], sondern von dem Amt im Singular, das dem *einen* Evangelium zugeordnet ist. In der Betonung der Singularität des Amtes liegt die sachliche Analogie zu den reformatorischen Exklusivpartikeln *(solus Christus, sola fide, sola gratia, sola scriptura)*. Zum anderen ist in dieser Unterscheidung enthalten, daß der geistliche Reichtum, der durch Christi Verkündigungsauftrag sowie die Verheißung seiner Gegenwart entbunden wird, die einlinige Fixierung auf eine einzige Institution gar nicht zuläßt.[273] Pfarrer, Bischöfe, Lehrer, Küster partizipieren an dem *einen* Amt und haben – hier ist der Plural angebracht – *„empter"* inne.

Wie die Unterscheidung zwischen der geistlichen und leiblichen Christenheit auf die Reformation der äußeren Kirche zielt, so ist die Unterscheidung von Amt und Amtstum auf die Wiedergewinnung des allein an das Evangelium gebundenen äußeren Amtes ausgerichtet. Luther macht kein Hehl daraus, daß er das Amtspriestertum durch das Verkündigungsamt „umbstossen" will.[274] Denn dieses „ministerium, das Amt des Wortes"[275] oder „das Pfarramt oder Predigtamt" hat die römische Kirche „ganz liegen lassen"[276].

Der Dienst am Evangelium erfordert ein öffentliches Amt; denn das Evangelium ist keine Winkelangelegenheit, sondern es richtet sich an alle Völker (Mt. 28,19). Mit Bezug auf Mt. 28,19 und 2. Tim. 2,9 stellt Luther gegen Erasmus von Rotterdam fest, die Wahrheit und Lehre müsse zu jeder Zeit öffentlich und unwandelbar gepredigt werden; niemals dürfe man sie beugen oder mit Stillschweigen übergehen.[277] Dieser Verkündigungsauftrag kann gar nicht ohne die institutionelle Ausgestaltung des Amtes wahrgenommen werden. Luther sieht in der Institutionalisierung vielmehr eine unbedingte Notwendigkeit. Die Institutionalisierung des Verkündigungsamtes erfolgt im Rahmen der Lehre von den drei Ständen oder Hierarchien.

---

272 So U. Kühn, Kirchliche Ämter, EKL, Bd. 2, ³1989, 1217–1224, 1217.
273 Vgl. M. Doerne, Predigtamt und Prediger bei Luther, in: Wort und Gemeinde. FS für Erdmann Schott, AVTRW 42, Berlin 1967, 43–55, 47.
274 Vom Mißbrauch der Messe, 1521, WA 8, 494, 37.
275 Von der Winkelmesse und Pfaffenweihe, 1533, WA 38, 233, 27. Mod.
276 A. a. O., 235, 1.
277 De servo arbitrio, 1525, WA 18, 628, 27–29.

3.1.1. Exkurs: Die Drei-Stände-Lehre[278]

In dem *Sermon von dem Sakrament der Taufe* (1519) legt Luther dar, Gott habe „mancherlei Stände verordnet, in denen man sich üben und leiden lernen soll, einigen den ehelichen, anderen den geistlichen, anderen den regierenden Stand"[279]. Aus dem Kontext erhellt: Diese Stände sind nicht Klassen oder Kasten. Sie sind der von Gott gewiesene und eingesetzte Bereich, in dem die Christen ihr Taufgelübde einlösen können, nämlich im familiären und beruflichen Alltag allein Christus zu gehören.

Unter Einbeziehung des ab 1522 entfalteten Berufsgedankens[280] hat Luther auch später in den *Katechismen* das Taufverständnis mit der Ständelehre verbunden. Ausschlaggebend sind zwei Aspekte. Zum einen, „daß der alte Adam in uns durch tägliche Reue und Buße ersäuft werden soll . . . und wiederum täglich herauskommen und auferstehen ein neuer Mensch"[281]. Die Heiligung vollzieht sich im täglichen Einbezogenwerden in Christi Tod und Auferstehung durch den Glauben an die Taufverheißung. Von entscheidender Bedeutung ist zum anderen, daß der Ort der Heiligung nicht das Kloster, sondern der von Gott verordnete Stand ist. Das Ziel der Heiligung ist, für andere dazusein, und zwar dort, wohin Gott

---

278 Neben der o. Anm. 230 genannten Lit. vgl. Elert, a. a. O. (Anm. 28), Bd. 2, 1932, 49–65; P. Althaus, Die Ethik Martin Luthers, Gütersloh 1965, 43–48; W. Maurer, Luthers Lehre von den drei Hierarchien und ihr mittelalterlicher Hintergrund, ABAW.PH 4, München 1970; W. Günter, Martin Luthers Vorstellung von der Reichsverfassung, RGST 114, Münster/Westf. 1976, 17–22; M. Beyer, Luthers Ekklesiologie, in: H. Junghans, a. a. O. (Anm. 6), Bd. I, 93–117, bes. 104–108; R. Schwarz, Ecclesia, oeconomia, politia, in: H. Renz / F. W. Graf (Hg.), Troeltsch-Studien, Bd. 3: Protestantismus und Neuzeit, Gütersloh 1984, 78–88; Manns, a. a. O. (Anm. 175), 1988, 376–399; B. Lohse, Luthers Theologie in ihrer historischen Entwicklung und in ihrem systematischen Zusammenhang, Göttingen 1995, 263 f., 342–344; L. Schorn-Schütte, Die Drei-Stände-Lehre im reformatorischen Umbruch, in: (St. Buckwalter) / B. Moeller (Hg.), a. a. O. (Anm. 28), 1998, 435–461; U. Asendorf, Lectura in Biblia. Luthers Genesisvorlesung (1535–1545), FSÖTh 87, Göttingen 1998, 431 ff.

279 WA 2, 734, 24–27; mod. Zum Verständnis des Taufsermons vgl. K.-H. zur Mühlen, Luthers Tauflehre und seine Stellung zu den Täufern, in: H. Junghans, a. a. O. (Anm. 6), Bd. I, 119–138, 119–122.

280 Nachweis o. Anm. 203.

281 KlKat, 1529, BSLK 516, 32 ff.; mod. So bereits 1519: WA 2, 727, 16 f. Vgl. ferner GrKat, 1529, BSLK 701, 19 ff.

einen gestellt hat. „Gott hat jedem Heiligen seine besondere Weise und Gnade gegeben, seiner Taufe Folge zu leisten."[282]

Auch in der 1528 erschienenen Schrift *Vom Abendmahl Christi, Bekenntnis* konfrontiert Luther den selbstgewählten Heilsweg des Mönchtums mit dem Leben in den „von Gott eingesetzten (Orden)"[283]. Er nennt das Priesteramt, den Ehestand und die weltliche Obrigkeit.[284] Unter dem „priester ampt" versteht er das „Pfarramt oder (den) Dienst des Wortes"[285] und zählt dazu die Küster und andere Kirchendiener. Zum Ehe- und Hausstand gehören alle Berufe der Ökonomie.[286] Er ist der grundlegende Stand und umfaßt das gesamte Wirtschaftsleben.[287] Zur weltlichen Obrigkeit rechnet Luther Fürsten, Richter, Amtleute, Schreiber und alle administrativen Berufe.[288] Diese „drei Orden" sind „heilig", weil sie „in Gottes Wort und Gebet gefaßt sind"[289]. Der Wiedereingliederung der kirchlichen Amtsträger in die Gesellschaft entspricht die Aufwertung von Ehe, Kindererziehung und Familie, Schule, Ökonomie und Politik. Die Pfarrer sind „weltlich" wie die Amtleute.[290] Aber umgekehrt sind die Amtleute „geistlich", sofern sie im Dienst am Gemeinwohl aus dem Glauben an die Taufverheißung handeln.

Die drei „Orden" sind die von Gottes Wort und Gebot erschlossenen Institutionen des geordneten Dienstes im menschlichen Zusammenleben. Das Sozialleben vollzieht sich nicht chaotisch, sondern in Strukturen.[291] Zwar sind sie „Schöpfungsordnungen"[292], aber von der Sünde verdunkelt,

---

282 WA 2, 735, 18 f. Mod.

283 WA 26, 504, 30.

284 A. a. O., 504, 31.

285 A. a. O., 504, 32.

286 A. a. O., 505, 23 f. werden auch die Witwen und Jungfrauen ausdrücklich einbezogen.

287 Vgl. Th. Strohm, Luthers Wirtschafts- und Sozialethik, in: H. Junghans (Hg.), a. a. O. (Anm. 6), Bd. I, 205–223, bes. 208 ff.; Prien, a. a. O. (Anm. 85), 162–170.

288 WA 26, 505, 5 f.

289 A. a. O., 505, 8 f. Vgl. WA 40 III, 207, 36.

290 Vgl. Elert, a. a. O. (Anm. 28), Bd. 2, 54. Jeder „Stand hat die gleiche Ehre" (Althaus, a. a. O. (Anm. 278), 44; vgl. WA 31 I, 233, 17 ff.).

291 Vgl. WA 43, 30, 13–17; WA 44, 440, 25; WA 47, 452, 30.

292 Vgl. Schorn-Schütte, a. a. O. (Anm. 278), 439. Schorn-Schütte gebraucht den Begriff „Schöpfungsordnung" vielleicht etwas zu unkritisch; denn er ist „ein ausgearteter, überwuchernder Begriff der Lutherrenaissance" (E. Wolf, Luthers Erbe?, 1946/47, in: ders., a. a. O. (Anm. 212), 52–81, 78).

„so daß immer wieder die Gefahr der Perversion besteht"[293]. Über diese drei Orden wölbt sich „der gemeine orden der Christlichen liebe"[294].

Die Institutionalisierung des Verkündigungsauftrags durch die Einbindung des Predigtamtes in die Ständelehre erfolgt besonders nachdrücklich um 1530. Darauf wird in den folgenden Abschnitten eingegangen. In diesem Zusammenhang sollen noch zwei Belege aus dem Jahr 1539 angeführt werden.

Die eine Stelle findet sich am Schluß der Schrift *Von den Konziliis und Kirchen*. Die drei Stände oder Orden sind die „drei Hierarchien, von Gott (an)geordnet", damit „wir in diesen dreien recht leben wider den Teufel"[295]. Sie geben „genug und übergenug zu tun"[296]. Nicht unmittelbar, sondern mittelbar, in der Bindung an diese drei „Gottes-Hierarchien"[297] regiert Gott die Welt.

Der andere Beleg steht in Luthers *Zirkulardisputation über das Recht des Widerstandes gegen den Kaiser* (Mt. 19,21) vom 9. Mai 1539. Schon im Titel spricht Luther von drei Hierarchien, der kirchlichen, politischen und ökonomischen, sowie darüber, daß der Papst in keine von ihnen gehört.[298] Das wird dann in den Thesen näher ausgeführt. Daraus seien zwei hervorgehoben. Einmal These 52, in der Luther seine Lehre von den drei Ständen oder Hierarchien zusammenfaßt: „Drei Hierarchien nämlich hat Gott gegen den Teufel eingesetzt, die Ökonomie, die Politik und die Kirche."[299] Außerdem These 91, die Schlußfolgerung der Disputation: „Summa: Keine göttliche und menschliche Ordnung gibt es, die dieses Tier (sc. der Papst) nicht verwüstet hätte."[300]

---

293 Lohse, a. a. O. (Anm. 278), 263. Zur biblischen Begründung der Drei-Stände-Lehre vgl. z. B. WA 42, 79, 1 ff. und z. St. Lohse, 344.

294 WA 26, 505, 11 f. Vgl. z. St. Beyer, a. a. O. (Anm. 278), 105.

295 WA 50, 652, 18.19 f. Mod.

296 A. a. O., 652, 19.

297 A. a. O., 653, 3. Vgl. J. Heckel, a. a. O. (Anm. 176), 175.

298 WA 39 II, 35. Ähnlich WA 50, 652, 33 ff.

299 WA 39 II, 42, 3 f.: „Tres enim hierarchias ordinavit Deus contra diabolum, scilicet oeconomiam, politiam et Ecclesiam." In der Übers. WA 39 II, 48, 21–25 wird *hierarchia* mit „Ertzgewalt" und *ordinavit* mit „geordnet" wiedergegeben. Vgl. z. St. R. Hermann, Luthers Zirkulardisputation über Mt. 19,21, 1941, in: ders., Gesammelte Studien zur Theologie Luthers und der Reformation, Göttingen 1960, 206–250, bes. 209 und 234 ff.

300 WA 39 II, 44, 5 f. „Tier" ist die Übers. von *belua*.

Zusammenfassend läßt sich festhalten:

1. Bei der Auslegung des vierten Gebots stellt Luther fest, aus der Obrigkeit der Eltern fließe und breite sich alle andere Obrigkeit aus.[301] Diese Vorstellung findet sich in der katechetischen Unterweisung des Mittelalters seit dem 12. Jahrhundert.[302] So scheint ein Atavismus vorzuliegen. Aber in ihrer Intention wie in ihrer Auswirkung ist Luthers Drei-Stände-Lehre obrigkeitskritisch: Sie negiert die Legitimität der päpstlichen Universalherrschaft und ist außerdem „gegen eine unbeschränkte Gesetzgebungsgewalt weltlicher Obrigkeit"[303] gerichtet.

2. Durch die Drei-Stände-Lehre legt Luther dar, daß der Glaube die Welt und ihre Ordnungen als Setzungen des Schöpfers erkennt,[304] durch die dieser Frieden und Recht in der Welt erhält.[305] Im Gehorsam des Glaubens an Christi Gebot und Verheißung erkennt sich der Christ in diese Stiftungen Gottes eingebunden.[306] Er versucht sie nicht besserwisserisch zu unterwandern oder sich in permanenter Überschreitung seines Mandats selbst zu überfordern. Sie sind für ihn der von Gott gewiesene Ort, das Taufgelübde einzulösen. Dieser „Ort" ist nicht ein abgelöster religiöser Sonderbezirk. Es ist vielmehr der Alltag in Familie und Beruf, in welchem der Glaube in der Liebe für das Gemeinwohl tätig ist. Nicht in ihrer Bezeichnung, sondern in ihrer theologischen Positionierung, der Einbindung in den Artikel von der Rechtfertigung und Heiligung, liegt die konstruktive Originalität der Drei-Stände-Lehre Luthers.[307]

---

301 GrKat, 1529, BSLK 596, 20 f.; mod. Vgl. Von den guten Werken, 1520, WA 6, 250 ff.

302 Vgl. Maurer, a. a. O. (Anm. 278), 9–18. Zum traditionsgeschichtlichen Hintergrund gehört ferner die spätmittelalterliche aristotelische Moralphilosophie (vgl. Schwarz, a. a. O. (Anm. 230), 20 ff.).

303 Manns, a. a. O. (Anm. 278), 397.

304 Die Gottlosen kennen sie nicht und verachten die Stände (Der 111. Psalm ausgelegt, 1530, WA 31 I, 399, 26 ff.).

305 Vgl. a. a. O., 400, 1–6 und 409 f.

306 „Der Grundgedanke ist, daß dem göttlichen Stiftungshandeln und Mandat die Institution und das Wirken von Ämtern entspricht, in denen Menschen einander dienen", stellt H. E. Tödt zu Luthers Drei-Stände-Lehre fest (Institution, TRE, Bd. 16, 1987, 206–220, 215).

307 Es trifft nicht zu, daß Luther die Drei-Stände-Lehre später durch die areopagitische Hierarchienlehre interpretiert hätte (gegen Maurer, a. a. O. (Anm. 278), 45 ff., bes. 118), sondern beide Bezeichnungen meinen genauso wie „Orden" oder andere denselben Sachverhalt. Mit der Vorstellung von den „drei Hierarchien" polemisiert er gegen die Hierarchie der röm. Kirche; mit „Orden" gegen die Mönchsorden. Diese Polemik impliziert bei Luther aber auch der Begriff „Stand" *(status)*. 1539 hat er die

3. In der Drei-Stände-Lehre sind Rechtfertigungslehre, Ekklesiologie, Amtsverständnis, Regimentenlehre und Ethik miteinander verbunden. Ohne sie würde Luthers Amtsverständnis eine entscheidende Dimension fehlen.[308] Denn nicht bereits die Ekklesiologie, sondern erst die Drei-Stände-Lehre enthält die institutionellen Ausführungsbestimmungen zu der in der Theologie des Kreuzes verankerten Amtsauffassung. Freilich darf die Drei-Stände-Lehre nicht repristiniert werden.[309] Aber ohne eine entsprechende Lehre von den „göttlichen Mandaten"[310] oder den „Institutionen"[311] kann man auch heute Luthers Amtsverständnis nicht gerecht werden.

3.2. Das Predigtamt als das Grund-Amt

Die Verkündigung ist die Grundfunktion des Amtes. Auf ihr beruht auch die *Institution* des Amtes. Bei Luther kann die Funktion für die Institution stehen, aber auch umgekehrt die Institution für die Funktion. Die Nachprüfung der Belege über das Predigtamt aus den Jahren 1528 bis 1531/32 ergibt:[312] *Predigtamt* ist bei Luther einerseits mehr als eine Funktions-

---

Polemik verschärft und anders akzentuiert, aber dasselbe Anliegen wie 1519/20 zur Geltung gebracht. Die Sache ist eindeutig, die Begriffe sind unscharf (mit Schorn-Schütte, a. a. O. (Anm. 278), 440); ihre Bedeutung muß aus dem jeweiligen Kontext ermittelt werden.

308 Wenn H. Lieberg Luthers Amtsverständnis als „zweipolig" interpretiert (Amt und Ordination bei Luther und Melanchthon, FKDG 11, Göttingen / Berlin 1962, 235 ff.), dann beruht diese Fehlinterpretation auch auf der Vermischung von Ekklesiologie und Ständelehre.

309 Nach Elert, a. a. O. (Anm. 28), Bd. 2, 57 ff. ist Luthers Drei-Stände-Lehre bereits von Melanchthon umgedeutet worden; ähnlich urteilt Prien, a. a. O. (Anm. 85), 167. Vgl. ferner E. Wolf, Zur Selbstkritik des Luthertums, 1947, in: ders., a. a. O. (Anm. 212), 82–103, bes. 99 ff. S. u. Anm. 356.

310 Etwa in Anlehnung an D. Bonhoeffer, Ethik, hg. v. I. Tödt u. a., Werke, Bd. 6 (DBW 6), München 1992, 54–60 u. ö.

311 Vgl. z. B. E. Wolf, Sozialethik, hg. v. Th. Strohm, Göttingen 1975, 168 ff. S. dazu G. U. Brinkmann, Theologische Institutionenethik, NBST 20, Neukirchen 1997.

312 *Predigtamt* in WA 26 bis WA 34 II. Das Material ist zu umfangreich, als daß es hier im einzelnen dargestellt werden könnte. Es wurde mir von dem Institut für Spätmittelalter und Reformation der Universität Tübingen zur Verfügung gestellt. Die lat. Belege zu *praedico / praedicatio / praedicator* sind zusammengestellt in WA 67, 416–431.

bezeichnung, andererseits geht es in keiner Institution auf, sondern umfaßt sie alle. Daher ist es sachgerecht, das Predigtamt als das „Grund-Amt"[313] der Kirche zu bezeichnen. Es konkretisiert sich im nicht-öffentlichen Lebensbereich in dem „Amt" des Hausvaters oder christlichen Familienoberhaupts, der in seinem Haus als Bischof das Predigtamt treibt,[314] und im öffentlichen Bereich vor allem im Pfarramt und Lehramt.[315] Als biblische Grundlage für die öffentliche Wahrnehmung des Verkündigungsauftrages dient in der Wittenberger Reformation vornehmlich 2. Kor. 5,18–21.[316]

3.2.1. Exkurs: Luthers Predigtverständnis

Länger als drei Jahrzehnte hat Luther neben seinem Lehrauftrag einen Predigtauftrag wahrgenommen.[317] Lehre und Predigt haben sich bei ihm gegenseitig durchdrungen und befruchtet. Bedenkt man, daß mehr als zweitausend Predigten überliefert sind,[318] muß es als unverhältnismäßig bezeichnet werden, daß der Prediger gegenüber dem Theologen in der Sekundärliteratur so auffällig zurücktritt.[319] Im folgenden sollen einige

---

313 So – ohne direkten Bezug auf Luther – C. H. Ratschow, Amt / Ämter / Amtsverständnis VIII, TRE, Bd. 2, 1978, 593–622, 617.

314 Vgl. WA 30 I, 58, 8–10.

315 Luther kann „Lehramt, Predigtamt, Pfarramt" gleichzeitig nennen (z. B. WA 30 II, 491, 20 f.), gebraucht aber zumeist eine Bezeichnung als Synonym für die anderen.

316 So – im Blick auf die luth. Bekenntnisschriften – L. Goppelt, Das kirchliche Amt nach den lutherischen Bekenntnisschriften und nach dem Neuen Testament, in: Zur Auferbauung des Leibes Christi. FS für Peter Brunner, hg. v. E. Schlink / A. Peters, Kassel 1965, 97–115, 110. Für Luther vgl. z. B. WA 28, 466, 19 f. und 476, 35–38.

317 Vgl. H. Boehmer, Der junge Luther, Stuttgart ⁶1971, 77–81. Unter Berufung auf WA 56, 480, 3 urteilt W. v. Loewenich, Luther sei sich seiner Mission bewußt gewesen und habe sein Amt kraft apostolischer Autorität geführt (Martin Luther, München 1982, 95).

318 Vgl. G. Ebeling, Evangelische Evangelienauslegung, 1942, Darmstadt 1962, 14–37, 455 f. Nicht nur die Anzahl beeindruckt, vor allem Predigtinhalt und Predigtweise galten schon früh als unvergleichlich (vgl. z. B. N. Selnecker, Lebensbeschreibung Martin Luthers, 1576, Nachdr., hg. v. A. Eckert, Fürth 1992, 80).

319 Die Anzahl der Studien zu Luthers Theologie ist Legion, jedoch keineswegs zum Predigtverständnis. Vgl. H. Werdermann, Luthers Wittenberger Gemeinde, Gütersloh 1929, 150 ff.; E. Hirsch, Luthers Predigtweise, Luther 25 (1954), 1–23; H. Lahr / W. v. Rohden (Hg.), Gottes Heimsuchung durch Wort und Sakrament, Berlin 1955, bes. 62–77; G. Heintze, Luthers Predigt von Gesetz und Evangelium, FGLP 10, 11,

Aspekte von Luthers Predigttätigkeit und Predigtverständnis hervorgehoben werden, und zwar anhand dieser drei Leitfragen:[320]

1. Warum wird gepredigt?
2. Was wird gepredigt?
3. Wie wird gepredigt?

1. Die Predigt hat zur Voraussetzung, daß Gott, der HERR, redet und nicht schweigt (Ps. 50,1.3).[321] Gott redet durch Menschen, die von dem reden, was *er* geredet hat (vgl. Ps. 119,15). Der zweite Grund für die Notwendigkeit der Predigt ist, daß die Menschen entgegen dem Anschein, den sie sich geben, die Anrede Gottes nicht sehnsüchtig erwarten, sondern ihr vielmehr zu entgehen suchen.[322] Die dritte Voraussetzung ist, daß Jesus der Messias des Wortes ist,[323] der mit Vollmacht geredet, aber auf politische Macht verzichtet hat.[324] Das Wort ist das Medium, durch das sich der dreieinige Gott erschließt.[325] Die Inverbation beruht auf der Inkarnation.[326] Daher ist es Anrede und kein pädagogisches Hilfsinstrument. Christus will sein Heils-

---

München 1958; Doerne, a. a. O. (Anm. 273), 1967; M. Schoch, Verbi divini ministerium, Bd. 1, Tübingen 1968; U. Nembach, Predigt des Evangeliums, Neukirchen 1972; A. Niebergall, Luthers Auffassung von der Predigt nach „De Servo Arbitrio", in: ders., Der Dienst der Kirche, Kassel 1974, 85–109; H. Bornkamm, Erneuerung der Frömmigkeit: Luthers Predigten 1522–1524, in: ders., Luther. Gestalt und Wirkungen, SVRG 188, Gütersloh 1975, 212–237; F. Meuser, Luther the Preacher, Minneapolis 1983; E. Winkler, Luther als Seelsorger und Prediger, in: H. Junghans (Hg.), a. a. O. (Anm. 6), Bd. I, 225–239; D. Lehmann, Luther als Prediger, in: Oberurseler Hefte 17, Oberursel o. J. (1983), 5–23; Luther als Prediger, hg. v. J. Heubach, VLAR 9, Erlangen 1986; U. Asendorf, Die Theologie Martin Luthers nach seinen Predigten, Göttingen 1988; P. Ferry, Martin Luther on Preaching, CThQ 54 (1990), 265–280; E. Herms, Das Evangelium für das Volk, in: ders., Offenbarung und Glaube, Tübingen 1992, 20–55; U. Herzog, Predigt als „ministerium verbi", FZPhTh 42 (1995), 118–133; A. Beutel, Predigt VIII, TRE, Bd. 27, 1997, 296–311 (Lit.); Stolt, a. a. O. (Anm. 6), 2000, 62 ff.

320 Dieser Fragenkatalog orientiert sich an Doerne, a. a. O. (Anm. 273), 44.
321 Gott redet in Christus und ruft durch die Predigt der Welt (WA 3, 277, 24–27; z. St.).
322 Vgl. Luther gegen Erasmus, WA 18, 658, 10 f.: „Wir schmeicheln uns und anderen dadurch, daß wir uns einreden, es seien viele gute Leute in der Welt, welche die Wahrheit gern annähmen, wenn es einen gäbe, der sie klar lehrte." (Übers.)
323 Vgl. WA 10 I, 2, 48, 5–10; ferner WA 40 III, 688, 12 – 689, 41.
324 Vgl. dazu G. Voigt, Botschafter des Christus, Berlin 1962, 13.
325 Vgl. WA 6, 516, 30–35; ferner WA 30 I, 333, 6 f. Belege aus *De servo arbitrio* bei Niebergall, a. a. O. (Anm. 319), 97. Niebergall weist darauf hin, daß Erasmus das Predigtamt im Grunde für entbehrlich hielt (105).
326 Mit Voigt, a. a. O. (Anm. 324), 80 ff.

werk „durchs Wort geben"[327]. Darin liegt die für Gottes Wort charakteristische Einheit von Wort und Tat beschlossen.[328] Darin gründet aber zugleich der Unterschied zwischen Gottes Schöpfung aus dem Nichts und Gottes neuschaffendem Handeln durch die Predigt; denn der Hörer wird nicht zu einer neuen Kreatur in sich selbst, sondern „in Christus" (2. Kor. 5,17).[329]

2. „Nichts ist zu predigen als Christus!"[330] „Man kann sonst nichts predigen als über Christus und den Glauben. Das ist der Generalskopus."[331] An diesem Leitmotiv, praktisch umgesetzt in der Unterscheidung von Gesetz und Evangelium, hat Luther in allen Phasen seiner Predigttätigkeit festgehalten.[332]

3. Die meisten Predigten Luthers „sind Homilien mit thematischen Schwerpunkten"[333]. Er setzt sich dem biblischen Text aus und lauscht ihm das rechtfertigende Wort ab. Obwohl ihm bewußt ist, daß das bedrängte Gewissen weder bei den Theologen noch in den Gemeinden der Normalfall ist, scheut er nicht davor zurück, seine Zuhörerschaft in diese Spannung zwischen Gewissen und Rechtfertigung hineinzunehmen. Predigtdienst ist Zeugendienst: Die Zuhörerschaft, die gern mit der Rolle des unbeteiligten Publikums vorliebnähme, sieht sich unversehens vor *Gott* gestellt. Vorbilder für diese Predigtweise[334] sind die Propheten,

---

327 WA 36, 46, 5 f.

328 Vgl. WA 14, 306, 10 f.

329 Dieser Aspekt kommt bei A. Beutel, In dem Anfang war das Wort, HUTh 27, Tübingen 1991; ders., a. a. O. (Anm. 319), 296, zu kurz. Ohne die Imputationslehre kann Luthers Wortverständnis nicht präzise entfaltet werden! Beutel hat die Interpretation der Theologie Luthers durch R. Hermann und H. J. Iwand nicht rezipiert.

330 WA 16, 113, 7 f.: „Nihil nisi Christus praedicandus."

331 WA 36, 180, 10–13. Übers. Das Zitat stammt aus der Pfingstmontagspredigt 1532. Außer Christus wisse „der arme Heilige Geist" nichts zu predigen (a. a. O., 181, 8–10).

332 Vgl. Heintze, a. a. O. (Anm. 319), 68–82.

333 Winkler, a. a. O. (Anm. 319), 237. Luther hat die Pädagogik und Rhetorik in seinen Predigtdienst einbezogen (mit Nembach, a. a. O. (Anm. 319), 13 u. ö.), wenn auch bezweifelt werden muß, daß er sich primär an der Form der „Volksberatungsrede" des Quintilian orientiert habe (so Nembach, a. a. O., 173; dagegen mit Recht Winkler, a. a. O., 236).

334 Die homiletischen Prinzipien von Luthers Predigtweise hat Beutel im Anschluß an Hirsch treffend als „biblisch, zentral, antithetisch und konkret" charakterisiert (a. a. O. (Anm. 319), 296 f.).

besonders Jona[335], die Apostel, Johannes der Täufer[336] und vor allem Christus selbst[337]. „Bei diesem Predigtamt ist Gott dabei und rührt durch das mündliche Wort heute dieses Herz, morgen jenes Herz. Alle Prediger sind nicht mehr als die Hand, die den Weg weist ... Also sind alle Prediger nicht mehr, als daß sie das Wort treiben."[338]

3.3. Das Pfarramt als die Hauptinstitution

Das Pfarramt ist bei Luther so stark vom Verkündigungs- und Lehrauftrag bestimmt, daß die Schriften und Predigten, die das Predigtamt behandeln, auch die Grundlage für das Verständnis des Pfarramtes bilden. Aus diesen Schriften geben besonderen Aufschluß über die Institution des Pfarramtes:

1. *Eine Predigt, daß man Kinder zur Schule halten solle,* 1530, WA 30 II, (508), 517–588;
2. *Von den Schleichern und Winkelpredigern,* 1532, WA 30 III, (510) 518–527.

Andere Quellen werden diesen beiden Schriften zugeordnet.[339]
1. Die im Juli 1530 auf der Veste Coburg geschriebene *Predigt* enthält im ersten Teil die wohl eindrucksvollsten Ausführungen Luthers über die institutionelle Dimension des Amtes.[340] Sie stehen im Rahmen der pro-

---

335 Vgl. Der Prophet Jona ausgelegt, 1526, WA 19, (169) 185–251. Jona hat die große Stadt Ninive durch die Predigt des Wortes Gottes „aus dem bauch und rachen des teuffels, das ist aus den sunden und tod gerissen" (a. a. O., 187, 6 f.). Zu Luthers Auslegung der Kleinen Propheten vgl. G. Krause, Studien zu Luthers Auslegung der Kleinen Propheten, BHTh 33, Tübingen 1962.

336 Vgl. WA 10 I, 1, 217 ff. Diejenigen, die Menschenlehre predigen, machen einen Menschen zum Licht (a. a. O., 219, 15 f.). Johannes dagegen *zeugt* von dem Licht (Joh. 1,6–8) und weist auf Christus (1,29). Darin ist er nach Luther der Prototyp des evangelischen Predigers!

337 Luther meint, Christus sei noch vor den Aposteln der beste Prediger gewesen (WA 47, 60, 17 f.).

338 WA 45, 390, 6–8.10. Mod.

339 Lit.: F. W. Kantzenbach, Das reformatorische Verständnis des Pfarramtes, in: M. Greiffenhagen (Hg.), Das evangelische Pfarrhaus, Zürich ²1991, 23–46; K.-W. Dahm, Pfarrer, Pfarramt, EKL, Bd. 3, ³1992, 1147–1159; E. Klug, Church and Ministry, St. Louis 1993; L. Schorn-Schütte, Evangelische Geistlichkeit in der Frühneuzeit, QFRG 62, Gütersloh 1996; E. Winkler, Pfarrer II, TRE, Bd. 26, 1996, 360–374 (Lit.).

340 WA 30 II, 522–554. Luther wendet sich (a. a. O., 517–521) an L. Spengler und den Rat der Stadt Nürnberg (vgl. G. Müller, Lazarus Spengler als Theologe, in: ders.,

grammatischen Passagen über den Bildungs- und Erziehungsauftrag der Christenheit,[341] also im Zusammenhang der die Ekklesiologie und die Ethik verbindenden Ständelehre. Der Spitzensatz, „daß der geistliche Stand . . . von Gott eingesetzt und gestiftet (sei)", und zwar „nicht mit Gold oder Silber, sondern mit dem teuren Blut und bitteren Tod seines einzigen Sohnes, unseres Herrn Jesus Christus"[342], entfaltet im Bezugsrahmen der Drei-Stände-Lehre, was im Stiftungsgedanken theologisch impliziert ist. Luther stellt dadurch heraus, daß die öffentliche Wortverkündigung und Sakramentsverwaltung nur durch einen besonderen Berufsstand angemessen wahrgenommen werden kann. Die Institutionalisierung des Verkündigungs- und Seelsorgedienstes ist nicht in das Belieben der Kirche gestellt, sondern ihr hat die erste Sorge zu gelten. Die Institutionalität des Amtes ist demnach keine Variable, sondern eine Konstante des kirchlichen Lebens und der kirchlichen Verfassung. Variabel ist indessen die konkrete Ausgestaltung; sie geschieht unter Berücksichtigung des soziokulturellen Umfeldes.[343]

Luther geht es in diesem Traktat ferner darum, daß dieser Stand, dem verschiedene Tätigkeitsbereiche und Berufe angehören,[344] die gesellschaftliche Anerkennung findet, die ihm zukommt. Denn das Wort und Predigtamt ist das Allerhöchste und Vornehmste (529, 31 f.); es übertrifft die weltlichen Ämter, wie das ewige Leben das zeitliche Leben übertrifft (554, 28–30). Es schafft unvergleichlichen Nutzen (523, 28 f.) und tut große Wunder vor Gott (533, 36 ff.; 540, 19) – wenn nicht leiblich, so doch

---

Causa Reformationis, hg. v. G. Maron / G. Seebaß, Gütersloh 1989, 354–370; B. Hamm, Bürgertum und Glaube, Göttingen 1996, 143–180; G. Seebaß, Stadt und Kirche in Nürnberg im Zeitalter der Reformation, in: ders., Die Reformation und ihre Außenseiter, hg. v. I. Dingel / C. Kress, Göttingen 1997, 58–78, bes. 70 ff.).

341 Zum Verhältnis von Theologie und Pädagogik vgl. I. Asheim, Glaube und Erziehung bei Luther, PF 17, Heidelberg 1961, bes. 66 ff.; Y. Tokuzen, Pädagogik bei Luther, in: H. Junghans (Hg.), a. a. O. (Anm. 6), Bd. I, 323–330; G. Ruhbach, Glaube und Erziehung bei Martin Luther, in: K. Heimbucher (Hg.), Luther und der Pietismus, Gießen ²1999, 196–213. S. a. Glaube und Bildung, LuJ 66 (1999), passim.

342 WA 30 II, 527, 14–17 (mod.).

343 Zu den Gemeinsamkeiten und regionalen Unterschieden vgl. Schorn-Schütte, deren Untersuchung auf zwei Anwendungsbeispielen des ev. Pfarramtes basiert, nämlich auf den Verhältnissen in Hessen-Kassel und Braunschweig-Wolfenbüttel (a. a. O. (Anm. 339), 49 ff.).

344 Vgl. WA 30 II, 528, 28 f. Auch die folgenden Belege im Text sind WA 30 II entnommen.

geistlich in der Seele (534, 20–22). Selbst der zeitliche Friede „ist eigentlich eine Frucht des rechten Predigtamtes" (528, 20). Daher darf das Predigt- und Pfarramt nicht mißachtet, es muß vielmehr geehrt und erhalten werden. Und dies sollte überdies ganz konkret geschehen: Kinder müssen zur späteren Übernahme des Amtes christlich erzogen und ausgebildet werden (547 ff.). Denn die Welt besteht allein um dieses Standes willen; sonst wäre sie längst zugrunde gegangen (527, 24 f.).

2. Der im Januar 1532 erschienene Brief *Von den Schleichern und Winkelpredigern* fügt sich nahtlos in Luthers Amtsverständnis und Institutionenlehre ein. Ist das Amt eine öffentliche Institution, durch die Gott handelt, dann bedarf es zur Ausübung dieses Amtes der öffentlichen Berufung und Bestätigung (518, 15 f.). „Der Heilige Geist schleicht nicht . . . Die Schlangen schleichen, aber die Tauben fliegen." (518, 21–23; mod.) Unter den „Schleichern und Winkelpredigern" sind Täufer zu verstehen.[345] Wer auch immer sie sind, ihnen ist zuzumuten, daß sie sich bei dem Ortspfarrer einfinden, ihren Beruf – beziehungsweise ihre innere Berufung – anzeigen und klären, ob er sie öffentlich predigen läßt (518, 31 ff.). Willigt der Pfarrer als Inhaber des „Predigtstuhls" nicht ein, steht ihnen das Recht zur öffentlichen Verkündigung nicht zu (519, 2–4). Luther empfiehlt, daß sie sich im Fall der Weigerung des Pfarrers an Lk. 10,11 orientieren und den Staub von ihren Füßen schütteln (519, 2 f.). Aber stattdessen drängen sie sich heimlich ein, suchen die „Pfarrkinder" abspenstig zu machen und greifen in ein fremdes Amt ein (519, 6 ff.). „Das kann ja nicht der Heilige Geist sein, sondern (das) muß der leidige Teufel sein." (519, 35 f.)

Luther hält den „Wiedertäufern"[346] vor, daß sie a) das kirchliche Amt verwerfen,[347] b) den Aufbau der evangelischen Gemeinden stören[348] und

---

345 Vgl. zur Mühlen, a. a. O. (Anm. 279), 136 f.

346 „Wiedertäufer" war nicht nur ein „Schimpfname" (s. H.-J. Goertz, Die Täufer, München ²1988, 77), sondern der Vorwurf beruhte auf einem vielfach nachgewiesenen Tatbestand, der öffentliches Ärgernis erregt hatte. Zum Taufverständnis der Wiedertäufer, dargestellt am Beispiel B. Hubmaiers, vgl. C. Windhorst, Täuferisches Taufverständnis, SMRT 16, Leiden 1976.

347 Das haben sie von Anfang an und ganz gezielt getan (vgl. Goertz, a. a. O. (Anm. 346), 53). Luther hat also richtig gesehen, „daß sie ministerium verbi damniren und dazu regna mundi zerstören wollen" (WA.B 6, 222 f.).

348 Der ordentlich berufene Pfarrer hat das öffentliche Amt inne (WA 30 III, 519, 29–32). Wird nicht auf die ordentliche Berufung geachtet, kann „zuletzt keine Kirche nirgend bleiben" (520, 35 f.).

c) die öffentliche Ordnung untergraben.[349] Theologisch stellen die Täufer für Luther zwar eine geringere Herausforderung als Karlstadt und Müntzer dar, aber sie berühren sich mit diesen a) in der spiritualistischen Entwertung des *verbum externum*,[350] b) im Unverständnis gegenüber dem Artikel von der Rechtfertigung[351] und c) im gespannten Verhältnis zu den Institutionen der Kirche, Obrigkeit, Bildung und Erziehung. Sie wollen den Glauben und das Amt des Wortes „überbieten"[352], zum Beispiel mit ihrem moralischen und gesetzlichen Rigorismus durch die Anwendung des Bannes.[353]

Unter Auswertung zusätzlicher Quellen läßt sich Luthers Verständnis des Pfarramtes folgendermaßen bestimmen:

1. In der *Adelsschrift* führt Luther aus, nach Christi und der Apostel Festlegung solle eine jede Stadt einen Pfarrer oder Bischof haben.[354] Ein Bischof und ein Pfarrer sei ein und dasselbe.[355] Die institutionelle Ausführungsbestimmung erfolgt schon 1520 im Rahmen der Drei-Stände-

---

349 In Münster haben sie sie sogar totalitär überwältigt (vgl. Das Täuferreich zu Münster 1534/35. Berichte und Dokumente, hg. v. R. van Dülmen, München 1974; R. Klötzer, Die Täuferherrschaft von Münster, Münster/Westf. 1992; E. Laubach, Reformation und Täuferherrschaft, in: Th. Küster / F.-J. Jakobi (Hg.), Geschichte der Stadt Münster, Bd. 1, Münster/Westf. 1993, 145–216).

350 Vgl. z. B. H. Denck, Religiöse Schriften, hg. v. W. Fellmann, Bd. II, Gütersloh 1956, 106: „Also mag eyn mensch, der von Gott erwelet ist, on predig und geschrifft selig werden."

351 „Nicht die Rechtfertigung des Sünders steht im Mittelpunkt der täuferischen Anschauungen, sondern die ‚Besserung des Lebens'" (H.-J. Goertz, Antiklerikalismus und Reformation, KIVR 1571, Göttingen 1995, 105). Das täuferische Rechtfertigungsverständnis ist, ohne daß Goertz dies herausgearbeitet hätte, vorreformatorisch.

352 Vgl. dazu – ohne Bezug auf die Täufer – Wirsching, a. a. O. (Anm. 241), 104 ff. – Daß viele Täufer für ihre Überzeugungen in den Tod gingen, sichert ihnen den Respekt der Nachgeborenen; dieser Umstand macht sie aber noch nicht zu *christlichen* Märtyrern (gegen Goertz, a. a. O. (346), 131–136).

353 Vgl. z. B. B. Hubmaier, Schriften, hg. v. G. Westin / T. Bergsten, QGT 9, Gütersloh 1962, 357 ff.

354 WA 6, 440, 21 f.

355 A. a. O., 440, 26 f. Die Gleichheit von Pfarrer und Bischof vertritt Luther unter Bezugnahme auf Hieronymus seit der Leipziger Disputation 1519 (s. o. Anm. 114). Darauf beruft er sich auch später immer wieder (vgl. z. B. WA 7, 631, 11 f.; WA 10 II, 197, 16–19; WA 38, 237, 21–23; WA 50, 339, 1 – 341, 5; WA 54, 229, 4 ff.; BSLK 458, 13–15; s. dazu H.-M. Stamm, Luthers Berufung auf die Vorstellungen des Hieronymus vom Bischofsamt, in: M. Brecht (Hg.), Martin Luther und das Bischofsamt, Stuttgart 1990, 15–26).

Lehre.[356] Danach konkretisiert sich in dem mit dem Bischofsamt gleich-gestellten (Stadt)Pfarramt das Amt der Kirche. Es ist die Hauptinstitution des Dienstes am Wort in der lutherischen Reformation. Der Träger dieses Amtes hat das höchste Amt in der Christenheit inne und führt den Titel Pfarrer, Pastor oder Bischof. Ihm können, je nach Größe und Bedarf der Pfarrei,[357] weitere Pfarrer und andere Helfer zur Seite gestellt werden.[358] Die biblischen Belege, die Luther für sein Verständnis des Pfarr- und Bischofsamtes anführt, sind Tit. 1,5–7 und 1. Tim. 3,2.[359] Vorausgesetzt wird die Korrelation von Evangelium und Amt gemäß der Theologie des Paulus. Auf dieser Grundlage rezipiert Luther das Amtsverständnis der Pastoralbriefe und macht es für die Gestaltung der Kirche nach 1520 fruchtbar. Daraus sind zwei Aspekte besonders hervorzuheben. Zum einen dringt Luther darauf, daß die Amtsträger ein untadeliges Leben gemäß den apostolischen Regeln der Pastoralbriefe führen, damit die biblisch-reformatorische Lehre nicht verlästert wird.[360] Zum anderen betont der Reformator seine Übereinstimmung mit dem Bischofsver-ständnis des Neuen Testaments, besonders der Pastoralbriefe: „Bischof" bezeichne nicht ein übergemeindliches Amt, sondern den Leiter der Ortsgemeinde.[361] Von den jetzigen Bischöfen wisse die Schrift gar nichts.[362]

---

356 Es muß noch einmal unterstrichen werden, daß sich die institutionelle Ausführung nicht einfach aus der Ekklesiologie ergibt, sondern aus der Anwendung des Kirchen-verständnisses auf die Strukturen des 16. Jh. (s. o. den Exkurs: Die Drei-Stände-Lehre). Nach Schorn-Schütte behält die Drei-Stände-Lehre ihre Bedeutung bis „etwa 1630" (a. a. O. (Anm. 339), 450); s. ferner o. Anm. 309.

357 Zur Parochialstruktur s. o. Anm. 55; vgl. ferner G. Holtz, Die Parochie, Berlin 1971; E. Winkler, Pfarrei II, TRE, Bd. 26, 1996, 348–350.

358 Vgl. WA 6, 440, 33–36.

359 A. a. O., 440, 21–26 u. ö.

360 Vgl. Lieberg, a. a. O. (Anm. 308), 162; Winkler, TRE 26, 361.

361 Nach Phil. 1,1 ist der Bischof Aufseher und Verwalter neben den Diakonen in der Gemeinde; in 1. Tim. 3,1 und Tit. 1,7 ist er Leiter der Gemeinde; in Apg. 20,28 werden die Ältesten der Gemeinde in Ephesus als Bischöfe bezeichnet; in 1. Petr. 2,25 ist der Terminus im umfassenden Sinn auf Jesus übertragen. Vgl. H. W. Beyer, *Episkopos*, ThWNT, Bd. II, 1935, 595–619, bes. 604 ff.; L. Goppelt, Kirchenleitung und Bischofsamt in den ersten drei Jahrhunderten, in: I. Asheim / V. R. Gold (Hg.), Kirchenpräsident oder Bischof?, Göttingen 1968, 9–35, bes. 18 ff.; J. Roloff, Der erste Brief an Timotheus, EKK XV, Neukirchen 1988, 169–189.

362 WA 6, 440, 28.

2. Aus der göttlichen Stiftung des Amtes ergibt sich, daß das Pfarramt im Bereich des Soziallebens eine „Anordnung Gottes" darstellt,[363] an die sich der dreieinige Gott in Freiheit bindet und durch die er sein geistliches Regiment ausübt. Diese These ist nach mehreren Seiten hin zu entfalten.

2.1. Das Amt beruht wie die Botschaft des Amtes auf göttlichem Beruf und Befehl.[364] Es ist ein *öffentliches* Amt.[365] Die öffentliche Ausübung dieses Amtes ist daher an die ordentliche Berufung gebunden.[366] Alle Christen haben an dem Priesteramt Anteil[367] und haben die Vollmacht, es auszuüben.[368] Aber öffentlich wahrzunehmen ist die Wortverkündigung, Sakramentsverwaltung und Schlüsselgewalt von den ordentlich berufenen Amtsträgern. Das gilt für den Beruf des Pfarrers genauso wie für die anderen Berufe. So könnten dem Erziehungs- und Bildungsauftrag auch andere als die öffentlichen Lehrkräfte nachkommen, aber nur diesen ist der Auftrag dazu in der Öffentlichkeit erteilt worden. Durch das Moment der Öffentlichkeit unterscheidet sich das Pfarramt von dem Priesteramt aller Gläubigen.[369] Dabei ist freilich zu beachten, daß Luther das Christ- und Priestersein ebenfalls als Berufung und Aufgabe und nicht als Privatangelegenheit aufgefaßt hat. Im übrigen ist Luther bewußt, daß die

---

363 So mit Recht E. Wolf, Zur Verwaltung der Sakramente nach Luther und lutherischer Lehre, 1938, in: ders., a. a. O. (Anm. 169), 243–256, bes. 247 f. Nach der Drei-Stände-Lehre ist nicht nur das „Predigtamt", sondern auch der „Pfarrstand" als Berufsstand von Gott eingesetzt (vgl. WA 6, 441, 24). Daran ist gegen E. Schlink, Theologie der lutherischen Bekenntnisschriften, München ²1946, 318, Anm. 9; mit F. J. Stahl, Die Kirchenverfassung nach Lehre und Recht der Protestanten, ²1862, Nachdr. Frankfurt/M. 1965, 109 f., festzuhalten. Gegen Stahl ist freilich einzuwenden, daß er die Drei-Stände-Lehre zu unkritisch auf die Verhältnisse des 19. Jh. übertragen hat. Das war schon im 17. Jh. nicht mehr möglich!

364 Das hebt Luther immer wieder hervor; vgl. z. B. WA 19, 233, 6 f.; WA 30 II, 453, 21; WA 30 III, 518, 20 f. und 521, 9 f.; WA 31 I, 211, 19; WA 33, 390, 17 f.; WA.TR 1,34, 21 f. (Nr. 90).

365 WA 12, 173, 2 f.: „Ministerium publicum verbi".

366 Öffentlichkeits- und Ordnungsmotiv stehen bei Luther zumeist nebeneinander (vgl. z. B. WA 8, 495, 24 – 496, 11; WA 10 III, 170, 17; WA 12, 189, 16–22; WA 41, 213, 34 ff.). Der biblische Hauptbeleg ist 1. Kor. 14,40.

367 Vgl. z. B. WA 8, 495, 12 f.

368 Vgl. WA 6, 566, 27–29.

369 Vgl. P. Althaus, Die Theologie Martin Luthers, Gütersloh ²1963, 282; Kantzenbach, a. a. O. (Anm. 339), 29 f.; s. a. B. Oftestad, Öffentliches Amt und kirchliche Gemeinschaft, in: B. Hägglund / G. Müller (Hg.), Kirche in der Schule Luthers. FS für Joachim Heubach, Erlangen 1995, 90–102.

ordentliche Berufung als Kriterium nicht ausreicht; denn auch die Schriftgelehrten der Pharisäer waren ordentlich berufen und standen dennoch im Gegensatz zu Christus.[370] Notwendig ist vielmehr die Übereinstimmung des öffentlichen Amtes mit Christus in der *Lehre*.[371] Diese Übereinstimmung kommt in der Zustimmung zu dem gesetzesfreien Evangelium zum Ausdruck, das keinen „Zusatz" und keine Nebenlehre „leidet"[372].

2.2. Pfarrer sind „Amtspersonen"[373] und stehen an der Nahtstelle zwischen Kirche und Öffentlichkeit, Religion und Politik.[374] Sie haben den biblisch klar beschriebenen und kirchlich vorgegebenen Auftrag der Wortverkündigung und Sakramentsverwaltung.[375] Daran können und müssen sie gemessen werden. Überdies ist ihr Aufgaben- und Kompetenzbereich durch die Grenzen des Kirchspiels fest umrissen.[376] Als Inhaber des „Predigtstuhls"[377] repräsentiert der Pfarrer die ökumenische Christenheit in seiner Ortsgemeinde. Er kann zwar das Amt auch mißbrauchen, „doch Mißbrauch zerstört das Amt nicht"[378]. Denn „Gott selbst schafft Prediger" und „erhält dadurch seine Kirche"[379]. Zwar stirbt ein Pfarrer nach dem anderen, aber das Amt bleibt.[380]

3. Theologisch wird die Institution des Pfarramtes durch die Heilsnotwendigkeit des äußeren Wortes *(verbum externum)* begründet. Die Mündlichkeit und Externität des Wortes Gottes macht ein *officium externum,* ein äußeres, öffentliches Amt erforderlich.

---

370 Vgl. Predigt am 10.6.1522, WA 10 III, 171, 18 ff. Diese Predigt ist eine Themapredigt über das Predigt- und Pfarramt.

371 A. a. O., 171, 25–32.

372 A. a. O., 172, bes. Z. 10.

373 Vgl. WA 6, 408, 19; WA 7, 634, 24 f.

374 Vgl. Schorn-Schütte, a. a. O. (Anm. 339), 19. Luther hält das Predigt- und Pfarramt „für einen selbstverständlichen Bestandteil des öffentlichen Lebens" (Schwarz, a. a. O. (Anm. 103), 135).

375 Vgl. WA 6, 409, 3 f. u. a.

376 Vgl. WA 31 I, 211, 3–9, bes. Z. 5; s. dazu W. Brunotte, a. a. O. (Anm. 57), 100. Zu Leipzig sei ihm das Predigtamt nicht befohlen, stellt Luther fest (WA 33, 518, 18 f.).

377 WA 30 III, 519, 3. Wegen der Konzentration auf die Predigt bedurfte es in der Reformation keiner besonderen Prädikaturen neben den Pfarreien wie im späten Mittelalter.

378 WA 31 I, 196, 15 f. Mod. Luther weiß: „Es sind viel faul fisch drunter" (WA 27, 257, 6).

379 WA 30 II, 332, 15 f. Mod.

380 Vgl. WA 41, 457, 1 ff.

3.1. Diese Amtsauffassung enthält die Ablehnung des Meßpriestertums, das „von Gott nicht eingesetzt"[381], sondern „durch den Teufel in die Welt gekommen ist"[382]. Sie ist außerdem indirekt gegen den humanistischen Denkansatz des Erasmus von Rotterdam gerichtet, der davon ausgeht, daß dem Menschen grundsätzlich die Freiheit eignet, sich selbst – unter Mitwirkung der Gnade – zu seiner wahren Form zu bilden.[383] Drittens ist sie von Luther bewußt gegen den Enthusiasmus der Schwärmer, als deren Prototyp Thomas Müntzer gilt,[384] und gegen den Spiritualismus – besonders der Täufer – konzipiert.[385]

3.2. Das Amt ist das Instrument von Gottes Offenbarung vor dem Hintergrund seiner Unzulänglichkeit und Verborgenheit außerhalb des Wortes und der Sakramente. Deshalb ist das Amt, das Gottes Wort treibt, der „höchste Ort der Gnade"[386]. Es tut dem Volk den Himmel auf[387] und ist „ein Strom des Lebens"[388]. Denn es zielt auf die Rechtfertigung des Gottlosen; es mehrt Gottes Reich, wehrt dem Tod und steuert der Sünde.[389] Luther ist davon überzeugt, „daß eine große Änderung aller Dinge eintrifft, sooft das reine Wort gepredigt wird"[390].

3.4. Die Ordination

Luther hat den Gemeinden, die sich der Reformation geöffnet hatten, Seelsorger namentlich empfohlen, wenn er um Rat gefragt wurde. Diese hatten

---

381 WA 8, 490, 14 f. Mod.

382 A. a. O., 538, 4. Mod.

383 S. bes. die Definition des *liberum arbitrium* durch Erasmus (Dla I b 10, in: ders., Ausgewählte Schriften, hg. v. W. Welzig, Bd. IV, Darmstadt 1969, 36). Vgl. dazu H.-G. Geyer, Von der Geburt des wahren Menschen, Neukirchen 1965, 90. Das entspricht der semipelagianischen Position des Erasmus (vgl. H. A. Oberman, Werden und Wertung der Reformation, Tübingen ³1989, 137 f., Anm. 193).

384 Vgl. BSLK 454, 4. – „Summa: der Enthusiasmus steckt in Adam und seinen Kindern bis zum Ende der Welt . . . (er) ist der Ursprung, die Kraft und Macht aller Ketzerei" (a. a. O., 455, 27 f.; 30 f.; mod.). Auf den Enthusiasmus führt Luther das Papsttum (454, 7 f.; 455, 30) und den Islam zurück (455, 31).

385 S. o. Anm. 350; vgl. ferner WA 25, 443, 6; WA 33, 133, 12–15.

386 WA 18, 693, 15. Übers.

387 Vgl. WA 30 II, 492, 1–3.

388 WA 33, 436, 27. Mod.

389 Vgl. WA 31 I, 199, 28–30. S. a. WA 30 II, 281, 4 f.

390 WA.TR 2, 276, 14–16 (Nr. 1953; Übers.).

in der Regel bereits die Priesterweihe empfangen. Eine eigene Ordinationspraxis wurde später aus zwei Gründen nötig. Einmal wegen der Spiritualisten und Enthusiasten, die eine äußere Berufung für überflüssig hielten. Zum anderen wegen der Installierung des Nachwuchses, der in Wittenberg ausgebildet worden war. Nach dem kurfürstlichen Erlaß vom 12. Mai 1535 wurde die Ordination in Wittenberg zu einer festen Einrichtung.[391]

1. Die Voraussetzung für Luthers Verständnis der Ordination ist seine prinzipielle Negation der Sakramentalität der Priesterweihe und des Amtspriestertums in *De captivitate Babylonica ecclesiae praeludium*[392]. Wie beharrlich der Reformator an dem 1520 vollzogenen Bruch festhält, wird schon daran deutlich, daß er in den Schmalkaldischen Artikeln (1536/37) die Überschrift „Ordination" tilgt und durch „Vokation" ersetzt.[393] Denn da der Begriff *Ordination* auf das Sakrament der Priesterweihe *(sacramentum ordinis)* des Mittelalters zurückgeht,[394] könnte er Assoziationen an das hierarchisch-sakramentale Bezugssystem wecken, die es bei der Ordination nach reformatorischer Auffassung jedoch zu vermeiden gilt.

---

391 Vgl. P. Drews, Die Ordination, Prüfung und Lehrverpflichtung der Ordinanden in Wittenberg, DZKR 15 (1905), 66–90 und 273–321. Lit. zu Luthers Ordinationsverständnis im Überblick: G. Rietschel, Luther und die Ordination, Wittenberg ²1889; J. Heubach, Die Ordination zum Amt der Kirche, AGTL 2, Berlin 1956; Lieberg, a. a. O. (Anm. 308), 1962, 168–234; H. Dörries, Geschichte der vocatio zum kirchlichen Amt, in: ders., Wort und Stunde, Bd. III, Göttingen 1970, 347–386; E. Wolf, Zur Frage der Ordination, in: F. Viering (Hg.), Gemeinde – Amt – Ordination, Gütersloh 1970, 63–93; B. Lohse, Zur Ordination in der Reformation, in: R. Mumm / G. Krems (Hg.), Ordination und kirchliches Amt, Paderborn / Bielefeld 1976, 11–18; R. Schäfer, Allgemeines Priestertum oder Vollmacht durch Handauflegung?, in: H. Schröer / G. Müller (Hg.), Vom Amt des Laien in Kirche und Theologie. FS für Gerhard Krause, Berlin / New York 1982, 141–167; M. Plathow, Ordination (1.), EKL, Bd. 3, ³1992, 910–913; O. Mittermeier, Evangelische Ordination im 16. Jahrhundert, MThS II, 50, St. Ottilien 1994; H. Martin Müller, Ordination IV.3, TRE, Bd. 25, 1995, 347–356, 361 (Lit.); U. Kühn, Die Ordination, in: H.-C. Schmidt-Lauber / K.-H. Bieritz (Hg.), Handbuch der Liturgik, Leipzig / Göttingen 1995, 371–391; ders., Ordination II, LThK, Bd. 7, ³1998, 1111 f.; R. F. Smith, Luther, Ministry, and Ordination Rites in the early Reformation Church, New York / Frankfurt/M. 1996; H. Goertz, Allgemeines Priestertum und ordiniertes Amt bei Luther, MThSt 46, Marburg/L. 1997, 299–322.
392 WA 6, 560–567.
393 ASm III, 10, BSLK 457, 6.
394 Vgl. L. Ott, Das Weihesakrament, HDG IV, 5, Freiburg/Br. 1969, 40 ff.

2. In *De instituendis ministris Ecclesiae* (1523)[395] nimmt Luther auf die Probleme der böhmischen Utraquisten Bezug, die an der bischöflichen Ordination festhielten, aber ihre Priester wegen der seit 1421 bestehenden Vakanz des erzbischöflichen Stuhls von Prag im Ausland weihen ließen, weil sie an der apostolischen Sukzession festhalten wollten. Die italienischen Bischöfe weihten die böhmischen Priester aber nur, wenn diese sich verpflichteten, das Abendmahl unter einer Gestalt zu reichen. Diese Verpflichtung mußten sie bei ihrer Rückkehr nach Böhmen, wo das Sakrament unter beiderlei Gestalt *(utraque)* zu reichen war, jedoch feierlich widerrufen. Bereits der Amtsantritt war daher mit Unwahrhaftigkeit und Treuebruch belastet.

Luther grenzt in dieser Schrift nicht ordiniertes Amt und Priestertum aller Gläubigen gegeneinander ab,[396] sondern stellt vielmehr beide wie in den reformatorischen Hauptschriften in eine gemeinsame Linie gegen Amtspriestertum und Priesterweihe sowie gegen die Preisgabe der Kirche an den Klerus.[397] Das beherrschende, immer wiederkehrende Motiv ist die Souveränität des Wortes Gottes.[398] Dieses ermächtigt dazu, daß die Kirche – zumal in einer Notsituation – die Ordnung des Verkündigungsamtes in eigener Verantwortung neu gestaltet.[399] Das Thema dieser Schrift ist das Funktionieren von Kirche ohne den römischen Klerus aufgrund der Bindung an die Bibel.[400] Luthers Hauptaussage lautet: Die Kirche kann nicht ohne Gottes Wort sein,[401] aber sie kann ohne geweihte Priester auskommen.[402] Daraus ergibt sich als die eigentliche Frage: Was kann in

---

395 WA 12, (160) 170–196. Zu dem geschichtlichen Hintergrund vgl. J. Pelikan, Continuity and Order in Luther's View of Church and Ministry, in: Kirche, Mystik, Heiligung und das Natürliche bei Luther, hg. v. I. Asheim, Göttingen 1967, 143–155, bes. 144 f.; Stein, a. a. O. (Anm. 57), 144 f.; H. Bornkamm, a. a. O. (Anm. 38), 119–121.

396 Gegen den Duktus der Interpretation von W. Brunotte, a. a. O. (Anm. 57), 76–95.

397 Gegen Heubach, a. a. O. (Anm. 391), 70 f., Anm. 14, ist festzuhalten, daß WA 12, 180 ff. nicht nur Auftrag und Vollmacht des Amtes, sondern *zugleich* des Priestertums aller Gläubigen bestimmt werden.

398 So mit Recht Stein, a. a. O. (Anm. 57), 166. Ebd. 145 f.: Übersicht und Gliederung von *De instituendis.*

399 Vgl. K. Miura / M. Brecht, De instituendis ministris – das Problem der Amtseinsetzungen bei den Böhmen, in: Brecht (Hg.), a. a. O. (Anm. 355), 69–72, bes. 71.

400 *Darauf* liegt der Akzent, nicht auf der Frage, ob der Ordinationsakt *rite* geschieht oder nicht (so Lieberg, a. a. O. (Anm. 308), 179–181).

401 Vgl. WA 12: 171, 31 f.; 173, 4–6; 180, 5 f. u. a.

402 Vgl. a. a. O., 190, 24 ff.

Böhmen getan werden, damit Gottes Wort angemessen zu Gehör gebracht wird?[403] In der Antwort darauf behandelt Luther das Problem der Ordination und Amtseinsetzung.

Die Ausführungen über die Ordination sind die inhaltlich wichtigsten bis zum Augsburger Reichstag und stellen die Grundlage für Luthers Ordinationsverständnis dar, das in der Praxis ab 1535 zur Anwendung gekommen ist. Deshalb müssen sie im Detail dargestellt werden. Der Abschnitt hat die folgende Struktur:

A. Einleitung		Die Vollmacht der Gläubigen	WA 12: 172, 9 – 21
B. Überleitung		Die Selbstzwecksetzung des Klerus	172, 22 – 31
C. Hauptteil	1. These:	Die Ordination gem. der Hl. Schrift	172, 32 – 173, 8
	2. Antithese:	Die römische Auffassung von Amt und Ordination	173, 9 – 176, 10
D. Schluß		Konsequenzen für die Böhmen	176, 11 – 178, 88.

A. „Diejenigen, die glauben und die Wahrheit erkennen, haben die freie(ste) Möglichkeit *(liberrima facultas)* und Macht, alle unfrommen Diener zu vertreiben und geeignete und fromme zu berufen und einzusetzen." (172, 10–12; Übers.) Es ist „ein schöner Einfall der Papisten", daß sie ihre Priester durch ein unauslöschliches Merkmal *(character indelebilis)* unabsetzbar machen (172, 13 f.). Dadurch stabilisieren sie ihre Tyrannei (172, 15). Luther ermutigt die Böhmen, daß sie die papistischen Weihen (papisticis ordinibus) aufgeben (172, 18 f.).

B. In einer überleitenden Bemerkung spricht Luther das Problem der absoluten Ordination an. Sie geschieht ohne Beteiligung des Volkes Gottes und führt zur Selbstzwecksetzung des Klerus. Aber dem Volk Gottes muß daran gelegen sein, daß ihm niemand ohne eigene Wahl *(sine suffragiis)* auferlegt wird (172, 25 f.). Vielmehr sollte der Bischof den bestätigen *(Episcopus confirmare)*, den es kennt, für geeignet hält und berufen hat (172, 26 f.). Stattdessen wird der größte Teil der Priester zu *beneficia*[404]

---

403 Vgl. a. a. O., 191, 16 ff.
404 *„Beneficium* bezeichnet im Gegensatz zu *officium* die Pfründe" (WA 12, 172, Anm. 3). Vgl. P. Landau, Beneficium, TRE, Bd. 5, 1980, 577–583.

geweiht, daß sie das Meßopfer darbringen; aber das Volk weiß nicht, welche Priester ihm der Bischof gesalbt hat (172, 28–30).

C.1. Über diese Pervertierung wird jeder, der Christus liebt, erschrecken und die päpstliche Weihe aufs entschiedenste meiden (172, 32–34). „Die Ordination, die auf der Autorität der Schrift beruht, sodann auf dem Beispiel und den Entscheidungen der Apostel, besteht darin, daß für das Volk Diener des Wortes eingesetzt werden, genauer gesagt: in das öffentliche Amt des Wortes, durch das die Geheimnisse Gottes ausgespendet werden."[405] Ordination ist mithin die *Einsetzung* in das öffentliche Amt des Wortes Gottes. In der Bindung an dieses *verbum* ist das *ministerium publicum* sowie die *ordinatio*, durch die eine bestimmte Person zu diesem Amt bestellt wird, „heilig"[406]. Im Zentrum von Luthers Ordinationsauffassung steht das Wort Gottes, das so souverän ist, daß ihm ein öffentliches Amt zusteht, das – ebenfalls ein Indiz für die Souveränität und den Öffentlichkeitsanspruch dieses Wortes – durch den Einsetzungsakt der Ordination übertragen wird. In dieser Perspektive ist das Amt „eine Sache *(res)*, die höher und größer ist als alles in der Kirche, in der die ganze Kraft *(tota vis)* des *Status* der Kirche begriffen ist,[407] kann doch ohne das Wort nichts in der Kirche bestehen, vielmehr besteht alles allein durch das Wort" (173, 4–6; Übers.).

C.2. Was Luther gegen die römische Auffassung von Amt und Ordination anführt, ist seit dem Ablaßstreit, besonders aber seit der Veröffentlichung von *De captivitate* bekannt.[408] Darauf wurde bereits eingegangen. So sollen an dieser Stelle nur einige grundlegende Sätze herausgestellt werden: (1.) Die römische Kirche ist mit Blindheit geschlagen; denn sie kennt weder das Wort noch das Amt des Wortes (173, 9 f.). Daher ist den Amtsträgern der eigentliche Amtsauftrag unbekannt, nämlich die Geheimnisse Christi zu verdeutlichen, das Evangelium zu predigen und die Kirche zu regieren, die Gott durch das Blut seines Sohnes erworben hat (173, 22 f.). Den Kelch nehmen sie wohl, aber sie gebrauchen ihn nicht dem Evan-

---

405 Dieser entscheidend wichtige Beleg lautet im lat. Original (WA 12, 173, 1–3): „cum ista ordinatio autoritate scripturarum, deinde exemplo et decretis Apostolorum in hoc sit instituta, ut ministros verbi in populo institueret: Ministerium publicum inquam verbi, quo dispensatur mysteria dei."

406 A. a. O., 173, 3 f.: „per sacram ordinationem institui debet . . ."

407 So gesehen ist das *verbum dei* das Statussymbol der Kirche!

408 Es handelt sich nicht um bloße „Polemik" (so Stein, a. a. O. (Anm. 57), 149), sondern um Antithesen, die auf Schriftauslegung beruhen.

gelium gemäß, sondern im Sinn der Opfermesse (173, 23 ff.). (2.) Die Unkenntnis des Wortes Gottes sowie des Verkündigungsamtes führt dazu, daß sie die Predigt und Lehre des Wortes den ungeeignetsten und ungebildetsten Priestern überlassen und daß die „Bischofslarven" derweil Altäre und Glocken weihen (173, 31 – 174, 9). (3.) Man muß alles daran setzen, von dieser gotteslästerlichen Weihe nicht befleckt zu werden (174, 25 ff.). Wer aber durch diese Larven in das Amt gekommen ist, der eile, daß er nun dieses Amt auch ergreife und es rein und würdig verwalte; er verlasse das Opferpriestertum und lehre stattdessen Gottes Wort und regiere die Kirche; das Salböl und die ganze Weihe, durch die er eingetreten ist, verwerfe und verdamme er im übrigen von Herzen (174, 33–36)![409] (4.) Das Antichristliche der „Opferpfaffen" besteht nicht darin, daß sie die Gnadenmittel verwerfen, sondern daß sie sie unter dem Namen Christi an sich gebracht haben (175, 31 f.). Luther sieht darin Mt. 24,5 und 15 erfüllt (175, 34–36) und spricht von „Priestern des Satans" (175, 41). Bezeichnet er in der Schrift gegen Ambrosius Catharinus das Papsttum als das Reich der Gebärden,[410] so spricht er hier von dem „König des Scheins"[411].

D. Die Schlußfolgerung sagt über die Ordination direkt nichts aus. Luther ermahnt die Böhmen, daß sie nicht um der Kontinuität im äußeren Kirchenregiment willen der päpstlichen Tyrannei unterworfen bleiben. Indirekt geht daraus hervor, welchen Stellenwert die Sukzession der Amtsträger für Luther hat, nämlich keinen theologisch nennenswerten.

3. Aus den *Predigten des Jahres 1524* ist Luthers Unterscheidung zwischen Ordination und Konsekration hervorzuheben: „Da wir (Pfarr)Ämter haben, werden wir auch die Amtseinsetzung vornehmen. Ordinieren heißt nicht konsekrieren. Wenn wir einen frommen Menschen wissen, ziehen wir ihn hervor und geben ihm kraft des Wortes, das wir haben, die Vollmacht, das Wort zu predigen und das Sakrament zu reichen. Das heißt

---

409 Daraus ist nicht zu folgern, daß Luther „die römische Ordination zu dieser Zeit und weiterhin de facto anerkannte" (Stein, a. a. O., 150), sondern daß sie kein Sakrament, also nicht heilsnotwendig ist und deshalb auch nicht wiederholt werden muß. Nicht auf Reordination kommt es an, sondern auf die Freigabe der Heilsmittel aus der babylonischen Gefangenschaft!

410 WA 7, 730, 34 ff.; s. o. Anm. 162.

411 WA 12, 176, 5 f.: „. . . Regem specierum . . ." = „konig des gleyssens" (WA 12, 176, Anm. 1).

ordinieren."[412] Wie in der Schrift an die Böhmen ist unter Ordination die Einsetzung in das öffentliche Amt der Wortverkündigung und Sakramentsverwaltung zu verstehen.

Am 14. Mai 1525 ist Georg Rörer im Sonntagsgottesdienst von Luther unter Handauflegung zum Diakonus an der Wittenberger Stadtkirche ernannt worden. Dabei handelte es sich jedoch weniger um einen Ordinations- als vielmehr um einen Introduktionsakt.[413] Man muß freilich bedenken, daß die Grenze zwischen Ordinations- und Einführungshandlung bei Luther fließend ist.

4. Luthers Schrift *Von der Winkelmesse und Pfaffenweihe* (1533)[414] gehört wie die *Vermahnung an die Geistlichen* (1530) oder *Von den Schlüsseln* (1530) zu den Veröffentlichungen, die vor allem die praktischen Konsequenzen für das Sakraments-, Amts- und Ordinationsverständnis behandeln, die sich aus dem theologischen Ansatz ergeben. *Von der Winkelmesse und Pfaffenweihe* steht zeitlich und sachlich zwischen dem Augsburger Reichstag und dem Beginn der evangelischen Ordinationen in Wittenberg. Diese gegen das Papsttum gerichtete Streitschrift ist für das Ordinationsverständnis insofern von noch größerer Bedeutung als *De instituendis*, als sie der evangelischen Ordinationspraxis unmittelbar vorangeht. Inhaltliche Abweichungen von der Ordinationsauffassung in *De instituendis* finden sich dagegen in dieser Streitschrift nicht. Im Gegenteil, die bekannten Aussagen kehren wieder. Die Ablehnung des römischen Amtspriestertums und der Priesterweihe wird noch schärfer ausgesprochen als zehn Jahre zuvor.[415] Das Ordinationsverständnis der zwanziger Jahre wird aufgenommen, vertieft und zusammengefaßt.

---

412 Predigt am 21. Sonntag nach Trinitatis (16.10.) 1524, WA 15, 721, 2–5. Übers.

413 Rietschel (a. a. O. (Anm. 391), 55) bestreitet, daß es sich um eine Ordination gehandelt habe. Stein (a. a. O. (Anm. 57), 190) und H. M. Müller (a. a. O. (Anm. 391), 349) sprechen sich dafür aus. Kantzenbach (a. a. O. (Anm. 339), 33) entscheidet sich für ein Sowohl-als-auch. Es handelt sich m. E. um einen Introduktionsakt.

414 WA 38, (171) 195–256 (StA 5, (13) 23–102). Zu dem geschichtlichen Hintergrund vgl. M. Brecht, Martin Luther, Bd. 3: Die Erhaltung der Kirche 1532–1546, Stuttgart 1987, 81–85; StA 5, 13–17 (H.-U. Delius). Einen detaillierten Überblick über den Aufbau und Inhalt der Schrift gibt die Inhaltsgliederung von H.-U. Delius / M. Beyer in StA 5, 18–22.

415 Die These von Stein, Luther habe nicht die römische Weihe als solche, sondern lediglich die absolute Ordination bekämpft (a. a. O. (Anm. 57), 187 ff.), ist unhaltbar und steht im Widerspruch zu dem Gesamtduktus von Luthers Schrift sowie zu ihren

Die folgende Darstellung konzentriert sich auf die Passagen, die direkt die Ordination betreffen:

A. Wie die Taufe, das Altarsakrament und die Predigt des Evangeliums, lautet Luthers Folgerung aus den vorangegangenen Ausführungen, so hat die Papstkirche auch das Amt *(ministerium)* und die Berufung *(vocatio)* durch die schändliche Privatmesse und Priesterweihe in Unordnung gebracht (236, 4–7).[416] Doch neben und außer dem Amtspriestertum ist durch Fürsten und Städte, also durch „Laien", aber auch durch Bischöfe und Äbte die Berufung zum Predigtamt und die Ausübung des Predigtdienstes geblieben (236, 10–13). Das wertet Luther als ein „Wunder" (236, 8). Er führt es auf die Macht und den Erhaltungswillen des erhöhten Christus zurück (236, 7–9), der die Kirche trotz der römischen Kirchenorganisation bewahrt hat. Hätte er das nicht getan, gäbe es schließlich auch keine reformatorische Bewegung.

B. Um des Friedens und der Einigkeit willen gesteht Luther den die römische Kirchenorganisation repräsentierenden Bischöfen das Recht zu, daß sie die evangelischen Pfarrer in ihrem Amt „bestettigen" (236, 24). Das ist als freundliches Entgegenkommen zu verstehen (236, 17 ff.), nicht als Ausdruck von Schwäche. Ausgeschlossen bleibt die Anerkennung der Priesterweihe als rechtmäßig. Würde diese Schlußfolgerung sowie das Recht auf der auf Zwang beruhenden Wiedereinführung der Priesterweihe in den von der Reformation erfaßten Gebieten aus dem 1530 während des

---

Einzelaussagen. Luther schreibt, die Priesterweihe sei Weihe zu einem „öffentlichen Gottesdieb und Kirchenräuber" (WA 38, 207, 35 – 208, 1; mod.). Steins Deutung beruht – wie Schäfer (a. a. O. (Anm. 391), 146 ff.) richtig gesehen hat – auf der Tendenz, das (z. B. von Lieberg) neulutherisch interpretierte Amtsverständnis des Reformators der Amtskonzeption des Zweiten Vatikanischen Konzils anzunähern.

416 Luther gebraucht „versto(e)ret" (WA 38, 236, 4 und 7). StA 5, 81, Anm. 791 gibt es mit „zerstört" wieder. Mit H. Paul, Deutsches Wörterbuch, bearb. v. W. Betz, Tübingen ⁸1981, 746, gebe ich der obigen Wiedergabe den Vorzug.

Augsburger Reichstags unterbreiteten Angebot gezogen,[417] dann sollen sie „ihren Greuel und (ihr) Cresem[418] behalten, (und) wir wollen sehen, wie wir Pfarrer und Prediger aus der Taufe und Gottes Wort bekommen" (236, 27 ff., bes. 30 f.; mod.). Die Erinnerung an das Angebot von Augsburg ist mit dem unmißverständlichen Hinweis verbunden, daß eine eigene, allein an die Taufe und das Wort Gottes gebundene Ordinationspraxis dem päpstlichen Greuel zum Trotz eingeführt wird (236, 32 f.). Dazu ist es dann auch zwei Jahre später gekommen.

C.1. Wir sind keine Ketzer, stellt Luther fest; darum sollen sie unser Ordinieren rechtmäßig sein lassen (237, 7–9). „Denn wir haben . . . das Wort Gottes rein und gewiß, wie es der Papst nicht hat. Wo aber Gottes Wort rein und gewiß ist, da muß alles sein: Gottes Reich, Christi Reich, Heiliger Geist, Taufe, (Altar)Sakrament, Pfarramt, Predigtamt, Glaube, Liebe, Kreuz, Leben und Seligkeit und alles, was die Kirche haben soll." (237, 10–14; mod.) Wie alles in der Kirche ist auch die Ordination darauf gegründet, daß Gottes Wort da ist und daß es gemäß den Verheißungen Christi – Luther führt Joh. 14,23 und Mt. 28,20 an (237, 14–16) – in Geltung und Gebrauch steht. Wo das nicht der Fall ist, kann man „Kirche" zwar durch Weihehandlungen inszenieren, aber diese Ersatzhandlungen verdecken nur, daß Verheißung und Glaube außer Kraft gesetzt sind. Für Luther steht unverrückbar fest, daß Sinn, Grund und Rechtmäßigkeit der Ordination allein in Gottes Wort begriffen sind und daß das Kirchenrecht keine begründende, sondern lediglich eine ausführende Funktion wahrnehmen kann.

C.2. Was die Praxis der Ordination betrifft, erinnert der Reformator an die Kirchenväter. Grundlegend ist die Gleichheit von Bischof und Pfarrer nach Hieronymus (237, 22 f.).[419] Für beispielhaft hält Luther die Amtseinführung Augustins durch Valerius in Hippo Regius im Winter 390/91 (237, 26–30):[420] Augustin besucht den Gottesdienst in der nordafrikanischen

---

417 Vgl. G. Müller, Zwischen Konflikt und Verständigung. Bemerkungen zu den Sonderverhandlungen während des Augsburger Reichstages 1530, in: ders., a. a. O. (Anm. 340), 166–178; H. Scheible, Melanchthon und Luther während des Augsburger Reichstages 1530, in: ders., a. a. O. (Anm. 1), 198–221.
418 *Cresem* oder Chrisma ist das bei der Weihe verwendete Salböl.
419 S. o. Anm. 114 und 355.
420 Vgl. P. Brown, Augustinus von Hippo, Frankfurt/M. 1973, 119–125; A. Schindler, Augustin / Augustinismus I, TRE, Bd. 4, 1979, 646–698, bes. 651 f.

Hafenstadt Hippo;[421] der (Stadt)Bischof Valerius wünscht sich einen Helfer, weil er alt und Latein überdies nicht seine Muttersprache ist; die Gemeinde sieht Augustin, weiß von ihm, daß er zurückgezogen in dem nahegelegenen Tagaste lebt und ein berühmter Rhetor ist, und schlägt ihn vor; Augustin sträubt sich, gibt aber schließlich nach und wird zum Priester – mit Predigtauftrag – geweiht. An diesen „kleinen Bischof oder Pfarrer zu Hippo" reicht in der Christenheit niemand heran (237, 30 ff.). Er hat, da es noch keine Weih- und Fürstbischöfe gab, selbst Pfarrer ordiniert, wenn sie gebraucht wurden (238, 3–6).[422] Auf diesen historischen Rekurs läßt Luther sodann die Definition der Ordination folgen: „Ordinieren soll heißen und sein: in das Pfarramt berufen und es anbefehlen. Dazu hat Christus und seine Kirche die (Voll)Macht und muß sie haben, ohne Salböl und Tonsuren, wo immer sie in der Welt ist, genauso wie sie das Wort, die Taufe, das Altarsakrament, den Geist und den Glauben haben muß." (238, 7–10; mod.)

C.3. In Analogie zur Unterscheidung zwischen „Greuel" und „heiliger Stätte" unterscheidet Luther zwischen römischer und reformatorischer Sakraments-, Amts- und Ordinationsauffassung (238, 11 ff.). Diese Passagen gehören zu den eindrucksvollsten der gesamten Streitschrift. Da nach römischer Auffassung die Sakramentsverwaltung an die geweihten Amtsträger gebunden ist,[423] mußte Luther das Sakramentsverständnis in die Überlegungen einbeziehen. Er wendet gegen die römische Sakraments- und Amtsauffassung ein,[424] die Priester seien es nicht, die „das Sakrament machen oder wandeln, quasi ex opere operato" (238, 13 f.).[425] Diese „Winkelherren" geben vor, Gott habe seine Macht, die Wirksamkeit der

---

421 Zu Hippo vgl. Brown, a. a. O., 163 ff.

422 Auf dem ältesten bekannten Bild (Fresko im Lateran, Rom; vor 550) trägt Augustin als Bischof die normale Kleidung der Spätantike und hat weder ein (Amts)Kreuz noch einen Bischofsring; seine Rechte weist lehrend auf die Bibel.

423 Vgl. P. Fransen, Ordo I, LThK, Bd. 7, ²1962, 1212–1220.

424 S. dazu im Überblick J. Freitag, Amt III. und IV., LThK, Bd. 1, ³1993, 547–550 (Lit.).

425 Zu *ex opere operato* (= durch den (bloßen) Vollzug des Werkes) in der Sakramentslehre der (Hoch)-Scholastik vgl. F. Loofs, Leitfaden zum Studium der Dogmengeschichte, 1. u. 2. Teil, hg. v. K. Aland, Tübingen ⁷1968, § 66, bes. S. 472. Zum Gebrauch dieser Formel im Spätmittelalter s. z. B. G. Biel, Sent. 4 dist. 1 qu 3 art. 1, in: ders., Collectorium circa quattuor libros Sententiarum, hg. v. W. Werbeck / U. Hofmann, Tübingen 1973 ff., Bd. 4 I, 51, 4 ff. Aus Luthers Polemik gegen diese Formel vgl. WA 2, 751, 18–25, bes. aber WA 6, 525, 27–39, wonach das Altar-

Sakramente, an das Salböl und die Weihe gebunden (238, 14–22). Fragt man sie nach dem biblischen Grund ihres Sakraments- und Amtsverständnisses, dann „weisen sie uns in ihr Schlaraffenland und sagen, es sei die Meinung der Kirche" (238, 22 f.). Für Luther ist diese Lehre, daß ein Priester aus der Kraft der Weihe das Brot in den Leib Christi wandelt, die Lehre des „Greuels"[426] (238, 25–27); „so garstig erlogen und erstunken" wie die Weihe selbst (238, 28). Die „heilige Stätte" lehrt dagegen, daß weder Priester noch Christen noch eine Kirche ein Sakrament „machen" (238, 29 f.); vielmehr reicht die Kirche es dar (239, 1 f.). Wie sich die Kirche das Evangelium nicht ausgedacht hat, sondern es ist „zuvor da" (239, 6), von Christus hinterlassen und von den Aposteln verkündigt (239, 7 f.), so wenig wird das Sakrament „gemacht". Das Amt reicht das Wort Gottes und die Sakramente dar (239, 10 ff.), wie ein Hausknecht auf Geheiß das Brot austeilt (239, 35 f.).

Diese Differenzierung ist von so grundlegender Bedeutung, daß Luther auf die Taufe und das Abendmahl noch näher eingeht. Die *Taufe* „macht" nicht „der Täufer", „sondern Christus hat sie zuvor gemacht" (239, 14 f.). „Wenn man Wasser nimmt und tut sein Wort dazu, so ist's eine Taufe"[427], und dann wird sie gemäß dem Taufbefehl Christi (Mt. 28,19) ausgeführt (239, 17 f.). Der Befehl und die Einsetzung Christi – die bewirken, daß Wasser und Wort eine Taufe ist (239, 20 f.). „Darum ist und bleibt er (sc. Christus) allein der einzige, rechte, ewige Täufer, der seine Taufe durch unser Tun oder Dienst täglich austeilt bis an den Jüngsten Tag" (239, 28–30; mod.). Ebenso beruht das *Altarsakrament* nicht auf unserem

---

sakrament in die Grundrelation Verheißung – Glaube hineingehört; denn „die Messe ist ein Teil des Evangeliums, ja, die Summe und der Inbegriff des Evangeliums" (525, 36; Übers.). S. a. G. Martens, Ex opere operato – eine Klarstellung, in: J. Diestelmann / W. Schillhahn (Hg.), Einträchtig lehren. FS für Jobst Schöne, Groß Oesingen 1997, 311–323.

426 Sprachgebrauch bei Luther in Anlehnung an 3. Mose 7,18 u. ö.; 5. Mose 7,25 u. ö., bes. aber Mt. 24,15; s. a. WA 12, 175, 34–36.

427 Das ist Luthers tauftheologische Wiedergabe der Formel Augustins „Accedit verbum ad elementum, et fit sacramentum" (Augustin, Tractatus in euangelium Joannis 80,3, PL 35, 1840). Auf diese Stelle greift Luther immer wieder zurück. „Dieser Spruch . . . ist so . . . wohl geredet, daß er (sc. Augustin) kaum ein besseren gesagt hat" (BSLK 709, 40–42). Vgl. dazu K.-H. zur Mühlen, Zur Rezeption der Augustinischen Formel „Accedit verbum ad elementum, et fit sacramentum" in der Theologie Luthers, in: ders., Reformatorisches Profil. Studien zum Weg Martin Luthers und der Reformation, hg. v. J. Brosseder u. a., Göttingen 1995, 13–39.

Tun oder auf der Weihe (240, 1 f.). Kraft der Stiftung Christi bewirken vielmehr die Einsetzungsworte, daß das Brot zum Leib und der Wein zum Blut wird, und zwar vom ersten Abendmahl bis an das Ende der Welt (240, 12 f.).[428] Die Transsubstantiationslehre entzieht Christus die Verfügung über seinen eigenen Leib und sein Blut und mißbraucht diese zur Stabilisierung der Priesterherrschaft, die in dem Priesterstand *(ordo)* und der Priesterweihe *(sacramentum ordinis)* ihren Niederschlag findet. Aber Christus setzt sich durch die Einsetzungsworte selbst gegenwärtig (240, 16). Die Sakramente und das Evangelium sind wie das Amt, das sie verwaltet, „nicht unser, sondern Christi" (240, 24–26). Darum „muß unser Glaube und Sakrament nicht auf der Person stehen, sie sei fromm oder böse, geweiht oder ungeweiht . . ., sondern auf Christus, auf seinem Wort, auf seinem Amt" (241, 6–9).

5. Wie sehr Luthers Ordinationsauffassung von dem in die reformatorische Theologie eingebundenen Amtsverständnis geprägt ist, geht aus einer Predigt vom 20. Oktober 1535 hervor.[429] Daraus einige Belege: Christi Reich besteht nach seinem Weggang von der Welt in der Sendung seines Geistes, im Evangelium und Sakrament (454, 18–20). In ihnen und durch sie ist er geistlich bei und mit seiner Kirche bis zum Jüngsten Tag, wie er verheißen hat (Mt. 28,10; 454, 21–24). „So lehren wir weiter die Wahrheit, daß das Evangelium, das wir predigen, nicht unsere Predigt ist, sondern das Evangelium Christi." (454, 25–27) Daher soll niemand das Evangelium ansehen, als wenn es von Menschen käme oder von Menschen erdacht wäre, sondern es kommt durch Menschen von Gott (454, 31–33). Es ist Wort Gottes, nicht der Menschen; es steht nicht in unserer Macht oder

---

428 In der Abendmahlsfrage hat Luther bekanntlich an zwei Fronten gekämpft: In der Auseinandersetzung mit dem römischen Sakramentsverständnis verwirft er die Transsubstantiationslehre (z. B. WA 6, 508, 1 ff.); in der Auseinandersetzung mit Zwingli beharrt er auf der Realpräsenz von Leib und Blut Christi im Abendmahl (Nachweise bei W. Führer, Das Wort Gottes in Luthers Theologie, GTA 30, Göttingen 1984, 120–133 und 246–252, bes. 127 f.). In beiden Auseinandersetzungen geht es Luther darum, daß die Einsetzungsworte Christi so in Geltung stehen und gehört werden, wie sie lauten. Zu Luthers Sakramentslehre im Überblick vgl. Lohse, a. a. O. (Anm. 278), 316–333; s. ferner T. Hardt, Venerabilis et adorabilis Eucharistia, FKDG 42, Göttingen 1988; J. Diestelmann, Actio sacramentalis. Die Verwaltung des Heiligen Abendmahles nach den Prinzipien Martin Luthers in der Zeit bis zur Konkordienformel, Groß Oesingen 1996. Eine Auseinandersetzung mit diesen Studien ist leider nicht möglich.

429 WA 41, 454–459; vgl. 762 f. Diese Predigt anläßlich einer Ordination wurde von Rörer teils lat., teils dt. nachgeschrieben. Sie wird übers. oder mod. wiedergegeben.

des Kaisers, was wir predigen zum Heil der Menschen, sondern wir sind das Instrument und Mittel, durch das Christus redet (454, 34 – 455, 2). „Wir Prediger sind Organe Gottes, durch die er handelt." (455, 6 f.) Ein Prediger ist die Hand Gottes, mit der er seine Gaben darreicht; diese sind heilsam, auch wenn die Hand unrein ist (455, 8 ff.). Und Christus ist seines Evangeliums oberster Bischof und Papst, der durch seine ordentlichen Ämter bewirkt, daß wir von ihm selbst das Evangelium hören, absolviert werden und den Trost empfangen (456, 9–11). Zum Schutz vor falschen Predigern soll man auf die ordentliche Amtseinsetzung achten (458, 3 ff.). Man muß beten, daß die reine Lehre bewahrt und recht gepredigt wird (458, 10 ff.). Denn wenn das Wort rein ist, dann werden auch die Sakramente rein bleiben (458, 19 ff.).

6. Abschließend soll ein Blick auf Luthers Ordinationsformular geworfen werden. In Wittenberg wurden *Diener* (zum Amt) des Wortes ordiniert.[430] Der Übertragung dieses Amtes an die Ordinanden ging ein Examen voraus, das nicht die Gesinnung, sondern die Schriftgemäßheit der Lehre und Verkündigung prüfte.[431]

Im Unterschied zu den mittelalterlichen Vorlagen[432] hat Luther in seinem Ordinationsformular die Gleichstellung von Bischof und Pfarrer betont. Das geht aus den beiden Schriftlesungen hervor: 1. Tim. 3,1–7 und Apg. 20,28–31, die beide das Bischofsamt deuten. Zum Ausdruck gebracht wird damit zugleich, daß es nur *ein* Amt gibt, das des Wortes, und kein davon ablösbares kirchenleitendes Amt. Auch der „Ordinationsvorhalt", in dem die Pflichten des Amtsträgers dargelegt werden, geht von der Gleichstellung der Amtsinhaber und der Einheit des Amtes aus und stellt in der Anrede an die Ordinanden die Hauptmotive der beiden Schriftlesungen heraus.[433] Es folgt die Verpflichtungsfrage mit der Antwort des

---

430 WA 38, 423–433; s. bes. 423, Anm. 1: „Ordinatio ministrorum verbi".

431 Vgl. WA 38, 423, 6 ff. Von der Bewahrung in der *pura doctrina* spricht Luther z. B. WA 41, 458, 11; vgl. WA 38, 427, 23 und 432, 30. Gemeint ist die Bindung an das Evangelium, das durch den Artikel von der Rechtfertigung als gesetzesfrei identifiziert und dargelegt wird. Es ist nach Luther besser, keinen Diener als einen gotteslästerlichen zu haben (vgl. WA 11, 411, 17 f.; WA 12, 172, 6–8). Über das Examen wurde ein Zeugnis ausgestellt (vgl. WA.B 12, 447–485; ferner B. Moeller (Hg.), Das Wittenberger Ordinationszeugnis für Bartholomäus Wolfart vom 27. September 1544, LuJ 61 (1994), 117–122).

432 Vgl. den Überblick bei F. Schulz, Evangelische Ordination, JLH 17 (1972), 1–54, 2.

433 WA 38, 427, 15 ff.

Ordinanden.[434] Darauf schließt sich die Handauflegung des ganzen Presbyteriums unter gleichzeitigem Gebet, dem Vaterunser und einem weiteren Gebet, an.[435] Als biblisches Votum zur Sendung wird sodann 1. Petr. 5, 2–4 verlesen.[436] Am Schluß der Ordinationshandlung steht die Segnung mit dem Zeichen des Kreuzes.[437] Der Ordinationsgottesdienst wird danach mit dem Abendmahl fortgesetzt, an dem die ganze Gemeinde teilnehmen sollte.[438]

Zusammenfassung:[439]

1. Die Ordination ist kein eigenständiges Thema in Luthers Theologie.[440] Nach den beiden wichtigsten Schriften, in denen Luther – neben anderen Fragen – die Ordination behandelt, ist diese um der Souveränität und des Öffentlichkeitsanspruches des Wortes Gottes willen erforderlich.[441] Die reformatorische Ordinationsauffassung steht theologisch im Zusammenhang mit dem Gedanken von der Herrschaft des erhöhten Christus über Amt und Kirche[442] sowie mit der Lehre von dem Wort Gottes und den Heilsmitteln. Die institutionellen Ausführungsbestimmungen erfolgen wie die über das Amt in der Drei-Stände-Lehre.[443]

---

434 A. a. O., 428, 7–9 (Rörer). Die Antwort in Luthers Formular beschränkt sich nach R auf ein einfaches „Ja".

435 A. a. O., 429 f.

436 A. a. O., 430, 34 ff.

437 A. a. O., 431, 18 ff. (R).

438 A. a. O., 431, 30 ff. (R).

439 In der Zusammenfassung werden zusätzliche Quellen berücksichtigt, bes. ASm III, 10, BSLK 457, 6 – 458, 15; WA 41, 239–242; WA 44, 407; WA 50, 632–634; s. a. WA 67, 92–99.

440 Gegen den Duktus der Interpretation von Lieberg, a. a. O. (Anm. 308), 168–234; mit G. Heintze, Allgemeines Priestertum und besonderes Amt, EvTh 23 (1963), 617–646, bes. 621 ff.; Wolf, a. a. O. (Anm. 391), 1970, 77 ff.; Schäfer, a. a. O. (Anm. 391), 1982, 143 ff.

441 Ausgangspunkt der Argumentation in *De instituendis* (1523) ist die These: „,Nur eins ist not'" (Lk. 10,42), das ist das Wort Gottes, in dem der Mensch das Leben hat." (WA 12, 171, 31 f.; Übers.) Ganz ähnlich in *Von der Winkelmesse und Paffenweihe* (1533): „Es liegt auch alles am Wort Gottes als am höchsten Amt, das Christus selbst . . . als das höchste hat haben wollen" (WA 38, 253, 12–14; mod.).

442 Vgl. WA 12, 143, 22 ff.; WA 38, 240, 26; WA 41, 241, 39–242, 1 u. a. – Heubach ist zuzustimmen, „daß Christus der eigentliche ordinator ministerii ist" (a. a. O. (Anm. 391), 1956, 169).

443 Darin liegt es begründet, daß das von Luther verwendete Vokabular vornehmlich in „weltlichem" Kontext steht (s. die Nachweise zu ordo / ordinatio in WA 67, 92–99). Es läßt sich aus den Quellen kein quasisakramentales Ordinationsverständnis bei

2. Gegen das römische Verständnis ist festzuhalten, daß die Ordination kein sakramentaler Weiheakt ist, der nach einem festgelegten Ritus vorzunehmen wäre.[444] Sie versetzt nicht in einen *ordo* und schafft keinen habituellen Unterschied zwischen Klerus und Laien, der sich in dem *character indelebilis* des Klerikers niederschlüge. Luthers Negation der Sakramentalität des Priesterstandes und der Priesterweihe beruht nicht auf zeitbedingter Polemik, sondern ist prinzipieller Art und liegt in der Theologie des Kreuzes begründet. Sie ist vor allem gegen die Selbstzwecksetzung des Klerus sowie gegen die priesterliche Inbeschlagnahme der Heilsmittel gerichtet.

3. Nach reformatorischem Verständnis ist die Ordination die institutionelle Konkretion der Berufung und Einsetzung in das Amt des Wortes,[445] das Nachfolgeamt des Apostolats, zur öffentlichen Wahrnehmung der Wortverkündigung, Sakramentsverwaltung und Schlüsselgewalt. Die Vollmacht zur Ordination gründet darin, daß die Kirche Gottes lebendiges, wirksames und richtendes Wort hat (Hebr. 4,12) und daß sie dieses gemäß dem Auftrag und der Verheißung Jesu Christi, des auferstandenen Herrn,[446] zu Gehör bringt. Im fundamentalen Unterschied zur römischen Auffassung bleiben die Vollmacht zur Lehre und Verkündigung und die dieser Vollmacht nachgeordnete Konsekrationsgewalt sowie die Anwendung der Binde- und Lösegewalt an Gottes Wort, und zwar an dieses in Funktion, also an dessen Hörbarwerden, gebunden.[447] Der Ordinations- und Intro-

---

Luther belegen (gegen Heubach, vor allem aber gegen Lieberg; mit Heintze, a. a. O. (Anm. 440), 626 ff., und Wolf, a. a. O. (Anm. 391), 72 ff.).

444 Vgl. dazu B. Kleinheyer, Die Priesterweihe im Römischen Ritus, TThSt 12, Trier 1962.

445 Goertz, a. a. O. (Anm. 391), 1997, 299 ff., interpretiert die Ordination zutreffend „als Konkretion des Berufungsgeschehens".

446 Vgl. bes. WA 38, 253, 35 f. Zitation von Mt. 28,19.

447 Die Konsekrationsgewalt liegt in den Einsetzungsworten und nicht bei dem, der sie spricht. Nach römischer Auffassung wird mit der Priesterweihe vor allem die Konsekrationsgewalt gegeben (vgl. Stein, a. a. O. (Anm. 57), 187). Nach Luther bleibt diese Gewalt dagegen an das Wort gebunden und wird durch das Sprechen der Einsetzungsworte entbunden. Das entscheidende Kriterium bei der Rezeption von Luthers Amts- und Ordinationsverständnis ist, ob die Konsekrationsgewalt an das durch die Ordination übertragene Amt gebunden wird oder an Gottes Wort gebunden bleibt. Diese Differenzierung sollte man nicht geringschätzen; denn schließlich ist aus der Verknüpfung von Amt und Konsekrationsgewalt das Opferpriestertum entstanden. Luther macht sich darüber lustig: „Ich frage dich, was ist die Konsekrationsgewalt *(potentia consecrandi)* verglichen mit der Gewalt, zu taufen und das Wort zu ver-

duktionsakt überträgt diese Vollmacht nicht vom Wort auf den Ordinanden, sondern er überträgt vielmehr dem Ordinanden die der gesamten Kirche eignende Gewalt zur *öffentlichen* Ausrichtung dieses Wortes sowie zur *öffentlichen* Darreichung der Sakramente.[448]

4. Die Ordination beruht auf drei Voraussetzungen, nämlich a) auf der Taufe, b) der Berufung durch die Gemeinde und c) der Bestätigung durch das äußere Kirchenregiment. Zum Priester wird man nicht gewählt, sondern geboren (WA 12, 178, 9 f.). Das geschieht in der Taufe durch Gottes Wort und Geist. Eine Priesterweihe würde nur dann einen Sinn haben, wenn es keine den Zugang zu Gott öffnende Taufe gäbe. Im Normalfall kommen zur Taufe die Berufung durch die Gemeinde und die Bestätigung durch die Kirchenleitung hinzu. Im Fall eines Konflikts bricht der Verkündigungsauftrag Jesu Christi das kirchliche Gewohnheitsrecht; denn das Evangelium ist zur Zeit wie zur Unzeit (2. Tim. 4,2) zu verkündigen, gegebenenfalls gegen die Wünsche einer dem Evangelium entfremdeten Gemeinde oder Kirchenleitung. Was in Wittenberg in den dreißiger Jahren geschieht, ist – unter anderen Bedingungen – die praktische Umsetzung des Rates, den Luther 1523 den böhmischen Utraquisten gegeben hat, nämlich die Ordnung der Kirche und ihres Amtes in eigener Verantwortung zu gestalten, wenn die überkommene kirchliche Hierarchie dieser Verantwortung nicht nachkommt. Die Wittenberger Ordinationspraxis zeigt, daß die Kirche auf Bischöfe im Sinn des kanonischen Rechts nicht angewiesen ist; denn als Ordinator fungierte der Wittenberger Stadtpfarrer Johannes Bugenhagen oder dessen Vertreter.[449]

---

kündigen?" (WA 12, 182, 35 f.; Übers.; s. a. WA 38, 231, 8–10 und 253, 14 f.). Wenn Luther unterstreicht, die Amtsträger „machten" nicht das Sakrament, sondern „reichten es dar" (z. B. WA 38, 238, 14 f.), dann löst er die Wirksamkeit von Wort und Sakrament damit grundsätzlich von der sittlichen Qualität, der Rasse und dem Geschlecht der Amtsträger. Ohne daß dieses Problem im Blick gewesen wäre, ist das Amt nach dem Reformator daher auch „nicht de jure divino an den Mann gebunden" (so mit Recht E. Wolf, Das Frauenamt im Amt der Kirche, a. a. O. (Anm. 212), 179–190, 189; vgl. WA 8, 498, 13 f.; WA 10 III, 171, 5–13).

448 Weil das Abendmahl das Mahl der Kirche ist und Gemeinschaft stiftet, billigt Luther keine Privatkommunion (vgl. P. Manns, Amt und Eucharistie in der Theologie Martin Luthers, in: ders., a. a. O. (Anm. 175), 1988, 111–216, bes. 129 f.). Der Grund dafür ist jedoch nicht die fehlende Konsekrationsgewalt; denn diese eignet jedem Christen. Die Privatkommunion wäre vielmehr die protestantische Variante der „Winkelmesse", in welcher der Priester allein kommuniziert!

449 Zu Lebzeiten Luthers hat es in Wittenberg 740 Ordinationen gegeben (vgl. G. Buchwald (Hg.), Wittenberger Ordiniertenbuch, Bd. I: 1537–1560, Leipzig 1894).

5. Folgerichtig lehnt sich Luther nicht an die Liturgie der Priesterweihe an, sondern gestaltet das Ordinationsformular neu, und zwar in Anlehnung an das Ordinationsverständnis der Pastoralbriefe.[450] Er bejaht die Handauflegung; bei ihm tritt jedoch das „Verständnis der Handauflegung als personhafte Zueignung des spezifischen Amtscharismas an den Ordinanden" im Sinn der Pastoralbriefe zurück.[451] Diese Zuspitzung stellt freilich auch eine Verengung gegenüber Paulus dar. Mag die Handauflegung geübt oder unterlassen werden, die Amtsvollmacht gründet sich nicht auf sie, sondern sie liegt allein in Gottes Wort beschlossen.[452] Der Ordinationsgottesdienst ist ein geistliches Geschehen, in dem sich der dreieinige Gott zu dem Aufbau der Kirche bekennt und in dem fehlbare Menschen zu dem Dienst an dem Wort der Versöhnung gesegnet, bevollmächtigt und gesendet werden.[453] „Der Segen der Ordination besteht mithin weder darin, daß sie, dem Ordinanden einen besonderen Charakter aufprägend, die Amtsverwaltung derselben erst zu einer wirkungskräftigen macht, noch ist er an die Handauflegung, geschweige denn an die episkopale, gebunden; er ruht vielmehr in dem Wort und der Verheißung Christi und dem darauf sich gründenden Gebet der Kirche."[454]

3.5. Die Wahrnehmung übergemeindlicher Aufgaben

Das Wort Gottes ist – als Gesetz wie als Evangelium – universal und läßt sich in seinem Anspruch und seiner öffentlichen Geltung nicht auf einzelne Gemeinden oder Kirchentümer begrenzen. Daraus erwachsen dem Volk Gottes übergemeindliche Aufgaben. Die vordringlichsten Aufgabenbereiche sind:

---

450 Vgl. dazu H. v. Lips, Glaube – Gemeinde – Amt, FRLANT 122, Göttingen 1979, bes. 161 ff.; ders., Ordination III, TRE, Bd. 25, 1995, 340–343; H. Merkel, Die Pastoralbriefe, NTD 9/1, Göttingen 1991, 39 f.

451 So Roloff, a. a. O. (Anm. 361), 1988, 276.

452 Mit Schäfer, a. a. O. (Anm. 391), 1982, 164.

453 Die Frage, ob die Amtsübertragung „effektiv" sei oder nicht (so Lohse, a. a. O. (Anm. 278), 314), beruht auf einer falschen Alternative. Selbstverständlich ist ein Gottesdienst für Luther „effektiv", sofern Gottes Wort in ihm laut wird (vgl. Jes. 55,11), aber das ist er nicht *ex opere operato*, sondern im Rahmen der Grundrelation Verheißung – Glaube.

454 Th. Harnack, a. a. O. (Anm. 238), 44 (§ 90).

1. Die christliche Lehre.
2. Die übergemeindliche Leitung.
3. Die Aufsicht über die Pfarrämter.
4. Das übergemeindliche Kirchenregiment.

3.5.1. Die christliche Lehre

Die Institutionen, die von der reformatorischen Bewegung am stärksten erfaßt wurden, waren neben der Kirche die Schule und Universität, die Ehe und Familie und die weltliche Obrigkeit. Vor allem die Erziehungs- und Bildungsinstitutionen haben die Bewegung getragen, sie freilich auch entsprechend kanalisiert. Diese Institutionen wurden entklerikalisiert, aber nicht durch eine allgemeine Entchristlichung, sondern vielmehr aufgrund der Erneuerung des Christentums aus der Bibel.

Die Unterweisung in der christlichen Lehre oblag den „Hausvätern" in den Familien,[455] die zugleich Grundeinheiten des wirtschaftlichen Lebens waren,[456] den Lehrern an den Schulen, den Küstern und Pfarrern in den Gemeinden und den Dozenten an den Hochschulen. Alle diese Institutionen standen im Dienst des Wortes und wirkten an der Erfüllung des Verkündigungs- und Lehrauftrags Jesu Christi mit, und zwar vor allem gegenüber der heranwachsenden Generation.[457]

---

455 Die Eltern nehmen geistliche *und* weltliche Funktionen wahr und haben die geistliche und weltliche Gewalt über ihre Kinder inne. Sie sind „Apostel, Bischöfe und Pfarrer" ihrer Kinder und machen ihnen das Evangelium kund (Vom ehelichen Leben, 1522, WA 10 II, 301, 23–28). Zur Wahrnehmung des Erziehungsauftrags in der Familie vgl. Asheim, a. a. O. (Anm. 341), 43–66; G. Strauss, Luther's House of Learning, Baltimore / London 1978; R. Schwarz, Luther als Erzieher des Volkes, LuJ 57 (1990), 114–127.

456 Vgl. z. B. Auslegung von Psalm 65, 1534, WA 37, 426, 6–25.

457 Vgl. An die Ratherren aller Städte deutsches Lands, daß sie christliche Schulen aufrichten und halten sollen, 1524, WA 15, (9) 27–53, bes. 30, 13 f.; 34, 24 f.; 53, 14–19; Eine Predigt, daß man Kinder zur Schule halten solle, 1530, WA 30 II, (508) 517–588; ferner KlKat, Vorr., 1529, BSLK 501–507, bes. 502, 34 ff.; GrKat, Vorr., 1529, BSLK 545–553. Zu diesen Vorreden s. J. Meyer, Historischer Kommentar zu Luthers Kleinem Katechismus, Gütersloh 1929, 124–151; A. Peters, Kommentar zu Luthers Katechismen, Bd. 1, hg. v. G. Seebaß, Göttingen 1990, 15–49; P. von der Osten-Sacken, Katechismus und Siddur. Aufbrüche mit Martin Luther und den Lehrern Israels, VIKJ 15, Berlin ²1994, 43–56.

Der übergemeindlichen Aufgabe der öffentlichen Lehrverantwortung kam Luther als theologischer Hochschullehrer, Disputator und Gelegenheitsschriftsteller nach. Institutionell wurde die öffentliche Lehrverantwortung also primär an der Universität wahrgenommen. Als Medien dienten das gesprochene, geschriebene und gedruckte Wort.

Die Universität kann als Forum der Lehrverantwortung gelten, weil die christliche Lehre nicht auf priesterlichem Geheimwissen, sondern auf dem in der Bibel überkommenen prophetischen und apostolischen Zeugnis beruht. Dieses ist jedermann zugänglich. Wie oben in Kapitel II dargelegt, ist Lehre die Auslegung dessen, was geschrieben steht, in verbindlichen Aussagen.

Die formale Bedingung für die Erlangung der theologischen Urteilsfähigkeit ist die Kenntnis der biblischen Sprachen.[458] In der Christenheit *muß* es zum „Urteil" über jede Art von Lehre kommen, und dazu ist es unerläßlich, die Sprachen zu verstehen.[459] Das Evangelium kommt allein durch den Heiligen Geist, aber nicht ohne den Buchstaben oder im Gegensatz zu ihm, sondern in ihm und durch ihn.[460] „Die Sprachen sind die Scheiden, in denen das Messer des Geistes steckt."[461] Deshalb muß die Christenheit „solche Propheten haben, die die Schrift treiben und auslegen und auch zum Streit taugen"[462].

Die scholastischen Grundlagen der mittelalterlichen Universität hatten bereits die Angriffe der Humanisten erschüttert. Die Bindung der reformatorischen Theologie an die Institution der Universität hat diese dann vollends verändert. Die antischolastische Theologie, die aus Luthers Bibelauslegung erwuchs, zog eine Universitätsreform nach sich.[463] Durch

---

458 Vgl. WA 15, 40, 9–11; WA 30 II, 547, 19–21. Neben Hebräisch und Griechisch wird Latein von Luther als Wissenschaftssprache vorausgesetzt.

459 WA 15, 42, 2 f.

460 Vgl. a. a. O., 37, 2–6 und 17 f.

461 A. a. O., 38, 8 f. Mod. Wie oft haben Augustin und andere Kirchenväter wegen mangelhafter Kenntnisse in den biblischen Sprachen „(ge)fehlt" (a. a. O., 39, 17)!

462 A. a. O., 40, 21 f. Mod. Den Begriff „Propheten" hat Luther aus Eph. 4,11 (s. Z. 25 f.); WA 30 III, 522, 17 f. identifiziert er sie mit den „Lehrern": „Propheten aber sind Lehrer, die das Predigtamt in der Kirche (inne)haben." Sie orientieren sich an den alttestamentlichen Propheten, deren größte Mühe darin bestand, daß sie gegen Menschenlehre stritten und Gottes Wort im Volk erhielten (WA 7, 664, 17 f.). S. a. WA 13, 276, 21.

463 Zur Notwendigkeit der Reform vgl. bes. den Brief an J. Trutfetter, 9.5.1518, WA.B 1, 170, 33–40 (Nr. 74) und z. St. K. Bauer, Die Wittenberger Universitätstheologie und

diese Universitätsreform 1518 bis 1521 und ihre Folgemaßnahmen in den zwanziger und dreißiger Jahren wurde Wittenberg zum Vorbild für andere Universitäten in Deutschland, Skandinavien und darüber hinaus.[464] Durch die zentrale Stellung der Bibel im Lehrbetrieb wurden die von der Reformation erfaßten Universitäten zu „Filiale(n) der Konzilien der ewigen Wahrheit"[465]. Zuvor hatten die hohen Schulen an den Universitäten zu den wichtigsten Stützen des Papsttums gehört.[466]

Die Lehrgewalt hat Gottes Wort selbst inne, durch das sich Christus zu erkennen gibt, also das vom Gesetz unterschiedene Evangelium. Diese Unterscheidung erschließt auch Christus selbst als den Lehrer *(doctor)* über alle Lehrer in der Welt.[467]

Das Lehrgeschehen vollzieht sich in der Reformation im ausdrücklichen Gegensatz zu dem Enthusiasmus der „Schwärmer, welche die Schrift ihrem eigenen Geist unterwerfen", sowie im Gegensatz zu dem päpstlichen Lehramt, das die Schrift für dunkel hält, so daß der „Geist als Interpret vom Apostolischen Stuhl in Rom erbeten" werden muß.[468] Die Kirche, die an das Wort der Schrift gebunden ist, steht in dem ausschließlichen Gegensatz zu einer „Kirche", die sich durch ihr „Lehramt" über die Schrift erhoben hat.[469] Nur wenn die Wahrheit des Evangeliums *über* der

---

die Anfänge der Deutschen Reformation, Tübingen 1928, 43 f.; L. Grane, Modus loquendi theologicus. Luthers Kampf um die Erneuerung der Theologie (1515–1518), AThD 12, Leiden 1975, 129 f.

464 War Luther 1515 noch eine unbekannte Größe, stand sein Name 1518 an erster Stelle unter den Theologen seiner Region (vgl. H. Junghans, Der junge Luther und die Humanisten, Weimar 1985, 288). Ab 1528 stand dann die 1502 gegründete Provinzuniversität Wittenberg an der Spitze der Universitäten im Reich (vgl. M. Treu, Die Leucorea zwischen Tradition und Erneuerung – Erwägungen zur frühen Geschichte der Universität Wittenberg, in: Martin Luther und seine Universität, hg. v. H. Lück, Köln / Weimar / Wien 1998, 31–51, 50 f.). Zur Wirkung der Reformation, aufgezeigt am Beispiel Rostocks vgl. Th. Kaufmann, Universität und lutherische Konfessionalisierung, QFRG 66, Gütersloh 1997.

465 E. Rosenstock-Huessy, Das Geheimnis der Universität, Stuttgart 1958, 17–34, 26. An dieser Stelle ohne direkten Bezug auf die Reformation; dieser ist aber bei Rosenstock-Huessy gegeben.

466 Das hat Luther immer wieder unterstrichen; vgl. z. B. WA 7, 737, 32 f.; WA 8, 542, 11 ff. S. o. Anm. 157.

467 Vgl. Predigten 1536, WA 41, 582, 7 f. (R); Übers. Weitere Belege in WA 65, 151.

468 De servo arbitrio, 1525, WA 18, 653, 2–10; Übers. v. Z. 4 und 6 f.

469 Mit K. G. Steck, Kirche des Wortes oder Kirche des Lehramts?, ThSt 66, Zürich 1962, bes. 48. Zur röm.-kath. Sicht vgl. R. Bäumer, Lehramt und Theologie in der Sicht

Kirche steht, auf der Basis der klaren und sich selbst auslegenden Schrift, ist die Gewähr gegeben, daß sich die Kirche an diese Wahrheit hält und gegebenenfalls zu ihr zurückfindet. Genau das ist in der Reformation Ereignis geworden!

Der Enthusiasmus, zu dem Luther auch das Papsttum zählt,[470] bietet keine Lösungen, sondern täuscht sie nur vor. Er beruht auf Subjektivismus und schirmt sich durch Selbstimmunisierung gegenüber Kritik ab. Die geltende Lehrautorität des Papstes wird von Luther deshalb verneint und gegen sie die des Wortes Gottes aufgerichtet. Kirchliche Lehrfragen können nur durch die Schrift beantwortet werden: „Ein Theologe, der das reine, rechte Verständnis erforscht, muß notwendigerweise die Heilige Schrift selbst über alles zu Rate ziehen und danach urteilen."[471] Theologische Arbeit im Sinn der Reformation gibt sich nicht mit halbfertigen und billigen Lösungen zufrieden. Das bedeutet für Luther: „Sooft ich weniger als Christus in der Schrift gefunden habe, bin ich nicht satt geworden."[472] Aber Christus ist der Inhalt der Schrift! Deshalb kann der Reformator, erprobt in aufreibenden Auseinandersetzungen, auf die Erfahrung zurückblicken: „Wenn ich zur Schrift gegriffen habe, so habe ich gewonnen."[473]

3.5.2. Die übergemeindliche Leitung

Die übergemeindliche Leitung und Aufsicht hat Luther durch seine theologischen Schriften, durch Gutachten und Stellungnahmen, nicht zuletzt

---

katholischer Theologen des 16. Jahrhunderts, in: ders. (Hg.), Lehramt und Theologie im 16. Jahrhundert, KLK 36, Münster/Westf. 1976, 34–61. Es kam zwar auf dem Konzil von Trient zu einer „fruchtbare(n) Zusammenarbeit zwischen Lehramt und Theologie" (60), aber nur zwischen einem gegenüber dem Evangelium verschlossenen „Lehramt", dem die „Theologie" Zubringerdienste zu leisten hatte.

470 Vgl. die Nachweise o. Anm. 384.

471 Operationes in psalmos, 1519–1521, AWA 2, 500, 6–8. Übers. aus der Auslegung v. Ps. 8,8 f. – Aus späterer Zeit vgl. z. B. Von den Konziliis und Kirchen, 1539, WA 50, 520, 6 f.: „Also muß doch die Schrift Meister und Richter bleiben . . ." (mod.).

472 Die sieben Bußpsalmen, 1517, WA 1, 219, 25 f. Mod. Vgl. dazu aus der Predigt über Mt. 11,25 ff. am 24.2.1523, WA 11, 28, 13 f.: „Wenngleich jemand die ganze Schrift für sich hätte, so kennte er sie nicht, wenn er nicht Christus für den Heiland hielte . . ." (Übers.).

473 WA.TR 1, 238, 19 (Nr. 518; V. Dietrich); Übers.

aber durch Briefe ausgeübt. Die Leitungs- und Aufsichtsfunktion begründet kein eigenes Amt, stünde dieses doch in eklatantem Widerspruch zu Luthers theologischer Grundanschauung,[474] sondern sie ist ein Dienst, der zur Wahrnehmung des *einen* Amtes der Kirche hinzugehört.

Luthers Werk ist exemplarisch für übergemeindliche Leitung durch theologische Schriftstellerei. Sein Schrifttum setzt sich zum überwiegenden Teil aus Streit- und Gelegenheitsschriften zusammen, die einen theologischen Kontroverspunkt oder ein konkretes Problem des kirchlichen und weltlichen Lebens behandeln.[475] Durch das geschriebene Wort prangert Luther Mißstände an, gibt öffentlich Rat,[476] führt Kurskorrekturen herbei und lenkt Theologie und Kirche in Richtung auf das Evangelium. Durch sein Schrifttum nimmt er noch heute auf die Bestimmung des Kurses der Kirche Einfluß. Übergemeindliche Leitung beruht also primär auf theologischer Überzeugungsarbeit. Zwar sind auch Beschlüsse zu fassen und auf dem Verwaltungsweg durchzusetzen, aber diese Form der Kirchenleitung bestimmt nicht den Weg der Kirche, sondern folgt der eingeschlagenen Richtung, es sei denn, die Kirche tritt auf der Stelle.

Vor allem dem umfangreichen Briefwechsel läßt sich entnehmen, wie Luther die übergemeindliche Begleitung, Leitung und Aufsicht wahrgenommen hat.[477] Er folgt dem Lauf des Evangeliums, in den er selbst hineingezogen ist, indem er Menschen, Gemeinden und Obrigkeiten begleitet, die von dem Aufbruch des Wortes Gottes berührt worden sind. Die Spannweite ist außerordentlich: Grobianismen[478] finden sich ebenso in

---

474 Vgl. B. Lohse, Das Verständnis des leitenden Amtes in lutherischen Kirchen in Deutschland von 1517–1918, 1968, in: ders., Evangelium in der Geschichte (I), hg. v. L. Grane u. a., Göttingen 1988, 337–356, bes. 338: „Das reformatorische Verständnis des Wortes Gottes, des Glaubens und des allgemeinen Priestertums schließt ein iure divino leitendes kirchliches Amt aus." Diese treffende Feststellung steht freilich in Spannung zu dem Aufsatztitel. Wenn heute nicht nur Ökumeniker, sondern auch Systematiker von einem „Leitungs*amt*" sprechen (z. B. W. Pannenberg, Systematische Theologie, Bd. 3, Göttingen 1993, 404–469), können sie sich dabei nicht auf Luther, aber auch nicht auf Paulus berufen.

475 Luther war im übrigen stolz darauf, für seine Veröffentlichungen niemals Geld genommen zu haben (WA.TR 4, 431 f.; Nr. 4690).

476 Vgl. W. Lenk, Martin Luthers Kampf um die Öffentlichkeit, in: G. Vogler (Hg.), Martin Luther. Leben – Werk – Wirkung, Berlin ²1986, 53–71.

477 WA.B umfaßt 18 Bde., die noch viele ungehobene Schätze bergen. S. die Auslese von R. Zeller (Hg.), Luther, wie ihn keiner kennt. Lutherbriefe aus dem Alltag, Freiburg/Br. 1982.

478 Vgl. D. Gutzen, Grobianismus, TRE, Bd. 14, 1985, 256–259, bes. 257 f.

den Briefen wie Ermutigungen, die von großem Einfühlungsvermögen zeugen; Klagen über die Ohnmacht kirchlichen Handelns ebenso wie die Glaubenszuversicht, daß Gott das Schiff der Kirche steuert. Er nimmt als Seelsorger Anteil an dem Geschick Naher und Ferner.[479] Er ist in der Lebens- und Eheberatung gefragt,[480] schreibt Trostbriefe,[481] fungiert als Rechtsbeistand der Armen sowie als politischer Berater seines jeweiligen Landesherrn,[482] aber auch weit über die Grenzen seines Landes hinaus.[483]

Die Arbeitslast, die Luther als Korrespondent zu tragen hatte, ist von ihm selbst seit den Anfängen seines Wirkens bis ins Alter beklagt worden.[484] Bisweilen hatte er den Eindruck, der Erdkreis beginne sich auf ihn zu legen.[485] Die ganze Last von Kirche und Politik stürze auf ihn ein.[486] Luther hat diese Last ohne Indienstnahme eines kirchlichen Behördenapparates getragen. Ein kirchliches Sekretariat wäre von ihm als Rückfall in das Papsttum gewertet worden.[487]

Mit dieser Form der begleitenden und leitenden Aufsicht knüpft Luther an den Apostel Paulus an: „Paulus überläßt die missionarisch begründeten Gemeinden nicht allein der Botschaft und dem Geiste, sondern übt durch persönliche Besuche und durch seine Briefe – eine Briefgattung, die er eben zu diesem Zweck gestaltet – eine *ordnende Aufsicht* aus ... Diese

---

479 „Seelsorge ist kein Teilaspekt, sondern eine Grunddimension in Martin Luthers Leben und Wirken" (Ch. Möller, Martin Luther, in: ders. (Hg.), Geschichte der Seelsorge in Einzelporträts, Bd. 2, Göttingen 1995, 25–44, 25).

480 Vgl. G. Ebeling, Luthers Seelsorge. Theologie in der Vielfalt der Lebenssituationen an seinen Briefen dargestellt, Tübingen 1997, bes. 104 ff.

481 Vgl. U. Mennecke-Haustein, Luthers Trostbriefe, QFRG 56, Gütersloh 1989. Im Anhang dieser gründlichen Studie findet sich eine chronologische Übersicht der Trostbriefe Luthers (S. 277–281).

482 Vgl. Kunst, a. a. O. (Anm. 247), 1979.

483 Zu den vielfältigen auswärtigen Beziehungen Luthers vgl. die Beiträge in: H. Junghans (Hg.), a. a. O. (Anm. 6), 1983. S. a. R. Keller, Luther als Seelsorger und theologischer Berater der zerstreuten Gemeinden, in: B. Hägglund / G. Müller (Hg.), a. a. O. (Anm. 369), 1995, 58–78.

484 Vgl. z. B. aus dem Jahr 1516 WA.B 1, 72, 4 ff. (Nr. 28) und aus dem Jahr 1543 WA.B 10, 304, 10 ff. (Nr. 3871). Zur Last des Briefeschreibens bei Luther s. Ebeling, a. a. O. (Anm. 480), 20–28.

485 An J. Strauß, 25.4.1524, WA.B 3, 278, 22 (Nr. 733): „Orbis incipit mihi incumbere."

486 An W. Link, 20.6.1529, WA.B 5, 100, 20 (Nr. 1437): „In me ruit tota moles ecclesiastica et politica."

487 An J. Wickmann, 2.11.1537, WA.B 8, 136, 19 f. (Nr. 3183). Vgl. z. St. Ebeling, a. a. O. (Anm. 480), 25.

Briefe üben den Dienst aus, der in der nachpaulinischen Literatur des Neuen Testaments als Hirtendienst gekennzeichnet wird (Apg. 20,28. 35).“[488]

Fazit: Die übergemeindliche geistliche Leitung und Aufsicht wird durch die öffentliche Auslegung und Bezeugung des Wortes Gottes ausgeübt. Sie ist weder an Institutionen noch an Gremien gebunden. Diese Funktion wahrzunehmen begründet keinen Rechtstitel und erfolgt unentgeltlich. Es bedeutet: der Not der Christenheit auf Erden ausgeliefert sein; sie im Gebet auf sich nehmen und bedenken; ihr durch Seelsorge, Rat aus Gottes Wort und solidarischem Handeln entgegensteuern.

3.5.3. Die Aufsicht über die Pfarrämter

Die Aufsichtsfunktion über Pfarrämter und Gemeinden hat Luther für kurze Zeit auch selbst als Visitator in der Umgebung von Wittenberg ausgeübt.[489] Während dieser Zeit bezeichnete er sich und die, die bei der Visitation mitwirkten, als „Bischöfe“[490]. In seiner polemischen Schrift *Wider den falsch genannten geistlichen Stand des Papsts und der Bischöfe* aus dem Jahr 1522 hatte er den dem Evangelium gemäßen Gebrauch dieses Titels vorbereitet: „Episkopos oder Bischof . . . heißt auf deutsch ein Wächter, ein Hüter, Aufseher. Und in der hebräischen Sprache heißt er Visitator . . ., ein Besucher, der zu den Leuten geht und sieht, was ihnen fehlt.“[491] „Bischof“ dient mithin als Funktionsbezeichnung; Luther gebraucht sie, um die Visitation, dieses „kostbare, edle Werk“ des Besuchs-

---

488 L. Goppelt, Kirchenleitung in der palästinischen Urkirche und bei Paulus, in: Reformatio und Confessio. FS für Wilhelm Maurer, Berlin / Hamburg 1965, 1–8, 7.

489 Vgl. M. Brecht, Martin Luther, Bd. 2: Ordnung und Abgrenzung der Reformation 1521–1532, Stuttgart 1986, 253–266.

490 An Spalatin, 29.10.1528, WA.B 4, 595, 25 f.; An Amsdorf, 1.11.1528, a. a. O., 597, 5 f.: „Nos visitatores . . . episcopi sumus . . .“ Vgl. M. Wriedt, Luthers Gebrauch der Bischofstitulatur in seinen Briefen, in: M. Brecht (Hg.), a. a. O. (Anm. 355), 1990, 73–100. Melanchthon sprach dagegen von „Superattendenten“ (Superintendenten) (MWA I, 264 f.). Das ist die lat. Übers. des griech. *episkopos* (vgl. Augustin, De civitate Dei 19, 19).

491 WA 10 II, 143, 31–34. Mod. Vgl. G. Krodel, Luther und das Bischofsamt nach seinem Buch „Wider den falsch genannten geistlichen Stand des Papstes und der Bischöfe“, in: M. Brecht, a. a. O. (Anm. 355), 1990, 27–65.

dienstes[492], aufzuwerten. Die Notwendigkeit der Visitation stand nicht nur theologisch außer Frage, sie wurde durch die niederschmetternden Eindrücke noch unterstrichen, die Luther seit seiner am 22. Oktober 1528 aufgenommenen Mitarbeit als Visitator gewonnen hatte.[493]

Die institutionelle Konsequenz aus dem bei den Visitationen sichtbar gewordenen geistlichen Notstand, der in vielen Pfarrämtern und Gemeinden herrschte,[494] war die Einrichtung von Superintendenturen.[495] Es war deutlich geworden, daß – zusätzlich zur Lehrbeurteilung durch die Gemeinden – die geistliche Aufsicht von Trägern des kirchlichen Amtes wahrgenommen werden mußte. „Von hier aus gesehen ist das Superintendentenamt gewissermaßen das Organ, durch das sich das geistliche Amt als Einrichtung der Gesamtkirche der beständigen Selbstprüfung unterwirft."[496]

3.5.4. Das übergemeindliche Kirchenregiment

Ausschlaggebend für die Behandlung des komplexen Problems der Kirchenleitung ist die Unterscheidung zwischen geistlichem Regiment und äußerem Kirchenregiment. Es ist in Erinnerung zu rufen, was Luther durch diese Unterscheidung herausstellt: 1.1. These: Das *eine* Amt der Kirche ist das an die Heilsmittel gebundene Verkündigungsamt, durch das Gott das geistliche Regiment über sein endzeitliches Volk ausübt. 1.2. Anti-

---

492 WA 26, 196, 22. S. o. Anm. 246 ff.

493 Vgl. BSLK 501, 8 – 502, 19 und dazu Peters, a. a. O. (Anm. 457), 19 f.; s. a. Ebeling, a. a. O. (Anm. 480), 230–241.

494 In der Vorr. zum KlKat beklagt Luther, viele Pfarrer könnten weder das Vaterunser noch den Glauben (das Glaubensbekenntnis) noch die Zehn Gebote (BSLK 502, 4 f.). Das wertet er als Indiz für die Vernachlässigung der Aufsichtspflicht durch die Bischöfe (502, 9 ff.). Was den Zustand der ländlichen Gemeinden („Bauern") anlangt, so wissen sie nichts, beten nicht, gehen nicht zum Abendmahl, tun nichts und mißbrauchen die Freiheit, als seien sie von der Religion überhaupt frei geworden (An Spalatin, Dez. 1528, WA.B 4, 624, 8 ff.; Nr. 1365; Wiedergabe aus dem Lat.).

495 Die Pfarrämter vorausgesetzt, waren sie die ersten ständigen Organe (vgl. E. Sehling, Superintendent, RE, Bd. 19, ³1907, 167–172; ders., Kirchenrecht, Bd. II, SG 954, Berlin / Leipzig ²1927, 9).

496 W. Elert, Der bischöfliche Charakter der Superintendentur-Verfassung, in: ders., Ein Lehrer der Kirche, hg. v. M. Keller-Hüschemenger, Berlin / Hamburg 1967, 128–138, 133.

these: Ein sakralrechtlich begründetes kirchliches Leitungsamt *(de jure divino)* ist prinzipiell ausgeschlossen. 2.1. These: Das mit dem Bischofsamt identische Pfarramt ist die institutionelle Konkretion zur Wahrnehmung der Wortverkündigung und Sakramentsverwaltung. 2.2. Antithese: Die mittelalterlichen (Fürst)Bischöfe sind gar keine Bischöfe. 3.1. These: Das übergemeindliche äußere Kirchenregiment ist der ganzen Kirche aufgetragen. 3.2. Antithese: Ein geistliches Regiment in der Form der kirchlichen Jurisdiktion ist pseudogeistlich und illegitim und übt unter dem Schein des göttlichen Rechts eine antichristliche Herrschaft über die Gewissen aus.

An diesem theologischen Ansatz und ekklesiologischen Gegenmodell hat Luther zeitlebens konsequent festgehalten. Die Probleme und Konflikte, die aufkamen, ergaben sich aus der geschichtlichen und rechtlichen Konstellation des Heiligen Römischen Reiches. Sie lassen sich am ehesten an der *Bischofsfrage* deutlich machen. Aus Luthers Stellungnahmen zum Bischofsamt soll im folgenden eine Auswahl dargeboten werden.[497]

1. Die Verwerfung der Institution des Papsttums enthält neben der Negation des Amtspriestertums auch die des hierarchisch begründeten und mit einem besonderen Weihecharakter versehenen Bischofsamtes. Das in die kirchliche Hierarchie eingefügte Bischofsamt konnte und wollte Luther nicht beibehalten, da es schriftwidrig war.[498] Denn mit „Bischof" wird im Neuen Testament kein übergemeindliches Amt bezeichnet,[499]

---

497 Lit.: P. Brunner, Vom Amt des Bischofs, 1955, in: ders., Pro Ecclesia, Bd. 1, Berlin / Hamburg 1962, 235–292; G. Tröger, Das Bischofsamt in der evangelisch-lutherischen Kirche, JusEcc 2, München 1966; ders., Bischof III, TRE, Bd. 6, 1980, 690–694; I. Asheim / V. R. Gold (Hg.), a. a. O. (Anm. 361), 1968; M. Brecht (Hg.), a. a. O. (Anm. 355), 1990; M. Hein / H.-G. Jung, Bischof, Bischofsamt, EKL, Bd. 1, ³1986, 518–522; G. Müller, Das Bischofsamt – historische und theologische Aspekte, ZEvKR 40 (1995), 257–279; D. Wendebourg, Die Reformation in Deutschland und das bischöfliche Amt, in: Visible Unity and the Ministry of Oversight. The Second Theological Conference held under the Meissen Agreement between the Church of England and the Evangelical Church in Germany, London 1997, 274–302; W.-D. Hauschild, Bischof II., RGG, Bd. 1, ⁴1998, 1615–1618; G. Kretschmar, Das bischöfliche Amt, hg. v. D. Wendebourg, Göttingen 1999.
498 Nachweise o. Anm. 361 f. Es ist unzutreffend, zumindest aber mißverständlich, daß die „luth. Reformation . . . die vorgefundene bischöfl. Ordnung beibehalten (wollte)" (so P. Brunner, Bischof IV.3, LThK, Bd. 2, ²1958, 505). Präziser dagegen bereits E. A. Friedberg, Bischof, RE, Bd. 3, ³1897, 245–247.
499 Das bildete sich im Mittelalter heraus (s. Kretschmar, a. a. O. (Anm. 497), 1999, 301).

sondern der Leiter einer Ortsgemeinde, vergleichbar dem Stadtpfarrer der Reformationszeit.[500] Die seit der Leipziger Disputation vertretene Gleichheit von Prediger, Pfarrer und Bischof hat Luther auch in seinem theologischen Testament besonders hervorgehoben.[501] Sie ist theologisch und kirchenrechtlich grundlegend für den Aufbau der Kirche in der Reformation. Dieser Aufbau setzt den 1520 vollzogenen definitiven Bruch mit der kurialen Ekklesiologie und dem kanonischen Recht voraus.

2. Der Pfarrer oder Ortsbischof hat das Kanzelrecht inne und repräsentiert die universale Christenheit in seinem Kirchspiel. Er übt seinen seelsorgerlichen Dienst nicht unter der Autorität eines übergeordneten Diözesanbischofs aus.[502] Unter dieser Voraussetzung hat Luther den böhmischen Utraquisten 1523 empfohlen, die Ortsbischöfe sollten einen Erzbischof wählen, damit dieser die geistliche Aufsichtsfunktion in ihrer Region wahrnehme.[503] Wie der Bischof daran erkannt werde, daß ihm das Wort anbefohlen ist,[504] so der Erzbischof an seinem Besuchsdienst nach apostolischem Vorbild.[505] Dieser Erzbischof wäre weder theologisch noch kirchenrechtlich ein „papistischer Bischof" gewesen,[506] sondern vielmehr ein die Aufsicht führender Pfarrer im Sinn des späteren *Unterrichts der Visitatoren* (1528).[507] Er hätte die Ordinations- und Einführungshandlungen durchgeführt und die geistliche Aufsicht über die Pfarrämter bei den Visitationen ausgeübt.[508]

---

500 Für Luther ist „jeder Stadtpfarrer ein Bischof" (WA 7, 635, 22; mod.). S. o. Anm. 354 f.

501 ASm II, 4, BSLK 427, 6–14; 430, 5–13.

502 Der Pfarrer ist also nicht – wie nach dem kanonischen Recht – der Gehilfe und Stellvertreter des Bischofs für die Seelsorge in einem örtlich oder personal bestimmten Kreis (vgl. U. Stutz, Pfarre, Pfarrer, RE, Bd. 15, ³1904, 239–252, 247), sondern Bischof am Ort. Die rechtliche Stellung der Pfarrer im Mittelalter war wegen der Patronatsverhältnisse, in denen sich Reste des alten Eigenkirchenwesens erhalten hatten, regional unterschiedlich. Zu dem heute geltenden Recht s. Codex Iuris Canonici, Vatikanstadt 1983, Canon 515, § 1; vgl. dazu H. Paarhammer, Pfarrei I, TRE, Bd. 26, 1996, 337–347, bes. 341; W. Aymans / K. Mörsdorf, Kanonisches Recht, Bd. II, Paderborn ¹³1997, 412–442.

503 WA 12, 194, 4–20. Lit. zu dieser Schrift o. Anm. 395.

504 A. a. O., 194, 27.

505 A. a. O., 194, 17 f.

506 Verächtlich spricht Luther von den „Episcopis papisticis" (a. a. O., 194, 23).

507 S. o. Anm. 250, ferner 495 und 496.

508 Vgl. WA 12, 194, 14–20 mit WA 26, 196, 1–4.

Das Entscheidende an Luthers Vorschlag ist nicht, daß sich in ihm Anklänge zu einer bischöflichen Verfassung finden, sondern daß die Kirche die Freiheit hat, die übergemeindliche Aufsicht nach menschlichem Kirchenrecht selbst zu ordnen – freilich nicht in Willkür, sondern unter vorheriger Anrufung Gottes im Gebet.[509] Über die Nützlichkeit des übergemeindlichen Besuchsdienstes hat Luther nie einen Zweifel aufkommen lassen;[510] nach der kursächsischen Visitation 1528/29 sah er ihn als notwendig an.[511] Aber wohlgemerkt: Notwendig ist nicht ein zusätzliches Amt, notwendig ist die Ausübung des Besuchsdienstes und des Wächteramtes über das Amt der Kirche *durch* das Amt der Kirche. Welchen Titel dieser „warttman odder wechter" trägt, wie ihn Luther 1521 in seiner Schrift gegen Hieronymus Emser bezeichnet,[512] ob „Erzbischof" – denn der Bischofstitel war im Grunde an die Inhaber des Pfarramtes vergeben – oder „Superintendent", ist von untergeordneter Bedeutung. Festzuhalten ist nur, daß Luther mitnichten an ein eigenständiges, sakralisiertes Leitungsamt denkt!

3. 1530 unterbreitete der Reformator das Angebot, die „Bischöfe" könnten bleiben, was sie sind, Reichsfürsten und weltliche Herren, wenn sie zugleich die „geistlichen" Bischöfe, die Prediger des Evangeliums, gewähren ließen.[513] Zu diesem Zugeständnis war er auch noch bei der Niederschrift der Schmalkaldischen Artikel bereit.[514] Diese Kompromißbereitschaft liegt in der mittelalterlichen Rechtskonstruktion der Geistlichen Fürstentümer begründet, einer „universalgeschichtliche(n) Besonderheit des engeren Heiligen Römischen Reiches"[515]. Diese standen nicht im Einklang mit

---

509 WA 12, 193, 22 ff.

510 Vgl. z. B. WA 8, 247, 16; WA 10 II, 143, 31–34 (zitiert o. Anm. 491).

511 S. o. Anm. 494.

512 WA 7, 630, 34 f. Vgl. ferner WA 25, 375, 21; mit Bezug auf Jes. 62,6.

513 Vermahnung an die Geistlichen, versammelt auf dem Reichstag zu Augsburg, 1530, WA 30 II, 341 ff., bes. 342, 3–6. Vgl. R. Decot, Luthers Kompromißvorschlag an die Bischöfe auf dem Augsburger Reichstag 1530, in: M. Brecht, a. a. O. (Anm. 355), 109–119. S. a. E. Wolgast, Luthers Beziehungen zu den Reichsbischöfen, in: Wartburg-Jahrbuch. Sonderband 1996, 176–206; ausführlicher ders., Hochstift und Reformation, Stuttgart 1995, bes. 29 ff.

514 Vgl. BSLK 457, 7–11.

515 P. Moraw, Fürstentümer, Geistliche I, TRE, Bd. 11, 1983, 711–715, 711. Vgl. ferner H. Conrad, Deutsche Rechtsgeschichte, Bd. I, Karlsruhe 1962, 287 ff.; V. Press, Reformatorische Bewegung und Reichsverfassung, in: ders. / D. Stievermann (Hg.), Martin Luther. Probleme seiner Zeit, Stuttgart 1986, 11–42. Zum Kirchenregiment im frühmodernen Staat s. a. Schulze, a. a. O. (Anm. 254), 13 ff., bes. 40–45.

Luthers Kirchen- und Amtsverständnis oder der Regimentenlehre,[516] aber er mußte sie tolerieren; denn die von der Reformation erfaßten deutschen Kirchengebiete waren – mit der Ausnahme Preußens – in das „Reich" eingefügt, dessen Episkopat sich der Reformation verschlossen hatte.[517] Sie waren keine Bischöfe und wurden von Luther nicht nachträglich dazu erklärt,[518] aber sie waren Fürsten und wurden als solche um des politischen Friedens willen respektiert; denn sie stellten „tragende Säulen des Reiches" dar.[519]

4. Aus der Rücksichtnahme auf die besonderen juristischen und politischen Rahmenbedingungen des „Reiches" erklärt sich auch die Art der Beteiligung Luthers an den Bischofseinsetzungen der Reformationszeit.[520] In der Schrift *Exempel, einen rechten christlichen Bischof zu*

516 Vgl. z. B. Wider den falsch genannten geistlichen Stand des Papsts und der Bischöfe, 1522, WA 10 II, 154, 25 ff.

517 Die wenigen Bischöfe, die sich der Reformation anschlossen, lebten nicht im Gebiet des „Reiches", sondern in Preußen: Georg von Polenz, 1524 Bischof von Samland; Erhard von Queiß, 1525 Bischof von Pomesanien; Matthias von Jagow, 1526 Bischof von Brandenburg; Paul Speratus, 1528 Nachfolger von Queiß. Außerdem ist vor allem auf Skandinavien hinzuweisen, wo die Reformation einen anderen Verlauf nahm (vgl. M. Parvio, Das Bischofsamt in Schweden, Finnland, Estland und Lettland, in: I. Asheim / K. R. Gold (Hg.), a. a. O. (Anm. 361), 1968, 114–126; P. G. Lindhardt, Skandinavische Kirchengeschichte seit dem 16. Jahrhundert, KIG 3, M 3, Göttingen 1982, 236 ff.: Dänemark; 263 ff.: Norwegen; 276 ff.: Schweden; 302 f.: Finnland). Zu den Bischöfen des „Reiches" s. E. Gatz / C. Brodkorb (Hg.), Die Bischöfe des Heiligen Römischen Reiches 1448 bis 1648, Berlin 1996.

518 Vgl. WA 6, 440, 28 (zitiert o. Anm. 362); ferner WA 7, 631, 19–21: „Die Bischöfe, die jetzt sind, kennt Gott und seine Schrift nicht. Sie sind von menschlichen Gesetzen und Ordnung dazu gemacht . . ." (mod.). Ihre Herrschaft beruht auf mittelalterlichem Gewohnheitsrecht (vgl. WA 2, 230, 9–11; WA 6, 440, 29); diese üben sie also *jure humano* bzw. *jure positivo* aus. Sie sind ein Bestandteil der politischen Ordnung; ihnen gegenüber gilt Röm. 13,1–7. An dem Evangelium haben sie kein Interesse; im Gegenteil, sie verfolgen es (vgl. WA 13, 300, 7 f.; WA 40 I, 53, 23 f.; weitere Belege in WA 65, 238).

519 Wendebourg, a. a. O. (Anm. 497), 1997, 274.

520 Vgl. P. Brunner, Nikolaus von Amsdorf als Bischof von Naumburg, SVRG 179, Gütersloh 1961, 51 ff.; H.-U. Delius, Das Naumburger Bischofsexperiment und Martin Luther, in: M. Brecht (Hg.), a. a. O. (Anm. 355), 1990, 131–140; I. Höß, Luther und die Bischofseinsetzungen in Merseburg und Kammin, in: Brecht (Hg.), a. a. O., 123–130; G. Wartenberg, Landesherrschaft und Reformation. Moritz von Sachsen und die albertinische Kirchenpolitik bis 1546, QFRG 55, Gütersloh 1988, 190 ff.; Wolgast, a. a. O. (Anm. 513), 1995, 237–253, bes. 240 ff.; P. Gabriel, Fürst Georg III. von Anhalt als evangelischer Bischof von Merseburg und Thüringen 1544–1548/50, EHS 23, 597, Frankfurt/M. 1997.

weihen[521] behandelt Luther die Einsetzung von Nikolaus von Amsdorf zum Bischof von Naumburg am 20. Januar 1542. Er bestimmt in ihr genauso wie in der *Adelsschrift* die Aufgabe eines Bischofs mit 1. Tim. 3,2 und Tit. 1,7.9: „Ein Bischof soll heilig sein, predigen, taufen, die Sünde binden und lösen, trösten und den Seelen zum ewigen Leben helfen."[522] An der Identität von Bischofs- und Pfarramt wird also unverbrüchlich festgehalten. Die „episkopalen" Funktionen, die Amsdorf wahrzunehmen hat, Ordinationen und Pfarrstellenbesetzungen,[523] entsprechen denen eines Superintendenten und überragen in der Praxis nicht die des Naumburger Stadtpfarrers und Superintendenten Medler.[524] Was Amsdorf von dem Pfarrer und Superintendenten, der er davor in Magdeburg war, unterscheidet, hat nichts mit einer Konstruktion des Bischofsamtes zu tun,[525] sondern liegt in der besonderen Rechtskonstruktion des Hochstifts Naumburg-Zeitz und in den politischen Verhältnissen der Reformationszeit begründet.[526] In Naumburg ging es darum, die Rekatholisierung eines vakant gewordenen Bistums zu verhindern. Es fand kein „Bischofsexperiment"[527], sondern – in der Kontinuität zum reformatorischen Aufbruch des Jahres 1520 – ein Pfarramtsexperiment mit dem Bischofstitel statt. Luther knüpft mit dieser Schrift an sein Ordinationsformular an[528] und modifiziert es im Blick auf die besondere Situation. „Bischofsweihe" ist danach die Amtseinführung eines Pfarrers, und umgekehrt ist diese die reformatorische Form der „Bischofsweihe".

---

521 WA 53, (219) 231–260.

522 A. a. O., 253, 6–8. Mod.

523 Vgl. Brunner, a. a. O. (Anm. 520), 103 ff.; Delius, a. a. O. (Anm. 520), 136.

524 Zu Nikolaus Medler (1502–1551) vgl. Stupperich, a. a. O. (Anm. 54), 140. Zum Konflikt zwischen Medler und Amsdorf s. Brunner, a. a. O. (Anm. 520), 135 ff.

525 Brunner spricht von einer „Fehlkonstruktion" des Bischofsamtes in Naumburg (a. a. O. (Anm. 520), 89), aber damit setzt er voraus, daß Luther ein besonderes Bischofsamt „konstruieren" wollte. Diese Voraussetzung ist aber keineswegs gegeben. Sie lag aber wohl im Interesse Brunners.

526 Vgl. dazu Delius, a. a. O. (Anm. 520), 133–136.

527 Delius spricht in dem Titel seines Beitrags von einem „Bischofsexperiment"; der Beitrag selbst läßt die Wahl dieses Titels jedoch nicht als zwingend erscheinen.

528 S. o. Anm. 430 ff. Vgl. Wendebourg, a. a. O. (Anm. 497), 1997, 277 f.

5. In derselben Schrift bezeichnet Luther den Landesherrn als „Notbischof"[529]. Er spricht damit das Patronat des Landesherrn an, der
„schützen und helfen (soll), daß wir predigen (und in) Kirchen und
Schulen dienen können"[530]. Als biblischen Beleg führt Luther aus Jes.
49,23 an: „Könige werden deine Betreuer und ihre Fürstinnen deine
Ammen sein." Wie in der Schrift an den Adel 1520 und bei der Visitation
1528 wird die Obrigkeit auch 1542 für die Kirche in Anspruch genommen,
nicht wird diese an jene preisgegeben! Der Bischofstitel wird verwendet,
weil rechtlich und politisch gar keine andere Möglichkeit besteht, in dem
reichsunmittelbaren Bistum Naumburg-Zeitz kirchenbildend wirksam zu
bleiben und die Unabhängigkeit zu wahren. Als reichsrechtlich gleich-
gestellte Gegenspieler kommen nur die Fürsten in Frage. Johann Friedrich
von Sachsen soll die Hand über ein Gebiet halten, das nach dem geltenden
Recht sonst für die Reformation verloren gewesen wäre.

Der Titel „Notbischof" besitzt keine amtstheologische Relevanz. Er
erklärt sich aus den rechtlichen und politischen Rahmenbedingungen des
Heiligen Römischen Reiches. Mittelbar ist mit ihm die Einbeziehung und
Beteiligung der „Laien" an dem übergemeindlichen äußeren Kirchenregi-
ment angesprochen. Diese Beteiligung geht mit Luthers theologischem
Ansatz konform.

Zusammenfassung: Die übergemeindliche Leitung und Aufsicht setzt die
universale Geltung des Wortes Gottes voraus und erfolgt in der Bindung
an dieses Wort
a) durch die Theologie, die es auslegt und öffentlich für es eintritt in Trak-
taten, Stellungnahmen, Gutachten, Briefen;
b) durch Superintendenten, welche die Aufsicht über die Pfarreien
führen;
c) durch das äußere Kirchenregiment, das der gesamten Kirche aufgetragen ist.

In der Praxis wurde a) von der Wittenberger Theologie, vor allem von
Luther selbst, wahrgenommen, b) von den im Gefolge der Visitation ent-
stehenden Superintendenturen und c) von dem christlichen Landesherrn,
der sich der rechtlichen und politischen Probleme im Heiligen Römischen

---

529 WA 53, 255, 5 und 256, 3. Nach J. Schaaf „ist ‚Notbischof' nur siebenmal bei Luther
   zu finden" (Der Landesherr als Notbischof, in: M. Brecht (Hg.), a. a. O. (Anm. 355),
   1990, 105–108, 106). Die Quellenlage schließt also eine sich auf Luther stützende
   Theorie des landesherrlichen Kirchenregiments von vornherein aus! S. o. Anm. 255.
530 WA 53, 255, 7 f. Mod.

Reich stellvertretend annehmen mußte. Aus den „unständigen Visitationskommissionen" bildeten sich nach und nach „ständige Kommissionen"[531], die für Verwaltung, kirchliche Gerichtsbarkeit und Ehefragen zuständig waren.[532]

4. Die Apostolizität des Amtes

Für die institutionelle Ausgestaltung ist die Frage nach der Apostolizität und Legitimität des Amtes bestimmend. Im Ablaßstreit ist Luther deutlich geworden, daß die Legitimität des Amtes nicht auf der Sukzession der Amtsträger beruhen kann; denn diese waren – vor allem in ihrer hierarchischen Spitze – als die Widersacher des Evangeliums und Verfolger der Kirche Jesu Christi offenbar geworden. Der Hauptertrag des Ablaßstreits für das Amtsverständnis ist darin zu sehen, daß die Legitimität des Amtes in der ausschließlichen Bindung an das apostolische Evangelium von Jesus Christus begründet liegt.

Der Kanon im Kanon ist durch die Leitfrage zu ermitteln, „was Christus treibt"[533]. Denn was Christus nicht treibt, und zwar diesen in seiner Heilsbedeutung, ist *nicht* apostolisch, wenn es gleich Petrus und Paulus lehrte.[534] Derjenige hat das Nachfolgeamt des Petrus inne, der das Evangelium lehrt *(docet)*; wer das nicht tut, der ist Judas, ein Verräter Christi.[535] So ist also auch das Apostolische noch nicht eindeutig; denn auch Judas war ein Apostel. Ebensowenig weist die ordentliche Berufung den Amtsträger bereits als Boten Jesu Christi aus; denn ordentlich berufen waren auch die Schriftgelehrten, aber dennoch waren sie – sagt Luther unter Bezugnahme auf Mt. 23 – Heuchler, Diebe und Mörder.[536] Das entscheidende Kriterium ist vielmehr die Übereinstimmung mit Christus in der *Lehre*.[537]

---

531 So Krumwiede, a. a. O. (Anm. 251), 61.
532 Besonders hervorzuheben ist das 1539 von dem Kurfürsten für den Kurkreis und den Kreis Torgau in Wittenberg eingerichtete Konsistorium, das im nord- und mitteldeutschen Raum als Vorbild diente (vgl. W. Heun, Konsistorium, TRE, Bd. 19, 1990, 483–488, bes. 484).
533 Vgl. WA.DB 7, 385, 27.
534 A. a. O., 384.
535 Vgl. WA 7, 721, 32–34.
536 WA 10 III, 171, 18.
537 A. a. O., 171, 25 f.; s. o. Anm. 371.

Die wichtigste inhaltliche Näherbestimmung erfolgt durch die Unterscheidung des Evangeliums vom Gesetz.[538] Weil das Bestehenkönnen des Menschen vor Gott allein im Glauben an das Evangelium entschieden wird, hat Luther folgerichtig das Amt von der päpstlichen Suprematie und kirchlichen Hierarchie gelöst und exklusiv an das biblische Evangelium als das *verbum externum* gebunden. In der Bindung des Amtes an das Evangelium kommt die Autorität Jesu Christi über das Amt zum Ausdruck, die wiederum durch das Amt selbst immer wieder neu in Geltung gesetzt wird.

Luthers Amtsauffassung ist biblisch, aber nicht biblizistisch. Auf der Grundlage der Theologie des Paulus[539] hat er das Amtsverständnis der Pastoralbriefe aufgenommen, das „von der Sorge um die eindeutige Gestalt des die Kirche tragenden apostolischen Evangeliums (bestimmt ist)"[540]. Abgesehen von diesem grundlegenden Aspekt hat sich der Reformator vor allem an die Auffassung des Bischofsamtes in den Pastoralbriefen angelehnt: Dem Bischofs-Pfarrer der Reformationszeit ist die öffentliche Verkündigung, Sakramentsverwaltung und Schlüsselgewalt anvertraut; er wacht über die Gestalt der Lehre des gesetzesfreien Evangeliums. In diesem Sinn tritt der Bischofs-Pfarrer in die Sukzession der Lehre und Wortverkündigung ein, die Christus den Aposteln aufgetragen hat. Die Schriftgemäßheit ist das Kriterium seiner Amtsausübung. „Haben nun die Apostel, Evangelisten und Propheten aufgehört, so müssen andere an ihre Stelle gekommen sein und noch kommen bis zum Ende der Welt, . . . sie heißen, wie sie wollen, . . . die Gottes Wort und Werk treiben."[541]

Mit der Anknüpfung an das durch Paulus – und nicht in umgekehrter Reihenfolge! – erschlossene Amtsverständnis der Pastoralbriefe bringt sich Luther in den Gegensatz zu dem überkommenen dreistufigen Amtssystem der mittelalterlichen Kirche (Bischof, Presbyter, Diakone). Entstanden im 2. Jahrhundert, stellt es bereits in der ersten Hälfte des 3. Jahrhunderts – genauso wie das Amtspriestertum – eine kirchliche Normalität

---

538 Vgl. o. Kap. II, bes. Abschnitt 3.2.2., S. 122 ff.
539 Die wichtigsten Belege sind Röm. 1,17; 4,25; 10,17; Gal. 1; 1. Kor. 1,30 und 2. Kor. 5,18–21. Diesen Primärstellen folgen Stellen wie 1. Kor. 4,1 f.; 12,28; 2. Kor. 3,7 f.; Eph. 4,11; 1. Petr. 2,5 (9); Joh. 1,29; Joh. 16 und 21; Mt. 16,13 ff.; 28,16–20 u. a., bes. aus dem Hebr. Erst *danach* kommen die einschlägigen Belege aus den Past.
540 J. Roloff, Amt / Ämter / Amtsverständnis IV, TRE, Bd. 2, 1978, 509–533, 526.
541 WA 50, 634, 11 f., 14 f. Mod.

dar. Während die Pastoralbriefe an der Wende zum 2. Jahrhundert die im Neuen Testament angelegte Linie weiterführen, bringen bereits die Apostolischen Väter „Vorstellungen vom Amt ins Spiel, die sich nicht aus dem apostolischen Evangelium ergeben, ja ihm widerstreiten"[542]. Nun hat sich in der Alten Kirche jedoch nicht die Amtskonzeption der Pastoralbriefe, sondern die der Apostolischen Väter, besonders des Ersten Clemensbriefes und der ignatianischen Briefe, ferner der Sukzessionsgedanke des Irenäus von Lyon, durchgesetzt.[543]

4.1. Exkurs: Das Amt in nachapostolischer Zeit

Wie auch immer das Amtsverständnis des *I. Clem.* beurteilt wird,[544] die Legitimität des Amtsträgers ist an die ordnungsgemäße Einsetzung gebunden,[545] nicht an das vom Gesetz zu unterscheidende apostolische Evangelium. Die Ordnung der Ämter sei im Alten Testament vorgebildet[546] und beruhe auf der Anordnung der Apostel.[547] Der I. Clem. wendet sich gegen die Presbyterabsetzung in Korinth; von der apostolischen Sukzession darf bei ihm nur „mit großem Vorbehalt" gesprochen werden.[548] Aber der Ordnungsaspekt basiert auf sakralrechtlicher Argumentation und hat sich

---

542 Goppelt, a. a. O. (Anm. 361), 1968, 19.

543 So Roloff, a. a. O. (Anm. 361), 1988, 182 f.

544 Vgl. H. Lietzmann, Zur altchristlichen Verfassungsgeschichte, 1914, in: K. Kertelge (Hg.), Das kirchliche Amt im Neuen Testament, WdF 439, Darmstadt 1977, 93–143, 125 ff. Lietzmanns Darstellung ist repräsentativ für den Forschungsstand zu Beginn des 20. Jh. Aus der Zeit nach dem Zweiten Weltkrieg s. vor allem H. v. Campenhausen, Kirchliches Amt und geistliche Vollmacht in den ersten drei Jahrhunderten, BHTh 14, Tübingen 1953 (²1963), 93–99; ferner D. Powell, Clemens von Rom, TRE, Bd. 8, 1981, 113–120, 114–116; zusammenfassend H. Lona, Der erste Clemensbrief, KAV 2, Göttingen 1998, 471–475.

545 Vgl. I. Clem. 44,1 f. (Textgrundlage: Die Apostolischen Väter, hg. v. J. A. Fischer, Darmstadt ¹⁰1993, 80 f.) und z. St. A. Lindemann, Die Clemensbriefe, HNT 17, Tübingen 1992, 130; Lona, a. a. O., 455 ff.

546 I. Clem. 40,4 – 41,4; 42,5; 44,4. Diese Ordnung „(reicht) von Abel bis auf das kirchliche Amt" (K. Beyschlag, Clemens Romanus und der Frühkatholizismus, BHTh 35, Tübingen 1966, 74; s. a. C. Andresen, Die Kirchen der alten Christenheit, Stuttgart 1971, 51 f.).

547 I. Clem. 44,2; s. dazu v. Campenhausen, a. a. O. (Anm. 544), 99 f.

548 G. G. Blum, Tradition und Sukzession, AGTL 9, Berlin / Hamburg 1963, 48; s. a. Lona, a. a. O. (Anm. 544), 475–477.

gleichsam verselbständigt;[549] er wird jedenfalls nicht durch den Verkündigungsdienst am Evangelium bestimmt.

Die Presbyterabsetzung in Korinth mag ein Unrecht gewesen sein, aber was hat sie mit einem Verstoß gegen die alttestamentliche Ordnung der Opferdarbringung zu tun, auf die I. Clem. 44,4 anspielt? Das Anliegen, das der Erste Clemensbrief verfolgt, geht über den konkreten Anlaß des Briefes weit hinaus: Clemens will eine bestimmte Ordnung, zu der die Unterordnung der „Laien" unter die Amtsträger gehört,[550] unangreifbar machen und gibt sie als sakrosankt aus. *Daraus* erklärt sich der Rückgriff auf das Alte Testament und die Überlieferung der Apostel. Das Alte Testament wird von Clemens für das ihm vorschwebende Ordnungsmodell instrumentalisiert.

Bei *Ignatius von Antiochien*[551], zugleich Pneumatiker, Bischof und Märtyrer[552], durchdringen sich die Episkopen- und Ältestenverfassung gegenseitig und werden zu einem dreistufigen Amtssystem ausgebildet.[553] An der Spitze steht der Bischof, der eine einzigartige Stellung einnimmt.[554] In Analogie zu dem korrespondierenden Verhältnis zwischen dem himmlischen Urbild und dem irdischen Abbild der Kirche stehen die Gläubigen

---

549 Vgl. K. Beyschlag, I. Clemens 40–44 und das Kirchenrecht, in: Reformatio und Confessio. FS für Wilhelm Maurer, hg. v. F. W. Kantzenbach / G. Müller, Berlin / Hamburg 1965, 9–22. Beyschlag geht dabei auch auf die Kontroverse zwischen R. Sohm und A. v. Harnack ein. S. dagegen Lona, a. a. O. (Anm. 544), 477–481, bes. 479 f.

550 Der Begriff *laikos* begegnet I. Clem. 40,5 erstmals in der christlichen Literatur überhaupt.

551 Text der sieben Briefe des Ignatius (gestorben um 115) in: Die Apostolischen Väter, a. a. O. (Anm. 545), 109 ff.; ferner in: Die Apostolischen Väter, hg. v. A. Lindemann / H. Paulsen, Tübingen 1992, 176 ff. Überblick über den Stand der Forschung und die Literatur in: W. R. Schoedel, Ignatius von Antiochien, TRE, Bd. 16, 1987, 40–45.

552 „In der Vereinigung dieser drei Größen besteht die Bedeutung der Persönlichkeit von Ignatius für die frühe Geschichte des Christentums" (P. Meinhold, Studien zu Ignatius von Antiochien, VIEG 97, Wiesbaden 1979, 18).

553 Vgl. Lietzmann, a. a. O. (Anm. 544), 132 f.; H. Paulsen, Studien zur Theologie des Ignatius von Antiochien, FKDG 29, Göttingen 1978, 132 ff.; ders., Die Briefe des Ignatius von Antiochia und der Brief des Polykarp von Smyrna, HNT 18, Tübingen ²1985, 29–31; W. R. Schoedel, Die Briefe des Ignatius von Antiochien, München 1990, 58–60.

554 Vgl. E. Dassmann, Zur Entstehung des Monepiskopats, JAC 17 (1974), 74–90; J. Neumann, Bischof I, TRE, Bd. 6, 1980, 653–682, 655 f.

zu dem Bischof wie die Kirche zu Christus und Christus zum Vater.[555] Der Bischof ist der Repräsentant Gottes,[556] jedoch nicht primär als Träger der Evangeliumsverkündigung,[557] sondern als die irdische Manifestation der himmlischen Realität der Kirche.[558] Er leitet die Eucharistiefeier;[559] erst durch ihn erhält das Handeln der Gemeinde seine Legitimation.[560] Zwar kann sich Ignatius auch als Bischof von Syrien bezeichnen,[561] aber er versteht sich nicht als Leiter der Gesamtkirche – das ist Gott oder Christus –, sondern der Einzelgemeinde. Dem Bischof unter- und der Gemeinde übergeordnet ist das Presbyterium;[562] wiederum eine Stufe unter dem Presbyterium, aber über der Gemeinde stehen die Diakone.[563] Ohne diese Ämtertrias könne nicht von einer Kirche geredet werden.[564]

Ignatius läßt sich stark durch biblische Formeln bestimmen;[565] er steht an der Schwelle von der nachapostolischen Zeit zum „Frühkatholizismus".[566] Sein Kirchen- und Amtsverständnis ist gegen den Ansturm gnostischer Häresien konzipiert, beruht aber andererseits selbst auf „einer gnostisierenden Ontologie".[567] Das Analogieschema zwischen der irdischen und himmlischen Hierarchie ist unbiblisch und dient dazu, die

---

555 IgnEph 5,1.

556 Vgl. z. B. IgnPol 6,1; IgnEph 5,3.

557 Vgl. IgnEph 6,1 f.

558 IgnSm 8,1 f.; vgl. Dassmann, a. a. O. (Anm. 554), 89.

559 Durch diese kultische Funktion festigt der Bischof „seine hegemoniale Stellung" (Andresen, a. a. O. (Anm. 546), 53).

560 Vgl. IgnMagn 4 und 7,1; weitere Belege bei Paulsen, a. a. O. (Anm. 553), 1985, 30.

561 IgnRöm 2,2.

562 Vgl. z. B. IgnMagn 3,1 und 7,1. – „Den einen Bischof umgibt als seine ‚Ratsversammlung' der ‚geistliche Kranz' des Presbyteriums" (v. Campenhausen, a. a. O. (Anm. 544), 105).

563 IgnSm 12,2.

564 IgnTrall 3,1.

565 Vgl. R. Deichgräber, Gotteshymnus und Christushymnus in der frühen Christenheit, StUNT 5, Göttingen 1967, 155–160.

566 Vgl. dazu L. Goppelt, Die apostolische und nachapostolische Zeit, KIG 1, A, Göttingen ²1966, 92 ff.; G. Kretschmar, Frühkatholizismus, in: ders., a. a. O. (Anm. 497), 1999, 42–57. Zur Diskussion des „Frühkatholizismus im Neuen Testament" vgl. außerdem S. Schulz, Die Mitte der Schrift, Stuttgart 1976, 9 ff.; im Blick auf die kirchlichen Ämter s. P. Stuhlmacher, Biblische Theologie des Neuen Testaments, Bd. 2, Göttingen 1999, 38, 45.

567 So Roloff, a. a. O. (Anm. 540), 530.

Ämtertrias zu einem „Wesensmerkmal" der Kirche zu erheben[568] und dem Bischof aus quasigöttlichem Recht eine hegemoniale Stellung zu sichern – freilich noch nicht in der Gesamtkirche, sondern in der Gemeinde.[569] Aber: Die Gemeinde des neuen Bundes versammelt sich zur Abwehr von Häresien nicht um den Bischof, wie es Ignatius fordert,[570] sondern um Gottes Wort, vor allem um das Evangelium.

Irenäus von Lyon will die apostolische Überlieferung apologetisch gegen ihre Überwucherung durch gnostische Häresien schützen.[571] Dazu dient im ausgehenden 2. und beginnenden 3. Jahrhundert der Gedanke der Sukzession.[572] Irenäus meint, man könne die Bischöfe (– Presbyter) aufzählen, die von den Aposteln in den einzelnen Kirchen eingesetzt worden wären, und deren Nachfolger bis in unsere Zeit.[573] Als Beispiel nennt er die Kirche zu Rom, die von Petrus und Paulus gegründet worden sei.[574] Doch abgesehen davon, daß die Anfänge der stadtrömischen Gemeinde „im Dämmerlicht (liegen)"[575], ist die Sukzession der Amtsträger zwar ein schätzenswertes Zeichen, aber sie kann nicht die Identität des apostolischen Evangeliums verbürgen. Bei Irenäus nimmt der Gedanke der Aufeinanderfolge der Amtsträger freilich nur den Rang einer apologetischen Hilfskonstruktion ein, die – mit Recht! – gegen die gnostische Verflüchtigung der apostolischen Überlieferung gerichtet ist. Eigentlich ist er

---

568 So mit Recht Andresen, a. a. O. (Anm. 546), 30. Nicht klar herausgearbeitet von Schoedel, a. a. O. (Anm. 553), 59.

569 Ignatius ist wohl der Vertreter des Monepiskopats, aber nicht des Summepiskopats.

570 IgnMagn 6,1; IgnTrall 7,1 f.

571 Zur Einführung in Leben und Werk des Irenäus (gest. um 200) vgl. H. v. Campenhausen, Griechische Kirchenväter, Stuttgart ⁴1967, 24–31; ferner H.-J. Jaschke, Irenäus von Lyon, TRE, Bd. 16, 1987, 258–268 (Lit.).

572 Vgl. dazu v. Campenhausen, a. a. O. (Anm. 544), 1953, 163–194, bes. 185–190; Blum, a. a. O. (Anm. 548), 161 ff. Blum mißt dem Sukzessionsgedanken eine inhaltliche Bedeutung bei, die ihm bei Irenäus nicht zukommt. Der Gedanke nimmt bei diesem einen nur begrenzten Raum ein und ist „apologetisch-polemisch gemeint" (v. Campenhausen, 188).

573 Irenäus, Adv. haer. III, 3, 1. (Textgrundlage: PG 7; ferner Irenäus von Lyon, Adversus haereses. Gegen die Häresien III (griech., lat., dt.), übers. v. N. Brox, FC 8/3, Freiburg/Br. 1995.)

574 Adv. haer. III, 3, 2 f. Vgl. z. St. L. Abramowski, Irenaeus, adv. haer. III, 3, 2: Ecclesia Romana and omnis ecclesia; and ibid. 3, 3: Analectus of Rome, JThS 28 (1977), 101–104.

575 P. Lampe, Die stadtrömischen Christen in den ersten beiden Jahrhunderten, WUNT 2, 18, Tübingen ²1989, 1. S. a. R. Klein, Rom III, TRE, Bd. 29, 1998, 357–365.

„Schrifttheologe"[576]; der neutestamentliche Kanon ist zwar zu seiner Zeit noch nicht gebildet, aber die Evangelien und Briefe des Paulus liegen vor. Um ihre Autorität geht es Irenäus! Mit dem Gedanken der *successio episcoporum* unterstreicht er, daß die apostolische Tradition für die Kirche grundlegend ist und für sie bestimmend *bleibt*. Daß der Gedanke der Amtsträgersukzession auch ohne die vorliegende apostolische Tradition eine Bedeutung besäße oder gar gegen sie ausgespielt werden könnte, liegt nicht im Blickfeld des Irenäus. Er vertritt das Grundanliegen der Pastoralbriefe, denen freilich eine „Sukzessionstheorie fremd ist"[577], und will die Lehrsukzession durch die Amtsträgersukzession stützen.

Das war ein Mißgriff; denn die Briefe des Paulus und die Evangelien sprechen für sich selbst. Sie gewinnen nicht dadurch an Autorität, geschweige denn an Plausibilität, daß die römischen Gemeindeleiter von Linus an – mehr oder weniger verläßlich[578] – aufgelistet werden können. Die Alte Kirche war sich dessen auch durchaus bewußt und hat später mit der Bildung des Kanons den theologisch adäquaten Weg beschritten.

4.2. Das reformatorische Verständnis der Sukzession

Luthers Wiederentdeckung des Evangeliums aufgrund der sachgerechten Auslegung von Röm. 1,(16–)17 hat in der Reformation die Anlehnung an das Amtsverständnis der Pastoralbriefe nach sich gezogen. Das ist an dieser Stelle noch einmal hervorzuheben. Aus der praktischen Durchführung der Gottesdienstreform sowie aus dem Aufbau der Gemeinden und des Kirchentums wird deutlich, daß überall das Evangelium im Zentrum stand. Der Wiederentdeckung des Evangeliums entspricht daher auch die Erneuerung des ausschließlich an Gottes Wort und die Sakramente gebundenen Amtes. Das wiederum führte zur Entklerikalisierung des Amtes und der Kirche und wirkte sich in der Praxis als der größte Umbruch in der Geschichte der Kirche aus.

---

576 So v. Campenhausen, a. a. O. (Anm. 571), 1967, 29.

577 Vgl. v. Campenhausen, a. a. O. (Anm. 544), 1953, 170. Die Zeit des Sukzessionsgedankens ist im wesentlichen die Zeit des Irenäus und seines Schülers Hippolyt von Rom, nicht die Zeit vor 150 oder die zweite Hälfte des 3. Jh. (vgl. R. P. C. Hanson, Amt / Ämter / Amtsverständnis V, TRE, Bd. 2, 1978, 533–552, bes. 537).

578 Goppelt hält diese Abfolge für eine historische Fiktion (a. a. O. (Anm. 361), 1968, 25; s. o. Anm. 575).

„Wir erdichten nichts Neues, sondern halten uns und bleiben bei dem alten Gotteswort, wie es die alte Kirche gehabt hat. Darum sind wir mit dieser die rechte, alte Kirche als die einfache Kirche, die das einfache Gotteswort lehrt und glaubt."[579] In dieser Aussage ist Luthers Sukzessionsverständnis enthalten: Die apostolische Sukzession *(successio apostolica)* wird allein gewährleistet durch die exklusive Bindung an das von den Propheten bezeugte und den Aposteln verkündigte Evangelium von Jesus Christus.[580] Darauf beruhen Verkündigung, Lehre, Amt und Kirche der Reformation. Das Sichhalten an das in der Bibel bezeugte Gotteswort in Lehre und Glauben verbürgt den Anschluß an die von den Aposteln gegründete „rechte, alte Kirche", deren Haupt Jesus Christus ist. Das ist einfacher, als es die Umständlichen wahrhaben wollen, und zugleich abgründiger, als es die Oberflächlichen ahnen. Das Fundament dieses Sukzessionsverständnisses bildet die Lehre von der Heiligen Schrift, wie sie Luther in den kontroverstheologischen Auseinandersetzungen – vor allem gegen Erasmus von Rotterdam – dargelegt hat.[581]

Diese Auffassung von der apostolischen Sukzession als einer Lehr- und Verkündigungssukzession enthält mit der Anschauung von der Kontinuität der Kirche zugleich den Gedanken der Unfehlbarkeit (Infallibilität) des Wortes Gottes. Die *eine*, apostolische, und das schließt zugleich ein: katholische, ökumenische Kirche ist daran erkennbar, daß Gottes Wort lauter gepredigt und gelehrt wird.[582] Wer sie der Ketzerei bezichtigt, wie es

---

579 Wider Hans Worst, 1541, WA 51, 481, 10–13 (Hs). Mod. Luther gebraucht „einerley kirche" (Z. 12). Gemeint ist die eine, einfache Kirche; der Ausdruck ‚einerlei' „geht über in die Bedeutung ‚schlichte'" (H. Paul, Deutsches Wörterbuch, bearb. v. W. Betz, Tübingen ⁸1981, 153). Zur Ekklesiologie des „alten" Luther s. J. Rogge, Luthers Kirchenverständnis in seinen Spätschriften, ThLZ 120 (1995), 1051–1058.

580 Vgl. WA 39 II, 176, 5: „Successio ad Evangelium est alligata." S. a. WA 53, 74.

581 S. o. Kap. II, Abschnitt 3.2.3., S. 128 ff.

582 Mit dieser *nota ecclesiae* unlöslich verbunden ist die evangeliumsgemäße Sakramentsverwaltung: „Wo du die Taufe, das Brot und das Evangelium (im Schwange gehen) siehst, an welchem Ort und bei welcher Person auch immer, dort ist ohne Zweifel die Kirche" (WA 7, 720, 36–38; Übers.). So 1521 gegen Ambrosius Catharinus; in *Von den Konziliis und Kirchen*, 1539, WA 50, 628–643, zählt Luther sieben Kennzeichen auf; in *Wider Hans Worst*, 1541, WA 51, 478–487, sogar elf, darunter jeweils das kirchliche Amt. Diese alle stehen „in Abhängigkeit von Wort und Sakrament und in (funktionaler) Bezogenheit auf sie" (E. Kinder, Der evangelische Glaube und die Kirche, Berlin 1958, 109). S. a. K.-H. zur Mühlen, Die „Auctoritas patrum" in Martin Luthers Schrift „Von den Konziliis und Kirchen" (1539), in: L. Grane u. a. (Hg.), a. a. O. (Anm. 95), 1998, 141–152.

die Papstanhänger tun, der lästert (!) Christus, die Apostel und die ganze Christenheit.[583] Die Bindung an Gottes Wort gewährleistet die ununterbrochene Fortdauer der Kirche dadurch,[584] daß sie Anteil an der Unfehlbarkeit des Evangeliums als des lebendigen und letzten Wortes Gottes gibt.[585]

Mit dieser Auffassung von der Sukzession hat Luther den Anschluß an das Amts- und Kirchenverständnis der apostolischen Zeit gefunden, sich aber zugleich von dem Sukzessionsgedanken der frühkatholischen, altkatholischen, reichskatholischen, römisch-katholischen und byzantinisch-orthodoxen Kirche[586] abgesetzt. Was Luther und Irenäus von Lyon gemeinsam haben, ist die Bindung der Lehre und Verkündigung an das apostolische Zeugnis. Was sie unterscheidet, ist die apologetische Hilfskonstruktion der Amtsträgersukzession, die zwar noch nicht bei Irenäus, aber in dem späteren altkatholischen Konzept der apostolischen Sukzession zur Verselbständigung des Klerus gegenüber dem Volk Gottes geführt hat[587] und in Verbindung mit dem Primatsgedanken dann den imperialen Anspruch des Papsttums mitbegründete.[588]

Gegen den Gedanken der Amtsträgersukzession sind vor allem zwei theologische Sacheinwände zu erheben. Erstens wird er weder einer differenzierten Ekklesiologie noch der kirchlichen Wirklichkeit gerecht; denn Kirche ist nicht gleich Kirche, sondern es gibt „zweierlei Kirchen vom Anfang der Welt bis zu ihrem Ende"[589], und die aus dem Fleisch gezeugte verfolgt die aus dem Geist gezeugte Kirche (vgl. Gal. 4,29). Von theologisch entscheidender Bedeutung ist aber der zweite Einwand: Die Verselbständigung des Klerus ist ein Indiz für die „Emanzipation" des Amtes

---

583 WA 51, 481, 13–15.

584 Vgl. dazu W. Höhne, Luthers Anschauungen über die Kontinuität der Kirche, AGTL 12, Berlin / Hamburg 1963.

585 Vgl. Vorl. über Jesaja, 1527–29, WA 25, 97, 32 f.: „Unica enim perpetua et infallibilis Ecclesiae nota semper fuit Verbum." *Perpetua* = aneinanderhängend, ununterbrochen; *infallibilis* = unfehlbar.

586 Unterscheidung und Nomenklatur nach Andresen, a. a. O. (Anm. 546), 1971.

587 Vgl. Andresen, a. a. O., 131 ff.

588 Andresen kommt zu dem Ergebnis, daß das Konzept einer „röm.-kath. Kirche" zwar im altkirchlichen Christentum verankert ist, aber seine Verwirklichung erst im Mittelalter erfahren hat (a. a. O., 607). S. a. G. Haendler, Die Rolle des Papsttums in der Kirchengeschichte bis 1200, Göttingen 1993, bes. 17 ff.

589 WA 51, 477, 30. Unter Bezugnahme auf Augustin (Enarratio in ps. 142, 3, PL 38, 1846). S. a. WA 51, 507, 14–16.

vom Evangelium.[590] Durch sie aber wird Gottes Offenbarung in Christus ihres Ereignis- und Entscheidungscharakters beraubt. Denn Gott bindet sich in Freiheit an das Evangelium und die Sakramente, und diese Zuwendung Gottes wird von dem Klerus dadurch unterwandert, daß er Gottes Gnadenmittel an sich selbst bindet und die Heilsvermittlung für sich in Beschlag nimmt, die allein in Gottes Wort beschlossen liegt. Die Folge davon ist die behauptete Sakramentalität von Amt und Kirche. Die Bindung des Amtes an die Amtsträgersukzession gefährdet mithin „die einzigartige Mittlerstellung Jesu und der Apostel zwischen Gott und der Gemeinde"[591]. Der Gedanke der Amtsträgersukzession ist kein Kavaliersdelikt, sondern ein „Zusatz"[592], der auf Halbglauben beruht und Gottes Offenbarung Fesseln anlegt.

Der Apostolizität des Amtes, die auf der *successio verbi* gemäß Apg. 2,42 beruht, korrespondiert die Apostolizität der Kirche, die in der *successio fidelium* zum Ausdruck kommt.[593] Auch hinsichtlich des Sukzessionsgedankens stehen das Amt und das Priestertum aller Gläubigen bei Luther *gemeinsam* gegen die Inbeschlagnahme des Amtes durch den Klerus und die Entmündigung des allgemeinen Priestertums durch die Hierarchie.

---

590 „Eine successio ordinaria wäre Emanzipation des Amtes vom Wort Gottes" (E. Wolf, a. a. O. (Anm. 391), 1970, 78). H. Sasse (Successio Apostolica, 1956, in: ders., In Statu Confessionis, hg. v. F. W. Hopf, Berlin / Hamburg 1966, 188–204, 201) spricht im Blick auf die Amtsträgersukzession von „eine(r) Seifenblase . . ., auf der man nicht Kirche bauen kann". Unklar ist Kretschmar, der im Titel „Die Wiederentdeckung des Konzeptes der ‚Apostolischen Sukzession' im Umkreis der Reformation" ankündigt (a. a. O. (Anm. 497), 1999, 300–344), aber im Textteil dann den Nachweis erbringt, daß Luther und Melanchthon dieses Konzept ausdrücklich abgelehnt haben (Melanchthon z. B. in: MWA I, 330, 16–23; MWA II, 2, 493, 27–29). Meint Kretschmar im Ernst, ein so unbedeutender Theologe wie G. Witzel hätte 1541 etwas „wiederentdeckt" (a. a. O., 314 ff.), was die Reformatoren längst hinter sich gelassen hatten und was noch der Rede wert wäre?

591 Goppelt, a. a. O. (Anm. 361), 1968, 25.

592 Vgl. E. Wolf, a. a. O. (Anm. 169), bes. 140: „‚Additamentum' erweist sich als der genaue Gegenbegriff zur particula exclusiva . . ."

593 Den Begriff der *successio fidelium* gebraucht Luther schon in der 1. Psalmen-Vorlesung (vgl. K. Holl, Die Entstehung von Luthers Kirchenbegriff, 1915, in: ders., a. a. O. (Anm. 56), 288–325, 298 (mit Nachweisen); weitere Belege unter dem Stichwort *successio* in WA 68, 321 f.).

5. Zusammenfassung

Will man Luthers Amtsverständnis auf einen Nenner bringen, muß es als evangeliozentrisch gekennzeichnet werden. Grundlegend ist die Wahrnehmung der Selbstwirksamkeit und Selbstevidenz des Wortes Gottes, durch das der dreieinige Gott handelt, indem er Menschen anredet und sie aus ihren gottwidrigen Bindungen herauslöst, so daß sie durch seinen Geist im Glauben an das Evangelium ihrer Errettung aus Gottes Gericht gewiß sind und inmitten der Welt ein auf ihn bezogenes Leben führen. Dieser Wahrnehmung korrespondiert die Entdeckung des geistlichen Standes aller Gläubigen; die Folge davon ist die Preisgabe der Zweiständelehre. Daraus ergibt sich für das kirchliche Amt im einzelnen:

1. Das dem äußeren Wort *(verbum externum)* entsprechende äußere Amt *(officium externum)* ist als das „Predigtamt" das Grund-Amt der Kirche. Es deckt sich mit keiner Institution des Amtes und der Kirche, sondern umfaßt sie alle. Ihm eignet das Verkündigungsrecht, nicht die Exekutionsgewalt.[594]

2. Die Hauptinstitution des Amtes ist das (Bischofs-)Pfarramt, das das Kanzelrecht in einer Stadt oder einem Kirchspiel innehat. Ihm ist der öffentliche Verkündigungsdienst und die Sakramentsverwaltung aufgetragen. Es hat die Vollmacht, öffentlich begangene Sünden öffentlich zu binden und zu lösen. Es ist eine Anordnung Gottes, der durch das den Heilsmitteln zugeordnete Amt sein geistliches Regiment ausübt.

2.1. Die Kirche überträgt das Amt durch die Ordination. Dadurch konstituiert sie das Amt nicht, sondern betraut eine Person, die zuvor geprüft worden ist, mit der Wahrnehmung des Amtes, das *Gott* eingesetzt hat und das Christi eigenes Amt *bleibt*. In der Ordination konkretisiert sich der kirchlich tradierte Ruf Jesu Christi. Sie ist um der Souveränität und des Öffentlichkeitsanspruches des Wortes Gottes willen erforderlich. Die Amtseinsetzung sollte nicht ohne die Zustimmung der Gemeinde erfolgen.[595]

3. Die übergemeindlichen Aufgaben ergeben sich aus der Universalität des Wortes Gottes. Sie werden in der Lehre, Leitung, Aufsicht und im äußeren Kirchenregiment wahrgenommen.

---

594 S. o. Anm. 22 f.
595 Vgl. WA 12, 172, 25 f. u. ö. – Bereits im Kanon 6 des Konzils von Chalkedon (451) wurde die „absolute" Ordination verboten.

3.1. Die christliche Lehre beruht nicht auf priesterlichem Geheimwissen, sondern auf dem prophetischen und apostolischen Zeugnis der Bibel. Darum kann die öffentliche Lehrverantwortung überall, in der Kirche, Schule, Universität, wahrgenommen werden. Die Lehrgewalt hat Gottes Wort inne. Die Möglichkeit der Lehrbeurteilung ist mit der äußeren Klarheit der Schrift gegeben, in der die Autorität und Legitimität des Amtes gründet. Die Notwendigkeit der Lehrbeurteilung erklärt sich aus der fortwährenden Bedrohung der Kirche durch Menschenlehre. Die Kirche hat die Vollmacht und das Recht, Irrlehrer in einem geordneten Verfahren abzusetzen.

3.2. Die übergemeindliche Leitung und Aufsicht wird durch die öffentliche Auslegung und Bezeugung des Wortes Gottes ausgeübt. Dadurch wird die Grenze zwischen rechter und falscher Lehre gezogen. Das geschieht durch Traktate, Stellungnahmen, Briefe. Diese Grundform der Episkopé übergreift die kirchlichen Institutionen und Gremien.[596] Luther knüpft mit ihr an Paulus an. Sie ist von großer Originalität, wurde freilich nicht am Schreibtisch ausgedacht, sondern bei der praktischen Durchführung der Reformation von dem sich ausbreitenden Evangelium geradezu erzwungen.

3.2.1. Eine institutionalisierte Form der Episkopé ist die Superintendentur, durch welche die Aufsicht über die Pfarrämter ausgeübt wird. Ihr entsprechen im Verwaltungsbereich die aus den Visitationskommissionen entstandenen Konsistorien.

3.3. Das äußere Kirchenregiment ist der ganzen Kirche aufgetragen. Die Ordnung der Gemeinde, des Amtes und der Kirche ist nach menschlichem Recht zu gestalten. Das Kriterium der kirchlichen Ordnungen ist darin zu sehen, daß sie auf das Grundgeschehen ausgerichtet sind, durch das Gott die Kirche schafft und erhält.

---

596 Diese Grundform der Episkopé ist in der Forschung fast völlig übergangen und in der ökumenischen Diskussion nicht angemessen gewürdigt worden. Exemplarisch ist das Buch von Kretschmar (a. a. O. (Anm. 497), 1999). Er gewinnt das Verständnis der Episkopé nicht aus den Quellen zu Luthers Theologie und der Reformation, sondern projiziert die aus der ökumenischen Diskussion aufgenommenen Leitvorstellungen vom Bischofsamt auf die Reformation zurück (vgl. bes. S. 191 ff. und 300 ff.). Es ist methodisch unhaltbar, von allgemeinen Assoziationen über das Amt auszugehen, in die sich Luthers Amtsverständnis und Praxis „einzeichnen läßt" (so Kretschmar, 310). Dem „Einzeichnen" ist in der Tat keine Grenze gezogen, nur muß man wissen, daß die Resultate nicht auf den Quellen beruhen, sondern auf den Leit- und Wunschvorstellungen des Interpreten.

3.3.1. Aus der Heilsnotwendigkeit des Evangeliums ergibt sich das Recht der Gemeinde auf die lautere Evangeliumsverkündigung und evangeliumsgemäße Sakramentsverwaltung. Im Fall eines Konflikts bricht dieses Grundrecht anderes Recht. Darin eingeschlossen ist die Absetzbarkeit des Amtsträgers bei schriftwidriger Irrlehre und unwürdigem Lebenswandel durch ein rechtlich geordnetes Verfahren.

3.3.2. Die kirchenverfassungsrechtliche Problematik hat Luther entdogmatisiert. *Jede* Kirchenverfassung ist möglich, in welcher der Verwaltung der Gnadenmittel so optimal, wie es die soziokulturellen Rahmenbedingungen erlauben, Raum gegeben wird. Die Grundpfeiler der kirchlichen Verfassung sind die Gemeinde und das Amt. Was sich um sie herum gruppiert, ist offen. Darin liegt nicht die Schwäche, sondern die Stärke der in der Reformation durch Gottes Wort gereinigten Kirche. Verlegenheit kommt nur dann auf, wenn man nichts mehr vom Evangelium versteht. Dieser Mangel kann indessen durch keine Verfassung und keine Institution ausgeglichen und durch keine Reformmaßnahme behoben werden.

4. Aus der Negation der Zweiständelehre ergeben sich Verwerfungen, in denen sich ein analogieloser kirchlicher Umbruch widerspiegelt. Hervorgehoben seien die folgenden Verwerfungen:

4.1. Die kirchliche Hierarchie aus göttlichem Recht wird verworfen, weil sie auf der theologisch unzulässigen Verschmelzung von Kirche und Christus beruht. Dadurch wird die geschichtliche Einmaligkeit der Person und des Werkes Jesu Christi zugunsten der Unangreifbarkeit des Klerus eingeebnet.

4.1.1. Der päpstliche Primat nach göttlichem Recht *(de jure divino)* wird verworfen. Er maßt sich ein Recht an, das in der Kirche allein dem erhöhten Herrn zukommt.

4.1.2. Die hierarchische Stufung des dreigliedrigen Amtes wird verworfen. Es hat in der kirchlichen Praxis seit der nachapostolischen Zeit zur Überhöhung des Bischofsamtes sowie zur Klerikalisierung des Ältestenamtes und Diakonats geführt.[597] Nach reformatorischem Verständnis gibt es kein äußeres kirchliches Leitungsamt aus göttlichem Recht. Vielmehr fallen die äußere Gemeindeleitung durch die Ältesten sowie die Diakonie in die Kompetenz des Priestertums aller Gläubigen.

---

597 Vgl. Andresen, a. a. O. (Anm. 546), 64, 207 u. ö.

Es bedarf der Regelung der Gemeinde- und Kirchenleitung nach menschlichem Kirchenrecht und der Organisation der diakonischen Aufgaben in der Bindung an das Liebesgebot.[598]

4.2. Das durch die Rezeption des Opferbegriffs entstandene kirchliche Amtspriestertum wird verworfen. Der dreieinige Gott vergegenwärtigt sich nicht durch den Priesterstand, sondern durch die Heilsmittel. Der Gedanke von der Sakramentalität des *ordo* erschließt nicht die Heilsbedeutung von Wort und Sakrament, sondern verdunkelt sie.[599]

4.2.1. Darin eingeschlossen ist die Verneinung der Sakramentalität der Ordination sowie des *character indelebilis*. Die Wirksamkeit und Gültigkeit von Wort und Sakrament hängt nicht an der Person des Amtsträgers, sondern an Gottes Wort und Verheißung.

4.3. Die Bindung des Amtes an die Sukzession der Amtsträger wird verworfen. Sie beruht auf der Verselbständigung des Klerus gegenüber dem Evangelium einerseits und dem Priestertum aller Gläubigen andererseits und dient der Sicherung klerikaler Herrschaftsinteressen. Dadurch wird die Apostolizität der Kirche und des Amtes nicht gewährleistet, sondern untergraben; denn die apostolische Sukzession *(successio apostolica)* liegt in der exklusiven Bindung der Kirche und des Amtes an das biblische Evangelium begründet und kann auf der Seite des Amtes allein als Lehr- und Verkündigungssukzession und auf der Seite des Priestertums aller Gläubigen nur durch die Weitergabe des Glaubens an Gottes Wort in der Kirche *(successio fidelium)* zum Ausdruck gebracht werden.

5. Luther hat die Christen aus der Abhängigkeit von der Hierarchie und dem Amtspriestertum herausgeführt und ihnen das Evangelium wieder erschlossen, in dem der Zugang zu Gott geöffnet ist (vgl. Röm. 5,2). Diese geschichtliche Tat darf nicht verkleinert werden.[600] Sie hat zum reforma-

---

598 Die prot. Diakonie, auch und gerade die Pionierarbeit von J. H. Wichern oder F. v. Bodelschwingh, setzt die Herauslösung des Diakonats aus der hierarchischen Trias voraus. Diese Herauslösung ist die Bedingung ihrer freien Entfaltung.

599 In der Verankerung des Amtes im Handeln des dreieinigen Gottes stimmt Luther mit der griech.-orth. Kirche durchaus überein, aber er hat das (Priester)Amt nicht auf die Stiftung des Parakleten selbst zurückgeführt (so J. Chrysostomus, De sacerdotio III, 4, 140; um 386). Kommt darin – ähnlich wie im Papsttum – nicht eine institutionalisierte Form des Enthusiasmus zum Ausdruck?

600 Gegen den Duktus der Interpretation von Stein, a. a. O. (Anm. 57), 1974, der den Fundamentaldissens im Amtsverständnis bagatellisiert hat (s. z. B. o. Anm. 94).

torischen Umbruch des kirchlichen Amtes geführt. Danach ist Gottes Wort das Statussymbol der Kirche und des Amtes,[601] nicht der Klerus und noch viel weniger dessen Titel und Kleider.[602]

---

601 S. o. Anm. 407.
602 S. o. Anm. 160. BSLK 413, 1–8 bezeichnet Luther die Fragen der liturgischen Gewandung als „Kinderspiel und Narrenwerk". Erst wenn Gottes Gebot getan sei, könne man auf sie zurückkommen (Z. 5 f.). Die Pfarrer sind „Amtspersonen" (s. o. Anm. 373 f.); deshalb tragen sie eine Amtstracht, aber keine Priestergewänder (vgl. G. Voigt, Ohnmacht und Vollmacht des Amts, ThLZ 97 (1972), 481–496, bes. 493).

Zweiter Teil

MODELLE UND PROBLEME
DER REZEPTION

I.
Weichenstellungen der Reformation

1. Philipp Melanchthon

Gemessen an dem Amtsverständnis, das Luther in den reformatorischen Hauptschriften entfaltet hat, bergen Melanchthons *Loci communes* aus dem Jahr 1521 keine Überraschungen,[1] es sei denn, man wertet es als Überraschung, daß der junge Humanist die reformatorischen Grundentscheidungen nachvollzieht. Eher am Rand, am Ende des Kapitels *De signis*, also im Zusammenhang mit der Lehre von den Sakramenten, geht Melanchthon auf das Amtsverständnis ein.[2] Er orientiert sich an Luthers

---

1 Ph. Melanchthon, Loci communes rerum theologicarum seu Hypotyposes theologicae, 1521, in: CR 21; MWA II, 1, 1952. Benutzt wird ferner: Ph. Melanchthon, Loci communes 1521. Lateinisch-Deutsch, übers. v. H. G. Pöhlmann, Gütersloh 1993. Lit. in: H. Scheible, Melanchthon, TRE, Bd. 22, 1992, 371–410, 395 ff; H.-A. Stempel, Melanchthon, BBKL, Bd. V, 1993, 1184–1188. Auswahl aus der Lit. des Melanchthon-Jahres 1997: M. Beyer u. a. (Hg.), Humanismus und Wittenberger Reformation, Leipzig 1996; J. Haustein (Hg.), Philipp Melanchthon. Ein Wegbereiter für die Ökumene, BenshH 82, Göttingen 1997; H. Scheible, Melanchthon und die Reformation, hg. v. G. May / R. Decot, VIEG.B 41, Mainz 1996; ders., Melanchthon. Eine Biographie, München 1997; C. Peters, Apologia Confessionis Augustanae, CThM.ST 15, Stuttgart 1997; M. Jung, Frömmigkeit und Theologie bei Philipp Melanchthon, BHTh 102, Tübingen 1998; s. a. H. Junghans, Das Melanchthonjubiläum 1997, LuJ 67 (2000), 95–162. Hinzuweisen ist schließlich auf: Melanchthon deutsch, hg. v. M. Beyer u. a., 2 Bde., Leipzig 1997.
2 CR 21, 221 f.; MWA II, 1, 156 f. Zur Abfassung, dem Aufbau und dem Theologieverständnis der Loci vgl. W. Neuser, Der Ansatz der Theologie Philipp Melanchthons, Neukirchen 1957, 57 ff.; W. Maurer, Zur Komposition der Loci Melanchthons von 1521, LuJ 25 (1958), 146–180; ders., Melanchthons Loci communes von 1521 als wissenschaftliche Programmschrift, LuJ 27 (1960), 1–50; ders., Der junge Melanchthon zwischen Humanismus und Reformation, Bd. 2: Der Theologe, Göttingen 1969, 139 ff.; E. Bizer, Theologie der Verheißung, Neukirchen 1964, 50 ff.; O. Bayer, Theologie, HST 1, Gütersloh 1994, 131–136. Zu Melanchthons Amtsverständnis (ohne die *Theologien* zu den BSLK) vgl. W. Thomas, Die Anschauung der Reformatoren vom geistlichen Amte, Leipzig 1901; H. Lieberg, Amt und Ordination bei Luther und Melanchthon, FKDG 11, Göttingen / Berlin 1962, 243 ff.; A. Sperl, Zur Amtslehre des jüngeren Melanchthon, in: Reformatio und Confessio. FS für Wilhelm Maurer, Berlin / Hamburg 1965, 52–62; H. Fagerberg, Amt / Ämter / Amtsverständnis VI, TRE, Bd. 2, 1978, 553–574, bes. 564–567; K. P. Voß, Der Gedanke des allgemeinen Priester-

Reduktion der Siebenzahl der Sakramente auf Taufe und Abendmahl; bestreitet die Sakramentalität der Priesterweihe und des Priesterstandes; knüpft an den neutestamentlichen Sprachgebrauch von Bischöfen, Presbytern und Diakonen an, ohne die frühkatholische hierarchische Ämterstufung zu übernehmen; vertritt den Gedanken des Priestertums aller Gläubigen und bezeichnet die „Meßpriester" als „die Propheten Isebels, das heißt Roms"[3]. Beinahe emotionslos, jedenfalls ohne Paukenschlag schließt sich Melanchthon Luthers Traditionsbruch in der Lehre vom Amt an. Daß dieser Bruch eine epochale Bedeutung und Tragweite hat, wird von ihm nicht besonders hervorgehoben.

Theologisch stand Melanchthon Luther nie so nahe wie 1520/21. Er blieb fortan – mit etwas größerer Distanz – sein wichtigster Wegbegleiter.[4] Es war Melanchthon auch vorbehalten, das reformatorische Amtsverständnis formelhaft zusammenzufassen. CA V, 1, niedergeschrieben anläßlich des Augsburger Reichstags 1530, kann als das Summarium der Amtsauffassung gelten.

1.1. Das Summarium der Amtsauffassung

Kaiser Karl V. ließ am 21. Januar 1530 von Bologna aus den Reichstag nach Augsburg einberufen, auf welchem die Türkengefahr und die Religionsstreitigkeiten behandelt werden sollten.[5] Der Kaiser wollte „ains

---

und Prophetentums, Wuppertal 1990, 92–113; E. J. Carlson, The Doctrine of the Ministry in the Confessions, LuthQ (Milwaukee) 7 (1993), 79–91; R. Slenczka, Das kirchliche Amt, in: ders., Neues und Altes, hg. v. A. I. Herzog, Bd. 2, Neuendettelsau 2000, 115–134.

3   Zusammenfassende Wiedergabe von MWA II, 1, 156, 35 – 157, 29; Übers. v. 157, 28 f.

4   Vgl. dazu B. Lohse, Philipp Melanchthon in seinen Beziehungen zu Luther, in: H. Junghans (Hg.), Leben und Werk Martin Luthers von 1526 bis 1546, Bd. I, Berlin / Göttingen 1983, 403–418; W. Neuser, Luther und Melanchthon – Ein Herr, verschiedene Gaben, in: Luthers Wirkung. FS für Martin Brecht, Stuttgart 1992, 47–61; Scheible, a. a. O. (Anm. 1), 1996, 139 ff.

5   Text des Reichstagsausschreibens in: K. E. Förstemann (Hg.), Urkundenbuch zu der Geschichte des Reichstages zu Augsburg im Jahre 1530, 2 Bde., Halle/S. 1833, 1835, Bd. I, 2 ff. Zum Zustand des Reiches 1530 und zum Verständnis der Religionspolitik des Kaisers vgl. J. v. Walter, Der Reichstag zu Augsburg 1530, LuJ 12 (1930), 1–90; H. v. Schubert, Der Reichstag von Augsburg im Zusammenhang der Reformations-

yeglichen gutbeduncken, opinion und maynung . . . in liebe und gutligkait (Gütigkeit) . . . horen . . . und erwegen" und die Mißstände auf beiden Seiten „abtun"[6].

Als das Reichstagsausschreiben am 11. März 1530 in Sachsen eintraf, meinten die kurfürstlichen Räte, daß der Reichstag „vielleicht an ains concilii oder nationalversamblung statt gehalten werden" könnte.[7] Johann der Beständige forderte die Wittenberger Theologen auf, ein Gutachten auszuarbeiten, in dem der „Zwiespalt", der im „Glauben" wie in den „Ceremonien" besteht, dargelegt werden sollte.[8] Dieses Gutachten, die sogenannten *Torgauer Artikel*[9], bildet die Grundlage des zweiten Teils der CA (Art. 22–28). Für den späteren ersten Teil, die „Lehrartikel" (CA 1–21), konnten die Wittenberger Theologen auf die *Schwabacher Artikel* (Sommer 1529)[10] und *Marburger Artikel* (Oktober 1529)[11] zurückgreifen, deren Kristallisationskern wiederum Luthers *Bekenntnis* von 1528 darstellte.[12]

---

geschichte, SVRG 150, Leipzig 1930; B. Lohse / O. H. Pesch (Hg.), Das Augsburger Bekenntnis von 1530 – damals und heute, München / Mainz 1980, bes. Teil I; E. Iserloh (Hg.), Confessio Augustana und Confutatio, RGST 118, Münster/Westf. 1980; H. Rabe, Karl V., TRE, Bd. 17, 1988, 635–644, 639; ders., Reich und Glaubensspaltung. Deutschland 1500–1600, Neue Deutsche Geschichte 4, München 1989, 204 ff.; H. Immenkötter / G. Wenz (Hg.), Im Schatten der Confessio Augustana. Die Religionsverhandlungen des Augsburger Reichstages 1530 im historischen Kontext, Münster/Westf. 1997. Lit. zur Vorgeschichte und Entstehung der CA: H. Bornkamm, in: BSLK, XV–XXI; B. Lohse, Augsburger Bekenntnis I, TRE, Bd. 4, 1979, 616–628; C. Peters, Augsburger Bekenntnis, RGG, Bd. 1, [4]1998, 953–956.

6 Förstemann, a. a. O., I, 8. Im Ausschreiben wie noch in der Reichstagsproposition vom 20.6.1530 werden also beide Seiten auf eine Stufe gestellt (vgl. B. Moeller, Augustana-Studien, ARG 57 (1966), 76–95, 80 ff.).

7 Förstemann, a. a. O., I, 42 f.

8 Förstemann, a. a. O., I, 43.

9 Förstemann, a. a. O., I, 68–84. Vgl. Lohse, TRE 4, 617; G. Seebaß, Apologie und Confessio, 1980, in: ders., Die Reformation und ihre Außenseiter, Göttingen 1997, 31–43, 38 ff.

10 WA 30 III, (81) 86–91. Vgl. W. Nagel, Luthers Anteil an der Confessio Augustana, BFChTh 34, 1, Gütersloh 1930, 14–23; M. Greschat, Melanchthon neben Luther. Studien zur Gestalt der Rechtfertigungslehre zwischen 1528 und 1537, UKG 1, Witten 1965, 19 ff.; W. Maurer, Historischer Kommentar zur Confessio Augustana, Bd. 1, Gütersloh [2]1979, 32–39.

11 WA 30 III, 160–171 (StA 3, 463–476).

12 WA 26, 499–509 (StA 4, 245–257). Vgl. G. Wenz, „Das ist mein glaube . . .", in: ders., Lutherische Identität, Bd. 1, Hannover 2000, 9–34.

Bei der Ankunft in Augsburg am 2. Mai zeigte es sich, daß die Gegenseite „glänzend vorbereitet" war.[13] Johannes Eck hatte „404 Artikel zum Reichstag zu Augsburg" zusammengetragen,[14] davon 24 eigene Thesen und 380 „häretische" Sätze der Lutheraner, Zwinglianer und Schwärmer, die er als „eine Auswahl von 3 000 ihm vorliegenden häretischen Sätzen" darbot.[15] Ecks polemisches Machwerk nötigte Melanchthon zur Überarbeitung der mitgebrachten Verteidigungsschrift. So entstand aus der kursächsischen „Apologia" in Augsburg nach und nach eine „Confessio"[16], die sich dann die auf dem Reichstag anwesenden protestantischen Fürsten und Städte am 25. Juni zu eigen gemacht und unterzeichnet haben.

In den Artikeln 1 bis 17 der CA wird ein Bogen von der Schöpfung bis zur Auferweckung der Toten geschlagen. Diese Artikel sind nicht beliebig aneinandergereiht, sondern sie stehen in einem „Lehrgefüge"[17], das sich im Aufbau – freilich nicht schematisch – am Apostolikum orientiert. Artikel 3 und 4, und zwar diese in ihrer für die reformatorische Theologie charakteristischen Zusammengehörigkeit von Christologie und Rechtfertigungslehre,[18] bilden das sachliche Zentrum. Artikel 5 schließt sprachlich und theologisch unmittelbar an Artikel 4 an. Scheinbar hat Artikel 5, der mit „Vom Predigtamt" überschrieben ist, gar nichts mit dem Amt der Kirche zu tun. Aber diese Überschrift, die wie die anderen später hin-

---

13 So F. Lau, Reformationsgeschichte bis 1532, in: ders. / E. Bizer, Reformationsgeschichte Deutschlands bis 1555, KIG 3, K, Göttingen ²1969, 63. Die Vorbereitungen der protestantischen Seite seien dagegen „völlig mangelhaft" (62) gewesen. S. a. R. Mau, Evangelische Bewegung und frühe Reformation 1521 bis 1532, KGE III/5, Leipzig 2000, 213 ff.

14 Text in: W. Gußmann (Hg.), Quellen und Forschungen zur Geschichte des Augsburgischen Glaubensbekenntnisses, Bd. II, Kassel 1930, 101–151.

15 E. Iserloh, Eck, Johannes, TRE, Bd. 9, 1982, 249–258, 255; s. a. J. Wicks, Eck, Johannes, RGG, Bd. 2, ⁴1999, 1047 f.

16 So Melanchthon an Luther, 11.5.1530, WA.B 5, 314, 2. Die Umorientierung von der Apologie zum Bekenntnis wurde zudem durch die „harten Worte vom Kaiserhof" (G. Müller, Bündnis und Bekenntnis, in: M. Brecht / R. Schwarz (Hg.), Bekenntnis und Einheit der Kirche, Stuttgart 1980, 23–43, 32), also das Mißlingen der diplomatischen Annäherung, beschleunigt.

17 A. Kimme, Die ökumenische Bedeutung der Augsburgischen Konfession, FuH 21, Hamburg 1972, 9–74, 11.

18 Vgl. G. Voigt, Christologie und Rechtfertigung nach dem Augsburger Bekenntnis, FuH 25, Hamburg 1981, 29–42.

zugekommen ist,[19] ist nicht unzutreffend und „unvollständig"[20]. Sie markiert vielmehr das Spezifikum des reformatorischen Amtsverständnisses: daß das Amt nicht um seiner selbst, sondern um der Gnadenmittel willen eingesetzt ist. Gerade in der Bindung des Amtes an die im Bezugsrahmen der Rechtfertigung stehenden Gnaden- oder Heilsmittel kommt der theologische Neuansatz der Reformation zum Ausdruck.[21]

CA V ist durch ein *ut finale* an den vorhergehenden Artikel angeschlossen.[22] CA V, 1 lautet (BSLK 58, 2 f.): „Ut hanc fidem consequamur, institutum est ministerium docendi evangelii et porrigendi sacramenta." Deutsch: „Damit wir diesen Glauben erlangen, ist das Amt eingesetzt, welches das Evangelium verkündigt und die Sakramente darreicht." Im einzelnen wird ausgesagt: 1. Das Predigtamt ist zur Erlangung des Glaubens notwendig. 2. Es ist (von Gott) eingesetzt. 3. Es ist ein Dienst *(ministerium)*. 4. Der Dienst besteht darin, das Evangelium zu lehren (zu verkündigen) und die Sakramente darzureichen.

1. Wie nur *ein* Glaube vor Gott rechtfertigt, nämlich der Glaube an Christus, der durch seinen Tod für unsere Sünden Genugtuung geleistet hat (BSLK 56, 8), so ist auch nur *ein* Amt eingesetzt, diesen Glauben zu vermitteln (58, 3. 7). Könnte sich der Mensch vor Gott durch eigene Kräfte, Verdienste oder Werke rechtfertigen, wäre eine Mehrzahl von Ämtern vielleicht angemessen. Der Mensch wird vor *Gott* aber allein durch den Glauben an Christus gerechtfertigt. Daher ist der singulare Gebrauch von Amt die Konsequenz der reformatorischen Rechtfertigungslehre. Dieses Amt wird von religiöser Beliebigkeit und von dem Enthusiasmus, den CA V, 4 ausdrücklich verwirft, als lästig empfunden.

---

19 Vgl. G. Plitt, Einleitung in die Augustana, Bd. 2, Erlangen 1868, 160.

20 So R. Prenter, Das Bekenntnis von Augsburg, Erlangen 1980, 86; ähnlich H. Fagerberg, Die Theologie der lutherischen Bekenntnisschriften von 1529 bis 1537, Göttingen 1965, 239.

21 A. Peters weist darauf hin, daß dafür „ein echtes Vorbild in der altkirchlichen und mittelalterlichen Bekenntnisüberlieferung (fehlt)" (Zur Aktualität der geistlichen Intention und theologischen Struktur der CA, FuH 25, Hamburg 1981, 151–189, 163).

22 Die älteste Redaktion ließ dagegen den jetzigen Art. 5 dem Art. 4 vorausgehen (vgl. Th. Kolde, Die älteste Redaktion der Augsburger Konfession, Gütersloh 1906, 12). Das dürfte seinen sachlichen Grund darin gehabt haben, daß die CA keinen pneumatologischen Artikel hat. Das Wirken des Geistes ist jetzt in Art. 1, 3 und 5 (!) behandelt. Zur Pneumatologie der CA vgl. H.-M. Barth, Das Wirken des Heiligen Geistes durch Wort und Sakrament, Luther 58 (1987), 85–98, bes. 89 ff.

Das Amt ist notwendig um Christi und der Gnadenmittel Wort und Sakramente willen. Aber es tritt nicht an die Stelle der Gnadenmittel oder gar an die Stelle Christi, sondern es ist das *Instrument, durch das der* Glaube von dem Heiligen Geist gewirkt wird (CA V, 2). Darin ist es schlechthin unentbehrlich und durch keine anderen Dienste und Ämter ersetzbar.

2. Gott hat das Amt eingesetzt. Das sagt der deutsche Text direkt, der lateinische indirekt. Die sprachliche und sachliche Verbundenheit der Artikel 4 und 5 läßt im übrigen keine andere Schlußfolgerung zu. Denn wenn der Mensch den rechtfertigenden Glauben selbst in sich hervorzubringen vermöchte, wäre Christus vergeblich gestorben, könnte doch der Mensch dann sein durch Feindschaft gekennzeichnetes Verhältnis zu Gott aus eigener Kraft bereinigen. CA V, 1 stellt somit keine überspitzte Lehre dar, die zur Abwehr der Spiritualisten am Ende der 1520er Jahre notwendig geworden wäre. CA V, 1 ergibt sich vielmehr logisch und sachlich aus dem reformatorischen Verständnis der passiven Gerechtigkeit.

3. Dieses *institutum Dei,* diese Einrichtung und Anordnung Gottes, ist ein *ministerium.* Zum Verständnis von *ministerium* bei Melanchthon ist der übergreifende theologische Zusammenhang, in dem CA V, 1 steht, zu berücksichtigen: Christus hat uns mit Gott, dem Vater, versöhnt (CA III, 3)[23], indem er durch seinen Tod für unsere Sünden Genugtuung leistete (CA IV, 2). Diese Versöhnungstat wird durch die „Mittel" *(instrumenta)* Wort und Sakramente dargeboten – aber eben nicht durch diese selbst, sondern durch das von Gott eingesetzte Predigtamt.

Gott hat die Gnadenmittel gestiftet *und* das Predigtamt eingesetzt, das sie verwaltet. Hätte Gott lediglich die Gnadenmittel gestiftet, nicht aber das Predigtamt zu ihrer Verwaltung eingesetzt, müßte der deutsche Text von CA V, 1 lauten: „Gott hat das Evangelium und die Sakramente eingesetzt."[24] Es heißt aber: „Gott (hat) das Predigtamt eingesetzt, das Evangelium und die Sakramente (zu) geben."[25]

---

23 BSLK 54, 10: „ut reconciliaret nobis patrem . . ."
24 Ebenso müßte der lat. Text umgeschrieben werden, nämlich so: „institutum est evangelium et sacramenta." CA V, 1 steht aber: „institutum est ministerium docendi evangelii et porrigendi sacramenta."
25 BSLK 58, 4 steht der Infinitiv „geben", nicht das Partizip „gegeben", wie CA V, 1 in den revidierten Fassungen des deutschen Textes von H. G. Pöhlmann (Unser Glaube, GTB 1289, Gütersloh ³1991, 630) und G. Gaßmann (Das Augsburger Bekenntnis Deutsch, Göttingen 1978, 25) wiedergegeben wird. Diese Konstruktion entstellt den

4. CA V, 1 bestimmt das Predigtamt durch den Auftrag der Evangeliumsverkündigung und Sakramentsverwaltung. Das Wesen des Amtes wird also
aus seinen Funktionen erhellt.[26] Melanchthons Bestimmung des Amtes
impliziert die Negation des römischen Meßopferamtes.[27] Der Lehrgehalt
von CA V ist antiklerikal und antihierarchisch, die Lehrform dagegen so
moderat, daß die Confutatoren den Sprengstoff nicht bemerkt haben, der
in diesem Artikel verborgen liegt. Denn in dem instrumentalen Charakter
des Amtes ist die Entklerikalisierung des Amtes mit angelegt. Weder der
Papst noch die Priester sind zur Heilsvermittlung notwendig. Diese ist
vielmehr an das Evangelium und die Sakramente gebunden. Deren Verwaltung bedarf der *Diener*, nicht der *Priester*. Der *Confutatio* ist entgangen,
daß das Amt dadurch, daß es in den Bezugsrahmen der Rechtfertigung
hineingestellt wurde, von Grund auf verändert worden ist.[28]

Das Evangelium muß „rein gelehrt" und das heißt rein verkündigt
werden, nämlich ohne Abstriche und ohne Zusatz.[29] Das schließt ein, daß
Irrlehren als Irrlehren bezeichnet werden, wie Melanchthon dies in nahezu
allen Artikeln der CA tut.

CA V, 1 enthält die entscheidenden Aussagen über das Amt. Mit dem
Auftrag der Evangeliumsverkündigung und Sakramentsverwaltung ist der
Dienst, die Vollmacht und Grenze des Predigtamtes umrissen. Das Amt
und seine Funktionen verschmelzen schier. Aber die Aussageabsicht von

---

Sinn, erweckt sie doch den Eindruck, es sei von drei Einsetzungen die Rede, der des
Predigtamtes, des Evangeliums und der Sakramente. CA V, 1 spricht aber nur von
einer Einsetzung, der des Predigtamtes. Dieses ist eingesetzt, um die Gnadenmittel
„zu geben". Das ist jedenfalls der Sinn des lat. Textes. Vgl. A. Vilmar, Die Augs-
burgische Confession erklärt, hg. v. W. Piderit, Gütersloh 1870, 72.

26 Für diese funktionale Auffassung des Amtes gebraucht Melanchthon den Fachaus-
druck *ministerium docendi evangelii et porrigendi sacramenta* (BSLK 58, 3 f.; vgl.
Fagerberg, a. a. O. (Anm. 20), 243; ders., TRE, Bd. 2, 565).

27 Vgl. Lieberg, a. a. O. (Anm. 2), 268.

28 Vgl. CR 27, 97; ferner in: Die Confutatio der Confessio Augustana vom 3. August
1530, bearb. v. H. Immenkötter, CCath 33, Münster/Westf. ²1979, 86 f. Nach der
Meinung der Confutatoren habe „Luther durch seine Lehre dieses ministerium
unterhöhlt" (so E. Schott, Amt und Charisma in reformatorischer Sicht, in:
Reformation 1517–1967, hg. v. E. Kähler, Berlin 1968, 127–144, 128), aber das wird
zu CA V nicht direkt festgestellt. Der Einwand der Confutatoren richtet sich gegen das
reformatorische *sola fide* (s. Immenkötter, 88 f.) und ist an dieser Stelle deplaziert.

29 CA VII, 1: „evangelium pure docetur" (BSLK 61, 4 f.). Vgl. W. Stählin, Von der
„reinen Lehre des Evangeliums". Was heißt: pure docere evangelium?, FuH 19, Berlin
1969, 64–93.

CA V, 1 ist nicht, das eine durch das andere zu ersetzen, sondern beide unlöslich miteinander zu verbinden. Alle folgenden Ausführungen, zum Beispiel über die Ordination in CA XIV, fügen zu der Bestimmung des Predigtamtes in CA V, 1 nichts weiteres hinzu, sondern entfalten sie.[30]

1.2. Grundbegriffe der Lehre vom Amt

Statt einer fortlaufenden Kommentierung der amtsrelevanten Artikel der CA soll im folgenden versucht werden, die Grundbegriffe von Melanchthons Amtsverständnis zu erläutern. Als Quellen dienen die Bekenntnisdokumente;[31] andere Schriften Melanchthons sind ihnen nachgeordnet.

0. Wie bei Luther kann man auch bei Melanchthon das Predigtamt als das Grund-Amt der Kirche bezeichnen. Melanchthon hat die entscheidende Wende Luthers nachvollzogen, daß das Amt in dem Verkündigungsauftrag Jesu Christi begründet liegt und daß seine Legitimität, Autorität und Vollmacht auf der Bindung an das Gesetz und das Evangelium beruht. Aus dem Summarium in CA V, 1 lassen sich weitere wichtige Gesichtspunkte der Amtsauffassung Melanchthons erschließen.

1. CA V, 1 und V, 2–4 sind nicht durch das Thema *Amt*, sondern durch den gemeinsamen Bezug auf das Wort und die Sakramente miteinander verbunden. Die Kernaussagen von CA V, 2–4 sind: (1.) Das Wort und die Sakramente sind Mittel, durch die der Heilige Geist geschenkt wird. (2.) Der Heilige Geist wirkt den Glauben, wo und wann es Gott gefällt, in den Hörern des Evangeliums. (3.) Der zentrale Inhalt des Glaubens ist, daß Gott nicht um unserer Verdienste, sondern um Christi willen *(propter Christum)* rechtfertigt. (4.) Der Heilige Geist hat sich in Freiheit an das äußere Wort *(verbum externum)* gebunden. (5.) Die Wiedertäufer und die anderen, die sich auf ihre Vorbereitungen und Werke *(praeparationes et opera)* stützen, werden verurteilt.

Daraus ergibt sich für das Amtsverständnis: (1.) Das Amt ist Instrument der Gnadenmittel, nicht sind diese Instrumente des Amtes. Denn die Gnaden- oder Heilsmittel sind „Mittel", durch die sich der dreieinige Gott

---

30 Vgl. E. Schlink, Theologie der lutherischen Bekenntnisschriften, München ²1946, 311.

31 Neben der CA (BSLK 31–137) die ApolCA, 1531 (BSLK 139–404) und *De potestate et primatu papae tractatus*, 1537 (BSLK 469–498).

– als der Herr seiner Heilsmittel – in Gnade zuwendet und in seine Gemeinschaft einbezieht. Im trinitarischen Bekenntnis liegt die tiefste theologische Begründung des Amtes beschlossen, aber zugleich dessen äußerste Begrenzung auf die Funktion. Das Amt ist eingesetzt, weil der Heilige Geist durch das Wort und die Sakramente wirksam ist und dies auch weiterhin sein will und sein wird. Darin ist die Antithese enthalten,[32] daß das Wort und die Sakramente nicht durch die Amtsträger, durch menschliche Tradition, zu denen auch die Amtsträgersukzession zu rechnen ist, durch kirchliche Weihehandlungen oder Organisationen, Vorbereitungen und Werke wirksam sind. (2.) Das Amt dient als Instrument dafür, daß Gott durch *seine instrumenta*, das Wort und die Sakramente, seinen Geist – und mit ihm sich selbst – schenkt und „den Glauben wirkt, wo und wann es Gott gefällt"[33]. In der Freiheit und Wirksamkeit des Geistes gründet die Herrlichkeit des Amtes im neuen Bund (2. Kor. 3,7 f.); durch sie wird ihm zugleich eine unüberschreitbare Grenze gesetzt. Infolge des Wirksamwerdens des Geistes in den Heilsmitteln ist das Predigtamt herrlicher als alle anderen Institutionen; ohne den Geist ist es dagegen elender als sie. Denn ohne daß der Geist das menschliche Herz anrührt, bleibt der Mensch gegen das Wort verschlossen, und keine Predigt kann Abhilfe schaffen. (3.) Der Inhalt des Glaubens an das Evangelium ist die Rechtfertigung um Christi willen, nämlich – nach dem deutschen Text von CA V, 3 – „einen gnädigen Gott haben", also durch Christus im Glauben vor Gott stehen und durch seinen Geist ein auf ihn bezogenes Leben führen.[34]

Melanchthon hat Luthers theologisches Grundanliegen aufgenommen, es aber schulmäßig behandelt und dadurch zugleich eine Decke über die Abgründe von Luthers Rechtfertigungsverständnis gebreitet. Das zeigt sich a) daran, daß für Luther das Korrelat der Rechtfertigung aus Gnade

---

32 Zu der antithetischen Prägung der CA, die sich einer doppelten Frontstellung gegenübersieht, vgl. F. Winter, Confessio Augustana und Heidelberger Katechismus in vergleichender Betrachtung, Berlin 1954, 23–32.

33 CA V, 2; Übers. v. BSLK 58, 7 f. „Das ‚ubi et quando visum est Deo' bezieht sich auf ‚qui fidem efficit', nicht auf ‚donatur spiritus sanctus'" (E. Kinder, Der evangelische Glaube und die Kirche, Berlin 1958, 86, Anm. 3).

34 Der erhöhte Christus, der derselbe *(idem)* ist, der starb und auferstand (CA III, 3 f.), sendet den Heiligen Geist in die Herzen derer, die an ihn glauben; dieser Geist regiert, tröstet, macht lebendig, verteidigt gegen den Teufel und die Gewalt der Sünde (CA III, 4–5).

allein der Satz vom unfreien Willen ist, Melanchthon diese Konsequenz aber nicht zieht.[35] Ferner hat Melanchthon b) die Wechselvorstellung nicht aufgenommen, weswegen seine Satisfaktionslehre ein wenig hölzern wirkt und er sich durch sie auf Anselm von Canterbury zurückbewegt.[36] Sein Imputationsverständnis steht c) in Gefahr, daß der Glaube von seinem Gegenstand, Christus, isoliert wird. Nach Luther rechtfertigt nicht der Akt, sondern der Inhalt des Glaubens;[37] in CA IV ist implizit angelegt, daß sich die psychologischen und anthropologischen Aspekte gegenüber ihrer christologischen Fundierung verselbständigen.[38]

(4.) Der Geist wirkt nicht ohne, sondern *durch* das *verbum externum*. Das Wirken des Geistes bindet sich nicht an das Amt oder die Amtsträger, sondern an das äußere Wort.[39] (5.) In CA V, 4 findet sich die schärfste Verwerfung in der ganzen CA.[40] Sie knüpft nicht an einzelne Passagen, sondern an die Gesamtaussage von CA V an. Die „Wiedertäufer" und die anderen nicht näher bezeichneten „Schwärmer" bedürfen des Predigtamtes nicht, weil sie das äußere Wort nicht zu brauchen meinen.[41] Sie verlassen sich stattdessen auf ihre eigenen Vorbereitungen und Werke, die sie der

---

35 Vgl. Lohse, a. a. O. (Anm. 4), 404.

36 Durch die bloße Verwendung des Begriffs der Satisfaktion hat sich Melanchthon noch nicht von Luthers Rechtfertigungslehre entfernt (gegen K. Holl, GAufs. zur KG, Bd. I: Luther, Tübingen ⁶1932, 70 f.).

37 Vgl. H. J. Iwand, Rechtfertigungslehre und Christusglaube, 1930, TB 14, München ³1966, 40.

38 Melanchthon hat es nicht zu verantworten, daß dies in der Neuzeit geschehen ist, aber daß es geschehen konnte, ist auf der Grundlage seiner Rechtfertigungslehre zumindest möglich (vgl. A. Peters, Rechtfertigung, HST 12, Gütersloh ²1990, 23 f., 64 ff., bes. 67 und 89).

39 Diese Lektion hat Melanchthon bei seinem Zusammenstoß mit den Zwickauer Propheten lernen müssen. Von Luther hatte er Anfang 1522 den Rat bekommen, zu prüfen, ob die „Propheten" auch die „geistlichen Ängste und göttlichen Geburtswehen, Tod und Hölle erfahren hätten" (WA.B 2, 425, 22 f.; Nr. 450; Übers.). Denn die „Majestät" rede mit dem alten Menschen nicht „familiär" (425, 36).

40 Dagegen fehlt ausgerechnet CA IV eine Verwerfung der Gegenlehre. Zwar werden die „Pelagianer" CA II verworfen, aber so, daß sich der scholastische Semipelagianismus nicht unbedingt getroffen fühlen mußte. Infolgedessen konnte die kath. Kontroverstheologie die Rechtfertigungslehre der CA durchaus aufnehmen (vgl. z. B. V. Pfnür, Einig in der Rechtfertigungslehre?, VIEG 60, Wiesbaden 1970, bes. 386 f.).

41 „In der Auffassung der Schwärmer vom Geist lag ein gefährlicher Subjektivismus verborgen, der nicht allein die Kirche auflösen würde, sondern der auch eine Leugnung der Inkarnation . . . enthielt" (L. Grane, Die Confessio Augustana, Göttingen 1970, 49; z. St.). S. a. N. Nagel, Externum verbum, LTJ 30 (1996), 101–110.

Rechtfertigung voranstellen. Dadurch führen sie die geistliche Situation aber nicht herauf, sondern wirken ihr entgegen!

2. Nach diesen grundlegenden Erwägungen, zu denen vor allem CA V, 2–4 Anlaß gegeben hat, können nun andere Fragestellungen summarisch behandelt werden. 2.1. Das Woher des Amtes läßt sich in doppelter Hinsicht näher bestimmen. Das Amt stammt a) aus dem Geist Jesu Christi – nicht im Sinn unmittelbarer Ableitung, sondern im Sinn der fortwährenden Wirksamkeit des Geistes durch die Heilsmittel. Überdies kommt es b) „vom (all)gemeinen Beruf der Apostel her" (BSLK 474, 9–11). 2.2. Das Wozu des Amtes ergibt sich aus dem Kontext, in dem es in der CA behandelt wird: Gott *will* die Rechtfertigung des Sünders.[42] Dazu benutzt er das Amt, das sich an die Heilsmittel bindet, an die er sich seinerseits in Freiheit gebunden hat. Heilsökonomisch gehört das Amt in die Zeit der Kirche; denn im Eschaton gibt sich Gott unmittelbar zu erkennen. Bis dahin ist das Amt schlechthin unentbehrlich. Die Leugnung der Notwendigkeit des Amtes ist gleichbedeutend mit der „kirchenauflösende(n) Antizipation der Zukunft"[43].

3. Melanchthon hat von Luther das Verständnis der Lehr- und Verkündigungssukzession im Unterschied zur Amtsträgersukzession übernommen.[44] Aus Luthers Theologie ergibt sich – und daran knüpft Melanchthon an – die Sakramentalität der Taufe, des Abendmahls und des Evangeliums, aber nicht der Kirche, des Amtes oder des Amtsträgers. Wegen der Dynamik, die im Evangelium beschlossen liegt, ist die Verkündigung, die diese Dynamik entbindet, „ein Gnadenmittel"[45]. Das ist der sachliche Grund, weswegen Melanchthon die das Amt der Wortverkündigung und

---

42 Die Ausgangsfrage lautet also nicht: Wie kommt es zu dem Glauben? So interpretieren CA V z. B. L. Fendt, Der Wille der Reformation im Augsburgischen Bekenntnis, bearb. v. B. Klaus, Tübingen ²1966, 31; Lohse, a. a. O. (Anm. 5), 1979, 621; T. Austad, in: H. G. Pöhlmann / T. Austad / F. Krüger, Theologie der lutherischen Bekenntnisschriften, Gütersloh 1996, 177. Diese Frage ist gewiß nicht abwegig, aber aus der Kontextanalyse der CA ergibt sich, daß sie Melanchthon der Frage nach Gottes Handeln nachgeordnet hat.

43 Th. Harnack, Die Kirche, ihr Amt, ihr Regiment, 1862, Nachdr. Gütersloh 1947, 37.

44 Vgl. z. B. MWA I, 330; MWA II, 2, 493. Das *docere evangelium* ist für Melanchthon im übrigen der *praecipuus cultus Dei* (ApolCA XV, 42; BSLK 305, 9 f.).

45 So mit Recht Grane, a. a. O. (Anm. 41), 51. S. a. Fendt, a. a. O. (Anm. 42), 32: „. . . eine Christenheit, die solche Verkündigung nebenbei besorgen möchte, soll sich ja klarmachen, ob in einem solchen ‚Nebenbei' nicht das Wieder-Hinweggehen von Christus und die Hinwendung zum eigenen Ich beginnt . . ."

Sakramentsverwaltung übertragende Ordination auch ein Sakrament nennen kann.[46] Daraus erklärt sich außerdem der Begriff der *repraesentatio Christi*[47]: Die Amtsträger repräsentieren nicht den abwesenden, sondern den in den Heilsmitteln anwesenden Christus; sie sind Botschafter „an Christi Statt" (2. Kor. 5,20). Die Christusrepräsentation ist also „funktional verstanden"[48]; Melanchthon argumentiert antidonatistisch, nicht hochkirchlich.[49] Nur eine sich von der Person Christi unterscheidende Kirche vermag im übrigen auf Christus zu hören und ihm zu folgen. Die Kirche tritt sich als verkündigende und hörende Kirche immer wieder neu gegenüber. Der Verkündigungsdienst wird zwar nicht über die Gemeinde, aber sehr wohl *vor* der Gemeinde ausgeübt.[50] Die Amtsträger fungieren an Christi Stelle *(funguntur vice Christi),* sofern sie das lautere Evangelium verkündigen.[51] Aus dem Gedanken der Christusrepräsentation ergibt sich schließlich die Singularität des Amtes sowie die Preisgabe einer hierarchisch gegliederten Ämterstruktur. Wie Luther weiß Melanchthon um die Rolle der Bischöfe und Presbyter in der frühen Kirche und um den Unterschied zwischen Bischof und Diakon,[52] aber er zieht daraus nicht den

---

46 Vgl. ApolCA XIII, 9–11; BSLK 293, 39. Als bibl. Belege führt Melanchthon bezeichnenderweise Hebr. 7,11 ff. und die für Luther grundlegenden Stellen Röm. 1, 16 und Jes. 55,11 an.

47 ApolCA VII, 28; BSLK 240 f.

48 J. Rohls, Das geistliche Amt in der reformatorischen Theologie, KuD 31 (1985), 135–161, 144.

49 Vgl. ApolCA VII, 28 *und* 29 (BSLK 241, 6–21). Gerade aus dem antidonatistisch-reformatorischen Duktus der Argumentation, daß die Wirksamkeit und Gültigkeit des Wortes und der Sakramente nicht an der sittlichen Qualität des Amtsträgers hängt, folgt, daß sie auch nicht von der Rasse oder dem Geschlecht des Amtsträgers abhängen kann. Die hochkirchliche Deutung der Amtsauffassung Melanchthons ist zutiefst fragwürdig (mit W. Bartholomae, Einführung in das Augsburger Bekenntnis, Göttingen 1980, 77).

50 Vgl. E. Wolf, Zur Verwaltung der Sakramente nach Luther und lutherischer Lehre, 1938, in: ders., Peregrinatio (I), München ²1962, 243–256, bes. 252.

51 ApolCA VII, 47; BSLK 246, 17. Beleg: Lk. 10,16; s. dazu Fagerberg, a. a. O. (Anm. 2), 1978, 567. Melanchthon fährt im Anschluß daran fort (VII, 48; BSLK 246, 20–23; mod.): „Doch soll man gottlose Lehrer nicht annehmen oder hören; denn diese handeln nicht an Christi Statt, sondern sie sind Antichristen." In bezug auf sie gilt Mt. 7,15 und Gal. 1,9!

52 Vgl. z. B. ApolCA XIII, 11–12; BSLK 293 f. Nach Auffassung der Reformatoren ist der Diakon nicht „Helfer" des Bischofs, sondern im sozialen Bereich tätig. Er „repräsentiert" Christus gegenüber den Armen und Bedürftigen im Auftrag der Gemeinde, ohne daß er dadurch die Gemeindeglieder von ihren Liebespflichten entbindet (vgl. Mt. 25,31 ff.).

– falschen! – Schluß, die Dreigliedrigkeit des Amtes sei von Gott gesetzt und beruhe auf göttlichem Recht. Von Gott gesetzt sind die Heilsmittel; aus göttlichem Recht *(de jure divino)* ist daher allein das an sie gebundene und sie verwaltende Predigtamt. Das Predigtamt ist das *eine* (vgl. CA V, 1) oder, wie Melanchthon auch sagen kann, „das höchste Amt in der Kirche"[53]. In ihm ist Gott anwesend *(adesse in ministerio)* und will durch es wirken.[54]

4. Die institutionelle Gestalt des Predigtamtes stellt im geschichtlichen und theologischen Kontext des Augsburger Reichstags das Bischofs- oder Pfarramt dar. Alle Pfarrer sind zugleich Bischöfe[55] und nach göttlichem Recht gleich.[56] Auch wie sie „heißen", das meint, welchen Titel sie tragen, ist „gleich"[57]. Sie können das Kirchenregiment, nämlich die öffentliche Verkündigung und Sakramentsverwaltung, nur ausüben, wenn sie „ordentlich" berufen sind.[58] Die Formel *rite vocatus* hat die *Confutatio* akzeptiert und zugleich insofern wieder verworfen, als sie die Rechtmäßigkeit der Berufung von der Bindung an „die gaistliche oberkait", nämlich die kirchliche Hierarchie, abhängig machte.[59] Melanchthon war wie Luther dazu bereit, den spätmittelalterlichen Diözesanbischöfen das Ordinations-, zumindest aber das Bestätigungsrecht einzuräumen.[60] Er wollte die kirch-

---

53 ApolCA XV, 44; BSLK 305, 43 f. Auch das hat Melanchthon – fast wörtlich – von Luther übernommen.

54 ApolCA XIII, 12; BSLK 294, 5 ff. An dieser Stelle argumentiert Melanchthon gegen die „Anabaptisten".

55 Tract. 62; BSLK 490, 3.

56 Tract. 61 und 65; BSLK 489, 40 ff. und 490, 9 f. Bei Melanchthon wie bei Luther unter Berufung auf Hieronymus (An Evangelus, Epist. 146, nach 385 (?), PL 22, 1193 f. u. a.).

57 Tract. 61; BSLK 489, 43.

58 CA XIV; BSLK 69, 1–5. Art. 14 ist der kürzeste der ganzen CA. *Rite* bedeutet „ordentlich, rechtmäßig". Mit *ordo ecclesiasticus* ist der Berufsstand der Pfarrer bzw. kirchlichen Amtsträger unter Einschluß ihrer Amtsvollmacht gemeint. Der Sprachgebrauch darf nicht dazu verleiten, *ordo* im Sinn des kanonischen Rechts zu interpretieren. Melanchthon denkt wie Luther an den „Pfarr-Stand" im Sinn der reformatorischen Ständelehre. Bei G. Lindbeck, Rite vocatus, in: E. Iserloh (Hg.), a. a. O. (Anm. 5), 1980, 454–466, finden sich dazu keine Klarstellungen; vgl. statt dessen Grane, a. a. O. (Anm. 41), 112–118.

59 ConfCA, hg. v. H. Immenkötter, a. a. O. (Anm. 28), 110–113, Zitat aus 112, 9.

60 ApolCA XIV, 1; BSLK 296, 10 ff. Das gehörte auch zu den Gesprächsthemen der Sonderverhandlungen Melanchthons mit L. Campeggio; vgl. dazu G. Müller, Die

liche Ordnung freilich erhalten, ohne die Voraussetzung der kirchlichen Hierarchie zu akzeptieren, daß sie kraft göttlichen Rechts bestehe.[61] Das konnte er gar nicht konzedieren, ohne daß er damit zugleich die Grundlage der reformatorischen Ekklesiologie preisgegeben hätte. Danach hat nicht der Klerus, sondern die ganze Kirche das Berufungs- und Ordinationsrecht.[62] „Wo auch immer Kirche ist, dort ist das Recht, das Evangelium auszurichten."[63] Dieses Recht schließt das Recht, Diener zu berufen, zu wählen und zu ordinieren, mit Notwendigkeit ein.[64] Dieses unveräußerliche Recht beruht auf einem der Kirche von Gott vorzugsweise gegebenen Geschenk, nämlich der Einsetzung von Hirten und Lehrern,[65] durch welche die Heiligen zum Werk des Dienstes zugerüstet werden.

5. Die Aufgabe, Vollmacht und Grenze des Amtes ist in CA V, 1 „vollständig umrissen"[66]. Melanchthon kommt abschließend in CA XXVIII darauf zurück und unterstreicht das Gesagte unter ausdrücklicher Berücksichtigung der im Heiligen Römischen Reich bestehenden politischen Konstellation. Der letzte und umfangreichste Artikel der CA handelt über die kirchliche Gewalt und ist beinahe ein eigener Traktat wie der sich an ihn anschließende und mit ihm zusammengehörende Traktat über den

---

römische Kurie und die Reformation 1523–1534, QFRG 38, Gütersloh 1969, 97–103; ders., Kardinal Lorenzo Campeggio, die römische Kirche und der Augsburger Reichstag von 1530, in: ders., Causa Reformationis, hg. v. G. Maron / G. Seebaß, Gütersloh 1989, 194–213; s. a. R. Decot (Hg.), Vermittlungsversuche auf dem Augsburger Reichstag 1530, VIEG.B 26, Stuttgart 1989.

61 ApolCA XIV, 1; BSLK 296, 18: „. . . factos etiam humana auctoritate" = auch wenn sie aufgrund menschlicher Autorität entstanden ist.

62 Tract. 24; BSLK 478, 30 ff.; ferner Tract. 65–69; BSLK 490, 37 – 491, 42. Tract. 69 unter Berufung auf 1. Petr. 2,9. Daraus erhellt, daß das Priestertum aller Getauften auch bei Melanchthon theologische und kirchenrechtliche Relevanz hat, und zwar noch 1537 (mit Austad, a. a. O. (Anm. 42), 176).

63 Tract. 67; BSLK 491, 3–5; Übers.

64 A. a. O., 491, 5–7: „Quare necesse est ecclesiam retinere jus vocandi, eligendi et ordinandi ministros." – Die Handauflegung hat in Melanchthons Ordinationsverständnis so wenig eine sakramentale Bedeutung wie bei Luther (gegen Lieberg, a. a. O. (Anm. 2), 348 ff.; mit Fagerberg, a. a. O. (Anm. 20), 262).

65 A. a. O., 491, 11 ff.; unter Bezugnahme auf Eph. 4,11 f.; mit dieser Bibelstelle betont Melanchthon die Stiftung des Amtes (vgl. dazu P. Fraenkel, Testimonia patrum. The Function of the Patristic Argument in the Theology of Philip Melanchthon, THR 46, Genf 1961, 153 ff.).

66 Schlink, a. a. O. (Anm. 30), 311. So z. B. auch schon J. Köstlin, Die Glaubensartikel der Augsburger Confession, Halle/S. 1891, 31.

Primat des Papstes.[67] Inhaltlich und argumentativ wird dieser Artikel von der Unterscheidung zwischen der kirchlichen und weltlichen Gewalt bestimmt, und zwar im Anschluß an Luthers Unterscheidung zwischen den zwei Reichen und Regimenten. Es verdient hervorgehoben zu werden, daß Melanchthon auch an dieser grundlegenden Unterscheidung konsequent festhält.

5.1. Unter der kirchlichen oder bischöflichen Gewalt versteht Melanchthon mit Luther die Schlüsselgewalt *(potestas clavium),* nämlich die Vollmacht *(potestas)* oder den Auftrag Gottes *(mandatum Dei),* das Evangelium zu predigen, Sünden zu vergeben oder zu behalten und die Sakramente darzureichen.[68] Dieses Mandat geht auf die Sendung und Beauftragung durch den auferstandenen Christus zurück.[69] Die kirchliche Berufung und Sendung bleibt an den Herrn der Kirche gebunden und ist nur insofern legitim und mit Vollmacht ausgestattet, als in ihr an die Sendung des Sohnes in der Bindung an dessen Mandat und an dessen Verheißung (Mt. 28,20) angeknüpft wird.[70] Der Amtsträger handelt also im Namen der Kirche nur dann, wenn er im Namen Jesu Christi tauft, predigt und absolviert. Wo immer das aber geschieht, handelt der dreieinige Gott

---

67 Der lat. Text ist mit *De potestate ecclesiastica* überschrieben; die dt. Fassung mit *Von der Bischofen Gewalt.* Zum geschichtlichen Hintergrund vgl. bes. Maurer, a. a. O. (Anm. 10), Bd. 1, 73–96. Daß Melanchthons Traktat über den päpstlichen Primat (1537) nicht die ASm, sondern die CA ergänzt, betonen zu Recht F. Brunstäd, Theologie der lutherischen Bekenntnisschriften, Gütersloh 1951, 98, und Grane, a. a. O. (Anm. 41), 184. Zur Interpretation vgl. vor allem Schlink, Brunstäd, Fagerberg, Grane, und neuerdings s. ferner B. T. Oftestad, Bishop, Congregation, and Authority in Article 28 of the Augsburg Confession, LuthQ (Milwaukee) 8 (1994), 163–180; G. Wenz, Theologie der Bekenntnisschriften der evangelisch-lutherischen Kirche, Bd. 2, Berlin 1998, 370–412. Unbefriedigend sind E. Iserloh, „Von der Bischofen Gewalt": CA 28, in: ders. (Hg.), a. a. O. (Anm. 5), 473–488; H. Meyer, Das Bischofsamt nach CA 28, ebd., 489–498. Beiden gelingt es nicht, die Sache auf den Punkt zu bringen, obwohl „das Grundsätzliche . . . eindeutig und entschieden gesagt (wird)" (Brunstäd, 199).

68 CA XXVIII, 5; BSLK 121, 12–17. Wiedergabe nach dem lat. Text. Vgl. dazu auch H. Bornkamm, Der authentische lateinische Text der Confessio Augustana 1530, SHAW.PH 2, Heidelberg ²1980, 18 f.

69 Melanchthon führt Joh. 20,21–23 und Mk. 16,15 als Schriftbelege an (BSLK 121, 17 ff.).

70 Vgl. Brunstäd, a. a. O. (Anm. 67), 134: „Das Amt ist die Fortsetzung der Sendung Christi." Schlink meint, das „öffentliche Predigtamt aller Zeiten (sei) mit der Berufung der Apostel eingesetzt, unbeschadet der . . . Sonderstellung der Apostel" (a. a. O. (Anm. 30), 326).

durch das Amt, und zwar durch die in der Predigt erfolgende persönliche Anrede des Menschen infolge des Wirkens des Heiligen Geistes, der das Wort in das Herz schreibt; im Unterschied zum weltlichen Regiment, in dem Gott wirkt, ohne daß es der Mensch wahrnimmt, aber durch das Gott gleichwohl die gesamte Schöpfung bestimmt sein läßt.

5.2. Die Ausübung der kirchlichen Gewalt erfolgt allein durch das Lehren oder Predigen des Evangeliums und das Darreichen der Sakramente.[71] Durch diesen Dienst des Wortes und der Sakramente *(per ministerium verbi et sacramentorum)* wird die in dem Evangelium liegende Dynamik entbunden,[72] also Geistliches als Lebenshilfe dargeboten, das die politische Herrschaft so wenig behindert wie die Kunst des Gesangs *(ars canendi)*.[73] Kirchliche und politische Gewalt dürfen daher nicht vermengt werden![74]

5.3. Darauf folgt die direkte Bezugnahme auf die im Heiligen Römischen Reich herrschende Situation, daß Bischöfe auch und vor allem Inhaber der weltlichen Gewalt sind.[75] Diese haben sie jedoch nicht durch das Mandat des Evangeliums, sondern kraft menschlichen Rechts.[76] Politische Herrschaft ist aber eine ganz andere Funktion als der Dienst am Evangelium.[77] Daher muß man bei der Frage nach der Jurisdiktion der Bischöfe zwischen ihrer weltlichen Funktion und ihrer kirchlichen Jurisdiktion unterscheiden.[78] Das Verständnis der Jurisdiktion hält Melanchthon für einen Hauptpunkt der Kontroverse.[79]

Melanchthon geht von der überkommenen Terminologie aus, stellt sie aber in den Bezugsrahmen der reformatorischen Theologie hinein und gibt ihr dadurch einen neuen Sinn. Danach ist die *potestas ordinis* die Amtsvollmacht des *ordo ecclesiasticus*, also der ordinierten kirchlichen Amts-

---

71 CA XXVIII, 8 (BSLK 121, 25–27): „Haec potestas tantum exercetur docendo seu praedicando evangelium et porrigendo sacramenta . . .“

72 Melanchthon zitiert Röm. 1,16 (!) und Ps. 119,50 (BSLK 122, 2 ff.).

73 A. a. O., 122, 7 ff.

74 A. a. O., 122, 21 f. Das untermauert Melanchthon mit mehreren Schriftbelegen, z. B. Joh. 18,36 und Phil. 3,20.

75 A. a. O., 123, 14 f.

76 A. a. O., 123, 15 f.: „hanc non habent ut episcopi mandato evangelii, sed jure humano . . .“

77 A. a. O., 123, 19 f. Nach dem lat. Text.

78 A. a. O., 123, 21–23 (CA XXVIII, 20).

79 ApolCA XXVIII, 6; BSLK 398, 3–16. Vgl. z. St. Fagerberg, a. a. O. (Anm. 20), 1965, 253.

träger, gemäß CA V, 1 und CA XIV. Dieser Begriff der *potestas ordinis* wird vor dem Hintergrund des mittelalterlichen *sacramentum ordinis* gebildet.[80] Melanchthon bestreitet jedoch das Entscheidende und Ausschlaggebende, nämlich die Sakramentalität des *ordo*,[81] benutzt also gerade den für das Meßopferpriestertum reklamierten Begriff, um dessen Legitimität zu verneinen,[82] und bezieht ihn auf das Mandat Jesu Christi sowie auf die Berechtigung und Ermächtigung *(jus et potestas)*, in Christi Namen das Evangelium zu verkündigen und die Sakramente darzureichen. Die so verstandene *potestas ordinis* bildet den Kern der *potestas ecclesiastica* oder der *potestas episcoporum* (CA XXVIII, 5–7). Wenn Melanchthon in ApolCA XXVIII, 13 die *potestas ecclesiastica* in die *potestas ordinis* und *potestas iurisdictionis* unterteilt (BSLK 400, 6–23), dann spricht er damit denselben Umfang der Amtsvollmacht wie in der CA an, nur mit dem Unterschied, daß er die Befugnis zur Exkommunikation mit *potestas iurisdictionis* bezeichnet. Diese gehört zwar auch ohne die begriffliche Unterscheidung zwischen *potestas ordinis und potestas iurisdictionis* zu der in der Schlüsselgewalt zusammengefaßten Amtsvollmacht, aber die Distinktion innerhalb der *potestas ecclesiastica* ermöglicht es Melanchthon, geistliche und rechtliche Komponenten voneinander zu unterscheiden.[83] Daraus ergibt sich zunächst die umfassende Definition innerhalb der *potestas ecclesiastica*: Kirchliche Gewalt ist die Schlüsselgewalt unter Einschluß der Vollmacht, Irrlehre, die dem Evangelium widerstreitet, zurückzuweisen und öffentliche Sünder zu exkommunizieren, jedoch „ohne menschliche Gewalt, sondern allein durch das Wort"[84]. Mit der Bindung der in der Exkommunikation in Erscheinung tretenden Jurisdiktionsgewalt

---

80 Vgl. dazu L. Ott, Das Weihesakrament, HDG IV, 5, Freiburg/Br. 1969, 75 ff. S. u. Anm. 190–194.

81 Vgl. Ott, a. a. O., 87 ff.

82 Es gibt kein Opfer für die Sünden außer den Tod Christi am Kreuz, dem allein – und nicht irgendeinem gottesdienstlichen Vollzug – versöhnende Kraft zukommt (vgl. CA XXIV (BSLK 91 ff.) und ApolCA XXIV (BSLK 349 ff.; s. a. A. Sperl, Augsburger Bekenntnis III, TRE, Bd. 4, 1979, 632–639, bes. 638).

83 Nach J. Heckel liegt der Grund „für die Absonderung der potestas iurisdictionis von der potestas ordinis ... darin, daß für jene von Christus ein ordo iudicalis vorgeschrieben ist, während das für die sonstigen Amtsaufgaben des ministeriums verbi nicht zutrifft" (Rez. v. W. O. Münter, Begriff und Wirklichkeit des geistlichen Amts, BEvTh 21, München 1955, in: J. Heckel, Das blinde, undeutliche Wort „Kirche". GAufs., hg. v. S. Grundmann, Köln / Graz 1964, 682–693, 686).

84 CA XXVIII, 21; BSLK 124, 3–9; Übers. v. Z. 9, dem bekanntesten Stichwort aus Art. 28.

an Gottes Wort ist sodann erreicht, was Melanchthon intendierte, nämlich zwischen der kirchlichen und weltlichen Jurisdiktion der Bischöfe differenzieren zu können, ohne die weltliche ausgrenzen zu müssen, obwohl Melanchthon genauso wie Luther bewußt war, daß die Geistlichen Fürstentümer des Heiligen Römischen Reiches monströse Gebilde darstellten.

Melanchthons Differenzierung legt die Grundlage für einige Präzisierungen. (1.) Die rechtliche Seite der kirchlichen Gewalt, die Melanchthon als *potestas iurisdictionis* bezeichnet, erschöpft sich in der Anwendung des kleinen Bannes.[85] Dieser ist der öffentliche Ausschluß der öffentlichen Sünder aus der Gemeinde. Er zieht im Unterschied zum großen Bann keine weltlichen Sanktionen nach sich.[86] Die Kirche „darf nicht dulden, daß Spötter, Beschimpfer, Leugner des Christus, Lästerer des Glaubens und der Sakramente zum Kirchenvolk gehören"[87]. Die Anwendung des kleinen Bannes gebührt allen Pfarrern.[88] Die Jurisdiktion in Ehefällen nehmen die kirchlichen Amtsträger nach menschlichem Recht wahr.[89] Daß sie ihnen obliegt, erklärt sich aus der gegenseitigen Durchdringung von Kirche und Gesellschaft. Sie gehört nicht zu ihren spezifischen Aufgaben. (2.) Aus der Bindung der kirchlichen Jurisdiktionsgewalt an Gottes Wort ergibt sich ferner die Begrenzung der Amtsvollmacht, ist doch den Amtsträgern dadurch ein bestimmter Auftrag vorgegeben, ein festumrissenes Wort Gottes, das sie lehren und demgemäß sie ihre Gerichtsbarkeit auszuüben haben.[90] Eine Herrschaft der Bischöfe außerhalb des Evangeliums ist damit ausgeschlossen.[91] Das bedeutet, daß die Bischöfe als Bischöfe keine Vollmacht für die weltliche Machtausübung haben und daß sie die Grenze zwischen den beiden Regimenten nicht verwischen dürfen. Gebieten die Bischöfe etwas, das dem Evangelium widerspricht, sollen sich die Gemeinden dem widersetzen.[92] Allerdings

---

85 Tract. 74; BSLK 493, 19 ff.; s. a. 489, 30–40. Das entspricht ASm III, 9 (BSLK 456, 20 – 457, 5).

86 Vgl. C. Link, Bann V, TRE, Bd. 5, 1980, 182–190, bes. 186 f.

87 Fendt, a. a. O. (Anm. 42), 110 f. (zu CA XXVIII).

88 Tract. 74; BSLK 493, 21.

89 Tract. 77; BSLK 494, 19 ff.

90 ApolCA XXVIII, 14; BSLK 400, 24–28; Wiedergabe nach dem lat. Text.

91 ApolCA XXVIII, 20; BSLK 402, 12–14: „Non enim constituit regnum episcopis extra evangelium."

92 CA XXVIII, 23–28; BSLK 124, 13 – 125, 2.

dürfen die Bischöfe Anordnungen treffen, damit es in der Kirche ordentlich zugeht, und die Kirche soll solche Anordnungen um der Liebe und des Friedens willen einhalten.[93] Diese Anordnungen fußen auf menschlichem Kirchenrecht, das sich an dem Doppelgebot der Liebe ausrichtet,[94] und haben keine die Gewissen berührende Verbindlichkeit.

5.4. Die *Confutatio* hat Melanchthons Entgegenkommen schroff zurückgewiesen und sich geweigert, sein differenziertes Verständnis der kirchlichen Gewalt zu würdigen.[95] Sie verwahrt sich dagegen, daß die Privilegien des Klerus angetastet werden.[96] Die kirchlichen Satzungen, die Freiheit, was Geld und Gut anlangt, müssen demnach sorgfältiger eingehalten werden als das Evangelium, bemerkt Melanchthon dazu.[97] Was den Hauptpunkt der Kontroverse anlangt, rühme die *Confutatio* zwar die Gewalt der Bischöfe, beweise sie aber nicht.[98] Was Melanchthon vorgebracht hat, „soll billich vor nichtig geachtet werden"[99]. Die Bischöfe erheben weiterhin den Anspruch auf die Vollmacht, Gesetze zu erlassen, die zur Erlangung des ewigen Lebens dienen.[100] Die mittelalterliche Lehre von der bischöflichen Jurisdiktionsgewalt wird entschlossen – vielleicht auch ein wenig mit dem Mut der Verzweiflung – verteidigt, nämlich, „daß die Bischöfe nicht allein die Vollmacht haben, die mit dem Amt des Wortes Gottes (gegeben ist), sondern auch die Gewalt zur Regierung, Züchtigung, Zurechtweisung und zur Leitung der Untergebenen zu dem Ziel der ewigen Seligkeit"[101]. Zu dieser Regierungsgewalt wird die Vollmacht des Urteils, der Abgrenzung, Unterscheidung und der Festsetzung dessen hinzugerechnet, was zu dem vorhergesagten Ziel der ewigen Seligkeit nützlich und förderlich ist.[102]

---

93 CA XXVIII, 53–55; BSLK 129, 10 ff.

94 Vgl. dazu J. Heckel, Lex charitatis, ABAW.PH 36, München 1953, bes. 139.

95 ConfCA XXVIII, hg. v. H. Immenkötter, a. a. O. (Anm. 28), 196–203.

96 A. a. O., 196, 19–21.

97 ApolCA XXVIII, 3; BSLK 397, 14 ff.

98 ApolCA XXVIII, 6; BSLK 398, 3 ff., bes. Z. 10 f.

99 ConfCA XXVIII, a. a. O. (Anm. 28), 198, 19.

100 So ApolCA XXVIII, 6; BSLK 398, 14–16; nach dem lat. Text.

101 ConfCA XXVIII, a. a. O. (Anm. 28), 199, 8–11: „. . . episcopos non solum habere potestatem ministerii verbi dei sed etiam potestatem regiminis et coercitivae correctionis ad dirigendum subditos in finem beatitudinis aeternae."

102 A. a. O., 199, 12–14, bes. 12 f.: „. . . potestas iudicandi, diffiniendi, discernendi et statuendi . . ." Der dt. Text lautet: „. . . muß auch sein gewalt zu urtailen, zu entscheiden, zu erkhennen und zu setzen die ding, so guet und furstendig sind zu erlangung der ewigen seligkait" (a. a. O., 198, 15–17).

Zusammenfassung:

1. Das Amt der Kirche nimmt in der Systematik der von Melanchthon verfaßten Bekenntnisschriften einen hohen Stellenwert ein.[103] Melanchthon folgt Luther nicht nur in den Fragen der Lebensgestaltung, sondern vor allem in dem von dem Evangelium bestimmten Wahrheitsverständnis.[104] So hat er auch Luthers evangeliozentrische Amtsauffassung aufgenommen, sie eigenständig durchdrungen und sachgerecht wiedergegeben.

2. Während Melanchthon die satisfaktorische Entstellung des Amtes durch Rom unverblümt herausarbeitet, übt er in bezug auf die hierarchische Umklammerung des Gnadenmittelamtes zunächst eine Zurückhaltung, die man zwar aus der Situation des Augsburger Reichstages erklären, aber sachlich nicht billigen kann. Er hätte die Primatsfrage bereits 1530 und nicht erst 1537 behandeln müssen! Außerdem hätte der Gedanke des Priestertums aller Gläubigen nicht völlig an den Rand gedrängt werden dürfen, sondern er hätte bei der Erörterung über die Kirche und das Kirchenregiment zur Geltung kommen müssen. Im nachhinein ist man zwar immer klüger, aber es hat weder Melanchthon noch der Kirche etwas genützt, daß er den theologischen Dissens bagatellisiert hat, als würde die ganze Meinungsverschiedenheit nur einige wenige Mißbräuche betreffen.[105] Die Artikel der CA, vor allem aber die ApolCA beweisen, daß er das besser gewußt hat; denn die Meinungsverschiedenheiten berühren das Zentrum des Rechtfertigungs-, Sakraments-, Kirchen- und Amtsverständnisses.

---

103 Mit Recht hervorgehoben von F. Mildenberger, Theologie der Lutherischen Bekenntnisschriften, Stuttgart 1983, 103 (im Blick auf die CA).

104 Es ist Melanchthon wohl schwerer gefallen als Luther, die Sehnsucht nach der Einheit der Frage nach der Wahrheit unterzuordnen. Aber er wußte, daß die Kirche ohne die göttliche Wahrheit nicht sein kann (ApolCA, Vorrede; BSLK 144, 3 f.). „Melanchthon hat sich der Gewalt dieses reformatorischen Christentums, dieses Schriftverständnisses nicht entziehen können" (H. Rückert, Philipp Melanchthon, in: ders., Vorträge und Aufsätze zur historischen Theologie, Tübingen 1972, 137–145, 143). Zu Melanchthons Selbstverständnis s. a. A. Beutel, Praeceptor Germaniae – Doctor ecclesiae, in: ders., Protestantische Konkretionen, Tübingen 1998, 124–139.

105 So im Beschluß des 1. Teils der CA; BSLK 83 c, 14–16. Seit J. Cochlaeus wird Melanchthon von kath. Seite kleinlich-schlaue Unaufrichtigkeit nachgesagt (so noch J. Lortz, Die Reformation in Deutschland, Bd. II, Freiburg/Br. ³1948, 54). Dieser Vorwurf ist gewiß unberechtigt!

3. Im Blick auf das Amtsverständnis ist der im Ablaßstreit aufgebrochene und von Melanchthon in den *Loci communes* 1521 registrierte Dissens auch in den dreißiger Jahren nicht überwunden worden. Für Luther und Melanchthon liegt die Würde, der Auftrag, die Vollmacht und Grenze des Amtes in Gottes Wort beschlossen. Darin ist die Wiederentdeckung des Amtes als des Dienstes an dem Evangelium und den Sakramenten in der Bindung an das Mandat Jesu Christi enthalten.[106] Die Amtsvollmacht bleibt extern; sie wird nicht von Gottes Wort gelöst und auf die Kirche und die Amtsträger übertragen, so daß diese einen sakramentalen Stand bilden, dem infolge dieser Übertragung das Monopol der Heilsvermittlung zukommt. Der Unterschied zwischen dem Amt, das sich an die von Christus gestifteten Heilsmittel bindet, und dem Amt, das diese an sich bindet, scheint geringfügig zu sein. Aber das meinen nur die Ahnungslosen. In Wirklichkeit reißt er eine tiefe Kluft auf und hat Folgen, die alle Lebensbereiche berühren und – wie in der Reformation – eine weltgeschichtliche Zäsur herbeiführen können.

3.1. Brennpunktartig wird das an dem kontradiktorischen Gegensatz im Verständnis der kirchlichen Gewalt deutlich. Für Melanchthon ist die kirchliche Gewalt in der schriftgebundenen Predigt von Gesetz und Evangelium, der evangeliumsgemäßen Verwaltung der Sakramente und in der Anwendung der Schlüssel begriffen. In der freien Bindung an dieses an sein Wort gebundene Amt übt Gott das geistliche Regiment aus. Für die Confutatoren ist das *ministerium verbi* dagegen Bestandteil der Jurisdiktionsgewalt der Bischöfe, welche die *potestas,* die in dem Wort und den Sakramenten liegt, auf ihr Amt übertragen und daraus wiederum den Anspruch ableiten, den Weg zur ewigen Seligkeit zu weisen. Diese Bischöfe usurpieren also Gottes geistliches Regiment, um ihre Priesterherrschaft über die Kirche zu stabilisieren und unangreifbar zu machen.

3.2. Dieser Fundamentaldissens schlägt sich selbstverständlich auch kirchenverfassungsrechtlich nieder. Während für die Confutatoren das gesamte kirchliche Leben von der Jurisdiktionsgewalt der Bischöfe und des Papstes abhängt und auf diese ausgerichtet *bleiben* muß, würde doch

---

106 Nach P. Stuhlmacher ist das Amtsverständnis der CA „biblisch wohlfundiert" (Schriftauslegung in der Confessio Augustana, in: ders., Versöhnung, Gesetz und Gerechtigkeit, Göttingen 1981, 246–270, 260; s. a. J. Roloff, Die Confessio Augustana als Modell reformatorischer Schriftauslegung, in: ders., Exegetische Verantwortung in der Kirche, hg. v. M. Karrer, Göttingen 1990, 62–78).

die Kirche sonst den Weg zur ewigen Seligkeit verfehlen, herrscht bei Luther und Melanchthon das Gestaltungs- und Strukturprinzip vor, wie das Wort und die Sakramente unverfälscht in der Kirche dargeboten werden können.[107] Trotz aller Bemühungen ließ sich das im Rahmen der überkommenen kirchlichen Ordnung nicht gewährleisten. Aber die Kirche steht oder fällt nicht mit irgendeiner Ordnung, sondern mit dem Artikel von der Rechtfertigung. Ihr Erkennungszeichen ist nicht eine Ämterhierarchie, sondern Gottes Wort, und wenn doch auch ein Amt, dann dieses, das dem Wort zu Diensten steht.

2. Huldrych Zwingli

Wie die Wittenberger Reformatoren gehen auch Huldrych Zwingli, Martin Bucer und Johannes Calvin von der Suffizienz des einmaligen Sühneopfers Jesu Christi am Kreuz aus. Sie ziehen daraus die Konsequenz, daß die kirchlichen Amtsträger nicht Meßopferpriester, sondern Verkündiger der am Kreuz vollbrachten Versöhnung sind.[108] Außerdem steht der Bruch mit der Zweiständelehre auch bei ihnen am Beginn der kirchlichen Umgestaltung. *Vor* allen Unterschieden sind diese Gemeinsamkeiten hervorzuheben. Sie sind grundlegend und gehören zu den Weichenstellungen der Reformation.

Zwingli nimmt 1525 in der gegen die Täufer gerichteten Schrift *Von dem Predigtamt* erstmals ausführlicher zu dem kirchlichen Amt Stellung.[109] Die Wende vom Priesteramt zum Verkündigungsamt ist bereits vollzogen.

---

107 Vgl. Austad, a. a. O. (Anm. 42), 181. Es ist also abwegig, von den Bekenntnisschriften her *eine* bestimmte Verfassung, z. B. eine spezifisch bischöfliche, begründen zu wollen (mit Fagerberg, a. a. O. (Anm. 20), 1965, 250, Anm. 39).

108 Vgl. z. B. Zwinglis Thesen von 1523, BSRK 6 (Th. 61–63).

109 H. Zwingli, Sämtliche Werke, Bd. IV (= CR 91), Zürich 1982, (369) 382–433. Zur Entwicklung von Zwinglis Amtsverständnis sowie zu dieser Schrift vgl. M. Hauser, Prophet und Bischof. Huldrych Zwinglis Amtsverständnis im Rahmen der Zürcher Reformation, ÖBFZPhTh 21, Freiburg/Schweiz 1994, bes. 135–147; vgl. u. Anm. 114. Zum geschichtlichen Hintergrund vgl. F. Blanke, Täufertum und Reformation, in: W. Hubatsch (Hg.), Wirkungen der deutschen Reformation bis 1555, WdF 203, Darmstadt 1967, 174–187; G. W. Locher, Die Zwinglische Reformation im Rahmen der europäischen Kirchengeschichte, Göttingen 1979, 220, 407 f.; ders., Zwingli und die schweizerische Reformation, KIG 3, J 1, Göttingen 1982, 36 ff. Lit. zu Zwingli in: U. Gäbler, Huldrych Zwingli im 20. Jahrhundert. Forschungsbericht und annotierte

Wie die Wittenberger ist Zwingli primär an dem Nachfolgeamt des Apostolats interessiert. Durch die Aktivitäten der Täufer herausgefordert, betont er ferner die Notwendigkeit der Institutionalisierung von Kirche und Amt. Auch darin ist eine Parallele zur Wittenberger Reformation zu sehen.

Zwingli läßt sich in seinen Überlegungen von Eph. 4,11–14 leiten.[110] Nach Eph. 4,11 sind Apostel, Propheten, Evangelisten, Hirten und Lehrer in der Gemeinde eingesetzt. Dazu gibt Zwingli einige Erläuterungen.

Apostel sind „Boten" (391, 3), von Christus eingesetzt (391, 5 f.). „Ihr Amt aber ist: das Evangelium predigen, das ist: die Welt lehren, Gott und sich selbst zu erkennen." (391, 10 f.; mod.) Dieses Botenamt ist das allerhöchste Amt unter allen (391, 19 f.). Es beruht auf der Sendung durch Christus (391, 22 f.).[111] Alle, die das Evangelium predigen, haben dieser Predigt halber kein anderes Amt als die Apostel inne (392, 12–14). Die Apostel unterscheiden sich von den Propheten, Evangelisten, Hirten und Lehrern dadurch, daß sie den ersten Vorstoß und Anfang getan haben (392, 14–16), ferner war ihnen das In-die-Welt-Hinausziehen befohlen (393, 12 ff.). Zwingli hebt besonders hervor, a) daß diese in Eph. 4,11 genannten Ämter von Christus „gesetzt" sind (390, 14 ff.); b) daß es nicht jedem geziemt, sie öffentlich auszuüben (390, 27–30), und c) daß der Nachweis der Apostolizität durch die *Predigt* erfolgt.[112]

Das Amt der *Propheten*, das im Alten Testament war, ist jetzt das Amt der Evangelisten, Bischöfe und Pfarrer (394, 1–3). Zwingli bestimmt die Aufgabe dieses Amtes mit Jer. 1,9 f., daß der Prophet ausrotte, abbreche und zerstöre alles, was wider Gott aufgerichtet ist, und wiederum baue und

---

Bibliographie 1897–1972, Zürich 1975; W. Neuser, Dogma und Bekenntnis in der Reformation: Von Zwingli und Calvin bis zur Synode von Westminster, in: C. Andresen (Hg.), Handbuch der Dogmen- und Theologiegeschichte, Bd. 2, Göttingen (1980) 1988, 165–352, 167. Zur ersten Orientierung s. Th. Kaufmann, Reformatoren, KIVR 4004, Göttingen 1998, 53–56.

110 Vgl. Zwingli, a. a. O., IV, 390, 4 ff. u. ö. Die folgenden mod. Zitate entstammen diesem Fundort.

111 Belege: Mt. 10,5–15 einerseits, Joh. 20,21–23, Mk. 16,15 f. u. a. andererseits.

112 Die, die von dem Papst gesandt sind (a. a. O., 390, 31 ff.), „die hohen Bischöfe und Prälaten, ... predigen gar nicht, wollen aber Apostel genannt werden ... Es ist nicht möglich, daß sie Apostel oder Boten seien; denn sie wandeln nicht allein dem Wort nicht nach, sondern sie geben sich gar nicht damit ab" (393, 17–19 f. und 21–23; mod.). Im Gegenteil, sie haben „öffentlich gewehrt, daß die Wahrheit hervorkäme" (390, 33 f.).

pflanze, was Gott haben will (394, 5 ff.). „Wie die Propheten im Alten Testament dem Übel gewehrt und das Gute gepflanzt haben, so tun auch die Wächter oder Pfarrer im Neuen Testament. Und ist also das Prophetenamt, das Bischofs- oder Pfarramt (und) das Evangelistenamt *ein* Amt." (397, 34 – 398, 2; mod.) Neben dieser Aufgabe hat das Amt der Propheten das Verständnis der Schrift darzulegen (398, 3 ff.). Dazu ist die Schulung an den alten Sprachen unerläßlich; ohne sie kann man das Amt nicht ausüben (398, 6–10).

Die *Evangelisten, Hirten* und *Lehrer* haben also kein anderes Amt als die „Propheten" inne, die durch Bibelauslegung die Kirche regieren.[113] Im Grunde vertritt auch Zwingli die Singularität des Amtes; das wird gerade aus seiner Auslegung von Eph. 4,11 deutlich. Er kennt keine Ämterhierarchie, wohl aber eine Funktionsverteilung. Die Hauptinstitution ist das Bischofs-Pfarramt.[114]

Bemerkenswerten Übereinstimmungen mit Luther stehen beträchtliche Unterschiede gegenüber. Der Hauptunterschied ist, daß Zwingli nicht wie Luther von der Unterscheidung zwischen Gesetz und Evangelium ausgeht, daß er also die Heilsfrage ohne diese fundamentale Unterscheidung meint beantworten zu können. Im theologischen Ansatz, nicht erst im Sakramentsverständnis,[115] ist Zwingli von dem viel tiefer in der Theologie des Paulus verwurzelten Luther getrennt. Eine der einschneidendsten Folgen ist die Vermischung von Reich Gottes und Welt. Bei Zwingli kann man geradezu von einer Identifizierung der Kirche mit dem Stadtstaat Zürich

---

113 Originell war die ab 1525 im Großmünster zu Zürich eingerichtete „Prophezey" (vgl. F. Schmidt-Clausing, Zwingli als Liturgiker, Berlin 1952, 142 f.), in der täglich außer am Freitag und Samstag ein Kap. des AT ausgelegt wurde. Prophezeien heißt „gültig auslegen" (Hauser, a. a. O. (Anm. 109), 73).

114 Vgl. H. Scholl, Nit fürchten ist der Harnisch. Pfarramt und Pfarrerbild bei Huldrych Zwingli, in: Das reformierte Erbe. FS für Gottfried W. Locher, Zwing. 19, 1 (1991/2 – 1992/2), 361–392. Zwingli bestimmt das Bischofs-Pfarramt vor allem als Predigt-Hirtenamt (vgl. B. Hamm, Zwinglis Reformation der Freiheit, Neukirchen 1988, 22 und 31–33).

115 Der auf unterschiedlichen Denkvoraussetzungen beruhende Unterschied ist Luther nicht erst bei dem Marburger Abendmahlsgespräch 1529 bewußt geworden, sondern war ihm seit 1524 deutlich (vgl. E. Grötzinger, Luther und Zwingli, ÖTh 5, Zürich / Gütersloh 1980, 117). Zu Zwinglis theologischer Entwicklung s. M. Brecht, Zwingli als Schüler Luthers, in: ders., Ausgewählte Aufsätze, Bd. I: Reformation, Stuttgart 1995, 217–236.

sprechen.[116] Darin liegt die außerordentliche Wirkung seines reformatorischen Werkes begründet. Darin ist aber auch die Tendenz zur geistlichen Bevormundung angelegt. Im Verständnis des Gesetzes steht Zwingli Karlstadt näher als Luther.[117] Sein spiritualistischer Humanismus verbindet ihn mit Erasmus von Rotterdam.[118] Das „prophetische" Amtsverständnis Zwinglis weist eine Affinität mit dem Amtsverständnis Müntzers auf. Im Missionsbefehl des auferstandenen Christus ist jedoch kein Aufruf zu militantem Aktionismus enthalten,[119] auch keine Beauftragung im Sinn von Jer. 1,10. Das Wächteramt ist wohl von den kirchlichen Amtsträgern auszuüben, typologisch vorgebildet in den alttestamentlichen Propheten. Aber Zwingli hat im Unterschied zu Luther aus dem *ius verbi* ganz selbstverständlich auf die *executio verbi* geschlossen und diese bei der Gestaltung der Kirche in Zürich und über Zürich hinaus angewendet.[120]

---

116 Fast die ganze Stadt war schließlich „in den Dienst der christlichen Zucht *eingespannt*" (H. Münkler, Politisches Denken in der Zeit der Reformation, in: I. Fetscher / H. Münkler (Hg.), Pipers Handbuch der politischen Ideen, Bd. 2, München 1993, 615–683, 662; Hervorhebung von mir).

117 Vgl. U. Gäbler, Luther und Zwingli, Luther 55 (1984), 105–112, bes. 108 (bei Gäbler mit Bezug auf das Abendmahl; es gilt ebenso im Blick auf das Gesetzesverständnis).

118 Zwingli war in viel stärkerem Umfang ein Schüler des Erasmus als Luthers (vgl. J. Rogge, Zwingli und Erasmus, AVTRW 26, Berlin 1962, 46 f.; s. a. C. Augustijn, Zwingli als Humanist, in: ders., Erasmus. Der Humanist als Theologe und Kirchenreformer, SMRT 59, Leiden 1996, 197–219).

119 Zwingli befürwortete z. B. 1529 den *Angriffskrieg* gegen die Urkantone um der Reformation willen (vgl. F. Blanke, Zwingli I, RGG, Bd. 6, ³1962, 1952–1960, 1958; Locher, a. a. O. (Anm. 109), 1982, 68–71, bes. 70). Im Unterschied zu Müntzer hat sich Zwingli freilich nicht mit den Bauern, sondern mit der Aristokratie und dem aufstrebenden Bürgertum des Zürcher Stadtstaates verbündet.

120 In den Invokavitpredigten 1522 hat Luther die Begrenzung des Amtes auf das *ius verbi* als grundlegend für sein Amtsverständnis hervorgehoben. Vgl. z. B. WA 10 III, 15, 11 f.: „Das Wort sollen wir predigen, aber die Folge soll Gott allein anheimgestellt sein." (Mod.) Die Zwinglische Reformation ähnelt dagegen dem Vorgehen Karlstadts während der Wittenberger Unruhen. Zwingli war allerdings geschickter und resoluter als Karlstadt.

3. Johannes Calvin

Calvin[121], theologischer Autodidakt und scharfsinniger Vertreter der zweiten Generation der Reformation, hat die Amtsauffassung der reformierten Kirche nachhaltig bestimmt. Sein Hauptanliegen, auch und gerade in der *Institutio* bis zur letzten Fassung 1559 vertreten,[122] wird bereits in der ersten Genfer Wirksamkeit (1536–1538) deutlich benannt: „Um das Volk in der reinen Lehre zu erhalten, ist es . . . notwendig, die Kinder von klein auf so zu unterrichten, daß sie Rechenschaft über den Glauben ablegen können, damit die Lehre des Evangeliums nicht in Vergessenheit gerät, sondern ihr Inhalt sorgfältig bewahrt und . . . weitergegeben wird."[123]

Calvins Lehre vom vierfachen Amt geht auf Anregungen zurück, die er während seiner Straßburger Zeit (1538–1541) von Bucer erhalten hat.[124]

---

121 Zur grundlegenden Orientierung s. W. Nijenhuis, Calvin, TRE, Bd. 7, 1981, 568–592; Neuser, a. a. O. (Anm. 109), 238 ff.; B. Gerrish, Calvin, RGG, Bd. 2, ⁴1999, 16–36. Umfassende bibliographische Hinweise auch in: BBKL, Bd. I, 1990, 866–889. Neuere Biographien: A. McGrath, A Life of John Calvin, Oxford 1990; B. Cottret, Calvin, Stuttgart 1998 (franz. 1995).

122 Textausg. der *Institutio Christianae religionis,* 1559: CR 30; J. Calvin, Opera selecta, ed. P. Barth u. a., Bde. III–V, München ³1957 ff.; ders., Unterricht in der christlichen Religion, übers. v. O. Weber, Neukirchen ²1963. Die *Institutio* lehnt sich, bes. in der 1. Aufl. 1536, im Aufriß an Luthers Katechismen an (vgl. H. Rückert, Calvin, in: ders., a. a. O. (Anm. 104), 1972, 165–173, bes. 165). Sie ist *„das Buch Calvins"* (F. Büsser, Calvins Institutio, in: W. Hubatsch (Hg.), a. a. O. (Anm. 109), 1967, 157–173, 157). S. a. P. C. Böttger, Calvins Institutio als Erbauungsbuch, Neukirchen 1990.

123 Artikel zur Ordnung der Kirche und des Gottesdienstes in Genf, dem Rat vorgelegt von den Predigern, 1537, in: Calvin-Studienausgabe, hg. v. E. Busch u. a., Bd. 1. 1, Neukirchen 1994, 113–129, 115. Der „Sitz im Leben" von Calvins Denken ist die kirchliche Unterweisung, nicht die Universitätstheologie.

124 M . Bucer (Von der waren Seelsorge und dem rechten Hirtendienst, 1538, in: ders., Opera omnia I: Deutsche Schriften, Bd. 7, Gütersloh 1964, 67–241) hat „den Grund zur Vier-Ämter-Lehre (gelegt)" (R. Stupperich, Bucer, TRE, Bd. 7, 1981, 258–270, 266; vgl. M. Greschat, Martin Bucer, München 1990, 157–161; G. Müller, Seelsorge und Kirchenzucht. Martin Bucers Vorstellungen von Kirchenleitung, in: „Daß allen Menschen geholfen werde . . ." FS für Manfred Seitz, Stuttgart 1993, 143–155). Zur Beeinflussung Calvins durch Bucer vgl. z. B. K. Holl, Johannes Calvin, 1909, in: ders., GAufs zur KG, Bd. III: Der Westen, Tübingen 1928, 254–284, 268 f.; J. Weerda, Kirche und Diakonie in der Theologie Calvins, in: ders., Nach Gottes Wort reformierte Kirche, TB 23, München 1964, 118–131, 120 f.; O. Weber, Calvins Lehre von der Kirche, in: ders., Die Treue Gottes in der Geschichte der Kirche, GAufs II, Neukirchen 1968, 19–104, 32.

Calvin kennt wie die anderen Reformatoren nur *ein* Amt, aber dieses ist vierfach.[125] Die vier Aufgabenbereiche oder Ämter der Kirche werden wahrgenommen von den Pastoren, Doktoren, Ältesten und Diakonen.[126]

Die Ämterlehre hat Calvin im vierten Buch der *Institutio,* dem mit Abstand ausführlichsten, entfaltet. In ihm beschreibt er das durch äußere Mittel *(externis mediis)* geschehende Werk des zu Christus einladenden und bei ihm erhaltenden Geistes.[127] Zu diesen „Mitteln" gehören auch und vor allem die kirchlichen Ämter, auf die Calvin besonders im dritten Kapitel des vierten Buches eingeht.

Ausgangspunkt des dritten Kapitels ist, daß Christus allein in der Kirche herrschen soll und daß er seine Herrschaft allein durch sein Wort – dieses jedoch aus Menschenmund! – ausübt (Inst. IV, 3, 1). Diese Form des Kirchenregiments ist durch Gottes Offenbarung gegeben; sie kann nur um den Preis der Zerstreuung der Kirche abzuschaffen begehrt oder verkleinert werden (Inst. IV, 3, 2). In der Kirche gibt es nichts Vortrefflicheres als „das Amt des Evangeliums"; denn dieses ist – nach 2. Kor. 3,8 – das Amt des Geistes (Inst. IV, 3, 3). Dieses Verkündigungsamt sieht Calvin als von Gott eingesetzt an; bei seiner Beschreibung orientiert er sich an Eph. 4,11 und unterscheidet zwischen den einmaligen, zeitgebundenen Ämtern der Apostel und Propheten und den bleibenden Ämtern der Hirten und Lehrer, ohne welche die Kirche zu keiner Zeit sein kann (Inst. IV, 3, 4–5).

Die *Hirten (pastores / pasteurs)* haben das Amt inne, das alle Funktionen des Kirchenregiments in sich begreift (Inst. IV, 3, 4). Ihre Haupt-

---

125 So Weber, a. a. O., 31–42, bes. 37.

126 Les Ordonnances ecclésiastiques de 1561 / Die Kirchenordnung von 1561, in: Calvin-Studienausgabe, Bd. 2, 1997, (227), 238–279, 238/239. Vgl. dazu außer Weerda und Weber (s. o. Anm. 124): K. Barth, Die Theologie Calvins, 1922, hg. v. H. Scholl, Zürich 1993, bes. 356 ff.; W. Niesel, Die Theologie Calvins, München 1938, 191–197; A. Ganoczy, Ecclesia ministrans. Dienende Kirche und kirchlicher Dienst bei Calvin, ÖF.E 3, Freiburg/Br. 1968; ders., Amt und Apostolizität. Zur Theologie des kirchlichen Amtes bei Calvin auf dem Hintergrund gegenwärtiger ökumenischer Diskussion, VIEG 59, Wiesbaden 1975; J. Rohls, Theologie reformierter Bekenntnisschriften, UTB 1453, Göttingen 1987, 282 ff.; S. Scheld, Media salutis. Zur Heilsvermittlung bei Calvin, VIEG 125, Wiesbaden 1989; U. Kühn, Kirche, HST 10, Gütersloh ²1990, 65 ff.; E. Busch, Das Amt in der reformierten Kirche, in: ders. u. a. (Hg.), „. . . um die Kirche zu bewahren und zu schützen". Beiträge zum Jubiläum des Coetus der ev.-ref. Prediger und Predigerinnen in Ostfriesland 1544–1994, Bovenden 1995, 43–62.

127 Vgl. dazu W. Krusche, Das Wirken des Heiligen Geistes nach Calvin, FKDG 7, Göttingen 1957.

aufgabe ist die Evangeliumsverkündigung und Sakramentsverwaltung (Inst. IV, 3, 6). Was die Apostel am gesamten Erdkreis geleistet haben, das soll der Pastor an seiner Herde tun, der er zugeordnet ist. Wie bei Luther und Melanchthon gründet das Hirtenamt auch bei Calvin im Mandat Jesu Christi und wird in der Nachfolge des Apostolats im Dienst an Gottes Wort und den Sakramenten ausgeübt. Seine Vollmacht ist mit Gottes Wort gegeben und zugleich durch dieses begrenzt; sie geht nicht auf den Amtsträger über, sondern bleibt extern, nämlich an das gepredigte Wort gebunden.[128] Die Hirten führen, lenken und regieren das Volk Gottes durch eben dieses Wort,[129] das im Gesetz und den Propheten und alsdann in den apostolischen Schriften verfaßt ist (Inst. IV, 8, 8 f.). Das schließt die Verwerfung der falschen Propheten ein, welchen pastoralen Titel sie auch beanspruchen mögen.[130] Auffällig ist, daß die Boten bei Calvin weniger „bitten" (so 2. Kor. 5,20) als vielmehr „befehlen" *(commander)*.[131]

Die *Lehrer (doctores / docteurs)* konzentrieren sich auf die Auslegung der Schrift, „damit die lautere und gesunde Lehre unter den Gläubigen erhalten bleibt" (Inst. IV, 3, 4). Sie können am Verkündigungsdienst teilnehmen, aber bei der Ausübung der Kirchenzucht und bei der Verwaltung der Sakramente haben sie nicht die Leitung inne (ebd.). In der *Institutio* von 1559 sind der Hirtendienst und die Lehrtätigkeit im Grunde „zwei Funktionen innerhalb ein und desselben Amtes"[132]. Doch Calvins ursprüngliches Anliegen war wahrscheinlich, „die Differenz beider Ämter

---

128 So bereits 1537 im Genfer Katechismus und Glaubensbekenntnis, in: Calvin-Studienausgabe, Bd. 1. 1, 1994, (131) 138–223, 201, 35–39. S. a. Inst. IV, 8, 4 und 9, vor allem 8, 4, wo Calvin ausführt, die Vollmacht der Kirche sei nicht unbegrenzt, sondern dem Wort des Herrn unterworfen und gleichsam in es eingeschlossen: „Non est . . . Ecclesiae potestas infinita, sed subiecta verbo Domini et in eo quasi inclusa" (CR 30, 848 / Opera sel. V, 136, 22 f.). Zum Verständnis des Wortes Gottes und der Heiligen Schrift bei Calvin vergleiche P. Brunner, Vom Glauben bei Calvin, Tübingen 1925, 92 ff.; P. Opitz, Calvins theologische Hermeneutik, Neukirchen 1994, 99 ff.; W. Neuser (Hg.), Calvinus Sacrae Scripturae professor, Grand Rapids 1994.

129 Calvin-Studienausgabe, Bd. 1. 1, 221, 37 f.; s. a. den franz. Text: „. . . conduire, regir et gouverner le peuple de Dieu" (220, 33).

130 A. a. O., 223, 2 ff.

131 A. a. O., 220, 35 / 221, 38. S. a. 203, 1–3: „Sie sollen alle Kraft, Herrlichkeit und Größe der Welt dazu zwingen (!), der Hoheit dieses Wortes Platz zu machen und zu gehorchen . . ."

132 Fagerberg, a. a. O. (Anm. 2), 1978, 569.

aufrechtzuerhalten"[133]. Mit der Gründung der Genfer Akademie 1559 gewann die theologische Lehre dann auch eine außerordentliche Bedeutung über die Jugendunterweisung und den Schuldienst hinaus.[134] Aber die Lehrautorität wurde außer von Calvin selbst von der Pfarrerschaft, der *Compagnie des pasteurs*, die wöchentlich einmal zu einer Besprechung der Bibel zusammentrat,[135] wahrgenommen und in der Praxis vom Presbyterium oder sogar von der politischen Obrigkeit ausgeübt.

Die *Ältesten (seniores / presbyteri / anciens)* nehmen zusammen mit den Dienern am Wort, die Calvin ähnlich wie Luther ohne Unterschied als „Bischöfe", „Älteste" oder „Pastoren" bezeichnen kann (Inst. IV, 3, 8), die Aufsicht und Leitung wahr. Calvin ist bewußt, daß er das Ältestenamt nicht mit Eph. 4 begründen kann. Er zieht Röm. 12,7.8 und 1. Kor. 12,28 zur Begründung heran und versteht unter den „Ältesten" die „Regierer" *(gubernatores)*, die in Kooperation mit den Pastoren über dem Lebenswandel der Amtsträger und Gemeindeglieder wachen und die Kirchenzucht ausüben (Inst. IV, 3, 8). Die Wahrnehmung der Jurisdiktion zur Besserung von Lastern *(iurisdictio in corrigendis vitiis)* ist nach Calvin zu allen Zeiten vonnöten (ebd.). Das mag richtig sein, aber es läßt sich nicht mit Röm. 12,8 und 1. Kor. 12,28 begründen.

Erstens ist gegen Calvin festzuhalten, daß *presbyteros* im Corpus Paulinum gar nicht vorkommt. Zweitens kann man aus der in Röm. 12,8 angesprochenen Gnadengabe des Vorstehens nicht auf ein mit Jurisdiktionsgewalt ausgestattetes Aufseheramt schließen,[136] könnte doch dann auch aus dem „Geben" in Röm. 12,8 auf ein entsprechendes *Amt* geschlossen werden. Das tut Calvin zwar (Inst. IV, 3, 9), aber es ist exegetisch abwegig. Ebensowenig kann man aus dem Charisma der Leitung (Kybernetik) in 1. Kor. 12,28 ein Leitungs*amt* folgern; denn dann läge der Schluß

---

133 A. Ganoczy, Das Amt des Lehrens in der Kirche nach Calvin, in: R. Bäumer (Hg.), Lehramt und Theologie im 16. Jahrhundert, KLK 36, Münster/Westf. 1976, 22–33, 27.

134 In der *Kirchenordnung von 1561* werden die „Doktoren" als eigener *ordo* aufgeführt (Calvin-Studienausgabe, Bd. 2, 1997, 252/253).

135 A. a. O., 245 f.

136 Vgl. z. St. U. Wilckens, Der Brief an die Römer, EKK VI, 3, Neukirchen ²1989, 15 f., wonach mit „Vorsteher" wahrscheinlich der „Patron" gemeint ist, „der die ‚Fürsorge' für Gemeindeglieder, die sich nicht selbst erhalten können, wahrnimmt". Es ist aus dem Kontext von Röm. 12,8 eher an eine karitative als an eine gubernatorische Tätigkeit in der Gemeinde zu denken.

nahe, daß auch die anderen Gnadengaben, nämlich gesund zu machen, zu helfen und mit Zungen zu reden, *Ämter* begründeten.[137] Drittens liegt – schon in der *Institutio*, vor allem aber in der Genfer Kirchenordnung von 1561 – eine ungebührliche Ausweitung des Stiftungsgedankens vor; denn die Ältesten und Diakone werden nicht vom Herrn „für die Leitung seiner Kirche gestiftet"[138], sondern sie wurden von den Aposteln oder Gemeindegründern eingesetzt.[139] Das bedeutet doch, daß zwar die Notwendigkeit dieser Dienste in der Kirche über jeden Zweifel erhaben ist, daß aber die Einsetzung von Aufsehern und Vorstehern, die man nun „Bischöfe" oder „Älteste" nennen mag, von den Gegebenheiten und Umständen abhängt. Nun waren in Straßburg, Basel und Genf durch die reformatorische Predigt Verhältnisse entstanden, die eine kirchliche Umstrukturierung notwendig machten. Von Bucer hatte Calvin in Straßburg gelernt, daß die „Ältesten" Aufsichtsfunktionen wahrnehmen können, nachdem die „Bischöfe" sich der Reformation verweigert hatten.[140] Daran knüpfte Calvin nach seiner Rückkehr bei der Neuordnung der Kirche in Genf an.[141]

Die *Diakone (diaconi / diacres)* verwalten die Almosen sowie das Kirchengut und sind außerdem direkt in der Armenfürsorge und Krankenpflege tätig.[142] Wie Luther löst Calvin den Diakonat aus dem sakramentalen *ordo* und bringt sich dadurch ebenfalls in den Gegensatz zu dem römischen, orthodoxen und anglikanischen Verständnis des Diakonats.

---

137 Dies geschieht heute in Teilen der sog. charismatischen Bewegung. Vgl. dagegen z. St. A. Schlatter, Paulus der Bote Jesu, Stuttgart ³1962, 351: „Es scheint, Paulus wolle betonen, daß die Lebendigkeit der Gemeinde nicht an Ämtern und Titeln hänge, wohl aber daran, daß die für sie notwendige Arbeit getan werde . . ."

138 So nach der Übers. in: Reformierte Bekenntnisschriften und Kirchenordnungen, bearb. v. P. Jacobs, Neukirchen 1949, 72. In der Calvin-Studienausgabe, Bd. 2, 1997, 238/239 wird „que nostre Seigneur a institué pour le gouvernement de son Eglise" mit „die unser Herr zur Leitung seiner Kirche geschaffen hat" übersetzt.

139 Vgl. A. Weiser, *diakoneo,* EWNT, Bd. I, 1980, 726–732, bes. 731; J. Rohde, *Presbyteros,* EWNT, Bd. III, 1983, 356–359.

140 Vgl. G. Hammann, Martin Bucer (1491–1551). Zwischen Volkskirche und Bekenntnisgemeinschaft, VIEG 139, Stuttgart 1989, 56 ff.; G. Müller, a. a. O. (Anm. 124), 1993, 145 f.

141 Vgl. dazu im Überblick W. Neuser, Calvin, SG 3005, Berlin 1971, 57 ff.

142 Inst. IV, 3, 9; Genfer Kirchenordnung von 1561, in: Calvin-Studienausgabe, Bd. 2, 256/257. Calvins Begründung dieser doppelten Aufgabe des Diakonats mit Röm. 12,8 ist noch weniger nachvollziehbar als seine Begründung des Ältestenamtes mit dieser Bibelstelle.

Der Diakonat nimmt bei beiden Reformatoren nicht primär liturgische, sondern vielmehr karitative, administrative und soziale Aufgaben wahr.[143] Im Unterschied zu Luther koppelt Calvin den Diakonat aber vom Priestertum aller Gläubigen ab und verstärkt dadurch das Gewicht der Ämter in der Kirche.

Zusammenfassung:

1. Bei Calvin wird das Amt wie bei Luther durch die Notwendigkeit der Wortverkündigung begründet: Gott hat das Wort von der Versöhnung unter uns aufgerichtet (2. Kor. 5,19), aber es läuft nicht von selbst durch die Welt, sondern es ist ein Dienst der Verkündigung nötig, in den Gott Menschen beruft,[144] damit diese in der Bindung an sein Wort an Christi Statt die Versöhnungsbotschaft ausrichten.[145] Wie Luther vertritt Calvin die Priorität und Superiorität des Wortes Gottes vor dem Amt und über das Amt der Kirche. Die Wiedergewinnung des Nachfolgeamtes des Apostolats impliziert auch bei dem Genfer Reformator die Verwerfung des päpstlichen Primats als antichristlich (Inst. IV, 6, bes. 17),[146] der kirchlichen Hierarchie (s. Inst. IV, 5 und 7) und der Bindung von Kirche und Amt an die Amtsträgersukzession.[147] In der Grundausrichtung seines Amtsverständnisses hat sich Calvin an Luther angelehnt. Er sah in ihm den „Apostel und Evangelist seiner Zeit"[148]. Auch das Augsburger Bekenntnis

---

143 Vgl. Weerda, a. a. O. (Anm. 124), 1964, 122 ff. S. a. P. Philippi, Diakonie I, TRE, Bd. 8, 1981, 621–644, bes. 631–633.

144 In Inst. IV, 3, 11 unterscheidet Calvin zwischen innerer und äußerer Berufung. Die Diener der Kirche müssen rechtmäßig berufen sein *(rite vocatus)* (Inst. IV, 3, 10; s. CA XIV). Bei der Ordination als der öffentlichen Amtseinsetzung wird die Handauflegung angewandt (Inst. IV, 3, 16).

145 Ähnlich wie Melanchthon, vielleicht sogar noch stärker, betont Calvin den Gedanken der Christusrepräsentation durch den das Wort auslegenden und die Sakramente darreichenden Prediger (vgl. z. B. CR 27, 688; s. dazu Niesel, a. a. O. (Anm. 126), 1938, 194).

146 „Luthers Antichristvorstellung ... wurde ... zum theologischen Topos aller protestantischen Theologie" (G. Seebaß, Antichrist IV, TRE, Bd. 3, 1978, 28–43, 32).

147 Apostolische Sukzession bei Calvin ist „Sukzession der Unterweisung in dem, was in der Heiligen Schrift offenbart ist" (Nijenhuis, a. a. O. (Anm. 121), 585). Die Einheit der Kirche beruht allein auf dem Gehorsam gegen sein Wort (Calvin, Zu 1. Kor. 1,12 f., CR 77, 316 f.; zitiert in: Johannes Calvin und die Kirche, hg. v. U. Smidt, Stuttgart 1972, 43).

148 O. Weber, a. a. O. (Anm. 124), 1968, 33. An G. Farel schrieb Calvin am 26.2.1540, Luther überrage Zwingli bei weitem (CR 11, 24; Nr. 211).

hat Calvin unterzeichnet; denn in ihm stehe nichts, „was mit unserer Lehre nicht übereinstimmt"[149].

2. Bei diesem Ausmaß an Übereinstimmung redet man ungern von Unterschieden. Aber sie bestehen, und zwar nicht nur in den Zielen, sondern bereits in dem theologischen Ansatz. Der Haupteinwand, der gegen Calvins Ämterlehre zu erheben ist, lautet, daß er wie Zwingli die Grenzlinie zwischen dem von Gott gegebenen Verkündigungsrecht *(ius verbi)* des Amtes und der *executio verbi*, die *Gott* vorbehalten bleibt,[150] überschritten und die Gnadenmittel im Sinn seines Genfer Gemeindeaufbauprogramms instrumentalisiert hat. Es ist erstaunlich, daß einem so sensiblen Intellektuellen wie dem Genfer Reformator verborgen geblieben zu sein scheint, was doch offenkundig ist, nämlich „wie sehr Calvin seine eigenen Ansichten von der Ordnung der Gesellschaft mit dem Willen Gottes identifizierte"[151]. Die Gemeinde in Genf ist nicht weniger durch die Amtsträger[152] – vor allem auch durch Calvin selbst – bevormundet worden als zuvor unter päpstlicher Vorherrschaft.[153]

4. Die anglikanische Position

Reformatorisches Gedankengut begann sich bald nach Luthers Thesenanschlag auch in England auszubreiten.[154] Die jungen Theologen, die sich seit etwa 1520 in einem Cambridger Gasthaus – genannt „Little Germany" –

---

149 CR 44, 263; zitiert nach Nijenhuis, a. a. O. (Anm. 121), 577. S. a. Weber, a. a. O. (Anm. 124), 27.

150 S. o. Anm. 120.

151 Nijenhuis, a. a. O. (Anm. 121), 573.

152 Calvins „Kirche ist ‚Amtskirche'" (Weber, a. a. O. (Anm. 124), 31). Der Gedanke des Priestertums aller Gläubigen spielt in seinem Denken keine bedeutende Rolle. Die „presbyteriale" Verfassung gewährleistet allerdings die Beteiligung von „Laien" an der Kirchenleitung, freilich in der Bindung an das Hirtenamt.

153 Vgl. W. Köhler, Zürcher Ehegericht und Genfer Konsistorium, Bd. II, Leipzig 1942, 540 ff., bes. 603, wo Calvin als „Papst" von Genf bezeichnet wird. Für die Zeit nach 1555 hält Weber fest (a. a. O. (Anm. 124), 50): „Im großen und ganzen regierte Calvin die Stadt am Genfer See."

154 Vgl. A. G. Dickens / D. Carr (Ed.), The Reformation in England to the Accession of Elizabeth I. Documents of Modern History, London 1971. Aus der Fülle der Lit. seien hervorgehoben: G. Rupp, Studies in the Making of the English Protestant Tradition Mainly in the Reign of Henry VIII, 1947, Cambridge 1966; A. G. Dickens, The English Reformation, London 1964; G. R. Elton, Reform and Reformation. England

versammelten, um Luthers Schriften zu lesen und zu diskutieren, waren die späteren Träger der englischen Reformation, unter ihnen William Tyndale, Robert Barnes, Thomas Cranmer.[155] Die englische Reformation im engeren Sinn umfaßt mehrere Jahrzehnte, vor allem die Zeit von 1531 bis 1571. Zu ihren Strukturelementen zählen (1.) die Loslösung der englischen Kirche von Rom, (2.) die Übersetzung der Bibel ins Englische und die Ausrichtung von Gottesdienst und Frömmigkeit auf die Bibel und (3.) das Kirchen- und Amtsverständnis. Durch die Suprematsakte wurden dem König alle Vollmachten übertragen, die bis dahin dem Papst zustanden.[156] Mag am Beginn der kirchlichen Umgestaltung das machtpolitische Kalkül Heinrichs VIII. gestanden haben, die Bibel setzte auch in England Kräfte frei, die zur Erneuerung der Frömmigkeit und der Kirche führten.[157] Das Amtsverständnis ist dadurch gekennzeichnet, daß in der anglikanischen Kirche die überkommene dreigliedrige Ämterstruktur und die reformatorische Neuausrichtung eine Symbiose eingingen.

Die Beziehungen des englischen Hofes zur Wittenberger Reformation begannen mit einem Mißklang: Heinrich VIII. fühlte sich zur Verteidigung des Überkommenen berufen und trat nach dem Erscheinen von *De captivitate Babylonica ecclesiae praeludium* (1520) in eine Kontroverse

---

1508–1558, London 1977; ders. (Hg.), The Reformation (1520–1559), Cambridge 1990; P. Collinson, England IV, TRE, Bd. 9, 1982, 636–642 (Lit.); D. MacCulloch, Die zweite Phase der englischen Reformation (1547–1603) und die Geburt der anglikanischen Via Media, KLK 58, Münster/Westf. 1998; K.-H. zur Mühlen, Reformation und Gegenreformation, Teil II, KIVR 4023, Göttingen 1999, 70 ff.; E. Koch, Das konfessionelle Zeitalter – Katholizismus, Luthertum, Calvinismus (1563–1675), KGE II/8, Leipzig 2000, 35 f. (Lit.), 158–184 (zur zweiten Phase der engl. Reformation). Nachschlagewerk (nicht nur für die engl. Reformation): The Oxford Encyclopedia of the Reformation, hg. v. H. J. Hillerbrand, 4 Bde., Oxford 1996.

155 Vgl. N. S. Tjernagel, Henry VIII and the Lutherans, St. Louis, Mo. 1965, 37 ff.

156 Act of Supremacy, 1534, in: Dickens / Carr (Ed.), a. a. O. (Anm. 154), 47–68. Vgl. H.-U. Delius, Königlicher Supremat oder evangelische Reformation der Kirche. Heinrich VIII. von England und die Wittenberger 1531–1540, WZ(G).GS 4/5 (1971), 283–291.

157 Die Übers. begann Tyndale 1523; 1524 war er in Wittenberg; 1525 folgte der Druck des NT in Köln und Worms (vgl. G. Gaßmann, Die Lehrentwicklung im Anglikanismus. Von Heinrich VIII. bis zu William Temple, in: C. Andresen (Hg.), Handbuch der Dogmen- und Theologiegeschichte, Bd. 2, Göttingen 1980, 353–409, 356 f.). Dickens, a. a. O. (Anm. 154), 1964, 192, schreibt das Zustandekommen dieser Übers. den engl. Lutheranern zu. Zu Tyndale s. Kaufmann, a. a. O. (Anm. 109), 76 f.

mit Luther ein.[158] Es kam wieder zu Annäherungsversuchen in den dreißiger Jahren, aber niemals zu einer Verständigung: Luther mochte dem König nicht zugestehen, was er dem Papst verweigert hatte.[159] Unter diplomatischem Gesichtspunkt ist daher auch die Konkordie aus dem Jahr 1536, die *Wittenberger Artikel*[160], gescheitert. Theologisch stellen diese Artikel dagegen ein Bindeglied zwischen England und dem Kontinent dar, gehören sie doch in die Ahnenreihe der *39 Articles of Religion* von 1571[161], die am Ende der ersten Konsolidierungsphase der englischen Reformation stehen und – in Verbindung mit dem *Book of Common Prayer* und dem *Ordinal* – als das wichtigste Lehrdokument der anglikanischen Kirche angesehen werden.

Die *Wittenberger Artikel* sind der Versuch der Anwendung der in dem Augsburger Bekenntnis fixierten reformatorischen Lehre auf die englischen Verhältnisse. Die englischen Gesprächspartner konzentrierten sich auf Probleme wie die Priesterehe, das Abendmahl in beiderlei Gestalt, die Privatmesse und die Mönchsgelübde, die für die Wittenberger Reformation keine aktuelle Brisanz mehr besaßen. Das Kirchen- und Amtsverständnis ist in diesen Themen implizit angesprochen; explizit wird es in den Artikeln über das Kirchenregiment und die Kirchenordnung behandelt. Mit Bezug auf CA VIII und XIV wird festgehalten, daß niemand in der Christenheit öffentlich lehren und die Sakramente darreichen soll, er sei denn ordentlich dazu berufen von denen, die das Vokationsrecht innehaben.[162] Ferner wird die antidonatistische Komponente der Amtsauffassung von beiden Seiten herausgestellt.[163] Auch CA VII und XV werden ratifiziert: Kirchengebräuche haben keine soteriologische Relevanz;

---

158 Heinrich VIII., Assertio septem sacramentorum adversus Martinum Lutherum, hg. v. P. Fraenkel, CCath 43, Münster/Westf. 1992. Vgl. J. Atkinson, Luthers Beziehungen zu England, in: H. Junghans (Hg.), a. a. O. (Anm. 4), Bd. I, 677–687, bes. 678 f.

159 So hat Atkinson, a. a. O., 686, die Beziehungen zwischen beiden auf einen Nenner gebracht.

160 G. Mentz (Hg.), Die Wittenberger Artikel von 1536. Lateinisch und deutsch, 1905, Nachdr. Darmstadt 1968. Neben der Einleitung von Mentz (a. a. O., 1–17) vgl. M. Keller-Hüschemenger, Eine lutherisch-anglikanische Konkordie: Die Wittenberger Artikel von 1536, KuD 22 (1976), 149–161.

161 Vgl. M. Keller-Hüschemenger, Die Lehre der Kirche im frühreformatorischen Anglikanismus, Gütersloh 1972, 20 ff.

162 Art. IX, in: Mentz (Hg.), a. a. O. (Anm. 160), 55, 20–24. Mod.

163 A. a. O., 55, 25–32.

sie müssen deshalb auch nicht überall gleich sein.[164] Für die rechte geistliche Einigkeit der Kirche genügt es, daß man in der Lehre des Evangeliums und im rechten Gebrauch der Sakramente einig ist und in der Liebe zueinander lebt.[165] In diesen Artikeln spiegelt sich Melanchthons Kirchenverständnis wider. Es muß die Frage offenbleiben, ob den englischen Theologen die Tragweite dieser Aussagen bewußt war, schließen sie doch ein, daß die Kirche weder an dem Amt noch an den Amtsträgern, sondern am Evangelium und an den stiftungsgemäß dargereichten Sakramenten erkannt wird.[166] Die Wittenberger Artikel setzen das Amt im Sinn von CA V voraus, lassen aber offen, welche Konsequenzen sich daraus für die Ordnung des Amtes in England ergeben.

In den *39 Articles of Religion*[167] kommt die in den Wittenberger Artikeln auf der Basis des Augsburger Bekenntnisses festgestellte Übereinstimmung im Amtsverständnis durchaus zum Ausdruck,[168] aber es wird auch die bereits 1536 bestehende Mehrdeutigkeit nicht beseitigt. Vom Amt der Kirche handeln die Artikel 23, 26, 32 und 36. Die Art. 23 und 26 nehmen ohne Einschränkung auf, was unter IX. in den Wittenberger Artikeln auf der Grundlage von CA VIII und XIV als Konsens niedergeschrieben wurde.[169] Art. 32 erlaubt ausdrücklich die Ehe der kirchlichen Amtsträger. Art. 36 *(Of Consecrating of Ministers)* bezieht sich auf das unter Edward VI. 1550 eingeführte *Ordinal* (Ordinationsformular).[170]

Programmatisch heißt es im Vorwort zum *Ordinal:* „Es ist für alle evident, welche die Heilige Schrift und die Kirchenväter *(ancient Authors)* sorgfältig lesen, daß es seit der Zeit der Apostel diese Stufen von Amts-

---

164 Art. X, a. a. O., 56 f.

165 A. a. O., 57, 11–15. Mod.

166 Diese Implikation mag z. B. R. Barnes bewußt gewesen sein (vgl. R. G. Eaves, The Reformation Thought of Dr. Robert Barnes, Lutheran Chaplain and Ambassador for Henry VIII, LuthQ 28 (1976), 156–165), aber ihre Explikation in einem anderen kirchlichen Kontext ist damit natürlich noch nicht gewährleistet.

167 Der engl. Text ist in jedem *Book of Common Prayer* abgedruckt; ebenso das *Ordinal,* dieses allerdings oft in nachreformatorischer Fassung. Vgl. E. Bicknell, A Theological Introduction to the 39 Articles of the Church of England, 1919, London ³1955.

168 Zu den Stationen des Rezeptionsprozesses über die „13 Artikel" und die „42 Artikel" zu den „39 Artikeln" vgl. Tjernagel, a. a. O. (Anm. 155), 184 ff.

169 S. o. Anm. 162. Neben den Anklängen an die CA finden sich in den *39 Articles* auch Anklänge an die *Confessio Wirtembergica* (1551).

170 Vgl. P. F. Bradshaw, The Anglican Ordinal. Its History and Development from the Reformation to the Present Day, London 1971.

trägern *(Orders of Ministers)* in der Kirche Christi gegeben hat: Bischöfe, Priester und Diakone."[171] Diese Evidenz wird unterstellt; je sorgfältiger man die Schrift liest, desto weniger evident ist es, daß diese drei Ämter – und nur sie – in dieser Reihenfolge auf göttlicher Anordnung beruhen. Diese dreigliedrige Ämterstruktur wurde vielmehr aus dem 3. Jahrhundert übernommen und unbesehen auf das Neue Testament zurückprojiziert. Auf göttlicher Anordnung beruht überhaupt keine bestimmte Ämterstruktur, sondern allein der Auftrag des auferstandenen Christus (Mt. 28,19 f.). Aus diesem Mandat Jesu Christi ist zwar folgerichtig auf das Amt der Verkündigung und Sakramentsverwaltung zu schließen, aber keineswegs auf den in der Alten Kirche sanktionierten *ordo*. Das Problem, das die Wittenberger Reformation aufgeworfen hat, besteht nicht darin, ob das dreigliedrige Amt um des Kircheseins der Kirche willen erhalten bleiben oder wiederhergestellt werden muß, weil es auf göttlicher Anordnung beruht, was die Bibel gerade *nicht* sagt, sondern ob es dem Mandat Jesu Christi so optimal wie möglich gerecht wird. Dieses Problem kann in der Tat nicht offengehalten, es muß theologisch beantwortet, kirchlich gelöst und das heißt auch: Der Verkündigungsauftrag muß institutionell umgesetzt werden. Es ist gewiß auch die Anknüpfung an geschichtlich bewährte Formen sinnvoll. Aber diese entbindet nicht von der Frage, wie das wiederentdeckte Evangelium adäquat ausgerichtet werden kann. Der autoritative Rückgriff auf traditionelle Formen bietet nur eine Scheinlösung; denn er ignoriert, daß gerade die traditionelle Amtsstruktur das Evangelium zum Verstummen gebracht und außerdem zu einem erschreckenden Mißbrauch der Sakramente sowie der Amtsvollmacht geführt hat.

So gewiß die *39 Articles* die dreigliedrige Ämterstruktur voraussetzen, so gewiß sind reformatorische Anregungen bei der inhaltlichen Bestimmung der Ämter aufgenommen worden. Beherrschend für alle drei Ämter ist der Verkündigungsauftrag.[172] Gerade deshalb aber mutet die Dreigliedrigkeit des Amtes anachronistisch an. Sie steht in Spannung zu Art. 19 *(Of the Church),* der sich fast wörtlich an CA VII anlehnt und das Amt als solches nicht zu den Kennzeichen der Kirche zählt, sondern

---

171 The Form and Manners of Making, Ordaining, and Consecrating of Bishops, Priests, and Deacons, according to the Order of the Church of England. Übers. aus dem Vorwort (in: The Book of Common Prayer, Oxford o. J., 291).

172 So bereits in dem „Bischofsbuch" von 1537; vgl. G. Gaßmann, a. a. O. (Anm. 157), 367.

vielmehr die Versammlung von Gläubigen *(congregation of faithful men),* die Verkündigung des reinen Wortes Gottes *(the pure Word of God is preached)* und die einsetzungsgemäße Verwaltung der Sakramente. Dieser Ekklesiologie entspricht zweifellos die in CA V vertretene Singularität des Amtes. Mit ihr ist eine hierarchische Stufung des Amtes *de jure divino* unvereinbar. Ein Autoritätsgefälle innerhalb des Amtes kann nur auf menschlicher Ordnung beruhen und muß durch Zweckmäßigkeitserwägungen begründet werden.

Der *Diakonat* ist nach anglikanischem Verständnis wie in der byzantinischen und römischen Kirche eine Vorstufe zum Priesteramt und nimmt liturgische Hilfsfunktionen, die katechetische Unterweisung und erst danach sozialdiakonische Aufgaben wahr.[173] Aus den – wohl von Martin Bucer übernommenen[174] – Ordinationsfragen geht hervor, daß *über* dem Amt die kanonischen Schriften des Alten und Neuen Testaments stehen.[175] Das *Priesteramt* bildet die nächsthöhere Stufe.[176] Es wird mit Bibelstellen begründet, nämlich Apg. 20,28, 1. Tim. 3,1–7 und Joh. 20,21–23, in denen von einem Priesteramt nicht geredet wird, sondern vielmehr von dem Hirten- und Verkündigungsamt. Nicht die Opferdarbringung, sondern der Dienst am Wort und den Sakramenten sowie die Ausübung der Kirchenzucht ist denn auch die Aufgabe des „Priesters"[177]. „Priester" meint also „Pastor" oder auch „Presbyter".[178] Fragwürdig ist jedoch nicht nur die irreführende Bezeichnung für den richtigen Dienst, sondern auch, daß der reformatorische Gedanke des Priestertums aller Gläubigen in England nicht rezipiert worden ist. Damit soll nicht behauptet werden, er sei überhaupt nicht praktiziert worden. Aber wo die Negation der Zweiständelehre nicht klar ausgesprochen ist, dort droht mit der Anknüpfung an die traditionelle Ämterstruktur die Gefahr der Reklerikalisierung des Amtes und der Kirche. Schließlich, an der Spitze der Pyramide, aber innerhalb

---

173 Dem *Deacon* der Kirche von England entspricht in der EKD nicht der Diakon, sondern weit eher der Vikar.

174 Zu Bucers Aufenthalt und Aktivität in England s. Greschat, a. a. O. (Anm. 124), 233 ff. Vgl. ferner H. Fagerberg, Amt / Ämter / Amtsverständnis VII, TRE, Bd. 2, 1978, 574–593, 576.

175 Vgl. E. Brightman, The English Rite, Vol. II, London 1915, 950.

176 Vgl. Brightman, a. a. O., 978.

177 Vgl. Brightman, a. a. O., 948.

178 Vgl. N. Sykes, Old Priest and New Presbyter, Cambridge ²1957, 43.

eines einzigen Amts*ordo*,[179] steht das *Bischofsamt*. Es nimmt die pastorale Oberaufsicht und das Wächteramt über die Lehre wahr und hat die Jurisdiktions- und Ordinationsvollmacht inne.[180] Darin kommt die Kontinuität mit der Kirche des Mittelalters und der Spätantike zum Ausdruck. Von kirchenrechtlicher Relevanz ist, daß an die Stelle der Abhängigkeit von dem Papsttum die enge Bindung an das englische Königshaus trat; denn die königliche Suprematie schloß auch die Ernennung von Bischöfen ein.

Die englische Reformation geht nicht nur auf eine Verordnung des Staates zurück.[181] Sie ist auch und vor allem ein geistliches Geschehen. Das läßt sich schon aus dem Stellenwert erschließen, den die Bibel in der englischen Reformation einnimmt.[182] Aber die Reformation wurde in England weniger konsequent durchgeführt als in Deutschland, der Schweiz oder in Skandinavien.

Das anglikanische Amtsverständnis setzt sich aus nachapostolisch-mittelalterlichen und reformatorischen Elementen zusammen, die mehr oder weniger unausgeglichen nebeneinander stehen. Das Verkündigungsamt kommt auch auf der Insel neu zur Geltung. Aber die Amtsträger treten nach anglikanischer Auffassung nicht durch die exklusive Bindung ihrer Lehre und Verkündigung an die Heilige Schrift in die apostolische Sukzession ein. Vielmehr bleibt die apostolische Sukzession an den Episkopat gebunden, der seinerseits die Verbindung an die römische Hierarchie aufgegeben hat. Dafür gibt es pragmatische Gründe, aber die theologische Begründung ist kurzschlüssig. Denn die Apostolizität der Kirche kann allein durch die exklusive Bindung an die Heilige Schrift im kritischen Gegenüber zur kirchlichen Tradition gewahrt oder wiederhergestellt werden. Die apostolische Sukzession besteht nach reformato-

---

179 Vgl. Bradshaw, a. a. O. (Anm. 170), 11 ff.; Gaßmann, a. a. O. (Anm. 157), 367. Das gilt für die erste Generation der engl. Reformatoren, z. B. für Th. Cranmer, den bedeutendsten von ihnen (s. G. R. Elton, Cranmer, Thomas (1489–1556), TRE, Bd. 8, 1981, 226–229). Später, z. B. von L. Andrews (1555–1626), wird wieder der Unterschied zwischen Bischof und Priester betont, und zwar bestehe er *jure divino* (vgl. Sykes, a. a. O., 67).

180 Vgl. G. Gaßmann, Das historische Bischofsamt und die Einheit der Kirche in der neueren anglikanischen Theologie, FSÖTh 15, Göttingen 1964, 35.

181 So – provozierend einseitig – M. Powicke, The Reformation in England, London ²1973, 1.

182 Vgl. dazu St. Neill, Anglikanische (Kirchen-)Gemeinschaft, TRE, Bd. 2, 1978, 713–723, bes. 719.

rischem Verständnis nicht in der Amtsträgersukzession, sondern vielmehr in der Lehrsukzession. Jene ist an diese gebunden und nicht umgekehrt, bliebe doch sonst Gottes Wort von dem Klerus abhängig; „aber Gottes Wort ist nicht gebunden" (2. Tim. 2,9). Der puritanisch-presbyterianischen Bewegung ist die theologische Inkonsequenz der anglikanischen Amtsauffassung nicht entgangen, vor allem aber mochte sie sich mit den Privilegien der Bischöfe nicht abfinden und forderte die Gleichstellung der Amtsträger.[183] Nun führen Gleichheitspostulate noch nicht die Reformation der Kirche herbei. Sie ziehen oft nur die Moralisierung des Christlichen nach sich. Doch was auch immer gegen die puritanisch-presbyterianische Bewegung einzuwenden ist, die Konflikte, die im 17. Jahrhundert in England ausbrachen, beruhen *auch* auf der falschen Weichenstellung im anglikanischen Amtsverständnis.

5. Die Rezeptionsverweigerung auf dem Konzil von Trient

Im Dezember 1545, fünfundzwanzig Jahre nach Luthers Appellation an ein allgemeines Konzil, wurde das Konzil von Trient eröffnet.[184] Es erfüllte nicht die Hoffnung auf ein ökumenisches Konzil, sondern es „wurde eine Art von päpstlicher Haussynode, auf der das Papsttum die unbedingt sichere Führung hatte"[185].

---

183 Vgl. im Überblick Koch, a. a. O. (Anm. 154), 2000, 163 f., der Thomas Cartwright (1535–1603) als Beispiel anführt.

184 Quellen: Concilium Tridentinum. Diariorum, actorum, epistolarum, tractatuum nova collectio, ed. Societas Goerresiana, Freiburg/Br. ²1963 ff.; Acta reformationis catholicae ecclesiam Germaniae concernentia saeculi XVI, ed. G. Pfeilschifter, 6 Bde., Regensburg 1959–1974; DH 1500–1870. Aus der Fülle der Lit. seien genannt: H. Jedin, Geschichte des Konzils von Trient, 4 Bde., Freiburg/Br. 1949–1975; K. D. Schmidt, Die katholische Reform und die Gegenreformation, KIG 3, L1, Göttingen 1975; R. Bäumer (Hg.), Concilium Tridentinum, WdF 313, Darmstadt 1979; W. Dantine, Das Dogma im tridentinischen Katholizismus, in: C. Andresen (Hg.), a. a. O. (Anm. 157), 1980, 411–498; H. Kirchner, Reformationsgeschichte von 1532–1555/ 1566, KGE II/6, Berlin 1987, 20, 149 ff.; G. Maron, Katholische Reform und Gegenreformation, TRE, Bd. 18, 1989, 45–72 (Lit.); W. Reinhard / H. Schilling (Hg.), Die katholische Konfessionalisierung, SVRG 198, Gütersloh 1995; zur Mühlen, a. a. O. (Anm. 154), II, 1999, 111 ff.

185 G. Ritter, Die Neugestaltung Europas im 16. Jahrhundert, Berlin 1950, 210.

Im Gegensatz zu anderen Kirchen und kirchlichen Gemeinschaften in der Christenheit[186] hat die römische Kirche auf dem Konzil von Trient die reformatorische Theologie sowie die aus ihr hervorgegangenen kirchlichen Reformen offiziell zurückgewiesen, die Rezeption strikt verweigert und ganz bewußt die dogmatische Gegenposition eingenommen. Daher darf nicht nur, sondern es *muß* von Gegenreformation geredet werden.[187] Zu ihr parallel lief eine Reformbewegung, die von der iberischen Halbinsel ausgegangen war.[188] Infolgedessen ist der in Trient sich formierende Katholizismus gleichzeitig reaktionär und progressiv.

Erstmals während der zweiten Sitzungsperiode (1551/52), vor allem aber auf der dritten Sitzungsperiode des Konzils (1561–1563), während der es zu einer schweren Krise kam,[189] wurde das Amtsverständnis ausführlich behandelt.[190] Zur Diskussion stand die von Luther *(De captivitate Babylonica ecclesiae praeludium,* 1520), Melanchthon (CA; ApolCA) und den reformierten Theologen, vor allem Calvin (Inst. IV, 3), vertretene Amtsauffassung, die, so unterschiedlich sie im einzelnen sein mochte, doch darin übereinstimmte, daß sie die Sakramentalität des Amtspriestertums und der Priesterweihe sowie die Legitimität der sich auf göttliches Recht gründenden kirchlichen Hierarchie verneinte. Bereits in der zweiten Sitzungsperiode, am 29. Dezember 1551, kamen die vierzig Theologen, die während der Aussprache das Wort ergriffen hatten, zu dem Ergebnis, daß diese Amtsauffassung häretisch sei und verurteilt werden

---

186 Im Unterschied zu Rom hat sich z. B. Konstantinopel aufgeschlossener gezeigt; vgl. D. Wendebourg, Reformation und Orthodoxie. Der ökumenische Briefwechsel zwischen der Leitung der Württembergischen Kirche und Patriarch Jeremias II. von Konstantinopel in den Jahren 1573–1581, FKDG 37, Göttingen 1986.

187 Mit K. D. Schmidt, Katholische Reform oder Gegenreformation, in: ders., Gesammelte Aufsätze, hg. v. M. Jacobs, Göttingen 1967, 77–86, 83.

188 Sie ist ganz anderer Art und Herkunft; das erhellt schlagartig aus dem folgenden Zitat: „. . . was für Luther die Bibel war, das ward für Loyola schon in Manresa die ‚Nachfolge Christi‘" (sc. des Thomas von Kempen) (H. Boehmer, Ignatius von Loyola, hg. v. H. Leube, Stuttgart 1941, 40).

189 Vgl. H. Jedin, Krisis und Abschluß des Trienter Konzils 1562/63, Freiburg/Br. 1964; s. a. R. Kolb, The German Lutheran Reaction to the Third Period of the Council of Trent, LuJ 51 (1984), 63–95.

190 Vgl. Ott, a. a. O. (Anm. 80), 112–127; G. Fahrnberger, Bischofsamt und Priestertum in den Diskussionen des Konzils von Trient, Wien 1970; ders., Amt und Eucharistie auf dem Konzil von Trient, in: Amt und Eucharistie, KKSMI 10, Paderborn 1973, 174–207; ders., Episkopat und Presbyterat in den Diskussionen des Konzils von Trient, Cath(M) 30 (1976), 119–152.

müsse.[191] Damit war die Vorentscheidung gefallen, und die Ausarbeitung und Darlegung der Gegenposition konnte beginnen. Sie kam während der zweiten Sitzungsperiode nicht mehr zum Abschluß und wurde auf der dritten Sitzungsperiode unter Papst Pius IV.[192] wiederaufgenommen. Sie ist enthalten in der Lehre über das Meßopfer und vor allem in der Lehre über das Weihesakrament *(sacramentum ordinis),* die in vier Kapiteln entfaltet und in acht Kanones zusammengefaßt wurde.[193]

Das erste Kapitel des Dekrets über das Weihesakrament beginnt mit der These: „Opfer und Priestertum sind nach Gottes Anordnung *(Dei ordinatione)* so verbunden, daß es in jedem Bunde beides gibt." (DH 1764; Übers.) Die Lehre vom *ordo* wird nicht zur Diskussion gestellt, sondern vorausgesetzt, und zwar in ihrer scholastischen Ausprägung durch die franziskanische Theologie, vor allem durch Duns Scotus[194]. Danach gründet der *ordo* in der Wesensverfassung der Kirche als des größten der Werke Gottes und tut sich hauptsächlich in den Sakramenten kund. Durch die Sakramente gibt Christus an sich Anteil und stellt den zerbrochenen *ordo* wieder her. Das geschieht grundlegend durch die Taufe; sodann durch das *sacramentum ordinis,* aus dem der Priesterstand *(ordo sacer- dotum)* hervorgeht, der das Sakrament des Leibes und Blutes Jesu Christi „bewirkt"[195] und dadurch die irdische Kirche mit der himmlischen Kirche verbindet. Opfer *(sacrificium)* und Priestertum *(sacerdotium)* inter-

---

191 Concilium Tridentinum, ed. Soc. Goerresiana, a. a. O. (Anm. 184), Bd. VII/1, 438, 6 ff.

192 Vgl. L. v. Ranke, Die römischen Päpste in den letzten vier Jahrhunderten, Bd. 1, Hamburg o. J., 180 ff.; K. Ganzer, Pius IV., Papst 1559–1565, TRE, Bd. 26, 1996, 652–655.

193 23. Sitzung, 15.7.1563, DH 1763–1778. Aus luth. Sicht s. bes. M. Chemnitz, Examen Concilii Tridentini, 1565–73, ed. E. Preuß, Berlin 1861, 478 ff.; vgl. E. Koch, Die deutschen Protestanten und das Konzil von Trient, in: W. Reinhard / H. Schilling (Hg.), a. a. O. (Anm. 184), 1995, 88–103, bes. 96 und 102 f.

194 Duns Scotus, Ordinatio IV d. 24 q. un. a. 1. Die *Ordinatio* ist das „Hauptwerk" des schottischen Theologen (W. Dettloff, Duns Scotus / Scotismus I. Duns Scotus (ca. 1265/66–1308), TRE, Bd. 9, 1982, 218–231, 218). S. a. Ott, a. a. O. (Anm. 80), 75 ff.; Dantine, a. a. O. (Anm. 184), 491. Außer auf Duns Scotus ist bes. auf Bonaventura (ca. 1217–1274) hinzuweisen; vgl. J. A. W. Hellmann, Ordo. Untersuchung eines Grund- gedankens in der Theologie Bonaventuras, München 1974, bes. 126 ff. Der Begriff *ordo* geht wahrscheinlich auf Tertullian (ca. 160–220) zurück; zur Terminologie s. P. Fransen, Ordo, Ordination, LThK, Bd. 7, ²1962, 1212–1220, 1212 f.; zum heutigen Verständnis s. G. L. Müller, Katholische Dogmatik, Freiburg/Br. ²1996, 741–756.

195 Hellmann, a. a. O., 140.

pretieren sich gegenseitig: Das Priesteramt besteht im Dienst am Opfer der Eucharistie; dieses wäre kein Opfer, wenn es nicht von dem Priestertum dargebracht würde, das wie die Eucharistie selbst auf Gottes Anordnung beruht. Dieser in der Hochscholastik entfaltete, geschlossene, faszinierende Gedankengang liegt dem Beschluß des Trienter Konzils über das Sakrament der Weihe zugrunde. Doch gerade die Geschlossenheit dieses dogmatischen Ansatzes birgt die Gefahr in sich, daß das, was sich nicht in diesen Ansatz einfügt, von vornherein abgewiesen wird. Und das ist der reformatorischen Sakraments- und Amtsauffassung in Trient widerfahren!

Um die Schriftgemäßheit des ersten Kapitels ist es indessen schlecht bestellt. DH 1764 behauptet, der Herr habe ein sichtbares und äußeres Priestertum eingesetzt *(visibile et externum sacerdotium ... institutum)*. Aber das bezeugt das Neue Testament an keiner einzigen Stelle. Es wird Hebr. 7,12 angeführt; aber dieser Beleg sagt das keineswegs aus, sondern vielmehr, daß das Priestertum in dem Hohenpriester Christus erfüllt und ein für allemal abgetan ist. Daß die Lehre über das Weihesakrament nicht schriftgemäß ist, stellt offensichtlich eine Folge der Schriftwidrigkeit der Dekrete über die Kommunion und das Meßopfer dar. Die Lehre von der Messe darf deshalb in diesem Zusammenhang nicht unberücksichtigt bleiben. Sie kann freilich nur behandelt werden, soweit sie das Amtsverständnis bestimmt.

In *De captivitate Babylonica ecclesiae* hatte Luther 1520 eine dreifache Gefangenschaft des Altarsakraments festgestellt. Sie bestehe erstens im Kelchentzug; das Abendmahl müsse unter beiden Gestalten dargereicht werden (WA 6, 507, 6 ff.). Zweitens sei die Transsubstantiationslehre zur Interpretation der Realpräsenz Christi im Abendmahl völlig ungeeignet (WA 6, 510, 9 f.). Drittens – und das ist der entscheidende Kontroverspunkt – verkehre der Opfercharakter der Messe diese in ihr Gegenteil (WA 6, 512, 11 ff.). Luthers Abendmahlslehre wurde von dem Konzil abgewiesen, ohne daß sie auf ihre Schriftgemäßheit hin geprüft und theologisch angemessen gewürdigt worden wäre. Die Probleme der Zeremonien beim Meßopfer (DH 1746) oder der Verwendung der Landessprache in der Messe (DH 1749) hätte man pragmatisch lösen können, wenn man von gemeinsamen Voraussetzungen ausgegangen wäre. Diese waren aber offenbar nicht gegeben! Das zeigt sich darin, daß das Konzil der Kirche die Vollmacht *(potestas)* einräumte, das Altarsakrament entgegen der Stiftung durch Christus zu verwalten (DH 1728). Daraus geht doch hervor, daß die Frage der Einsetzungs- und Schriftgemäßheit des Abendmahls auf derselben Ebene wie die Zeremonien, die zu den Adiaphora gehören, behandelt wurde; daß also die Kirche und nicht die Heilige Schrift letztinstanzlich über den Sinn und Zweck des Altarsakraments zu entscheiden beanspruchte. Damit war das Kardinalproblem, nämlich der Opfercharakter der Messe, bereits zugunsten der überkommenen Sakramentenlehre und kirchlichen Praxis vorentschieden.

Die Lehre und Kanones über das *Meßopfer*[196] wollen in der Tat nichts als „die alte, unbedingte und in jedem Teil vollkommene *(perfecta)* Glaubenslehre . . . beibehalten" (DH 1738). Die Hauptargumente des Meßopferdekrets sind: (1.) Das levitische Priestertum ist nicht zur Vollendung gekommen; es ist deshalb von Gott durch einen anderen Priester, Christus, vollendet worden (DH 1739).[197] (2.) Christus hat sich ein für allemal am Kreuz geopfert, um eine ewige Erlösung zu erwirken (DH 1740). (2.1.) Weil aber sein Priestertum durch den Tod nicht ausgelöscht werden sollte, hat Christus in der Nacht, da er verraten wurde (1. Kor. 11,23), der Kirche ein Opfer hinterlassen *(relinqueret sacrificium)*, durch das jenes am Kreuz einmal dargebrachte Opfer vergegenwärtigt wird, und zwar zum Gedächtnis sowie zur Zuwendung seiner heilbringenden Kraft mittels der Vergebung der Sünden (ebd.). (2.2.) Zur Darbringung dieses Opfers hat Christus, der ewige Priester, die Apostel als die Priester des neuen Bundes sowie ihre Nachfolger ins Priesteramt eingesetzt (ebd.). (2.3.) Jenes reine Opfer kann durch keine Unwürdigkeit oder Schlechtigkeit derer, die es darbringen, verunreinigt werden (DH 1742). (3.) Weil in dem Opfer, das in der Messe vollzogen wird, derselbe Christus enthalten ist und unblutig geopfert wird *(idem ille Christus continetur et incruente immolatur)*, der sich am Kreuz ein für allemal selbst blutig opferte, ist dieses Meßopfer wahrhaft ein Sühneopfer *(propriatorium)* (DH 1743).

---

196 22. Sitzung, 17.9.1562, DH 1738–1759; s. a. Concilium Tridentinum, ed. Soc. Goerresiana, a. a. O. (Anm. 184), Bd. VIII, bes. 959 ff. Vgl. E. Iserloh, Das tridentinische Meßopferdekret in seinen Beziehungen zu der Kontroverstheologie der Zeit, 1963, in: R. Bäumer (Hg.), a. a. O. (Anm. 184), 1979, 341–381; ders., Abendmahl III/3, TRE, Bd. 1, 1977, 122–131; Dantine, a. a. O. (Anm. 184), 1980, 483–491; J. Finkenzeller, Die Lehre von den Sakramenten im allgemeinen. Von der Reformation bis zur Gegenwart, HDG IV, 1b, Freiburg/Br. 1981, 50 ff.; A. Ganoczy, Einführung in die katholische Sakramentenlehre, Darmstadt ³1991.

197 Wie in der Lehre über das Weihesakrament wird auch hier mit dem Hebr. argumentiert. Daß er Paulus zugeschrieben wird, ist inhaltlich ohne Bedeutung.

(3.1.) Der sich am Kreuz opferte, opfert sich jetzt *(nunc)* durch den Dienst der Priester *(sacerdotum ministerio);* allein die Weise des Opfers ist verschieden (ebd.). (3.2.) Da Heiliges heilig zu verwalten ist, und dieses Opfer ist das allerheiligste *(sanctissimum),* sollte der Kanon der Messe, vor vielen Jahrhunderten eingeführt und von Irrtümern gereinigt, nicht geändert werden (DH 1745).

Die Argumentation des Lehrdekrets über das Meßopfer ist durchaus stringent. Sie läßt sich von dem Grundanliegen leiten, daß das am Kreuz dargebrachte Opfer Jesu Christi der Kirche in seiner Heilsbedeutung und Wirksamkeit erhalten bleibt. Die Antwort auf die Frage, wie das durch die Zeit hin gewährleistet werden kann, hat die Kirche in der Messe gefunden. Ihre Genese ist längst abgeschlossen.[198] Als das höchste Gut der Kirche darf sie nicht angetastet werden. Diese Position der Konzilsteilnehmer erklärt sich aus der Treue zur Tradition.

Wenn Luther nicht das Evangelium wiederentdeckt hätte, wäre das Tridentinum vielleicht sogar ein durchschlagender Erfolg gewesen. Aber das Evangelium war wieder auf den Plan getreten! Lehre und Verkündigung des Evangeliums konnten durch die Schrift überprüft werden. Das ist entweder nicht wirklich geschehen, oder die Teilnehmer des Konzils waren ihrer Aufgabe nicht gewachsen. Wie auch immer, auf dem Konzil von Trient ist aufgrund der Bindung an die theologische und kirchliche Tradition das Evangelium abgewiesen worden. Ist es doch nicht nur nicht schriftgemäß, sondern abwegig, daß Christus die Apostel zu Opferpriestern eingesetzt hätte. Wer die biblische Abendmahlsüberlieferung unvoreingenommen liest, wird nicht ohne fremde Hilfe erkennen können, daß das tridentinische Meßopferdekret mit ihr etwas zu tun hat. Die in Trient fixierte Lehre von der Messe steht am Ende eines langen Prozesses der theologischen und kirchlichen Verselbständigung gegenüber der biblischen Überlieferung. Statt zu einer kritischen Überprüfung der kirchlichen Traditionsbildung durch das wieder ans Licht gekommene Evangelium ist es zur Abschottung ihm gegenüber gekommen.

Das Grundanliegen der römischen Messe und des tridentinischen Meßopferdekrets, nämlich wie der einmal am Kreuz erlittene Sühnetod Jesu Christi hier und heute appliziert werden kann, teilt auch Luther. Im Unterschied zu dem Tridentinum, das darauf keine befriedigende Antwort

---

198 Vgl. dazu J. A. Jungmann, Missarum Sollemnia. Eine genetische Erklärung der römischen Messe, 2 Bde., Freiburg/Br. 1952.

zu geben wußte,[199] ist Luthers in *De captivitate* gegebene Antwort eindeutig und klar: Die *repraesentatio* des ein für allemal geschehenen Handelns Gottes in Christus erfolgt durch das Evangelium und die Sakramente, in denen Gottes Wort sichtbare Gestalt annimmt. Sie erfolgt mitnichten durch ein Opferpriestertum. Und die *applicatio* wird Ereignis in der den Abendmahlsgottesdienst bestimmenden Relation Verheißung – Glaube. Der Herr des Abendmahls ist Christus, nicht der Amtsträger oder die Gemeinde;[200] und Christus gibt sich selbst unter Brot und Wein. In der Realpräsenz Jesu Christi[201] gründet die Gewißheit und Freude des Glaubens.

Die exklusive Bindung der Heilsvergegenwärtigung und Heilszueignung an die Gnadenmittel macht einen besonderen *ordo* überflüssig. Das ist den tridentinischen Apologeten des Amtspriestertums nicht entgangen. Die Kanones über das Sakrament der Weihe machen das deutlich. Ihnen soll zum Schluß die Aufmerksamkeit gelten.

Kanon 1 faßt das erste Kapitel des Dekrets über das Weihesakrament auf der Grundlage der Meßopferlehre zusammen: Das Konzil beharrt darauf, es gebe auch im neuen Bund ein sichtbares und äußeres Priestertum, also ein besonderes Amtspriestertum, dem die Konsekrations- und Absolutionsgewalt zukomme (DH 1771). Zum ersten Teil dieses Kanons ist alles Nötige bereits ausgeführt. Es kann nur noch einmal unterstrichen werden, daß ein äußeres Priestertum nirgendwo im Neuen Testament bezeugt wird. Es stellt eine Konsequenz der Wiederentdeckung des Evangeliums dar, daß Luther mit dieser kirchlichen Fehlentwicklung gebrochen hat. Daß es sich um einen Traditionsbruch von außerordentlicher Tragweite handelt, war den Teilnehmern des Konzils natürlich bewußt. Sie wollten ihn unter allen Umständen, sei es auch auf Kosten des

---

199 Die fortbestehende Unklarheit „zeigen die vielen Meßopfertheorien, die man zur Erklärung des Opfercharakters aufstellen zu müssen meinte" (Iserloh, a. a. O. (Anm. 196), 1977, 130).

200 Vgl. O. Hofius, „Für euch gegeben zur Vergebung der Sünden". Vom Sinn des Heiligen Abendmahls, ZThK 95 (1998), 313–337, bes. 315: „Daß die Kirche dies respektiert und also das ‚Mahl des Herrn' nicht in ihre *eigenen* Hände nimmt und als eine Sache ansieht, über die sie nach Belieben verfügen könnte und dürfte, eben das zeigt sich in ihrer – prinzipiell nicht zur Disposition stehenden – Bindung an die Herrenmahlsparadosis."

201 Vgl. dazu A. Peters, Realpräsenz. Luthers Zeugnis von Christi Gegenwart im Abendmahl, AGTL 5, Berlin 1960.

Evangeliums, vermeiden. In der Wiederentdeckung des Evangeliums ist außerdem zugleich die Wiederentdeckung des Amtes enthalten, das den Dienst am Wort von der Versöhnung versieht (2. Kor. 5,18–20). Dieses Amt ist an keinen *ordo* gebunden, sondern allein an das Wort von der Versöhnung. Es ist *Dienst* im Auftrag des auferstandenen Herrn, nicht selbstherrlicher und eigenmächtiger Umgang mit den anvertrauten Gnadenmitteln.[202]

Was den zweiten Teil des Kanons betrifft, so ergibt sich aus den bisherigen Ausführungen von selbst, daß die Konsekrationsgewalt in den Einsetzungsworten beschlossen liegt und daß sie durch das Lautwerden dieser Worte im Gottesdienst entbunden wird. Das schließt in der Tat ein, daß der Amtsträger keinem sakramentalen Stand angehört, durch den er sich von dem Priestertum aller Getauften unterschiede. Schließlich kann auch keine Rede davon sein, daß Luther die Absolutionsgewalt eingeschränkt hätte, ist sie doch der Inbegriff des Evangeliums. Aber *weil* sie das ist, darum ist sie keine freischwebende, sondern eine an das Evangelium gebundene Gewalt.

Die *Kanones 2 bis 8* (DH 1772–1778) sind für das Amtsverständnis von geringerer Bedeutung und können summarisch behandelt werden. Die Hauptaussagen sind: (1.) Es gibt neben dem Priestertum noch andere *ordines,* höhere und niedere. (1.1.) Diese sind hierarchisch gegliedert. (2.) Der *ordo* ist ein Sakrament. (2.1.) Die Gültigkeit der Ordination ist nicht von der Zustimmung der Gemeinden abhängig.

Die Ausführungen über die Weihestände und Rangstufen füllen drei der vier Kapitel aus. Über das Evangelium kein Wort, aber über die Salbung des Priesters ein eigener Kanon (DH 1775)! Auch die Altardiener (Akolythen) und Türhüter (Ostiarier) müssen eigens erwähnt werden (DH 1765)!

Die Siebenzahl der Weihen (DH 1765) beruht auf einer mehr oder weniger willkürlichen Festlegung.[203] Selbstverständlich ist sie nicht biblisch, sondern traditionsbedingt. Die Spitze der Hierarchie, zu der man durch die anderen *ordines* aufsteigt, wird auf göttliche Anordnung *(divina*

---

202 DH 1771 spricht abwertend von einem „bloßen Dienst" *(nudum ministerium).* Aber mehr ist weniger! Die Apostel waren *douloi* (Diener); sie waren keine Herren mit dem Status der Reichsfürsten, sondern sie wurden wie „der Abschaum der Menschheit" (1. Kor. 4,13) behandelt.

203 Vgl. Ott, a. a. O. (Anm. 80), 78–80. So trat z. B. Joh. Eck für die Neunzahl ein, Wendelin Steinbach dagegen für die Achtzahl (79).

ordinatione) zurückgeführt (DH 1776). Sie ist dreistufig und besteht aus Bischöfen, Priestern und Dienern *(constat ex episcopis, presbyteris et ministris)* (DH 1768; 1776).[204] Auch dazu ist schon alles Nötige gesagt. Es sei noch einmal wiederholt, daß nach Luther und Melanchthon allein das die Gnadenmittel verwaltende Nachfolgeamt des Apostolats von Gott eingesetzt ist. Mit diesem Amt regiert der dreieinige Gott die Kirche durch die Predigt und die Sakramente. Dieses Amt, das (Bischofs-)Pfarramt, besteht kraft göttlichen Rechts. Die anderen Ämter, zum Beispiel der Diakonat, bestehen nicht *de jure divino*. Sie können eingesetzt werden, wie sie im Urchristentum von den Aposteln oder Gemeindegründern eingesetzt wurden.

Luthers Negation der Zweiständelehre in seinen reformatorischen Hauptschriften aus dem Jahr 1520 impliziert die Negation der Sakramentalität des Priesterstandes und der Priesterweihe. Mit ihr schafft er die Voraussetzungen zur Anknüpfung an das Ordinationsverständnis der Pastoralbriefe. Für Luther ist die Ordination ein geistliches Geschehen, aber kein Sakrament. Die absolute Ordination hat er abgelehnt.

Die Verselbständigung und Selbstimmunisierung des Klerus, für die das Tridentinum mit Nachdruck eintritt, stellt ein Machtinstrument dar, dem die Reformatoren die Legitimation bestritten haben. Das war den Teilnehmern des Konzils vollauf bewußt. Aus Treue zur Tradition, getragen von der eigenen kirchlichen Erneuerung, hat das Konzil Luthers evangeliozentrisches Amtsverständnis dezidiert abgelehnt. Es hat den hierarchisch gegliederten *ordo* unangetastet gelassen, aber dadurch zugleich dem Evangelium Fesseln angelegt. Das läßt sich nicht mit Mißverständnissen erklären. Es beruht auf theologischer und kirchenpolitischer Rezeptionsverweigerung.

6. Rückblick und Ausblick

1. Die Unterschiede im Amtsverständnis, vor allem der Gegensatz zwischen Rom und Wittenberg, beruhen auf dem wiederentdeckten Evan-

---

204 Über die Frage, ob der Episkopat kraft göttlichen Rechts eingesetzt sei, wurde in Trient heftig gestritten. Es setzte sich schließlich die kuriale Fraktion durch, die eine Beeinträchtigung des päpstlichen Primats befürchtet hatte (s. Ott, a. a. O., 122; ferner D. Wendebourg, Die Ekklesiologie des Konzils von Trient, in: W. Reinhard / H. Schilling (Hg.), a. a. O. (Anm. 184), 1995, 70–87, 75 ff., 86).

gelium und den theologischen Sachunterschieden, die sich daraus ergeben und die bereits 1518 im Augsburger Verhör Luthers durch Kardinal Cajetan und 1519 während der Leipziger Disputation deutlich geworden sind. Doch gerade in der Leipziger Auseinandersetzung mit Johannes Eck entdeckte Luther „die ganze Christenheit auf Erden"[205]. Die aus Gottes Wort geborene und von diesem bestimmte Kirche[206] ist frei und darf nicht an Rom gebunden werden.[207] Sie hat auch auf Erden kein Haupt als „allein Christus im Himmel"[208]. Die Universalität der Kirche ist für Luther kein ekklesiologisches Postulat, sondern sie ist mit dem Evangelium gegeben.

Bei kirchlichen Konflikten ist zwischen der Eintracht im Leben und der Eintracht in der Lehre und im Glauben zu unterscheiden.[209] Beide sind zu preisen, aber die Eintracht im Leben und in der Liebe ist der Eintracht im Glauben und im Geist unterzuordnen![210] „Denn wenn der Glaube verloren ist, dann ist Christus verloren; ist aber Christus verloren, wird dir die Liebe nichts nützen."[211] Nicht nur die imaginäre Einheit der Kirche, auch der Bestand der ganzen Welt wiegt die Wahrheit nicht auf, die im Evangelium liegt.[212]

2. Am klarsten hat Melanchthon Luthers evangeliozentrische Amtsauffassung rezipiert.[213] Für diese ist nach dem *Praeceptor Germaniae* cha-

---

205 So mit Recht G. Maron, Luther zwischen den Konfessionen, in: ders., Die ganze Christenheit auf Erden, hg. v. G. Müller / G. Seebaß, Göttingen 1993, 9–18.

206 Vgl. z. B. WA 1, 13, 38 f.: „Es steht der Satz fest, daß die Kirche nicht geboren wird noch nach ihrem Wesen bestehen kann, es sei denn durch Gottes Wort." Übers. aus dem für den Propst von Leitzkau geschriebenen Sermon, in dem sich Luther gegen eine Reformation der Kirche wendet, die auf einer Fülle von reformerischen Maßnahmen beruht. Diese decken Gottes Wort zu (a. a. O., 12, 15–17) und führen zu dem grotesken Mißverständnis, als sei es allein das Wort der Wahrheit, woran die Amtsträger nicht sündigen könnten (12, 36 ff.)!

207 Wo dies geschieht, wird „die Katholizität der Kirche in die Romanität verwandelt" (Maron, a. a. O. (Anm. 205), 14).

208 WA 6, 297, 39 f.

209 Vgl. WA 40 II, 136, 28 f.; ferner WA 34 II, 387, 15–21.

210 WA 40 II, 136, 30 f.

211 A. a. O., 136, 31 f. Übers. An Friedrich den Weisen schreibt Luther am 21.11.1518: „. . . wenn ich das Verständnis von ‚Glaube' verändere, dann verändere ich Christus" (WA.B 1, 238, 81 f.; Nr. 110; Übers.).

212 Vgl. WA 40 II, 136, 34–36; s. a. WA 18, 627, 10–12.

213 Kirche Christi ist dort, wo das Evangelium gelehrt wird, nicht dort, wo verkehrte Anschauungen gegen das Evangelium verteidigt werden, hält Melanchthon den Widersachern entgegen (ApolCA IV, 400; BSLK 233, 31–33). *Evangelium* bestimmt Melanchthons Amtsverständnis bis in den Sprachgebrauch hinein; aus späterer Zeit

rakteristisch: (1.) Die Wertschätzung des Amtes liegt in der Wertschätzung des Evangeliums begründet. (2.) Das Evangelium und die beiden Sakramente sind Gnadenmittel. Allein um ihretwillen ist das Amt eingesetzt. Aus diesem Allein wiederum ergibt sich die Singularität des Amtes. (3.) Die Lehre vom Amt ist ein Anwendungsbeispiel der Theologie der Rechtfertigung. Außerhalb des mit der Rechtfertigung gesetzten Bezugsrahmens ist sie nicht nachvollziehbar. (4.) Das die Gnadenmittel verwaltende Amt ist notwendig und besteht kraft göttlichen Rechts. Es ist nicht hierarchisch gegliedert. Seine Hauptinstitution ist das (Bischofs-) Pfarramt. Rangunterschiede zwischen den Amtsträgern beruhen auf menschlichem Recht.

Dieses ausschließlich vom rechtfertigenden Evangelium bestimmte Amtsverständnis findet sich nur im Luthertum.[214] Calvin hat den reformatorischen Ansatz zweifellos aufgenommen, aber er hat den Akzent in Richtung auf die Ordnung der Ämter verschoben. Auch die Anglikaner haben eine *Ämterlehre,* jedoch – abgesehen von der Loslösung von Rom – im Rahmen der überkommenen Hierarchie.

Im Unterschied zu Luther, der keine Hoffnung auf Einigung mit Rom in der Lehre hatte,[215] wollte Melanchthon – gegebenenfalls mit Zugeständnissen[216] – die Einheit der Christenheit erhalten. In der Vermittlung zwischen den theologischen und kirchenpolitischen Fronten sah Melanch-

---

vgl. z. B. *Oratio de necessaria coniunctione scholarum cum ministerio evangelii,* 1543, CR 11, 606 (–618). In der Rede und dem Gebet bei Luthers Begräbnis (22.2.1546) dankt Melanchthon Gott, daß er das „Amt des Evangeliums" durch Luther wieder aufgerichtet habe (vgl. S. Bräuer, Die Überlieferung von Melanchthons Leichenrede auf Luther, in: M. Beyer u. a. (Hg.), a. a. O. (Anm. 1), 1996, 185–252, 218; s. a. Melanchthon deutsch, a. a. O. (Anm. 1), Bd. II, 1997, 156–168, 166). Wenn Rückert Calvin als Luthers „größte(n) Schüler" bezeichnet (a. a. O. (Anm. 104), 1972, 167), so kann dies im Blick auf die Lehre vom Amt nicht bestätigt werden.

214 So mit Recht E. Schott, Amt III, RGG, Bd. 1, ³1957, 337–341, bes. 338.

215 Vgl. z. B. Luthers Briefe an Melanchthon, 13.7.1530, WA.B 5, 470, 3 f. (Nr. 1642), und an Jonas, Spalatin, Melanchthon und Agricola, 15.7.1530, a. a. O., 480, 23 f. (Nr. 1648).

216 Luther – als Geächteter auf der Veste Coburg – war der Meinung, daß Melanchthon in Augsburg mehr als genug nachgegeben habe (An Melanchthon, 29.6.1530, WA.B 5, 405, 19 f. (Nr. 1609); s. dazu H. Rückert, Luther und der Reichstag zu Augsburg, in: ders., a. a. O. (Anm. 104), 1972, 108–136, bes. 108–113; R. Vinke, Luther auf der Coburg, Melanchthon in Augsburg und das Augsburger Bekenntnis, Ebernburg-Hefte 30 (1996), 53–73).

thon eine seiner Hauptaufgaben.[217] Dabei ist er „gescheitert"[218]! Nach Luthers Tod stellte sich unabweisbar die Frage, „ob man die Theologie Luthers in ihrer melanchthonischen Vermittlung oder in Orientierung an Luther selbst weiterführen kann und soll"[219]. Diese Frage ist nie eindeutig beantwortet worden. Sie belastet die lutherische Position auch noch heute im ökumenischen Dialog. Zwar wäre es unsachgemäß, Melanchthons Amtsauffassung gegen die von Luther vertretene zu interpretieren, aber man kann sie so isolieren, daß von Luthers Durchbruch der reformatorischen Erkenntnis und dem Neuansatz in der Lehre vom Amt nichts mehr erkennbar bleibt. Dieses Problem wird hier nur angezeigt. Es wird darauf zurückzukommen sein.

3. Mit dem Augsburger Religionsfrieden 1555 kam die Reformation in Deutschland zu einem vorläufigen Abschluß.[220] Die Jurisdiktion der „katholischen Bischöfe" wurde für die von der Reformation erfaßten Territorien nicht aufgehoben, sondern lediglich suspendiert. Um ein angemessenes Gegenüber zu den Bischöfen zu haben, die den Rang von Reichsfürsten innehatten, mußten die evangelischen Landesherren die bischöfliche Jurisdiktion wahrnehmen. Das daraus sich ergebende landesherrliche Kirchenregiment bot der lutherischen Kirche eine Chance zum Überleben.[221] Das äußere Kirchenregiment des Landesherrn wurde in den Kirchenordnungen im Sinn des Episkopalismus legitimiert, der schließlich in den Summepiskopat des Landesherrn einmündete und bis 1918 fort-

---

217 S. o. Anm. 60; vgl. ferner H. Benckert, Philipp Melanchthon – Mensch des Maßes und der Mitte, in: ders., Theologische Bagatellen, Berlin 1970, 197–207, bes. 204 ff.

218 Benckert, a. a. O., 206. Bei dem Vf. kursiv.

219 Zur Mühlen, a. a. O. (Anm. 154), II, 1999, 77.

220 Text in: K. Brandi (Hg.), Der Augsburger Religionsfriede vom 25. September 1555, Leipzig ²1927. Vgl. G. Pfeiffer, Augsburger Religionsfriede, TRE, Bd. 4, 1979, 639–645. Im Westfälischen Frieden 1648 wurde die Unverletzlichkeit des Augsburger Religionsfriedens bestätigt (Text in: K. Zeumer (Hg.), Quellensammlung zur Geschichte der Deutschen Reichsverfassung in Mittelalter und Neuzeit, Leipzig ²1913, 403; Nr. 197). Der Westfälische Friede „entschärft allerdings das *ius reformandi* des Landesherrn zugunsten des frühneuzeitlichen Staates" (H.-W. Krumwiede, Kirchenregiment, Landesherrliches, TRE, Bd. 19, 1990, 59–68, 64). Wichtige Darstellungen: F. Dickmann, Der Westfälische Friede, Münster/Westf. ⁷1998; Th. Kaufmann, Dreißigjähriger Krieg und Westfälischer Friede, BHTh 104, Tübingen 1998; K. Repgen, Dreißigjähriger Krieg und Westfälischer Friede, Paderborn 1998.

221 Vgl. Kirchner, a. a. O. (Anm. 184), 1987, 94–96. Die Formel *cuis regio, eius religio* kam am Ende des 16. Jh. in Gebrauch.

bestand.[222] Im Heiligen Römischen Reich Deutscher Nation (bis 1806) herrschte konfessioneller Dualismus, in den Territorien konfessionelle Einheit.[223]

In Skandinavien verlief die Einführung der Reformation dagegen zwar auch nicht reibungslos. Aber die Reformation konnte, war die Entscheidung einmal gefallen, schneller und umfassender durchgeführt werden.[224] Nur Skandinavien blieb der konfessionelle Dualismus erspart; Osteuropa hingegen so wenig wie Mitteleuropa.[225]

Am Ende des in der Reformation in Gang gekommenen Prozesses der Konfessionalisierung standen sich, abgesehen von den Freikirchen, die lutherische, die reformiert-calvinistische, die anglikanische und die tridentinisch-katholische Kirche gegenüber.[226] Wie die Weltgeschichte kein

222 Die kirchenrechtliche Grundlage bildete die Unterscheidung zwischen der *potestas ecclesiastica interna* und *externa* bzw. dem *ius in sacra* und *circa sacra* (vgl. J. Heckel, Cura religionis. Ius in sacra. Ius circa sacra, 1938, Darmstadt ²1962).

223 Vgl. H. Bornkamm, Die religiöse und politische Problematik im Verhältnis der Konfessionen im Reich, 1965, in: ders., Luther. Gestalt und Wirkungen, SVRG 188, Gütersloh 1975, 267–274. Die Karte Deutschlands nimmt sich wie ein Flickenteppich aus (s. G. Maron, Deutschland II, TRE, Bd. 8, 1981, 576–593, 580 f.).

224 *Dänemark* löste sich wie die von der Reformation erfaßten deutschen Fürstentümer nach dem Reichstag zu Speyer 1526 von Rom; offizielle Einführung der Reformation 1536/37 (vgl. L. Grane / K. Horby (Hg.), Die dänische Reformation vor ihrem internationalen Hintergrund, Göttingen 1990; M. Schwarz Lausten, Dänemark I, TRE, Bd. 8, 1981, 300–317, 305; ders., Luthers Beziehungen zu Skandinavien, in: H. Junghans (Hg.), a. a. O. (Anm. 4), Bd. I, 1983, 689–698, bes. 689–692; P. G. Lindhardt, Skandinavische Kirchengeschichte seit dem 16. Jahrhundert, KIG 3, M 3, Göttingen 1982, 236–240). Durch Dänemark wurden zugleich *Norwegen* und *Island* der Reformation zugeführt (vgl. I. Montgomery, Norwegen, TRE, Bd. 24, 1994, 643–659, 646 f.; S. Einarsson, Island, TRE, Bd. 16, 1987, 358–368, 361 f.). In *Schweden* gestattete der Reichstag bereits 1527 die reformatorische Predigt; endgültiger Bruch mit Rom 1531 (s. Lindhardt, 276 ff.; G. Göransson, Schweden, EKL, Bd. 4, ³1996, 143–149, 144; A. Jarlert, Schweden II, TRE, Bd. 30, 1999, 649–671, 650–654). In *Finnland* wurde die Reformation zwar administrativ als Teil der schwedischen Kirche eingeführt, aber der eigentliche Reformator war Michael Agricola, der in Wittenberg studiert hatte und als Schöpfer der finnischen Schriftsprache gilt (vgl. B. Krug, Finnland II, TRE, Bd. 11, 1983, 185–192, 186 f.; Kaufmann, a. a. O. (Anm. 109), 101 f.).

225 Vgl. im Überblick V. Vajta (Hg.), Die Evangelisch-lutherische Kirche, Stuttgart 1977; G. Gaßmann, Lutherische Kirchen, TRE, Bd. 21, 1991, 599–616 (Lit.).

226 Vgl. dazu E. W. Zeeden, Die Entstehung der Konfessionen, München / Wien 1965; M. Heckel, Deutschland im konfessionellen Zeitalter, KIVR 1490, Göttingen 1983; H. Schilling (Hg.), Die reformierte Konfessionalisierung in Deutschland – Das Problem der „Zweiten Reformation", SVRG 195, Gütersloh 1986; H.-C. Rublack (Hg.), Die

Machtvakuum auf Dauer zuläßt, so duldet die Kirchengeschichte offenbar kein konfessionelles Vakuum. Konfessionelle Bindung ist um des Evangeliums willen unerläßlich, aber ihr muß eine ökumenische Offenheit korrespondieren; denn ohne sie kann das Erbe der Reformation nicht bewahrt werden;[227] ohne sie wird vielmehr das anvertraute Pfund in der Erde vergraben.[228]

---

lutherische Konfessionalisierung in Deutschland, SVRG 197, Gütersloh 1992; Reinhard / Schilling (Hg.), a. a. O. (Anm. 184), 1995; Th. Kaufmann, Die Konfessionalisierung von Kirche und Gesellschaft, ThLZ 121 (1996), 1008–1025; G. Seebaß, Reformation, TRE, Bd. 28, 1997, 386–404 (Lit.), bes. 398 f.

227 Geradezu beschwörend bat Luther 1522 darum, man möge „sich nicht lutherisch, sondern Christen heißen" (WA 8, 685, 5 f.). Es genüge, daß die „(Papisten) einen parteiischen Namen" hätten (a. a. O., 685, 11 f.).

228 Nach Mt. 25,14–30, bes. V. 25, und Lk. 19,12–27.

II.
Stationen der Entwicklung
im Protestantismus

Luthers Negation der Zweiständelehre sowie die Wiederentdeckung des Verkündigungsamtes, das an die Stelle des Amtspriestertums tritt, ist für das protestantische Amtsverständnis grundlegend. Bei allen Unterschieden in der Rezeption sind diese Erkenntnisse der Reformation im Protestantismus nicht wieder prinzipiell in Frage gestellt worden. Als repräsentativ kann Schleiermacher gelten, der darauf hinweist, „daß unter ihnen selbst (sc. den Christen) aller Unterschied zwischen Priestern und Laien aufgehoben ist; wie denn die Apostel auch sich selbst nirgend etwas im eigentlichen Sinn Priesterliches beilegen, so daß die Rückkehr des Priestertums in die Kirche als eines der größten Mißverständnisse angesehen werden muß"[1].

Zur Erweiterung des Spektrums soll nun nach der Kontinuität in der Lehre vom Amt, aber auch nach den besonderen Akzentuierungen und Umbrüchen in der Zeit nach der Reformation gefragt werden. Das kann in diesem Rahmen nicht umfassend geschehen, sondern muß anhand ausgewählter Amtsauffassungen erfolgen. Aus jedem der auf die Reformation folgenden Jahrhunderte wird jeweils eine für das Zeitalter charakteristische Amtskonzeption im Grundriß dargestellt.

1. Johann Gerhard

Die Identität des evangelischen Christentums kann nicht ohne die Einbeziehung der Orthodoxie bewahrt werden.[2] Der Beitrag der Orthodoxie

---

1 F. D. E. Schleiermacher, Der christliche Glaube, § 104, 6, hg. v. M. Redeker, Bd. II, ²1831, Berlin ⁷1960, 135. Zum Aufriß der Glaubenslehre vgl. H. Fischer, Schleiermacher, TRE, Bd. 30, 1999, 143–189, 169 ff.
2 Zur Einführung s. J. Wallmann, Kirchengeschichte Deutschlands seit der Reformation, UTB 1355, Tübingen ⁴1993, 98 ff.; B. Hägglund, Geschichte der Theologie, München ²1990, 230–252; M. Matthias, Orthodoxie I, TRE, Bd. 25, 1995, 464–485 (Lit.). Aus der älteren Lit. sei bes. hingewiesen auf H. E. Weber, Das innere Leben der altpro-

für die Amtsauffassung ist in der gewissenhaften theologischen Durchdringung und besonders in der definitorischen Zuspitzung der Lehraussagen zu sehen.

Für das Amtsverständnis bietet das Schrifttum des 17. Jahrhunderts eine Fülle von Anregungen, und zwar in kontroverstheologischer, dogmatischer und pastoraltheologischer Hinsicht.[3] Bemerkenswert ist, daß dem kirchlichen Amt in der Orthodoxie im Unterschied zur späteren Systematik eine große Bedeutung zugemessen wurde.[4] Das gilt auch und gerade für Johann Gerhard (1582–1637), den bedeutendsten Vertreter der lutherischen Orthodoxie.[5]

Gerhards Ausführungen über das Amt in seinem theologischen Hauptwerk stellen ein Kompendium der Lehre vom Amt dar,[6] das in dieser Ausführlichkeit und Klarheit unübertroffen geblieben ist. Es kann im folgenden nur darum gehen, den amtstheologischen Ansatz und einige wichtige Aspekte der Amtsauffassung Gerhards herauszustellen.

1.1. Der theologische Ort der Lehre vom Amt

Das kirchliche Amt erörtert Gerhard im Kontext der Lehre von den Gnaden- oder Heilsmitteln *(media salutis)* einerseits und der Ekklesiologie und Ständelehre andererseits. Diese Positionierung ist durchaus reforma-

---

testantischen Orthodoxie, 1938, in: ders., Gesammelte Aufsätze, hg. v. U. Seeger, TB 28, München 1965, 139–153; ders., Reformation, Orthodoxie und Rationalismus, Bde. I, 1–2 und II, BFChTh II, 35, 45, 51, Gütersloh 1937, 1940, 1951.

3 Vgl. im Überblick W. Elert, Morphologie des Luthertums, Bd. 1, München 1931, 308–320, bes. 308, Anm. 1; J. Baur, Das kirchliche Amt im Protestantismus, in: ders. (Hg.), Das Amt im ökumenischen Kontext, Stuttgart 1980, 103–138.

4 Zu Recht hervorgehoben von A. Nygren, Vom geistlichen Amt, ZSTh 12 (1935), 36–44, 36.

5 Zur Biographie s. E. R. Fischer, Vita Joannis Gerhardi, Leipzig 1723. Darauf stützen sich alle neueren Darstellungen; vgl. z. B. J. Baur, Die Leuchte Thüringens, Johann Gerhard (1582–1637), in: ders., Luther und seine klassischen Erben, Tübingen 1993, 335–356; J. A. Steiger, Der Kirchenvater der lutherischen Orthodoxie, KuD 43 (1997), 58–76, bes. 58–61. Lit.: BBKL, Bd. II, 1990, 215 f.; E. Koch, Das konfessionelle Zeitalter – Katholizismus, Luthertum, Calvinismus (1563–1675), KGE II/8, Leipzig 2000, 12–47, bes. 38 f.

6 J. Gerhard, Loci theologici, 9 Bde., Jena 1610–1622. Zitate nach der Edition von E. Preuss, Berlin 1863–1875. Das kirchliche Amt *(De ministerio ecclesiastico)* behandelt Gerhard in Bd. VI, Locus 23, S. 1–265 (§§ 1–375).

torisch. Sie steht aber in dem übergreifenden Zusammenhang des Gerhard-schen Theologieverständnisses, das durch die Einbeziehung der aristote-lischen Metaphysik in die Gotteslehre geprägt ist.[7]

Die Heilsmittel sind für Gerhard wie für die Wittenberger Reforma-toren Gottes Wort und die beiden Sakramente. Gottes Wort, und zwar das Wort der Heiligen Schrift, ist zugleich das Prinzip der Theologie.[8] So sind durch den Begriff des Wortes Gottes die theologische Erkenntnislehre und das Verständnis der Heilsvermittlung miteinander verknüpft. Außerdem weisen die *media salutis* auf die Heilslehre zurück, nämlich auf den Heils-willen und das Heilswerk Gottes, in dessen Zentrum die Erlösung durch Jesus Christus steht, die in der Rechtfertigung durch den Glauben zum Ziel kommt. Durch diese Zuordnung ist das Amtsverständnis mit der Soteriologie und Rechtfertigungslehre verbunden.

Die zweite Linie läßt sich schon an dem Aufbau der Loci erkennen:[9] *De ministerio ecclesiastico* ist eingebettet zwischen Locus 22 über die Kirche und Locus 24 über die politische Obrigkeit *(De magistratu politico)*. Aus-gangspunkt der Argumentation in Locus 23 ist die These, es seien drei Stände in der Kirche von Gott eingesetzt,[10] die auch *Hierarchien* genannt würden: der Nährstand *(ordo oeconomicus)*, der Wehrstand *(ordo politicus)* und der Lehrstand *(ordo ecclesiasticus)*. Gerhard knüpft nicht an die mittelalterliche Zweiständelehre an, sondern nimmt die reformato-rische Lehre von den drei Hierarchien auf, verändert sie aber zugleich dadurch, daß er alle drei *innerhalb* der Kirche behandelt.[11] Im Vergleich mit Luther ist darin eine Verschiebung des Akzents zu sehen: Nähr- und Wehrstand gehören für den Reformator unabdingbar zur menschlichen

---

7 Vgl. dazu J. Wallmann, Der Theologiebegriff bei Johann Gerhard und Georg Calixt, BHTh 30, Tübingen 1961, 23 ff.; W. Sparn, Wiederkehr der Metaphysik, CThM.ST 4, Stuttgart 1976.

8 Vgl. B. Hägglund, Die Heilige Schrift und ihre Deutung in der Theologie Johann Gerhards, Lund 1951, 136 ff. und 242 ff.; ders., Die Theologie des Wortes bei Johann Gerhard, KuD 29 (1983), 272–283, 273 f.

9 Zum Aufbau der Loci im Überblick s. R. Schröder, Johann Gerhards lutherische Christologie und die aristotelische Metaphysik, BHTh 67, Tübingen 1983, 45.

10 Gerhard, LT, Bd. VI, Loc. 23, S. 1, § 2: „Tales status sive ordines in ecclesia a Deo instituti numerantur tres . . .“

11 Vgl. H. Fagerberg, Amt / Ämter / Amtsverständnis VII, TRE, Bd. 2, 1978, 574–593, 579. L. Schorn-Schütte sieht in der Wiederaufnahme der Drei-Stände-Lehre „eine Parallelerscheinung zum Prozeß sozialer Etablierung der Geistlichkeit“ (Evangelische Geistlichkeit in der Frühneuzeit, QFRG 62, Gütersloh 1996, 31).

Gesellschaft und nicht nur zur Kirche. Die Christen haben an diesen „Hierarchien" Anteil und können sie mit dem Geist der Liebe durchdringen, und zwar auch den „Wehrstand", jedoch nicht mit dem Ziel der Verkirchlichung. Gerhard hatte eine von der Reformation geprägte christliche Obrigkeit und Gesellschaft vor Augen, die in dieser Form bereits in der zweiten Hälfte des 17. Jahrhunderts nicht mehr bestand.

1.2. Die Definition des kirchlichen Amtes

Am Schluß seiner sich über zehn Kapitel erstreckenden, differenzierten Ausführungen über das Amt stellt Gerhard die folgende Definition des kirchlichen Amtes auf: „Das kirchliche Amt ist ein heiliges und öffentliches Amt, von Gott eingesetzt und zuverlässigen Menschen durch rechtmäßige Berufung anvertraut, damit sie, mit besonderer Vollmacht ausgerüstet, Gottes Wort lehren, die Sakramente verwalten und die Kirchenzucht wahren, um Umkehr und Heil der Menschen zu fördern, zur Verbreitung der Ehre Gottes."[12] Dazu einige Erläuterungen.

1. Von den biblischen Bezeichnungen für das Amt gibt Gerhard *ministerium (diakonia)* den Vorzug; denn es ist ein Amt, das Gottes Wort untergeordnet bleibt und das im Dienst an der Gemeinde ausgeübt wird.[13] Dagegen weist Gerhard *sacerdotium* sowie die Amtsbezeichnung „Priester" als unsachgerecht zurück.[14] Daß Gerhard in seiner Definition *ministerium* und *officium* synonym gebraucht, beruht auf mittelalterlich-reformatorischem Erbe. Mit *officium* unterstreicht er den Öffentlichkeitscharakter des Amtes. Das Amt ist *heilig* um seines göttlichen Ursprungs, Auftrags und Ziels willen.

2. Das kirchliche Amt ist von Gott eingesetzt.[15] Gott hat es gewollt und verordnet um der *media salutis* willen. Selbst wenn man die Einsetzung des

---

12 Gerhard, LT, Bd. VI, Loc. 23, S. 265, § 375: „Ministerium ecclesiasticum (est) officium sacrum et publicum divinitus institutum ac certis hominibus per legitimam vocationem commendatum, ut peculiari potestate instructi verbum Dei doceant, sacramenta administrent ac disciplinam ecclesiasticam conservent ad hominum conversionem et salutem promovendam, Dei vero gloriam propagandam." Bei dem Vf. gesperrt.

13 A. a. O., Kap. I, §§ 5–38, bes. § 7.

14 A. a. O., §§ 12 ff. In Auseinandersetzung mit R. Bellarmini (1542–1621).

15 Gerhard gebraucht in § 375 das Adv. *divinitus* = von Gott her, göttlich. Mit *institutum* wird der Bezug auf CA V, 1 (BSLK 58, 2 f.) hergestellt bzw. gewahrt.

Amtes durch Gott bestritte, ergäbe sich seine Notwendigkeit[16] konsekutiv aus der Einsetzung der Heilsmittel. Der Grund, die „bewirkende Ursache" *(causa efficiens)* des Amtes liegt in dem Heilshandeln des dreieinigen Gottes.[17] Darin gründet auch die innere Kontinuität des Amtes.

3. Gott hat das Amt nicht Engeln, sondern Menschen anvertraut.[18] Die Amtsübertragung geschieht durch ordentliche (rechtmäßige) Berufung. Wie Luther unterscheidet Gerhard zwischen *vocatio mediata* und *vocatio immediata* und betont, die mittelbare Berufung sei nicht weniger göttlich als die unmittelbare oder extraordinäre und habe dieselben Verheißungen.[19] Gerhards Ausführungen über die Vokation und Ordination nehmen einen breiten Raum ein; die Ordnungsfragen werden mit großer Sorgfalt behandelt. So sehr er die Ordination hervorhebt, sie ist für ihn kein Sakrament,[20] ist sie doch nicht um der Wirksamkeit der Heilsmittel willen notwendig.[21] Sie kann nicht allein vom Bischof, sondern auch vom Pfarrer (Presbyter) vorgenommen werden.[22]

4. Die Vollmacht des Amtes *(potestas ecclesiastica)* erörtert Gerhard im fünften Kapitel, besonders im ersten Abschnitt, aber auch im Zusammenhang mit der Ordination.[23] Er sieht der Amtsgewalt durch Gottes Wort die unüberschreitbare Grenze gezogen. Darin knüpft er an Luther an, unterscheidet sich aber von ihm durch die Dreigliederung in die *potestas ministerii, ordinis und iurisdictionis.*[24] Unter der *potestas ministerii* versteht er die Vollmacht der Wortverkündigung und Sakramentsverwaltung,[25] unter der *potestas iurisdictionis* die Schlüsselgewalt und unter der *potestas ordinis* die Ordinationsgewalt der Bischöfe in Abstufung zu den Pfarrern

---

16 Gerhard spricht von der *necessitas* des Amtes in § 3 (bibl. Belege: 1. Kor. 1,21 (s. a. § 48), Röm. 10,14, Eph. 4,11 u. a.).

17 A. a. O., Kap. III, §§ 49–177, bes. §§ 49–50. Das 3. Kap. ist das quantitativ und qualitativ wichtigste des Loc. 23.

18 A. a. O., Kap. IV, §§ 179–181.

19 A. a. O., §§ 75 ff., bes. §§ 76, 78; s. ferner Sectio III und Sectio IV des 3. Kap. (§§ 79 ff.).

20 A. a. O., §§ 139–165, bes. §§ 139–142. Zu Gerhards Verständnis der Handauflegung (bei der Ordination) und der Salbung *(unctio)* s. §§ 159–162.

21 A. a. O., § 139.

22 A. a. O., §§ 151–153. Zu Gerhards Unterscheidung zwischen der Ordination und der Einführung ins Amt sowie der Übertragung des Amtes s. §§ 170–173.

23 A. a. O., §§ 190–203; s. ferner §§ 139 ff.

24 A. a. O., §§ 192–194.

25 Melanchthon versteht in den BSLK darunter die *potestas ordinis.*

(Presbytern) und Diakonen.[26] Gerhard geht wie die Wittenberger Reformatoren von der Singularität des Amtes aus, aber er zielt „auf eine stärkere kirchliche Kontroll- und Ordnungsfunktion"[27]. Hat er darin ein dringendes Desiderat gesehen, weil er durch seine Praxis als Visitator über den Zustand der Gemeinden aus eigener Anschauung wußte?[28] Dieser pragmatische Grund mag hinzukommen, ausschlaggebend ist ein theologischer Grund. Welcher?

In Gerhards Theologie hat der Gedanke des Priestertums aller Gläubigen keine angemessene Berücksichtigung gefunden. Die Tendenz zur Verselbständigung der kirchlichen Amtsträger, die freilich keine Kleriker mehr sind, sondern Diener am Wort und den Sakramenten, ist bei Gerhard stark ausgeprägt. Wie Luther wendet er sich gegen die Wiedertäufer und hebt die Institution des Amtes hervor, aber im Unterschied zu dem Reformator schließt er – recht unvermittelt – auf unterschiedliche Grade unter den Amtsträgern.[29] Die Ordinationsvollmacht sei zwar nicht kraft göttlichen Rechts an das Bischofsamt gebunden, aber die Praxis selbst zeige, daß es eine gute Ordnung wäre, wenn die Ordination allein von Bischöfen oder Superintendenten vorgenommen würde.[30] Dagegen ist nichts Triftiges einzuwenden, aber sehr wohl gegen den Versuch, dieses Autoritätsgefälle innerhalb des einen Amtes im Sinn einer dreigliedrigen Amtsstruktur – Bischöfe / Presbyter (Pfarrer) / Diakone – zumindest teilweise auf göttliches Recht zurückzuführen.[31] Mit dem *partim* hat Gerhard der Hierarchie in der lutherischen Kirche eine Hintertür geöffnet. Theologisch liegt das in seinem Verständnis der *potestas ordinis* begründet. Die Ordinationsvollmacht eignet nach Luther jedoch der ganzen Kirche. Sie ist

---

26 Gerhard, LT, Bd. VI, Loc. 23, §§ 204–206. Der Abschnitt trägt die Überschrift: „De gradibus et ordinibus ministrorum ecclesiae".

27 Fagerberg, a. a. O. (Anm. 11), 580.

28 1606 wurde Gerhard Superintendent in Heldburg (s. C. J. Böttcher, Das Leben Dr. Johann Gerhard's, Leipzig / Dresden 1858, 39 ff.; F. Schmidt, Johann Gerhard in Heldburg, Meiningen 1893). 1615 war Gerhard Generalsuperintendent in Coburg (s. Böttcher, 73 ff.; G. K. B. Berbig, D. Johann Gerhards Visitationswerk in Thüringen und Franken, Diss. Leipzig 1896). 1616 erfolgte die Berufung Gerhards an die Universität Jena.

29 Gerhard, LT, Bd. VI, Loc. 23, §§ 154, 205 f.

30 A. a. O., § 154.

31 A. a. O., § 192: „... gratibus partim jure divino ..."

nicht das Privileg der Amtsträger aufgrund einer „besonderen Vollmacht"[32].

5. Die Aufgabe des Amtes ist weniger eine theoretische als eine praktische, nämlich Menschen zum ewigen Heil zu führen.[33] Die Begründung des Amtes durch die ihm gestellte Aufgabe, das Wort Gottes zu lehren und die Sakramente zu verwalten, ist genuin reformatorisch.[34] Die Erweiterung der Aufgabe des Amtes gegenüber CA V um die Ausübung der Kirchenzucht ist nur eine Nuancierung.

Durch die exklusive Bindung an die Heilige Schrift, durch die ein normgebender Traditionalismus ausgeschlossen wird,[35] treten die Amtsträger mit dem Dienst an Gottes Wort und den Sakramenten in die apostolische Sukzession ein. In der Auseinandersetzung mit Roberto Bellarmini verwirft Gerhard die *successio localis et personalis* und stellt ihr die *successio doctrinalis* als „das wahre und eigentliche Kennzeichen der Kirche" gegenüber.[36] Darunter versteht er den fortdauernden Konsens in der allein an die Schrift gebundenen Lehre.[37]

Die Kirche kann erwarten, daß die Amtsträger ihren in der Ordination eingegangenen Verpflichtungen in Treue nachkommen. Wo das nicht

---

32 A. a. O., § 375 (s. o. Anm. 12): „. . . peculiari potestate . . .“ *peculiaris* = zum Privateigentum gehörig, das Sondergut betreffend (K. E. Georges, Ausführliches lateinisch-deutsches Handwörterbuch, Bd. II, ⁸1913, Nachdr. Darmstadt 1995, 1529).

33 Gerhard, LT, Bd. VI, Loc. 23, § 2; s. a. § 375.

34 So urteilt auch – mit Bezug auf eine andere Textgrundlage – J. A. Steiger, Johann Gerhard (1582–1637). Studien zu Theologie und Frömmigkeit des Kirchenvaters der lutherischen Orthodoxie, Doctrina et pietas I, 1, Stuttgart 1997, 255.

35 Vgl. Hägglund, a. a. O. (Anm. 2), 1990, 233. Dennoch begegnet einem bei Gerhard der Bezug auf die Tradition auf Schritt und Tritt. Am häufigsten – noch vor Luther – wird Augustin zitiert. Aber die „Tradition" setzt keine Normen; diese setzt allein die Schrift. Gerhard akzeptiert keine die Schrift ergänzende, aber auch keine sie erklärende Tradition. Die Schrift ist klar und evident; der Heilige Geist handelt durch das *äußere* Schriftwort und erleuchtet die Herzen.

36 Gerhard, LT, Bd. V, Loc. 22 (*De ecclesia*), S. 435, § 190; daraus auch die Übers.

37 Ebd.: „. . . *perpetuus doctrinae consensus* . . .“ Weil die Bischöfe und Kleriker der römischen Kirche aus diesem Konsens ausgebrochen sind, sind sie nicht die Nachfolger der Apostel, sondern vielmehr deren Widersacher (a. a. O., § 198: „. . . non sint apostolorum successores, sed adversarii"). Die Norm der Wahrheit in den Glaubensartikeln liegt nicht im Konsens der Kirche selbst, sondern beruht auf der Entscheidung der Heiligen Schrift (*decisio Scripturae*), die im Konsens der Kirche festgehalten und bekannt wird (Gerhard, LT, Bd. VII, Loc. 25 (*De conjugio*), S. 31, § 40; vgl. dazu R. Slenczka, „Magnus Consensus", in: ders., Neues und Altes, hg. v. A. I. Herzog, Bd. 3, Neuendettelsau 2000, 13–57, 56 f.).

geschieht, hat sie das Recht einzugreifen. Gerhard, der selbst etwa ein Jahrzehnt ein kirchliches Aufsichtsamt innehatte und 1615 in Coburg eine Kirchenordnung verfaßt hat,[38] widmet diesen Problemen unter der Überschrift *De pugnantibus cum ministerio* ein eigenes Kapitel.[39] Er unterscheidet zwischen der Beeinträchtigung des Amtes durch die „Laster der Amtsträger" *(vitia pastorum)* auf der einen Seite und durch die „Laster der Hörer" *(vitia auditorum)* auf der anderen Seite. Zu den Lastern oder Fehlern der Amtsträger zählt er a) den Mißbrauch des Amtes und der Schlüsselgewalt, b) den Abfall von der Lehre in die Häresie[40] und c) verderbte Sitten und unwürdigen Lebenswandel. Das Hauptlaster der Zuhörerschaft sieht er in der Verachtung des Amtes.

Die Unterscheidung zwischen dem äußeren und inneren Kirchenregiment *(potestas ecclesiastica interna* und *externa* oder auch *ius in sacra* und *circa sacra)* ermöglicht es, die Hoheitsrechte des Landesherrn über die Religion im Blick auf das im Heiligen Römischen Reich geltende Recht anzuerkennen und den kircheninternen Bereich, nämlich Wortverkündigung, Sakramentsverwaltung und Schlüsselgewalt unter Einschluß der Kirchenzucht, dem Zugriff der politischen Obrigkeit zu entziehen. Zur Begründung dieser auf die Verhältnisse des ersten Drittels des 17. Jahrhunderts zugeschnittenen kirchenrechtlichen Theorie vom landesherrlichen Kirchenregiment schreibt Gerhard im Rückgriff auf die Drei-Stände-Lehre dem *ordo (status) politicus* die Zuständigkeit für das äußere Kirchenregiment zu, der ursprünglich lediglich als Notepiskopat vorgesehen war,[41] und schafft zugleich einen Freiraum für den *ordo eccle-*

---

38 Es handelt sich um die sogenannte *Casimiriana* des Herzogs Johann Casimir von Sachsen-Coburg, publiziert 1626. Nach M. Honecker stellt diese Kirchenordnung „eine evangelische Anweisung zur Gestaltung christlicher Gemeinde" dar (Cura religionis magistratus Christiani. Studien zum Kirchenrecht im Luthertum des 17. Jahrhunderts insbesondere bei Johann Gerhard, JusEcc 7, München 1968, 50).

39 Gerhard, LT, Bd. VI, Loc. 23, Kap. VIII, S. 260–264, §§ 368–372.

40 Gerhard unterscheidet mit Augustin zwischen der Häresie, die etwas Falsches über Gott aussagt und den Glauben untergräbt, und dem *Schisma*, das zur Spaltung aufgrund der Verletzung der Bruderliebe führt (a. a. O., § 370).

41 So mit Recht H.-W. Krumwiede, Kirchenregiment, Landesherrliches, TRE, Bd. 19, 1990, 59–68, 65. S. a. W. Sommer, Die Stellung lutherischer Hofprediger im Herausbildungsprozeß frühmoderner Staatlichkeit und Gesellschaft, in: ders., Politik, Theologie und Frömmigkeit im Luthertum der Frühen Neuzeit, FKDG 74, Göttingen 1999, 74–90, bes. 88. Zum Verhältnis von Predigt, Politik und Gesellschaft vgl. H.-C. Rublack, Lutherische Predigt und gesellschaftliche Wirklichkeiten, in: ders. (Hg.), Die lutherische Konfessionalisierung in Deutschland, SVRG 197, Gütersloh 1992, 344–395.

siasticus im Blick auf die kircheninternen Angelegenheiten. Dazu zählt Gerhard auch die Amtsenthebung bei schriftwidriger Lehre oder unwürdigem Lebenswandel des Amtsträgers.[42]

6. Das Lehren des Wortes Gottes ist gewiß *auch* Unterrichtung – doch mit dem Ziel der Umkehr zur Erlangung des ewigen Heils.[43] Weil sie die Schrift auslegen, stehen die Amtsträger im Dienst eines geistlichen Geschehens, das dazu führt, daß Menschen ihre Lebensrichtung ändern und sich durch den Glauben an das verkündigte Wort auf Gott hin ausrichten. Es ist immer wieder aufs neue ein vom Geist gewirktes Wunder, daß Gottlose dem Wort glauben und gehorsam werden![44] Dadurch, daß Menschen durch den Glauben das Heil gewinnen, wird Gottes Ehre „ausgebreitet"[45]. Darin besteht der Zweck und das Ziel *(finis)*, die Wirkung und der Nutzen *(effectus)* des kirchlichen Amtes.[46]

1.3. Würdigung und Kritik

Gerhards Theologie stellt die umfassendste dogmatische Durchdringung reformatorischen Gedankenguts dar. Dabei liegt ein eigenständiges Schriftverständnis und die imponierende Kenntnis der Kirchenväter sowie der mittelalterlichen Tradition unter den Bedingungen der nachreformatorischen Zeit zugrunde. Für diese ist die Ausbreitung einer von der Reformation geprägten Frömmigkeit und das Vorhandensein konfessionsverschiedener Partikularkirchen so selbstverständlich, wie es ein Jahrhundert zuvor unvorstellbar war, daß die von der Kirche maßgeblich bestimmte

---

42　Zu Gerhards Beitrag zur Frage der Amtsenthebung vgl. W. Härle / H. Leipold (Hg.), Lehrfreiheit und Lehrbeanstandung, Bd. 1, Gütersloh 1985, 63–65.

43　Gerhard, LT, Bd. VI, Loc. 23, Kap. VI, S. 164, § 249: „Finis ministerii ecclesiastici duplex est: principalis, qui est Dei gloria, et intermedius, qui est hominum conversio, reconciliatio cum Deo et salus aeterna." Vgl. z. St. R. Kirste, Das Zeugnis des Geistes und das Zeugnis der Schrift, GTA 6, Göttingen 1976, 82: „. . . das Ziel des Predigtamtes (deckt sich) völlig mit dem Ziel der hl. Schrift . . .; denn das Predigtamt ist nur dazu eingerichtet worden, damit die Sache der Schrift ans Ziel kommt." Zur existentiellen Bedeutung der Schriftauslegung bei Gerhard s. a. C. Herrmann, Schriftauslegung als Lebensvollzug, KuD 43 (1997), 164–183, bes. 171.

44　Zu Gerhards Verständnis der Umkehr als *opus divinum* vgl. LT, Bd. III, Loc. 15 *(De poenitentia),* §§ 34–35.

45　S. o. Anm. 12: „. . . Dei vero gloriam propagandam".

46　Gerhard, LT, Bd. VI, Loc. 23; aus der Überschrift von Kap. VI (§§ 248 ff.).

abendländische Einheitskultur zerbrechen könnte. Gerhards Interesse ist den kirchlichen und theologischen Fragen seiner Zeit zugewandt. Diese hat er in Gebet und Meditation geistlich aufgenommen und vor dem Hintergrund der wiederentdeckten aristotelischen Metaphysik akribisch reflektiert.[47] Gerhard überragt nicht nur seine Zeitgenossen, seine Loci zählen zu den Höhepunkten der Theologiegeschichte.

Verglichen mit Luther wird bei Gerhard die Christus- und Heilsfrage allerdings nicht mit derselben Ausschließlichkeit durch die Unterscheidung des Gesetzes vom Evangelium beantwortet. Er kennt die hohe Bedeutung dieser Fragestellung, aber er hat sie in seinen Entwurf integriert und eingeebnet.[48]

Gerhard nimmt den reformatorischen Ansatz auf und läßt die Antwort auf die Heilsfrage ebenfalls *allein* von der Heiligen Schrift gegeben sein. Er verändert ihn dadurch, daß er ihn in die Prinzipienlehre der Schulmetaphysik seiner Zeit transponiert.[49] Seine Einbeziehung der aristotelischen Metaphysik in die Gotteslehre löst diese zwar nicht von der Heils- und Rechtfertigungslehre, aber sie wirft Probleme auf, welche die Rechtfertigungslehre prädisponieren. Die Folge davon ist, daß die kriteriologische Funktion des *articulus iustificationis* bei Gerhard nur mehr eingeschränkt zum Tragen kommt.[50]

---

47 Wallmann, a. a. O. (Anm. 7), 1961, hat herausgearbeitet, daß Gerhards Theologie, so akribisch sie ist, im Vergleich mit Calixt eine auf die Praxis ausgerichtete Wissenschaft ist und einen ausgesprochen existentiellen Charakter trägt. Die Zusammengehörigkeit von Frömmigkeit und Lehre bei Gerhard unterstreicht mit Recht Steiger, a. a. O. (Anm. 34), 1997, bes. 17 ff. Zur *praxis pietatis* vgl. ferner B. Hägglund, „Meditatio" in der lutherischen Orthodoxie, in: U. Sträter (Hg.), Pietas in der lutherischen Orthodoxie, Wittenberg 1998, 19–31; J. Wallmann, Pietas contra Pietismus, ebd. 6–18.

48 Der gesamte Bd. III der Loci ist den Themen Gesetz – Evangelium – Buße – Rechtfertigung gewidmet. Aber die Behandlung dieser für die Reformation schlechthin entscheidenden Themen ist sehr schulmäßig ausgefallen. Gerhards „Gesetzesverständnis (ist) von entscheidenden Zügen melanchthonischer Auffassungen geprägt" (M. Richter, Gesetz und Heil, FKDG 67, Göttingen 1996, 385).

49 Vgl. Hägglund, a. a. O. (Anm. 8), 1951, 136 ff.; s. a. Wallmann, a. a. O. (Anm. 7), 83. – Das Ziel der Inspirationslehre Gerhards ist „noch die ‚Wirksamkeit' der Schrift als *verbum divinum*" (C. H. Ratschow, Schrift, Heilige V, TRE, Bd. 30, 1999, 423–432, 427).

50 Vgl. Schröder, a. a. O. (Anm. 9), 1983, 62 ff., 96 f. und bes. 215; der Vf. kommt zu dem Ergebnis, Gerhard „block(e) die biblisch-reformatorische Rechtfertigungslehre ab".

Im Amtsverständnis vertritt Gerhard die Bindung des Amtes an das Wort Gottes und die Sakramente; den daraus resultierenden Stiftungsgedanken; die Bestimmung der Aufgabe und der Vollmacht des Amtes durch und aus Gottes Wort; den Öffentlichkeitsaspekt im Rahmen der Drei-Stände-Lehre; den Gedanken, daß Gott nicht unmittelbar mit dem Menschen redet, sondern mittelbar durch die an die Bibel gebundene Predigt; die Lehre von der ordentlichen Berufung und schließlich die geistliche Dimension des Amtes. In alledem wahrt er den Anschluß an die Reformation.

Nicht nur als Dogmatiker, auch als politischer Berater, Briefseelsorger und Erbauungsschriftsteller steht Gerhard mit der seelsorgerlichen Grundausrichtung seines Denkens und Handelns in der Kontinuität zur Reformation.[51] Für die Pastoraltheologie birgt sein Werk noch viele ungehobene Schätze; denn Lehre und Lebensführung der Amtsträger sind bei ihm auf vorbildliche Weise miteinander verbunden.

Aber auch die Defizite dürfen nicht verschwiegen werden. Es wiegt schwer, daß der Amtslehre Gerhards nicht der Gedanke des Priestertums aller Gläubigen korrespondiert. Luther hatte beide gemeinsam entdeckt und beide zusammen gegen das Amtspriestertum ins Feld geführt. Gerhard befürwortet zwar die aktive geistliche Rolle der Christen in Ehe und Beruf im Rahmen der Drei-Stände-Lehre. Aber seine Umdeutung und Modifizierung der überkommenen Drei-Stände-Lehre hat gravierende Folgen, nämlich zum einen die Auslieferung der äußeren Angelegenheiten der Kirche an die politische Obrigkeit und zum anderen die Auslieferung der inneren Angelegenheiten der Kirche an den *ordo ecclesiasticus*. Dadurch ist Gerhard zum Protagonisten einer vom Landesherrn und vom Lehrstand beherrschten Kirche geworden. Gerhard steht mit seiner Amtsauffassung in seiner Zeit nicht allein, aber auch seiner Lehre ist anzulasten, daß eine Gegenbewegung, der Pietismus, auf den Plan gerufen wurde, die gegen das Monopol des geistlichen Standes protestierte.[52]

---

51 Vgl. Gerhard, LT, Bd. VI, Loc. 23, wo im zweiten Teil des 6. Kapitels die Pflichten der Amtsträger dargestellt werden (§§ 265–322, bes. § 289). Zu Gerhard als Berater und Seelsorger s. Steiger, a. a. O. (Anm. 34), 229 ff.; ders., Seelsorge I, TRE, Bd. 31, 2000, 7–31, 17. Ein Klassiker der Erbauungsliteratur war und könnte wieder werden: J. Gerhard, Meditationes sacrae, 1603/04, hg. v. J. A. Steiger, Doctrina et pietas I, 2, Stuttgart 1998; ders., Meditationes sacrae, 1606/07, lat.-dt., hg. v. J. A. Steiger, Doctrina et pietas I, 3, Stuttgart 2000.

52 Vgl. z. B. Ph. J. Spener, Pia desideria, 1675, hg. v. K. Aland, KlT 170, Berlin ³1964, bes. 55, 13 ff.; wo Spener im Unterschied zu Gerhard den Gedanken des Priestertums

2. Johann Gottfried Herder

Es ist von hohem Reiz, birgt freilich kein geringes Risiko, Johann Gottfried Herder (1744–1803) als einen herausragenden Repräsentanten der protestantischen Amtsauffassung des 18. Jahrhunderts anzusprechen.[53] Aber, um dies vorweg zu sagen, das war er! In der folgenden Skizze ist die Aufmerksamkeit auf zwei Aspekte gerichtet: 1. auf Herders Verständnis des Predigtamtes nach den in Bückeburg geschriebenen Provinzialblättern *An Prediger* (1773/74); 2. auf Herders kirchenleitende Tätigkeit.

1. Die Provinzialblätter, ob nun ihr erster Entwurf[54] oder die schriftliche Fassung, die 1774 in Leipzig im Druck erschien,[55] zeigen Herder auf dem Höhepunkt des „Sturm und Drang"[56]. Sie stellen im Stil und besonders in der Sprache eine bewußte Provokation und im Blick auf den Aufbau einen Torso dar. Die Polemik gegen das Predigtverständnis der Berliner Auf-

---

aller Gläubigen zur Geltung bringt (s. dazu H.-M. Barth, Einander Priester sein, KiKonf 29, Göttingen 1990, 54–78; zu Speners Programmschrift vgl. ferner M. Brecht, Philipp Jacob Spener, in: ders. (Hg.), Der Pietismus vom siebzehnten bis zum frühen achtzehnten Jahrhundert, Göttingen 1993, 281–389, bes. 302–311; s. ferner J. Wallmann, Geistliche Erneuerung der Kirche nach Philipp Jakob Spener, in: ders., Theologie und Frömmigkeit im Zeitalter des Barock, Tübingen 1995, 220–248; ders., Spener, TRE, Bd. 31, 2000, 652–666, bes. 656 f.). Spener hat sich nicht in den Gegensatz zu dem Amtsverständnis der Orthodoxie gebracht, sondern die Akzente anders gesetzt und das Schwergewicht auf die Person des Amtsträgers verlagert. Außerdem hat er sich gegen das landesherrliche Kirchenregiment gewandt (vgl. M. Kruse, Speners Kritik am landesherrlichen Kirchenregiment und ihre Vorgeschichte, AGP 10, Witten 1971). Der Gegensatz brach 20 Jahre später bei G. Arnold auf, der die orthodoxe Amtsauffassung preisgab (mit Fagerberg, a. a. O. (Anm. 11), 584 f.; s. a. D. Blaufuß / F. Niewöhner (Hg.), Gottfried Arnold (1666–1714), Wiesbaden 1995).

53 Quellen: J. G. Herder, Sämmtliche Werke, hg. v. B. Suphan, 33 Bde., Berlin 1877–1913; ders., Werke, hg. v. G. Arnold u. a., Bde. 1–10, Frankfurt/M. 1985–2000; ders., Briefe. Gesamtausgabe 1763–1803, hg. v. K.-H. Hahn, bearb. v. W. Dobbek / G. Arnold, 10 Bde., Weimar 1977–1996. Lit. in: E. Herms, Herder, TRE, Bd. 15, 1986, 70–95, 91 ff. H. D. Irmscher, Herder, RGG, Bd. 3, ⁴2000, 1641–1645, bietet eine Auswahl.

54 J. G. Herder, An Prediger, 1773, in: ders., Sämmtliche Werke, Bd. 7, 1884, 173–224.

55 A. a. O., 225–312; ferner in: J. G. Herder, Werke, Bd. 9/1, 1994, 67–138; s. a. den instruktiven Kommentar von Th. Zippert, ebd. 916–969. Vgl. dazu W.-L. Federlin, Vom Nutzen des Geistlichen Amtes. Ein Beitrag zur Interpretation und Rezeption Johann Gottfried Herders, FKDG 33, Göttingen 1982, 82 ff.; W. Führer, Einleitung, in: J. G. Herder, Homilien über das Leben Jesu, NBGT 4, Hannover 1995, 9–34.

56 Vgl. W. Rasch, Herder. Sein Leben und Werk im Umriß, Halle/S. 1938, 80.

klärung, vor allem gegen Johann Joachim Spalding[57], aber auch gegen Wilhelm Abraham Teller und August Wilhelm Sack gerichtet, in der Form etwas ungeschickt und im Inhalt unpräzise vorgetragen, droht Herders eigene Position zu verdecken. Dabei ist diese – im Unterschied zur zeitbedingten Polemik – nach wie vor durchaus bemerkenswert: Herder sieht in dem „Predigtamt eine *unmittelbare Anordnung* Gottes zum Heil und zu einer Bildung des Menschengeschlechts, die kein andrer Stand ersetzen (kann)"[58]. Es „begann ... vom Ursprunge des Geschlechts (mit den Patriarchen), trug lange unter einer unmittelbaren Leitung Gottes bei, empfing Segen unter jedem Weltzustande *mit innerer Kraft, ... dauert auch jetzt fort ...* und ist ursprünglich *Gottes*"[59]. Es braucht sich nicht zu rechtfertigen gegenüber dem Zeitgeist; denn es war lange vor Moral und Philosophie da. Es trägt seinen Sinn und Zweck in sich selbst und muß deshalb aus sich selbst heraus verstanden werden. Es wird um seinen Sinn gebracht, wenn man es durch seinen gesellschaftlichen Nutzen, den es auch für Herder zweifellos hat, legitimieren will.[60] Herder empört sich über die Instrumentalisierung des Predigtamtes und der Religion im absolutistischen Staat der späten Aufklärung und setzt alles daran, die Maßstäbe wieder zurechtzurücken: Erziehung, Bildung und Kultur haben nicht die Religion hervorgebracht, sondern es verhält sich vielmehr umgekehrt. Das Predigtamt ist für Herder das grundlegende, schlechthin unverzichtbare Amt zur Bildung, Erziehung und Fortentwicklung der Menschheit. Es dient dazu, daß der Mensch seine Individualität und Humanität frei und rein entfalten kann.

Herders Provinzialblätter haben die Wende zur Voraussetzung, die sich 1772/1773 in Bückeburg vollzogen hat – nicht abrupt, sondern allmählich. Sie beruht auf der Wiederentdeckung der Lebendigkeit, Eigenständigkeit und Unersetzbarkeit der Religion. Die Religion als Religion, nicht als

---

57 J. J. Spalding, Über die Nutzbarkeit des Predigtamtes und dessen Beförderung, Berlin 1772, ²1773, ³1791. Vgl. J. Schollmeier, Johann Joachim Spalding, Gütersloh 1967; ferner R. Krause, Die Predigt der späten deutschen Aufklärung, Stuttgart 1965; D. Bourel, Spalding, TRE, Bd. 31, 2000, 607–610, bes. 609. – Herders Schrift fällt in die Kontroverse über die symbolischen Bücher (Herder, Werke 9/1, 110–113; vgl. dazu K. Aner, Die Theologie der Lessingzeit, Halle/S. 1929, 254–269).

58 Herder, a. a. O. (Anm. 54), 182.

59 Ebd. Hervorhebungen von Herder.

60 Spalding sucht diese „Nutzbarkeit" zu erweisen, indem er den positiven Einfluß der Religion auf die „öffentliche Moralität" darlegt (a. a. O. (Anm. 57), 1791, 75 ff.).

Mittel zu einem ihr vom absolutistischen Staat verordneten Zweck, bestimmt fortan – besonders in der Bückeburger Zeit – Herders Denken und Handeln. Diese befreiende Erkenntnis schließt ein, daß Herder das geistliche Amt nun auch von innen her bejahen kann. Es erscheint ihm fortan in neuem Licht, nämlich nicht mehr als unvereinbar mit seinen sozialen, pädagogischen und literarischen Reformplänen, sondern als eine Möglichkeit zu deren Entfaltung.

2. Herders Protest gegen die angepaßte Predigt der späten Aufklärung in Deutschland entsprechen seine innere Abneigung und sein gelegentlich zum Ausbruch kommendes trotziges Aufbegehren gegen den fürstlichen Absolutismus, durch den der Kirche das äußere Kirchenregiment entzogen worden war. Er wußte, wovon er redete. Denn die kirchenleitende Tätigkeit gehörte über drei Jahrzehnte zu Herders wichtigsten Aufgaben. Für sie wurde er auch besoldet.

In der Bückeburger Zeit (1771–1776) war er Konsistorialrat, Oberprediger von Bückeburg, ab 1775 zusätzlich Superintendent von Schaumburg-Lippe, Armendirektor, Landesschulinspektor und zugleich Schuldezernent.[61] Eigentlich hätten diese vielfältigen Amtspflichten den gelehrten Literaten ausfüllen müssen. Doch seiner zukünftigen Frau klagte er, er sei ein Patron der Schulen ohne Schüler und ein Konsistorialrat ohne Konsistorium.[62] Herders Tätigkeit als Konsistorialrat mußte für ihn unbefriedigend sein; denn alle wichtigen Entscheidungen, auch die Besetzung der Pfarrämter, traf der Landesherr. Die Ausführung der Entscheidungen wiederum lag bei den Juristen des Konsistoriums.[63] 1776, vor seinem Wechsel nach Weimar, drückte Herder in einer Eingabe an den Grafen Wilhelm sein Befremden darüber aus, im Konsistorium sei alles weltlicher

---

61 Vgl. H. Stephan, Herder in Bückeburg und seine Bedeutung für die Kirchengeschichte, Tübingen 1905, bes. 59–85; N. Heutger, Herder in Niedersachsen, Hildesheim ²1978, bes. 28 ff.; B. Poschmann, Herders Tätigkeit als Konsistorialrat und Superintendent in Bückeburg, in: dies. (Hg.), Bückeburger Gespräche über Johann Gottfried Herder, Rinteln 1984, 190–213; K. Dienst, Vom geistlichen Nutzen des konsistorialen Amtes, in: W.-L. Federlin (Hg.), Sein ist im Werden. Essays zur Wirklichkeitskultur bei Johann Gottfried Herder anläßlich seines 250. Geburtstages, Frankfurt/M. 1995, 21–47, bes. 29 ff.

62 An C. Flachsland in Darmstadt, 22.8.1772, in: Herder, Briefe, Band 2, 1977, 206.

63 Als Kirchenordnung lag die *Ernestina* (1614) den Entscheidungen zugrunde (vgl. W. Führer, Schaumburg-Lippe, TRE, Bd. 30, 1999, 80–83, 81).

Rat, und jeder weltliche Rat solle über geistliche Sachen richten können; das sei für den Geistlichen niederschlagend.[64]

Die durch den Absolutismus aufgeworfenen Probleme konnte Herder durch seinen Wechsel nach Weimar indessen nicht abschütteln. Vielmehr waren sie in vielerlei Hinsicht denen in Bückeburg vergleichbar.[65] Sie machten ihm siebenundzwanzig Jahre lang zu schaffen und haben erheblich zu seiner Verbitterung im Alter beigetragen. Vor seinem Dienstantritt schrieb er noch stolz, er sei „ordentlicher lutherischer Bischof des Landes"; seine Verrichtungen seien „alle sehr gewählt und edel"[66]. Die Praxis schloß aber in hohem Ausmaß Tätigkeiten ein, etwa die Erledigung von „Kirchenrechnungen"[67], die ihn aufrieben und seine literarischen Neigungen zu zerstören drohten.[68] Im Weimarer Oberkonsistorium saß er wie in Bückeburg auf der geistlichen – also zweiten – Bank.[69] Bischöflichen Charakter seiner Tätigkeit trugen die Visitationen, Ordinationen und Amtseinführungen von Pfarrern,[70] die Herder als Generalsuperintendent durchzuführen hatte.

Die Ausübung des äußeren Kirchenregiments durch Nichttheologen steht nicht im Widerspruch zur Reformation. In der zweiten Hälfte des 18. Jahrhunderts waren die evangelischen Landeskirchen jedoch von dem jeweiligen Landesherrn regelrecht in Beschlag genommen. Davor hatte schon Luther gewarnt.[71] Völlig zu Recht erhob Herder dagegen Einspruch. Eine Verbesserung erreichte er freilich nicht.

---

64 An Graf Wilhelm zu Schaumburg-Lippe, 10.9.1776, in: Herder, Briefe, Bd. 3, 1978, 301 f. Vgl. z. St. H. Heidkämper, Herder in Bückeburg, ZGNKG 16 (1911), 1 ff., bes. 39.

65 Vgl. E. Schmidt (Hg.), Herder im geistlichen Amt. Untersuchungen, Quellen, Dokumente, Leipzig 1956; H. v. Hintzenstern, Herder in der Weimarer Kirchenleitung, in: W.-L. Federlin, a. a. O. (Anm. 61), 103–121; Dienst, a. a. O. (Anm. 61), 37 ff.

66 An J. G. Hamann, 20.7.1776, in: Herder, Briefe, Bd. 3, 1978, 281.

67 An F. J. J. Bertuch, Mitte Mai 1782, in: Herder, Briefe, Bd. 4, 1979, 219, wo Herder klagt: „Ich sitze unter einem Bollwerk von KirchenRechnungen . . ."

68 An J. F. Hartknoch, 6.5.1779, in: Herder, Briefe, Bd. 4, 1979, 88, wo Herder andeutet, er schreibe nun nichts mehr.

69 Zur Struktur des Weimarer Oberkonsistoriums s. I. Braecklein, Zur Tätigkeit Johann Gottfried Herders im Konsistorium des Herzogtums Sachsen-Weimar, in: E. Schmidt (Hg.), a. a. O. (Anm. 65), 54–72, 57 ff.; v. Hintzenstern, a. a. O. (Anm. 65), 107 ff.

70 Die Pfarrer wurden den Gemeinden ähnlich wie in Schaumburg-Lippe „durch den Herzog zugewiesen" (v. Hintzenstern, a. a. O. (Anm. 65), 111).

71 An D. Greiser in Dresden, 22.10.1543, WA.B 10, 436, 14–16 (Nr. 3930).

Schluß: Die geistesgeschichtliche Epoche, die Herder mit heraufgeführt hat, ist neben der Reformation die wohl einzige auf deutschem Boden entstandene, die der Entwicklung im Ausland voraus war und der eine weltweite Wirkung beschieden war. Im Unterschied zur Reformationszeit blieb jedoch die Theologie zur Zeit Lessings und Herders hinter dem Aufbruch der Dichter und Denker zurück.[72] Gerade den Weimarer „Klassikern" bedeutete Herders Theologie wenig. Er hat die Religion-Kultur-Problematik in ihrer Bedeutung klar erkannt, aber so wenig gelöst wie nach ihm Schleiermacher in Berlin. Herders antiintellektualistisches Offenbarungsverständnis hat mit dem der lutherischen Orthodoxie kaum mehr als den Begriff der Offenbarung gemeinsam.[73] In der Sache, vor allem in der Christologie, hat er sich von Luther und der Orthodoxie so weit entfernt wie die Hauptvertreter der neologischen Bibelwissenschaft.[74] Darin ist Herder selbst ein Kind der Aufklärung und nicht deren Überwinder. Ihre Überwindung hätte zur Bedingung gehabt, daß er Gottes Offenbarung in Christus zuvor als letzte Instanz gehört hätte.[75]

Die Bewertung von Herders Amtsverständnis muß ambivalent ausfallen. Auf der einen Seite faßt Herder das Amt mit den Reformatoren als Anordnung Gottes auf. Es ist schlechthin unersetzlich und darf seine Aufgabe und Würde nicht von den Institutionen des (absolutistischen) Staates ableiten. Die Eigenständigkeit des Predigtamtes korrespondiert der Eigenständigkeit der Religion. In dieser Erkenntnis liegt Herders Bedeutung im Vergleich mit seinen Zeitgenossen. Auf der anderen Seite versteht Herder das Amt nicht im Sinn der Reformation als Gnadenmittelamt. Der mit dem Artikel von der Rechtfertigung gesetzte theologische Bezugsrahmen des Amtsverständnisses ist bei Herder aufgegeben. Der Abstand der Herderschen Amtsauffassung zur Reformation ist nicht nur zeitlich größer als in der Orthodoxie. Er beruht inhaltlich auf der Preisgabe des Gedankens der

---

72 Zu ihren Erträgen vgl. Aner, a. a. O. (Anm. 57), 311 ff.
73 Zu Herders Offenbarungsverständnis vgl. Th. Zippert, Bildung durch Offenbarung, MThSt 39, Marburg/L. 1994.
74 Nachweise bei Führer, a. a. O. (Anm. 55), 22 f. Die theologischen Defizite Herders werden von M. Ohst, Herder und Luther, in: C. Markschies / M. Trowitzsch (Hg.), Luther – zwischen den Zeiten, Tübingen 1999, 119–137, nicht gebührend herausgestellt.
75 Mit M. Doerne, Die Religion in Herders Geschichtsphilosophie, Leipzig 1927, 158.

stellvertretenden Genugtuung durch Christus *(satisfactio vicaria)*.[76] Dieser Mangel ist theologisch durch nichts auszugleichen. Er entwertet das Heilswerk Jesu Christi. Dem theologischen Proprium der Reformation ist Herder nicht gerecht geworden.

3. Theodosius Harnack

Nimmt man Luthers theologischen Ansatz als Kriterium der sachgemäßen Interpretation, stellt das Werk von Theodosius Harnack (1816–1889) einen Höhepunkt dar.[77] Seine zweibändige Studie *Luthers Theologie*[78], besonders der erste Band, ist „das einzige bedeutsame theologische Lutherbuch des 19. Jahrhunderts"[79]. Harnack ist von Luthers Grundanliegen durchdrungen und deutet den Reformator von der Versöhnungs- und Rechtfertigungslehre her.[80] Er deckt Seiten auf, die sogar die lutherische Orthodoxie übergangen hatte, und führt über Gottes Zorn und Gnade aus, was „der Epoche des Rationalismus und Liberalismus schlechthin ungeläufig (war)"[81]. Harnack stellt Vorüberlegungen über „Luthers schriftstellerischen Cha-

---

76 Vgl. z. B. Herder, Erläuterungen zum Neuen Testament, 1775, in: ders., Sämmtl. Werke, Bd. 7, 1884, 383 ff.; ders., Christliche Schriften, 1798, in: ders., a. a. O., Bd. 20, 1880, 173 ff.

77 Zur grundlegenden Orientierung s. M. Seitz / M. Herbst, Harnack, Theodosius, TRE, Bd. 14, 1985, 458–462; V. Drehsen, Konfessionalistische Kirchentheologie. Theodosius Harnack, in: F. W. Graf (Hg.), Profile des neuzeitlichen Protestantismus, Bd. 2, 1, GTB 1431, Gütersloh 1992, 146–181; B. Schröder, Harnack, Theodosius, RGG, Bd. 3, ⁴2000, 1457.

78 Band 1 erschien 1862, Band 2 1886. Beide Bände sind 1927 v. W. F. Schmidt und O. Grether neu herausgegeben worden, angeregt v. G. Merz, gegen den Widerstand des Sohnes A. v. Harnack.

79 H. Bornkamm, Luther im Spiegel der deutschen Geistesgeschichte, Göttingen ²1970, 82. Das bleibt bei C. Gestrich, Luther und Melanchthon in der Theologiegeschichte des 19. und 20. Jahrhunderts, LuJ 66 (1999), 29–53, 39 f., unterbestimmt.

80 „Hier hören wir wirklich Luther reden", urteilt H. J. Iwand, Luthers Theologie, hg. v. J. Haar, NW 5, München 1974, 43. Harnack „blieb nicht bei Bekenntnisschriften und Kirchenordnungen stehen" (G. Merz, Harnack, Theodosius, RGG, Bd. 3, ³1959, 79 f.).

81 K. Beyschlag, Die Erlanger Theologie, Erlangen 1993, 92. Darin dürfte es begründet liegen, daß sich zunächst die oberflächlichere Lutherdeutung von A. Ritschl durchgesetzt hat (vgl. dazu O. Wolff, Die Haupttypen der neueren Lutherdeutung, TSSTh 7, Stuttgart 1938, 63 ff.; F. Hofmann, Albrecht Ritschls Lutherrezeption, LKGG 19, Gütersloh 1998).

rakter" an und verschmäht eine „Blumenlese von Aussprüchen Luthers"[82]. Methodisch verbindet er den analytischen Arbeitsgang mit dem synthetischen: Er prüft zunächst das Einzelproblem, sucht sodann eine „Totalanschauung" zu gewinnen und kehrt von ihr auf regressivem Weg zu dem Detail zurück, um die Gegenprobe zu machen.[83] Für Harnack ist Luther der „Einzige nach den Aposteln"[84]; er interpretiert die reformatorische Theologie im Blick auf die Wahrheit des Evangeliums, nicht mit ausdrücklichem Bezug auf spätmittelalterliche Traditionen oder zeitgenössische Fragestellungen. Darin liegt die Stärke seiner Interpretation, freilich auch das Risiko, das er einging, nämlich von der meinungsführenden Schultheologie, der sich auch sein Sohn Adolf anschloß,[85] übergangen zu werden.[86]

Außer *Luthers Theologie* (Bd. 1) erschien 1862 *Die Kirche, ihr Amt, ihr Regiment*[87]. Diese Schrift ist eine irenische, gänzlich unprätentiöse Thesenreihe[88]. Auf der Grundlage der Theologie Luthers beleuchtet Harnack die Diskussion über Kirche und Amt, die nach 1840 und besonders nach der

---

82 Th. Harnack, Luthers Theologie, Bd. 1, München 1927, 4–14, bes. 11.

83 A. a. O., 12. Vgl. z. St. F. W. Winter, Die Erlanger Theologie und die Lutherforschung im 19. Jahrhundert, LKGG 16, Gütersloh 1995, 140.

84 Harnack, a. a. O. (Anm. 82), IX.

85 Der Vater hat den Gegensatz zwischen beiden „klarer erkannt" als der Sohn (so G. Merz, Theodosius Harnacks Bedeutung für die lutherische Kirche, 1939, in: ders., Um Glauben und Leben nach Luthers Lehre, hg. v. F. W. Kantzenbach, TB 15, München 1961, 200–209, 201).

86 Nicht nur von der Schultheologie seiner Zeit, auch in den Darstellungen der Theologie des 19. Jh. wird Th. Harnack übergangen (vgl. z. B. M. Kähler, Geschichte der protestantischen Dogmatik im 19. Jahrhundert, hg. v. E. Kähler, TB 16, München 1962, 171, 189; K. Barth, Die protestantische Theologie im 19. Jahrhundert, Bd. 2, Hamburg ³1960, 522; E. Hirsch, Geschichte der neuern evangelischen Theologie, Bd. V, Gütersloh ³1964, 428; H. Thielicke, Glauben und Denken in der Neuzeit, Tübingen ²1988, 261). Die Nebenbemerkungen an den genannten Stellen sind so nichtssagend, daß Th. Harnack auch unerwähnt hätte bleiben können. Was die Einbettung der Theologie Luthers in die Theologiegeschichte betrifft, so ist ein Mangel in Harnacks Darstellung zu konstatieren (mit B. Lohse, Martin Luther, München ³1997, 202 f.).

87 Nachdr. 1934 und Gütersloh 1947.

88 Winter, a. a. O. (Anm. 83), 179 f. und 220, unterschätzt den Gehalt dieser Schrift; denn er berücksichtigt nicht, daß Harnacks freiwillige Beschränkung auf die Bekenntnisschriften die Theologie Luthers nicht ersetzt, sondern *voraussetzt*. Harnack interpretiert die Bekenntnisschriften auf der Basis von Luthers Theologie, nicht umgekehrt (gegen Beyschlag, a. a. O. (Anm. 81), 90). Er belegt dies freilich nicht; diesen Nachweis hat er im 1. Bd. seiner Lutherdarstellung geführt.

Revolution von 1848 in Deutschland ausgebrochen war und die in der protestantischen Theologie weder vorher noch nachher so intensiv geführt worden ist wie in der Mitte des vorigen Jahrhunderts im Umkreis der Erlanger Theologie.[89] Harnack orientiert sich kriteriologisch an der „Grundlehre der Reformation", dem *articulus stantis et cadentis ecclesiae*,[90] zieht eine Bilanz der Diskussion und sucht zwischen den Fronten zu vermitteln. Auf der einen Seite stehen Friedrich Julius Stahl[91] und besonders Wilhelm Löhe[92], auf der anderen vor allem Johann Wilhelm Friedrich Höfling[93], Harnacks Vorgänger auf dem Lehrstuhl für Praktische Theologie in Erlangen. Harnack ist keiner der beiden Seiten zuzurechnen. Das sei schon vorweg gesagt. Er korrigiert ihre Einseitigkeiten, ohne daß er dies besonders hervorhebt, und stellt heraus, was auf der Basis von Luthers Versöhnungs- und Rechtfertigungslehre von den lutherischen Bekenntnisschriften über Kirche und Amt ausgesagt wird.[94]

---

89 Vgl. H. Fagerberg, Bekenntnis, Kirche und Amt in der deutschen konfessionellen Theologie des 19. Jahrhunderts, UUA 9, Uppsala / Wiesbaden 1952, 101–120; H. Wittram, Die Kirche bei Theodosius Harnack, APTh 2, Göttingen 1963, 92–103; C. Link, Die Grundlagen der Kirchenverfassung im lutherischen Konfessionalismus des 19. Jahrhunderts, insbesondere bei Theodosius Harnack, JusEcc 3, München 1966; G. Müller, Das neulutherische Amtsverständnis in reformatorischer Sicht, KuD 17 (1971), 46–74.

90 Harnack, a. a. O. (Anm. 87), 1947, 5.

91 F. J. Stahl, Die Kirchenverfassung nach Lehre und Recht der Protestanten, ²1862, Nachdr. Frankfurt/M. 1965. Vgl. dazu Fagerberg, a. a. O. (Anm. 89), 81 ff.; Link, a. a. O. (Anm. 89), 63 ff.

92 Löhe litt unter dem landesherrlichen Kirchenregiment des kath. Königs von Bayern und stritt für die Eigenständigkeit der luth. Kirche. Von bleibender Bedeutung ist: Drei Bücher von der Kirche, 1845, in: W. Löhe, GW, hg. v. K. Ganzert, Bd. V, 1, Neuendettelsau 1954, 83–179. In den Publikationen nach 1848 hat Löhe keine genuin reformatorische Position vertreten: Aphorismen über die neutestamentlichen Ämter und ihr Verhältnis zur Gemeinde, 1849, in: a. a. O., 253–330; ders., Kirche und Amt, 1851, a. a. O., 523–588. Vgl. S. Hebart, Wilhelm Löhes Lehre von der Kirche, ihrem Amt und Regiment, Neuendettelsau 1939, 69–76, 155–180, 261 ff.; Müller, a. a. O. (Anm. 89), 47–61. S. a. W. Schlichting, Löhe, TRE, Bd. 21, 1991, 410–414; W. Ost, Wilhelm Löhe, Neuendettelsau 1992, 120 ff.; ders., Das Bild Luthers und der Reformation bei Wilhelm Löhe, Luther 68 (1997), 127–143.

93 J. W. F. Höfling, Grundsätze evangelisch-lutherischer Kirchenverfassung, Erlangen ³1853. Vgl. M. Kießig, Johann Wilhelm Friedrich Höfling – Leben und Werk, LKGG 14, Gütersloh 1991, bes. 138 ff.

94 Das ist in der Sekundärliteratur zu Luthers Amtsverständnis nicht angemessen gewürdigt worden; s. z. B. W. Stein, Das kirchliche Amt bei Luther, VIEG 73, Wiesbaden 1974; H. Goertz, Allgemeines Priestertum und ordiniertes Amt bei Luther, MThSt 46, Marburg/L. 1997. Beide haben Harnack nicht wirklich rezipiert.

Im sechsten Kapitel von *Die Kirche, ihr Amt, ihr Regiment* behandelt Harnack das Amt der Kirche.[95] Dieses Kapitel ist grundlegend für Harnacks Amtsverständnis.[96] Im ersten Teil des Kapitels entfaltet er die These (§§ 69–90), im zweiten Teil die Antithese (§§ 91–101). Daraus sollen die erkenntnisleitenden Aspekte hervorgehoben werden. Zuvor ist jedoch auf den zugrundeliegenden Kirchenbegriff einzugehen (§§ 1–68).

3.1. Konturen des Kirchenbegriffs

1. In dem einleitenden Abschnitt hebt Harnack hervor, bei den Kontroversen über den Begriff der Kirche habe man nicht genug im Auge behalten, daß die Kirche ins Credo gehöre und ein Glaubensartikel sei (§ 1).[97] Infolgedessen habe man nicht klar zwischen Kirche und Kirchentum unterschieden (ebd.). Diese Unterscheidung ist aber um des „rechtfertigenden evangelischen Glaubens" willen sachlich notwendig; denn wird das Verhältnis zu Christus allein durch den Glauben bestimmt, kann es nicht zugleich „von einer bestimmten zeitlichen Form des Kirchentums in Abhängigkeit gesetzt (werden)" (§ 2). In der Identifizierung des Wesens der Kirche mit einer geschichtlichen Erscheinungsform der Kirche sieht Harnack „den Grundirrtum des Romanismus" (§ 3). Der andere Abweg ist der „Indifferentismus" gegenüber der Erscheinungsform von Kirche überhaupt (ebd.).

Nach Harnack ist die Kirche „ganz umschlossen von dem Begriff und Wesen des Reiches Gottes" (§ 6). Einerseits sind Kirche und Reich Gottes nicht identisch, andererseits ist die Kirche „die irdische Existenzweise des Reiches Gottes in seiner gegenwärtigen Phase als Reich Christi" (ebd.). Die heilsökonomische Stellung der Kirche wird durch die „beiden

---

95 Harnack, a. a. O. (Anm. 87), (1862), 1947, S. 37–49, §§ 69–101. Im folgenden wird nur der entsprechende § angeführt. Hervorhebungen Harnacks werden nicht besonders gekennzeichnet.
96 Vgl. ferner Th. Harnack, Praktische Theologie, Bd. I, Erlangen 1877, 87–100, wo dieselben Gedanken, z. T. in wörtlicher Übereinstimmung, wiederkehren. Auch Harnacks programmatisch zu nennende Schrift *Die freie lutherische Volkskirche*, Erlangen 1870, bes. 99 f., ist von demselben Amtsverständnis bestimmt.
97 Zur Diskussion über die Kirche vgl. Fagerberg, a. a. O. (Anm. 89), 1952, 121–133. Zu Harnacks Kirchenbegriff s. außer Fagerberg bes. Wittram, a. a. O. (Anm. 89) und Drehsen, a. a. O. (Anm. 77).

Erscheinungen Christi" bestimmt (§ 7): Die Zeit der Kirche erstreckt sich von Pfingsten bis zur Parusie Jesu Christi. In dieser Zeit „lebt und besteht" die Kirche „durch die unsichtbare, aber irdisch-reale Wirkung der Machtvollkommenheit und Gnadengegenwart des erhöhten Christus, ihres Herrn" (ebd.).

Der „Ausgangspunkt" des Harnackschen Kirchenverständnisses ist Christus,[98] und zwar insbesondere die Lehre, „wie er als der Erhöhte durch seinen Geist mittelst des Worts seine Wirksamkeit auf Erden zur Gründung und Erhaltung seines Reiches betätigt" (§ 15). Diese spezifische, analogielose Wirksamkeit des erhöhten Christus nötigt zur grundlegenden Unterscheidung zwischen Kirche und Kirchentum auf der Basis der Unterscheidung zwischen Reich Gottes und Reich Christi. Der Ertrag dieser Unterscheidung ist, daß die empirische Kirche auf der einen Seite nicht an die Stelle des erhöhten Christus treten kann, würde doch dadurch die Grundrelation zwischen dem gepredigten Christus und dem Glauben aufgelöst, daß sie aber auf der anderen Seite gleichwohl als „Heilstat und Heilsstiftung Gottes" aufgefaßt werden muß (§ 5), deren Aufgabe klar umrissen und deren Gestalt nicht beliebig ist. Doch weil sie ihren Bezugspunkt außerhalb ihrer, in Christus hat, „gehört nur die Kirche ins Credo, das Kirchentum als solches nicht" (§ 1).

2. Der *„Grund" der Kirche* ist Christus (§ 8), und zwar dieser in der „Identität des gekreuzigten und des verherrlichten Christus" (§ 16).[99] Durch die Berufung der Jünger und Apostel vorbereitet, verdankt die Kirche doch „ihr faktisches Entstehen und Bestehen erst jener zuvor verheißenen,

---

98 Vgl. Harnack, a. a. O. (Anm. 96), Bd. I, 1877, 65: „Wie Einer von der Person Christi glaubt und lehrt, so lehrt er auch von der Kirche." Nach Fagerberg hat in der Diskussion um die Kirche in der Mitte des 19. Jahrhunderts niemand den „christologischen Aspekt energischer durchgeführt als Th. Harnack" (a. a. O. (Anm. 89), 130). Man kann Harnack als „Kirchentheologen" bezeichnen, darf aber nicht unterschlagen – was bei Drehsen, a. a. O. (Anm. 77), zu kurz kommt –, daß Harnacks Ekklesiologie Explikat der Christologie ist. Ähnlich wie Harnack argumentiert A. v. Harleß, Kirche und Amt nach lutherischer Lehre, Stuttgart 1853, 1.

99 Vgl. Wittram, a. a. O. (Anm. 89), 49: „Wenn Harnack bei Christus einsetzt, so kann er ihn nur in seiner Einheit des Irdischen und Erhöhten sehen." Das schließt ein: „(Auch) die Heilsthatsachen, die er (sc. Christus) in irdisch zeitlicher Weise einmal zu unsrer Versöhnung und Erlösung vollbracht hat, sind mit seiner Person, von der sie schlechterdings nicht zu trennen sind, zu ewig gegenwärtigen und wirksamen Thatsachen erhoben, die fortwährend wirken und schaffen, was sie einmal gewirkt haben (Hebr. 10,14)" (Harnack, a. a. O. (Anm. 96), Bd. I, 1877, 65).

neuen und unausgesetzt fortgehenden Selbstbezeugung des erhöhten Christus, die ihren begründenden Anfang genommen in der Ausgießung des Heiligen Geistes am Tage der Pfingsten" (§ 8).

Aus dieser positiven Bestimmung des Ursprungs der Kirche ergeben sich folgende Abgrenzungen und Negationen: (1.) Die Kirche ist nicht aus dem Willen der Menschen entstanden, auch nicht aus dem Glauben, aus frommen Stimmungen und Vorsätzen (§ 10).[100] (2.) Die Kirche ist „von den Weltpotenzen", also von Politik, Handel und Kultur, in ihrem Wesen unabhängig und unerreichbar (§ 11). Sie trägt ihr Wesen nicht in sich selbst, sondern in Christus; aber in diesem ist es „objektiv" gegeben, das heißt, sie steht über den einzelnen, die zu ihr gehören (ebd.).[101] Stellt Harnack dies gegen den „modernen Subjektivismus" heraus, so macht er gegen den „Romanismus" geltend, (3.) daß die Kirche kein „Gesetzesinstitut" sei, sondern sie ist „allein auf Gnade und Glauben gestellt" (ebd.).

Die Kirche gründet in Gottes „Heilswillen" (§ 11), der in Christus zur Ausführung kommt und dessen Kontinuität und Vollendung der Heilige Geist gewährleistet, „der sich als Geist Christi dadurch erweist, daß er sein Wirken an die geschichtliche Wirksamkeit des Herrn im Fleisch eng anschließt und es dieser ganz unterstellt" (§ 12). Harnack kann von der „Objektivität" der Kirche reden (§ 11), weil er diese in Christus verwurzelt und von Christus getragen sieht. Den Ursprung und die Stiftung der Kirche bestimmt er unabhängig vom Religionsbegriff und Gemeinschaftsgedanken christologisch und auf der Grundlage der Christologie pneumatologisch und trinitarisch. Darin sieht er die „schriftmäßige Entwicklung des Begriffs der Kirche" (§ 15). Harnacks christologischer Ansatz bei der Identität des gekreuzigten und erhöhten Christus (§§ 9 und 16) hat zur Konsequenz, daß der Zugang zu Christus nicht durch eigenmächtige fromme Bemühung oder auch durch historische Forschung, sondern allein durch die Gnadenmittel geöffnet wird, durch die Christus selbst handelt. „Die spiritualistische Vernachlässigung oder Zurücksetzung der Gnadenmittel macht einen anderweitig unheilbaren Riß zwischen Christo dem Fleischgewordenen und dem Erhöhten, zwischen Christo und seinem Geist, und auch zwischen Christo und seiner Kirche." (§ 16)

---

100 Das ist gegen den Schleiermacherschen Denkansatz sowie den Kollegialismus gerichtet (mit Wittram, a. a. O. (Anm. 89), 47).

101 Nach Harnack ist die Kirche wie die Ehe vor dem einzelnen da und besteht unabhängig von seinem Willen (a. a. O. (Anm. 96), 1870, 87).

3. Der dritte Abschnitt über das *Wesen der Kirche* ist der ausführlichste des ekklesiologischen Teils. Die zentralen Gedanken sind folgende:[102]

3.1. Entsteht die Kirche durch die „Wirkung des Heiligen Geistes in den Herzen der dadurch zu einer Gemeinde Christi verbundenen Jüngerschar" (§ 17)[103], dann ist die Kirche die Stätte Christi in der Welt und als solche zugleich das Organ seiner fortgesetzten Wirksamkeit (ebd.). Sie ist in ein „Doppelverhältnis" eingebunden, nämlich in das „Lebensverhältnis" zu Christus und in das „Berufsverhältnis" zur Welt (§ 18). Harnack unterscheidet zwischen der objektiven und subjektiven Seite der Kirche: Objektiv ist die Kirche Schöpfung des erhöhten und lebendigen Christus (§ 10), also Christi Leib als „der von ihm erzeugte lebendige Organismus seines wirkenden Geistes" (§ 19);[104] subjektiv ist sie die Versammlung der Glaubenden.[105] Die Wirksamkeit Christi für sich allein genommen ist „noch nicht die Kirche, sondern diese ist immer die Einheit seiner Tat und ihrer beabsichtigten und erreichten Wirkung, nämlich des Glaubens" (§ 20).[106] „Beide Seiten zusammengefaßt, ist die Kirche ihrem Wesen nach" (§ 24). In Analogie zur Zweinaturenchristologie versteht Harnack

---

102 Vgl. dazu Wittram, a. a. O. (Anm. 89), 57–62.

103 Der Heilige Geist wirkt dergestalt, daß „er in dem Herzen eines jeden durch persönliche Wiedergeburt den begonnenen Glauben zur Reife bringt" (Harnack, § 13). Das hat Harnack von Luther und Melanchthon übernommen, es beruht nicht allein auf dem Erbe der Erweckungsbewegung, die er in St. Petersburg und in Livland kennenlernte, hat er sich doch später gegen das livländische Herrnhutertum ausdrücklich abgegrenzt (vgl. Wittram, a. a. O. (Anm. 89), 19 ff., bes. 28–32).

104 Harnack hat den Gedanken der organischen Entwicklung aus dem philosophischen und theologischen Denken seiner Zeit aufgenommen (vgl. Fagerberg, a. a. O. (Anm. 89), 1952, 117 f., 130; ders., a. a. O. (Anm. 11), 1978, 587) und verwendet ihn als Interpretament der Corpus-Christi-Vorstellung. S. a. J. Rohls, Protestantische Theologie der Neuzeit, Bd. I, Tübingen 1997, 680 f.

105 „Die Kirche ist immer nur und dann und da vorhanden, wann und wo auch der Glaube ist" (Harnack, § 22). „Die Getauften sind darum nur passive Glieder der Kirche, Glieder der göttlichen Bestimmungsthat nach; wirkliche, active Gliedschaft ist nur da, wo Glaube ist" (Harnack, a. a. O. (Anm. 96), Bd. I, 1877, 77). In dieser – theologisch anfechtbaren – Differenzierung spiegelt sich die volkskirchliche Situation des 19. Jh. wider.

106 Glaube ist für Harnack der unmittelbare Akt des Ergreifens der Offenbarung Christi in seinem Wort. Ihm ist von Anfang an „die volle Wahrheit gegeben" (Th. Harnack, Wesen und Kennzeichen der wahren Kirche Christi mit besonderer Beziehung auf die evangelisch-lutherische Kirche, in: Bäckmann / Harnack (Hg.), Die wahre Kirche Christi, Riga 1850, 54).

die Kirche mithin als „eine göttlich-menschliche Realität" (§ 22). Der Bestand und das Leben der Kirche ist „ganz und gar bedingt", und zwar nach ihrer objektiven wie nach ihrer subjektiven Seite hin, durch die „Verwaltung und (den) Gebrauch der Gnadenmittel des Worts und der Sakramente" (§ 25). Nimmt man diesen Aspekt hinzu, ergibt sich als Definition: Die „Kirche (ist) die von Christo geschaffene und regierte, von seinem Geiste durchlebte, in einem Glauben verbundene und an die Verwaltung und den Gebrauch der Gnadenmittel schlechthin gebundene Gemeinde der Gläubigen" (§ 26).

3.2. Von dieser Wesensbestimmung schließt Harnack auf die Eigenschaften und das Kennzeichen der Kirche. (1.) Die Kirche ist heilig und katholisch, „weil sie und solange sie die apostolische ist und bleibt" (§ 27). Zu ihrem Bestand bedarf die Kirche „nicht der Kontinuität von Apostel-Personen, wohl aber der des Worts der Apostel" (ebd.). Die Apostolizität der Kirche kann nicht auf einer fingierten Amtsträger-Sukzession beruhen, sondern sie muß „vielmehr in der Übereinstimmung ihres Glaubens und Zeugnisses mit dem der Apostel" bestehen, „also darin, daß die Gnadenmittel rein und lauter, d. h. schriftgemäß verwaltet werden" (ebd.).[107] Daraus folgt (2.), daß „der wesentlichen Kirche Sichtbarkeit (zukommt), nicht bloß akzessorisch, sondern notwendig" (§ 30).[108] Aber diese Sichtbarkeit beruht ausschließlich in der Verwaltung der Gnadenmittel; diese ist „das charakteristische und vollkommen ausreichende Kennzeichen der Kirche" (§ 33). Diesem Kennzeichen ist nichts zur Seite zu stellen, sondern alles andere „vielmehr unterzuordnen" und kommt lediglich „als Zeichen des Zeichens in Betracht" (ebd.).[109]

4. Im vierten Abschnitt behandelt Harnack unter der Überschrift „Beruf der Kirche" den *Auftrag der Kirche*[110]. Aus dem Verhältnis, in dem die

---

107 Zu dem Verständnis der Sukzession s. u. Anm. 128–133.

108 Die Unterscheidung zwischen *ecclesia invisibilis* und *ecclesia visibilis*, die wohl mit Zwingli, aber nicht mit Luthers reformatorischem Kirchenverständnis im Einklang steht, hält Harnack – zu Recht – für unbrauchbar (s. bes. § 68). Sie fügt sich in ein neuplatonisch-humanistisches (16. Jh.) oder in ein idealistisches Schema (19. Jh.) ein, das den inkarnationstheologischen Ansatz der luth. Reformation außer acht läßt oder ihn bewußt umdeutet.

109 Diese kompromißlose Aussage Harnacks erfolgt im Anschluß an das reformatorische Verständnis der unter dem Kreuz verborgenen Kirche (vgl. Harnack, § 66; s. a. Wittram, a. a. O. (Anm. 89), 65).

110 Es folgen dann noch Ausführungen über die „Existenzweise der Kirche". Sie werden unten bei der Darlegung über das Amt berücksichtigt.

Kirche zu Christus steht, ergibt sich ihr Auftrag gegenüber der Welt (§ 45). In dem Maß, in dem die Kirche ihren Lebensgrund in Christus hat, ist sie ermächtigt und befähigt, ihm als Organ seiner Wirksamkeit zu dienen (§ 47). Christus braucht sie als Instrument, durch das er mit den Gnadenmitteln an den Menschen handelt (§ 48). Weil die Heilsvermittlung an die Gnadenmittel gebunden ist, „ist jede Mittlerschaft der Kirche zu verwerfen, bei der sie statt Dienerin Christi zu bleiben, sich zu seiner autonomen Stellvertreterin und zur Herrin über die Gläubigen aufwirft" (§ 48).

Wesen und Auftrag, Sein und Werden der Kirche bedingen sich gegenseitig (§§ 50 und 54). Die Kirche baut sich nach innen wie nach außen auf (§ 50),[111] indem sie dem Auftrag ihres auferstandenen Herrn im Glauben gehorcht. Das geschieht durch die Verwaltung der Gnadenmittel (§ 52) in Unterweisung, Evangelisation und Mission.[112]

3.2. Die Amtskonzeption

3.2.1. Der Ursprung des Amtes

1. *Die heilsgeschichtliche Positionierung.* Aus der heilsgeschichtlichen Stellung der Kirche sowie aus ihrem Wesen und ihrer Aufgabe ergibt sich, daß sie kein kultisches Amt im alttestamentlichen Sinn mehr hat, „weder dem Wesen, noch der Aufgabe und Form nach" (§ 69). Dennoch ist ihr „ein amtlicher Dienst *(diakonia, ministerium)* notwendig und auch göttlich eingestiftet" (ebd.). Dieser bleibt, „solange die Gnadenmittel bleiben" (ebd.).

---

111 Harnack gebraucht den Begriff der „Selbsterbauung" (z. B. § 51). Mit ihm intendiert er nichts „Erbauliches", sondern Gemeindeaufbau durch das Wort Gottes und die Sakramente. S. a. Seitz / Herbst, a. a. O. (Anm. 77), 461; M. Herbst, Missionarischer Gemeindeaufbau in der Volkskirche, Stuttgart ²1988, 27–29.

112 Die Kirche ist „nach außen evangelistisch missionierend, nach innen katechetisch-pädagogisch thätig" (Harnack, a. a. O. (Anm. 96), 1870, 91; s. a. ders., Katechetik, Bd. 1, Erlangen 1882, 1–4). Darin ist sie „Heils- oder Gnadenanstalt" und praktiziert die „Erziehung zum Glauben" (a. a. O., 90). In seinem Anstaltsverständnis schließt sich Harnack an Höfling an (s. Wittram, a. a. O. (Anm. 89), 62) und unterstreicht mit ihm das transsubjektive Moment der Kirche. Harnack grenzt sich gleichermaßen gegen die „römische Anstaltskirche und die spiritualistische Geisteskirche" ab; denn beide heben „die Kirche als Gegenstand des Glaubens auf" (Harnack, (1862), 1947, § 32, Anm.).

Harnacks Antithese ist – seit der Reformation mehr oder weniger eine Selbstverständlichkeit – gegen das kirchliche Amtspriestertum gerichtet: „Von einem besonderen Priesterstande . . . ist in der Schrift nirgends die Rede."[113] Es wieder eingeführt zu haben und beibehalten zu wollen, war und ist ein Irrtum. Damit verkennt man die heilsgeschichtliche Situation und bringt sich in den Gegensatz zum neuen Bund. Aber nicht nur biblisch-theologisch und dogmatisch übernimmt Harnack diese reformatorische Grundentscheidung Luthers. Er sieht sie vielmehr auch durch seine Studien zur Geschichte des christlichen Gottesdienstes historisch bestätigt.[114]

Harnacks These beruht auf seinem christologisch fundierten Kirchenverständnis. Danach lebt die Kirche zwischen Pfingsten und Parusie von und aus den Gnadenmitteln, durch die Christus selbst handelt (§ 48). Wer immer die Notwendigkeit auftragsgemäßer Verwaltung der Gnadenmittel leugnet, der betreibt „kirchenauflösende Antizipation der Zukunft" (§ 69, Anm.).[115] Solange die Kirche das Reich Gottes als Reich *Christi* repräsentiert, ist sie auf einen amtlichen Dienst angewiesen. Erst in der zukünftigen Vollendung des Reiches Gottes wird das Gnadenmittelamt überflüssig.

2. *Die Stiftung des Amtes.* „Das Amt ist göttlich eingesetzt" (§ 80). Es ist Christi „unmittelbare Stiftung"; „denn er hat das zu Verwaltende eingesetzt, die Gnadenmittel; hat den Auftrag, sie zu verwalten, erteilt; hat verheißen, daß es seiner Kirche nie an den zur Ausrichtung seines Auftrags befähigenden Gaben fehlen solle" (ebd.).

Harnacks These steht am Ende einer mehr als zwanzigjährigen Diskussion,[116] zu deren Hauptkontroverspunkten die Frage nach dem

---

113 Harnack, a. a. O. (Anm. 96), Bd. I, 1877, 88. Harnack denkt wohl an das röm.-kath. Amtspriestertum, hat aber auch seit seiner Kindheit in St. Petersburg das russisch-orthodoxe vor Augen.

114 Th. Harnack, Der christliche Gemeindegottesdienst im apostolischen und altkatholischen Zeitalter, Erlangen 1854. Harnack wußte um „den großen Riß zwischen Apostolicität und Katholicität" (a. a. O., 65) und konnte Luthers reformatorische Tat daher auch historisch würdigen.

115 Ganz ähnlich argumentiert Th. Kliefoth, Acht Bücher von der Kirche (I), Schwerin / Rostock 1854, 487. Zu Kliefoths Amtsverständnis vgl. Fagerberg, a. a. O. (Anm. 89), 1952, 286 ff.; s. a. F. W. Kantzenbach, Kliefoth, Theodor (1810–1895), TRE, Bd. 19, 1990, 268–271.

116 Lit. o. Anm. 89; s. ferner Fagerberg, a. a. O. (Anm. 11), 1978, 586–590; Goertz, a. a. O. (Anm. 94), 1997, 1–11. Die Goertz als heuristisches Prinzip dienende Alternative

Ursprung des Amtes zählt. Zwar beruft sich Harnack nur auf die lutherischen Bekenntnisschriften, aber aus seinem Sprachgebrauch geht hervor, daß er die Diskussion verfolgt und rezipiert hat. Um seine Position zu verstehen, sollen die wichtigsten Standpunkte zunächst aufgeführt und danach gegeneinander abgegrenzt werden.[117] Es lassen sich im wesentlichen drei unterscheiden:[118] A) Das Amt der Kirche liegt in der Stiftung durch Christus begründet und pflanzt sich selbst fort. Repräsentativ für diese Ansicht sind Stahl[119], Löhe[120] und Vilmar[121]. Fagerberg zählt auch Harnack dazu, unter Berufung auf den oben angeführten § 80[122], aber er stellt damit nur eine Teilwahrheit heraus. B) Das Amt ist göttlich gestiftet, nämlich mit den Gnadenmitteln gegeben;[123] aber es leitet sich vom allgemeinen Prie-

---

zwischen „Stiftungstheorie" und „Übertragungstheorie" ist eine Vergröberung, die einen weitaus komplizierteren Sachverhalt überdeckt.

117 Die wichtigsten Veröffentlichungen zur Amtsfrage sind bis 1862 in chronologischer Reihenfolge:
1840: F. J. Stahl, a. a. O. (Anm. 91), ²1862.
1849: W. Löhe, a. a. O. (Anm. 92).
1850: J. W. F. Höfling, a. a. O. (Anm. 93), ³1853.
1853: A. v. Harleß, a. a. O. (Anm. 98).
1854: Th. Kliefoth, a. a. O. (Anm. 115).
Aus der Zeit nach 1862 sei bes. hingewiesen auf: A. W. Dieckhoff, Luthers Lehre von der kirchlichen Gewalt, Berlin 1865, und A. F. C. Vilmar, Die Lehre vom geistlichen Amt, hg. v. Piderit, Marburg / Leipzig 1870. Zur theologischen Bewertung aus der Sicht eines Zeitgenossen vgl. F. H. R. v. Frank, Geschichte und Kritik der neueren Theologie, Leipzig ⁴1907, § 13; zur Erlanger Theologie s. bes. Beyschlag, a. a. O. (Anm. 81), 1993.

118 Fagerberg, a. a. O. (Anm. 89), 1952, 119 f. unterscheidet „vier verschiedene Antworten", weil er R. Rothe (Die Anfänge der christlichen Kirche und ihrer Verfassung, (I), Wittenberg 1837) hinzunimmt, für den es im Anfang der Kirche kein geordnetes Amt gab (Rothe, 146 ff.). Dieser Standpunkt hat Harnack nicht angefochten, weil er wie Luther nicht von einzelnen biblischen Belegstellen über Ämter ausgeht, sondern von dem biblischen Evangelium und der Notwendigkeit seiner Verkündigung. Rothes Programm der ethischen Weltbemächtigung mitsamt der bekannten Schlußfolgerung, die Kirche müsse im Staat aufgehen, war für Harnack theologisch völlig abwegig (s. z. B. Harnack, a. a. O. (Anm. 96), 1870, 29 f.).

119 Stahl, a. a. O. (Anm. 91), 107–125.
120 Löhe, a. a. O. (Anm. 92), GW V, 1, 262 ff.
121 Vilmar, a. a. O. (Anm. 117), 20. Weitere Belege bei B. Schlunk, Amt und Gemeinde im theologischen Denken Vilmars, BEvTh 9, München 1947, 17–21.
122 Fagerberg, a. a. O. (Anm. 89), 1952, 117.
123 Höfling, a. a. O. (Anm. 93), 41 u. ö.

stertum her.[124] Der geistliche Stand ist daher lediglich „sekundärer Inhaber des Amtes"[125]. Diese Position hat – in Abgrenzung gegen Stahl und Löhe – am profiliertesten Höfling vertreten. C) Das Amt ist göttlich gestiftet, aber diese Stiftung geht nicht zu Lasten des allgemeinen Priestertums. Diesen zwischen den Positionen vermittelnden Standpunkt vertritt neben von Harleß auch Harnack.[126] Was impliziert dann der Stiftungsgedanke bei Harnack im Vergleich zu anderen Positionen?

Diese Fragestellung berührt vor allem den theologischen Ausgangspunkt und die Struktur der Argumentation. Entscheidend ist: Harnack setzt auch bei der Frage nach dem Ursprung des Amtes bei Christus ein. Liegt der Grund und die Objektivität der Kirche in der fortdauernden Wirksamkeit des mit dem irdischen Jesus identischen erhöhten Christus, kann auch der Ursprung und die Objektivität des Amtes allein auf Christus zurückgeführt werden. Würde doch Christus andernfalls die entscheidende kirchengründende Initiative entwunden und diese der Kirche zugeschrieben. Freilich führt Harnack den Ursprung des Amtes nicht auf den „historischen Jesus" zurück, so gewiß er die Berufung und Aussendung der Jünger in sein Amtsdenken einbeziehen kann. Das Amt ist „von Christo gestiftet", sagt er lapidar (§ 80). Es ist insofern „seine unmittelbare Stiftung", als er die Gnadenmittel selbst eingesetzt und den Auftrag, sie zu verwalten, selbst erteilt hat (ebd.). Die Bibelstellen, die Harnack anführt, erhärten durch den Zusammenhang, in dem sie bei Harnack stehen,[127] daß er von der Identität des gekreuzigten und verherrlichten Christus ausgeht

---

124 Vgl. Fagerberg, a. a. O. (Anm. 89), 1952, 106 f.; ders., a. a. O. (Anm. 11), 1978, 587–589; Kießig, a. a. O. (Anm. 93), 149 f.

125 Kießig, 144.

126 Vgl. im Überblick Fagerberg, a. a. O. (Anm. 89), 1952, 111–115, wo weitere Vertreter dieser Position genannt sind.

127 Joh. 20,21 ff. und Mk. 16,15 (nach BSLK); ferner Mt. 28,18 ff., Lk. 24,47 u. a. (Harnack, § 80, Anm.). Man vergleiche mit diesem von Christus ausgehenden, auf das Evangelium und die Gnadenmittel zugespitzten Schriftgebrauch Löhes *Aphorismen über die neutestamentlichen Ämter und ihr Verhältnis zur Gemeinde* (1849), a. a. O. (Anm. 92), oder auch Vilmar, a. a. O. (Anm. 117), 5 ff., der keine Bibelstelle ausläßt, die mit „Amt" in Berührung steht, und man wird den Unterschied in der Struktur der Argumentation nicht übersehen! Durch die Aneinanderreihung von biblischen Belegen läßt sich der göttliche Ursprung des Amtes nicht stringent begründen; durch die Bezugnahme auf die Gnadenmittel ist er dagegen unabweisbar. Das hat Harnack von den Wittenberger Reformatoren gelernt.

und daher wie Luther und Melanchthon in der Beauftragung und Bevoll-mächtigung der Jünger durch den Auferstandenen die Einsetzung des Amtes für die ganze Zeit der Kirche abgebildet und begründet sieht. Christus „hat durch Berufung seiner Apostel der Kirche die urbildliche Weisung gegeben, fort und fort geeignete Personen mit der Führung des Amtes zu betrauen" (ebd.).

Aus Harnacks Denkansatz und Argumentationsstruktur ergibt sich alles weitere. Nur die wichtigsten Folgerungen für das Amtsverständnis können dargelegt werden.

3.2.2. Die Apostolizität des Amtes

Harnack wiederholt sich oft, aber nicht, weil es bei ihm keinen Gedanken-fortschritt gäbe, sondern weil alle Glieder seiner Argumentation wie bei einer Kette ineinandergreifen. So nimmt er auch den Gedanken der Apo-stolizität der Kirche aus § 27[128] bei der Bestimmung der Apostolizität des Amtes wieder auf und kommt ein weiteres Mal in der Antithese darauf zurück.

Seine These lautet: „Die Diener der Kirche haben dasselbe Mandat, das die Apostel hatten, sind Botschafter an Christi Statt und Nachfolger des Apostel-Dienstes. Nicht aber sind sie Nachfolger der Apostel-Personen, weil sie das Amt weder in der unmittelbaren, persönlichen, noch in der normierenden Weise, wie diese, empfangen haben. Für die Wahrheit und Wirkungskräftigkeit ihres Tuns bürgt weder die persönliche Christlichkeit noch die Amtlichkeit, sondern lediglich die Schriftmäßigkeit desselben." (§ 87) Über die Schriftgemäßheit hat die Kirche zu urteilen. Jedoch „steht die Kirche ... nicht über dem Amt, wohl aber über den Dienern des-selben" (§ 88).

Im Blick auf die geschichtliche Kontinuität der Kirche setzt Harnack mit Luther die *successio fidelium* voraus. Die Apostolizität des Amtes beruht auf der *successio verbi* gemäß Apg. 2,42. Diese wiederum stellt sich dar als Verkündigungs-, Lehr- und Bekenntnis-Sukzession. In der Bekenntnis-Sukzession umschlingen sich die *successio verbi* und die *successio fidelium* gegenseitig: Kirche und Amt erkennen und bestätigen

---

128 Zitiert o. Anm. 107.

sich gegenseitig ihre außer ihnen – in Gottes Wort – liegende Identität und Legitimität. „Es beruht darum auch die Einheit der Kirche durch alle Jahrhunderte und ihr Zusammenhang mit der apostolischen Urkirche nicht in der Identität Einer Verfassungsform oder in der Succession der Bischöfe, sondern in der Kontinuität des Bekenntnisses.“[129]

Harnack kennt auch eine Amtsträger-Sukzession in dem Sinn, daß ein Pastor seinem Nachfolger das Amt übergibt,[130] aber er gründet darauf nicht die Apostolizität und Legitimität des Amtes. Einen anderen Rechtsgrund als das Mandat Christi selbst und das apostolische Zeugnis der Heiligen Schrift gibt es nicht und kann es für das Amt nicht geben! In der Antithese grenzt sich Harnack deshalb „gegen die hierarchische Vergesetzlichung“ und „gegen die kollegialistische Verflüchtigung“ des Amtes ab (§ 91): „Wie unsre Bekenntnisse den hierarchischen Amtsbegriff verwerfen, wegen der Allgenugsamkeit und inneren Lebenskräftigkeit der Gnadenmittel, so vertreten sie das evangelische Amt gegen den Enthusiasmus wegen der Notwendigkeit und Unentbehrlichkeit derselben für den Glauben.“ (Ebd.) Der Apostolat wird nicht fortgesetzt (§ 92), sondern von dem Amt der Kirche als abgeschlossen – so bei Harnack wie bei Luther – vorausgesetzt.[131] Deswegen bildet das Amt a) nicht einen besonderen Stand in der Kirche (ebd.), in dem die Amtsträger mit einem *charakter indelebilis* ausgestattet wären.[132] Die Wirksamkeit „der Gnadenmittel ist nicht an die vermeintliche Legitimität der Amtsträger . . ., sondern allein an das Wort und die Verheißung Christi (gebunden)“ (§ 93). „Anders verlieren die Gnadenmittel ihren selbständigen Wert und ihre Bedeutung und Christus sein ausschließliches Mittlertum; das Amt wird an die Stelle Christi gesetzt, Glaube . . . auf die Hierarchie gegründet“ und die Kirche von dem „geschichtlichen Nachweis einer ununterbrochenen episkopalen Sukzession abhängig gemacht“ (ebd.). Das Amt wird aber auch nicht b) charismatisch begründet oder demokratisch durch eine „kollegialistische Übertragungstheorie“ legitimiert und aus dem allgemeinen Priestertum hergeleitet (§§ 94–97).

---

129 Harnack, a. a. O. (Anm. 96), 1870, 3. Gemeint ist das Bekenntnis zu Christus (Mt. 16,13 ff.).
130 Vgl. Th. Harnack, De theologia practica recte definienda et adornanda, Diss. theol. Dorpat 1847, 55 f.; zitiert bei Wittram, a. a. O. (Anm. 89), 92 f., Anm. 3.
131 S. a. Harnack, a. a. O. (Anm. 96), Bd. I, 1877, 96 f.
132 Vgl. a. a. O., 92.

Harnacks Ausführungen über die Apostolizität des Amtes gehören – thetisch und antithetisch – zu den wichtigsten Passagen seiner Amtskonzeption. Sie führen von dem neulutherischen Sukzessionsverständnis, wie es etwa Löhe vertrat[133], zurück zu dem reformatorischen.

3.2.3. Die Kirchlichkeit des Amtes

Die Kirchlichkeit (Katholizität) des Amtes setzt Harnack überall voraus. Er kündigt das bereits durch den Buchtitel *Die Kirche, ihr Amt, ihr Regiment* an und unterstreicht es durch die Überschrift des sechsten Kapitels. Wie bestimmt er das Verhältnis von Kirche und Amt?
1. *Die Gleichursprünglichkeit von Kirche und Amt.* Beide, die Kirche und das Amt, sind von Christus gestiftet (§ 80). Das Amt ist nicht neben der Kirche, sondern „*in und mit ihr* gleichzeitig ins Dasein gerufen und in Wirksamkeit gesetzt" (ebd.). „Daraus folgt, daß weder der Kirche eine Priorität vor dem Amt noch diesem eine solche vor der Kirche zukommt; vielmehr ist das Amt nie ohne Kirche, wie die Kirche nie ohne Amt gewesen. *In* der Gemeinde, heißt es 1. Kor. 12,28, also nicht *vor* und nicht *nach* ihr" (§ 81).
Welches Gewicht dieser unscheinbaren Distinktion beizumessen ist, wird erst deutlich, wenn man sich vergegenwärtigt, daß das reformatorische Kirchen- und Amtsverständnis von Anfang an durch die falsche Frage nach der Priorität bedrängt worden ist und noch heute durch sie angefochten wird. Diese Frage hat indessen so viel Logik wie die, ob das Ei vor der Henne da war oder die Henne vor dem Ei. Sie gibt sich konsequent, beruht aber nur auf Konsequenzmacherei. Denn wer war zuerst da, die von dem Auferstandenen ausgesandten Jünger und Apostel oder die Gemeinden? Doch wohl die Apostel. Aber deshalb war das Apostelamt nicht vor der Kirche da, sondern die Apostel waren insofern „Kirche" und bildeten deren Fundament, als sie der Beauftragung durch Christus glaubten und ihr folgten.
Es ist bemerkenswert, daß Harnack auch bei der Verhältnisbestimmung von Kirche und Amt den Anschluß an die Reformation gewahrt hat. Er lehnt Löhes Überordnung des Amtes ab, ordnet es aber auch nicht wie

---

133 Löhe sprach von einer „Sukzession der Presbyter" (a. a. O. (Anm. 92), GW V, 1, 295). Bei Löhe hat sich das Amt gegenüber der Gemeinde gewissermaßen verselbständigt und pflanzt sich selbst fort (294 f.).

Höfling der Kirche infolge der Herleitung vom allgemeinen Priestertum unter. Droht im ersten Fall die Klerikalisierung der Kirche durch das Amt, steht im zweiten die kirchliche Gleichschaltung des Amtes zu befürchten.

Vor diesen kurzschlüssigen Bestimmungen des Verhältnisses von Kirche und Amt ist Harnack dadurch bewahrt worden, daß er das Kirchen- und Amtsverständnis gleichermaßen aus dem christologischen Denkansatz herleitete: Christus hat beide, Kirche und Amt, *gleichzeitig* „gesetzt" (§ 80). In ihm haben sie ihre übergeordnete Einheit. Bevor Kirche und Amt aufeinander bezogen werden können, sind sie bereits beide unmittelbar auf Christus bezogen, und nur weil sie das sind, gehören sie unlöslich zusammen und können aufeinander bezogen werden. An die Stelle der christologischen Ursprungsrelation dürfen jedoch niemals die sich aus ihr ergebenden ekklesiologischen Funktionsrelationen treten. Vielmehr bleiben diese jener immer untergeordnet.

1.1. Ein Anwendungsbeispiel für die Verhältnisbestimmung von Kirche und Amt ist die von allgemeinem Priestertum und Amt. Wie Luther geht Harnack davon aus, daß beide zusammengehören, aber so wenig wie Luther leitet Harnack das eine vom anderen ab.

Weil alle Christen „ihren Lebensgrund" in Christus (§ 47) und durch den Glauben an ihn Zugang zu Gott haben, darum sind alle „Priester Gottes" (§ 70).[134] Der Zugang zu Gott wird objektiv durch die Gnadenmittel und subjektiv durch den Glauben hergestellt (§ 72). Deshalb haben die Gnadenmittel „konstitutive Bedeutung" für den Glauben (§ 76). Sie sind nicht dem einzelnen Christen, „sondern der Kirche in ihrer Totalität anvertraut" (§ 72). Darin liegt die Gewähr dafür, daß die Kirche „zugleich Subjekt und Objekt ihrer Selbsterbauung in dem Herrn (ist)" (§ 70).

Den grundlegenden Gedanken, daß alle Christen allein durch den Glauben an das Evangelium „in einem Lebensverhältnis zu Christo" stehen (§ 45), hat Harnack unverkürzt wiedergegeben. Er legt auch dar, daß alle in „einem Berufsverhältnis zur Welt" stehen (ebd.), führt diesen Gedanken aber nicht so aus, wie es auf der Grundlage seiner Anknüpfung an die reformatorische Theologie möglich gewesen wäre. Daß das Priestertum aller Gläubigen und das Amt in einer Funktionsgemeinschaft stehen, auch und gerade im Dienst am Evangelium, ist in Harnacks Kirchen- und Amtsverständnis zwar angelegt, wird von ihm aber nicht hinreichend entfaltet.

---

134 Harnack beruft sich ausdrücklich auf 1. Petr. 2,(9) (z. B. § 70).

In *Die Kirche, ihr Amt, ihr Regiment* überwiegt die Warnung vor dem Mißbrauch des Gedankens vom allgemeinen Priestertum.[135] Die positive Würdigung dieses Gedankens kommt zu kurz. Möglicherweise entrichtet Harnack damit seinen Tribut an die Angst vor dem Bedeutungsverlust der Kirche in der Öffentlichkeit und vor den Auflösungstendenzen im Zeitalter der Industrialisierung, Massenarmut und Verstädterung.[136]

2. *Die Funktionsgemeinschaft von Kirche und Amt.* Fällt der Ursprung des Amtes mit dem der Kirche zusammen, dann verbietet sich nach Harnack die unmittelbare Ableitung der einen Größe aus der anderen, da beide unmittelbar auf Christus bezogen sind. Aber mit der Gleichursprünglichkeit von Kirche und Amt ist eine Funktionsgemeinschaft gesetzt, in der beide in einem Korrelationsverhältnis stehen, das mittelbare Ableitungen einschließt. Das birgt die Gefahr von Vermischungen in sich, die zu Mißverständnissen führen können. Es gibt wohl kaum einen Fehlschluß in der gegenwärtigen Amtsdiskussion, der nicht bereits im 19. Jahrhundert gezogen worden wäre. Aber gibt es Klarstellungen, die so differenziert sind wie Harnacks Lehre vom Amt? Er hat 1862 – wie der Untertitel von *Die Kirche, ihr Amt, ihr Regiment* lautet – „grundlegende Sätze mit durchgehender Bezugnahme auf die symbolischen Bücher der lutherischen Kirche" vorgelegt, die auch und gerade für das Verständnis der Funktionsgemeinschaft von Kirche und Amt von wegweisender Bedeutung sind. Dazu zählen die folgenden Relationsbestimmungen.

---

135 Vgl. vor allem die §§ 59 und 101: Harnack warnt vor „der unterschiedslosen Masse der Namenchristen", die sich „kraft eines usurpierten allgemeinen Priestertums" zur „Norm in der Kirche aufwirft" (§ 59; s. a. § 71). In § 101 führt Harnack unter ausdrücklicher Berufung auf Melanchthon „die Gleichgültigkeit gegen die Bedeutung des Amts" auf die „Überspannung" des allgemeinen Priestertums zurück. Harnacks Sorge, daß „die Kirche eine Beute der Welt" und ihrer Massentendenzen werden könnte (§ 59), sollte man auch heute noch ernst nehmen, aber in der Kirche darf das Priestertum aller Gläubigen deswegen nicht in die Schranken gewiesen werden!

136 Der damit einhergehende Prozeß der Entchristianisierung seit den 1840er Jahren war gewiß beunruhigend (vgl. dazu Th. Nipperdey, Deutsche Geschichte 1800–1866, München 1983, 403–451, bes. 423 ff.). Aber die Abgrenzung gegen das allgemeine Priestertum war sicherlich nicht das probate Mittel, diesem Prozeß entgegenzusteuern. Das hat – weitaus unbedenklicher als Harnack – Vilmar getan, welcher der gesellschaftlichen Krise mit der Autorität des kirchlichen Amtes zu begegnen suchte (vgl. U. Asendorf, Die europäische Krise und das Amt der Kirche. Voraussetzungen der Theologie von A. F. C. Vilmar, AGTL 18, Berlin / Hamburg 1967). Aber das wirkte sich im Ergebnis eher kontraproduktiv für die Kirche und ihr Amt aus.

2.1. *Amt und Person.* Aus der exklusiven Bindung des Amtes an das Mandat Christi und die von ihm eingesetzten Gnadenmittel ergibt sich für Harnack wie für die Wittenberger Reformatoren die Singularität des Amtes.[137] „Dieses Amt ist nicht eine, sondern *die* Gabe des Herrn an seine Kirche" (§ 83), also „Gemeingut der Kirche", das nur „kraft der Kirche" verwaltet werden kann (ebd.). Die Kirche überträgt das Amt, das da ist, bevor sie es überträgt, und das Christi Amt „bleibt"[138], auch nachdem sie es durch die Ordination übertragen hat.[139]

Aus Harnacks These, daß die Kirche nicht ein Amt hat, weil sie gläubige und charismatisch begabte Personen in ihrer Mitte hat, sondern weil die Gnadenmittel öffentlich zu verwalten sind, folgt die doppelte Antithese gegen den Hierarchismus und den Kollegialismus.[140] So sehr beide von den entgegengesetzten Standpunkten ausgehen, stimmen sie doch darin überein, daß das Gnadenmittelamt von den Personen verdeckt wird. Im „Hierarchismus" werden die Gnadenmittel „erst wirkungskräftig durch die Personen, welche sie verwalten"[141]; deshalb müssen diese geweiht und mit dem *character indelebilis* ausgestattet sein und einen besonderen Stand bilden.[142] Im „Kollegialismus" wird der Schwerpunkt von den Gnadenmitteln auf den Charismatiker und die Gemeinschaft verlegt. Aber

---

137 Es ist „nur *ein* Amt, der amtliche Dienst des Neuen Testaments (2. Kor. 3,6 ff.; 5,18 ff.)" (Harnack, § 76). Vor allem 2. Kor. 5,18 ff. ist eine Grundstelle für Harnacks Amtsauffassung. Er beruft sich auch gern auf Eph. 4,11 f. (z. B. § 72) und versteht diese Stelle wie Luther und J. Gerhard „konnexiv und nicht distributiv" (Fagerberg, a. a. O. (Anm. 11), 1978, 580; bei F. ohne Bezug auf Harnack).

138 Harnack, a. a. O. (Anm. 96), Bd. I, 1877, 99.

139 Die Ordination „ist nicht göttlicher Einsetzung, sondern eine freie apostolische kirchliche Ordnung, und ist eine öffentliche und feierliche Bestätigung der rechtmäßigen Berufung" (Harnack, 1862, § 90). „Der Segen der Ordination besteht mithin weder darin, daß sie, den Ordinanden einen besonderen Charakter aufprägend, die Amtsverwaltung derselben erst zu einer wirkungskräftigen macht, noch ist er an die Handauflegung, geschweige denn an die episkopale, gebunden; er ruht vielmehr in dem Wort und der Verheißung Christi und dem darauf sich gründenden Gebet der Kirche" (ebd.). Harnack widmet der Ordination lediglich § 90; sein Ordinationsverständnis ist nicht nur gegen die röm.-kath. Auffassung von der Priesterweihe, sondern ebenso dezidiert gegen das Verständnis der Ordination der luth. Hochkirchler des 19. Jh., vertreten z. B. von Löhe, Kliefoth und Vilmar, gerichtet.

140 Zusammenfassend wiedergegeben nach Harnack, a. a. O. (Anm. 96), Bd. I, 1877, 94 f.

141 A. a. O., 92.

142 S. bes. Harnack, 1862, § 92. Die Gleichsetzung von Amt und Stand ist wie die von Amt und Person ein Rückfall in eine überwundene heilsgeschichtliche Epoche (s. a. Wittram, a. a. O. (Anm. 89), 94).

die Gnadengaben schaffen das Amt nicht, sondern werden für die Ausübung des bereits vorhandenen Amtes verliehen.[143]

Amt und Person sind prinzipiell zu unterscheiden; denn die Wirksamkeit der Gnadenmittel „ist nicht einmal durch den persönlichen Glauben,
geschweige denn durch die besondere Begabung oder Stellung des Amtsträgers bedingt" (§ 84). Das Amt bedarf wohl der geeigneten, das heißt der
von der Kirche geprüften Personen, „aber diese sind nur menschliche
Werkzeuge, nicht persönliche Vermittler des Geistes" (ebd.). Aus dem
instrumentalen Charakter des Amtes ergibt sich, „daß es seinem Wesen
nach nicht Herrschaft, sondern Dienst (ist)" (§ 82), und zwar „Dienst am
Wort und an den Sakramenten" (§ 79). Diesen Dienst nehmen die von der
Kirche Berufenen zugleich als „Diener Christi und der Kirche (wahr)"
(§ 86); sie „handeln zugleich im Namen und Auftrag beider" (ebd.).

„Die Schriftmäßigkeit der lutherischen Amtslehre zeigt sich insonder-
heit auch darin, daß sie das Amt über die Personen und die Kirche über die
Diener stellt." (§ 96; siehe auch § 88.) Glaubenslose Amtsführung ist
„widerspruchsvoll" (§ 98) und bereitet Anstöße, die beseitigt werden
sollten. Amtsträger, die nicht glauben, tragen die Kirche nicht, sondern
werden von ihr getragen (§ 63). Kommt öffentlich vertretene Irrlehre
hinzu, muß sich die Kirche von solchen Amtsträgern trennen. Das sollte in
einem Lehrzuchtverfahren auf der Grundlage kirchenrechtlicher Ausführungsbestimmungen geschehen.

2.2. *Amt und Amtstum.* In Analogie zur Unterscheidung zwischen Kirche
und Kirchentum hat Harnack zwischen Amt und Amtstum unterschieden:[144] „Nach der einen Seite gehört es zur wesentlichen Kirche und ist
wie diese *juris divini,* nach der anderen zur empirischen und ist *juris
humani."* (§ 77) Unter „Amtstum" ist die „Amtsverwaltung" zu verstehen, die zur „Kirchenordnung" gehört, während „das Amt in seiner
Wesenheit" genauso wie die wesentliche Kirche zur „Heilsordnung"
gehört (§ 89).

---

143 Vgl. Harnack, a. a. O. (Anm. 96), Bd. I, 1877, 94. Es ist unreformatorisch und meines
   Erachtens auch exegetisch ein Mißgriff, wenn E. Käsemann (Amt und Gemeinde im
   Neuen Testament, 1949, in: ders., Exegetische Versuche und Besinnungen, Bd. 1,
   Göttingen ⁶1970, 109–134) das kirchliche Amt mit der Charismenlehre begründet.
144 Die Unterscheidung zwischen Amt und Amtstum findet sich z. B. auch bei H. Reuter,
   Abhandlungen zur systematischen Theologie, Berlin 1855, 109; s. a. Fagerberg, a. a.
   O. (Anm. 89), 1952, 114–118.

Die Kirche kann sich als Kirchentum organisieren; sie muß das sogar tun, denn sie hat sich „mit innerer Notwendigkeit" evangelistisch zu betätigen (§ 103). Deshalb ordnet sie auch das Amt; aber die Ordnung schafft nicht das Amt, sondern regelt dessen Übertragung und Verwaltung (§ 95). Das „Amt in seiner Wesenheit" steht jedoch nicht außerhalb dieser Ordnung, sondern wird *in* ihr wirksam – wie auch die wesentliche Kirche um der Wirksamkeit der Gnadenmittel willen *in* der empirischen Kirche und nicht losgelöst von ihr auf dem Plan ist. „So lebt die Kirche, als wesentliche, derzeit im Stande der Erniedrigung."[145]

Nicht die Scheidung, aber sehr wohl die Unterscheidung zwischen Kirche und Kirchentum, Amt und Amtstum ist außerordentlich wichtig. „Die Geringachtung oder Vernachlässigung dieser Unterscheidung verletzt die Fundamente des Protestantismus, macht indifferent gegen die wesentliche Kirche und führt zur Überschätzung der empirischen." (§ 60) Auch diese These ist gegen eine doppelte Front gerichtet: zum einen gegen die kollegialistische Anschauung, welche die Ordnung, weil sie etwas Äußerliches ist, für nebensächlich hält; zum anderen gegen die hierarchische Anschauung, „welche allen Instituten und Ordnungen einen sakramentalen Charakter vindiziert und dieselben als zum Heile notwendig hinstellt" (§ 106).

2.3. *Amt und Kirchenregiment.* Kirchenorganisation, Kirchenverfassung und Kirchenregiment waren zu Harnacks Zeit äußerst kontrovers diskutierte Themen, deren gründliche Darstellung eine eigene Abhandlung erfordern würde.[146] Die Aufmerksamkeit wird im folgenden auf den einen Aspekt gerichtet, wie Harnack die Relation von kirchlichem Amt und kirchlichem Regiment bestimmt hat.

„Christus (hat) seiner Kirche ein Amt gegeben, nicht zur Regierung derselben, sondern zur Predigt des Evangeliums." (§ 128) Voraussetzung dieser Distinktion ist das Verständnis der kirchlichen Vollmacht. Sie besteht nach Harnack in der von Christus „erteilten Berechtigung und Ermächtigung *(jus et potestas)*, in seinem Namen, also auf seinen Befehl, in seinem Geist, und nach seinem Willen und seiner Einsetzung gemäß, die Gnadenmittel zur Erbauung seines Leibes zu verwalten" (§ 79). „Denn Christus hat seiner Kirche keine Gewalt gegeben, außer der des Evan-

---

145 Harnack, a. a. O. (Anm. 96), Bd. I, 1877, 86.
146 Vgl. dazu Wittram, a. a. O. (Anm. 89), 136 ff.; Link, a. a. O. (Anm. 89), 239 ff.; Drehsen, a. a. O. (Anm. 77), 152 ff., 177–181 (Lit.).

geliums." (§ 128) Ihr Inbegriff ist die Schlüsselgewalt (§ 79). Harnacks Distinktion schließt ein, daß Gott selbst durch die Verkündigung des Evangeliums die Kirche ihrem Wesen nach regiert, nämlich so, daß er den an das Evangelium Glaubenden rechtfertigt und ihn in den durch das Kreuz Christi bewirkten Frieden mit sich selbst hineinnimmt. Die Unterscheidung zwischen „Kirchenamt" und „Kirchenregiment" ist bei Harnack also identisch mit der Unterscheidung zwischen dem inneren Kirchenregiment, das Gottes Wort und Gottes Geist vorbehalten ist, aber in der Bindung an die kirchliche Verkündigung erfolgt, und der äußeren Kirchenleitung, der die Organisation, Verwaltung und Ordnung des Kirchentums aufgetragen ist.

Harnacks Unterscheidung enthält die folgende Abgrenzung und Näherbestimmung: (1.) Das äußere Kirchenregiment ist weder eine Emanation des Verkündigungsamtes noch gipfelt dieses in jenem (§ 128). (2.) Das Verkündigungsamt ist das eine und einzige Amt, das im Namen Gottes handelt und das daher keine „Gradation *de jure divino* nötig hat oder gestattet" (ebd.). Es „(duldet) am wenigsten eine derartige Steigerung . . ., bei der es seinem Wesen und seiner Bestimmung nach ein anderes wird" (ebd.).

In § 129 kommt Harnack auf den Unterschied zwischen Gnadenmittelamt und Kirchenregiment zurück: Ohne das Gnadenmittelamt „kann die Kirche als wesentliche nicht sein und bestehen". Anders verhält es sich mit dem äußeren Kirchenregiment, „das aus der Kirche hervorgegangen ist, das im Namen der Kirche handelt, ohne welches nur die verfaßte Kirche nicht sein kann" (ebd.). Jedoch: „Damit wird aber weder die Notwendigkeit eines Kirchenregiments in Frage gestellt, noch wird dasselbe seiner kirchlichen Natur beraubt und in das Gebiet der reinen Weltlichkeit versetzt. Denn wenngleich Kirchenamt und Kirchenregiment verschieden sind, hängen doch beide so eng zusammen wie die wesentliche und die empirische Kirche." (§ 130)

Die Unterscheidung zwischen Gnadenmittelamt und äußerer Kirchenleitung ist sachlich notwendig; denn ohne sie wird das Verhältnis zu Christus aus der Grundrelation Evangelium – Glaube herausverlegt und in die Abhängigkeit von einer bestimmten Form des äußeren Kirchenregiments gesetzt.[147] Die Forderung nach einem *divino jure* bestehenden

---

147 Gegen W. O. Münter, Begriff und Wirklichkeit des geistlichen Amts, BEvTh 21, München 1955, 43, Anm. 44, der Harnack durch die vereinfachende Gegenüber-

äußeren Kirchenregiment bewertet Harnack zu Recht als unvereinbar mit dem reformatorischen Ansatz (§ 129). Harnack vertritt auf der anderen Seite aber nicht die Beziehungslosigkeit von wesentlicher und empirischer Kirche, Verkündigungsamt und äußerer Ordnung dieses Amtes, sondern geht vielmehr davon aus, daß die wesentliche Kirche *in* der empirischen in Erscheinung tritt, so daß die schriftgemäße Verwaltung der Heilsmittel „den Kern und die Aufgabe aller . . . verschiedenen Lebenstätigkeiten (der Kirche) bildet" (§ 109). Auch die Ordnung der Kirche und des Amtes ist an das Bekenntnis – als Ausdruck des Glaubens und Träger der Lehrnorm – gebunden (§ 111).[148] „Kurz, wesentliche und empirische Kirche sind weder zwei Kreise, die sich decken, noch zwei exzentrische Kreise, die sich nur zufällig an einzelnen Punkten berühren, sondern sie sind konzentrische Kreise, die einen gemeinsamen Mittelpunkt haben." (§ 119) So „fordert" die Verwaltung und Leitung der Kirche „den kirchlichen Geist und Sinn des Glaubens und der Liebe, der Weisheit und Erkenntnis, kurz jene Gaben der kirchlichen Kybernese, von denen die Schrift redet" (§ 130).

Für Harnack steht es gänzlich außer Frage, daß die „Leiter der Kirche" wahre Glieder der Kirche und „gehorsame Schüler des Wortes Gottes, d. h. im persönlichen Glauben stehende Priester Gottes sein (sollen)" (ebd.). Entscheidend ist indessen der darauf folgende Satz: „Ihr Dienst ist ein heiliger, weil Betätigung zwar nicht des Amtes der Kirche, wohl aber des allgemeinen Priestertums der Christen" (ebd.). Harnack spricht sich damit energisch gegen die Reklerikalisierung der aus der Reformation hervorgegangenen Kirche aus. Diese ist zum Beispiel in „Löhes Vereinerleiung"[149] von Verkündigungsamt und Kirchen-

---

stellung „Identität von Predigtamt und Kirchenregiment" auf der einen Seite und „Nichtidentität von Predigtamt und Kirchenregiment" auf der anderen Seite nicht gerecht wird. Die Identität habe Stahl vertreten; das sei sein „Verdienst". Dagegen werde sie geleugnet von Höfling, Kliefoth u. a., darunter auch Harnack. Das ist – was Harnack anlangt – unzutreffend. Harnack geht vielmehr von der „Identität von Predigtamt und Kirchenregiment" aus und unterscheidet auf dieser Basis zwischen innerem und äußerem Kirchenregiment. Die Notwendigkeit dieser Unterscheidung ergibt sich aus dem Artikel von der Rechtfertigung. Wohlgemerkt: Harnack unterscheidet zwischen beiden; er scheidet sie nicht voneinander!

148 Zur Frage der Kirchlichkeit des Bekenntnisses s. M. Hein, Lutherisches Bekenntnis und Erlanger Theologie im 19. Jahrhundert, LKGG 7, Gütersloh 1984, 96 ff.
149 Beyschlag, a. a. O. (Anm. 81), 89, Anm. 169.

regiment angelegt, aber auch etwa, wenn auch weniger kurzschlüssig, in Kliefoths Lehre von den drei Ämtern.[150] Vor allem aber spricht sich Harnack damit für die positive und aktive Teilnahme und Mitwirkung des Priestertums aller Gläubigen „bei den kirchlichen Angelegenheiten und bei der Leitung derselben" aus.[151] Mit dieser Forderung knüpft er an Luther an, ohne daß er die spezifische kirchliche Lage seiner Zeit außer acht läßt.

Abschließend läßt sich festhalten: (1.) Weil die kirchliche Einheit auf der Übereinstimmung in der Lehre des Evangeliums *(consentire de doctrina evangelii)* beruht (§ 126), dürfen kirchliche Verfassungsfragen nicht den Rang von Bekenntnisfragen beanspruchen.[152] (2.) Die Autorität des Amtes ist die Autorität des Wortes Gottes.[153] Sie läßt sich allein aus diesem Wort begründen und geht keinesfalls über dessen Autorität hinaus.[154] (3.) Die Kirchenzucht ist daher Bestandteil des Schlüsselamtes und wird durch das Wort ausgeübt. Sie dient nicht der sozialen Kontrolle und greift nicht auf die staatliche Sanktionsgewalt zurück, sondern ist ein Instrument der Seelsorge. Sie wirkt sich konkret in der Zulassung zum Altarsakrament oder in dessen Verweigerung aus.

---

150 Kliefoth weiß, daß das Gnadenmittelamt und das Kirchenregiment getrennte Aufgaben haben (a. a. O. (Anm. 115), 408), möchte aber ein selbständiges „Kirchenregieramt" einführen (vgl. dazu Fagerberg, a. a. O. (Anm. 89), 1952, 286–299), das jedoch im Ergebnis die Beherrschung des Gnadenmittelamtes durch die Kirchenleitung nach sich zieht (mit Fagerberg, 298 f.).

151 Zitat aus Harnacks Schrift *Die freie lutherische Volkskirche*, a. a. O. (Anm. 96), 1870, 57. Dieses geistliche Recht des Priestertums aller Gläubigen sollte im synodalen Verfassungsmoment zur Geltung kommen (vgl. Drehsen, a. a. O. (Anm. 77), 168).

152 Vgl. Harnack, a. a. O.,1870, 5, wo Harnack der Reformation nachrühmt, sie habe der Kirche den Dienst geleistet, daß „sie sie von dem verderblichen Wahne befreite, als ob irgend eine Verfassungsform an sich von heilsnotwendiger Bedeutung für den Glauben sei". Nach Harnack gibt es „keine der Kirche angeborne Verfassungsform" (a. a. O., 37).

153 Das äußere Kirchenregiment kann „weder etwas wider das Wort Gottes verordnen noch seinen Verordnungen, neben dem Worte Gottes und weil es die seinigen sind, den Charakter heilsnotwendiger Vorschriften beilegen" (Harnack, 1862, § 131).

154 Ohne Namen zu nennen, aber in der Sache eindeutig gegen Löhe, Vilmar, Kliefoth u. a. stellt Harnack fest: „. . . wir können der Kirche nicht dadurch aufhelfen, dass wir dem Amt derselben irgend eine angemasste Autorität beilegen" (a. a. O. (Anm. 96), Bd. I, 1877, 93).

3.3. Würdigung und Standortbestimmung

Harnacks Amtsverständnis ist schlüssig in der theologischen Argumentation, souverän in der Abgrenzung gegenüber anderen Auffassungen, geschliffen in den Formulierungen und brillant in der Darstellung. Auf der Grundlage der Theologie Luthers, die er sich durch Übernahme des theologischen Ansatzes und nicht durch Aufnahme reformatorischer Schlagworte angeeignet hat, gelingt Harnack der Anschluß an das reformatorische Amtsverständnis überzeugender als irgendeinem anderen Theologen nach der Reformation.

Außer auf die Lutherrezeption gründet sich Harnacks Darstellung auf die Amtsdiskussion der konfessionellen lutherischen Theologie des 19. Jahrhunderts, die bis heute, was das Argumentationsniveau betrifft, unübertroffen ist.[155] Harnack fällt in dem Konzert der Theologen und Kirchenrechtler nicht durch laute Töne auf. Er glänzt nicht durch Originalität. Er orientiert sich nicht an Namen und Positionen, sondern er hält sich „an die Sache", doch nicht ohne „überall auf die Hauptargumente der streitenden Teile gebührenden Bezug genommen" zu haben.[156] Harnacks spezifischer Beitrag zur Debatte ist in der resümierenden theologischen Durchdringung der Amtsfrage auf der Grundlage des Artikels von der Rechtfertigung zu sehen. Darin ist er von keinem überboten worden.[157]

Inmitten einer kirchlichen Erneuerungsbewegung „tritt Harnack gegen jeden Versuch auf, die Erneuerung der Kirche ohne Bindung an den Reformator in die Wege zu leiten"[158]. Das geschieht nicht aus traditioneller Bindung, sondern aus theologischer Einsicht. Die Abwendung von dem theologischen Liberalismus und Kulturprotestantismus führt bei Harnack indessen nicht zur Reklerikalisierung der Kirche. Im Gegenteil, die Bindung

---

155 Die von der Revolution des Jahres 1848 ausgelösten Probleme sind in der Amts- und Kirchenfrage unerledigt geblieben (zum kirchl. Verfassungsproblem vgl. z. B. M. Jacobs, Entstehung und Wirkung des Neukonfessionalismus im Luthertum des 19. Jahrhunderts, in: ders., Confessio und Res Publica, Göttingen 1994, 198–236, 214 ff.). Doch das gilt auch von den anderen Problemen: „1848 wurde nichts zu Ende gedacht, nichts zu Ende getan" (G. Mann, Deutsche Geschichte des 19. und 20. Jahrhunderts, Frankfurt/M. ¹²1977, 239).

156 So Harnack in dem Vorwort zu *Die Kirche, ihr Amt, ihr Regiment,* (1862) 1947, S. 5.

157 Harnack bildet „den Abschluss der ausgedehnten Amtsdebatte", auch wenn diese sich dann noch „(fort)setzte" (Fagerberg, a. a. O. (Anm. 89), 1952, 118).

158 Wittram, a. a. O. (Anm. 89), 34.

an die Grundeinsichten der Wittenberger Reformation läßt ihn einen über-
legenen Standpunkt gegenüber den kirchlichen Reformbestrebungen seiner
Zeit einnehmen. Nicht ohne Ironie schreibt er: „Der Gottesdienst soll vielleicht glanzvoller ausgestattet, oder die Ehe dem Sakramente nähergе-
rückt, Konfirmation und Ordination für sakramentale Handlungen erklärt,
der geistliche Stand als ein göttliches Institut angesehen werden; . . . endlich die kirchliche Autorität mit äußerlichen Mitteln geltend gemacht und
die Verfassung in der Weise ausgebaut werden, daß sie wieder in dem
geistlichen Stande gipfele, als dem göttlich verordneten Inhaber auch der
Regierungsgewalt in der Kirche."[159]

Theologisch hat Harnack in der Auseinandersetzung mit seinem Sohn
Adolf unmißverständlich Position bezogen. Ein Beispiel: „Wer . . . so wie
Du zur Auferstehungstatsache steht, . . . der ist in meinen Augen kein
christlicher Theologe mehr."[160] Dahinter steht nicht der unkritische Rückzug auf das Bekenntnis, dieses besaß für Theodosius Harnack vielmehr
kritische Kraft, sondern die Überzeugung, daß „die gebrochene Glaubens-
kraft . . . den Weltpotenzen nicht gewachsen (ist)"[161]. Könnte es sein, daß
der Vater nicht nur eine tiefere Einsicht in die Theologie Luthers hatte als
der berühmtere Sohn, sondern auch in die „Weltpotenzen" am Ende des
19. Jahrhunderts?

Theodosius Harnacks Lutherdeutung ist erst in der Weimarer Republik
rezipiert worden. Auch sein Amtsverständnis kam im Grunde erstmals im
Kirchenkampf zur Geltung, mehr als fünfzehn Jahre nach dem Ende des
landesherrlichen Kirchenregiments 1918,[162] das Harnack bereits 1870 für
„degeneriert" gehalten hatte.[163]

Nach 1930 kam es auch zu einer Aufnahme des amtstheologischen
Ansatzes Luthers.[164] Das beruhte auf der – theologiegeschichtlich wohl

---

159 Harnack, a. a. O. (Anm. 156), 7.
160 Th. Harnack an A. Harnack, 29.1.1886; zitiert in: A. v. Zahn-Harnack, Adolf von
    Harnack, Berlin (1936) ²1951, 105. S. a. W.-D. Hauschild, Adolf (von) Harnack, in:
    ders. (Hg.), Profile des Luthertums, Gütersloh 1998, 275–300, 278.
161 Th. Harnack, a. a. O. (Anm. 96), Bd. I, 1877, 82.
162 Zur Trennung von Staat und Kirche 1918 vgl. z. B. M. Greschat, Der deutsche Pro-
    testantismus im Revolutionsjahr 1918–19, Witten 1974, 88–120.
163 Harnack, a. a. O. (Anm. 96), 1870, VIII.
164 So mit Recht L. Pinomaa, Sieg des Glaubens, hg. v. H. Beintker, Göttingen 1964, 145.
    Pinomaa verweist auf W. Elert, M. Doerne und E. Wolf, ferner auf G. Hök
    (Schweden).

beispiellosen – Vertiefung des Verständnisses der reformatorischen Theologie durch die „Lutherrenaissance" einerseits und den von dem Kirchenkampf aufgegebenen Problemen andererseits.

4. Dietrich Bonhoeffer

Dietrich Bonhoeffer (1906–1945) war beides zugleich: Zeuge Jesu Christi und Weltbürger.[165] Er hat ein Interesse auf sich gezogen, das in der Ökumene seinesgleichen sucht.[166] Das Studium seines hinterlassenen Werkes[167] wird die Schlagworte und Formeln überdauern, die sich an seinen Namen geheftet haben.[168]

Als Zeuge Jesu Christi Schriftausleger und als Schriftausleger wiederum Zeuge, hat Bonhoeffer die Schrift in den Mittelpunkt gerade der praktischen kirchlichen Arbeit gestellt, ohne daß dadurch die kirchliche Arbeit theologisch überfrachtet oder die Theologie im Sinn einer Gebrauchstheologie verkirchlicht worden wäre. Die Einheit von Denken und Handeln aufgrund der Bindung beider an die Schrift stellt ein Erbe der Reformation dar, an das Bonhoeffer in Zustimmung und Kritik angeknüpft hat.[169] Das verbindet ihn auch mit Theodosius Harnack, dem er entscheidende Anregungen und Klarstellungen bei der Ausbildung seines im

---

165 Biographien: E. Bethge, Dietrich Bonhoeffer, München ⁴1978; E. H. Robertson, Dietrich Bonhoeffer, Göttingen 1989. Eine neuere Kurzdarstellung: H.-W. Krumwiede, Dietrich Bonhoeffer, in: W.-D. Hauschild (Hg.), a. a. O. (Anm. 160), 1998, 65–90.

166 Das gilt nicht nur für die wissenschaftliche Arbeit über Bonhoeffer (s. Internationale Bibliographie zu Dietrich Bonhoeffer, hg. v. E. Feil / B. Fink, Gütersloh 1998), sondern auch und vor allem für die Präsenz Bonhoeffers in der Gemeindearbeit.

167 D. Bonhoeffer, Werke (= DBW), hg. v. E. Bethge u. a., 17 Bde., München / Gütersloh 1986–1999. Vgl. W. Huber, Quelle der Ermutigung. Die Bonhoeffer-Gesamtausgabe ist abgeschlossen, EK 30 (1998), 459–460.

168 In ihnen liegt *nicht* Bonhoeffers Originalität, sind doch die allermeisten älteren Ursprungs (s. G. Krause, Bonhoeffer, Dietrich, TRE, Bd. 7, 1981, 55–66, 64, Anm. 6).

169 Vgl. H.-W. Krumwiede, Dietrich Bonhoeffers Luther-Rezeption und seine Stellung zum Luthertum, in: W.-D. Hauschild u. a. (Hg.), Die lutherischen Kirchen und die Bekenntnissynode von Barmen, Göttingen 1984, 206–223; s. a. C. Gremmels, Bonhoeffer und Luther, in: ders. (Hg.), Bonhoeffer und Luther, München 1983, 9–15; M. Trowitzsch, Luther und Bonhoeffer, in: Markschies / Trowitzsch (Hg.), a. a. O. (Anm. 74), 1999, 185–206.

Kirchenkampf zu bewährenden Amtsverständnisses verdankt.[170] Dieses soll im Blick auf die Lutherrezeption sowie auf seine ökumenische Bedeutung im Grundriß dargestellt werden.

4.1. Theologische Grundlagen

1. Wie die Reformatoren geht Bonhoeffer von der Suffizienz des Todes Jesu Christi aus, durch den Gott am Kreuz Frieden stiftete.[171] Dieser Friedensschluß war um der Sünde des Menschen willen, nämlich wie Gott sein zu wollen,[172] notwendig und ist der Anfang der neuen Schöpfung. Er wird durch den Glauben an das Evangelium ratifiziert.[173] In diesem Glauben kann sich niemand vertreten lassen. Bonhoeffer geht wie Luther von der „Einzelheit des Stehens des Menschen vor Gott" aus.[174] Hat Luther auf der Grundlage der coram-Deo-Dimension den Totalitätsanspruch des Papsttums abgewehrt, so Bonhoeffer den des Nationalsozialismus.

2. Der Suffizienz des Handelns Gottes in Christus entspricht die „Suffizienz der Gnadenmittel"[175], in denen dieses Handeln Gegenwart ist. Die Wirksamkeit der Gnadenmittel ist nicht an einen besonderen Priesterstand gebunden.[176] Das Wort von der Versöhnung ist vielmehr *Gottes* Wort und wird von den Amtsträgern „an Christi Statt" verkündigt.[177] Durch die schrift-

---

170 Vgl. dazu S. Bobert-Stützel, Dietrich Bonhoeffers Pastoraltheologie, Gütersloh 1995, 29–91.

171 Vgl. Bonhoeffer, Zu Röm. 3,23–26, 1935, DBW 14, 325–329, bes. 328; ders., Predigtentwurf zu Jes. 53, 1935, DBW 14, 340–342; ders., Zu Hebr. 4,15 f., 1935, DBW 14, 346–348; ders., Predigt zu Röm. 5,1–5, 1938, DBW 15, 470–476, bes. 471. Theologisch grundlegend ist der Gedanke der Stellvertretung; s. Bonhoeffers Christologie-Vorlesung, 1933, DBW 12, 279 ff., bes. 296; vgl. H. Ott, Wirklichkeit und Glaube, Bd. 1: Zum theologischen Erbe Dietrich Bonhoeffers, Göttingen / Zürich 1966, 323 ff.

172 Vgl. Schöpfung und Fall, 1933, DBW 3, bes. 123–127; s. a. DBW 14, 344, und zu Bonhoeffers Sündenverständnis G. Claß, Der verzweifelte Zugriff auf das Leben, NBST 15, Neukirchen 1994.

173 Bonhoeffer gebraucht Luthers Denkfigur des Gott-recht-Gebens im Glauben (DBW 15, 471).

174 Vortrag 1932/33, DBW 12, 259.

175 Vorlesungsteil über das Amt, 1935, DBW 14, 312.

176 DBW 14, 312.

177 Predigt zu 2. Kor. 5,20, 1933, DBW 13, 313–319. Zu dieser Antrittspredigt in London s. Robertson, a. a. O. (Anm. 165), 126 ff.

gebundene Predigt redet Gott den Menschen an, wenn sein „Geist von seinem ewigen Thron herab in unsere Herzen (steigt)"[178]. Bonhoeffer setzt somit Luthers Wende vom Amtspriestertum zum Verkündigungsamt als grundlegend und unabdingbar voraus.

4.2. Die Amtsauffassung

Vorbemerkung: In seiner Erstveröffentlichung hat Bonhoeffer den Begriff des Amtes in die Systematik seines Denkansatzes eingebunden.[179] Die Aussagen über das Amt sind – nicht zuletzt infolge dieser systematisch-theologischen Umklammerung – noch unklar,[180] und das bleiben sie,[181] gemessen an den späteren Ausführungen, bis zum Beginn des Kirchenkampfes.[182] Ein anderer Ton wird im *Betheler Bekenntnis* (1933), an dem Bonhoeffer mitarbeitete und auf das im Anhang unter 4.3. eingegangen wird, und im Vorlesungsteil über das Amt im Mai 1935 angeschlagen.[183] Diesen Ton hat Bonhoeffer bis zu seinen letzten Notizen beibehalten.[184]
1. *Biblische Begründung und Einsetzung des Amtes.* Luther und Melanchthon haben das Amt biblisch-theologisch durch das Evangelium und systematisch-theologisch durch den Artikel von der Rechtfertigung begründet. Demgegenüber versuchten Zwingli und Calvin, das Amt durch

---

178 DBW 13, 315. In Bonhoeffers Pneumatologie ist das *filioque* (BSLK 27) von zentraler Bedeutung. Dadurch könne der Repaganisierung des Christentums sowie dem kirchlichen Antisemitismus gewehrt werden (s. DBW 14, 428).

179 Sanctorum Communio, 1930, DBW 1, 157–162.

180 Verworren ist z. B. der Gebrauch des Stiftungsgedankens (DBW 1, 162); berechtigt ist freilich Bonhoeffers Anliegen, daß der Amtsträger keine „Sonderstellung" einnehmen soll (ebd.). Es ist im übrigen auch kurzschlüssig, daß „das Amt der Gemeinde gehört" (a. a. O., 177). Gerade Aussagen dieser Art haben sich im Kirchenkampf als nicht tragfähig erwiesen (s. z. B. DBW 15, 421–423).

181 In der Vorlesung *Das Wesen der Kirche* (1932) ist noch kein entscheidender Gedankenfortschritt zu erkennen (DBW 11, 239–303, bes. 282 f.). Bonhoeffer spielt auf die antidonatistische Anschauung an, auch der Ungläubige könne predigen (a. a. O., 282), bringt aber das antidonatistische Argument gar nicht zur Geltung, entkräftet es vielmehr; denn die Predigt ist nicht wirksam, weil die „Predigt das Amt der Gemeinde" ist (ebd.), sondern weil und sofern sie Gottes Wort bezeugt.

182 Gegen Bobert-Stützel (a. a. O. (Anm. 170), bes. 47 f.), die einen Wandel in Bonhoeffers Amtsauffassung nicht meint konstatieren zu können.

183 DBW 14, 310–316; vgl. dazu Bethge, a. a. O. (Anm. 165), 509–512.

184 Vgl. z. B. die *Ethik*, DBW 6, 398 ff.

einzelne Bibelstellen, vor allem Eph. 4,11 und 1. Kor. 12,28, zu begründen. Das ist ihnen nicht überzeugend gelungen; denn die distributive Amtsauffassung dieser Bibelstellen paßte nicht auf die Gemeindeverhältnisse von Zürich und Genf, so daß sie sie verkürzen und im Sinn ihrer Gemeindeaufbauprogramme verändern mußten. Die konnexive Deutung dieser Belege durch die Wittenberger Reformatoren, die später auch Johann Gerhard und Theodosius Harnack vertreten haben,[185] ist die sachlich angemessenere und verdient den Vorzug.

Es ist bemerkenswert, daß Bonhoeffer sie *nicht* übernommen hat. Soweit es sich nachvollziehen läßt,[186] folgt er August Vilmar, der in seiner Lehre vom Amt das gesamte neutestamentliche Material, besonders aber Eph. 4,11 und 1. Kor. 12,28, herangezogen und ausgelegt hat.[187] Ähnlich wie einst Calvin in Genf mußte Vilmar freilich die Belegstellen durch einen entschlossenen systematischen Zugriff ordnen, um sie auf die Verhältnisse der „hessischen Kirche"[188] seiner Zeit ausrichten zu können. Und wie verhält es sich bei Bonhoeffer?

1935/36 entnimmt Bonhoeffer 1. Kor. 12,28, Gott habe *diakoniai* in der Gemeinde eingesetzt; in Eph. 4,11 werde diese Einsetzung durch Christus bezeugt.[189] „Dienste" *(diakoniai)* findet sich jedoch weder in der einen noch in der anderen Belegstelle, sondern ist von Bonhoeffer eingetragen. Er will *Amt (officium)* vermeiden; denn dadurch werde der „Eindruck des Titelhaften" erweckt.[190] Vertritt er damit ein verständliches Anliegen, wenn auch mit einem exegetischen Mißgriff, so ist doch der Gesichtspunkt der Einsetzung entscheidend, und diesen unterstreicht Bonhoeffer nachdrücklich. „Sie sind *in* der Gemeinde gesetzt", führt er zu 1. Kor. 12,28 aus,[191] „das heißt nicht einfach durch die Gemeinde, sie bestehen für sich selbst

---

185 S. o. Anm. 137.

186 Vgl. Bobert-Stützel, a. a. O. (Anm. 170), 30, Anm. 6.

187 Vilmar, a. a. O. (Anm. 117), 1870, 5 ff., bes. 18–20; ders., Dogmatik, hg. v. K. W. Piderit, Teil 2, Gütersloh 1874, 271–282, bes. 272 f.

188 Vilmar, a. a. O., 1870, 18. Zitat aus der *Vorbemerkung* zur Behandlung von Eph. 4,11 und 1. Kor. 12,28.

189 Zweiter Kurs der illegalen Theologenausbildung in Finkenwalde, DBW 14, 452–460, 454.

190 DBW 14, 454; s. a. DBW 6, 393.

191 So auch – ebenfalls mit Bezug auf 1. Kor. 12,28 und unter Hervorhebung der Präposition „in" – Th. Harnack, a. a. O. (Anm. 87), § 81. Bonhoeffer könnte den Nachdruck dieser Schrift aus dem Jahr 1934 benutzt haben.

durch eigene Setzung"[192]. Die Konturen derer, die Gott nach 1. Kor. 12,28 und Eph. 4,11 eingesetzt hat, Apostel, Propheten, Lehrer und andere mehr,[193] bleiben bei Bonhoeffer allerdings auffallend blaß.

An dieses Verständnis von 1. Kor. 12,28 und Eph. 4,11 knüpft Bonhoeffer 1937 an und hebt wie Theodosius Harnack – ohne ihn freilich zu nennen – hervor, Gott habe Ämter (Dienste) „*in* der Gemeinde gesetzt, d. h. nicht *durch* sie"[194]. Bemerkenswert ist ein sich anschließender Satz: „Amt und Gemeinde sind gleich ursprünglich im dreieinigen Gott."[195] Auch Theodosius Harnack hat diese Einsicht gehabt und vertreten.[196] Vermutlich hat sie Bonhoeffer von ihm übernommen.

In einem Vortrag aus dem Jahr 1938 wiederholt Bonhoeffer, übrigens mit demselben exegetischen Mißgriff wie 1935/36, Ämter seien „nach dem Zeugnis der Schrift vom dreieinigen Gott geordnet und gesetzt"[197]. Hervorhebenswert ist der folgende Satz: „Es ist daher das Wesen der rechten Kirchenleitung, daß sie die Gemeinde und die Ämter allein an Jesus Christus bindet; es ist das Wesen einer häretischen Kirchenleitung, daß sie die Gemeinde und die Ämter an sich selbst bindet."[198]

Resümierend läßt sich zu dem Problem der biblisch-theologischen Begründung des Amtes festhalten, daß Bonhoeffer hinter der Position Luthers, Melanchthons und Harnacks argumentativ zurückbleibt. Bonhoeffer schließt sich aber auch nicht an die reformierte Lehre von den vier Ämtern an,[199] sondern er nimmt eine Zwischenstellung ein, die theologisch ungeklärt geblieben ist und dies wohl auch in dem von dem Kirchenkampf

---

192 DBW 14, 456.

193 Gott hat strenggenommen nicht „Ämter" eingesetzt, wie Bonhoeffer bemerkt (DBW 14, 457), sondern Funktionsträger, nämlich Apostel, Evangelisten, Lehrer usw. In Eph. 4,11 steht nicht „Apostel*ämter*", „Lehr*ämter*". Die im NT verwendeten Ausdrücke sind „reine Funktionsaussagen" (E. Schweizer, Gemeinde und Gemeindeordnung im Neuen Testament, AThANT 35, Zürich ²1962, 188).

194 Nachfolge, DBW 4, 246. Genauso, allerdings ohne Angabe der Bibelstellen, äußert sich Bonhoeffer in der *Ethik* (DBW 6, 400).

195 DBW 4, 246.

196 Harnack, a. a. O. (Anm. 87), §§ 80–81.

197 DBW 15, 421. Belege: 1. Kor. 12,38 (Schreibfehler; es muß 12,28 heißen); Eph. 4,11; Apg. 20,28.

198 DBW 15, 421. Bonhoeffer redet sehr häufig von dem „Wesen" einer Sache oder Institution; gemeint ist doch wohl: Pflicht, Aufgabe, Kennzeichen.

199 Vgl. DBW 14, 558 f., wo Bonhoeffer – ähnlich wie Luther – die „Diakonie der Gemeinde (anvertraut)". S. a. DBW 14, 713.

hervorgerufenen Provisorium bleiben mußte. Was die Frage der Einsetzung des Amtes betrifft, findet Bonhoeffer den Anschluß an das lutherische Verständnis. Er unterscheidet wie Luther in den reformatorischen Hauptschriften die Frage nach dem Ursprung des Amtes von dem Problem der Verhältnisbestimmung zwischen Amt und Kirche beziehungsweise Amt und allgemeinem Priestertum. Diese Unterscheidung ermöglicht Bonhoeffer genauso wie Luther, beide Topoi uneingeschränkt zu entfalten, so daß er dem Amt nicht nehmen muß, was dem Priestertum aller Gläubigen gehört und umgekehrt. Wie Theodosius Harnack vertritt Bonhoeffer die Gleichursprünglichkeit von Amt und allgemeinem Priestertum und ist durch diese These vor dem Kurzschluß gefeit, die *„göttliche Ursprungs*relation und die *ekklesiologische Funktions*relation (gegeneinander auszuspielen)"[200]. Die Bedeutung des Priestertums aller Gläubigen hat Bonhoeffer stärker betont als Melanchthon, Johann Gerhard und Theodosius Harnack. Darin liegt ein spezifischer Beitrag Bonhoeffers zur ökumenischen Diskussion.

2. *Näherbestimmungen und Folgerungen.* Aus der Einsetzung des Amtes durch den dreieinigen Gott ergibt sich, daß es nur in göttlicher Autorisierung ausgeübt werden kann: „Verkündigung des Evangeliums ist nicht eine Sache der eigenen Wahl und des inneren Dranges, sondern eine Sache des Auftrages ... Weil Predigt ... Gottes eigenes Wort sein soll, darum gibt es Predigt nur, wo göttliche Beauftragung, d. h. wo Amt ist im eigentlichen Sinne."[201] Auffällig ist, daß Bonhoeffer in diesem Vortrag aus dem Jahr 1938 von dem „Amt" im Singular redet. Er scheint den Widerspruch, in den er sich dadurch zu seinen eigenen konzeptionellen Überlegungen bringt, nicht wahrgenommen zu haben. Das bestätigt den fragmentarischen Charakter seiner Amtskonzeption.

Die göttliche Beauftragung gründet in dem Mandat Jesu Christi.[202] „Das der Kirche gegebene Mandat ist das der *Verkündigung*" (DBW 6, 399), „das Wort der Offenbarung Gottes in Jesus Christus" (400). Das mit

---

200 So – sehr treffend – Bobert-Stützel, a. a. O. (Anm. 170), 55.
201 DBW 15, 422.
202 Vgl. DBW 6, 54 f.: „Wir sprechen von göttlichen Mandaten statt von göttlichen Ordnungen, weil damit der Charakter des göttlichen Auftrages gegenüber dem einer Seinsbestimmung deutlicher heraustritt." Ähnlich hat schon Th. Harnack von dem „Mandat" gesprochen (a. a. O. (Anm. 87), 1862, § 79, s. a. § 96 u. a.); auch Vilmar (a. a. O. (Anm. 117), 1870, 28, 60 ff. u. ö.); beide wiederum beziehen sich auf Melanchthon (z. B. CA VIII, BSLK 62, 10).

diesem Wort beauftragte „Amt[203] ist unmittelbar von Jesus Christus gesetzt, es empfängt seine Legitimation nicht durch den Willen der Gemeinde, sondern durch den Willen Jesu Christi" (400). Der Verkündigungsauftrag ist schriftgemäß wahrzunehmen;[204] die Gemeinde ist zur Lehrbeurteilung imstande (DBW 1, 127; DBW 9, 477) und angehalten (DBW 13, 314 f.). So konkretisiert sich die Autorität des Amtes in der Herrschaft des Wortes und nicht in der Herrschaft des Amtsträgers.[205]

„Es gibt Zwei Reiche . . ., das Reich des gepredigten Wortes Gottes und das Reich des Schwertes, das der Kirche und das Reich der Welt, das Reich des geistlichen Amtes und das Reich der weltlichen Obrigkeit. Niemals kann das Schwert die Einheit der Kirche und des Glaubens schaffen, niemals kann die Predigt die Völker regieren. Aber der Herr beider Reiche ist der in Jesus Christus offenbare Gott. Er regiert die Welt durch das Amt des Wortes und das Amt des Schwertes. Ihm sind die Träger dieser Ämter Rechenschaft schuldig."[206] Dieses Zitat aus der *Ethik* enthält Bonhoeffers Fassung der Zwei-Reiche-Lehre in nuce. Sie bildet den Bezugsrahmen für seine Unterscheidung zwischen Verkündigungsamt und Kirchenleitung, aber sie bildet zugleich auch die Gewähr dafür, daß beide nicht getrennt werden. Bonhoeffer hat das äußere Kirchenregiment weder mit göttlicher Legitimation ausgestattet, noch hat er ihm – so wenig wie dem Staat – einen rechtsfreien Raum zugestanden. Vielleicht gehört es zu seinen wichtigsten theologischen Vermächtnissen an die Ökumene, daß er sich der Reklerikalisierung des Kirchenregiments durch die Installierung eines „ökumenischen Bischofsamtes"[207] oder die Anknüpfung an hierarchisches

---

203 Auch an dieser Stelle gebraucht Bonhoeffer den Singular! Überhaupt steht *Amt* in den amtstheologischen Spitzensätzen Bonhoeffers zumeist im Singular.

204 DBW 6, 401. Bibelhermeneutisch steht Bonhoeffer der Wittenberger Reformation ausgesprochen nahe (s. DBW 13, 42). Er vertritt die These von der Selbsttätigkeit des Wortes Gottes (s. z. B. DBW 1, 187), das die Entscheidung für die Hörer herbeiführt (DBW 2, 131), sowie die der Klarheit und Selbstauslegung der Schrift (Nachweise bei Bobert-Stützel, a. a. O. (Anm. 170), 33 und 147 f.). Das Alte Testament versteht er als Zeugnis von Christus (s. M. Kuske, Das Alte Testament als Buch von Christus. Dietrich Bonhoeffers Wertung und Auslegung des Alten Testaments, Göttingen 1971, bes. 33 ff.).

205 Vgl. G. L. Müller, Bonhoeffers Theologie der Sakramente, FTS 28, Frankfurt/M. 1979, 413 ff., bes. 415.

206 DBW 6, 102.

207 Diese Tendenz verfolgte z. B. O. Dibelius, der damalige Generalsuperintendent der Kurmark, mit seinem Buch *Das Jahrhundert der Kirche*, Berlin ⁴1927, 92–96, bes. 94.

Denken[208] widersetzt und *zugleich* der Verselbständigung und Säkularisierung des Kirchenregiments wehrte.[209] Damit hat er unter gänzlich anderen Bedingungen im Abstand von vier Jahrhunderten eine Grundintention der Theologie Luthers auf exemplarische Weise umgesetzt, und zwar nicht nur in der gedanklichen Durchdringung, sondern auch im praktischen Vollzug, nämlich im Widerstand gegen das deutschchristliche Kirchenregiment,[210] der schließlich in den Widerstand gegen die totalitäre Herrschaft des Nationalsozialismus einmündete.

Fazit: In der systematisch-theologischen Durchdringung der Amtsauffassung lehnt sich Bonhoeffer an August Vilmar und Theodosius Harnack an. Seine Stärke liegt in den pastoraltheologischen Akzentuierungen. Das Gebot der Stunde war die Bezeugung des in der Bibel überlieferten und durch die Reformation wiederentdeckten Evangeliums gegen dessen Verfälschung durch die deutschchristliche Irrlehre und das deutschchristliche Kirchenregiment. Mit seinem Widerspruch gegen diese Irrlehre

---

Dibelius' Begründung der Notwendigkeit eines ökumenischen Bischofsamtes aus seiner eigenen Analyse der Zeit heraus statt aus Bibel und Bekenntnis ist unreformatorisch. Bonhoeffer hat die von Dibelius propagierte Ekklesiologie abgelehnt (vgl. z. B. DBW 14, 423; s. dazu W. Huber, Evangelischer Glaube und die Frage nach der Kirche, in: Das Wesen des Christentums in seiner evangelischen Gestalt. Veröffentlichungen aus der Arnoldshainer Konferenz, Neukirchen 2000, 62–86, bes. 65–69).

208 Die Anknüpfung an den Ursprung der Kirche erfolgt nicht durch die Wiedereinführung der Hierarchie in der ev. Kirche, sondern durch das Bleiben in der Lehre der Apostel (Apg. 2,42). Bonhoeffer vertritt wie die Reformatoren die *successio doctrinalis*, die in schriftgemäßer Lehre und Verkündigung Gestalt annimmt (DBW 14, 314), und verwirft die Amtsträgersukzession, die das Evangelium an das Amt bindet und dadurch „dem Amt Priorität vor der Gemeinde sichert" (Bethge, a. a. O. (Anm. 165), 510). Das trennt ihn von der anglikanischen und röm.-kath. Amtsauffassung (so mit Recht Müller, a. a. O. (Anm. 205), 418 ff., bes. 423).

209 Das innere Kirchenregiment nimmt Gott durch „das Amt des Wortes" wahr (DBW 6, 102); das äußere Kirchenregiment ist wie das Predigtamt an das Bekenntnis gebunden (s. DBW 14, 702–710, bes. 707; DBW 16, 591 u. ö.).

210 Vgl. DBW 14, 460; DBW 15, 421 f. (s. o. Anm. 198). Erinnert sei auch an den provozierenden Satz: „Wer sich wissentlich von der Bekennenden Kirche in Deutschland trennt, trennt sich vom Heil" (1936; DBW 14, 676). Bonhoeffer hat sich damals durch diesen Satz theologisch kompromittiert (s. Bethge, a. a. O. (Anm. 165), 562 und 587–597), aber daß er im Blick auf die Deutschen Christen im Recht war, hätte man mit der *Barmer Theologischen Erklärung* (1934), auf die er sich in seinem Aufsatz bezog (DBW 14, 667 ff.), nachvollziehen können, nach Bonhoeffer sogar nachvollziehen *müssen*.

hat Bonhoeffer dazu beigetragen, das Erbe der Reformation für Deutschland und die Ökumene zu bewahren. Wie sehr er von Anfang an daran beteiligt war, ergibt sich auch aus seiner Mitwirkung am *Betheler Bekenntnis*.

4.3. Anhang: Das Betheler Bekenntnis[211]

Das Betheler Bekenntnis (1933) ist „an manchen Stellen theologisch und politisch klarer und genauer als die berühmte Barmer Erklärung vom Mai 1934"[212]. Das gilt auch und gerade für das Amtsverständnis. Im Sinn der Reformation insistiert das Betheler Bekenntnis darauf, daß „alle Lehre der Kirche . . . an der Heiligen Schrift gemessen werden (muß)"[213]. „Nur in der Auslegung der Schrift vermag die Kirche die Offenbarung Gottes zu verkündigen."[214] Luther wird als der „gehorsame Lehrer" der Schrift aufgefaßt; er steht nicht für den „Durchbruch des germanischen Geistes" oder den „Ursprung des modernen Freiheitsgefühls"[215]. Auch das Rechtfertigungs- und Glaubensverständnis des Bekenntnisses orientiert sich an der Wittenberger Reformation; ebenso der Kirchenbegriff.[216] Das Amtsverständnis des Betheler Bekenntnisses ist durch und durch reformatorisch.[217]

---

211 Text in: K. D. Schmidt (Hg.), Die Bekenntnisse und grundsätzlichen Äußerungen zur Kirchenfrage des Jahres 1933, Göttingen 1934, Nr. 31, S. 105–131. Hierbei handelt es sich um die überarbeitete Fassung vom Nov. 1933, die Bonhoeffer, der an der August-Fassung „leidenschaftlich mitgearbeitet" hatte (Bethge, a. a. O. (Anm. 165), 352–357, bes. 354, Anm. 120), nicht mitverantwortet hat. In der Tat ist die Fassung vom August eindrücklicher und theologisch präziser (Abdruck in: D. Bonhoeffer, Gesammelte Schriften, hg. v. E. Bethge, Bd. II, München ²1965, 91–119; jetzt in: ders., DWB 12, 1997, 362–407; zur Entstehungs- und Redaktionsgeschichte s. ebd., 503–507). Außer Bonhoeffer waren an der Abfassung des Bekenntnisses intensiv beteiligt: G. Merz, H. Sasse, W. Vischer. Lit.: G. C. Carter, Confession at Bethel, August 1933, Milwaukee 1987; C.-R. Müller, Bekenntnis und Bekennen. Dietrich Bonhoeffer in Bethel (1933), München 1989.
212 K. Scholder, Die Kirchen und das Dritte Reich, Bd. 1, Frankfurt/M. u. a. 1977, 579.
213 DBW 12, 363 (August-Fassung).
214 Ebd.
215 A. a. O., 369.
216 Vgl. a. a. O., 388–397.
217 Vgl. a. a. O., 397 f. (August 1933); s. a. Schmidt (Hg.), a. a. O. (Anm. 211), 123 f. (November 1933).

Daher seien einige Sätze daraus hervorgehoben: „Die christliche Kirche steht allein unter dem Worte Gottes, wie es im Evangelium von Christus bezeugt und in den Sakramenten sichtbar dargestellt wird. Dies Wort zu verkündigen und die von Christus eingesetzten Sakramente zu verwalten ist das Predigtamt gegeben. Es ist Dienst am Worte und durch das Wort. Es hat seinen Grund nicht vor dem Worte und nicht außer dem Worte, sondern steht allein unter dem Worte. Als solches ist es nicht Besitz eines Einzelnen oder einer Gemeinschaft, sondern ist Lehen des göttlichen Wortes, geordnet durch den Auftrag der christlichen Gemeinde."[218] „Wir verwerfen die Irrlehre, als sei das Amt eine Ordnung, die dem Wort und Sakrament vorangehe und es erzeuge. Wir verwerfen sie in der Gestalt der römischen und romanisierenden Hierarchie und in der Gestalt der Schwärmerei."[219]

Dem Betheler Bekenntnis ist bislang nicht die Aufmerksamkeit zuteil geworden, die seinem theologischen Rang entspricht. In keinem anderen Bekenntnis des 20. Jahrhunderts ist meines Erachtens das Theologisch-Grundsätzliche des lutherischen Amtsverständnisses so knapp und präzise dargelegt worden.

5. Zusammenfassung

Luthers reformatorische Amtsauffassung geht von dem Auftrag und der Verheißung Jesu Christi aus und begründet das Amt mit der Heils-notwendigkeit der Evangeliumsverkündigung und Sakramentsverwaltung. Diesem primären Begründungszusammenhang sind alle anderen nach- und zugeordnet, zum Beispiel der ekklesiologische, der pastoraltheo-logische oder der institutionsethische. Das entscheidende Kriterium der Rezeption ist die Übernahme des theologischen Ansatzes der Reformation.

---

218 DBW 12, 397 (August 1933). Vgl. G. Merz, Das kirchliche Amt, 1930/33, in: ders., Der Pfarrer und die Predigt, hg. v. F. W. Kantzenbach, TB 85, München 1992, 49–69, wo z. T. wortwörtlich dasselbe steht. Auch aus dem Vortrag von G. Merz, Das reformatorische Bekenntnis und die Gegenwartsaufgabe des evangelischen Predigers, 1930, in: ders., Kirchliche Verkündigung und moderne Bildung, München 1931, 166–176, bes. 168–171, geht hervor, daß die amtstheologischen Spitzensätze des Betheler Bekenntnisses auf Merz zurückgehen dürften.

219 DBW 12, 398 (August 1933); genauso bei Schmidt (Hg.), a. a. O. (Anm. 211), 124 (Nov.).

Wird dieser Ansatz nicht übernommen, treten sekundäre Begründungszusammenhänge an die Stelle der primären theologischen Begründung.
Die unterschiedlichen Ausführungsbestimmungen weisen dann nicht nur
auf soziokulturelle Unterschiede zurück, sondern liegen im theologischen
Ausgangspunkt begründet.

In prinzipiellem Gegensatz zur reformatorischen Amtsauffassung steht
die Amtskonzeption, die nicht von Christus und den Heilsmitteln, sondern
von der Kirche und den Amtsträgern ausgeht. Bei dieser Amtskonzeption
wird das Amt aus dem priesterlichen *ordo* abgeleitet und verselbständigt.
Eine protestantische Variante dieser Amtsauffassung ist die Ableitung des
Amtes aus den Charismen oder dem allgemeinen Priestertum.

Alle protestantischen Amtskonzeptionen gehen von Luthers Negation
der Zweiständelehre aus. Darin wahren sie die Kontinuität zur Reformation. Unterschiedlich ist indessen die Bedeutung, die im Protestantismus
dem Verkündigungsamt, das an die Stelle des Amtspriestertums getreten
ist, beigemessen wird. Wie stellt es sich bei den vier ausgewählten Repräsentanten der nachreformatorischen Jahrhunderte dar?

Bei *Johann Gerhard* nimmt das kirchliche Amt im Unterschied zur
späteren Systematik einen hohen Stellenwert ein. Er übernimmt den
reformatorischen Ansatz, verändert ihn aber zugleich dadurch, daß er ihn
in den übergreifenden Zusammenhang seines Theologieverständnisses
hineinstellt, das durch die Einbeziehung der aristotelischen Metaphysik in
die Gotteslehre geprägt ist. Bei grundsätzlicher Anknüpfung an die
lutherische Reformation setzt er andere Akzente: Gerhard modifiziert die
Drei-Stände-Lehre sowie das Verständnis der *potestas ordinis*. Das hat
eine von dem jeweiligen Landesherrn und dem Lehrstand bestimmte,[220]
wenn nicht gar beherrschte Kirche zur Folge. Gerhard wirkt in einer Blüte-
zeit der lutherischen Familien- und Volksfrömmigkeit; seiner Amtsauffassung Praxisferne zu unterstellen, beruht auf Voreingenommenheit.
Aber das Priestertum aller Gläubigen hätte zur Zeit Gerhards eine aktivere
Rolle bei der Gestaltung der öffentlichen Angelegenheiten in Kirche,
Gesellschaft und Politik übernehmen können. Es ist im 17. Jahrhundert
zwar durchaus aktiv, aber begrenzt auf Familie und Beruf.

Bei Valentin Ernst Löscher (1673–1749), in der letzten Phase der
lutherischen Orthodoxie, spielt das Denken Gerhards „nur noch am Rande

---

220 Die Geistlichkeit zur Zeit Gerhards ist ein „gelehrter Stand" und eine „Funktionselite"
(s. Schorn-Schütte, a. a. O. (Anm. 11), 31 ff.).

eine Rolle"[221]. Aber auch und gerade bei Löscher steht das Amt im Sinn von CA V im Mittelpunkt des theologischen Denkens und kirchlichen Handelns.[222] Die Akzente verschieben sich im Pietismus, den Löscher genauso bekämpft wie die Philosophie des Aufklärers Christian Wolff (1679–1754), in Richtung auf die Person des Amtsträgers. In der Aufklärung geht das genuin reformatorische Verständnis des Verkündigungs- und Gnadenmittelamtes gemäß CA V verloren.

Johann Gottfried Herder übernimmt den theologischen Ansatz der Reformation so wenig wie die Berliner Aufklärung, deren Gegner er ist. Aber er sichert dem kirchlichen Amt die Eigenständigkeit aufgrund der Wiederentdeckung der Religion. Darin liegt Herders Bedeutung im Vergleich mit seinen Zeitgenossen. Ferner ist Herders Protest gegen die Inbeschlagnahme der Kirche durch den fürstlichen Absolutismus in der Sache begründet und durch seine eigene Erfahrung in kirchenleitenden Aufgaben gedeckt.

Theodosius Harnack hat Luthers theologischen Ansatz aufgenommen und nicht nur reformatorische Schlagworte. Darin unterscheidet er sich auch von der konfessionellen lutherischen Theologie des 19. Jahrhunderts. Harnacks Bedeutung für das Kirchenverständnis und die Amtsauffassung ist im Kirchenkampf erkannt worden und hat sich bis heute noch keineswegs erschöpft. Die Einsicht, daß bei Luther das Verkündigungsamt gemeinsam mit dem Priestertum aller Gläubigen gegen die Klerikalisierung von Kirche und Amt steht, kommt allerdings auch bei Harnack zu kurz.

Dietrich Bonhoeffer steht als Beispiel dafür, daß die Anknüpfung an das reformatorische Amts- und Kirchenverständnis im 20. Jahrhundert nicht nur möglich, sondern notwendig ist, wenn die Wahrheit des Evangeliums unverfälscht erhalten werden soll.[223] So fragmentarisch Bonhoeffers Amtskonzeption wegen der Zeitumstände geblieben ist, er hat durch seinen Einsatz im Kirchenkampf und im Widerstand gegen die nationalsozialistische Gewaltherrschaft das auch von den deutschen Lutheranern kompromittierte Erbe der Reformation[224] für die Zeit nach 1945 zu erhalten geholfen.

---

221 M. Greschat, Zwischen Tradition und neuem Anfang, UKG 5, Witten 1971, 135.
222 So Greschat, a. a. O., 142.
223 Luthers Werke dienten Bonhoeffer als Quelle „theologischer Selbstvergewisserung" (Gremmels, a. a. O. (Anm. 169), 10) und Ermutigung.
224 Vgl. dazu E. Wolf, Luthers Erbe?, 1946/47, in: ders., Peregrinatio, Bd. II, München 1965, 52–81.

III.
Das Amt im ökumenischen Gespräch

Das Amtsverständnis gehört seit Luthers Thesenanschlag 1517 und vollends seit den reformatorischen Hauptschriften aus dem Jahr 1520 zu den klassischen Kontroverspunkten. Ein Durchbruch zu einem gemeinsamen Verständnis in den aus der Reformation und Gegenreformation hervorgegangenen Kirchen ist in der Ökumene nicht in Sicht. Die Unterschiede in der Amtsauffassung und Amtsstruktur zählen zu den unüberwindlich scheinenden Hindernissen für die Gemeinschaft dieser Kirchen untereinander und darüber hinaus für die Gemeinschaft mit den orthodoxen Kirchen. „Die Amtsdebatte steckt in der Sackgasse."[1]

Der Beitrag der von der Wittenberger Reformation bestimmten Theologie und Kirche betrifft vor allem die ökumenische Diskussion über die Grundlagen des kirchlichen Amtes. Es wird im folgenden insbesondere zu fragen sein, ob das Evangelium in den ökumenischen Gesprächen über das Amt deutlich zu Gehör gebracht worden ist.

1. Der multilaterale Dialog

In der Reformationszeit herrschten bilaterale Gespräche vor. Die römisch-katholische Kirche bevorzugt diese Dialogform nach wie vor.[2] Multilaterale Dialoge gehören zum Zeitalter der Globalisierung und bieten sich auch für die kirchliche Ökumene an. Selbstverständlich bestehen enge Wechselbeziehungen zwischen den multilateralen Dialogen auf den verschiedenen Ebenen und den zahlreichen bilateralen Dialogen.

---

1   R. Frieling, Der Weg des ökumenischen Gedankens, KIVR 1564, Göttingen 1992, 252. Lit. zur ökumenischen Diskussion über das Amt im Überblick ebd. 371 f.; s. a. ders., Ökumene, TRE, Bd. 25, 1995, 46–77, 75 ff.

2   Vgl. W. Beinert, Der ökumenische Dialog als Einübung in die Klärung theologischer Differenzen, in: H. J. Urban / H. Wagner (Hg.), Handbuch der Ökumenik, Bd. III/1, Paderborn 1987, 60–125.

Ein grundlegender multilateraler Dialog über das Amt fand auf der Weltkonferenz für Glauben und Kirchenverfassung in Lausanne 1927 statt.[3] Mit bemerkenswerter Offenheit sind die Unterschiede und Gemeinsamkeiten in der Amtsfrage diskutiert und festgehalten worden. Aus den folgenden Jahrzehnten ist die Weltkonferenz für Glauben und Kirchenverfassung in Montreal 1963 zu nennen. Einen vorläufigen Abschluß des multilateralen Dialogs über das Amt stellt das Konvergenzdokument von Lima 1982 dar.

1.1. Lausanne 1927

Nach siebzehnjähriger Vorbereitungszeit versammelten sich vom 3. bis 21. August 1927 in Lausanne über vierhundert Delegierte aus nahezu allen Kirchen, um über kirchenverbindende und kirchentrennende Fragen zu beraten.[4] Ein eigener Verhandlungsgegenstand, beraten auf der elften und zwölften Plenarsitzung am 12. August, zusammengefaßt und bei den Schlußverhandlungen mit dem Bericht der Fünften Sektion am 20. August entgegengenommen,[5] war das Amt der Kirche.

---

3   Zu dem multilateralen Dialog über das Amt vgl. bes. G. H. Vischer, Apostolischer Dienst. Fünfzig Jahre Diskussion über das kirchliche Amt in Glauben und Kirchenverfassung, Frankfurt/M. 1982; im Überblick s. Frieling, a. a. O. (Anm. 1), 1992, 242–248.

4   Quellen in: H. Sasse (Hg.), Die Weltkonferenz für Glauben und Kirchenverfassung. Deutscher amtlicher Bericht, Berlin 1929. Zur Vorgeschichte vgl. R. Frieling, Die Bewegung für Glauben und Kirchenverfassung 1910–1937, KiKonf 16, Göttingen 1970, 17 ff.; K.-C. Epting, Ein Gespräch beginnt. Die Anfänge der Bewegung für Glauben und Kirchenverfassung in den Jahren 1910–1920, Zürich 1972; Vischer, a. a. O. (Anm. 3), 11 ff.; R. Slenczka, Dogma und Kircheneinheit, in: C. Andresen (Hg.), Handbuch der Dogmen- und Theologiegeschichte, Bd. 3, Göttingen 1984, 425–603, 469 ff. Zur Zusammensetzung (439 Delegierte aus 127 Kirchen; die röm.-kath. Kirche war ferngeblieben) und zur Verhandlungsmethode s. Frieling, 1970, 88 ff. Zum Schriftverständnis vgl. M. Haudel, Die Bibel und die Einheit der Kirchen, KiKonf 34, Göttingen ²1995, 110 ff. Zum Stellenwert des Bekenntnisses s. A. Karrer, Bekenntnis und Ökumene, KiKonf 38, Göttingen 1996, 239 ff.

5   Vgl. Sasse (Hg.), a. a. O. (Anm. 4), 296 ff., 491 ff.; Frieling, a. a. O. (Anm. 4), 1970, 113 ff.

1.1.1. Die anglikanische Position

Das Einführungsreferat zur Amtsfrage hielt für die *Anglican Communion* Bischof Edwin Palmer aus Bombay.[6] Seine Ausgangsfrage ist die nach der Legitimität des Amtes. Er bekennt sich zur anglokatholischen Amtsauffassung, nach der die Amtsausübung auf einer besonderen Amtsgnade und Vollmacht beruht, die nur auf dem Weg der apostolischen Sukzession weitergegeben werden kann. Unter Amtsgnade versteht er das legitime und exklusive Recht der Sakramentsdarreichung. Begabte Menschen könnten zwar predigen, „aber eben doch als Laien, die darum kein Recht haben, das Abendmahl zu reichen"[7].

Die Anglikaner stellten in Lausanne indessen keine geschlossene kirchliche Fraktion dar. Sie standen unter dem Eindruck der Verhandlungen mit Freikirchen, in denen sie Verständnis für die presbyteriale und kongregationalistische Position in Großbritannien gezeigt und ein Entgegenkommen signalisiert hatten.[8] Ähnliche Gespräche hatte es in den USA gegeben. Daher repräsentierte Palmer nur einen Flügel des Anglikanismus. Dieser hat den Schlußbericht zwar mitgetragen, ihn aber mit „Anmerkungen" versehen, durch welche die Unterschiede „innerhalb der Christenheit des Westens" herausgestellt werden. Dazu werden gezählt, a) daß es verschiedene Stufen des Amtes gibt, b) daß die Ordination ein von Gott eingesetzter sakramentaler Akt ist, durch den das besondere Amtscharisma verliehen wird, c) daß nur die in der apostolischen Sukzession stehenden Bischöfe die Ordination vollziehen können und d) daß die apostolische Sukzession die notwendige Voraussetzung für die Vollmacht der Amtsausübung, für die Darstellung der sichtbaren Einheit der Kirche und für die Gültigkeit der Sakramente ist.[9] In diesen Anmerkungen, in denen die römisch-katholische Position mitberücksichtigt ist, ist der Konsens, der im Bericht der Fünften Sektion festgehalten wird, im Grunde wieder aufgehoben.

---

6   Text in: Sasse (Hg.), a. a. O. (Anm. 4), 297–311. Nach dem Eindruck von F. Siegmund-Schultze hat sich Palmer bei seinem Vortrag weit von dem gedruckten Text entfernt (Siegmund-Schultze, Die Weltkirchenkonferenz in Lausanne, Berlin 1927, 151).

7   Palmer, in: Sasse, a. a. O. (Anm. 4), 300.

8   Nach der I. Drucksache, die zum Verhandlungsmaterial gezählt wurde (in: Sasse, a. a. O. (Anm. 4), 65 ff., bes. 75).

9   Schlußbericht der Fünften Sektion über das geistliche Amt, in: Sasse, a. a. O. (Anm. 4), 536–540, 539 f.

Die Anglikaner waren am besten auf die Weltkonferenz in Lausanne vorbereitet. Das gilt nicht in bezug auf die theologische Durchdringung der Amtsproblematik, aber sehr wohl hinsichtlich der kirchenpolitischen Einigung auf Generalleitlinien, deren Grundlage das Vierpunkteprogramm *(Quadrilateral)* darstellte.[10] Es wurde 1886 in Chicago formuliert und von der 3. Lambeth-Konferenz 1888 für die gesamte anglikanische Kirchengemeinschaft übernommen. Es will – am Ende des 19. Jahrhunderts! – zu den Prinzipien der Einheit während der ersten Jahrhunderte zurückkehren.[11] Diese Prinzipien sind: 1. die Geltung der Heiligen Schrift; 2. das Nicaenum und Apostolikum; 3. die zwei Sakramente Taufe und Abendmahl und 4. das historische Bischofsamt.

Dieses Vierpunkteprogramm steht nur scheinbar im Einklang mit der reformatorischen Position; denn es bindet die Kirche an das Bischofsamt, und zwar an eine historisch gewordene Form dieses Amtes, während nach CA VII die Kirche allein an das unverfälscht gelehrte Evangelium und an die evangeliumsgemäß verwalteten Sakramente gebunden ist. Auf diesen fundamentalen Unterschied wird zurückzukommen sein.

1.1.2. Die protestantische Position

Die protestantische Position war uneinheitlich und wurde ohne vorherige Koordination vertreten. Angloprotestantische, reformierte, freikirchliche,

---

10 Vgl. G. Gaßmann, Konzeptionen der Einheit in der Bewegung für Glauben und Kirchenverfassung 1910–1937, FSÖTh 39, Göttingen 1979, 15 ff.

11 Die anglikanische Restitutionstheorie ist weder historisch noch dogmatisch tragfähig (s. Slenczka, a. a. O. (Anm. 4), 476–478). Nach A. v. Harnack beruht sie vielmehr auf einer historisch-dogmatischen Konstruktion, nämlich auf der Annahme, es habe in den ersten Jahrhunderten einen die ganze Christenheit umfassenden Konsens gegeben (A. v. Harnack, Über den sogenannten „Consensus quinque-saecularis" als Grundlage der Wiedervereinigung der Kirchen, 1925, in: ders., Aus der Werkstatt des Vollendeten, hg. v. Ax. v. Harnack, Gießen 1930, 65–83, 66 f.). Aber erstens gab es einen solchen Konsens nicht (67); der Anspruch der (orthodoxen oder katholischen) Kirche, „die ökumenische Kirche zu sein, war eine bloße Behauptung und Fiktion" (72). Zweitens, selbst wenn er existiert hätte, „wäre er heute eine ganz ungeeignete Grundlage für die Wiedervereinigung der christlichen Konfessionen" (67; bei H. gesperrt). „Daher: Die Forderung, alle Kirchen sollen sich exklusiv auf den dogmatischen ‚consensus quinque-saecularis' zurückziehen, bedeutet in Wahrheit die Rekatholisierung der evangelischen Kirchen, und dieser zurückgeführte Katholizismus kann im Abendland natürlich nur der römische sein." (77; bei H. gesperrt.)

hussitische und lutherische Voten sind zu unterscheiden.[12] Es können im folgenden nur die wichtigsten dargestellt werden.

Den deutschen Lutheranern ist es nicht gelungen, das reformatorische Proprium in der Amtsfrage herauszustellen. Theologisch fällt die Konferenz von Lausanne in eine Übergangszeit: Die liberale Theologie stand noch in Ansehen, hatte aber die Meinungsführerschaft bereits verloren; die dialektische Theologie und Lutherrenaissance waren bereits auf den Plan getreten, hatten sich aber noch nicht durchgesetzt. Die deutschen Konferenzbeiträge haben sich jedenfalls weder von Adolf von Harnacks Destruktion der anglikanischen Restitutionstheorie noch von der neueren Lutherinterpretation bestimmen lassen. Repräsentativ ist Arthur Titius (1864–1936), der im Rückblick selbstzufrieden feststellte: „Die Vertreter des Luthertums hatten hinsichtlich der Lehre vom geistlichen Amt leichtes Spiel; sie konnten darauf hinweisen, daß in ihren Kirchen die Formen des Episkopalismus, Synodalismus und Kongregationalismus schon längst in einem inneren Verschmelzungsprozeß begriffen wären, und konnten sich damit begnügen, jede magische Auswirkung des Amtes abzulehnen."[13] In Wirklichkeit haben die Vertreter des deutschen Luthertums die Chance leichtfertig verspielt, das reformatorische Amtsverständnis sachgerecht darzustellen und im Sinn der Reformation Position zu beziehen. Nicht nur nicht Luthers evangeliozentrische Amtsauffassung, auch CA V ist in Lausanne nicht zur Geltung gekommen; ferner niemand aus der lutherischen Orthodoxie, aus dem lutherischen Pietismus oder aus der konfessionellen lutherischen Theologie des 19. Jahrhunderts. Daß die Amtsauffassung der Anglikaner oder Orthodoxen etwas mit Magie zu tun haben soll, ist im übrigen ein Unsinn, über den man auch nachträglich nur den Kopf schütteln kann. Was schließlich die Beliebigkeit in kirchenverfassungsrechtlichen Fragen anlangt, so konnte sie „nur als häretisch, nicht als vermittelnd (an)gesehen werden"[14].

Dagegen wurde die lutherische Position von M. G. G. Scherer, USA, verteidigt.[15] Immer habe die Kirche ein geistliches Amt gehabt. Dieses sei

---

12 Im Unterschied zu Vischer, a. a. O. (Anm. 3), 41 ff., möchte ich nicht von einer „reformatorische(n) Position" sprechen, da ich nicht erkennen kann, daß sie in Lausanne hinlänglich vertreten worden wäre.

13 A. Titius, in: Siegmund-Schultze, a. a. O. (Anm. 6), 158.

14 Vischer, a. a. O. (Anm. 3), 41. Vischer nennt Titius' Rückblick auf die Sektionsverhandlungen „erstaunlich naiv" (ebd.).

15 M. G. G. Scherer, in: Sasse, a. a. O. (Anm. 4), 312–319. Zur Identifizierung s. G. E. Lenski, Scherer Family, ELC, Bd. III, 1965, 2121 f.

auch weiterhin notwendig. Von einer normativen Ämterordnung könne jedoch weder im Blick auf das Neue Testament noch auf die Kirchengeschichte geredet werden. Daher müsse der Kirche die Gestaltungsfreiheit erhalten bleiben. Auch das Bischofsamt in apostolischer Sukzession sei nicht wesensnotwendig. Die Einheit der Kirche liege in der „Übereinstimmung in der Lehre des Evangeliums und in der Verwaltung der Sakramente" begründet.[16] Ferner sei das sacerdotale Priestertum nicht mit dem Neuen Testament und der Reformation vereinbar. Durch die sacerdotale Theorie werde vielmehr das alleinige Mittlertum Jesu Christi eingeschränkt, das allgemeine Priestertum aller Gläubigen entwertet und die Lehre von der Rechtfertigung aufgegeben.[17] Würde man auf dieser falschen Theorie insistieren, dann sei „jede Diskussion über die für eine geeinte Kirche notwendige Gestalt des Amtes zuende"[18].

Dieses Votum Scherers wurde von reformierter Seite durch den englischen Presbyterianer David Fyffe[19], ferner durch den Tschechen Joseph Soucek[20], den Senior der Böhmischen Brüder, unterstützt und von dem Heidelberger Neutestamentler Martin Dibelius als richtig bestätigt.[21] Sachlich richtig war es gewiß; aber vielleicht zu apologetisch vorgetragen. Die lutherischen Delegierten hätten die anglikanische Sprachregelung von vornherein als unsachgerecht zurückweisen müssen. Hat man das anglikanische Verständnis der apostolischen Sukzession übernommen, statt es theologisch mit den Reformatoren a limine zurückzuweisen, dann läßt man sich in die Defensive drängen und steht irgendwann vor der Frage,

---

16 Scherer, a. a. O., 317.

17 A. a. O., 315.

18 Ebd. Scherer hebt hervor, daß „der neutestamentliche Presbyter etwas ganz anderes . . . als der spätere Priester" sei (a. a. O., 312).

19 D. Fyffe, in: Sasse, a. a. O. (Anm. 4), 334–339. Zu Fyffe, ferner zur denominationalistischen Amtsauffassung, nach welcher das Amt auf der Delegation durch die Gemeinde beruht, vgl. Vischer, a. a. O. (Anm. 3), 44 f.

20 J. Soucek, in: Sasse, a. a. O. (Anm. 4), 329 ff.

21 M. Dibelius, in: Sasse, a. a. O. (Anm. 4), 339 f. Vgl. W. G. Kümmel, Dibelius, Martin (1883–1947), TRE, Bd. 8, 1981, 726–729. Dibelius hätte klarer Stellung beziehen müssen, anstatt nur resümierend festzustellen, es gebe „zwei Auffassungen" (Sasse, 339). Zwar kann man mit Dibelius die lutherische mit der paulinischen Auffassung in Einklang bringen, aber nicht die anglikanische mit der Amtsauffassung der Pastoralbriefe; denn die Past. binden die Geltung des Amtes an das apostolische Evangelium und nicht an eine kirchliche Tradition, zumal diese sich nach anglik. Verständnis über Jahrhunderte erstreckt.

wie man das Defizit, das einem beharrlich eingeredet wurde, ausgleichen soll. Dieses Mißgeschick nahm auf ökumenischer Ebene seinen Anfang in Lausanne und wirkt sich bis heute belastend für die lutherische Seite aus.

1.1.3. Kritische Würdigung

A. Die Gemeinsamkeiten. In dem auf der zweiten Fassung der Fünften Sektion beruhenden Schlußbericht wird volle Einmütigkeit in fünf Punkten festgestellt. Erstens wird das geistliche Amt als eine von Gott durch Christus seiner Kirche verliehene „Gabe" angesehen.[22] „Es ist wesensnotwendig für das Dasein und das Gedeihen der Kirche." „Wesensnotwendig" ist für Luther freilich allein Gottes Wort,[23] nicht das Amt als solches. Aber das Wort braucht das Amt, um zu Gehör gebracht zu werden. Deshalb kann die lutherische Kirche diese These mittragen.

Zweitens: „Das geistliche Amt empfängt dauernd seine Vollmacht und Wirkungskraft durch Christus und Seinen Geist."[24] Daß Christus der Urheber des Amtes ist, ist nicht nur die römisch-katholische, anglikanische und orthodoxe, sondern auch die lutherische und reformierte Anschauung. Daher ist die Alternative, die Palmer zwischen einer protestantischen und katholischen Amtsauffassung zu Beginn seines Referats konstruiert hat,[25] in dieser Zuspitzung historisch falsch und beruht auf einer dogmatischen Vergröberung. Luther und Melanchthon, ebenso Johann Gerhard und Theodosius Harnack konnten allerdings präziser sagen, wodurch das Amt seine Vollmacht empfängt, nämlich durch den sich mit seinem Auftrag und seiner Verheißung an die Gnadenmittel bindenden Christus. Auch das Wirken des Geistes ist in der Reformation nicht freischwebend gedacht, sondern es ist frei und souverän in der *Bindung* an die Gnadenmittel Wort und Sakrament.

Drittens: Die Aufgabe des Amtes besteht im Hirtendienst, der Verkündigung des Evangeliums und der Sakramentsverwaltung. Nur am Rand sei notiert, daß die poimenische Aufgabe nach reformatorischem

---

22 Bericht der Fünften Sektion, in: Sasse, a. a. O. (Anm. 4), 537. Daraus auch das folgende Zitat im Textteil.
23 Vgl. WA 7, 721, 12 f.: „. . . tota vita et substantia Ecclesiae est in verbo dei . . ."
24 Th. 2, in: Sasse, a. a. O. (Anm. 4), 537.
25 Palmer, a. a. O. (Anm. 6), 300.

Verständnis dem Dienst an den Gnadenmitteln nachgeordnet ist. Der Zusatz zur dritten These, die „durch das Amt vermittelten Wohltaten (würden) wirksam erst durch den Glauben", wurde gegen den katholischen Sakramentalismus formuliert. Vielleicht hätte man genauer sagen sollen: „durch den Geist *im* Glauben"[26].

Viertens: „Das geistliche Amt ist mit der Leitung der Kirche und der Ausübung der Kirchenzucht betraut, in der Gesamtkirche und in ihren Teilen."[27] Diese These ist undifferenziert und hat die grundlegende theologische Unterscheidung Luthers zwischen dem geistlichen Regiment und dem äußeren Kirchenregiment, das nicht dem Amt, sondern der ganzen Kirche zusteht, außer acht gelassen. So ist hier ein empfindliches Defizit festzustellen.

Die fünfte These betrifft die „Ordination unter Gebet und Handauflegung". In der Formulierung der fünften These konnte sich offenbar der hochkirchliche Flügel der Anglikaner ebenso wiederfinden wie der linke Flügel der Protestanten. In der Tat legen sich die Berichterstatter nicht auf die Behauptung fest, die Ordination sei ein Sakrament, schließen diese Deutung aber auch nicht aus. So liegt hier eine Kompromißformel vor, welche die bestehenden Unterschiede ungenannt läßt. Diese werden dann aber im Anmerkungsteil artikuliert.

B. Die Unterschiede und Gegensätze. Es verdient Anerkennung, daß die Weltkonferenz die Unterschiede benannt und die Gegensätze nicht bagatellisiert hat. Darin ist die Lausanner Konferenz vorbildlich!

Die offen ausgesprochenen Unterschiede und Gegensätze bestehen im wesentlichen bis heute. Sie sind wahrnehmbar im Kultus, in der Verfassung und Organisation der Kirche, aber sie lassen sich nicht durch Änderungen im Ablauf des Gottesdienstes oder der Verfassung beseitigen, sondern sie „betreffen das Wesen des geistlichen Amtes"[28].

Es wäre unsachgerecht, die Verschiedenheiten nur aufzulisten. Sie gehen auf eine Grunddifferenz zurück, aus der sie sich ergeben. Daher muß diese Grunddifferenz zuvor herausgestellt werden. Ihre Spur läßt sich durch alle folgenden Auseinandersetzungen um das Amt verfolgen. Wenn sich die Kirchen nicht über die Grunddifferenz verständigen können, hat

---

26 Vischer, a. a. O. (Anm. 3), 48, Anm. 149, führt den Zusatz zur dritten These auf einen synergistischen, neuprotestantischen Glaubensbegriff zurück.
27 Th. 4, in: Sasse, a. a. O. (Anm. 4), 537.
28 A. a. O., 537.

es keinen Sinn und keine Verheißung, die Symptome zu behandeln. Zur Feststellung der Grunddifferenz muß zunächst weiter ausgeholt werden.

Faith and Order ist ein Programm, in dem sich der theologische Ansatz und das kirchliche Hauptanliegen des Anglikanismus widerspiegelt.[29] Unter *faith* ist zunächst nicht der existentielle Glaubensakt zu verstehen, auch nicht der Glaubensinhalt, nämlich Christus, der Gottes und unsere Gerechtigkeit zugleich ist. *Faith* wird vielmehr als ein Synonym von *doctrine* aufgefaßt. Diese hat im nicaenischen Glaubensbekenntnis ihren grundlegenden und ausreichenden Niederschlag gefunden. In diesem Rahmen schließt *faith* sodann das Verständnis von Glaube im Sinn des existentiellen Vertrauens auf den dreieinigen Gott ein. Noch schwieriger ist die sachlich angemessene Wiedergabe von *order*, hat doch das englische *order* einen ähnlich weiten Bedeutungsradius wie das deutsche *Ordnung*. „Kirchenverfassung" ist zwar eine mögliche Übersetzung, aber im Kontext der anglikanischen Kirchensprache ist damit nicht etwas Akzidentielles gemeint, wie es Titius auf der Grundlage seiner protestantischen Sozialisation in Deutschland aufgefaßt hat.[30] Vielmehr umfaßt *order* analog zu *faith* die nachapostolische Ämterordnung der ersten Jahrhunderte. Das Festgelegtsein der Kirche auf das (dreigliedrige) Amt, das auf dem Weg der apostolischen Sukzession durch die Ordination übertragen wird, ist nach dem Vierpunkteprogramm wie die Heilige Schrift, die beiden Sakramente und das Nicaenum essentiell und normativ für das Sein der Kirche. Diese Ordnung darf also nicht zu den Adiaphora gezählt werden, wie es für neuprotestantische Konferenzteilnehmer naheliegend war, sondern sie ist nach anglikanischem Verständnis ein Wesensbestandteil der Kirche.[31] Darin liegt auch der sachliche Grund dafür, daß die in Lausanne herausgestellten Verschiedenheiten „das *Wesen* des geistlichen Amtes", „das *Wesen* der Ordination" und „das *Wesen* der apostolischen Sukzession" betreffen.[32] Während dieser Sprachgebrauch bei Protestanten Irritationen hervorrief,[33] stellte er für die Orthodoxen kein

---

29 Vgl. Slenczka, a. a. O. (Anm. 4), 470 f.

30 S. o. Anm. 13 und 14.

31 Vgl. Gaßmann, a. a. O. (Anm. 10), 292.

32 Zitiert nach Sasse, a. a. O. (Anm. 4), 537. Hervorhebungen von mir.

33 So zeigte sich J. Soucek darüber befremdet, daß die Frage der Struktur des Amtes als Glaubensfrage behandelt wurde (in: Sasse, a. a. O. (Anm. 4), 333). Aber genau das ist sie nach anglik., röm.-kath. und orth. Verständnis!

Problem dar.[34] Im Gegenteil, für sie ist wie für die Anglikaner und Katholiken die Ordnung des Amtes und der Ordination von den altkirchlichen Konzilien ein für allemal „verbindlich geregelt"[35] und nimmt einen dem Nicaenum vergleichbaren Rang ein. Die Infragestellung dieser Ordnung kommt für sie daher einem Sakrileg gleich. Entsprechend haben die Orthodoxen in Lausanne reagiert!

Gegen diese Konzeption sind drei grundlegende Einwände zu erheben. Erstens muß mit Adolf von Harnack unmißverständlich gesagt werden, daß es eine gesamtkirchliche Übereinstimmung von Glauben und Kirchenverfassung niemals gegeben hat, weder im Neuen Testament noch in der Alten Kirche.[36] Sie stellt ein kirchenpolitisches Postulat dar, das auf historischer Fiktion und dogmatischer Konstruktion beruht. Es dient nicht nur der Stabilisierung der Herrschaft der Amtsträger über das Volk Gottes, obwohl dieser häßliche Zug bisweilen unverhüllt zum Durchbruch kommt. Indem die Kirche ihrer Ordnung und Tradition an der Offenbarungsqualität der Heiligen Schrift Anteil gibt, um sie dadurch unangreifbar zu machen, sucht sie vielmehr auch der Angst zu begegnen, sie könne ins Bodenlose fallen. Gegen den Kleinglauben des sinkenden Petrus nützt aber der Rückzug auf ein Ordnungsmodell nichts, sondern allein der Glaube, der nicht an Christus und seiner Durchhilfe zweifelt (Mt. 14,30 f.).

Die Heils- und Wahrheitsfrage des Menschen wird im Glauben an das Evangelium entschieden. An die Stelle der biblisch-reformatorischen Grundrelation Evangelium – Glaube darf nicht die Relation Glaube – Kirchenverfassung oder Glaube – Amt[37] treten, ist diese doch ein bloßes Surrogat und in der Zielsetzung vorreformatorisch. Gegen dieses Surrogat

---

34 Vgl. das Sondervotum der Orthodoxen (in: Sasse, a. a. O. (Anm. 4), 539). Die Orthodoxen blieben in der Amtsfrage „völlig intransigent"; die Zugeständnisse der protestantischen Seite gingen in ihren Augen an dem „Kern der Sache" vorbei (Vischer, a. a. O. (Anm. 3), 42).

35 Frieling, a. a. O. (Anm. 1), 1992, 242.

36 Vgl. o. Anm. 11; s. a. A. v. Harnack, Entstehung und Entwicklung der Kirchenverfassung und des Kirchenrechts in den ersten zwei Jahrhunderten nebst einer Kritik der Abhandlung R. Sohms, 1910, Nachdr. Darmstadt 1980.

37 Vgl. E. Wolf, Sanctorum communio, 1942, in: ders., Peregrinatio (I), München ²1962, 279–301, bes. 299, der es als „Romantisierung" des Kirchenbegriffs bezeichnet, wenn die Gläubigen zur Kirche statt allein zu dem dreieinigen Gott in ein „fiduziales Verhältnis" eintreten.

ist – zweitens – der prinzipielle theologische Einwand zu erheben, daß die Kirche nicht mit ihrer Ordnung, sondern mit dem Artikel von der Rechtfertigung steht und fällt.

Drittens spricht die geistliche Erfahrung sowie auch die Notwendigkeit der Zukunftsorientierung gegen das Konzept von *Faith and Order*. Mit vollem Recht wurde in Lausanne darauf hingewiesen, daß das *eine* Amt des Wortes und der Sakramente Früchte bringt, die es als vollmächtig beglaubigen.[38] Darunter sollte man nicht nur die unmittelbaren Früchte verstehen, die in neuem Lebensmut, in dem Trotz gegen die Sünde und den Tod und in den Werken der Liebe zum Ausdruck kommen, sondern auch die mittelbaren sozialen und kulturellen Auswirkungen. Das wirft doch die Frage auf, ob die kirchliche Ordnung in dem Europa der ersten Jahrhunderte das Modell für die kirchliche Zukunftsgestaltung in einer globalen Gesellschaft sein kann? Das muß bezweifelt werden, hat es doch schon die Reformation in Frage gestellt.

Mit Bezug auf das Konzept von *Faith and Order* kann die Grunddifferenz näher bestimmt werden, auf welche die Auseinandersetzung um das Amt in Lausanne wie auch bei den folgenden ökumenischen Dialogen zurückzuführen ist. Sie kommt im Amtsverständnis zwar besonders massiv zum Ausdruck, aber ihre Ursache ist die unterschiedliche Anschauung von dem Handeln des dreieinigen Gottes in, an und durch die Kirche. Es lassen sich zwei völlig verschiedene Anschauungen auf gemeinsamer Grundlage unterscheiden. Die eine kann abgekürzt als die biblisch-reformatorische, die andere als die nachapostolisch-mittelalterliche bezeichnet werden.

Nach dem biblisch-reformatorischen Verständnis bindet Christus die Frucht seines Kreuzestodes und seiner Auferstehung an das Evangelium und die Sakramente. Die Wirksamkeit des Evangeliums wird von dem Heiligen Geist durch die Predigt und die des Altarsakraments durch die Einsetzungsworte entbunden. Im Glauben kommt die Rechtfertigung des Gottlosen zu dem Ziel, das Gott dem Werk seines Sohnes sowie dem Werk seines Geistes gesetzt hat. Der Amtsträger dient an den Heilsmitteln in der Bindung an das Mandat Jesu Christi. Zur öffentlichen Amtsausübung wird er durch die Ordination legitimiert und bevollmächtigt. Die Amtsvollmacht begründet nicht einen besonderen Stand, durch den er sich von den anderen Christen unterschiede, sondern sie bleibt an das Evangelium

---

38 Wiedergegeben nach Sasse, a. a. O. (Anm. 4), 540.

393

gebunden. Sie wird im Dienst am Wort und den Sakramenten in der Unterordnung unter Christus im Auftrag der Kirche einsetzungs- und schriftgemäß ausgeübt.

Nach dem nachapostolisch-mittelalterlichen Verständnis ist die Frucht des Todes und der Auferstehung Christi an das Sakrament des Altars gebunden, das seine Kraft und Wirksamkeit zwar auch Gottes Wort verdankt, aber diesem nur in der Bindung an den Stand *(ordo)* des Amtsträgers. Das wirkt auf Außenstehende, als wenn es sich lediglich um eine Akzentuierung und Nuancierung handelte. In Wirklichkeit liegt eine Usurpation vor. Sie besteht in dem entschlossenen Zugriff auf die Heilsmittel. Diese werden kirchlich vereinnahmt und von dem *ordo* in Beschlag genommen. Indem der *ordo* die Heilsmittel, an die sich der dreieinige Gott aus Liebe und Menschenfreundlichkeit in Freiheit gebunden hat, zugleich an sich selbst bindet, errichtet er das Monopol der Heilsvermittlung, durch das er die Kirche unter seiner Kontrolle halten kann.

Aus dieser Grunddifferenz ergeben sich auch die anderen Verschiedenheiten einschließlich der unterschiedlichen Verfassungsformen.[39] Sie werden in der Folgezeit immer wieder angesprochen und problematisiert. Die Grunddifferenz sollte hier aufgezeigt werden, weil sie von Anfang an die Diskussion über das Amt entscheidend geprägt hat. Wohl zur Überraschung einiger kontinentaleuropäischer Protestanten – anders läßt sich ihre Hilflosigkeit kaum erklären – vertraten die Anglikaner ein Amtsverständnis, das im Blick auf seine Grundlegung zutiefst unreformatorisch ist.

Seit dem 16. Jahrhundert waren Vertreter der verschiedenen Kirchen nicht mehr in so großer Zahl zusammengekommen. Die Anregungen für die Auseinandersetzung um das kirchliche Amt sind bemerkenswert. Die Weltkirchenkonferenz in Lausanne war ein Einschnitt.

---

39 Im Schlußbericht wird der Vorschlag unterbreitet, „daß jede der drei Verfassungsformen, die bischöfliche, die presbyterische und die kongregationale, . . . ihren angemessenen Platz in der Lebensordnung einer wieder geeinten Kirche haben müsse" (in: Sasse, a. a. O. (Anm. 4), 538). Schon im Vorfeld der Konferenz haben übrigens Verfassungsfragen den Vorrang vor der Wahrheitsfrage eingeräumt bekommen (vgl. Karrer, a. a. O. (Anm. 4), 229).

1.2. Montreal 1963

In der Amtsfrage hat die multilaterale Diskussion nach Lausanne 1927 nichts ergeben, das unbedingt hervorgehoben werden müßte.[40] Das gilt auch für die Zeit nach der Gründung des Ökumenischen Rates der Kirchen 1948.[41] Erst in Montreal 1963 stand das Amt wieder als Thema auf der Tagesordnung einer Weltkonferenz für Glauben und Kirchenverfassung.[42]

Den Stand der Diskussion über das Amt von Lausanne haben die Teilnehmer in Montreal nicht erreicht.[43] Die Sektion III, die das Thema *Das Erlösungswerk Christi und das Amt seiner Kirche* bearbeitet hat,[44] blieb dahinter zurück. So möchte ich mich auf zwei Bemerkungen beschränken.

1. Positiv läßt sich würdigen, daß die Kirchen dem rasanten Wandel, in den die Welt in den sechziger Jahren hineingezogen wurde, zu entsprechen suchten. „Wir müssen darum die bestehenden Formen des geistlichen Amtes neu überprüfen ... Kirchen, die sich rasch wandelnden Situationen gegenübersehen, ringen darum, Formen des Amtes zu finden, die in ihrer Situation sinnvoll sind. Sie tun das nicht, indem sie die traditionellen Formen des Amtes preisgeben, sondern versuchen, dem überlieferten Amt eine Mannigfaltigkeit und Beweglichkeit zu geben, wie wir sie im Neuen Testament und in der Kirche der ersten Jahrhunderte finden."[45]

2. Negativ muß angemerkt werden, daß Luthers reformatorisches Amtsverständnis in dem Sektionsbericht unberücksichtigt geblieben ist. Es wird nicht einmal mehr als eine Herausforderung empfunden. Zumindest eine Abgrenzung wäre wünschenswert gewesen, zum Beispiel in bezug auf den theologischen Bezugsrahmen der Lehre vom Amt. Bei Luther ist dieser

---

40 Vgl. Frieling, a. a. O. (Anm. 4), 1970, 260 (im Blick auf Edinburgh 1937); G. Gaßmann, Die Entwicklung der ökumenischen Diskussion über das Amt, ÖR 22 (1973), 454–468, 456 ff. In Edinburgh wurden die Gegensätze deutlicher (s. Slenczka, a. a. O. (Anm. 4), 500).

41 Vgl. dazu F. Lüpsen (Hg.), Amsterdamer Dokumente, Bielefeld 1948; s. a. W. A. Visser't Hooft, Ursprung und Entstehung des Ökumenischen Rates der Kirchen, Frankfurt/M. 1983.

42 Ökumenischer Rat der Kirchen. Kommission für Glauben und Kirchenverfassung, Montreal 1963, hg. v. P. C. Rodger / L. Vischer, Genf 1963. Engl. Original: The Fourth World Conference on Faith and Order, Montreal 1963, ed. P. C. Rodger / L. Vischer, London 1964.

43 Vgl. G. Vischer, a. a. O. (Anm. 3), 57–113.

44 Dt. Bericht in: a. a. O. (Anm. 42), 1963, 54–61; engl. Bericht in: a. a. O. (Anm. 42), 1964, 61–69.

45 Aus dem dt. Bericht, a. a. O. (Anm. 42), 1963, 59.

klar erkennbar. In dem Bericht von Montreal wird dagegen vieles angedeutet, aber nichts präzise ausgeführt. Die tragende Bedeutung der Heilsmittel für das Amtsverständnis ist theologisch nicht erfaßt. Deutet diese theologische Unbedarftheit auf die weitere Entwicklung hin?

1.3. Lima 1982

Der multilaterale Dialog über das Amt hat in den Konvergenzerklärungen von Lima einen vorläufigen Abschluß gefunden.[46] Aus den offiziellen Antworten läßt sich ein hohes Maß an Gemeinsamkeiten entnehmen.[47] Sie zeigen zugleich aber auch, daß im Amtsverständnis kein Konsens erreicht werden konnte.

Die Konvergenzerklärung über das Amt umfaßt sechs Abschnitte.[48] Die wichtigsten Aspekte des Kirchen- und Amtsbegriffs sollen im folgenden im Grundriß dargestellt und mit einigen Anmerkungen versehen werden. Andere Themen, etwa die Ordination, werden nicht behandelt.

1.3.1. Das Kirchenverständnis

„In einer zerbrochenen Welt beruft Gott die ganze Menschheit, sein Volk zu werden." (§ 1) So lautet die Exposition der Konvergenzerklärung über das Amt. Gottes Heilshandeln wird sodann abbreviaturhaft dargestellt. Im Zentrum steht das für alle gegebene Opfer Jesu Christi. Auf dieses Zentrum ist das Handeln des Heiligen Geistes bezogen. Er erhält und leitet die Kirche (§ 3). Er „verleiht der Gemeinde verschiedene und einander ergänzende Gaben" (§ 5). Sollen die Unterschiede bezüglich der Stellung und Struktur des Amtes überwunden werden, „müssen sie ihren Ausgangspunkt bei der Berufung des ganzen Volkes Gottes nehmen" (§ 6).

---

46 Taufe, Eucharistie und Amt. Konvergenzerklärungen der Kommission für Glauben und Kirchenverfassung des Ökumenischen Rates der Kirchen, Frankfurt/M. – Paderborn 1982, 29–49.
47 M. Thurian (Hg.), Churches respond to BEM, Bde. I–VI, Genf 1986–1988; Ökumenischer Rat der Kirchen (Hg.), Die Diskussion über Taufe, Eucharistie und Amt 1982–1990, Frankfurt/M. / Paderborn 1990.
48 Diese 6 Kap. sind in die §§ 1 bis 55 gegliedert. Im Textteil wird lediglich der § angegeben.

Dieser Abschnitt wurde von den Kirchen nahezu einhellig begrüßt. Er provoziert dennoch einige kritische Bemerkungen.

1. Der *Modus loquendi theologicus* ist unreformatorisch. Luther hat alle seine Aussagen aus der Bibel gewonnen. Sein Lebenswerk hing an dem Verständnis *eines* Bibelverses. In der Konvergenzerklärung ist dagegen an die Stelle der Schrifttheologie eine allgemeine ökumenische Gebrauchstheologie getreten. Sie setzt mit einem kirchlichen Glaubensfundament ein[49] und hält die darauf basierenden Ausführungen, gehoben in Stil und Niveau, bis zum Schluß durch. Gemessen an dem Theologiebegriff der Reformation, aber auch der lutherischen Orthodoxie, der konfessionellen lutherischen Theologie des 19. Jahrhunderts und der dialektischen Theologie handelt es sich aber insofern gar nicht um *theologische* Sätze, als sie sich durch die Schrift weder verifizieren noch falsifizieren lassen. Sie erfreuen sich einer allgemeinen kirchlichen Zustimmung. Gegenüber der kritischen Funktion der Schrift sind sie mitsamt dem ekklesiologischen Fundament, das sie voraussetzen, indessen immun. Ihre Richtigkeit verbürgt die „Kirche". Aber diese „Kirche" ist eine dogmatische Konstruktion der Verfasser.

1.1. Die Kirche ist nach reformatorischem Verständnis ein Geschöpf des Wortes Gottes;[50] sie steht nicht auf und in sich selbst. Der Kirchenbegriff hätte aus der Relation der Kirche zum Wort Gottes gebildet werden müssen. Nur dann ist er theologisch plausibel und stringent. Die Ekklesiologie der Konvergenzerklärung steht auf tönernen Füßen.

1.2. In der Grundrelation Wort Gottes – Glaube entscheidet sich die Heilsfrage. Diese Grundrelation bleibt in der Konvergenzerklärung völlig unterbestimmt.

1.3. „Der Geist erhält die Kirche in der Wahrheit" (§ 3). Das ist wohl wahr. Aber es fehlt die Näherbestimmung, daß der Geist dies in der Bindung an das *verbum externum* tut. Ohne diese sachlich notwendige Präzisierung wird dem Enthusiasmus Tür und Tor geöffnet. Auch ein kirchlich oder ökumenisch gebilligter Enthusiasmus erhält die Kirche nicht in der Wahrheit, sondern er führt die Kirche in die Irre.

---

49 E. Herms spricht – ohne direkten Bezug auf diese Stelle – treffend von einem „dynamische(n) Glaubensfundament" (Der Dialog zwischen Päpstlichem Einheitsrat und LWB 1965–1998, ThLZ 123 (1998), 657–713, 685 f. u. ö.).

50 Vgl. WA 6, 560, 31 ff.

1.4. Mit dem Umstand, daß die Konvergenzerklärung dogmatisch ist, wo sie kritisch sein müßte, mag es zusammenhängen, daß sie auf der anderen Seite kritische Rückfragen gar nicht aufnimmt. Kann man nach Immanuel Kant und Friedrich Nietzsche mit dieser Selbstverständlichkeit von dem „Opfer" Jesu oder von der „gute(n) Botschaft des Evangeliums" reden? Nicht nur die Reformation, auch die moderne Bibelwissenschaft hat das nicht getan.

2. Der Abschnitt über die „Berufung des ganzen Volkes Gottes" bestimmt die anderen Kapitel inhaltlich nicht.[51] Es trifft nicht zu, daß durch diesen Abschnitt „eine Isolierung des ordinierten Amtes von vornherein" vermieden worden wäre.[52] Wenn man auf die präzise biblische Grundlegung des Kirchenbegriffs verzichtet, kann man über das Amt ausführen, was immer man will. Das tut die Konvergenzerklärung freilich nicht. Sie folgt vielmehr nachapostolischen Vorgaben.

2.1. Die Rezeption der reformatorischen Lehre vom Priestertum aller Gläubigen schließt die Negation der Zweiständelehre ein. Diese Negation wird in der Konvergenzerklärung gerade nicht ausgesprochen! Beide Stände werden vielmehr beibehalten, aber die „Laien" im Sinn des Zweiten Vatikanischen Konzils aufgewertet.

1.3.2. Das Amtsverständnis

Der zweite Abschnitt enthält die zentralen Aussagen über das Amt. Er ist in vier Unterabschnitte gegliedert. Ihm schließen sich die Abschnitte III über die Struktur des Amtes und IV über die apostolische Sukzession an. A. *Das ordinierte Amt.* Einschlägig für das Amtsverständnis der Konvergenzerklärung ist besonders § 8: „Um ihre Sendung zu erfüllen, braucht

---

51 Es wurde auch in kirchlichen Stellungnahmen bemängelt, daß es keine Wechselbeziehungen zwischen dem ersten und den folgenden Kap. gebe (s. ÖRK (Hg.), a. a. O. (Anm. 47), 1990, 79). Vgl. ferner R. Frieling, Welchen Sinn hat die Amtsdiskussion?, in: Konfessionskundliches Institut (Hg.), Kommentar zu den Lima-Erklärungen über Taufe, Eucharistie und Amt, BenshH 59, Göttingen 1983, 106–159, 114; K.-F. Daiber, Der Eindruck einer hierarchischen Kirche. Entsprechen Lima-Texte der Gemeindewirklichkeit?, LM 22 (1983), 310–313, 312; H.-M. Barth, „Apostolizität" und „Sukzession" in den Konvergenzerklärungen von Lima, ÖR 33 (1984), 339–357, bes. 341.

52 So W. Pannenberg, Herausforderung der Amtstheologie, LM 22 (1983), 408–413, 409.

die Kirche Personen, die öffentlich und ständig dafür verantwortlich sind, auf ihre fundamentale Abhängigkeit von Jesus Christus hinzuweisen, und die dadurch innerhalb der vielfältigen Gaben einen Bezugspunkt ihrer Einheit darstellen. Das Amt solcher Personen, die seit sehr früher Zeit ordiniert wurden, ist konstitutiv für das Leben und Zeugnis der Kirche."
1. Das Öffentlichkeitsmotiv wird zu Recht hervorgehoben. Die Aufgabe des Amtes ist dagegen nicht klar bestimmt. Die Kirche braucht Personen, welche die *Bibel* öffentlich auslegen. *Daraus* ergibt sich die „fundamentale Abhängigkeit von Jesus Christus". Sie kann auf der Grundlage der Schriftauslegung in assertorischen Sätzen dargelegt werden. Sie darf sich keinesfalls in ominösen „Hinweisen" erschöpfen. Die Bibel, genauer der, den sie bezeugt, Jesus Christus, ist der Bezugspunkt ihrer Einheit.[53] Es ist pfäffisch, den Amtsträger in das Zentrum zu rücken. Schließlich: Das Amt ist keineswegs „konstitutiv für das Leben und Zeugnis der Kirche", sondern das sind allein das Evangelium und die Sakramente. Das Amt ist nach CA V vielmehr „konsekutiv"[54]. Es ist in die Relation Evangelium – Rechtfertigung durch den Glauben eingebunden.

In dem grundlegenden Paragraphen des Abschnitts über das ordinierte Amt ist außer dem nicht näher bestimmten Öffentlichkeitsmotiv alles unpräzise. Warum ist denn das ordinierte Amt notwendig? Allein um des Evangeliums und der Sakramente willen. Die Notwendigkeit, Grundlegung, Aufgabe, Vollmacht und Grenze des Amtes muß deshalb aus dem Wort Gottes bestimmt werden. Der Konvergenzerklärung ist es in ihrem zentralen Teil nicht gelungen, die Bedeutung des Evangeliums für das Amtsverständnis herauszustellen.[55] Es ist ein Rätsel, weswegen lutherische und reformierte Kirchen, die um die fundamentale Bedeutung des Evangeliums wissen müßten, diese unsachgerechten Formulierungen mitgetragen haben.[56]

---

53 Gegen Pannenberg, a. a. O., 410.
54 So mit Recht Frieling, a. a. O. (Anm. 51), 119.
55 Mit R. Slenczka, Die Konvergenzerklärungen zu Taufe, Eucharistie, Amt und ihre Konsequenzen für Lehre und Gottesdienst, KuD 31 (1985), 2–19, bes. 18: „. . . es ist niemals trotz verschiedener Versuche gelungen, ein rechtes Verständnis von Evangelium und Wort Gottes einzubringen".
56 Diese Formulierungen sind durchaus moniert worden (vgl. ÖRK (Hg.), a. a. O. (Anm. 47), 80). Dagegen können die angekündigten Klarstellungen nicht als solche gelten, weil in ihnen das Wesentliche ungesagt geblieben ist (s. ebd. 122 f.). Von dem unerklärbaren Rätsel der Zustimmung durch luth. und ref. Theologen spricht R. Mehl, Baptême, Eucharistie, Ministère, RHPhR 63 (1983), 447–453, 452. Ähnlich äußern

2. Die folgenden Paragraphen bedürften alle der Kommentierung. In diesem Rahmen können aber nur noch einige Aspekte angesprochen werden.

2.1. Es ist möglich, die Amtsträger mit Melanchthon als „Repräsentanten" Jesu Christi zu bezeichnen (§ 11), aber das sind sie allein als an die Schrift gebundene Ausleger, Prediger, Seelsorger und Sakramentsverwalter. Sie „unterstellen" die Gemeinschaft nicht durch die freischwebende Autorität, die sie als Amtsträger für sich beanspruchen, „der Autorität Jesu Christi" (ebd.), sondern allein dadurch, daß sie zwischen Gesetz und Evangelium unterscheiden. Ohne diese Näherbestimmung, die in der Konvergenzerklärung über das Amt fehlt, bleibt der Begriff der Autorität des Amtes diffus.[57]

2.2. Wider besseres Wissen soll die irreführende Amtsbezeichnung „Priester" beibehalten oder wiedereingeführt werden (§ 17).[58] Entgegen dem biblisch-reformatorischen Amtsverständnis und unter Mißachtung der bibelwissenschaftlichen Erkenntnisse der Neuzeit soll die Kirche im Zeitalter der Ökumene wieder einem „der größten Mißverständnisse", denen sie in ihrer Geschichte erlag, nämlich der „Rückkehr des Priestertums in die Kirche"[59], Vorschub leisten. Das nachapostolisch-mittelalterliche Amtsverständnis soll weltweit restituiert werden![60]

2.3. Selbstverständlich paßt in den nachapostolisch-mittelalterlichen Kontext die Ordination von Frauen nicht hinein (§ 18). In dieser Frage blieben die Protestanten indessen unnachgiebig.[61]

---

sich A. Heron, Das ordinierte Amt in reformierter Sicht, Ev.-ref. Kirchenblatt für Bayern 84 (1983), 11–16; M. Barth, Fragen und Erwägungen zu den Lima-Papieren, Kirchenblatt für die ref. Schweiz 141 (1984), 323–326; s. u. Anm. 71. W. Pannenberg, Lima – pro und contra, KuD 32 (1986), 35–51, 36, weist zwar darauf hin, die Lima-Erklärung sei von dem ref. Theologen M. Thurian in leitender Stellung mitgetragen worden; aber Thurian wird – vier Jahre später – als röm.-kath. Mitarbeiter in Genf geführt (in: ÖRK (Hg.), a. a. O. (Anm. 47), 157).

57 Die Autorität des ordinierten Amtes wird – unzulänglich – in den §§ 15–16 behandelt.

58 Ähnlich wie die Konvergenzerklärung über das Amt argumentiert H. Fries, Die katholische Lehre vom kirchlichen Amt, in: W. Pannenberg (Hg.), Lehrverurteilungen – kirchentrennend?, Bd. III: Materialien zur Lehre von den Sakramenten und vom kirchlichen Amt, DiKi 6, Freiburg/Br. / Göttingen 1990, 187–215, bes. 189 f.

59 So mit Recht F. D. E. Schleiermacher, Der christliche Glaube, hg. v. M. Redeker, Bd. II, ²1831, Berlin ⁷1960, 135.

60 Es überrascht, daß die protestantischen Kirchen gegen § 17 nicht energisch protestiert haben.

61 Vgl. ÖRK (Hg.), a. a. O. (Anm. 47), 124–126. Nach dem orth. und röm.-kath. Verständnis ist damit ein weiterer Kontroverspunkt in der Amtsfrage hinzugekommen

B. *Die Struktur des Amtes.* „Das Neue Testament beschreibt nicht eine einheitliche Amtsstruktur" (§ 19). Aus dieser richtigen Feststellung wird jedoch nicht die Konsequenz gezogen, das Amt müsse am Ende des 20. und zu Beginn des 21. Jahrhunderts durch die exklusive Bindung an Gottes Wort unter Beteiligung aller Christen neu strukturiert werden. Vielmehr wird allen Kirchen das dreigliedrige, hierarchisch gestufte Amt der nachapostolischen Zeit, das auf einem unbiblischen, theologisch unzulänglichen Verständnis der Sukzession beruht und das die Verkündigungs- und Lehrsukzession *(successio doctrinalis)* aushöhlt, als Modell empfohlen. Diese Amtsstruktur bedürfe zwar „offenkundig einer Reform" (§ 24), gesteht die Konvergenzerklärung ein, aber sie könne dennoch „als ein Ausdruck der Einheit (dienen), die wir suchen" (§ 22). Dahinter steht keinerlei Logik, sondern lediglich Traditionshörigkeit. Diese gibt sich freilich progressiv und schweigt sich über die tatsächlich bestehende reformatorische Alternative aus.

1. Zunächst ist zu fragen, warum im Zeitalter der Globalisierung eine Amtsstruktur als Ausdruck der Einheit dienen soll, die nun seit nahezu zweitausend Jahren die Einheit behindert hat? Dieser Vorschlag ist nicht plausibel und für die praktische Umsetzung des Einheitspostulats untauglich. Er mißachtet im übrigen Luthers und Melanchthons Auffassung, nach der es für die Einheit der Kirche genügt (CA VII: *satis est*), daß das Evangelium lauter gepredigt und die Sakramente stiftungsgemäß verwaltet werden. Ob die Diakone liturgische oder soziale Funktionen wahrnehmen, muß dagegen in das Belieben jeder Kirche gestellt bleiben. Es spielt auch keine Rolle, in welcher Form die „Episkopé" ausgeübt wird. Ihre Hauptaufgabe ist übrigens nicht, „die Einheit des Leibes zum Ausdruck zu bringen" (§ 23), sondern über die Schriftgemäßheit der Evangeliumsverkündigung und Sakramentsverwaltung zu wachen. Wird diese gewährleistet, besteht auch Einheit. Ohne sie ist „Einheit" dagegen nur ein trojanisches Pferd.[62]

2. Theologisch setzt der Vorschlag der Konvergenzerklärung voraus, daß die Bibel faktisch außer Kraft gesetzt ist. An der entscheidenden Stelle, nämlich bei der Anwendung auf das Amt und die überkommenen hierar-

---

(vgl. z. B. E. Lanne, Das ordinierte Amt: Ökumenische Konvergenz, in: M. Thurian (Hg.), Ökumenische Perspektiven von Taufe, Eucharistie und Amt, Paderborn 1983, 138–146, bes. 138 f.).

62 Vgl. Slenczka, a. a. O. (Anm. 4), 427.

chischen Strukturen, ist sie neutralisiert! Unter dieser Voraussetzung sind Luthers schrifttheologisch begründeten Einwände gegen die Zweiständelehre in der Tat gegenstandslos. Sie können als das Votum eines Außenseiters abgetan werden, obwohl sie bekanntlich keine Privatmeinung wiedergeben, sondern die mit dem biblischen Evangelium begründete kirchliche Lehre.

3. Die Dreigliedrigkeit des Amtes geht überdies an der Fülle der Charismen vorbei. Sie behindert den Gemeindeaufbau mehr, als daß sie ihn fördert. Denn die *ganze* Gemeinde muß an ihm beteiligt werden, auch und vor allem an der Leitung der Gemeinden und Kirchen.[63] Soll eine alle Kirchen übergreifende äußere Kirchenleitung in der Ökumene installiert werden, kann diese doch nur eine kollegiale sein, die auf menschlichem Recht beruht und nach demokratischen Regeln auf Zeit gewählt wird. Keinesfalls dürfen „Laien" dabei ausgeschlossen werden.

Schlußbemerkung: Die reformatorische Position ist in der Konvergenzerklärung nicht zur Geltung gekommen. Sie wird nicht einmal als Alternative erwogen, obwohl sie theologisch plausibel und kirchlich praktikabel ist. Das wäre wirklich ein Schritt nach vorn, wenn sich die Kirchen auf das Evangelium von Jesus Christus konzentrierten und die Vorschläge zur weltweiten Ausbreitung hierarchischer Amtsstufen in den Papierkorb würfen!

Am Ende des Jahrhunderts ist der multilaterale Dialog über das Amt über die in Lausanne 1927 erreichte Position nicht wirklich hinausgekommen. An die drei kirchlichen Verfassungsformen innerhalb der einen Christenheit wird zwar im Konvergenzdokument von Lima erinnert (§ 26), aber die Fixierung auf das nachapostolisch-mittelalterliche Amtsverständnis und die ihm entsprechende kirchliche Verfassung dominiert die Konvergenzerklärung so sehr, daß der Eindruck entsteht, es gebe dazu gar keine Alternative. Aber diese gibt es seit der Wiederentdeckung des Evangeliums und des Priestertums aller Gläubigen in der Reformation. Während diese Alternative in Lausanne immerhin noch im Bewußtsein der Konferenzteilnehmer stand, kam sie bereits in Montreal und vollends in Lima nicht mehr zum Zug. Aber ihr gehört die Zukunft, sofern die weltweite Kirche eine Zukunft hat, die vom Evangelium bestimmt wird.

---

63 Vgl. E. Herms, Stellungnahme zum dritten Teil des Lima-Dokumentes „Amt", KuD 31 (1985), 65–96, bes. 80 f.

2. Bilaterale Dialoge

Neben dem multilateralen Dialog finden zahlreiche bilaterale interkonfessionelle Kontakt- und Lehrgespräche über das Amt auf Weltebene, regionaler und nationaler Ebene statt.[64] Der bilaterale Dialog bietet die Chance, schneller zu theologischen Ergebnissen und kirchlichen Vereinbarungen zu gelangen, birgt aber die Gefahr in sich, daß sich die nicht am Gespräch beteiligten Kirchen übergangen fühlen.

Die Fülle der interkonfessionellen Gespräche, die das Amt berühren, nötigt zur Begrenzung. Im folgenden werden nur bilaterale Dialoge über das Amt mit lutherischer Beteiligung berücksichtigt, die im letzten Drittel des 20. Jahrhunderts stattgefunden haben. Der Schwerpunkt liegt auf den Gesprächen der lutherischen mit der reformierten, anglikanischen und römisch-katholischen Kirche.[65] Auch aus diesen Dialogen und Vereinbarungen muß eine Auswahl getroffen werden.

Die Vereinbarungen der Leuenberger Kirchengemeinschaft werden insofern zu den bilateralen Dialogen gezählt, als sie auf den interkonfessionellen Lehrgesprächen zwischen Lutheranern und Reformierten – unter Beteiligung der Waldenser und Böhmischen Brüder – beruhen. Mittlerweile sind daran über neunzig Kirchen beteiligt. Man könnte auch von einem multilateralen Dialog auf europäischer Ebene sprechen. Auch an dem anglikanisch-lutherischen Dialog nehmen mehrere Kirchen teil. „Bilateral" dient hier also zur Kennzeichnung des Gesprächs zwischen zwei Konfessionsfamilien.

2.1. Vereinbarungen der Leuenberger Kirchengemeinschaft

Nach Gesprächen, die sich etwa über ein Jahrzehnt erstreckten, wurde im März 1973 die *Leuenberger Konkordie* unterzeichnet.[66] Die Konkordie

---

64 Quellensammlung für die Gespräche auf Weltebene in: DWÜ I–II. Zu den bilateralen Dialogen über das Amt im Überblick vgl. Frieling, a. a. O. (Anm. 1), 1992, 248 ff.

65 Über den Stand der zwischenkirchlichen Gespräche mit weiteren Konfessionen vgl. H. Brandt / J. Rothermundt (Hg.), Was hat die Ökumene gebracht? Fakten und Perspektiven, Gütersloh 1993.

66 Text mit Einführung: W. Lohff, Die Konkordie reformatorischer Kirchen in Europa: Leuenberger Konkordie, Frankfurt/M. 1985 (Neuausgabe 1993). Zur Entstehungsgeschichte vgl. E. Schieffer, Von Schauenburg nach Leuenberg, KKTS 48, Paderborn

beruht auf dem gemeinsamen Verständnis des Evangeliums, das auf den Aufbruch der Reformation zurückgeht und das nach klärenden Lehrgesprächen am Ende des 20. Jahrhunderts zwischen den Kirchen, welche die Konkordie unterzeichnet haben, Kirchengemeinschaft begründet. Die Synode der Evangelischen Kirche in Deutschland hat die Konkordie 1983 in ihre Grundordnung aufgenommen. Die Konkordie ist kein neues Bekenntnis; sie zielt nicht auf die Bildung einer „dritten" Konfession, sondern sie stellt die Grundlage für die Abendmahls- und Kanzelgemeinschaft – unter Wahrung der organisatorischen Selbständigkeit – der lutherischen, reformierten und unierten Kirchen in Deutschland dar. Artikel 2 der Leuenberger Konkordie lautet: „Die Kirche ist allein auf Jesus Christus gegründet, der sie durch die Zuwendung seines Heils in der Verkündigung und in den Sakramenten sammelt und sendet. Nach reformatorischer Einsicht ist darum zur wahren Einheit der Kirche die Übereinstimmung in der rechten Lehre des Evangeliums und in der rechten Verwaltung der Sakramente notwendig und ausreichend. Von diesen reformatorischen Kriterien leiten die beteiligten Kirchen ihr Verständnis von Kirchengemeinschaft her."

Das Amt zählt nach Artikel 39 der Leuenberger Konkordie zu den Lehrthemen, die zwar nicht als kirchentrennend angesehen werden, in denen aber zwischen Lutheranern und Reformierten erhebliche Unterschiede bestehen. Diese haben sich bereits in der Reformation herausgebildet und bestehen im wesentlichen bis heute. Sie dürfen nicht bagatellisiert, aber sie müssen auch nicht dramatisiert werden. Es besitzt Modellcharakter für die gesamte Ökumene und stellt ein ermutigendes Zeichen dar, daß inzwischen Vereinbarungen der Leuenberger Kirchengemeinschaft in der Amtsfrage getroffen wurden. Dies ist in den *Neuendettelsau-Thesen* (1982/1986) und in den *Tampere-Thesen* (1986) geschehen.[67] Beide wurden von der Vollversammlung der Leuenberger Kirchengemeinschaft angenommen.

1983; W. Lohff, Leuenberger Konkordie, TRE, Bd. 21, 1991, 33–36, 33 f. Kritisch zur theol. Methode: T. Mannermaa, Von Preußen nach Leuenberg, AGTL NF 1, Hamburg 1981.

67 Texte in: W. Hüffmeier (Hg.), Sakramente, Amt, Ordination, Leuenberger Texte 2, Frankfurt/M. 1995, 87–93 und 103–112. Zur Vorgeschichte s. die *Einführung* des Herausgebers ebd. 6–10, 7 ff. (Lit.). Vgl. ferner W. Hüffmeier (Hg.), Die Kirche Jesu Christi, Leuenberger Texte 1, Frankfurt/M. 1995, bes. 57.

2.1.1. Die Neuendettelsau-Thesen

Die in den Neuendettelsau-Thesen „dokumentierte Übereinstimmung sollte auch bei bilateralen Gesprächen mit ökumenischen Partnern anderer
Konfessionen nicht wieder in Frage gestellt werden", heißt es im Beschluß
der Vollversammlung.[68] Die Thesenreihe I behandelt das Amt, die
Thesenreihe II die Ordination, auf die hier nicht eingegangen wird.

Unter Berufung auf den neueren Forschungsstand wird eine Übereinstimmung darin festgestellt, „daß es nicht möglich ist, vom Neuen
Testament her nur eine einzige Gemeindeordnung und Struktur des Amtes
als allein verbindlich festzulegen" (88). Daraus folgt für die Kirchen „die
Freiheit (zur) wechselseitigen Anerkennung von verschiedenen Ordnungen" (88). Auf dieser Grundlage „haben die konkordierenden Kirchen
eine weitgehende Übereinstimmung untereinander in der Amtsfrage feststellen können" (88). Diese Übereinstimmung wird in der dritten These in
vier Schritten entfaltet:

A) Das Priestertum aller Gläubigen „ist in der Taufe begründet und gehört
zum Christsein der Christen" (88). Das wurde in der Tat in der lutherischen
und calvinistischen Reformation von Anfang an „betont" (88), und zwar in
der lutherischen weitaus stärker. Luther konnte Priestertum und Christsein
geradezu identifizieren. Aus dem Gedanken des Priestertums aller
Gläubigen wird geschlossen: „Nur in diesem Zusammenhang kann vom
Amt in der Kirche gesprochen werden." (88 f.) Das ist eine Verkürzung:
Auch in den Zusammenhängen Christus – Amt, Apostolat – Amt und
Evangelium – Amt ist vom Amt zu reden. Richtig ist dagegen die implizite
Negation des kultischen Priestertums sowie die Einbindung des Amtes in
die Kirche.

B) Es ist zwischen dem ordinierten Amt und einer Vielfalt der Dienste zu
unterscheiden. „Die Zuordnung des von Gott eingesetzten Amtes zu den
Ämtern (Diensten) der Kirche ist variabel." (89) Es wird – in Abweichung
von Calvin, aber im Einklang mit den nicht-calvinischen Bekenntnissen[69] –
die Singularität des Amtes vertreten: Dem „einen Amt der Versöhnung"
sind Dienste zugeordnet (nicht untergeordnet!).

---

68 A. a. O., Texte 2, 87. Die nachfolgenden Seitenzahlen im Text beziehen sich auf
    denselben Fundort.
69 Vgl. J. Rohls, Theologie reformierter Bekenntnisschriften, UTB 1453, Göttingen
    1987, 285.

C) „Das Amt als besonderer Dienst hat seinen Grund in der Versöhnung Gottes mit der Welt durch Christus. Es ist ausgerichtet auf Christus als das Wort von der Versöhnung, das der Welt gepredigt werden soll (2. Kor. 5, 18 ff.)." (89) Der *eine* für die Kirche konstitutive Dienst Jesu Christi ist „öffentlich zu verkündigen" (90). Dabei müssen folgende Kriterien in Geltung stehen:

- „Das Wort konstituiert das Amt, nicht umgekehrt." (90)
- „Das Amt hat Dienstfunktionen für Wort und Glaube." (90)
- Es zielt auf die Rechtfertigung des Sünders, nicht der Kirche oder der „bestehenden Verhältnisse" (90).
- Das Amt steht in der apostolischen Kontinuität.

Daraus wird gefolgert: Die Kirche ist nicht auf das Amt gegründet; das Amt wird nicht von dem allgemeinen Priestertum abgeleitet. „Das besondere Amt ist vom Herrn eingesetzt und der Kirche gegeben (vgl. Eph. 4,11)." (90)

D) In beiden Kirchen wird der Dienst der Episkopé ausgeübt (90 f.). In den reformierten Kirchen wird er von den Presbyterien und Synoden wahrgenommen; in den lutherischen Kirchen von Bischöfen oder Superintendenten im Zusammenwirken mit anderen kirchenleitenden Organen.

2.1.2. Die Tampere-Thesen

Die Tampere-Thesen sind nicht nur Thesen, sondern auch und vor allem inhaltliche Erläuterungen von Schlüsselbegriffen. Der Vergangenheitsbezug ist gegeben; aber im Vordergrund steht das Bemühen um eine Antwort auf bedrängende Gegenwartsfragen.

Mit Bezug auf Barmen III und CA V wird im ersten Abschnitt festgestellt, „daß ‚das ordinierte Amt‘ zum Sein der Kirche gehört"[70]. Jedoch „garantiert (es) nicht das wahre Sein der Kirche, sondern bleibt dem Worte Gottes untergeordnet" (104). Zum Problem des Leitungsdienstes (Episkopé) wird sodann ausgeführt, „daß die Verantwortung für die Verkündigung des Evangeliums der ganzen Gemeinde obliegt und daß die Leitung der Gemeinde (der Kirche) auch durch andere ‚Dienste‘ geschieht und nicht nur dem ordinierten Amt zukommt" (105). Der Dienst der Episkopé ist ein

---

70 Th. 1, a. a. O. (Anm. 67), Texte 2, 104. Auf den o. Anm. 67 angegebenen Fundort beziehen sich auch die nachfolgenden Seitenzahlen.

Dienst des Wortes für die Einheit der Kirche, an dem in allen reformatorischen Kirchen auch nichtordinierte Glieder teilhaben (105). Das entscheidende Kriterium der Kirchengemeinschaft ist nicht die Verfassung der Kirche oder die Form der Episkopé, sondern ob die „Kirchenleitung der Herrschaft des Wortes untergeordnet bleibt" (106). Keine historisch gewordene Form von Kirchenleitung und keine Amtsstruktur darf als Vorbedingung für die Gemeinschaft der Kirchen und für die gegenseitige Anerkennung gelten (106).

Im zweiten Abschnitt werden Gegenwartsprobleme angesprochen. Die Bedingung ihrer Lösung ist die Erkenntnis der Eigenart von Gottes Handeln: „Gott gibt sich in seinem Wort uns zu eigen und erklärt uns zu seinem Eigentum." (106) Deshalb besteht auch heute noch das Proprium des Pfarramts „im Dienst an Gottes Wort" (106) und an den Sakramenten (107). Ist dies festzuhalten beziehungsweise in den Kirchen wiederzugewinnen, so ist außerdem vor allem „das Priestertum aller Gläubigen neu zu entdecken und lebendig zu gestalten" (110). Das muß „in der Familie, in der Arbeitswelt wie im gemeinsamen Gottesdienst" geschehen (110).

Es ist wohl ergänzend hinzuzufügen, daß dies außerdem im Sektor Freizeit geschehen muß. Die einen breiten Raum einnehmende Freizeitgestaltung findet heute genauso wie die Ausbildung, das Familienleben und die Arbeit in einem von der Kirche abgelösten Bereich statt. Es muß nach Wegen gesucht werden, wie Gottes Wort auch in diese Lebensbereiche heute hineinwirken kann.

Abschließende Würdigung: Die Leuenberger Kirchengemeinschaft hat das biblisch-reformatorische Amtsverständnis in einer auch für die außereuropäische Ökumene vorbildlichen Weise rezipiert. Das ist ohne erhebliche inhaltliche Verkürzung geschehen, obwohl unterschiedliche kirchliche Traditionsströme beteiligt waren, die sich ihren Weg über Jahrhunderte hin durch getrennte Flußbetten gebahnt hatten. Die außerhalb Europas noch wenig oder überhaupt nicht bekannten Vereinbarungen der Leuenberger Kirchengemeinschaft stellen die wohl wichtigste Alternative zu dem Konvergenzziel des nachapostolisch-mittelalterlichen Amtsverständnisses der Lima-Erklärung dar. Als Einheitsmodell liegt diesen Vereinbarungen die „korporative Einheit"[71] ordnungsverschiedener Kirchen unter dem *einen* Evangelium zugrunde.

---

71 Formuliert in Anlehnung an H. H. Eßer, Reformierte Kirchen, TRE, Bd. 28, 1997, 404–419, 417. Das Reformierte Moderamen hat 1984 die Lima-Erklärung „als für

2.2. Der Dialog mit der anglikanischen Kirche

Mit der Annahme der *Meissener Erklärung* im März 1988 und ihrer Unterzeichnung im Januar 1991 sind die Beziehungen zwischen den Reformationskirchen in Deutschland und der Kirche von England auf eine Grundlage gestellt worden, wie sie seit der Reformation nicht bestand.[72] Es hatte zwar keine gegenseitige Verurteilung gegeben, aber auch kein gegenseitiges Aufeinanderzugehen zur Begründung von Kirchengemeinschaft. Doch auch zwischen ihnen ist Kirchengemeinschaft erreichbar und wünschenswert. Daß sie noch nicht im vollen Sinn besteht, geht hauptsächlich auf die Unterschiede im Amtsverständnis zurück.

Auf die Meissener Erklärung folgte im Oktober 1992 die *Porvoo-Erklärung* zwischen den anglikanischen Kirchen in Großbritannien und den lutherischen Kirchen in Nordeuropa und im Baltikum.[73] Beide Erklärungen setzen das Lima-Dokument voraus und knüpfen an den anglikanisch-lutherischen Dialog an, besonders an die Berichte von Pullach 1972, Helsinki 1982, Cold Ash 1983 und Niagara 1987.[74]

2.2.1. Meissen 1988

Die Meissener Gemeinsame Feststellung besteht a) aus dem Vorwort der Vorsitzenden, b) aus der gemeinsamen Feststellung und c) aus der Meissener Erklärung. Sie ist ein ermutigendes ökumenisches Dokument,

---

reformatorische Kirchen unannehmbar abgelehnt und statt dessen erneut die ‚versöhnte Verschiedenheit' der kirchlichen Ordnungstypen vorgeschlagen" (ebd.).

72 Kirchenamt der EKD (Hg.), Die Meissener Erklärung. Eine Dokumentation, bearb. v. K. Kremkau, EKD-Texte 47, Hannover o. J. (1993). Vgl. J. Maßner, Der anglikanisch-lutherische Dialog, in: H. Brandt / J. Rothermundt (Hg.), a. a. O. (Anm. 65), 23–32; M. Tanner, The Meissen Common Statement: Provenance and Content, in: W. Hüffmeier / C. Podmore (Hg.), Leuenberg, Meissen und Porvoo, Leuenberger Texte 4, Frankfurt/M. 1996, 117–124.

73 The Porvoo Common Statement, London 1993. Dt.: Die Porvooer Gemeinsame Feststellung, Texte aus der VELKD 73, Hannover 1996 (übernommen aus epd-Dokumentation 23/95). Die vollständige Liste der Teilnehmerkirchen befindet sich in der engl. Ausgabe S. 34 ff.

74 Eine dokumentarische Übersicht über die interkonfessionellen Gespräche bietet H. Meyer, Die reformatorischen Kirchen Europas im Dialog mit anderen Kirchen, ÖR 41 (1992), 479–487.

auch und gerade darin, daß über die noch bestehenden Unterschiede keine Brücken gebaut wurden, die nicht genügend Tragkraft besitzen und bei der ersten Überquerung zusammenbrechen. Erarbeitet vor der Wende, unterschrieben nach ihr,[75] spiegelt dieses Dokument nicht nur den Willen zur Verständigung und zur Erlangung der sichtbaren Gemeinschaft zwischen der anglikanischen und evangelischen Kirche wider, sondern es ist zugleich ein bemerkenswerter Ausdruck der nie zerbrochenen Einheit zwischen den reformatorischen Kirchen in den durch den Eisernen Vorhang getrennten deutschen Staaten.

Die *Gemeinsame Feststellung (Common Statement)* behandelt: I. Die Kirche als Zeichen, Werkzeug und Vorgeschmack des Reiches Gottes, II. Die Kirche als Koinonia, III. (Das) Wachsen auf die volle, sichtbare Einheit hin, IV. Die bereits erreichte Gemeinschaft und V. (Die) Einigkeit im Glauben. Es wird eine Ekklesiologie entfaltet, welche – ganz ähnlich wie im Niagara-Bericht[76] – die anglikanisch-reformatorischen Gemeinsamkeiten, die tatsächlich bestehen, hervorhebt und erst am Schluß – deutlicher als in Niagara Falls – einen amtstheologischen Vorbehalt von anglikanischer Seite herausstellt. Aus dem Umstand, daß dieser Vorbehalt aus lutherischer Sicht keinen Sinn ergibt, wird deutlich, daß die Unterschiede im Verständnis der Heiligen Schrift, der Rechtfertigung, der Gnadenmittel und der Heilsvermittlung größer sein müssen, als sie der Text zu erkennen gibt.

Nun kann es nicht darum gehen, Unterschiede herauszuarbeiten, die den bereits erreichten Konsens wieder in Frage stellen. Vielmehr wird der Konsens vorausgesetzt und auf der Grundlage des Erreichten weitergefragt.[77] In zehn Punkten wird Übereinstimmung *(agreement)* festge-

---

75 Vgl. Kirchenamt der EKD (Hg.), a. a. O. (Anm. 72), 63 f. Für den Bund der Ev. Kirchen in der DDR unterzeichnete Bischof C. Demke, für die EKD Bischof M. Kruse. Den unmittelbaren Anstoß für die Gespräche hatte Luthers 500. Geburtstag im Jahr 1983 gegeben.

76 Auch der Niagara-Bericht (1987) zählt zu den herausragenden ökumenischen Dokumenten (Text in: DWÜ II, 62–91). D. Tustin, Bischof von Grimsby, leitete die Verhandlungen auf anglikan. Seite sowohl in Meissen als auch in Niagara Falls. Lutherischerseits wurden in Niagara Falls stärker nordamerikanische, afrikanische und asiatische als europäische Akzente gesetzt. Doch es handelt sich um Akzentuierungen, nicht um Sachunterschiede.

77 Zu diesem Zweck werden theol. Konferenzen zwischen der Kirche von England und der EKD abgehalten. Die erste fand 1995 statt und behandelte das Abendmahl und die Abendmahlsgemeinschaft. Die zweite Konferenz in West Wickham (März 1996) hatte

stellt:[78] 1. Maßgebliche Autorität in der Kirche besitzen die kanonischen Schriften des Alten und Neuen Testaments. 2. Die trinitarischen und christologischen Dogmen der Alten Kirche, wie sie im Nicaenum und Apostolikum bekannt werden, sind für beide Seiten grundlegend. 3. Die Liturgie wird als ein bedeutsamer Faktor beim Zustandekommen des *consensus fidelium* angesehen. 4. Die Taufe mit Wasser im Namen des Dreieinigen Gottes vereint den Getauften mit dem Tod und der Auferstehung Jesu Christi; durch sie wird der Getaufte in die Eine, Heilige, Katholische und Apostolische Kirche aufgenommen; sie vermittelt die Gnadengabe des neuen Lebens im Geist. 5. Die Realpräsenz Jesu Christi im Abendmahl. 6. Das gemeinsame Verständnis von Gottes rechtfertigender Gnade. 7. Die Kirche wird durch Gottes Heilshandeln in Wort und Sakramenten gegründet; sie ist nicht das Werk der einzelnen Gläubigen. 8. Alle Glieder der Kirche haben an ihrer apostolischen Sendung Anteil. Innerhalb der Gemeinschaft der Kirche steht das ordinierte Amt *(ordained ministry)*; es ist von Gott eingesetzt und dient dem ganzen Volk Gottes. 9. Ein in personaler, kollegialer und gemeinschaftlicher Weise ausgeübter Dienst der Aufsicht *(oversight; Episkopé)* ist nötig zur Bezeugung der Einheit und Apostolizität der Kirche. 10. Es besteht eine gemeinsame Hoffnung auf die endgültige Vollendung des Gottesreiches.

Angesichts dieser beträchtlichen und nach reformatorischem Verständnis ausreichenden Übereinstimmungen ist es theologisch unvermittelt – und wirkt auch entsprechend sonderbar –, wenn in § 16 der folgende Vorbehalt angemeldet wird: „Obwohl lutherische, reformierte und unierte Kirchen in zunehmendem Maße bereit sind, die bischöfliche Sukzession *(episcopal succession)* ‚als ein Zeichen der Apostolizität des Lebens der ganzen Kirche' zu würdigen, meinen sie, daß diese besondere Form der Episkopé nicht eine notwendige Bedingung für ‚volle, sichtbare Einheit' *(full, visible unity')* werden sollte. Das anglikanische Verständnis

---

die Unterschiede in der Amtsfrage zum Gegenstand. Die Referate dieser Konferenz sind gesammelt in: Visible Unity and the Ministry of Oversight. The Second Theological Conference held under the Meissen Agreement between the Church of England and the Evangelical Church in Germany, London 1997. Die dritte Konferenz fand im März 1999 in Springe statt; ein Konferenzbericht liegt nicht vor; s. aber von dem anglik. Konferenzteilnehmer M. D. Chapman, Bischofsamt und Politik, ZThK 97 (2000), 434–462.

78 Die Meissener Gemeinsame Feststellung, a. a. O. (Anm. 72), § 15, S. 42–45 (engl. / dt.).

voller, sichtbarer Einheit schließt den historischen Episkopat *(historic episcopate)* und volle Austauschbarkeit der Pfarrer ein. Wegen dieses bleibenden Unterschiedes führt unsere gegenseitige Anerkennung der beiderseitigen Ämter noch nicht zur vollen Austauschbarkeit der Pfarrer."[79]

Dieses *Extra Anglicanisticum* wird weder in der *Meissener Gemeinsamen Feststellung* noch in der *Meissener Erklärung* theologisch begründet. Nach der reformatorischen Terminologie handelt es sich um einen unsachgerechten Zusatz *(additamentum)*.[80] Bevor auf diesen Zusatz eingegangen wird, soll zunächst die Porvoo-Erklärung herangezogen werden. Beide Erklärungen werden am Schluß des nächsten Abschnitts gemeinsam gewürdigt.

2.2.2. Porvoo 1992

Die Porvoo-Erklärung gliedert sich in fünf Kapitel: I. Schilderung der Lage; II. Wesen und Einheit der Kirche; III. Was wir gemeinsam glauben; IV. Der Episkopat im Dienst der Apostolizität der Kirche; V. Unterwegs zur engeren Einheit. Sie lehnt sich ekklesiologisch sehr viel stärker als die Meissener Erklärung an das Lima-Dokument an. Die Spannung zum reformatorischen Amtsverständnis liegt daher bereits in der Ekklesiologie begründet.[81] Das Verständnis der Episkopé wird besonders hervorgehoben. Es bleibt aber sachlich hinter dem des Niagara-Berichts zurück. Daß dem Episkopat ein eigenes Kapitel mit fünf Abschnitten gewidmet wird, ist etwas unverhältnismäßig. Kirchenpolitisch stellt die Porvoo-Erklärung ein Gegengewicht zur Leuenberger Konkordie dar. So wirkt sie faktisch; ob sie bewußt so konzipiert worden ist, mag dahingestellt bleiben.

In den deutschen lutherischen Landeskirchen ist das Bischofsamt theologisch bedacht und kirchenverfassungsrechtlich integriert worden. Niemand denkt daran, es zur Disposition zu stellen. Die Überbetonung des Bischofsamtes in der Porvoo-Erklärung läßt sich vielleicht aus der Sorge erklären, die reformierten Kirchen der Leuenberger Kirchengemeinschaft

---

79 A. a. O., S. 45.
80 Vgl. E. Wolf, Leviathan. Eine patristische Notiz zu Luthers Kritik des Papsttums, 1945, in: ders., a. a. O. (Anm. 37), 135–145, bes. 140: "'Additamentum' erweist sich als der genaue Gegenbegriff zur particula exclusiva, zu dem 'solum' . . ." S. u. Anm. 97.
81 S. die Ausführungen zum Lima-Dokument o. Abschnitt 1.3.1., S. 396–398.

wollten es in Frage stellen oder gar zum Verschwinden bringen. Aber diese Sorge ist so unbegründet wie die Angst in der reformierten Kirche, sie könnte durch das Bischofsamt ihrer Identität beraubt werden. In der gegenwärtigen Situation ist die episkopale Aufsicht genauso notwendig wie die Aufsicht durch nichtordinierte Gemeindeglieder. Eine Verständigung darüber ist möglich und sollte angestrebt werden!

Nun einige theologische Anmerkungen zur Porvoo-Erklärung. Im folgenden soll 1. nach dem theologischen Bezugsrahmen der Amtsauffassung gefragt werden und 2. nach dem Verständnis des Episkopats und der Apostolizität der Kirche.

1. *Der theologische Bezugsrahmen.* Die Porvoo-Erklärung beginnt mit einer Situationsanalyse.[82] Der Zusammenbruch des Sowjetimperiums wird als *Kairós* gedeutet (§ 6). Merkwürdigerweise muß der Kollaps des monolithischen politischen Systems in Osteuropa bei der Wiederentdeckung des gemeinsamen kirchlichen Sendungsauftrages Pate stehen (§ 10). Die ausschließliche Begründung aus dem Evangelium wäre überzeugender gewesen. So wird man den faden Beigeschmack nicht los, als hätte nach der Entmachtung der kommunistischen Funktionäre die Stunde der Kleriker geschlagen.

Das Wesen und die Einheit der Kirche wird nicht biblisch-reformatorisch aus Gottes Wort dargelegt, sondern die Kirche wird als heilsgeschichtliche Größe vorausgesetzt. Ähnlich wie im Lima-Dokument werden allgemeine ekklesiologische Wendungen gebraucht, die nicht falsch sind, aus denen sich aber nicht präzise entnehmen läßt, worin das Wesen der Kirche besteht. Ein Beispiel: „Die Kirche ist eine göttliche, heilige und die gegenwärtige Endlichkeit transzendierende Realität."[83] Ferner: „Sie ist eine von dem ordinierten, apostolischen Amt betreute (!) Kirche." (§ 20) Die Gnadenmittel werden zwar erwähnt, aber die Sichtbarkeit der Kirche erschöpft sich nicht in der öffentlichen Verkündigung

---

82 Zitate nach der o. Anm. 73 angegebenen Quelle. Es wird jeweils der § angegeben. Zur Interpretation s. a. die Beiträge in: W. Hüffmeier / C. Podmore (Hg.), a. a. O. (Anm. 72), 147 ff., daraus bes. R. Frieling, Kritische Anfragen an Porvoo aus der Sicht der Leuenberger Konkordie, ebd. 163–172; vgl. ferner G. Gaßmann, Das Porvoo-Dokument als Grundlage anglikanisch-lutherischer Kirchengemeinschaft im nördlichen Europa, ÖR 44 (1995), 172–183; I. Dalferth, Amt und Bischofsamt nach Meissen und Porvoo, in: Visible Unity and the Ministry of Oversight, a. a. O. (Anm. 77), 1997, 231–273, bes. 253 ff. (engl. ebd. 9–48).

83 Porvoo, § 20: „The Church is a divine reality, holy and transcending present finite reality . . ."

des Evangeliums und in der Darreichung der Sakramente gemäß CA VII, sondern sie „verlangt eine vollere sichtbare Verkörperung in strukturierter Form"[84]. Die in der reformatorischen Theologie grundlegende Relation Evangelium – Glaube bleibt unterbestimmt. Der theologische Bezugsrahmen der Porvoo-Erklärung ist unreformatorisch; denn die Kirche steht und fällt nach dieser Erklärung nicht mit dem Artikel von der Rechtfertigung, sondern sie wird als ein Mysterium aufgefaßt, in welchem die Rechtfertigungslehre zwar einen Platz hat, aber diese ist es nicht, die der Kirche und dem Amt den Platz anweist.

2. *Das Verständnis des Episkopats und der Apostolizität der Kirche.* Wie in Niagara Falls und Meissen ist auch in Porvoo das Problem des historischen Episkopats in eine umfassendere Konzeption eingebettet. Den Gesamtrahmen bildet der Kirchenbegriff. Dieser wird näher bestimmt durch die „Apostolizität der ganzen Kirche". Daraus ergibt sich die Notwendigkeit der Behandlung des apostolischen Amtes. Mit dieser wiederum läßt sich die Erörterung der Frage der apostolischen Sukzession methodisch verbinden. Dies alles ist in Porvoo zu einer Einheit zusammengefügt worden. Kapitel IV der Porvoo-Erklärung ist ein kunstreich gewebter Teppich aus anglikanischen Vorgaben und neueren ökumenischen Anregungen, vor allem aus dem Lima-Dokument. Das ist nun an einigen Punkten aufzuzeigen.

2.1. Das Kapitel beginnt mit einer Problemanzeige: „Es besteht seit langem ein Problem hinsichtlich des bischöflichen Amtes und dessen Beziehung zur Sukzession." (§ 34) Ein solches Problem mag in England bestehen, aber es besteht nicht in Skandinavien. Es ist auch nicht in der Reformation aufgekommen, wie unterstellt wird, sondern in dieser Zuspitzung erst am Ende des 16. und vor allem im 17. Jahrhundert.[85] Es wurzelt

---

84 Porvoo, § 22: „It demands fuller visible embodiment in structured form." Es sei in diesem Zusammenhang darauf hingewiesen, daß J. Wirsching mit Recht in dem „Überbietungsphänomen" den Inbegriff der Häresie gesehen hat (Kirche und Pseudokirche, Göttingen 1990, 104 ff.).

85 Nach anglik. Verständnis erstreckt sich die Reformation von 1534 bis 1662 (vgl. z. B. den Pullach-Bericht, 1970–1972, § 36, in: DWÜ I, 54–76, 59). Dieses Urteil beruht nun freilich weniger auf reformationsgeschichtlicher Forschung als vielmehr auf einem geschichtstheologischen Vorverständnis. Denn 1571 war die Reformation in England eingeführt. Die Ereignisse des folgenden Jahrhunderts hängen damit zusammen, sollten aber so wenig zur Reformation gezählt werden wie der Dreißigjährige Krieg in Deutschland, der ohne die Reformation zwar nicht zu erklären ist, aber andererseits auch nicht einfach durch sie erklärt werden kann.

in der traumatischen Erfahrung der Kirche von England, daß sie sich 1662 der puritanischen Angriffe auf ihre episkopale Amtsstruktur nur noch durch die Vertreibung und Bestrafung puritanischer Geistlicher zu erwehren vermochte.[86] Theologisch war der historische Episkopat bereits im 17. Jahrhundert eine stumpfe Waffe. Er stand im übrigen keineswegs nur im Dienst der Einheit, sondern hat in der Folgezeit zur Polarisierung des Protestantismus in Großbritannien, Südafrika, den USA und Kanada beigetragen.

Die Wittenberger Reformation ist aus dem Ringen um die Wahrheit des in der Bibel bezeugten Evangeliums entstanden. Die Wiederentdeckung des Evangeliums impliziert die Wiederentdeckung der Apostolizität der Kirche. Diese kann nur durch die exklusive Bindung an das apostolische Evangelium wiedergewonnen und erhalten werden. Die *successio apostolica* ist nach reformatorischem Verständnis inhaltlich durch das Bekenntnis zum gesetzesfreien Evangelium von Jesus Christus bestimmt. Sie wird in Form der Verkündigungs-, Lehr- und Bekenntnissukzession in der Öffentlichkeit vertreten. Ihr ist die Sukzession der Amtsträger untergeordnet und muß ihr um der Sache willen auch untergeordnet bleiben.

In der deutschen Reformation konnte die *successio apostolica* nur durch den Bruch mit der Amtsträgersukzession erhalten werden.[87] Es ist absurd, den Wittenberger Reformatoren implizit zu unterstellen, sie hätten in ihren Ordinationshandlungen irgendeinen „Mangel" (*lack*) gesehen

---

86 Vgl. z. B. den Bericht von Cold Ash, 1983, § 10, in: DWÜ II, 50–61, 52. S. a. G. Gaßmann, Die Lehrentwicklung im Anglikanismus, in: C. Andresen (Hg.), Handbuch der Dogmen- und Theologiegeschichte, Bd. 2, Göttingen 1980, 353–409, 383 ff.; Dalferth, a. a. O. (Anm. 82), 242–248, bes. 246 f.; R. Ward, Kirchengeschichte Großbritanniens vom 17. bis zum 20. Jahrhundert, KGE III/7, Leipzig 2000, 19 ff.

87 Ähnlich in Dänemark, Norwegen und Island. Es ist sachlich irreführend, die Ordination der dänischen „Superintendenten" durch J. Bugenhagen unter König Christian III. als „einen Bruch mit der apostolischen Sukzession" zu bezeichnen (so z. B. P. G. Lindhardt, Skandinavische Kirchengeschichte seit dem 16. Jahrhundert, KIG 3, M 3, Göttingen 1982, 239; M. Schwarz Lausten, Dänemark I, TRE, Bd. 8, 1981, 300–317, 305). Dänemark hat durch die ausschließliche Bindung an das biblische Evangelium vielmehr den Anschluß an die *successio apostolica* wiederhergestellt; über Dänemark dann Norwegen und Island. Auch in Schweden und Finnland wurde sie wiederhergestellt; im Unterschied zu Deutschland und Dänemark unter Beibehaltung der Amtsträgersukzession. Das verschafft Schweden keinen Vorzug gegenüber Dänemark, sondern besagt lediglich, daß Dänemark – schon infolge der Zugehörigkeit Schleswigs zum Heiligen Römischen Reich – näher an den Brennpunkten des Geschehens stand.

(§ 34), der irgendwann durch den „historischen Episkopat" wieder aus-gefüllt werden müßte. Konnte doch zum Beispiel der schwedische Episko-pat die Tradition der Amtsträgersukzession vornehmlich deshalb bewah-ren, weil er nicht im Sturmzentrum, sondern am Rand der kirchlichen Aus-einandersetzungen stand. Dort aber, wo Sarah durch Hagar verfolgt wurde,[88] und zwar mit dem weltlichen Arm und den Hilfsmitteln des Heiligen Römischen Reiches, mußte die Amtsträgersukzession durch-brochen werden, um die *successio apostolica* wiederzugewinnen und für die Nachwelt zu erhalten. Im Kirchenkampf hat sich das dann in anderer Form und unter anderen Bedingungen wiederholt:[89] Reichsbischof Ludwig Müller repräsentierte – aus der Retrospektive – nicht die deutsche Kirchenleitung, sondern vielmehr Pfarrer Martin Niemöller in Berlin-Dahlem und später im Konzentrationslager Dachau.

2.2. In den Paragraphen 36 bis 40 der Porvoo-Erklärung wird die Apo-stolizität der *ganzen* Kirche behandelt. Diese Ausführungen verdienen genauso wie die vergleichbaren Partien im Lima-Dokument und im Niagara-Bericht Beachtung. Eine bemerkenswerte Definition der Apo-stolizität enthält der Niagara-Bericht: „Die Apostolizität der Kirche ist die Sendung zur Selbsthingabe (nicht Selbsterhaltung) für das Leben der Welt."[90] In diesem Kontext kann die apostolische Sukzession sachgerecht als ein Merkmal „der ganzen Kirche" verstanden werden.[91]

In der Reformation wurde ein vergleichbares Verständnis der apo-stolischen Sukzession der ganzen Kirche als *successio fidelium* vertreten. Ihr entsprach die auf der *successio verbi* (gemäß Apg. 2,42) beruhende Apostolizität des *einen* Amtes der Kirche.

Wie an das Lima-Dokument ist indessen auch an die Porvoo-Erklärung die Frage zu richten, weshalb die Darlegung der Apostolizität der ganzen Kirche keine präziseren Ausführungen über das Priestertum aller Gläu-bigen einschließt? In beiden Dokumenten wirkt sich die These von der Apostolizität der ganzen Kirche lediglich als Erweiterung des Spektrums

---

88 Vgl. Gal. 4,21–31.
89 Vgl. im Überblick K. Scholder, Kirchenkampf, 1975, in: ders., Die Kirchen zwischen Republik und Gewaltherrschaft, hg. v. K. O. v. Aretin / G. Besier, Frankfurt/M. 1991, 131–170; J. Mehlhausen, Nationalsozialismus und Kirchen, TRE, Bd. 24, 1994, 43–78.
90 Niagara-Bericht, 1987, § 23, in: DWÜ II, 62–91, S. 69.
91 Niagara-Bericht, § 20, ähnlich im Lima-Dokument über das Amt (§ 35).

für die Einbringung des nachapostolischen Amtsverständnisses aus. Denn der Duktus der Porvoo-Erklärung zielt auf die Etablierung des dreifachen Amtes, an dessen Spitze der Bischof steht (§ 41).

2.3. Auf der Grundlage des Niagara-Berichts unterstreicht die Porvoo-Erklärung die Notwendigkeit eines „koordinierenden Amtes". „Dies ist das Amt der Aufsicht, *episkope*: eine Sorge für das Leben der ganzen Gemeinschaft."[92] Der Akzent ist von Luthers evangeliozentrischer Amtsauffassung auf das nachapostolisch-anglikanische Verständnis des Bischofsamtes als eines Aufsichtsamtes verschoben worden. Die Notwendigkeit koordinierender Dienste ist unbestritten. Aber Luther begründete mit dieser Notwendigkeit kein *Amt*, schon gar nicht ein sakralrechtlich überhöhtes Amt, sondern die Unverzichtbarkeit der Beteiligung aller Christen – nicht zuletzt der reformatorischen Theologen – am Gemeindeaufbau und der Kirchenleitung.

Zwar bezeichnet die Porvoo-Erklärung die Aufsicht als ein Erfordernis der ganzen Kirche (§ 42), aber sie macht unmißverständlich deutlich, daß die Aufsicht in die besondere Verantwortung des Bischofs fällt (§ 43). Damit schreibt sie nur fest, was in England und Nordeuropa ohnehin seit Jahrhunderten praktiziert wird und woran eigentlich niemand gerüttelt hatte. Aus dem Lima-Dokument nimmt sie die Anregung auf, daß die Aufsicht „persönlich, kollegial und gemeinschaftlich" ausgeübt werden sollte.[93] Die „synodale Form" wird zwar am Rande erwähnt (§ 44), aber es wird nicht dargelegt, worin denn nun die Verantwortung der Synode für die Kirchenleitung besteht. Wer beaufsichtigt zum Beispiel die Bischöfe? An nahezu allen kirchlichen Korruptionsskandalen – vor allem in der Dritten Welt – sind Bischöfe beteiligt, und zwar häufig genug ursächlich. Das „Partizipationsmodell" der Porvoo-Erklärung ist „antiquiert"[94] und für den heutigen Gemeindeaufbau und die Kirchenleitung weitgehend unbrauchbar. Wozu soll die Überbetonung der Aufsicht in Kirchen dienen, deren Leben zu erstarren droht? Wäre die Aufgabe, das Evangelium zu verkündigen, nicht weitaus dringlicher?

2.4. Kapitel IV läuft auf die folgende Aussage zu: „In der apostolischen Sukzession im Bischofsamt konzentriert sich auf sichtbare und per-

---

92 Porvoo, § 42: „. . . it calls for a ministry of co-ordination. This is the ministry of oversight, episcope, a caring for the life of a whole community . . ."
93 Lima, Amt, § 26; Porvoo, § 44.
94 So mit Recht Frieling, a. a. O. (Anm. 82), 171.

sönliche Weise die Apostolizität der ganzen Kirche."[95] Damit ist zugleich die Porvoo-Erklärung in Intention und Inhalt brennpunktartig zusammengefaßt. Die Porvoo-Erklärung stellt dadurch – faktisch, wenn auch nicht ausdrücklich – das in der Amtsträgersukzession stehende historische Bischofsamt als ein zusätzliches Kennzeichen heraus, an dem und durch das die Kirche sichtbar wird. Die Sichtbarkeit der Verwaltung der Gnadenmittel – nach Luther oder auch Theodosius Harnack das einzige und völlig ausreichende Kennzeichen – genügt nicht, sondern muß „überboten" werden, als wenn sich das schriftgemäß bezeugte Evangelium und die Sakramente tatsächlich überbieten ließen!

In diesen Zusammenhang fügt sich das altkirchlich-anglikanische Ordinationsverständnis (§§ 47–48) und die ebenso unbiblische wie unreformatorische „Zeichentheologie" ein (§§ 48–53). „Die anglokatholische These, der historische Episkopat sei für das *Sein* der *Kirche* unverzichtbar, ist so durch die neuanglikanische These ersetzt, er sei für das *Sichtbarsein* der *Einheit* der Kirche unverzichtbar."[96]

Gegen diese These, inhaltlich von der Porvoo-Erklärung aufgenommen, sind primär zwei theologische Einwände zu erheben:

1. Mit dem historischen Episkopat wird analog zur Institution des Papsttums ein ekklesiologischer Zusatz *(additamentum)* eingeführt, der mit den *particulae exclusivae* der Reformation unvereinbar ist.[97] Er stellt das Evangelium als ergänzungs- und vergewisserungsbedürftig hin, obwohl es das Evangelium nur sein kann, wenn es seine Gewißheit in sich selbst trägt, und löst die Heilsfrage aus der Grundrelation Evangelium – Glaube, indem er die Sichtbarkeit und Hörbarkeit der Evangeliumsverkündigung an eine bestimmte Form des Amtes bindet. Dahinter steht der theologische Grundkonflikt der Reformation, der, ausgelöst 1517 bis 1521 im Ablaßstreit, von der anglikanischen Kirchengemeinschaft niemals in der Intensität ausgetragen wurde wie von der Wittenberger Reformation. Aber keine an das lautere Evangelium gebundene Kirche, auch nicht in Skandinavien oder im Baltikum, kann hinter 1517 zurückfallen, ohne die Errungenschaften der Reformation preiszugeben!

---

95 Porvoo, § 46: „Apostolic succession in the episcopal office is a visible and personal way of focusing the apostolicity of the whole Church."

96 Dalferth, a. a. O. (Anm. 82), 258.

97 S. o. Anm. 80. Das wird von anglik. Gremien zwar in Abrede gestellt, aber wenn es sich um *keinen* Zusatz handelt, warum wird dem historischen Bischofsamt dann theologische und kirchenrechtliche Relevanz für die Kirchengemeinschaft zugeschrieben?

Daß der historische Episkopat als *Zusatz* zu kennzeichnen ist, ergibt sich daraus, daß er sich genauso wenig biblisch begründen läßt wie das Papsttum. Die Porvoo-Erklärung bringt sich dadurch in den Gegensatz zu ihrer eigenen Ausgangsposition, die kanonischen Schriften des Alten und Neuen Testaments stellten den hinreichenden, inspirierten und autoritativen Bericht und das prophetische und apostolische Zeugnis von der Offenbarung in Jesus Christus dar.[98] Ist die Heilige Schrift, durch welche sich die Notwendigkeit des „historischen Episkopats" nicht im geringsten bekräftigen läßt,[99] „hinreichend" *(sufficient)* für das Verständnis der Offenbarung Gottes, dann kann der historische Episkopat nicht zum Kriterium für die volle Kirchengemeinschaft erhoben werden.[100] Vielmehr ist er als ein *Extra Anglicanisticum* zurückzuweisen, das keinen Grund in der Schrift hat und theologisch ohne Substanz ist.

2. Das *Extra Anglicanisticum* ist kein „Zeichen" für die Apostolizität, Katholizität und Ökumenizität der Kirche, sondern schränkt sie vielmehr ähnlich ein, wie die Katholizität der römischen Kirche durch die Romanität eingeschränkt wird. Durch das *Extra Anglicanisticum* werden die Zeichen, an denen die Kirche erkannt werden kann, nämlich die lautere Evangeliumsverkündigung und die stiftungsgemäße Sakramentsverwaltung (CA VII), relativiert und mit dem Bischofsamt verbunden, statt daß das Bischofsamt an Gottes Wort gebunden wird, das nach 2. Tim. 2,9 nicht gebunden ist. Durch das *Extra Anglicanisticum* verlieren die Heilsmittel ihre Eigenständigkeit und Christus sein ausschließliches Mittlertum. *Schlußfolgerung:* Die Porvoo-Erklärung führt nicht über die Meissener Erklärung hinaus, sondern eher in eine Sackgasse hinein.[101] Sie fördert allenfalls die Gemeinschaft der Kirchen im nördlichen Europa, gefährdet aber darüber hinaus den Prozeß, der sich die volle Kirchengemeinschaft konfessionsverwandter Kirchen zum Ziel gesetzt hat. Theologisch und

---

98 Porvoo, § 32 a; so schon Pullach, § 17; ferner Meissen, § 15, 1.

99 Die in Kap. IV angeführten Bibelstellen sagen über ihn schlechterdings gar nichts aus; s. a. Frieling, a. a. O. (Anm. 82), 166; Dalferth, a. a. O. (Anm. 82), 249 f. (mit weiteren Nachweisen).

100 Mit Frieling, a. a. O., 166. „Das Verhältnis von Schriftautorität und altkirchlicher Ämtertradition scheint dann ähnlich wie in der römisch-katholischen und orthodoxen Theologie bestimmt zu sein." (ebd.)

101 Mit Dalferth, a. a. O., 258; gegen L. Grönvik, Lutherisch-Anglikanische Gemeinschaft im nördlichen und westlichen Europa, in: B. Hägglund / G. Müller (Hg.), Kirche in der Schule Luthers. FS für Joachim Heubach, Erlangen 1995, 363–376, bes. 375 f.

kirchenrechtlich kann der anglikanischen Kirche kein *Extra* zugestanden werden, das der römisch-katholischen Kirche aus sachlichen Gründen beharrlich verweigert werden muß. Die Kirchengemeinschaft der lutherischen Kirche mit der anglikanischen Kirche ist möglich, aber nur als eine Gemeinschaft ohne Bedingungen.

2.3. Der Dialog mit der römisch-katholischen Kirche

Das Pontifikat von Johannes XXIII.[102] und das Zweite Vatikanische Konzil (1962–1965)[103] stellen die Voraussetzung der interkonfessionellen Gespräche dar, an denen die römisch-katholische Kirche im letzten Drittel des 20. Jahrhunderts beteiligt war und noch beteiligt ist. Ohne die Neuorientierung und Modernisierung des Katholizismus auf dem Konzil[104] und die daraus resultierende Öffnung für die Ökumene wäre die Amtsfrage von katholischer Seite vermutlich gar nicht in Dialogform behandelt worden. Vor allem in den ersten Jahren nach dem Konzil herrschte eine euphorische Aufbruchstimmung. An deren Stelle ist mittlerweile eine gewisse Ernüchterung getreten.

---

102 Vgl. A. Lindt, Johannes XXIII., in: M. Greschat (Hg.), Gestalten der Kirchengeschichte, Bd. 12: Das Papsttum II, Stuttgart 1985, 297–311; P. Hebblethwaite, Johannes XXIII., Zürich 1986, 390 ff.; G. Alberigo, Johannes XXIII., Papst (1958–1963), TRE, Bd. 17, 1988, 113–118, 115 f.

103 Das Zweite Vatikanische Konzil. Konstitutionen, Dekrete und Erklärungen (lat. u. dt.). Kommentare, 3 Erg.-Bde., LThK, Freiburg/Br. 1967–1968. Lit.: G. Maron, Das Zweite Vatikanische Konzil, ThLZ 94 (1969), 171–186; ders., Die römisch-katholische Kirche von 1870 bis 1970, KIG 4, N 2, Göttingen 1972, 237–242; H. Kirchner, Die römisch-katholische Kirche vom II. Vatikanischen Konzil bis zur Gegenwart, KGE IV, 1, Leipzig 1996, 13 f., 40 ff.; K. Hausberger, Römisch-katholische Kirche I, TRE, Bd. 29, 1998, 320–331.

104 Zum Wandel der röm.-kath. Kirche aus luth. Sicht vgl. H. Sasse, Nach dem Konzil, 1965, in: ders., In Statu Confessionis, hg. v. F. W. Hopf, Berlin / Hamburg 1966, 233–248; E. Schlink, Nach dem Konzil, Göttingen 1966; G. Maron, Der römische Katholizismus nach dem Konzil, 1966, in: ders., Zum Gespräch mit Rom, BensH 69, Göttingen 1988, 252–273; W. v. Loewenich, Der moderne Katholizismus vor und nach dem Konzil, Witten 1970, bes. 119 ff. Zum kath. Amtsbegriff aus prot. Sicht s. P. E. Persson, Repraesentatio Christi, KiKonf 10, Göttingen 1966; U. Schnell, Das Verhältnis von Amt und Gemeinde im neueren Katholizismus, TBT 29, Berlin / New York 1977. Zur Geschichte des kath. / luth. Dialogs vgl. H. Meyer, Versöhnte Verschiedenheit. Aufsätze zur ökumenischen Theologie II, Frankfurt/M. 2000, 15 ff.

Die wohl wichtigsten Stationen des Dialogs der lutherischen Kirche mit der römisch-katholischen Kirche über das Amt sind auf Weltebene 1. der Malta-Bericht (1972) und die Diskussion über die Frage der Anerkennung der Ämter in Deutschland, 2. der Bericht der Gemeinsamen Kommission über das geistliche Amt in der Kirche (1981) und 3. der Bericht der Gemeinsamen Kommission „Einheit vor uns" (1984) über das Modell eines gemeinsamen Amtes. Auf nationaler Ebene kommt 4. der Dialog des Ökumenischen Arbeitskreises evangelischer und katholischer Theologen hinzu. Schließlich ist 5. und 6. auf die neuesten Verlautbarungen aus dem Nachsommer 2000 einzugehen.

2.3.1. Malta 1972

Kapitel III des Malta-Berichts trägt die Überschrift „Evangelium und kirchliches Amt"[105]. Das ist eine genuin reformatorische Fragestellung; denn aus dieser Relation hat Luther den Begriff des Amtes bestimmt. Das bietet der Malta-Bericht allerdings nicht.

Zu Beginn wird unmißverständlich ausgesprochen, daß die Frage nach dem kirchlichen Amt „eine der wichtigsten offenen Fragen zwischen Lutheranern und Katholiken dar(stellt)" (§ 47). Warum? Weil sich in ihr „die Frage nach der Stellung des Evangeliums in und über der Kirche (konkretisiert)" (ebd.). „Es geht also um die Konsequenzen, die sich aus der Lehre von der Rechtfertigung für das Verständnis des Amtes ergeben" (ebd.). Daher müssen beide Seiten „sich prüfen, wie die kritische Überordnung des Evangeliums in ihrer Praxis wirksam gewährleistet ist" (§ 50). Weiter gehen die Kommissionsmitglieder allerdings nicht. Sie konstatieren die Notwendigkeit der Überprüfung, führen sie aber nicht durch, zum Beispiel anhand der Primatsfrage.

Im zweiten Abschnitt wird die „Normativität des Ursprungs" des Amtes behandelt. Es wird festgestellt, der Apostolat sei nicht übertragbar;

---

105 Bericht der Evangelisch-lutherischen / Römisch-katholischen Studienkommission „Das Evangelium und die Kirche", 1972, in: DWÜ I, 248–271, 260–265. Im folgenden Text wird der § angegeben. Zur Vorgeschichte s. ebd. 246 ff. Einen umfassenden Überblick über die ökum. Literatur zur Amtsfrage bis zur Mitte der 1970er Jahre gibt V. Pfnür, Kirche und Amt, Cath(M). B 1, 1975. Zum Stand der Forschung vgl. H. Wagner, Das Amt in der ökumenischen Diskussion, in: H. J. Urban / H. Wagner (Hg.), a. a. O. (Anm. 2), Bd. 3/2, 1987, 119–130.

die Kirche „ist apostolisch, insofern sie auf diesem Fundament steht" (§ 52). Ebenso sind Amt, Lehre und Ordnungen „apostolisch, insofern sie das apostolische Zeugnis weitergeben und aktualisieren" (ebd.). Die Amtsstrukturen und Ordnungen des Neuen Testaments sind „als Modelle zu betrachten, die für immer neue Aktualisierungen offen sind" (§ 54).

Auf die geschichtliche Entwicklung der Strukturen geht der dritte Abschnitt ein. Die Dreiteilung des Amtes in Episkopat, Presbyterat und Diakonat habe sich erst im 2. Jahrhundert herausgebildet, wird hervorgehoben (§ 55). Daß die verschiedenen Kirchen unterschiedliche Modelle zur Entfaltung gebracht haben (ebd.), ist zwar richtig, aber es wird versäumt, darauf hinzuweisen, daß die Frage der Überordnung des Evangeliums über das Amt und die kirchliche Praxis in der Reformation exemplarisch beantwortet worden ist.

Gegenstand des vierten Abschnitts ist die apostolische Sukzession. „Im Neuen Testament und in der frühen Väterzeit wurde der Akzent offensichtlich mehr auf das inhaltliche Verständnis der Sukzession in der apostolischen Lehre gelegt." (§ 57) Daraus hätte gefolgert werden müssen, daß diesem Verständnis der Sukzession die Amtsträgersukzession eindeutig untergeordnet ist. Obwohl sachlich zwingend, mochte man das offenbar nicht klar aussprechen.

Die entscheidenden Probleme, die Ordination und der „priesterliche Charakter", werden im fünften Abschnitt zwar angesprochen, aber nicht angegangen. Vielleicht wäre das Gespräch daran gescheitert. Die Frage der Sakramentalität der Ordination ist keineswegs „hauptsächlich terminologischer Art" (§ 59). Der bestehende und beiden Seiten hinlänglich bekannte Sachunterschied wird verniedlicht, auch in der sich anschließenden Frage der Sakramentalität des Priesterstandes.

Schließlich wird die Möglichkeit einer gegenseitigen Anerkennung der kirchlichen Ämter erwogen. Die katholische Seite beteuert, „die traditionelle Verwerfung der Gültigkeit des lutherischen Amtes neu überdenken (zu) müssen" (§ 63). Wegen der stärkeren Betonung des *ministerium verbi* in der katholischen Praxis sei dagegen „die Kritik der Reformatoren weithin gegenstandslos geworden" (§ 64). Mitnichten! Luthers evangeliozentrische Amtsauffassung hat die Preisgabe der Zweiständelehre zur Voraussetzung. Darüber schweigt sich der Malta-Bericht indessen aus.

Vor allem die Möglichkeit einer gegenseitigen Anerkennung der kirchlichen Ämter hat die Gemüter bewegt. Ein Meilenstein der Amtsdiskussion in Deutschland ist das 1973 veröffentlichte Memorandum der Arbeitsgemeinschaft ökumenischer Universitätsinstitute *Reform und Anerkennung kirchlicher Ämter*. In diesem Memorandum werden die bis heute ungelösten Probleme der apostolischen Sukzession sowie der Sakramentalität des Amtes und der Ordination offen dargelegt.[106] Doch die Vertiefung der Diskussion, ganz zu schweigen von ersten Schritten der praktischen Umsetzung, wurde von der katholischen Deutschen Bischofskonferenz verhindert.[107] Eigentlich hätte der Dialog abgebrochen, zumindest aber unterbrochen werden müssen. Das ist jedoch nicht geschehen. Über das, was danach kam, war damit eine Vorentscheidung gefallen. Der reformatorische Ansatz kam nicht mehr wirklich zur Geltung, sondern er ging „zugunsten römisch-katholischer Integrationstheologie unter"[108].

2.3.2. Der Bericht über das Amt 1981

Der Bericht der Gemeinsamen Kommission über das geistliche Amt ist mehr als nur ein Bericht. Es handelt sich um eine Studie[109], der im bilateralen Dialog etwa die Bedeutung zukommen dürfte wie dem Lima-Dokument im multilateralen Dialog. Die Studie knüpft an den Malta-Bericht an, setzt aber zugleich – ohne dies freilich hervorzuheben – das Scheitern der Initiative der ökumenischen Universitätsinstitute voraus. Das Memorandum hatte offen die Krise des kirchlichen Amtes aus katholischer und evangelischer Sicht angesprochen.[110] Doch weder die Diagnosen noch die Reformvorschläge haben wirklich Eingang in den Bericht der Gemeinsamen Kommission gefunden. Der Bericht setzt die Erneuerung des nachkonziliaren Katholizismus voraus; aber diese ist bereits in feste Bahnen

---

106 Reform und Anerkennung kirchlicher Ämter. Ein Memorandum der Arbeitsgemeinschaft ökumenischer Universitätsinstitute, München / Mainz 1973, 123 ff. und 189 ff. S. a. H. Häring, Anerkennen wir die Ämter!, Einsiedeln 1974; R. Frieling, Anerkennung kirchlicher Ämter, ILRef 17 (1974), 81–94.
107 Nachweis in dem dokumentarischen Anhang von *Amt im Widerstreit,* hg. v. K. Schuh, Berlin 1973, 135 ff.
108 Frieling, a. a. O. (Anm. 1), 1992, 250.
109 Gemeinsame Römisch-katholische / Evangelisch-lutherische Kommission, Das geistliche Amt in der Kirche, Paderborn / Frankfurt 1981. Im folgenden wird lediglich der § angegeben.
110 Reform und Anerkennung kirchlicher Ämter, a. a. O. (Anm. 106), 29 ff. und 93 ff.

gelenkt. Der Aufbruch ist gewissermaßen kanalisiert; die ökumenische Zielvorgabe, obwohl nicht ausgesprochen, scheint eine durch das Konzil geläuterte und für andere Konfessionen offene katholische Kirche zu sein. Was im Malta-Bericht noch als offene Frage behandelt werden konnte, ist in der Studie aus dem Jahr 1981 zumeist vorentschieden. Nur graduell unterscheidet sich die Studie über das geistliche Amt von dem Lima-Dokument. Im Bericht der Gemeinsamen Kommission wird die reformatorische Position zwar viel stärker berücksichtigt als im Lima-Dokument, aber sie kommt nicht als *Alternative* zur Geltung, die sie seit 1520 de facto ist, sondern sie wird von vornherein als Komplement der nachapostolisch-mittelalterlichen Amtsauffassung angesehen. Das ist eine verkürzte Perspektive; sie kann Luthers radikalen Bruch mit der Zweiständelehre weder geschichtlich noch theologisch angemessen würdigen.

Nach dieser Vorbemerkung nun einige Anmerkungen zu dem Bericht. Um Wiederholungen zu vermeiden, ist die Beschränkung auf das Wesentliche geboten. Vieles, was oben zur Lima-Erklärung bemerkt wurde, gilt auch im Blick auf diesen Bericht.

1. Im ersten Kapitel wird *Gottes Heilswirken durch Jesus Christus im Heiligen Geist* behandelt. Dieses Kapitel fußt auf der Rezeption der altkirchlichen Trinitätslehre, Christologie und Soteriologie. Weniger als im Malta-Bericht werden neutestamentliche Positionen berücksichtigt. Wäre es nicht möglich gewesen, von dem biblisch bezeugten Evangelium her den Begriff des Amtes zu bestimmen? Statt dessen setzt der Bericht mit soteriologischen Aussagen ein, die in einem sakramentstheologischen, nicht aber in einem rechtfertigungs- und worttheologischen Bezugsrahmen entfaltet werden. Darin kommt eine Vorentscheidung zugunsten der nachapostolisch-mittelalterlichen Amtsauffassung zum Ausdruck.

Nun ist nicht das altkirchliche Dogma als solches, sondern dessen Rezeption seit der Reformation kontrovers. Luther rezipiert es auf der Basis der Heiligen Schrift durch den Artikel von der Rechtfertigung und legt durch ihn stringent dar, was in dem christologischen Dogma enthalten ist, zum Beispiel in bezug auf das Sündenverständnis oder auf die Frage der Willensfreiheit. Nur in dem von dem reformatorischen Ansatz gesetzten Bezugsrahmen ist es nachvollziehbar, warum man von dem Artikel über Christus und die Rechtfertigung „nicht weichen oder nachgeben (kann)"[111]. Außerhalb dieses Rahmens wirkt es deplaziert und

---

111 ASm II, 1; BSLK 415, 21.

intolerant. Dieser reformatorische *Modus loquendi theologicus* ist in der Amts-Studie indessen völlig preisgegeben. Die kriteriologische Funktion des Artikels von der Rechtfertigung ist außer Kraft gesetzt. Das ist wiederum eine Folge der Preisgabe des reformatorischen Schriftverständnisses. Statt ihr kritisch gegenüberzustehen, ist die Schrift mit der kirchlichen Auslegungstradition verschmolzen.[112] Die traditions- und kirchenkritische Funktion der Schrift wird durch ein „dynamisches Glaubensfundament"[113] entschärft. Gerade die dogmatisch korrekte Formulierung „Gottes Heilswirken durch Jesus Christus im Heiligen Geist (sei) die gemeinsame Mitte unseres Glaubens" (§ 6), legt ein Fundament, das es der Kirche ermöglicht, die Schrift auf Distanz zu halten und sie zu neutralisieren, wenn die kirchliche Hierarchie oder der päpstliche Primat zur Diskussion gestellt werden. Zwar weiß die Schrift weder von der orthodoxen noch von der römisch-katholischen Hierarchie irgend etwas, aber unter der Voraussetzung, daß die Schrift gegen die Kirche, die sich auf ein unumstößliches Glaubensfundament gestellt weiß, von vornherein nicht zum Zuge kommen kann, werden die substantiellen Fragen, die das kirchliche Amt und die Hierarchie betreffen, letztinstanzlich ohne die Schrift und gegebenenfalls gegen sie entschieden. Es ist klar, daß unter dieser Voraussetzung Luthers schrifttheologisch begründeter Einwand gegen das Amtspriestertum, die Hierarchie und das Papsttum a priori nicht zur Geltung kommen kann. Er muß als zeitgebunden oder als überzogene Polemik abgetan oder totgeschwiegen werden. Nicht unter Beifall, aber ohne nennenswerten Protest der lutherischen Kommissionsmitglieder ist der Reformation im katholisch-lutherischen Dialog der Boden entzogen worden.[114] Denn ohne die Klarheit und Selbstevidenz der Schrift ist Luthers reformatorische Tat illegitim und beruht auf einem Subjektivismus, dem nun endgültig, wenn auch mit erheblicher Verspätung, dafür aber unter Beteiligung der Lutheraner, ein Riegel vorgeschoben werden soll.

---

112 Vgl. dazu die Analyse von Herms, a. a. O. (Anm. 49), 1998, bes. 670–681. Das reformatorische Schriftverständnis wird nach Herms bereits in der ersten Phase des Dialogs zwischen Rom und Genf (LWB) preisgegeben. Zum Stand der Diskussion im Überblick vgl. J. Zehner, Schriftauslegung und Lehramt, ThLZ 123 (1998), 943–954.

113 Herms, a. a. O., 685 f. S. o. Anm. 49.

114 Die Namen der Gesprächsteilnehmer sind am Ende des Berichts, a. a. O. (Anm. 109), S. 56 f. aufgelistet.

Der grundlegende Satz im ersten Kapitel des Berichts über das Amt steht in § 9. Die Kommission stellt fest, es sei „ein *gemeinsamer Ausgangspunkt* für die Frage der Vermittlung des Heils in der Geschichte gegeben". Dieser Ausgangspunkt ist das in § 6 formulierte Glaubensfundament, das mit dem – unbiblischen – Amtspriestertum durchaus in Einklang steht. Nach reformatorischem Verständnis wäre der gemeinsame Ausgangspunkt die Bibel, die durch die Unterscheidung zwischen Gesetz und Evangelium erschlossen würde. Doch es bestimmt den Bericht keineswegs, daß sich die Heilsvermittlung in der Relation Evangeliumsverkündigung – Glaube vollzieht. Daß sich die Heilsfrage im Glauben an Gottes Wort entscheidet, ist eine Befreiung im Verhältnis des Menschen zu Gott, welche die Wiederentdeckung des Priestertums aller Gläubigen sowie die Negation des Amtspriestertums einschließt. Weder das eine noch das andere ist im Bericht der Kommission nachvollzogen. Vielmehr schwenken die lutherischen Gesprächsteilnehmer auf die römisch-katholische Linie ein, nach der das allgemeine Priestertum den Klerus als besonderen Stand nicht aufhebt, sondern ausdrücklich voraussetzt.[115]

2. Nach den grundlegenden Ausführungen im 1. Kapitel wird im 2. das ordinierte Amt in der Kirche, im 3. die verschiedenen Ausformungen des Amtes und im 4. Kapitel die Frage der Anerkennung der Ämter erörtert. Der letzte Punkt ist 1984 in dem Dokument *Einheit vor uns* thematisiert worden und wird im nächsten Abschnitt behandelt. Zu den beiden anderen Kapiteln müssen in diesem Zusammenhang einige wenige Bemerkungen genügen.

Zu Beginn des 2. Kapitels wird hervorgehoben, die Kirche stehe „ein für allemal auf dem Fundament der Apostel" (§ 16). Das ist nun doch zu schön, um wahr zu sein! Zeigt nicht die Kirchengeschichte hinlänglich, daß die Kirche dieses Fundament immer wieder verlassen und ihr Haus auf Sand gebaut hat? Wenn es nicht zu allen Zeiten zwei Kirchen gegeben hätte, und zwar nicht neben-, sondern gegeneinander, könnte man der einfältigen Verlautbarung des Kommissionsberichts vorbehaltlos zustimmen. Auf welchem Fundament stand denn zum Beispiel die Kirche, als sie Johannes Hus verbrannte? Der apostolische Grund der Kirche ist vielmehr stets neu zu erringen und zu bewahren! *Das* ist die Hauptfunktion des

---

115 Vgl. das Dekret über das Apostolat der Laien 2–4, LThK, Erg.-Bd. II, 1967, 607 ff. S. dazu Schnell, a. a. O. (Anm. 104), 199 ff.

Amtes, nicht die „Leitung der Gemeinden" (§ 17) im Sinn des äußeren Kirchenregiments.

Aus dem Accra-Bericht (1974) wird ein Satz zitiert, der festgehalten zu werden verdient: Die Präsenz des Amtes in der Gemeinschaft „„ist Zeichen der Priorität der göttlichen Initiative und Autorität im Leben der Kirche‘"" (§ 20).[116]

Die Erklärung, weswegen die Amtsträger in der katholischen Tradition als Priester bezeichnet werden, lautet, „daß sie im Heiligen Geist Anteil erhalten an dem einen Priestertum Jesu Christi und es vergegenwärtigen" (§ 21). Dazu ist erstens zu bemerken, daß *alle* durch die Taufe an dem einen Priestertum Jesu Christi Anteil erhalten; zweitens wird mit dieser Anschauung ein gefährlicher Enthusiasmus vertreten, vergegenwärtigt sich doch Christus durch sein *Wort*, in dem der Heilige Geist wirksam ist, und keineswegs durch Priester „im Heiligen Geist", mögen diese Priester nun geweiht oder ungeweiht sein.

Die Zulassung der Frau zum ordinierten Amt „stellt ein noch nicht gelöstes Problem dar" (§ 25). Das gilt für die katholische, nicht aber in dieser Einseitigkeit für die evangelische Seite.[117]

Mit Bezug auf das Dokument *Das Herrenmahl* wird Luthers kritischer Einwand gegen das Verständnis des Amtes als Opferpriestertum als überholt bezeichnet.[118] Aber das ist eine bloße Behauptung. Sie gewinnt gewiß nicht dadurch an Plausibilität, daß sie sich – wie das Dokument über das

---

116 Accra, 1974, § 14; vgl. dazu Vischer, a. a. O. (Anm. 3), 117 ff.

117 Zu dem Für und Wider s. C. F. Parvey (Ed.), Ordination of Women in Ecumenical Perspective, Geneva 1980, 29 ff.; W. Bock / W. Lienemann (Hg.), Frauenordination, Heidelberg 2000. Aus luth. Perspektive s. C. Globig, Frauenordination im Kontext lutherischer Ekklesiologie, KiKonf 36, Göttingen 1994. Gegen die Frauenordination spricht sich z. B. aus: R. Slenczka, Die Ordination von Frauen zum Amt der Kirche, 1991, in: ders., Neues und Altes, hg. v. A. I. Herzog, Bd. 3, Neuendettelsau 2000, 183–196. Slenczka verwahrt sich mit Recht dagegen, daß bereits die Kritik an der Frauenordination als Irrlehre bezeichnet wird (Ist die Kritik an der Frauenordination eine kirchentrennende Irrlehre?, ebd., 197–210).

118 Gemeinsame Römisch-katholische / Evangelisch-lutherische Kommission, Das Herrenmahl, Paderborn / Frankfurt 1978, bes. §§ 56–62. Zum ev.-kath. Dialog über das Sakramentsverständnis vgl. R. Hempelmann, Sakrament als Ort der Vermittlung des Heils, KiKonf 32, Göttingen 1992. Mit Recht kritisch im Blick auf den röm.-kath. Weltkatechismus: J. Baur, Die Rechtfertigungslehre in der Spannung zwischen dem evangelischen „Allein" und dem römisch-katholischen Amts- und Sakramentsverständnis, EvTh 58 (1998), 140–155.

Herrenmahl – auf das Tridentinum stützt. In Wahrheit ist diese Schlüsselfrage in beiden Dokumenten ungeklärt geblieben.

Für die Kirche der Reformation beruht das Problem, ob die Ordination ein Sakrament ist oder nicht, auf einer unbiblischen Alternative. Unter Bezugnahme auf das Tridentinum (DH 1766; 1773) bezeichnet die katholische Seite das sakramentale Verständnis der Ordination als verbindlich (§ 33). Der Begriff des *ordo*, an dem sie unverbrüchlich festhält, läßt ihr auch gar keine andere Wahl. Die lutherische Seite scheint nicht wahrgenommen zu haben, daß das in dem folgenden Satz zum Ausdruck kommende Ordinationsverständnis mit der Reformation nichts zu tun hat: „Wo gelehrt wird, daß durch den Akt der Ordination der Heilige Geist den Ordinierten mit seiner Gnadengabe für immer zum Dienst an Wort und Sakrament befähigt, muß gefragt werden, ob nicht in dieser Frage bisherige kirchentrennende Unterschiede aufgehoben sind." (§ 33) Nimmt man den Satz wörtlich auf, bestehen die kirchentrennenden Unterschiede überall fort, wo die Reformation Fuß gefaßt hat; denn dieses Ordinationsverständnis ist Bestandteil der vorreformatorischen Zweiständelehre in tridentinischer Ausdeutung. Das erhellt auch aus dem Festhalten an dem „character indelebilis" (§ 37). Wenn ontologische Kategorien deplaziert sind, weil beabsichtigt ist, „daß die Berufung und Beauftragung durch Gott den Ordinierten für immer unter die Verheißung und den Anspruch Gottes stellt" (§ 37), dann gibt es keinen „character indelebilis". Doch diese Schlußfolgerung wird nicht gezogen. Also ist entweder nicht gemeint, was man sagt, oder man sagt nicht, was man meint.

Schließlich noch ein Blick auf das 3. Kapitel, in dem das Bischofsamt in seiner Eigenart bedacht wird. Es überrascht nicht, daß die katholische Seite „von der altkirchlichen Entwicklung aus(geht)" (§ 41) und daß sie sie auch völlig unangefochten vertreten kann. Die Sakramentalität der Bischofsweihe wird ausdrücklich betont (§ 41); ebenso das hierarchische Gefälle des Amtes, das darin zum Ausdruck kommt, daß die Presbyter in der Ausübung ihres Amtes vom Bischof abhängig bleiben (ebd.). Damit wird nicht nur die Freiheit eines Christenmenschen, sondern obendrein die der Amtsträger eingeschränkt. Die Zukunft des Amtes wird in seiner Reklerikalisierung gesehen!

Im Unterschied zum Malta-Bericht gibt die Studie über das Amt aus dem Jahr 1981 unverblümt zu erkennen, daß im Grunde nur das nachapostolisch-mittelalterliche Amtsverständnis mit allen Implikationen diskutabel erscheint. Luthers evangeliozentrische Amtsauffassung wird als

427

biblisch-reformatorische Alternative gar nicht mehr ernsthaft in Betracht gezogen. Es werden nur einzelne Aspekte aufgenommen und zu integrieren versucht.

2.3.3. Das Modell der Integration

Im 4. Kapitel der Amts-Studie von 1981 wird die Frage der gegenseitigen Anerkennung der Ämter erörtert. Die gegenwärtige Situation sei durch „das Ärgernis der Trennung beim Mahle des Herrn" bestimmt (§ 81; s. a. § 74). Die Situationsanalyse begnügt sich aber mit dieser Feststellung; sie arbeitet nicht heraus, worin dieses Ärgernis begründet liegt, obwohl alle Kommissionsmitglieder den Grund kennen. Das Ärgernis beruht auf der willkürlichen Regelung der römisch-katholischen Kirche, einem stiftungsgemäß gefeierten Abendmahl fernzubleiben, weil das Altarsakrament von einem Amtsträger gereicht wird, der dem römischen *ordo* nicht angehört. Aber es ist unbiblisch und sektiererisch, daß die Wirksamkeit und Gültigkeit des Sakraments von einer bestimmten Gestalt des Amtes, die obendrein der nachapostolischen Zeit angehört, in Abhängigkeit gesetzt wird. Die Wirksamkeit und Gültigkeit des Sakraments gründet *allein* in der Verheißung und in den Einsetzungsworten Jesu Christi! Die Nagelprobe auf die Katholizität und Ökumenizität der römisch-katholischen Kirche besteht in dem Geltenlassen dieses Allein. Wenn sie diese *particula exclusiva* nicht nachvollziehen kann, entwertet sie das Wort Jesu Christi und bindet „die eine, heilige, allgemeine und apostolische Kirche" an das von ihr aufgerichtete *additamentum*. Das hätte ganz klar herausgestellt werden müssen! Wozu soll die Analyse der „gegenwärtigen Situation" (Kapitel 4.1) dienen, wenn der entscheidende Kontroverspunkt nicht artikuliert wird?

Offenbar soll sie dazu dienen, die römisch-katholische Position von vornherein dem offenen Diskurs zu entziehen. Genau das ist nämlich den römisch-katholischen Kommissionsmitgliedern gelungen: Mit dem II. Vatikanischen Konzil wird „von einem ‚defectus' im Weihesakrament bei den aus der Reformation hervorgegangenen Kirchen" gesprochen (§ 75)[119]. Wollte man nach reformatorischem Verständnis überhaupt von

---

119 Zweites Vatikanisches Konzil. Dekret über den Ökumenismus, Art. 22, in: LThK, Erg.-Bd. II, 1967, 118 f.

einem Defekt reden, dann müßte von einem *defectus evangelii* geredet werden; denn ein *defectus ordinis* setzt erstens einen von der *plebs* abgesonderten *ordo* voraus, den es aber nach biblisch-reformatorischer Auffassung gar nicht gibt, und schließt zweitens ein, daß für die Kirche und das Amt noch etwas anderes konstitutiv ist als das Evangelium und die Sakramente.[120] Aber für die Kirche und das Amt sind *ausschließlich* und *allein* Gottes Wort und die Sakramente konstitutiv. Diese Frage ist nicht offen, sondern sie ist definitiv entschieden. Wenn sie nicht entschieden wäre, könnte niemand sein Leben, geschweige denn sein Sterben, auf Gottes Wort gründen; dann gäbe es gar keine Kirche! Nun aber gibt es Kirche, und zwar deshalb, weil Gottes Wort wirksam ist (Jes. 55,11). Soll die Kirche als allgemeine und apostolische Kirche unverfälscht und rein erhalten bleiben, kann sie nicht an einen Zusatz gebunden werden, ohne daß sie dadurch ihre Katholizität einschränkt.

Unter stillschweigender Billigung der lutherischen Kommissionsmitglieder wird die römisch-katholische Sprachregelung übernommen, nach der es dem Amt der Kirchen der Reformation an der „Fülle" oder an der „Vollgestalt" mangelt (§ 77). Läßt man sich einreden, daß das an das Evangelium gebundene Amt defizitär ist, obwohl nicht klar wird, wodurch das Evangelium überboten werden könnte, dann kann man die „Vollgestalt" natürlich nur durch den Anschluß an den sakramentalen *ordo* des römischen Katholizismus erreichen. Diese Schlußfolgerung ist unabweisbar. Sie wird auch gezogen – nicht im Sinn einer Fusion, wohl aber der Integration.[121]

Die Amtsfrage wird in dem Dokument *Einheit vor uns* im zweiten Teil behandelt und nimmt einen beträchtlichen Raum ein (§§ 86 bis 148 von insgesamt 149 Paragraphen). 1984 war bereits eine Dialogsituation herbeigeführt, in der die lutherischen Teilnehmer die vatikanischen Voraus-

---

120 Während Melanchthon in CA VII sagt, es sei zur wahren Einheit der Kirche genug, daß man in der Lehre des Evangeliums und in der Verwaltung der Sakramente übereinstimme, deutet die Amts-Studie CA VII nicht exklusiv, sondern additiv (§ 80). Diese Verdrehung entbehrt nicht einer gewissen Logik; denn wenn menschliche Traditionen und Riten keine heilsrelevante Rolle spielen, ist die lutherische Kirche „frei" (ebd.), andere zu übernehmen. Daß das jedoch in diesem Fall nicht nur röm.-kath. Riten sind, sondern daß es das sakramentale Verständnis der Weihe einbezieht, bleibt unausgesprochen.

121 Einheit vor uns, 1984, in: DWÜ II, 1992, 451–506. Vgl. dazu B. Brenner, Verkirchlichung der Ökumene vor uns?, DtPfrBl 85 (1985), 424 f.; O. Cullmann, Einheit durch Vielfalt, Tübingen ²1990, 132–134.

setzungen des Amtsverständnisses teilten oder hinzunehmen bereit waren.[122] Die Frage war nicht mehr, ob und wie Luthers evangeliozentrische Amtsauffassung alternativ in das Gespräch eingebracht werden könnte, sondern wie man ohne größeren Gesichtsverlust auf das Integrationsmodell für ein gemeinsames Amt zuzugehen habe.

Verschiedene, aufeinander abgestimmte Schritte sollen zu einer gemeinsamen Ausübung des kirchlichen Amtes führen (§ 92). Theologisch beruhen diese Überlegungen auf dem Dekret über den Ökumenismus *Unitatis redintegratio* des II. Vatikanischen Konzils, das die Wiederherstellung der Einheit unter allen Christen zu einem der Hauptziele erklärt hat.[123] Die vorgeschlagenen Maßnahmen zielen auf die pragmatische Umsetzung der Konzilsbeschlüsse unter Berücksichtigung der lokalen und regionalen Gegebenheiten. Als Motor der Wiederherstellung der Einheit soll der Episkopat beider Konfessionen fungieren, der durch ein allmähliches Zusammenwachsen den Anschluß der lutherischen Amtsträger an die bischöfliche Sukzession verbürgt, so daß am Ende des Wiederannäherungsprozesses das gemeinsame kirchliche Amt steht.

In § 92 des Dokuments steht der Leitsatz: „Durch gegenseitige Anerkennung der Ämter als Formen des von Christus gestifteten Amtes wäre diese Gemeinschaft im kirchlichen Amt zwar grundgelegt, aber doch nicht voll verwirklicht." Daß der zweite Schritt vor dem ersten oder doch mit diesem zusammen getan werden soll, wirkt wie eine überstürzte Hochzeit, bei der die Partner nicht vorher geklärt haben, ob sie sich akzeptieren können.

Die Gemeinsame Kommission setzt das freilich aufgrund ihrer Dialoge voraus. Aber in Wirklichkeit gibt es keine tragfähige dogmatische Basis, es sei denn, man geht davon aus, die reformatorische Theologie erschöpfe sich in den Beiträgen der lutherischen Kommissionsmitglieder und habe zugunsten der vatikanischen abgedankt. Aber die reformatorische Theologie steht auf biblischem Grund und kann nach wie vor klarer als andere Theologie sagen, wie es um den Menschen vor Gott bestellt ist. Ihre Amtsauffassung ist evangeliozentrisch und, nimmt man das Evangelium als Kriterium, in der gesamten Ökumene unerreicht. Außerdem ist sie zukunftsträchtig, während der Kommissionsbericht *Einheit vor uns* alle zukunftsrelevanten Fragen in beklemmender Einseitigkeit auf das Problem

---

122 Vgl. Herms, a. a. O. (Anm. 49), 687.
123 II. Vatikanisches Konzil, 21.11.1964, DH 4185–4192, bes. 4185.

der Stellung und Geltung des Bischofsamtes in der Kirche reduziert. Das geschieht unter Einbeziehung der Primatsfrage; denn der bilaterale Dialog hat innerhalb der Kommission einen Stand erreicht, auf dem es sich von selbst versteht, daß der Papst die höchste Jurisdiktionsgewalt über die Gesamtkirche ausübt (§ 102). Aber: Die Zukunft des Christentums entscheidet sich nicht am Bischofamt, auch nicht am Primat des Papstes, sondern an dem Evangelium, nämlich ob es lauter verkündigt wird, so daß Christus als der Herr der Welt und als das Haupt der Kirche geglaubt und bekannt wird.

Das Integrationsmodell gefährdet den interkonfessionellen Dialog aufs schwerste. Das Einheitskonzept der Gemeinsamen Kommission ist kurzschlüssig und inakzeptabel. Es würde in Deutschland zur Spaltung der EKD führen,[124] in der die Unionskirchen die Mehrheit haben. Aber auch die lutherischen Landeskirchen sind in die Leuenberger Kirchengemeinschaft eingebunden. Das Konzept *Einheit vor uns* zöge womöglich die Spaltung der lutherischen Landeskirchen in Deutschland und die Wiederabsonderung der protestantischen Freikirchen in der Ökumene nach sich.

2.3.4. Klärungsversuche des Ökumenischen Arbeitskreises

Der Ökumenische Arbeitskreis evangelischer und katholischer Theologen fokussiert die in der Reformation aufgekommenen Lehrunterschiede zwischen der lutherischen und römisch-katholischen Kirche seit mehr als einem halben Jahrhundert.[125] Durch seine interkonfessionellen Verständigungsbemühungen auf hohem Reflexionsniveau hat er die Ökumene in Deutschland erheblich bereichert. Er findet über den deutschen Sprach-

---

124 Mit Frieling, a. a. O. (Anm. 1), 1992, 252. Positiv wird das Einheitskonzept dagegen von der katholischen Deutschen Bischofskonferenz beurteilt (Sekretariat der Deutschen Bischofskonferenz (Hg.), Stellungnahme der Deutschen Bischofskonferenz zur Studie „Lehrverurteilungen – kirchentrennend?", Bonn 1994, 23).

125 Zur Gründung und zur Arbeitsweise vgl. B. Schwahn, Der Ökumenische Arbeitskreis evangelischer und katholischer Theologen von 1946 bis 1975, FSÖTh 74, Göttingen 1996, 17 ff. S. a. E. Lohse, 50 Jahre Ökumenischer Arbeitskreis evangelischer und katholischer Theologen, KuD 42 (1996), 177–185.

raum hinaus Beachtung. Dies gilt vor allem für das Projekt *Lehrverurteilungen – kirchentrennend?*[126].

Die Dialogberichte sollen im folgenden befragt werden,[127] was sie zur Klärung der Lehrunterschiede in der Amtsfrage beitragen. Bevor das geschehen kann, sind vorweg zwei Probleme kritisch anzusprechen.

I. *Vorbemerkungen*

1. Die Konzentration des Arbeitskreises auf die Lehrverurteilungen stellt eine unsachgerechte Verkürzung der Perspektive dar. Luther ist zum Reformator geworden, weil er durch Schriftauslegung auf befreiende Weise zum Ausdruck bringen konnte, daß die Gerechtigkeit Gottes der Inhalt des Evangeliums ist. Daraus ergeben sich zwar Lehrunterschiede und gewiß auch Lehrverurteilungen, aber sie stehen am Rande.[128] Im Zentrum steht das durch den Artikel von der Rechtfertigung dargelegte und bezeugte Evangelium. Es ist abwegig, an diesem Zentrum vorbei irgendwelche Lehrverurteilungen zu traktieren. Darin geht der Ertrag von Luthers reformatorischem Werk nicht auf! Dadurch wird vielmehr der Eindruck hervorgerufen, als unterschieden sich Reformation und Gegenreformation nur marginal. Aber das wird dem geschichtlichen Umbruch nicht gerecht und ist theologisch nachweisbar falsch. Sie unterscheiden sich im Schriftverständnis, in der Lehre von dem Wort Gottes und der Heilsvermittlung, im Kirchenbegriff und nicht zuletzt in der Amtsauffassung so fundamental, daß man Luther gar nicht verstehen kann, wenn man seine Theologie nicht zunächst als kritische Infragestellung und Alternative würdigt. Im Fall Luthers schließt das ein, daß sich seine Theologie ausschließlich auf die Bibel beruft und den Anschluß an die eine, allgemeine Kirche wiederherstellt. Genau das aber hat die sich selbst als „katholisch" bezeichnende römische Kirche nicht nur nicht nachvollzogen, sondern „verdammt"! Nicht einzelne Lehrverurteilungen sind

---

126 Umfassende Literaturangaben zum Gesamtprojekt in: W. Pannenberg / Th. Schneider (Hg.), Lehrverurteilungen – kirchentrennend?, Bd. IV, DiKi 8, Göttingen / Freiburg/Br. 1994, 139–141; s. a. Schwahn, a. a. O., 399 ff.

127 K. Lehmann / W. Pannenberg u. a. (Hg.), Dialog der Kirchen (DiKi), Bde. 1–10, Göttingen / Freiburg 1982–1998. Zur Amtsdiskussion s. bes. DiKi 2, 4, 6 und 8. Hingewiesen sei bereits hier auf E. Volk, Verlorenes Evangelium, KuD 34 (1988), 122–165; D. Lange (Hg.), Überholte Verurteilungen?, Göttingen 1991; ferner auf U. Kühn / L. Ullrich (Hg.), Die Lehrverurteilungen des 16. Jahrhunderts im ökumenischen Gespräch, Leipzig 1992.

128 Vgl. dazu D. Lange (Hg.), a. a. O., 17–26.

daher aufzuarbeiten, sondern wie es dazu kommen konnte, daß die römisch-katholische Kirche das Evangelium preisgab und was das für die heutige Kirche bedeutet. Auch für die evangelische Seite gibt es keine dringlichere Aufgabe als die, zu prüfen, ob sie das Evangelium hat. Dadurch würde ein gemeinsamer ökumenischer Aufbruch initiiert werden. Die Fixierung auf Lehrverurteilungen ist dagegen restaurativ. Sie gewährleistet, daß beide Kirchen bleiben, was sie sind. Aber sie bedürfen beide der Erneuerung! Bei der Beschränkung auf die Lehrverurteilungen besteht die Gefahr, daß sich beide Seiten zwar verständigen, aber am Evangelium vorbei. Eine solche Kirche ist schlimmer als gar keine. Sie wäre ein Alptraum! 2. Es „besteht noch kein expliziter Konsensus über die kritische Funktion der Schrift gegenüber der kirchlichen Traditionsbildung", stellt der Arbeitskreis in der *Einleitung* fest.[129] Wie kann man ohne diesen Konsens zu einer Übereinstimmung darüber kommen, ob die Lehrverurteilungen des 16. Jahrhunderts den heutigen Partner nicht mehr treffen? Eine ohne die Schrift gewonnene Übereinstimmung ist theologisch belanglos und ökumenisch nicht tragfähig. Es ist unerfindlich, wie der Arbeitskreis die komplizierten kontroverstheologischen Probleme der Rechtfertigungs-, Sakraments- und Amtslehre behandeln konnte, ohne zuvor das Schriftverständnis geklärt zu haben.

Der Ökumenische Arbeitskreis hat das Pferd von hinten aufgezäumt und die theologischen Prinzipienfragen behandelt, nachdem die Sachfragen erörtert waren. Daraus muß zwar nicht geschlossen werden, die Schrift hätte bei der Erörterung der Sachfragen keine Rolle gespielt, aber es ist zu konstatieren, daß sie sie nicht letztinstanzlich entschieden hat. Wie kann man der Reformation theologisch gerecht werden, ohne ihr Grundaxiom in Anwendung zu bringen? Das bedeutet doch, daß man die Lehrverurteilungen für nicht mehr kirchentrennend hielt, bevor man in das Ringen um die Wahrheit des Evangeliums eingetreten war, aus dem die Lehrunterschiede resultierten. Um die Kirche nicht aufs Spiel zu setzen, hat man die Wahrheitsfrage nicht dogmatisch, sondern historisch behandelt. Aber dadurch wurde die Kirche nicht erhalten, sondern der Wahrheit gegenüber neutralisiert.

---

129 K. Lehmann / W. Pannenberg (Hg.), Lehrverurteilungen – kirchentrennend?, Bd. I: Rechtfertigung, Sakramente und Amt im Zeitalter der Reformation und heute, DiKi 4, Göttingen / Freiburg/Br. 1986, ³1988, 32.

Die materialreichen drei Bände *Verbindliches Zeugnis*[130] bedürfen einer ausführlichen Würdigung. Das muß einer eigenen Studie vorbehalten bleiben. Festzuhalten ist an dieser Stelle, daß der Ökumenische Arbeitskreis die Probleme der Lehrverurteilung jenseits des reformatorischen *Modus loquendi theologicus*[131] behandelt hat. Er knüpft an den Schriftgebrauch des Lima-Dokuments und des Kommissionsberichts *Das geistliche Amt in der Kirche* (1981) an, für den die Verschmelzung von Schrift und Tradition charakteristisch ist. Die Überführung des Schriftprinzips in ein geschichtlich-dynamisches Traditionsprinzip „hat zur Folge, daß die kritische Gegenüberstellung von Gottes Wort und Menschenwort sowie die effektive Dialektik von Geist und Buchstabe, von Gesetz und Evangelium verdrängt worden ist"[132]. Auch bei dem Ökumenischen Arbeitskreis ist das „dynamische Glaubensfundament"[133] an die Stelle des reformatorischen Dogmas von der Klarheit und Selbstevidenz der Schrift getreten. Die evangelischen Mitglieder des Arbeitskreises[134] schließen sich damit in der Praxis, mögen sie ihr Schriftverständnis auch neuprotestantisch begründen, dem vatikanischen Schriftverständnis an, das mit der Ablehnung des exklusiv aufgefaßten *sola scriptura* die methodischen Voraussetzungen für die Verständigung über die Lehrverurteilungen bereitstellt.[135] Unter dieser Voraussetzung erschließt sich die Wahrheits- und Heilsfrage nicht mehr in dem existentiellen Widerfahrnis, das in der Unterscheidung

---

130 W. Pannenberg / Th. Schneider (Hg.), Verbindliches Zeugnis, Bd. I: Kanon – Schrift – Tradition, DiKi 7, Göttingen / Freiburg/Br. 1992; Bd. II: Schriftauslegung – Lehramt – Rezeption, DiKi 9, 1995; Bd. III: Schriftverständnis und Schriftgebrauch, DiKi 10, 1998. S. dazu auch Zehner, a. a. O. (Anm. 112).

131 Grundlegend dazu ist L. Grane, Modus loquendi theologicus. Luthers Kampf um die Erneuerung der Theologie (1515–1518), AThD 12, Leiden 1975, bes. 161 ff.

132 R. Slenczka, Schriftautorität und Schriftkritik, in: a. a. O. (Anm. 130), DiKi 7, 1992, 315–334, 316.

133 Vgl. o. Anm. 49.

134 Die Mitglieder des Ökumenischen Arbeitskreises sind aufgelistet in DiKi 10, 1998, 445 f. (Stand: Sommer 1998).

135 Das II. Vatikan. Konzil (Dogmatische Konstitution über die göttliche Offenbarung „Dei verbum", 18.11.1965, DH 4201–4235, bes. 4212) geht davon aus, daß die heilige Überlieferung und die Heilige Schrift eng miteinander verbunden sind und aneinander Anteil haben. Daraus ergibt sich, „daß die Kirche ihre Gewißheit über alles Geoffenbarte nicht aus der Heiligen Schrift allein schöpft" *(non per solam Sacram Scripturam)* (ebd., Art. 9). Vielmehr sind beide, Überlieferung und Schrift, „mit dem gleichen Gefühl der Dankbarkeit und der gleichen Ehrfurcht anzunehmen und zu verehren" (ebd.).

von Gesetz und Evangelium beschlossen liegt, sondern sie wird jenseits von Gesetz und Evangelium entschieden beziehungsweise bewußt offengehalten; denn jenseits von Gesetz und Evangelium behält sich der Mensch selbst in der Hand. Das bedeutet, daß der theologische Ansatz der Reformation in den Klärungsversuchen des Ökumenischen Arbeitskreises keine erkenntnisleitende Rolle gespiel hat.[136]

II. *Das Amtsverständnis.* Der Teil über das Amt ist knapper ausgefallen als die Ausführungen über die Rechtfertigung und die Sakramente.[137] Insgesamt ist das Dokument über das Amt von größerer Zurückhaltung geprägt als vergleichbare Dokumente auf Weltebene. Für diese Zurückhaltung spricht, daß das Amt ein neuralgischer Punkt ist, der brisante kirchenrechtliche und institutionelle Probleme berührt. Der Amtsteil ist in fünf Abschnitte gegliedert, die sich im Aufriß an den Verwerfungen des Tridentinums orientieren. Lediglich der fünfte Abschnitt über das Papsttum fällt aus diesem Rahmen.

1. *Begriff und Einsetzung.* Im Unterschied zum Lima-Dokument wird die Berufung des ganzen Volkes Gottes nicht vorangestellt. Nun ist dieser Aspekt nicht im Tridentinum, sondern im II. Vatikanum hervorgehoben worden. Die evangelische und katholische Seite stimmen darin überein, daß ein besonderes Amt in der Kirche notwendig und von Christus eingesetzt ist. Inwieweit diese Übereinstimmung auf denselben gemeinsamen Voraussetzungen beruht, muß sich zeigen. Das Amt wird näher bestimmt als „Dienst der öffentlichen Verkündigung des Evangeliums und der Sakramentsverwaltung" (157, 9 f.). Dieser Dienst schließt „eine besondere Verantwortung für die Einheit und darum für die Leitung der Gemeinde" ein (157, 11 f.). Das Amt ausfüllen heißt also den Hirtendienst versehen. Hinzugefügt wird der Gedanke, daß den Bischöfen eine besondere Stellung zukommt, weil ihnen „‚die Ganzheit des heiligen Dienstamtes'" übertragen ist (157, 18–20). Mit diesem Zitat aus *Lumen Gentium*[138] wird bereits im Eingangsteil die im vierten Abschnitt behandelte Lehre von der hierarchischen Gliederung des Amtes eingeführt.

---

136 Auszunehmen ist R. Slenczka, der sich von dem Arbeitsergebnis ausdrücklich distanziert hat (s. DiKi 10, 1998, 402–405).

137 DiKi 4, 1988, 157–169. Zur Rechtfertigung ebd. 35–75; zu den Sakramenten ebd. 77–156. Zitiert wird im folgenden die S. und Z. aus dem Amtsteil von DiKi 4, a. a. O. (Anm. 129).

138 II. Vatikan. Konzil. Dogmatische Konstitution über die Kirche, Art. 21, in: LThK, Erg.-Bd. I, 1967, 218: „. . . sacri ministerii summa . . ."

Der „Unterschied des ordinierten Amtes vom gemeinsamen Priestertum" sei „ein Unterschied der Art und nicht des Grades der Teilhabe an Christi Priestertum" (157, 27 f.). Das sollte auch von den reformatorischen Kirchen bejaht werden (157, 29). Jedoch: Der Unterschied liegt nach Luther im Öffentlichkeitsaspekt begründet, aber keinesfalls in der Art der Teilhabe an Christi Priestertum. In der Art wie im Umfang der Teilhabe an Christi Priestertum sind vielmehr alle Getauften gleich. Das Amt gewährt keine „seinsmäßige Teilhabe" an Christi Priestertum.[139] Diese unüberbietbare Teilhabe gewährt allein die Taufe. Das Amt ist Dienst an den Gnadenmitteln. Es stellt nicht die Prolongation des Priestertums Christi durch eine besondere Art der Teilhabe an ihm dar. Es setzt das Handeln Gottes in Christus vielmehr als ein für allemal abgeschlossen voraus. Dieses Handeln bindet Gott an das Evangelium und die Sakramente. In der Bindung an diese Gnadenmittel vergegenwärtigt der dreieinige Gott sein Handeln, nicht durch den sakramentalen Stand des Priesters. Diese Grunddifferenz ist keineswegs behoben. Sie läßt sich nicht dadurch aus der Welt schaffen, daß in der römisch-katholischen Kirche „die fundamentale und herausragende Bedeutung des Verkündigungsauftrages für das Verständnis des kirchlichen Amtes anerkannt" wird (159, 18–20). Sie läßt sich vielmehr allein durch die entschlossene Preisgabe der sacerdotalen Deutung des geistlichen Amtes beseitigen. Denn Gott handelt durch das Wort und die Sakramente, nicht durch den Priesterstand, und wenn doch auch durch Amtsträger, dann deshalb, weil diese das Wort treiben und die Sakramente darreichen. Diese Tätigkeit ist nicht an einen *ordo* gebunden, der durch das Sakrament der Weihe seinsmäßig an Christi Priestertum Anteil zu erhalten vorgibt. Sie pflegt lediglich von einem besonderen Berufsstand ausgeübt zu werden. Dieser hat durch die Taufe an Christi Priestertum Anteil wie alle anderen Christen auch. Diese klare Grenzziehung ist in dem Dokument des Ökumenischen Arbeitskreises verwischt worden.

Die Verwischung der Konturen ist bereits bei der Behandlung der Themen *Rechtfertigung und Sakramente* unübersehbar. Das kann in diesem Zusammenhang nicht ausführlich dargelegt werden.[140] Ein

---

139 So mit Recht das Gutachten der Göttinger Theologischen Fakultät (D. Lange (Hg.), a. a. O. (Anm. 127), 117).
140 Vgl. statt dessen D. Lange (Hg.), a. a. O. (Anm. 127), 28 ff. und 89 ff. Diese Stellungnahme redet zur Sache und nicht an ihr vorbei.

Schlüsselbegriff, *repraesentatio,* wird jedoch auch im Amtsteil unter Bezugnahme auf das Tridentinum gebraucht (158, 30); auf ihn muß kurz eingegangen werden. Nach reformatorischem Verständnis erfolgt die Vergegenwärtigung des ein für allemal geschehenen Handelns Gottes in Christus *ausschließlich* durch das Evangelium und die Sakramente; sie erfolgt nicht *auch* durch ein Amtspriestertum. Daß die Funktion des Amtspriestertums „durch den Auftrag zur Verkündigung des göttlichen Wortes ergänzt worden (ist)" (159, 27 f.), ist zwar höchst erfreulich, aber dadurch wird das Amtspriestertum als solches nicht ersetzt wie in der Reformation, sondern der Verkündigungsdienst wird dem Amtspriestertum vielmehr komplementär zugeordnet.[141] Daraus folgt wohl eine Entschärfung des Gegensatzes (159, 2), aber keineswegs dessen Überwindung. Nach wie vor beansprucht die römisch-katholische Kirche mit der Lehre von der sakramentalen Vergegenwärtigung des Opfers Jesu Christi am Kreuz,[142] die ihrerseits selbst wieder ein Opfer darstellt, nicht die funktionale, sondern die sakramentale *cooperatio* bei der Heilsvermittlung.[143]

2. und 3. *Die Ordination.* Wie wenig tragfähig die Übereinstimmungen in der Amtsauffassung sind, zeigen bereits die folgenden Abschnitte 2. *Die Sakramentalität der Ordination* (160, 1 – 161, 26) und 3. *Die Wirkung der Ordination* (161, 27 – 162, 32). Denn auf der Sakramentalität der Ordination muß man nur beharren, wenn man die Zweiständelehre – modifiziert im Zweiten Vatikanischen Konzil – beibehalten will und unter den Voraussetzungen der römisch-katholischen Ekklesiologie auch beibehalten muß. Wäre die Heilsvermittlung wirklich ausschließlich an die von Gott eingesetzten Gnadenmittel gebunden und nicht auch an den sakramental aufgefaßten Priester*stand,* müßte die römisch-katholische Kirche nicht mit dieser Intransigenz auf der Sakramentalität der Ordination und auf der „bleibenden Prägung (character indelebilis)" (Allgemeine Sakramentenlehre, DiKi 4, 84, 14) im Sinn eines neuen Seins der Ordinierten (84, 33) insistieren. Das tut sie aber in jeder ökumenischen Erklärung. Deshalb ist es unsachgerecht, einen Grundkonsens in der Amts- und Ordinationsfrage

---

141 Vgl. dazu K. Rahner, Der theologische Ansatzpunkt für die Bestimmung des Wesens des Amtspriestertums, in: ders., Schriften zur Theologie, Bd. IX, Einsiedeln 1970, 366–372.

142 Vgl. bes. DiKi 3 und dazu E. Hönig, Die Eucharistie als Opfer nach den neueren ökumenischen Erklärungen, KKTS 54, Paderborn 1989, 218 ff.

143 Vgl. Persson, a. a. O. (Anm. 104), 119 ff.; D. Lange (Hg.), a. a. O. (Anm. 127), 98 ff.

zu konstatieren. Nicht nur in der Theologie des Amtes, auch und gerade in der kirchlichen Praxis besteht der Grunddissens fort. Es ist schön, daß er entschärft wurde. Aber dadurch wurde er nicht beseitigt.

4. *Die Gliederung des Amtes*. Nach den vorhergehenden Abschnitten überrascht es nicht, daß der Ökumenische Arbeitskreis der nachapostolisch-mittelalterlichen Dreistufigkeit des Amtes das Wort redet (162, 33 – 167, 14). Der längste Abschnitt des Amtsdokuments ist der Hierarchie gewidmet! Warum? „Ekklesiologie ist im Grund Hierarchologie. Amt ist heilige Herrschaft, die im Papst kulminiert."[144] Die Tendenz zur Reklerikalisierung des Amtes herrscht in nahezu allen ökumenischen Dokumenten vor. Daß sie sich nicht nur nicht auf die Reformation berufen kann, sondern daß das biblisch-reformatorische Amtsverständnis seit Montreal 1963 nicht einmal mehr als Alternative wahrgenommen wird, wurde bereits gesagt und kann angesichts der Ausführungen des Ökumenischen Arbeitskreises nur noch einmal unterstrichen werden.

5. *Amt und Papsttum*. Es ist folgerichtig, abschließend auch das Papsttum anzusprechen (167, 15 – 169, 20). Indirekt wird dadurch bestätigt, daß die Leipziger Disputation (1519) in eine Studie über Luthers Amtsverständnis einbezogen werden muß. Zunächst ist Luthers Verwerfung des päpstlichen Primats zu rekapitulieren. Danach muß gefragt werden, ob die Diskussion über die Primatsfrage nach dem Zweiten Vatikanischen Konzil zu Ergebnissen gekommen ist, die eine Revision des Urteils erzwingen. Zum Schluß sollen die Ausführungen des Ökumenischen Arbeitskreises bewertet werden.

5.1. Theologisch gründet die Verwerfung des päpstlichen Primats in dem Artikel von Christus und der Rechtfertigung. Als Ausgangsposition dient die Erkenntnis, daß die am Kreuz Christi Ereignis gewordene Versöhnung mit Gott durch das Evangelium zugesprochen wird, und zwar „ohne den Papst"[145]. Was er sich im Ablaßstreit schwer erarbeiten mußte, faßt Luther in seinem theologischen Vermächtnis als Fundamentaldissens mit Rom in der einfachen antithetischen Formulierung zusammen, Christi Verdienst werde nicht durch die Gewalt des Papstes, sondern durch die Predigt oder Gottes Wort dargeboten.[146] Die Gewalt des Papstes, worin immer sie

---

144 Fries, a. a. O. (Anm. 58), 193.

145 Th. 58 der 95 Thesen, 1517, WA 1, 236, 14 f.: „. . . semper sine Papa". Vgl. dazu die Resolution zu Th. 58, 1518, WA 1, 605–614, bes. 612, 40 – 613, 5.

146 ASm II, 2, 1537, BSLK 424, 5–9.

bestehen mag, ist für die Heilsfrage irrelevant! Dieser bereits 1517/18 vertretenen befreienden Erkenntnis korrespondiert die 1519 in Leipzig gezogene Schlußfolgerung, das Papsttum sei nicht von Gott eingesetzt, bestehe also nicht aus göttlichem Recht *(de iure divino)*, sondern beruhe auf kirchlicher Übereinkunft und müsse unter dem Gesichtspunkt der kirchenpolitischen Zweckmäßigkeit beurteilt werden.[147] Honoris causa könne der Primat des Bischofs von Rom im Abendland anerkannt werden.[148]

Es ist bekannt, daß Luthers Entsakramentalisierung des Papsttums von der papalistischen Ekklesiologie entschieden zurückgewiesen[149] und Luther unter Papst Leo X. exkommuniziert wurde.[150] Dadurch hat sich das Papsttum nach Luther als antichristlich demaskiert. Der antichristliche Charakter zeigt sich darin, daß es Gottes konkrete Zuwendung im Evangelium und den Sakramenten unterläuft, indem es die Heilsmittel in die eigene Regie nimmt und mit der Jurisdiktionsgewalt des Papstes und der Bischöfe verknüpft. Infolge der Inbeschlagnahme der Offenbarung Gottes wird die päpstliche Kirche zur notwendigen Vermittlerin des Heils,[151] die Gottes Wort nicht leugnet, aber dieses an sich selbst bindet und es zur Stärkung der eigenen Kirchenorganisation instrumentalisiert. Reformation heißt demgegenüber: Freigabe des Wortes Gottes, das wirksam ist und das allein durch den Glauben ratifiziert wird. Die Reformation beruht auf dem Ereigniswerden des Wortes Gottes ohne kirchliche Gängelung und gegen die hierarchische Umklammerung. Weil das Wort wirksam ist und freimacht, darum ist „die Schrift im eigentlichen Sinne das göttliche Recht"[152]. Für Luther ist die Unterscheidung zwischen dem *ius divinum* und dem *ius humanum* die kirchenrechtliche Anwendung – zu der ihn

---

147 S. o. S. 184–191.

148 Vgl. z. B. WA 2, 230, 22–25.

149 So z. B. von J. Eck, De primatu Petri, 1521; ferner von Th. de Vio Cajetan, De divina institutione pontificatus Romani pontificis, 1521 (CCath 10, hg. v. F. Lauchert, Münster/Westf. 1925). Beide Schriften sind theologisch schwach und enthalten keine weiterführenden Gedanken; vgl. dazu W. Klausnitzer, Das Papstamt im Disput zwischen Lutheranern und Katholiken, IThS 20, Innsbruck / Wien 1987, 163 ff.; B. Peter, Der Streit um das kirchliche Amt, VIEG 170, Mainz 1997, 94 ff.

150 Vgl. z. B. R. Bäumer, Martin Luther und der Papst, KLK 30, Münster/Westf. ⁵1987, 64 ff.; L. Grane, Martinus noster. Luther in the German Reform movement 1518–1521, VIEG 155, Mainz 1994, 231 ff.

151 Vgl. DH 875.

152 WA 59, 466, 1061 f. Übers.

übrigens Eck genötigt hat[153] – der Unterscheidung zwischen Heiliger Schrift und kirchlicher Tradition. Durch sie expliziert er, was in dem Christuszeugnis des Neuen Testaments hinsichtlich der Heilsfrage des Menschen impliziert ist, nämlich, daß in keinem anderen das Heil ist als in dem gekreuzigten und von Gott auferweckten Jesus Christus (vgl. Apg. 4,10–12).

5.2. In extenso kann der Disput über die Frage des päpstlichen Primats in diesem Rahmen nicht dargestellt werden.[154] Wichtige Anstöße hat die lutherisch-katholische Dialogkommission in den USA gegeben. Das biblisch-theologische Arbeitsergebnis lautet: „Das Papsttum kann in seiner entfalteten Gestalt nicht in das Neue Testament zurückprojiziert werden."[155] Das entspricht, von anderen Voraussetzungen aus geurteilt, der Position, die Luther 1519 in Leipzig eingenommen hat. Es trifft auch zu, „daß die ersten Reformatoren nicht das ablehnten, was wir als ‚Petrusfunktion' bezeichneten, sondern das konkrete, historische Papsttum, mit dem sie zu ihrer Zeit konfrontiert wurden"[156]. Die Kommission überspielt

---

153 Vgl. WA 59, 435, 72 f.: „. . . principatus in ecclesia dei est de iure divino et a Christo institutus." (4.7.1519; so Eck gleich zu Beginn der Primatsdisputation in Leipzig.) Vgl. C. Strohm, Ius divinum und ius humanum, in: Das Recht der Kirche, hg. v. G. Rau u. a., Bd. 2: Zur Geschichte des Kirchenrechts, FBESG 50, Gütersloh 1995, 115–173. S. a. R. Dreier, Das kirchliche Amt, JusEcc 15, München 1972, 92 ff.

154 Vgl. R. Brown u. a. (Hg.), Der Petrus der Bibel, Stuttgart 1976 (amerik. 1973); H.-J. Mund (Hg.), Das Petrusamt in der gegenwärtigen theologischen Diskussion, Paderborn 1976; R. Frieling, Mit, nicht unter dem Papst, MdKI 28 (1977), 52–60; A. Brandenburg / H. J. Urban (Hg.), Petrus und Papst, 2 Bde., Münster/Westf. 1977/78; Arbeitsgemeinschaft ökumenischer Universitätsinstitute (Hg.), Papsttum als ökumenische Frage, München / Mainz 1979; G. Gaßmann / H. Meyer (Hg.), Das kirchenleitende Amt, Frankfurt/M. 1980; M. Hardt, Papstamt und Ökumene, Paderborn 1981; K. Lehmann (Hg.), Das Petrusamt, München / Zürich 1982; V. v. Aristi u. a. (Hg.), Das Papstamt, Regensburg 1985; Klausnitzer, a. a. O. (Anm. 149), 1987; H. Meyer, Das Papsttum bei Luther und in den lutherischen Bekenntnisschriften, in: DiKi 6, 1990, 306–328; H. Döring, Das Dienstamt der Einheit des Bischofs von Rom in der neueren ökumenischen Literatur: in: A. Rauch / P. Imhof (Hg.), Das Dienstamt der Einheit in der Kirche, St. Ottilien 1991, 449–505; H. Leipold, Papsttum II, TRE, Bd. 25, 1995, 676–695 (Lit.); G. Schwaiger, Papsttum I, TRE, Bd. 25, 1995, 647–676; ders., Papst, Papsttum IV, LThK, Bd. 7, ³1998, 1333–1335 (Lit.); Das Papstamt – Anspruch und Widerspruch, hg. v. Johann-Adam-Möhler-Institut, Münster/Westf. 1996; H. Schütte (Hg.), Im Dienst der einen Kirche, Paderborn 2000. Zu den neuesten Verlautbarungen s. u. 2.3.5. und 2.3.6.

155 Brown (Hg.), a. a. O. (Anm. 154), 1976, 18, s. a. 154 f.

156 A. a. O., 170.

aber, daß das historische Papsttum die Petrusfunktion an sich gezogen hat. Die Trennung von Funktion und Institution stellt eine Konstruktion dar, die nicht wahrhaben will, daß der Primatsanspruch Roms gerade auf der *Verschmelzung* von Petrusfunktion und römischem Papsttum beruht. Gegen die Verschmelzung dessen, was auseinandergehalten werden muß, nämlich Schrift und Tradition, göttliches Recht und menschliches Recht, Christus als das Haupt der Kirche und kirchliche Amtsträger, richtet sich Luthers Einwand. Dieser Einwand ist nicht nur berechtigt, sondern sachlich notwendig; denn wenn die Schrift das *ius divinum* ist,[157] dann wird sie entwertet, wenn ihre göttliche Offenbarungsqualität mit kirchlicher Tradition und kirchlichen Institutionen verschmolzen wird. Genau das hat das Papsttum getan, darauf insistierte es in der Reformation, darin gründet sein Anspruch nach dem Ersten und Zweiten Vatikanischen Konzil.[158] Die Wahrheit des Evangeliums wird durch die Verschmelzung von Schrift und Tradition, biblischem Auftrag und kirchlicher Institution, Hauptschaft Jesu Christi und Kirchenleitung nicht herausgestellt, sondern das Evangelium wird dadurch vielmehr verdunkelt, die Institutionen der Kirche werden dagegen überhöht und Christus wird zum Kultobjekt; er bleibt nicht der Herr, dem die Kirche im Gehorsam des Glaubens nachfolgt. Die amerikanische Dialogkommission hat das entscheidende reformatorische Anliegen Luthers übergangen. An Friedrich den Weisen schrieb Luther nach dem Augsburger Verhör durch Cajetan: „Wenn ich das Verständnis von ‚Glaube‘ verändere, dann verändere ich Christus."[159] Soll Christus verändert werden, damit das Papsttum bestehen bleiben kann?

Aus der deutschsprachigen Diskussion ragt der Beitrag der ökumenischen Universitätsinstitute heraus. Die Bibelwissenschaft schließt „die unmittelbare Herleitung des Papsttums aus dem Neuen Testament" aus.[160] Darüber besteht Konsens über den Atlantik hinweg, aber auch unter den Bibelwissenschaftlern beider Konfessionen. Wohl könne nach dem neutestamentlichen Befund von einem „Petrusdienst" geredet werden,

---

157 Nachweis o. Anm. 152.

158 Vgl. F. Vigener, Bischofsamt und Papstgewalt, hg. v. G. Maron, KiKonf 6, Göttingen ²1964, 9 ff. Das Unfehlbarkeitsdogma des I. Vatikanischen Konzils wurde im II. nicht relativiert, sondern als selbstverständlich vorausgesetzt und das Papstamt gestärkt (vgl. G. Maron, Papst und Konzil, in: ders., a. a. O. (Anm. 104), 210–212).

159 WA.B 1, 238, 81 f. Übers. aus Brief Nr. 110 vom 21.11.1518.

160 E. Gräßer, Neutestamentliche Grundlagen des Papsttums?, in: Arbeitsgemeinschaft ökumenischer Universitätsinstitute (Hg.), a. a. O. (Anm. 154), 1979, 33–58, 51.

nicht aber von einem „Petrusamt"[161]. In anderen Kategorien ausgedrückt entspricht diese Differenzierung Luthers Unterscheidung zwischen dem Papsttum aus göttlichem Recht und dem Papsttum aus menschlichem Recht.[162] Das Papsttum *de iure divino* ist heute genauso prinzipiell abzulehnen wie in der Reformation; denn es verändert die Wahrheit des Evangeliums, indem es das der Bibel eignende göttliche Recht usurpiert, und setzt sich an die Stelle Jesu Christi, des himmlischen Hauptes der irdischen Kirche, indem es die Einheit mit diesem behauptet.[163] Das Papsttum im Sinn eines pastoralen Ehrenprimats ist dagegen theologisch nicht prinzipiell ausgeschlossen. Im Unterschied zu Melanchthon sah Luther darin jedoch nur einen leeren Titel, mit dem sich die müßigen Geister auseinandersetzen mögen, kann doch das Papsttum die Verschmelzung von Göttlichem und Menschlichem nicht preisgeben, ohne seine Legitimationsgrundlage anzutasten und seinen Unfehlbarkeitsanspruch aufzugeben. Die ablehnende Antwort der römischen Kirche auf Hans Küngs Vorschlag eines „Pastoralprimats" bestätigt im übrigen Luthers Einschätzung des Papsttums.[164]

5.3. Die Erweiterung des Spektrums erhärtet das Urteil, daß der Ökumenische Arbeitskreis die mit dem päpstlichen Primat gestellte Sachfrage nicht gelöst hat. Er wird in seiner Stellungnahme nicht nur Luthers reformatorischem Ansatz nicht gerecht, sondern verharmlost obendrein die innerkatholischen Auseinandersetzungen um die Primatsfrage. Die Bewertung des Papsttums in der Reformation ist theologisch keineswegs überholt. Daß Luther den Papst als „Antichrist" bezeichnete, beruht nicht auf seiner „apokalyptisch geprägten Denkweise" (DiKi 4, 167, 30 f.),

---

161 So Gräßer, a. a. O., 55, mit Bezug auf W. Marxsen. Trotz dieser Richtigstellung sprechen z. B. E. Schlink, Grundfragen eines Gesprächs über das Amt der universalen kirchlichen Einheit (in: Arbeitsgemeinschaft ökumenischer Universitätsinstitute (Hg.), a. a. O. (Anm. 154), 13–32) und W. Pannenberg (in: Schlußvoten, ebd. 298–327, bes. 325) von einem „Amt der Einheit". Das ist unbiblisch und unreformatorisch.

162 Diese Unterscheidung, wie immer sie zum Ausdruck gebracht wird, darf um der Sache willen gerade nicht verwischt werden. Dazu neigen K. Lehmann, Grundlinien und Probleme des ökumenischen Petrusdienstes, in: ders. (Hg.), a. a. O. (Anm. 154), 1982, 129–147, bes. 142 f.; ferner H. Meyer, a. a. O. (Anm. 154), 1990, 328.

163 Darin sah Luther eine Lästerung ohnegleichen; s. z. B. WA 7, 742, 4–6.

164 H. Küng, Unfehlbar? Eine Anfrage, Zürich ²1970, bes. 201. Vgl. dazu E. Jüngel, Irren ist menschlich, 1971, in: ders., Unterwegs zur Sache. Theologische Erörterungen I, Tübingen ³2000, 189–205.

sondern ergibt sich primär aus dem Artikel von Christus und der Rechtfertigung. Die apokalyptische Deutung kommt hinzu, aber sie bestimmt nicht Luthers Denken.[165] Das Papsttum setzt sich in der Tat nicht über die Schrift hinweg wie das Heidentum, sondern so, daß es die Schrift an sich selbst bindet. Dieser Vorwurf war nicht nur unter den Bedingungen des 16. Jahrhunderts gerechtfertigt – was der Ökumenische Arbeitskreis zwar bestreitet, aber nicht widerlegt (168, 1–5) –, sondern er ist es in seinem sachlichen Kern noch heute. Wahr ist, daß *jede* Kirche „das Inerscheinungtreten des Antichristen bei sich selbst zu fürchten (hat)" (168, 24 f.), aber das schließt die Institution des Papsttums nach wie vor ein.

Die übergemeindliche Petrusfunktion hat in der Reformation die die Bibel auslegende Theologie durch Briefe, Traktate und Gutachten wahrgenommen. Daran wäre anzuknüpfen, beziehungsweise darauf wäre wieder hinzuarbeiten! Spekulationen über ein „Amt der Einheit" sind nicht zukunftsorientiert, sondern führen zur pseudotheologischen Rechtfertigung dessen, was da ist. Die kybernetischen Funktionen der Episkopé müßten nach reformatorischem Verständnis von dem Priestertum aller Gläubigen ausgeübt werden. In der globalen Gesellschaft wäre ein koordinierendes Gremium denkbar, das in kollegialer Form die äußere Kirchenleitung auf Weltebene wahrnimmt, zunächst der lutherischen Kirchen[166], sodann – in einem paritätisch besetzten Leitungsgremium – der konfessionsverwandten Kirchen, und zwar mit grundsätzlicher Offenheit für alle Kirchen, die sich dem Evangelium geöffnet haben.

Schlußbemerkung: Wie aus einer Fülle reformerischer Maßnahmen noch keine Reformation entsteht, so ergeben zahlreiche Übereinstimmungen noch keinen Konsens, auf den sich Kirchengemeinschaft gründen ließe. Der Ökumenische Arbeitskreis hat die konfessionelle Polemik entschärft, aber er hat nicht die sachlich begründeten Gegensätze beseitigt. Durch die Fixierung auf die Lehrverurteilungen kann das auch nicht gelingen. Es wäre ein gemeinsamer Aufbruch nötig, der sich von dem Evangelium den Blick nach vorn weisen läßt.

---

165 Vor allem unter Bezugnahme auf Dan. 8,23–25 (vgl. WA 7, 722 ff.). Zum Gebrauch der Offb. vgl. H.-U. Hofmann, Luther und die Johannes-Apokalypse, BGBE 24, Tübingen 1982.

166 Man kann dabei an den LWB anknüpfen (siehe dazu J. H. Schjörring / P. Kumari / N. Hjelm (Hg.), Vom Weltbund zur Gemeinschaft, Hannover 1997), dieser müßte aber zuvor reformiert werden.

2.3.5. Das Dokument *Communio Sanctorum*

Am 4. September 2000 wurde eine Erklärung der bilateralen Arbeitsgruppe der Deutschen Bischofskonferenz und der VELKD über die Kirche unter dem Titel *Communio Sanctorum* der Öffentlichkeit vorgestellt. Einen Tag später veröffentlichte die Kongregation für die Glaubenslehre die Erklärung *Dominus Iesus*. Handelt es sich bei der ersten Erklärung nicht um eine Verlautbarung, sondern um das Arbeitsergebnis einer bilateralen Expertengruppe, stellt die zweite eine Verlautbarung des Apostolischen Stuhls dar und enthält die offizielle, päpstlich approbierte Lehrmeinung der römisch-katholischen Kirche. In ihrem Schlepptau führte die vatikanische Verlautbarung eine nicht für die Öffentlichkeit bestimmte, aber von dem Papst gebilligte „Note" der Glaubenskongregation über den Ausdruck „Schwesterkirchen". Zuvor, am 3. September, hatte Johannes Paul II. zwei seiner Vorgänger „selig" gesprochen, nämlich Pius IX., Papst von 1846 bis 1878, und Johannes XXIII. (1958 bis 1963).

In dem durch die Themastellung begrenzten Rahmen soll nun abschließend auf die beiden Dokumente eingegangen werden. Die das Amtsverständnis unmittelbar berührenden Probleme werden in die Darstellung einbezogen.

Die Erklärung *Communio Sanctorum*[167] setzt das in den vorangegangenen Dialogen dargelegte Amtsverständnis voraus. Das muß an dieser Stelle nicht wiederholt werden. Auf den Abschnitt über den „Petrusdienst" und seine theologischen Voraussetzungen konzentrieren sich die folgenden Ausführungen.

Etwa zwei Drittel des Kapitels VI über die Dienste und Ämter sind dem Verständnis des „Petrusdienstes" gewidmet. Dieser ausführliche Abschnitt gehört insofern zu den wertvollsten des ganzen Dokuments, als in ihm – mit vorsichtiger Zurückhaltung – Neuland betreten wird, und zwar auf der Basis des Diskussionsstandes der neunziger Jahre über den Dienst an der Einheit der Kirche auf universaler Ebene.[168]

---

167 Bilaterale Arbeitsgruppe der Deutschen Bischofskonferenz und der Kirchenleitung der Vereinigten Evangelisch-Lutherischen Kirche Deutschlands, Communio Sanctorum. Die Kirche als Gemeinschaft der Heiligen, Paderborn / Frankfurt am Main 2000. Zur ersten Orientierung s. B. Brenner, „Communio Sanctorum", MdKI 51 (2000), 89–93. Die Zitate aus *Communio Sanctorum* erfolgen nach der Artikelnumerierung.

168 Vgl. o. Anm. 154. Aus prot. Perspektive s. außerdem G. Wenz, Das Amt universalkirchlichen Einheitsdienstes und die Weise seiner Ausübung, in: ders., Grundfragen ökumenischer Theologie. GAufs. 1, FSÖTh 91, Göttingen 1999, 258–280.

Übereinstimmung herrscht darüber, daß der Dienst an der „Einheit der Kirche als Gemeinschaft von Gemeinschaften" eine „wesentliche Aufgabe des kirchlichen Amtes" ist (Art. 153). Wie kann der Dienst an der universalen Einheit wahrgenommen werden? Das wird mit Bezug auf das Neue Testament und die Theologie- und Kirchengeschichte entfaltet (Art. 158–180). Auf der Grundlage gegenwärtiger theologischer Überlegungen werden dann am Schluß des Abschnitts die Folgerungen gezogen (Art. 181–200).

A. *Der Schriftgebrauch.* Zum besseren Verständnis der Artikel über den „Petrusdienst" ist zuvor auf das Schriftverständnis der Erklärung zurückzugreifen. Es wird in Kapitel IV dargelegt (Art. 40–73) und gehört neben dem Abschnitt über den „Petrusdienst" zu den quantitativ und qualitativ bedeutendsten Passagen. Vielleicht sind diese Ausführungen über die Schrift die wichtigsten im ökumenischen Dialog zwischen Lutheranern und Katholiken; denn auch die Frage „der Selbstauslegungskraft des Wortes Gottes" (Art. 68) wird in dem Dokument positiv berührt.

Der christliche Glaube gründet in der Offenbarung Gottes in Christus; dieser ist als der Auferstandene „inmitten der Seinen gegenwärtig" (Art. 41). Die Kirche „lebt aus dem Wort Gottes und ist zugleich in dessen Dienst gestellt" (Art. 43). Sie verfügt nicht über die Wahrheit, aber sie hat die Verheißung, in der Wahrheit zu bleiben (ebd.). „Sie ist folglich Adressat der Offenbarung und gleichzeitig Trägerin ihrer universalen Vermittlung." (Art. 44) Bei dem Erkennen und Bezeugen der Wahrheit „(müssen) verschiedene Erkenntnis- und Bezeugungsinstanzen zusammenwirken" (Art. 45), nämlich die Heilige Schrift, die Tradition, das Zeugnis des ganzen Volkes Gottes, das kirchliche Amt (Lehramt) und die Theologie (ebd.).

Die Schrift wird charakterisiert als „das Ursprungszeugnis der Wahrheit des lebendigen Gottes, die uns in Fülle und Klarheit in Jesus Christus geoffenbart wurde" (Art. 46). Sie ist inspiriert und untrüglich (Art. 47). Deshalb ist sie „die letzte Norm des Glaubens"; „die normierende, nicht normierte Norm" (Art. 48).

Unter Tradition (Überlieferung) wird „der gläubige Lebensvollzug der Kirche in der Dynamik ihrer Geschichte" verstanden (Art. 51). Das strittige Problem der Verhältnisbestimmung von Schrift und Tradition kann nach Meinung der Arbeitsgruppe „heute gelöst werden, da von lutherischer Seite anerkannt wird, daß die Heilige Schrift selber aus urchristlicher Tradition hervorgegangen ist und durch die kirchliche Tradition überliefert wurde" (Art. 53). Von katholischer Seite wird die materiale Suffizienz der Schrift zugestanden (ebd.); die Tradition sei „also kein inhaltlicher Zusatz zur Heiligen Schrift" (Art. 54). „Schrift und Tradition können somit weder voneinander isoliert noch gegeneinander gestellt werden." (Art. 53)

Aus dem Absatz über das Zeugnis des ganzen Volkes Gottes sei hier nur der folgende Satz hervorgehoben: „Die umfassende Übereinstimmung (magnus consensus), die nach lutherischer Auffassung im Bekenntnis gegeben und für gemeinsame Entscheidungen in Lehrfragen erforderlich ist, umgreift Amt und Gemeinde auf allen Ebenen." (Art. 58)

In bezug auf das kirchliche Lehramt wird auf „die noch nicht gelöste Kontroverse hinsichtlich der Träger" dieses Amtes hingewiesen (Art. 63). Im Zusammenhang damit „ist auch die Kontroverse um die ‚Unfehlbarkeit' zu sehen" (Art. 67). Im Unterschied zur lutherischen Lehre von der Selbstauslegung der Schrift stellt die katholische Seite heraus, daß „die Authentizität und Irrtumslosigkeit des kirchlichen Lehramtes selber Gegenstand des Glaubens (ist)" (Art. 68). Diese beiden Standpunkte werden nicht zu harmonisieren versucht. Als gangbarer Weg wird „die Entschärfung der Gegensätze" vorgeschlagen (ebd.). In „modifizierter Form" könne aber auch der katholische Glaube von der Selbstauslegungskraft des Wortes Gottes ausgehen, nämlich dann, wenn gezeigt werde, daß das „irrtumslose Lehramt ein Instrument Gottes ist" (ebd.).

Der Theologie wird ein eigenständiges Recht „als Bezeugungsinstanz des Wortes Gottes" zugebilligt (Art. 69). Darin komme ihr eine kritische Rolle in der Kirche zu (Art. 70).

Zum Schluß wird herausgestellt, daß die „Interaktion der Bezeugungsinstanzen" nur durch das Wirken des Heiligen Geistes gelingen könne (Art. 73). Selbst „innerhalb der Kirchen" träten dabei „Spannungen und Konflikte" auf; zu ihrer Lösung bedürfe es „geordneter Regeln" (ebd.).

Die Ausführungen über das Schriftverständnis sind mutig und ausgewogen zugleich. Sie gehen bis an die Grenze dessen, was im gegenwärtigen lutherisch-katholischen Dialog darüber gesagt werden kann.

Dennoch, vielmehr gerade darum ist zu fragen, ob diese kontroverstheologische Grundfrage eine befriedigende Antwort gefunden hat. Das aber muß verneint werden. Hohes Problembewußtsein attestiert, folgt die Arbeitsgruppe in den entscheidenden Zuspitzungen der Lehre von der Heiligen Schrift dem reformkatholischen und nicht dem reformatorischen Ansatz. Drei Aspekte seien hervorgehoben:

1. Bei aller Hochschätzung der Heiligen Schrift wird das Verhältnis von Schrift und Tradition nicht exklusiv, sondern inklusiv und additiv verstanden. Bei der Begründung der Autorität ist die Formel *sola scriptura* in der Geschichte der Kirche gar nicht strittig gewesen.[169] Zur Autoritätsbegründung wird diese Formel weder in den Lehrstreitigkeiten der Alten Kirche noch in der Reformation verwendet. Für Luther entscheidet vielmehr die Schrift allein den Autoritätenkonflikt *innerhalb* der Kirche, und zwar definitiv.

2. Das Zusammenwirken der verschiedenen Erkenntnis- und Bezeugungsinstanzen ist also wörtlich aufzufassen und beruht auf dem „Lebensvollzug der Kirche in der Dynamik ihrer Geschichte" (Art. 51), so daß die Gegenüberstellung von Schrift und Tradition im Sinn des Alleingeltungsanspruchs der Schrift ausgeschlossen bleibt: Schrift und Tradition können nicht „gegeneinander gestellt werden" (Art. 53).[170] Wenn das aber zuträfe, hätte die Reformation niemals stattfinden können; denn sie hat die kritische Gegenüberstellung von Wort Gottes und Menschenwort zur unabdingbaren Voraussetzung. Nur wo diese kritische Gegenüberstellung aufgehoben ist,[171] kann „die Authentizität und Irrtumslosigkeit des kirchlichen Lehramtes selber Gegenstand des Glaubens" werden (Art. 68); denn die Schrift bezeugt ein solches Lehramt nirgendwo.

3. Es ist theologisch unzulässig, aus der Überlieferungsgeschichte der Heiligen Schrift den dogmatischen Schluß zu ziehen, sie sei selbst Tradition (Art. 53). Das Bekenntnis zu Christus (Mt. 16,13–20) wird wohl von der Kirche weitergegeben, aber es kann nicht als „Tradition" rezipiert werden, sondern es erschließt sich durch die an das Schriftwort gebundene Offenbarung des dreieinigen Gottes, der die Erkenntnis, daß Jesus der

---

169 Vgl. R. Slenczka, Geist und Buchstabe, 1998, in: ders., Neues und Altes, hg. v. A. I. Herzog, Bd. 1, Neuendettelsau 2000, 16–53, bes. 40.

170 Über die Diskrepanz, daß die Schrift als entscheidende Autorität in der röm.-kath. Kirche gilt, daß aber „fast vollkommen eine Deutung der Schriftautorität als kritische Autorität gegenüber der Kirche (fehlt)" (H.-J. Kühne, Schriftautorität und Kirche. Eine kontroverstheologische Studie zur Begründung der Schriftautorität in der neueren katholischen Theologie, KiKonf 22, Göttingen 1980, 102), führt *Communio Sanctorum* nicht entscheidend hinaus.

171 Vgl. dazu R. Slenczka, Schrift – Tradition – Kontext, 1984, in: ders., a. a. O. (Anm. 169), 54–68, bes. 64 f. Aus diesem Fundort stammt auch der Begriff „geschichtlich-dynamisches Traditionsprinzip", der im folgenden gebraucht wird.

Christus, der Sohn des lebendigen Gottes ist (Mt. 16,16), durch seinen Geist selbst bewirkt (Mt. 16,17; vgl. Mt. 11,27 und Joh. 1,13).[172]

Aus diesen Einwänden ergibt sich, daß das Dokument die strittige Frage nach dem Verhältnis von Schrift und Tradition keineswegs „gelöst" (Art. 53) hat, sondern daß es das geschichtlich-dynamische Traditionsprinzip mit Zustimmung der „Lutheraner" zur unbestrittenen Geltung im ökumenischen Gespräch zu bringen versucht. Das Dokument steht am Ende des Weges, an dessen Beginn bereits die Preisgabe des reformatorischen Schriftverständnisses stand.[173]

B. Der „*Petrusdienst*". Der Abschnitt über das Schriftverständnis mußte ausführlicher behandelt werden, weil in ihm die Weichen über die Lehre vom Amt und „Petrusdienst" gestellt worden sind. Nur bei Geltung des geschichtlich-dynamischen Traditionsprinzips sind die Ausführungen des Dokuments über den „Petrusdienst" überhaupt nachvollziehbar.

Der Absatz über „Petrus im Neuen Testament" (Art. 158–163) ist sehr allgemein gehalten. Der Schluß auf den „Petrusdienst" (Art. 163) ist durchaus nicht zwingend. Nach dem Neuen Testament liegt die Einheit der Kirche im Evangelium begründet. Der Dienst an ihrer Einheit auf universaler Ebene kann deshalb ebenfalls nur ein Dienst am Evangelium sein. Die übergemeindliche Leitung und Aufsicht ist ein „Hilfsdienst", den Paulus wohl weit mehr als Petrus durch seine Besuche und Briefe ausgeübt hat und der in der nachpaulinischen Literatur des Neuen Testaments als „Hirtendienst" gekennzeichnet wird (Apg. 20,28.35).[174] Statt „Petrusdienst" könnte auch von „Paulusdienst" geredet werden. Aber daran liegt nichts; es mag die Bezeichnung „Petrusdienst" verwendet werden.

Die Darstellung der „Ausprägungen des Petrusdienstes in der Theologie- und Kirchengeschichte" (Art. 164–180) ist insofern absolut ein-

---

172 Vgl. R. Slenczka, Kirchliche Entscheidung in theologischer Verantwortung, Göttingen 1991, 9–11. S. a. zu Mt. 16,16 ff.: D. Sänger, Kultisches Amt und priesterliche Gemeinde, in: C. Landmesser u. a. (Hg.), Jesus Christus als die Mitte der Schrift, BZNW 86, Berlin / New York 1997, 619–657, bes. 627 ff.

173 S. o. Anm. 132. Vgl. ferner R. Slenczka, Die Auflösung der Schriftgrundlage und was daraus folgt, 1995, in: ders., a. a. O. (Anm. 117), Bd. 3, 2000, 249–261, bes. 259; mit Recht gegen G. Wenz, Das Schriftprinzip im gegenwärtigen ökumenischen Dialog zwischen den Reformationskirchen und der römisch-katholischen Kirche, 1991, in: ders., a. a. O. (Anm. 168), 93–107.

174 So L. Goppelt, Kirchenleitung in der palästinischen Urkirche und bei Paulus, in: Reformatio und Confessio. FS für Wilhelm Maurer, hg. von F. W. Kantzenbach / G. Müller, Berlin / Hamburg 1965, 1–8, 7.

seitig, als von vornherein nur das Papsttum in den Blick genommen wird. Der „Petrusdienst" als der übergemeindliche Dienst am Evangelium war aber zu keiner Zeit auf das Papsttum beschränkt. Es wird ferner nicht deutlich herausgestellt, daß gerade an dem Papsttum die äußere Einheit der Christenheit mehrere Male zerbrochen ist, zum Beispiel 1054 im Blick auf die orthodoxen Kirchen des Ostens, 1517 bis 1521 durch die theologisch völlig unbegründete Zurückweisung der Reformation und 1870 durch das Unfehlbarkeitsdogma mit der Folge der Trennung von Katholiken und Altkatholiken. Auch nach dem Zweiten Vatikanischen Konzil (1962–1965), mit dem für die bilaterale Arbeitsgruppe eine neue, dritte Periode in der Geschichte des Papsttums beginnt (Art. 166, 174), stellt das Papsttum das Haupthindernis für die kollegiale Zusammenarbeit der Kirchen auf Weltebene dar.

Die Kritik der Reformatoren am Papsttum (Art. 176–180) ist unzulänglich dargestellt. Die sachlich begründeten Einwände Luthers werden nicht stringent herausgearbeitet. Sie werden vielmehr bagatellisiert. Sie sind aber theologisch nach wie vor gültig; denn sie stehen bei dem Reformator im Bezugsrahmen der durch den Artikel von der Rechtfertigung entfalteten Christologie, der Schriftlehre, des Kirchen- und Amtsverständnisses, der Ethik und der Eschatologie. An drei Argumente Luthers sei in diesem Zusammenhang erinnert: 1. Der Anspruch des Papsttums, es beruhe auf göttlichem Recht, läßt sich durch die Bibel nicht begründen. Er unterhöhlt vielmehr die Alleingeltung der Heiligen Schrift, dem *ius divinum* der Christen.[175] 2. Für Luther stellt das Papsttum einen institutionell erstarrten Enthusiasmus dar.[176] Die Größe der Institution des Papsttums besagt nichts über die theologische Richtigkeit dieser Einschätzung. Träfe das zu, müßte dies auch schon für 1537 gelten. 3. Der Antichrist-Vorwurf gegen das Papsttum ist bei Luther nicht moralisch, sondern theologisch begründet.[177] Er kann deshalb auch nur theologisch entkräftet werden. Der reformatorische Widerspruch gegen das Papsttum galt nicht den Mißständen, sondern der Institution des Papsttums selbst. Bei der Bindung an den schrifttheologischen Ansatz der Reformation schließt das

---

175 Vgl. o. Anm. 152 f.

176 Vgl. ASm III, 8; BSLK 454, 7 f. und 455, 27–31. Die Demutsgesten des Papstes gehören für Luther zu seinem „Reich der Gebärden" (vgl. WA 7, 730, 34 – 736, 34). Er ist der „König des Scheins" (WA 12, 176, 5 f. Übers.). „Kein Mensch kann's glauben, welch ein Greuel das Papsttum ist" (WA 54, 215, 17 f.)!

177 Gegen *Communio Sanctorum*, Art. 183, Anm. 154. S. o. Anm. 165.

unabdingbar ein, daß das Papsttum als Institution auf seine göttliche Legitimation verzichtet.

Es versteht sich von selbst, daß sich eine römisch-katholische Delegation auf die theologische Position der Reformation in der Papstfrage gar nicht wirklich einlassen kann. Sie muß sie historisieren, um die dogmatische Entscheidung der Reformation als eine zeitbedingte interpretieren zu können. So ist es auch in dem vorliegenden Dokument geschehen. Weit schwerer wiegt die Frage, woher die lutherischen Mitglieder der Arbeitsgruppe das Mandat nehmen, über eine Frage zu verhandeln, die – da sie keinen Grund in der Schrift hat – definitiv entschieden ist? Unter Berufung auf Melanchthon können sie sich allenfalls auf den Gedanken eines pastoralen Ehrenprimats *de jure humano* zurückziehen.[178] Aber im heutigen ökumenischen Kontext besitzt dieser noch weitaus weniger Realitätsgehalt als im Zeitalter der Reformation.[179] Was daher „lutherischerseits zur Frage des Papsttums heute" in dem Dokument gesagt wird (Art. 186–191), ist Makulatur und gehört nicht auf die Tagesordnung kirchlicher Entscheidungsgremien.

Die Folgerungen, die im Schlußteil des Abschnitts über den „Petrusdienst" gezogen werden (Art. 192–200), sind durch die Zuspitzung des Dienstes an der Einheit der Kirche auf die Institution des Papsttums hinfällig. Diese einseitige Zuspitzung ergibt sich aber nicht zwingend aus dem Gedanken des „Petrusdienstes". Das erhellt aus Art. 195: „Ein universalkirchlicher Dienst an der Einheit und der Wahrheit der Kirche entspricht dem Wesen und Auftrag der Kirche, die sich auf lokaler, regionaler und universaler Ebene verwirklicht." Von einem solchen Dienst, nicht jedoch von einem eigenständigen, hochsakralisierten *Amt* der Einheit, kann nach dem Neuen Testament und der reformatorischen Theologie geredet werden. Das an das biblische Evangelium gebundene Amt der Kirche, das Nachfolgeamt des Apostolats, ist von vornherein universal ausgerichtet, weil es an der Universalität des Evangeliums partizipiert. Deshalb ist der Dienst an der Einheit ein integrierender und unaufgebbarer Bestandteil des Amtes. Nach dem Vorbild der Apostel, besonders des Paulus, hat zum Beispiel Luther den Dienst an der Einheit der Kirche als Zeugendienst an der Wahrheit des Evangeliums in seelsorgerlicher Begleitung, politischer

---

178 Vgl. BSLK 464, 1–4.
179 S. o. Anm. 164 zu H. Küng und u. Abschnitt 2.3.6.

Beratung, theologischer Begutachtung und gegebenenfalls Verwerfung unermüdlich wahrgenommen.

Dieses reformatorische Modell des „Petrusdienstes" hat das Dokument gar nicht im Blick. Es kann sich die Ausübung des Dienstes an der Einheit offenbar nur in Gestalt eines personzentrierten Universalepiskopats vorstellen. Diese Vorstellung führt wie von selbst zum „Papstamt"[180]. Aber die Bindung an das bestehende „Papstamt" ist auf dem Boden der Reformation dogmatisch und kirchenrechtlich ausgeschlossen. Der „Petrusdienst" ist nach reformatorischem Verständnis anders wahrzunehmen, als es in dem Dokument dargelegt wird.

2.3.6. Die Erklärung *Dominus Iesus*

Von Papst Johannes Paul II. am 16. Juni 2000 approbiert, wurde die Erklärung *Dominus Iesus* am 5. September veröffentlicht.[181] Sie stellt die offizielle Lehrmeinung der römisch-katholischen Kirche dar. Ihr, nicht ökumenischen Studiendokumenten multi- oder bilateraler Dialogkommissionen, ist zu entnehmen, wie die Texte und Beschlüsse des Zweiten Vatikanischen Konzils von der Kongregation für die Glaubenslehre aufgefaßt werden und wie sie verbindlich auszulegen sind.[182]

---

180 Wenz vermag zwar „zwischen Petrusdienst und Papstamt zumindest heuristisch zu unterscheiden" (a. a. O. (Anm. 168), 272), gerät aber sogleich immer wieder in den Sog des bestehenden Papsttums.
181 Kongregation für die Glaubenslehre, Erklärung DOMINUS IESUS. Über die Einzigkeit und die Heilsuniversalität Jesu Christi und der Kirche, hg. v. Sekretariat der Deutschen Bischofskonferenz, Verlautbarungen des Apostolischen Stuhls 148, Bonn 2000. Die Erklärung ist folgendermaßen aufgebaut:
Nr. 1– 4   Einleitung
   5– 8   I. Fülle und Endgültigkeit der Offenbarung Jesu Christi
   9–12   II. Der Fleisch gewordene Logos und der Heilige Geist im Heilswerk
 13–15 III. Einzigkeit und Universalität des Heilsmysteriums Jesu Christi
 16–17 IV. Einzigkeit und Einheit der Kirche
 18–19 V. Kirche, Reich Gottes und Reich Christi
 20–22 VI. Die Kirche und die Religionen im Hinblick auf das Heil
 23   Schluss
Zitate unter Angabe der Nr.
182 Der Papst hat die Erklärung *certa scientia* (mit sicherem Wissen) approbiert. „Die herausgehobene Formel unterstreicht das Gewicht der Lehraussagen" (W. Schöpsdau / R. Thöle, Versöhnbare Verschiedenheit oder ökumenisches Patt?, MdKI 51 (2000), 93–96, 94).

Mit dem Titel *Dominus Iesus* wird an die urchristliche Kyrios-Akklamation „Herr ist Jesus" (Röm. 10,9) angeknüpft. Die *Erklärung* stellt die Einzigkeit der Person und des Werkes Jesu Christi für das Heil der Welt heraus. Im Zentrum steht die Lehre von der Identität des ewigen Logos mit dem allein in Jesus Christus Fleisch gewordenen Logos. Was die theologische Grundlegung betrifft, steht die vatikanische Erklärung im Einklang mit dem altkirchlichen Dogma, dem christologischen Zeugnis der Reformation und – aus neuerer Zeit – der ersten These der Barmer Theologischen Erklärung (1934).

So sehr die vatikanische Erklärung der Abwehr relativistischer Theorien in der Gegenwart dient und die pluralistische Theologie der Religionen zurückweist, so schließt die Exklusivität der Heilsmittlerschaft Jesu Christi die unvoreingenommene Begegnung mit anderen Religionen nicht aus. Die Auffassung von der Einzigkeit und Universalität des Heils in Christus stellt vielmehr die Basis für die theologische Bewertung der Religionen – auch ihrer positiven Elemente – dar.

Für das Amtsverständnis ist vor allem der ekklesiologische Teil der Erklärung relevant. Die folgende Darstellung konzentriert sich daher auf Kapitel IV der Erklärung, das unter der Überschrift steht: „Einzigkeit und Einheit der Kirche" (Nr. 16 und 17).

A. *Die Kirche als Heilsmysterium.* Die zentrale theologische Aussage in Nr. 16 lautet: „Der Herr Jesus" hat die Kirche nicht als „bloße Gemeinschaft von Gläubigen gestiftet", sondern: „Er hat die Kirche als Heilsmysterium gegründet." Bedenkt man, was die liberale Theologie über die Stiftung der Kirche gesagt hat, wirkt diese These gewagt, zumindest ungeschützt. Aber das ficht die *Erklärung* nicht an, geht sie doch christologisch von der Einheit des erniedrigten mit dem erhöhten Christus aus. Unter dieser Voraussetzung gilt: „Er selbst ist in der Kirche und die Kirche ist in ihm." Daraus wird gefolgert, daß „die Fülle des Heilsmysteriums Christi auch zur Kirche (gehört), die untrennbar mit ihrem Herrn verbunden ist". Christi Gegenwart und sein Heilswerk setze sich in der Kirche und durch die Kirche fort. Christus als das Haupt und die Kirche als sein Leib seien „zwar nicht identisch", sie könnten „aber auch nicht getrennt werden".

Zunächst eine kurze biblisch-theologische Nachprüfung. Das In-Sein Christi in der Kirche und der Kirche in Christus wird mit Joh. 15,1 ff., Gal. 3,28, Eph. 4,15–16 und Apg. 9,5 begründet. *Joh. 15,1–8* geht von der Einheit Jesu Christi mit Gott dem Vater aus. Die Reben gehören untrennbar zum Weinstock: In diesem Sinn gehören Christus und die Kirche zusammen. Die Reben jedoch, die keine Frucht bringen, wird der Vater wegnehmen: Die Einheit von Christus und der Kirche liegt also im Heilswirken Gottes in Christus begründet; sie läßt sich nicht empirisch aufweisen, es sei denn durch das Fruchtbringen. Die Rebe hingegen, die keine Frucht bringt, „verdorrt, und man sammelt sie und wirft sie ins Feuer" (15,6). Auch *Gal. 3,28* stützt nicht die ekklesiologische These der *Erklärung*. Die Aussageintention ist vielmehr: Durch den Glauben sind alle Gottes Kinder in Christus (3,26), und durch die Taufe haben alle Christus angezogen (3,27); deshalb gibt es keinen Unterschied zwischen Juden und Griechen, Sklaven oder Freien, Männern oder Frauen, sondern sie sind in Christus alle eins (3,28). *Eph. 4,15–16* steht in paränetischem Zusammenhang und kommt für Seinsaussagen nicht wirklich in Betracht. Die Christen in Ephesus werden zu Liebe und Wahrhaftigkeit ermahnt; durch Christus, das Haupt, wird der ganze Leib zusammengefügt und gefestigt. *Apg. 9,5* wird der Christenverfolger Saulus von dem erhöhten Jesus angerufen und zur Rede gestellt. Es ist unerfindlich, wie man mit dieser Stelle das In-Sein Christi in der Kirche und der Kirche in Christus begründen will.

Es läßt sich festhalten: Keine der angeführten Stellen stützt die These von der Kirche als Heilsmysterium. Diese Stellen bezeugen vielmehr die Heilswirksamkeit des erhöhten Christus. Sie erlauben nicht den Rückschluß, daß „die Fülle des Heilsmysteriums Christi auch zur Kirche (gehört)". Die Bedingung der Möglichkeit, die Zusammengehörigkeit des Hauptes mit seinen Gliedern oder mit seinem Leib, der Kirche, zu erkennen, ist, daß zwischen dem Haupt und dem Leib strikt unterschieden wird. In dem christologischen Hoheitstitel „Herr" ist enthalten, daß Christus der Kirche gegenübersteht. Er verschmilzt nicht mit ihr. Sie wird eins mit ihm allein im Glauben *an* ihn. Auch die von der *Erklärung* genannte „Analogie der Kirche als der Braut Christi" bringt nicht zum Ausdruck, was sie sagen soll, nämlich die Untrennbarkeit von Christus und Kirche. Denn Braut und Bräutigam können sich trennen. Sie sind untrennbar in der Liebe, aber diese Liebe ist nur relational gegeben; sie ist keine Selbstverständlichkeit.

Nun zur systematisch-theologischen Überprüfung der These. Aus der Einleitung der *Erklärung* wird deutlich, daß sich die ekklesiologischen Schlußfolgerungen nicht stringent aus der christologischen Grundlegung ergeben. Sie stehen vielmehr von vornherein fest und wurden eingetragen.

In der Einleitung wird unter Nr. 4 von der Einzigkeit und Heilsuniversalität Jesu Christi auf „die universale Heilsmittlerschaft der Kirche" geschlossen. Das ist dogmatisch völlig falsch und abwegig! Es steht in krassem Widerspruch zu Joh. 14,6.[183] Aus der Exklusivität und Suffizienz der Person und des Werkes Jesu Christi ist vielmehr die Exklusivität und Suffizienz der Heilsmittel *(media salutis)* zu folgern.

Mit der These, Christus habe die Kirche als Heilsmysterium gegründet, soll die sakramentale *cooperatio* der Kirche im Heilsgeschehen behauptet werden. Damit wiederum wird der ekklesiologische Grund für das sakramentale Verständnis des Amtspriestertums gelegt. Doch gerade um der Sakramentalität der Heilsmittel willen ist der *Erklärung* ganz entschieden zu widersprechen! Denn der Kirche kommt im Heilsgeschehen keine sakramentale, sondern eine instrumentale cooperatio zu. Der ekklesiologische Ansatz der *Erklärung* ist unbiblisch und insofern vorreformatorisch, als er Luthers Kritik an der Kirche als sakramentaler Gnaden- und Heilsanstalt in *De captivitate Babylonica ecclesiae praeludium* (1520) nicht aufgenommen hat. Zwar kann die Kirche nach reformatorischem Verständnis als Heilsanstalt bezeichnet werden, aber sie ist dies allein um der Heilsmittel willen, die in ihr wirksam sind, also im instrumentalen Sinn.

Noch ein weiterer dogmatischer Einwand muß an dieser Stelle erhoben werden: Die Ekklesiologie der *Erklärung* ist unbrauchbar für die notwendige Unterscheidung zwischen wahrer und falscher Kirche. Diese Unterscheidung setzt das Gegenüber von Christus und Kirche als das Gegenüber von Wort Gottes und Kirche voraus. Eine solche Unterscheidung ist aber aufgrund der Verschmelzung von Schrift und Tradition, die auch der *Erklärung* zugrundeliegt, nicht mehr wirklich zu treffen. Abgesehen von zahlreichen Bibelstellen, die zusätzlich zu nennen wären, geht doch bereits aus dem von der *Erklärung* angeführten Beleg Joh. 15,1 ff. hervor, daß das Kirchesein der Kirche an das Bleiben unter dem Wort Jesu geknüpft ist (Joh. 15,7).

Schließlich ist es unbiblisch und unreformatorisch, die Kirche selbst zum Gegenstand des Glaubens zu erheben (Nr. 16, 2. Absatz). Zur Kirche in ein fiduziales Verhältnis zu treten ist mit dem Ersten Gebot nicht ver-

---

183 Was diese Bibelstelle christologisch impliziert, zeigt Luther zum Beispiel in der Heidelberger Disputation, 1518 (WA 1, 362, 15–19); ebenso aber wird es in *Barmen* I deutlich.

einbar.[184] Im Apostolikum wird bekannt: „Ich glaube an den Heiligen Geist, die heilige christliche Kirche . . ." *An* Gott den Vater, *an* Jesus Christus und *an* den Heiligen Geist ist zu glauben; an die Kirche als Institution dagegen so wenig wie an Pontius Pilatus. Kirche ist überall dort, wo allein an den dreieinigen Gott geglaubt wird, und das wird *in* der Kirche geglaubt.

B. *Die apostolische Sukzession*. Der dritte Absatz von Nr. 16 beginnt mit dem Satz: „Die Gläubigen sind angehalten zu bekennen, dass es eine geschichtliche, in der apostolischen Sukzession verwurzelte Kontinuität zwischen der von Christus gestifteten und der katholischen Kirche gibt." Diese Kirche „ist verwirklicht *(subsistit in)* in der katholischen Kirche, die vom Nachfolger Petri und von den Bischöfen in Gemeinschaft mit ihm geleitet wird"[185].

Mit diesem Begriff der apostolischen Sukzession expliziert die *Erklärung*, was in dem Verständnis der Kirche als *mediatrix salutis* impliziert ist, das wiederum auf der Entwertung der Heilsmittel durch die Übertragung der Heilsmittlerschaft Jesu Christi auf die Heilsmittlerschaft der Kirche beruht. Abgesehen von der dogmatischen Fehlkonstruktion ist diese Vorstellung von der Sukzession für den Übergang von der apostolischen zur nachapostolischen Zeit auch eine Geschichtskonstruktion, die einer historischen Nachprüfung nicht standhält.

Sachlich ausschlaggebend für die Ablehnung dieses Sukzessionsbegriffs ist jedoch, daß er ganz und gar unapostolisch ist. Denn die Apostel haben nicht sich selbst weitergegeben, sondern – als Augenzeugen des Todes und der Auferstehung Jesu Christi – das *Evangelium* von Jesus Christus. Die *successio apostolica* kann deshalb allein die exklusive Bindung des Amtes der Kirche an das biblische Evangelium und die Sakramente – also an die Heilsmittel, an die sich Christus nach dem Zeugnis der Apostel gebunden hat – gewährleisten. Sie ist eine Lehr- und Verkündigungssukzession, die den Nachweis der Apostolizität durch die Schriftgemäßheit der Lehre und Verkündigung erbringt. Ihr korrespondiert

---

184 S. o. Anm. 37.

185 Unter Berufung auf das II. Vat. Konzil, Dogm. Konstitution *Lumen gentium,* 8. Ich gehe von der Deutung der Formel *subsistit in* aus, die in Nr. 16 der *Erklärung*, Anm. 56, gegeben wird und die Kardinal J. Ratzinger bekräftigt hat, ungeachtet dessen, ob die dagegen gerichteten philologischen und theologischen Erwägungen von E. Jüngel zutreffen oder nicht (s. E. Jüngel, Quo vadis ecclesia?, in: Deutsches Allgemeines Sonntagsblatt, 15.9.2000).

die Bekenntnis-Sukzession der Kirche, die mit dem Bekenntnis zu Christus durch den Glauben an das Evangelium die Kontinuität zur Kirche aller Zeiten wahrt.

Die Bindung der Kirche und des Amtes an die Sukzession der Amtsträger beruht dagegen auf der Verselbständigung des Klerus gegenüber dem Evangelium einerseits und dem Volk Gottes andererseits. Sie untergräbt die Apostolizität der Kirche und sichert den Amtsträgern die Priorität vor den Gemeinden. Gerade die traditionelle Ämterstruktur hat die Reinheit der Lehre und Verkündigung nicht zu bewahren vermocht, sondern Bibel und Evangelium immer wieder an den Rand des Lebens der Kirche gedrängt. Die Kirchengeschichte straft die Behauptung Lügen, alles, was zur Integrität der Kirche gehöre, könne „niemals zerstört werden" (Nr. 16), wenn darunter die Amtsstruktur verstanden wird.

C. *Verborgenheit und Sichtbarkeit der Kirche.* Zwar gibt es „eine einzige Kirche Christi" (Nr. 17), denn der Leib Christi ist nicht zerteilt, aber diese Kirche ist verborgen und darf mit keiner Institution, auch und gerade nicht mit der römisch-katholischen Kircheninstitution, identifiziert werden. Nach Nr. 17 der *Erklärung* wird die Kirche sichtbar in der Leitung durch den Nachfolger Petri in Gemeinschaft mit den Bischöfen, in der apostolischen Sukzession und in der gültigen Eucharistie.

Was gegen dieses Kirchenverständnis bereits mehrfach herausgestellt wurde, kann an dieser Stelle nur noch einmal mit einigen Stichworten wiederholt werden: 1. Die Einsetzung des Papsttums geht nicht auf Christus und die Apostel zurück. Die Lehre vom Primat, „den der Bischof von Rom nach Gottes Willen objektiv innehat und über die ganze Kirche ausübt" (Nr. 17; DH 3053–3064), wird von der Heiligen Schrift nicht bezeugt. Das Papsttum läßt sich nicht auf „Gottes Willen" zurückführen, sondern beruht auf Enthusiasmus; es ist keineswegs „objektiv" zu nennen, sondern ganz und gar subjektiv. Das Vorbild findet sich nicht in der Bibel, sondern im antiken römischen Imperialismus, besonders der Kaiserzeit, zugeschnitten auf die spezifische Form der Priesterherrschaft. 2. Die Zuspitzung des Gedankens der apostolischen Sukzession auf die Amtsträgersukzession ist nicht biblisch, sondern zielt darauf, die Wirksamkeit der Heilsmittel an die Amtsträger zu binden und dadurch den sakramentalen Unterschied zwischen dem Amtspriestertum und dem Priestertum aller Gläubigen im Sinn der Zweiständelehre – modifiziert im Zweiten Vatikanischen Konzil, aber nicht aufgegeben – beizubehalten. 3. Die Gültigkeit der Eucharistie hängt nicht von der Durchführung durch das –

im Neuen Testament unbekannte – Weihepriestertum ab, sondern von der Gültigkeit der Einsetzungsworte und Verheißung Jesu Christi. Zur stiftungsgemäßen Feier gehört im übrigen die Austeilung in beiderlei Gestalt.

Nach reformatorischem Verständnis wird die Kirche durch die allein an die Heilige Schrift gebundene Evangeliumsverkündigung und die dem Evangelium gemäße Sakramentsverwaltung sichtbar. Eine zusätzliche institutionelle Absicherung führt zu Gebilden des Halbglaubens. Sie schränkt das Glaubensrichteramt der Heiligen Schrift ein und traut der Wahrheit des Evangeliums nicht zu, die Identität und Kontinuität der einen Kirche zu wahren.[186]

Schlußbemerkung. Die anmaßende Behauptung, die reformatorischen Kirchen seien – einschließlich der anglikanischen Kirche – „nicht Kirchen im eigentlichen Sinn" (Nr. 17),[187] hat im Protestantismus mit Recht Empörung hervorgerufen.[188] Kirche im eigentlichen Sinn ist die Kirche des Evangeliums. Möglicherweise ist ein *defectus evangelii* nicht allein in der römisch-katholischen Kirche, sondern auch in der protestantischen Kirche festzustellen. Diesem Mangel kann nur durch das Evangelium selbst abgeholfen werden.

Aus der Erklärung *Dominus Iesus* erhellt, daß Luthers theologische Bewertung des Papsttums durchaus nicht überholt ist. Denn es wird die Fülle und Endgültigkeit der Offenbarung Gottes in Jesus Christus eindrucksvoll dargelegt, aber in ihrer ökumenischen Geltung durch die Bindung an die römisch-katholische Kircheninstitution zugleich wieder eingeschränkt.[189] *Das* ist Antichristentum, viel schwerer wahrzunehmen als

---

186 Formuliert in Anlehnung an den Beschluß der 9. Synode der EKD auf ihrer 5. Tagung in Braunschweig am 9. Nov. 2000 zur Erklärung *Dominus Iesus*. S. a. das Faltblatt der Gesellschaft für Innere und Äußere Mission, „Allein selig machend?", Neuendettelsau 2000.

187 S. a. Kongregation für die Glaubenslehre, Note über den Ausdruck „Schwesterkirchen", Text in: MdKI 51 (2000), 96 f.

188 Vgl. z. B. E. Jüngel, Paradoxe Ökumene, zeitzeichen 11/2000. Spezial II: „Sollen die evangelischen und anglikanischen Kirchen sich etwa als subjektlose Konglomerate bezeichnen?"

189 Die Hoffnung von Wenz, daß sich dem Vaticanum I Vergleichbares nicht wiederholt (a. a. O. (Anm. 168), 280), war schon vor der Veröffentlichung von *Dominus Iesus* unbegründet. Mag im Vat. I auch eine unvergleichliche päpstliche Selbstaufblähung vorliegen, die sich in dieser Form nicht wiederholt: Der Mißstand ist die Institution des Papsttums selbst; er liegt nicht in den Personen, die es repräsentieren.

etwa das Antichristentum in Lenins Schriften über die Religion. Denn: „Das alles heißt nichts anderes als zu sagen: ‚Wenn du gleich an Christus glaubst und alles an ihm hast, was zur Seligkeit nötig ist, so ist das doch nichts und alles umsonst, wenn du mich nicht für deinen Gott hältst, mir untertan und gehorsam bist.‘"[190]

3. Zusammenfassung

1. Der ökumenische Dialog über das Amt ist im ersten Drittel offener und auch intellektuell redlicher geführt worden als im letzten Drittel des 20. Jahrhunderts. Wurde das kritische Potential des reformatorischen Amtsverständnisses in Lausanne (1927) immerhin noch wahrgenommen, ist es seit Montreal (1963) und dem Abschluß des Zweiten Vatikanischen Konzils (1965) entschärft und wird, wenn überhaupt, nicht mehr alternativ, sondern – abgesehen von den innerprotestantischen Vereinbarungen der Leuenberger Kirchengemeinschaft – komplementär in die ökumenische Diskussion eingebracht. Das beruht sachlich auf der Preisgabe des reformatorischen Schriftverständnisses und weist auf die Grundlagenkrise des neuzeitlichen Protestantismus zurück.
1.1. Dem multilateralen Dialog in Lausanne lag eine unterschiedliche Zuordnung von Schrift und Tradition zugrunde.[191] Hätte der lutherischen Delegation die Heilige Schrift als die *einzige* Richterin, Regel und Richtschnur gegolten, nach der alle Lehren erkannt und beurteilt werden müssen,[192] hätte die protestantische Position schon zu Beginn des ökumenischen Gesprächs klare Konturen angenommen. Aber die Schrift wurde nur als die gemeinsame Basis vorausgesetzt. Sie entschied die zwischenkirchlichen Lehrdifferenzen nicht.[193]

In Montreal wurde der Unterschied von Schrift und Tradition dadurch eingeebnet, daß das Evangelium selbst als die Tradition schlechthin – im Unterschied zu den es vermittelnden Traditionen – aufgefaßt wurde.[194]

---

190 ASm II, 4, 1537; BSLK 428, 16–20; mod.
191 Vgl. Haudel, a. a. O. (Anm. 4), 117.
192 Konkordienformel. Epitome, 1580; BSLK 769, 22–25: „. . . sola sacra scriptura iudex, norma et regula agnoscitur . . . omnia dogmata exigenda sunt et iudicanda . . ."
193 Eine Ausnahme auf luth. Seite stellte das Votum des Amerikaners Scherer dar (s. o. Anm. 15–18).
194 ÖRK (Hg.), Montreal 1963. Dt. Bericht, a. a. O. (Anm. 42), 42–53, bes. 42.

Durch die *dynamische* Zuordnung von Schrift, Tradition und Kirche wurde eine ökumenische Basis geschaffen, die es ermöglicht, daß alle kirchlichen Traditionen zu einem gemeinsamen Kirchenverständnis finden können. Was als ökumenischer Durchbruch angesehen wird[195] und seither das ökumenische Gespräch bestimmt, und zwar die bilateralen Dialoge nicht weniger als den multilateralen Dialog, entspricht sachlich der dogmatischen Entscheidung über die göttliche Offenbarung *Dei verbum* des Zweiten Vatikanischen Konzils vom 18. November 1965 und beruht auf der Verschmelzung von Schrift und Tradition, dergemäß die Formel *sola scriptura* im inklusiven Sinn aufzufassen ist und nicht als *particula exclusiva* im Sinn der Reformation.[196]

Die protestantische Theologie, die das ökumenische Gespräch in Deutschland maßgeblich bestimmt hat, spricht seitdem von der „Krise des Schriftprinzips" und geht – mit geschichtstheologischer Akzentuierung – von der Verschmelzung von Schrift und Tradition aus.[197] Auf dieser Grundlage hätte der Kirchenkampf theologisch freilich nicht bestanden werden können, hat er doch die – bisweilen schroffe – reformatorische Gegenüberstellung von Schrift und Tradition, Wort Gottes und Menschenwort zur Voraussetzung.[198] Auch im heutigen ökumenischen Kontext ist das Schriftverständnis „zur Überlebensfrage des Protestantismus geworden"[199].

1.2. Bildet die geschichtlich-dynamische Verschmelzung von Schrift und Tradition die Voraussetzung des ökumenischen Gesprächs, kann die reformatorische Position gar nicht mehr alternativ zur Geltung kommen. Obwohl sie eine Alternative darstellt und sich auch selbst so verstanden hat, muß sie sich unter dieser falschen Voraussetzung komplementär in einen theologischen Bezugsrahmen einfügen, den sie bereits im Ablaß-

---

195 So z. B. von Haudel, a. a. O. (Anm. 4), 215 ff. Zur Diskussion s. a. K. E. Skydsgaard / L. Vischer (Hg.), Schrift und Tradition, Zürich 1963.

196 Vgl. o. Anm. 135. S. a. Slenczka, a. a. O. (Anm. 171), 59 f.

197 Vgl. vor allem W. Pannenberg, Die Krise des Schriftprinzips, 1962, in: ders., Grundfragen systematischer Theologie, Göttingen 1967, 11–21. F. Wagner plädiert 30 Jahre später dafür, das Schriftprinzip ganz aufzugeben (Zwischen Autoritätsanspruch und Krise des Schriftprinzips, in: ders., Zur gegenwärtigen Lage des Protestantismus, Gütersloh 1995, 68–80).

198 Vgl. z. B. E. Wolf, Barmen, BEvTh 27, München ²1970, 92 ff.

199 P. Stuhlmacher, Der Kanon und seine Auslegung, in: C. Landmesser u. a. (Hg.), a. a. O. (Anm. 172), 1997, 263–290, 264.

streit überwunden und 1520 als sachlich unangemessen aufgegeben hat. Das Ziel des ökumenischen Gesprächs ist dann „nicht mehr Konsens *(consentire de doctrina)*, sondern Konvergenz"[200].

Seit Montreal 1963 stehen die ökumenischen Dialoge unter unreformatorischen Vorzeichen. Die Folge davon ist, daß Gesprächsergebnisse als Konsens ausgegeben werden, obwohl sie lediglich Konvergenzerklärungen darstellen. Das bekannteste Beispiel ist die am Reformationstag 1999 in Augsburg feierlich unterzeichnete *Gemeinsame Erklärung zur Rechtfertigungslehre*[201]. In dieser Erklärung wird eine beachtenswerte Konvergenz festgestellt, aber keineswegs liegt ein Konsens im Verständnis der Rechtfertigung des Gottlosen vor.[202] Durch die vatikanische Erklärung *Dominus Iesus* im September 2000 ist offenkundig geworden, daß ein solcher Konsens auch gar nicht besteht und daß er unter der Voraussetzung der vatikanischen Theologie nur unter Preisgabe der reformatorischen Position behauptet werden kann.

1.3. Weil es der protestantischen Seite nicht gelungen ist, das reformatorische Verständnis von Heiliger Schrift, Wort Gottes und Evangelium in die ökumenische Diskussion einzubringen,[203] war sie auch außerstande, die eigene Amtsauffassung überzeugend zu vermitteln. Das protestantische Amtsverständnis wird ohne biblische Begründung als defizitär hingestellt, und zwar nicht nur im Gespräch mit der römisch-katholischen, sondern

---

200 Slenczka, a. a. O. (Anm. 171), 60.

201 LWB / Päpstl. Rat zur Förderung der Einheit der Christen (Hg.), Gemeinsame Erklärung zur Rechtfertigungslehre, Frankfurt/M. 1999. Zur Entstehung und zur theologischen Auseinandersetzung vgl. D. Wendebourg, Zur Entstehungsgeschichte der „Gemeinsamen Erklärung", in: Zur Rechtfertigungslehre, hg. v. E. Jüngel, Beiheft 10 zur ZThK, Tübingen 1998, 140–206, und J. Wallmann, Der Streit um die „Gemeinsame Erklärung zur Rechtfertigungslehre", ebd. 207–251.

202 Meine eigene Erfahrung ist, daß das Insistieren auf der sachlich begründeten und notwendigen Unterscheidung zwischen Konsens und Konvergenz auf taube Ohren stieß und in der Synode der EKD Unwillen hervorrief. Man wurde als Störenfried empfunden und von dem damals leitenden Bischof der VELKD, H. Hirschler, der wider besseres Wissen den kirchenpolitischen Erfolg um jeden Preis wollte, auch so hingestellt (s. Kirchenamt der EKD (Hg.), Münster 1998, Hannover 1999, 89 f., 92–94; dass. (Hg.), Leipzig 1999, Hannover 2000, 129 f.).

203 Mit Slenczka, a. a. O. (Anm. 55), 18 u. ö. Aus anderer Perspektive s. a. Herms, a. a. O. (Anm. 112), 670 ff. Vgl. ferner P. Neuner, Ökumenische Theologie, Darmstadt 1997, 192: „Sowohl in den Fragen der Kirchenordnung als auch in den Aussagen zur Lehre und in den Verwerfungen sind biblische Texte oft mehr ornamental-bestätigend als argumentativ-tragend."

auch im Dialog mit der anglikanischen Kirche. Aber es ist und es *kann* nicht defizitär sein, wenn die protestantische Kirche das Evangelium hat! Die entscheidende Frage ist also, ob sie das Evangelium hat und es theologisch durch die Rechtfertigungslehre verantwortet.

1.4. Luthers evangeliozentrische Amtsauffassung läßt sich nur in der Bindung an den schrift- und rechtfertigungstheologischen Ansatz der Reformation schlüssig darlegen. Denn in der Amtsfrage kommt das Kirchesein der Kirche, ihr Sein in Christus zur Sprache, nämlich ob sie in der Bemühung um die Wahrheit exklusiv an die Schrift gebunden ist und allein aus dem rechtfertigenden Evangelium lebt oder nicht. Der spezifische Beitrag Luthers zum Amtsverständnis besteht in der Verankerung der Lehre vom Amt in dem Artikel von Christus und der Rechtfertigung auf der Basis der Klarheit und Evidenz der Heiligen Schrift. Er ist theologiegeschichtlich ohne Analogie und offen für die gesamte Ökumene. Daß er auch in der Neuzeit vertreten werden kann, ja, um der Wahrheit des Evangeliums willen vertreten werden muß, zeigt zum Beispiel das *Betheler Bekenntnis* von 1933.

1.5. Unter den Voraussetzungen des heutigen ökumenischen Gesprächs kann der Protestantismus nur weiterhin seine Selbstparalysierung betreiben, wenn er nicht auf einem Paradigmenwechsel besteht. Dieser hat davon auszugehen, daß allein Gottes Wort die Einheit der Kirche verbürgt. Die Praevalenz der Einheitsfrage im heutigen ökumenischen Kontext beruht auf der Vernachlässigung der Wahrheitsfrage. Eine Kirche ohne Wahrheit kann nicht die Kirche Jesu Christi sein, der selbst der Weg, die Wahrheit und das Leben ist (Joh. 14,6). Spaltungen in der Kirche sind gewiß ein Ärgernis. Dieses Ärgernis darf aber nicht unter Umgehung der Wahrheit des Evangeliums beseitigt werden. Das wahre Ärgernis besteht nicht „im Defekt der Einheit", sondern „vielmehr im Defekt der Wahrheit"[204].

2. Für ein künftiges ökumenisches Gespräch, bei dem die protestantische Seite von dem biblisch-reformatorischen Ansatz ausgeht, ergibt sich grundlegend aus Luthers Amtsverständnis unter Berücksichtigung der ökumenischen Diskussion über das Amt, die im letzten Drittel des 20. Jahrhunderts in einer Sackgasse endete: Die an die Schrift gebundene

---

204 W. Mostert, Die theologische Bedeutung von Luthers antirömischer Polemik, 1988/90, in: ders., Glaube und Hermeneutik, hg. v. P. Bühler u. a., Tübingen 1998, 137–154, 143.

Kirche und Theologie hat kein Mandat, über unbiblische Elemente der Amtslehre zu verhandeln. Dazu gehören die Einbindung des Amtes in eine kirchliche Hierarchie aus göttlichem Recht, an deren Spitze der Primat des Papstes steht, sowie die Lehre von der besonderen Sakramentalität des Standes der Amtsträger. Es ist intellektuell unredlich, diese Probleme als offene Fragen zu behandeln; denn sie sind nicht offen, sondern dadurch entschieden, daß sie keinen Grund in der Schrift haben. Das sollte seit der Leipziger Disputation 1519 bekannt sein. Wenn das ökumenische Gespräch nicht auf eine endlose Begriffsspalterei hinauslaufen soll, dann ist protestantischerseits von diesem Sachstand unverbrüchlich auszugehen. Derzeit haben die Wortakrobaten, welche die Wahrheit zugunsten der Fiktion aufzulösen suchen, Hochkonjunktur in der Ökumene.

Der Einwand, unter dieser Voraussetzung werde es niemals zu einer Verständigung über das Amt der Kirche in der Ökumene kommen, ist vielleicht nicht unbegründet, aber er nimmt doch vorweg, was erst das Ergebnis sein kann. Die Wahrheit des wiederentdeckten Evangeliums hat in der Reformation ein klar konturiertes Amtsverständnis hervorgebracht. Dieses kann gerade um der geschichtlich gewordenen Konfessionen willen, deren Amtsauffassung auf einem langen Prozeß der Verselbständigung des Amtes gegenüber Bibel und Evangelium beruht, nicht verschwiegen werden. Wo immer es im ökumenischen Gespräch um das Evangelium geht, dort wird der reformatorische Ansatz Aufmerksamkeit finden. Wo dagegen das Evangelium auf Gleichgültigkeit stößt, dort hat das ökumenische Gespräch über das Amt ohnehin keine Verheißung.

Resümee[1]

1. *Der Begriff.* Amt ist in Luthers Theologie ein relationaler Begriff: Auftrag, Autorität und Gestalt des Amtes müssen aus der Relation erschlossen werden, in die es eingebunden ist. Mit *Amt* wird die verantwortliche Wahrnehmung eines bestimmten Dienstauftrages in der Öffentlichkeit innerhalb des von dem Auftraggeber gesetzten institutionellen Rahmens für eine bestimmte Dauer bezeichnet.

Theologisch und kirchenrechtlich grundlegend für den Gebrauch des Begriffs ist Luthers Bruch mit der Zweiständelehre 1520. Vereinbar mit ihm sind Funktions-, Institutions- und Berufsbezeichnungen; unvereinbar mit Luthers Auffassung ist dagegen das Verständnis eines durch das *sacramentum ordinis* verliehenen besonderen sakramentalen Standes der Amtsträger. Im sakramentalen Bezugsrahmen wird *Amt* mit einem Inhalt gefüllt, den es protestantischerseits nicht mehr hat. Die orthodoxen Kirchen, die römisch-katholische Kirche und die anglikanische Kirchengemeinschaft verstehen unter *Amt* von vornherein etwas anderes als die reformatorischen Kirchen. Bei ihnen impliziert der Begriff *Amt* ein Vorverständnis von Kirche, das in der Reformation theologisch überwunden worden ist. Die ökumenische Amtsdebatte ist in die Sackgasse hineingeraten, weil der Begriff *Amt* auf Inhalte festgelegt ist, die gar nicht kompatibel sind. Wird das sakramentale Verständnis des Amtes einschließlich seiner geschichtlich gewordenen Struktur jedoch prinzipiell der Diskussion entzogen, obwohl es unbiblisch ist, welchen Sinn hat dann die Amtsdebatte, und zu welchem Ergebnis soll sie führen?

2. *Die biblische Grundlage.* Für Luthers Amtsverständnis ist nicht eine einzelne Bibelstelle, auch nicht die amtsrelevanten biblischen Belege in ihrer Gesamtheit, sondern das *Evangelium* grundlegend. Dieses versteht sich freilich nicht von selbst; um das dem Evangelium gemäße Verständnis der Gerechtigkeit Gottes mußte Luther als Schriftausleger ringen. Als biblischer Hauptbeleg ist daher auch für das Amtsverständnis zunächst Röm. 1,(16–)17 zu nennen. Auf der Basis des Römer- und Galaterbriefes hat

---

1 In dem folgenden Schlußabschnitt wird auf Rückverweise verzichtet. Statt dessen wird durch resümierende Stichworte aus den vorangegangenen Kapiteln der Sachbezug hergestellt.

Luther den amtstheologischen Ansatz von 2. Kor. 5,18–21 aufgenommen und im Kontext von Gal. 3,13 gemäß der Zusammengehörigkeit von Versöhnungstat und Versöhnungswort Gottes interpretiert. Die anderen einschlägigen Belege, zum Beispiel Eph. 4,11, sind dieser Basis zugeordnet. Die Rezeption der Pastoralbriefe erfolgt auf der Grundlage der Theologie des Paulus und nicht umgekehrt. Luthers Amtsauffassung ist biblisch wohlfundiert, aber sie ist nicht biblizistisch, sondern evangeliozentrisch.

Will man sich auf Luthers Wiederentdeckung des Evangeliums nicht einlassen, wird man auch sein evangeliozentrisches Amtsverständnis nicht nachvollziehen können. Man bleibt dann befangen in der Auslegung biblischer Einzelbelege, die nicht zu einer einheitlichen Amtsauffassung führen können, weil ihnen eine solche im Neuen Testament nicht zugrundeliegt. Das Neue Testament durch das von ihm bezeugte apostolische Evangelium von Jesus Christus auszulegen, diese hermeneutische Maxime Luthers gewährleistet, daß das Neue Testament inhaltlich durch sich selbst ausgelegt wird. Sie führt zur Elementarisierung aufgrund von Differenzierung und besagt für das Amtsverständnis, daß sich das Amt konsekutiv aus dem Evangelium und den Sakramenten ergibt.

2.1. Luther war der Überzeugung, mit der evangeliozentrischen Amtsauffassung an das ursprüngliche Amt in der Kirche anzuknüpfen. Dieses hatte das apostolische Evangelium öffentlich zu bezeugen, es vor Verfälschung zu bewahren und die Sakramente evangeliumsgemäß zu verwalten. Das reformatorische Amtsverständnis kann sich mit stichhaltigen Argumenten auf die von den Pastoralbriefen inaugurierte kirchliche Tradition berufen. Durch die Unterordnung des Amtes unter das Evangelium knüpft die Reformation an die Tradition an, die von dem Evangelium hervorgebracht wurde. Sie bringt sich dadurch in den Gegensatz zu den kirchlichen Traditionen, die sich selbst zum Maßstab erhoben haben und die in erster Linie nicht das Evangelium, sondern sich selbst tradieren.

3. *Der theologische Bezugsrahmen.* Luthers Denken wird durch die coram-Struktur geprägt. Mit dem Alten Testament geht er davon aus, daß der Mensch, ob es ihm bewußt ist oder nicht, unausweichlich durch Gott bestimmt wird. Unter dieser Voraussetzung wird das neutestamentliche Christuszeugnis für den Menschen bedeutsam. Dieses erschließt Luther durch den Artikel von der Rechtfertigung. Durch die Rechtfertigungslehre stellt er die Bedeutung des Kreuzestodes und der Auferstehung Jesu Christi für das Sein des Menschen vor Gott heraus. Sie ist *Lehre,* weil sie nicht auf sich selbst, sondern auf dem apostolischen Zeugnis des Neuen

Testaments beruht und weil sie dieses schlüssig im Blick auf das Sein des Menschen vor Gott darlegt.

Wodurch kann der Mensch vor Gott bestehen? Durch die Gerechtigkeit, die auf seinen Werken beruht, oder durch die Gerechtigkeit Gottes, die auf dem Sühnetod Jesu Christi beruht und die durch das Evangelium verkündigt wird? Luthers Antwort *kann* kein Sowohl-als-auch sein, weil dadurch der Sühnetod Christi entwertet und die Heilsfrage, die im Evangelium beantwortet ist, wäre es doch sonst keine befreiende Botschaft, offen gehalten würde. Die reformatorischen *particulae exclusivae* sind also keine überspitzten Formulierungen, sondern zutiefst in der biblischen Botschaft von der Versöhnung begründet. Ohne sie kann gar nicht zwingend zum Ausdruck gebracht werden, wer Christus ist und wie es um den Menschen vor Gott bestellt ist.

Aus dem von der Theologie des Kreuzes bestimmten und durch den Artikel von der Rechtfertigung explizierten Sachzusammenhang ergibt sich für das Amtsverständnis: 1. Christus ist der einzige Heilsmittler. Er hat durch seinen Tod dem alttestamentlichen Priestertum sowie allem heilsmittlerischen Opferdienst ein Ende gesetzt und durch seine Selbsthingabe ein für allemal den Zugang zu Gott geöffnet. 2. Gottes Versöhnungshandeln am Kreuz ist in „das Wort vom Kreuz" (1. Kor. 1,18) gefaßt und wird durch die Predigt des Evangeliums als „Kraft Gottes zur Rettung für jeden, der glaubt" (Röm. 1,16), entbunden. 3. Auf das Evangelium sind die beiden Sakramente bezogen. In ihrem wechselseitigen Bezug liegt die Gewähr, daß das Evangelium nicht zu einer Idee oder Theorie umgedeutet wird, denn es ist Träger des rettenden Handelns Gottes, und daß auf der anderen Seite die Sakramente nicht in den Dienst des *homo religiosus* genommen werden, denn sie sind der Inbegriff des Evangeliums, die Verleiblichung der Zuwendung Gottes in Christus.

In den von Gottes Heilsmitteln Wort Gottes (als Gesetz und Evangelium), Taufe und Abendmahl bestimmten Rahmen ist das kirchliche Amt hineingestellt. Durch das an das Evangelium und die Sakramente gebundene Amt kommt die Passion und Auferstehung Jesu Christi „in Gebrauch"[2]. Infolge der Einheit von Wort und Tat Gottes „(hängt) die ganze Gerechtigkeit des Menschen, die zum Heil führt, an dem Glauben an das Wort"[3].

---

2   WA 34 I, 319, 17. Übers.
3   WA 56, 415, 22 f. Übers. aus der Scholie zu Röm. 10,6.

In dieser Perspektive läßt sich das Amt bestimmen als *Dienst* an den Heilsmitteln. Es ist notwendig um der Heilsmittel willen. Aber gerade um der Heilsmittel willen nimmt es selbst keine heilsmittlerische Position ein, sondern es ist das *Instrument* der Heilsmittel, in denen sich der „*ein(e)* Mittler zwischen Gott und den Menschen, nämlich der Mensch Jesus Christus" (1. Tim. 2,5), selbst mitteilt und gibt. Die Sakramentalität der Heilsmittel schließt die Sakramentalität des Amtes und der Amtsträger aus. Es kann keine Rede davon sein, daß die Ausweitung des Sakramentsgedankens auf das Amt und die Amtsträger die Bedeutung der von Gott eingesetzten Heilsmittel unterstreicht. Deren Bedeutung wird im Gegenteil dadurch gemindert. Wenn der Amtsträger durch die Predigt auf den gekreuzigten Christus weist, übt er ein unentbehrliches Amt in der Kirche aus, aber er tritt keineswegs an die Stelle des Mittlers. Er räumt dadurch vielmehr Christus die Mittlerrolle ein, die ihm allein zukommt. Gerade die auftragsgerechte Amtsausübung verbürgt die funktionale Mitwirkung des Amtes im Heilsgeschehen unter prinzipiellem Ausschluß jeder Form der sakramentalen *cooperatio*.

Vor diesem Hintergrund wird die große Versuchung sichtbar, daß der Amtsträger sich selbst zum Heilsmittler erhebt und dem Amt als solchem Heilsbedeutung zuschreibt. Diese Versuchung hat das kirchliche Amt von Anfang an wie ein Schatten begleitet. Sucht man das Amt an dem Ort auf, wohin es Luther gestellt hat, treten Schatten und Licht wieder auseinander.

3.1. Der theologische Bezugsrahmen der Lehre vom Amt ist biblisch vorgegeben und kann nicht beliebig ausgetauscht werden. Denn der Artikel von Christus und der Rechtfertigung spitzt die neutestamentliche Botschaft theologisch sachgerecht zu; er vereinseitigt sie nicht, sondern bringt ihr Grundanliegen zur Geltung und entbindet ihre Fülle. Außerhalb dieses Rahmens wird nicht nur ein anderes Amtsverständnis konstruiert, sondern *Christus* verändert. Das stellt keine unsachliche Übertreibung dar; denn das in der Bibel nicht bezeugte kirchliche Amtspriestertum hat Christus tatsächlich verändert. Christus und sein Heilswerk werden zwar nicht preisgegeben, aber sie werden kirchlich vereinnahmt: Christus und die Kirche verschmelzen schier. Aber Christus ist nicht die Kirche, sondern deren Haupt. Die Bedingung der Erkenntnis der Zusammengehörigkeit von Christus und Kirche ist, daß beide klar unterschieden werden können. Die Verschmelzung beruht auf Enthusiasmus und verdunkelt Christus. Die Verschmelzung von Christus und Kirche hat die Verschmelzung von Schrift und Tradition zur Voraussetzung und wiederum die Verschmelzung von Christus und dem Priesterstand *(ordo sacerdotum)* zur Folge. Doch der Heilige Geist bindet sich nicht an das Amt oder die Amtsträger, sondern an das Evangelium und die Sakramente. Das sakramentale Amtspriestertum beruht auf der Herabsetzung der Gnadenmittel und schränkt das Mittlertum Jesu Christi ein. Die Reformation hat nicht mit dem Amtspriestertum in seiner spätmittelalterlichen Gestalt gebrochen, sondern mit ihm als solchem, und zwar nicht, weil es moralische Angriffsflächen bot, sondern weil es mit dem Artikel von Christus und der Rechtfertigung, dem Evangelium und den Sakramenten nicht im Einklang steht.

Diese Grundentscheidung der Reformation wird in den ökumenischen Dokumenten verharmlost. Es ist nicht nur theologisch falsch, sondern auch geschichtlich unhaltbar, daß die Reformatoren das wiederentdeckte biblische und das überkommene kirchliche Amtsverständnis auf ein und dieselbe Quelle zurückgeführt und für harmonisierbar gehalten hätten. Luther war bewußt, daß er 1520 in seinen reformatorischen Hauptschriften mit der Negation der Zweiständelehre den Bestand der überkommenen Ordnung angetastet hatte. Darüber waren sich auch Kardinal Cajetan, Erasmus von Rotterdam und das Trienter Konzil im klaren.

Eine Orientierung an dem sich aus der Theologie des Kreuzes und der Rechtfertigungslehre stringent ergebenden Amtsverständnis findet sich, abgesehen von den Vereinbarungen der Leuenberger Kirchengemeinschaft, in den herangezogenen ökumenischen Dokumenten seit Montreal 1963 nicht mehr. In dem Bericht *Das geistliche Amt in der Kirche* (1981) und im *Lima*-Dokument (1982) ist an die Stelle des biblisch-reformatorischen Ansatzes, der daran erkennbar ist, daß das Sein des Menschen vor Gott ausschließlich durch das Zeugnis der Schrift bestimmt und durch den Artikel von der Rechtfertigung ausgelegt wird, der nachapostolisch-mittelalterliche getreten, der auf der Verschmelzung von Schrift und Tradition, Christus und Kirche beruht.

4. Die Theologie des Amtes

4.0. Die *Definition* des Amtes: Das kirchliche Amt ist Christi eigenes Amt, eingesetzt zur Verkündigung des Wortes Gottes und zur Verwaltung der Sakramente. Es ist der Kirche anvertraut, damit sie es durch die Ordination an zuvor geprüfte Menschen übertrage, die es in der Bindung an die Heilige Schrift in der Vollmacht des Wortes Gottes öffentlich zum Heil der Welt und zur Ehre Gottes ausüben. Das Amt steht in der Nachfolge des Apostolats, setzt diesen aber nicht fort, sondern als unabdingbar voraus. Es ist göttlichen Rechts; seine Hauptinstitution ist das (Bischofs-)Pfarramt; die Hauptfunktionen sind Predigt, Lehre, Sakramentsverwaltung und Seelsorge.

4.1. *Der Ursprung des Amtes.* Initiator und – im Unterschied zu den menschlichen Trägern – *Inhaber* des Amtes ist der dreieinige Gott: Gott, der Schöpfer des Himmels und der Erde, der durch die Propheten zu Israel geredet hat, ist in Jesus Christus Mensch geworden und erschließt sich selbst immer wieder neu als der in Christus den Menschen gnädig Zugewandte durch seinen Geist. Er hat sich in seiner Offenbarung „ganz und gar ausgeschüttet und nichts behalten, das er uns nicht gegeben hätte"[4]. Hat er sich in Christus ganz gegeben, ist er in ihm auch erkenn- und erfahrbar. Das schließt auf der anderen Seite ein, daß er *extra Christum* verborgen bleibt.

Analog zur biblischen Begründung durch das Evangelium statt durch Einzelbelege führt Luther die Einsetzung des Amtes weniger auf einen isolierten Akt der Stiftung zurück als vielmehr auf den Ertrag der Sendung Jesu Christi, nämlich auf das Für-uns seines Todes und seiner Auferstehung.[5]

Durch den Stiftungsgedanken wird zum Ausdruck gebracht, daß nicht die Kirche, sondern Gott selbst das Wort von der Versöhnung unter uns aufgerichtet hat (2. Kor. 5,19); daß der Verkündigungsauftrag nicht von der Kirche, sondern von dem Herrn der Kirche gegeben wurde (Mt. 28,19); und daß die Wirksamkeit der Verkündigung nicht von kirchlichem Aktivismus abhängig ist, sondern von der Verheißung der Gegenwart Christi und dem Wirken seines Geistes (Mt. 28,20).

Die Apostolizität des Amtes kann allein in der ausschließlichen Bindung an das im Neuen Testament bezeugte Evangelium gewahrt werden. In dieser Bindung kommt die Autorität Jesu Christi *über* das Amt und zugleich *durch* das Amt zur Geltung.

In der weit überwiegenden Mehrheit der ökumenischen Dokumente wird das kirchliche Amt auf göttliche Einsetzung zurückgeführt. Von einer Übereinstimmung mit der Reformation kann aber nur geredet werden, wenn zugleich der Gedanke des Priestertums aller Gläubigen vertreten wird, und zwar konsequent im Sinn der Preisgabe der Zweiständelehre. Das ist in den Vereinbarungen der Leuenberger Kirchengemeinschaft geschehen, in den anderen interkonfessionellen Gesprächen, die dargestellt wurden, dagegen nicht. Unter Beibehaltung der Zweiständelehre vertieft aber die Lehre vom göttlichen Ursprung des Amtes die Kluft

---

4   BSLK 651, 13–15.
5   Vgl. WA 30 II, 527, 14–17; WA 49, 140, 39–141, 1.

zwischen Klerus und Laien. Auch die im Zweiten Vatikanischen Konzil durch den Gedanken des Laienapostolats modifizierte Zweiständelehre ist eine Zweiständelehre. Im offenen oder versteckten Festhalten an der Zweiständelehre kommt der Grunddissens im Amtsverständnis zum Ausdruck. Er läßt sich nicht durch Konvergenzerklärungen aufheben, sondern nur durch die Wiederherstellung der Gleichheit.

4.2. Die *Aufgabe* des Amtes ist die lautere Evangeliumsverkündigung und evangeliumsgemäße Sakramentsdarreichung (CA V). Sie wird durch die Auslegung der Heiligen Schrift im Spannungsfeld von äußerer und innerer Klarheit der Schrift durch die Unterscheidung zwischen Geist und Buchstabe, Gesetz und Evangelium, Reich Gottes und Reich der Welt, Christperson und Weltperson wahrgenommen.

Die Schrift ist klar, und zwar nach außen wie nach innen, und evident: „Sie ist selbst durch sich selbst die allergewisseste, . . . die sich selbst auslegt, die alle Worte aller bewährt, beurteilt und erleuchtet."[6] Die These von der Klarheit der Schrift ist Bestandteil der Gotteslehre, ist doch Gott abgesehen von dem Zeugnis der Schrift der schlechthin Verborgene. Umgekehrt bestimmt die Frage nach Gott zugleich Luthers Schriftverständnis. Auch die Lehre von der Selbstevidenz der Schrift gehört in diesen übergreifenden Sachzusammenhang hinein und ist gegen die adamitische Verfälschung der Wahrheit der Schrift gerichtet.[7]

Die Schrift legt sich selbst aus, indem sie das Sein des Menschen vor Gott auslegt. Sie ist nicht nachvollziehbar, ohne daß *im* Wort Gottes differenziert wird. Zwischen Gesetz und Evangelium *muß* unterschieden werden; denn ohne diese Unterscheidung bleibt die Heilsfrage offen. Die Heilsfrage nun ist nach der Menschwerdung des Wortes Gottes, dem Kreuzestod und der Auferweckung Christi und nach der Ausgießung des Heiligen Geistes nicht mehr offen, sondern aufs allergewisseste entschieden. Es ist nicht nur unsachgerecht, sondern blasphemisch, sie als offen zu bezeichnen, ist doch Gottes Offenbarung in Christus von der Zielsetzung bestimmt, und zwar unter Inkaufnahme des Kreuzes, sie zugunsten des Menschen zu beantworten. Die Schrift läßt nicht offen, sondern bezeugt ganz klar, daß „kein Leben außer diesem Wort und Sohn Gottes (ist)"[8].

---

6   WA 7, 97, 23 f. Übers.
7   Vgl. WA 10 I, 2, 120, 15 f.
8   WA 10 I, 1, 198, 22 f.

Dem Amt ist die Aufgabe gestellt, die Schrift gemäß ihrem Christuszeugnis und wiederum Christus gemäß der Schrift als deren „Generalskopus"[9] öffentlich zu Gehör zu bringen. Das geschieht durch Schriftauslegung in assertorischen Aussagen. Das Lehrgeschehen vollzieht sich im ausdrücklichen Gegensatz zu dem Enthusiasmus, der die Schrift dem eigenen Geist unterwirft, sowie zu dem päpstlichen Lehramt, das die Schrift für dunkel und zweideutig hält.[10] Das Amt kann sich aus dem „allezeit" währenden „Hader . . . über den rechten und falschen Gottesdienst"[11] nicht heraushalten, sondern muß für die Wahrheit streiten und in Verkündigung, Lehre und Unterweisung den Nachweis der Schriftgemäßheit führen. Die Schriftgemäßheit ist das Kriterium der Amtsausübung.

Im Schriftverständnis und Lehrbegriff besteht eine tiefe Kluft zwischen Reformation und Neuprotestantismus. Das spiegelt sich auch in der ökumenischen Diskussion wider.[12] Der Protestantismus wird nicht zukunftsfähig sein, wenn er nicht den Anschluß an die aus der Schrift gewonnene Spiritualität und an den von der Schrift bestimmten reformatorischen *Modus loquendi theologicus* wiedergewinnt. Daß die Anknüpfung an die Reformation unter gleichzeitiger Wahrung der theologischen Eigenständigkeit auch und gerade in der Neuzeit möglich ist, zeigt das Werk von Theodosius Harnack im 19. und von Dietrich Bonhoeffer im 20. Jahrhundert.

4.3. Die *Vollmacht* des Amtes liegt in Gottes Wort beschlossen. Sie wird durch die Predigt entbunden, verdichtet sich in der Anwendung der Schlüssel und ist keine jurisdiktionelle, sondern eine proklamatorische Gewalt. Sie umfaßt die Absolutions-, Konsekrations- und Lehrgewalt. Luther hat sie aus dem Bezugssystem der Hierarchie herausgelöst und in den seelsorgerlichen Dienst der Vergewisserung im Glauben an die Vergebung der Sünden durch Christus hineingestellt. Die Anwendung der Schlüsselgewalt in der öffentlichen und privaten Bezeugung von Gesetz und Evangelium ist der Inbegriff der Amtsausübung. Durch die Indienstnahme von Menschen, die an das Mandat Christi gebunden sind, setzt Gott durch die seelsorgerliche Ausrichtung des Evangeliums von ihm Abgewandte

---

9 Vgl. WA 24, 16, 1–3.
10 Vgl. WA 18, 653, 2–10, bes. Z. 4 und 6 f.
11 WA 10 I, 1, 273, 9 f.
12 Vgl. R. Slenczka, Die Konvergenzerklärungen zu Taufe, Eucharistie, Amt und ihre Konsequenzen für Lehre und Gottesdienst, KuD 31 (1985), 2–19, bes. 18. Dieser eine Beleg steht repräsentativ für viele andere aus Slenczkas Schrifttum.

erneut ins Verhältnis zu sich selbst und nimmt sie um Christi willen in eine bedingungslose Gemeinschaft hinein. Wo immer dies Ereignis wird, dort ist in Kraft gesetzt, was Christus erwirkt hat: die Rechtfertigung des Gottlosen.

Die Schriftauslegung mündet bei Luther in die seelsorgerliche Praxis ein, weil sie von Anfang an nichts anderes ist als die Suche nach dem theologisch verantwortbaren rechtfertigenden Wort. Die praktische Seelsorge wiederum ist auf den Kasus bezogene Schriftauslegung, kann doch die Vergewisserung nicht aus dem Herzen des Menschen, sondern nur von außen kommen.

Drei Charakteristika müssen besonders hervorgehoben werden: 1. Luther hat die Christen aus der ständigen Abhängigkeit vom Amtspriestertum herausgeführt und ihnen das Evangelium von der Vergebung der Sünden erschlossen, durch das der Zugang zu Gott offensteht (Röm. 5,2). 2. Die Amtsvollmacht bleibt extern; sie ist Evangelium im Vollzug. 3. Dem Amt eignet das Verkündigungsrecht, aber nicht die eigenmächtige Anwendung des verkündigten Wortes.

Die ökumenische Rezeption dieses zentralen Aspekts der reformatorischen Amtsauffassung ist nicht erfolgt. Denn daß die Heils- und Wahrheitsfrage des Menschen nicht in der Relation kirchliches Amt – Glaube, sondern vielmehr in der Relation Evangelium – Glaube zur Entscheidung kommt, führt die sakramentale Rolle der Kirche und insbesondere des Klerus bei der Heilsvermittlung in die Krisis. In dieser Reduktion auf das Wesentliche liegt eine ungeheure Befreiung im Verhältnis des Menschen zu Gott. Sie läßt sich indessen nicht unter Beibehaltung des sakramentalen *ordo* nachvollziehen, sondern impliziert dessen Entsakramentalisierung. Diese Konsequenz wird jedoch in den ökumenischen Dokumenten nach 1963 nicht gezogen. Ihre Notwendigkeit wird vielmehr mit wohlklingenden Wendungen zugedeckt.

5. Die Institutionen des Amtes. Die Zusammengehörigkeit von Amt und Kirche liegt in Christus begründet, der als der Stifter des Amtes zugleich das Haupt seines Leibes, der Kirche, ist. Wie in dem Amt, das Gottes Wort treibt, die Kirche von vornherein mitgesetzt ist, so setzt die Kirche das Amt infolge der Wirksamkeit des Wortes Gottes immer wieder aus sich heraus. Aus der Zusammengehörigkeit von Amt und Kirche in Christus ergibt sich, daß das Amt das Amt Jesu Christi und das Amt der Kirche *zugleich* ist. Daher handeln die Amtsträger nur dann im Namen der Kirche, wenn sie im Namen Jesu Christi taufen, predigen und die Absolution erteilen.

471

Das Amt steht nicht neben, sondern *in* der Kirche. Es wird nicht über die Gemeinde, sondern *vor* der Gemeinde ausgeübt. Es ist nicht Herr über die Gemeinde,[13] aber es ist auch keine Funktion der Gemeinde.[14] Es steht vielmehr in einer unlöslichen Funktionsgemeinschaft mit der Gemeinde; beide sind gleichen göttlichen Ursprungs und göttlichen Rechts.

Der Dienst an den Heilsmitteln, der auf die Rechtfertigung des Gottlosen zielt, ist nicht geschichtlich, sondern eschatologisch begründet. Er ist auf das Sein des Menschen vor Gott bezogen – aber *in* der Geschichte. Daher kann der dem Amt gegebene Auftrag gar nicht ohne kirchliche Institutionen wahrgenommen werden. Aber so notwendig die Institution des Amtes ist, so variabel ist die konkrete institutionelle Ausgestaltung.

Die institutionellen Ausführungsbestimmungen erfolgen bei Luther in der Drei-Stände-Lehre. Diese darf gewiß nicht repristiniert werden, aber ihr Anliegen sollte nicht in Vergessenheit geraten: Luther polemisiert mit „Stand" gegen die Zweiständelehre, mit „Hierarchie" gegen die Hierarchie der römischen Kirche und mit „Orden" gegen die Mönchsorden. Dieses Vermächtnis der Reformation, der Einspruch gegen die Klerikalisierung der Kirche und des Amtes, kann nur so gewahrt werden, daß unter veränderten Bedingungen dasselbe Anliegen vertreten wird.

5.1. Das auf das *verbum externum* bezogene *officium externum* ist das *Grund-Amt* der Kirche. Es geht in keiner Institution auf, sondern umfaßt sie alle. „Das Amt des Wortes . . . ist das höchste unter allen, nämlich das apostolische Amt, das den Grund für die anderen Ämter legt."[15] Durch das Predigtamt „bleibt überhaupt nichts Dunkles oder Zweideutiges übrig, sondern alles, was auch immer in der Schrift enthalten ist, ist durch das Wort in das gewisseste Licht gerückt und aller Welt (öffentlich) dargelegt"[16]. Predigt ist Zeugendienst und stellt die Zuhörerschaft im Vollzug der Unterscheidung zwischen Gesetz und Evangelium vor Gott. Darin ist sie durch nichts zu ersetzen und mit nichts sonst zu vergleichen. „Würde der Satan nicht Gottes Wort widerstehen, so würde die gesamte Menschenwelt durch eine einzige Predigt Gottes, die ein einziges Mal gehört würde, bekehrt werden und es wäre nichts mehr nötig."[17]

---

13 Vgl. 2. Kor. 1,24.
14 Das ist das kirchliche Amt so wenig wie der Apostolat (vgl. Gal. 1).
15 WA 12, 191, 6 ff., bes. 9 f. Übers.
16 WA 18, 609, 12–14. Übers.
17 WA 18, 659, 31–33. Übers.

5.2. Wer die Kanzel in einer Stadt oder einem Kirchspiel innehat, hat die *Hauptinstitution* des Amtes inne. Diesem (Bischofs-)Pfarramt ist der öffentliche Verkündigungsdienst und die Sakramentsverwaltung aufgetragen. Es hat das Recht und die Vollmacht, öffentlich begangene Sünden öffentlich zu binden und zu lösen, jedoch ohne weltliche Gewalt, nur mit dem Wort (CA XXVIII). Durch die ausschließliche Bindung an die Bibel und das Evangelium steht es in der Sukzession der Lehre und Wortverkündigung, die Christus den Aposteln aufgetragen hat. Es stellt eine Anordnung Gottes dar, der durch Verkündigung und Sakramentsverwaltung sein geistliches Regiment ausübt. Es impliziert die Negation des Meßpriestertums, das „durch den Teufel in die Welt gekommen ist"[18], und schließt positiv die Wiedereingliederung der Amtsträger in die Gesellschaft ein. Dabei hat die Reformation an die Parochialstruktur angeknüpft und die von den Orden geschaffene Parallelstruktur beseitigt.

5.3. Das Wort Gottes ist universal und greift über Einzelgemeinden und regionale Kirchentümer hinaus. Daraus erwachsen *übergemeindliche Aufgaben* in der Lehre, Leitung, Aufsicht und im Kirchenregiment.

5.3.1. Die christliche *Lehre* beruht nicht auf priesterlichem Geheimwissen, sondern auf dem prophetischen und apostolischen Zeugnis der Bibel. Darum kann die öffentliche Lehrverantwortung überall wahrgenommen werden. In der Reformation geschah dies vornehmlich an den Hochschulen. Die Lehrgewalt hat Gottes Wort selbst inne. Die Möglichkeit der Lehrbeurteilung ist mit der äußeren Klarheit der Schrift gegeben, auf der die Autorität und Legitimität des Amtes beruht. Die Notwendigkeit der Lehrbeurteilung erklärt sich daraus, daß die Kirche fortwährend durch Menschenlehre bedroht wird. „Alle Geister sind nach dem Urteilsspruch der Schrift vor den Augen der Kirche zu prüfen."[19]

Es trifft nicht zu, daß die Universität als solche auf der Seite der Reformation gestanden hätte. Die hohen Schulen an den Universitäten waren vielmehr zunächst die wichtigste Stütze des Papsttums.[20] Erst nach der Universitätsreform 1518 diente auch die Universität als ein hervorgehobenes Forum der Verbreitung reformatorischen Gedankenguts.

Gibt es die von der Wahrheitsmacht des wiederentdeckten Evangeliums maßgeblich geprägte Universität heute noch? Sagte Luther der scholasti-

---

18 WA 8, 538, 4. Mod.
19 WA 18, 653, 28. Übers.
20 Darauf weist Luther häufig hin, z. B. WA 7, 737, 32 f.; WA 8, 542 ff., bes. 542, 11–15; 553, 11 f.; 558, 24–28.

schen Theologie nach, sie könne keine einzige Predigt befestigen,[21] so gilt das – aus anderem Grund zwar, aber mit demselben Ergebnis – doch wohl auch von der protestantischen Theologie. Ob der Theologe Martin Luther an der heutigen Universität eine Anstellung finden würde, darf bezweifelt werden.[22]

5.3.2. Die übergemeindliche *geistliche Leitung* und Aufsicht wird nach reformatorischem Verständnis durch die öffentliche Auslegung und Bezeugung des Wortes Gottes ausgeübt. Sie ist weder an Institutionen noch an Gremien gebunden. In der Reformation hat vor allem Luther selbst durch theologische Traktate, Stellungnahmen und Briefe die leitende Aufsicht über die sich erneuernde Kirche wahrgenommen. Dieser sich an dem Apostel Paulus orientierende Dienst begründet weder ein Amt noch einen Gehaltsanspruch. Er stellt die reformatorische Grundform der Episkopé dar. Ihre Autorität liegt in der Heiligen Schrift begründet und wird durch Schriftauslegung in der Öffentlichkeit geltend gemacht. Dieser Dienst ist neben dem Pfarrdienst der wichtigste in der Kirche.

5.3.3. Die *geistliche Aufsicht* über die Pfarrämter muß – zusätzlich zur Lehrbeurteilung durch die Gemeinden – von Trägern des kirchlichen Amtes wahrgenommen werden. Das geschieht in der Reformation durch Superintendenten. Die Superintendentur ist eine institutionalisierte Form der Episkopé. Sie nimmt eine Sonderfunktion des *einen* Amtes wahr, ist auf die geistliche Aufsicht über die Pfarrämter begrenzt und schließt weitere Formen der Episkopé von vornherein ein.

5.3.4. Das *äußere Kirchenregiment,* die kirchliche Gesetzgebungsgewalt sowie die Leitung und Verwaltung, ist der ganzen Kirche aufgetragen. Die Ordnung der Gemeinde, des Amtes und der Kirche muß nach menschlichem Recht gestaltet werden. Das Kriterium der kirchlichen Ordnungen ist darin zu sehen, daß sie auf das wesentliche Geschehen ausgerichtet sind, durch das Gott die Kirche schafft und erhält. Daraus ergeben sich zwei grundlegende kirchenrechtliche Konsequenzen: 1. Aus der Heilsnotwendigkeit des Evangeliums folgert Luther das Recht der Gemeinden auf die lautere Evangeliumsverkündigung. Im Fall eines Konflikts bricht dieses Grundrecht anderes Recht. 2. Die kirchenverfassungsrechtliche Problematik hat Luther entdogmatisiert; denn sie ist für die Heilsfrage irrelevant. *Jede* Kirchenverfassung aus menschlichem Recht ist möglich,

---

21 WA 1, 246, 28–30.

22 H. A. Oberman hat dies getestet und ist zu einem eindeutig negativen Ergebnis gekommen (Luther. Mensch zwischen Gott und Teufel, Berlin ²1983, 324–326).

in welcher der reinen Verwaltung der Gnadenmittel so optimal, wie es die Verhältnisse zulassen, Raum gegeben wird. Inakzeptabel ist nur die, die sich auf angemaßtes göttliches Recht beruft und für heilsnotwendig ausgibt.

6. *Die Ordination.* Die Kirche überträgt das Amt durch die Ordination. Diese Übertragung konstituiert nicht das Amt, sondern betraut eine bestimmte Person mit der Wahrnehmung des Amtes, das Gott eingesetzt hat und das Christi eigenes Amt bleibt. Die Ordination ist um der Souveränität und des Öffentlichkeitsanspruchs des Wortes Gottes willen erforderlich. In ihr konkretisiert sich der kirchlich tradierte Ruf Jesu Christi. Sie ist kein sakramentaler Weiheakt. Sie versetzt nicht in einen hierarchisch gegliederten *ordo*, sondern in einen Beruf. Sie schafft keinen habituellen Unterschied zwischen Klerus und Laien. Sie ist vielmehr die Beauftragung, Bevollmächtigung, Segnung und Sendung durch Gottes Wort und Gebet zur öffentlichen Amtsausübung in einem Gottesdienst. Das Berufungsrecht liegt im allgemeinen bei der Gemeinde,[23] das Ordinationsrecht bei der Gesamtkirche.

Luther hat die Sakramentalität der Priesterweihe und des Priesterstandes um der Sakramentalität der Taufe, des Abendmahls und des Evangeliums willen prinzipiell verneint. Weil die Sakramente und das Wort Gottes wirksam sind, darum bedarf es keines fingierten sakramentalen Standes, der sich anmaßt, deren Wirksamkeit zu verbürgen. Das ist das Hauptargument. Die Polemik gegen die Selbstzwecksetzung des Klerus und gegen die Inbeschlagnahme der Heilsmittel zur Sicherung der Priesterherrschaft über Gottes Volk tritt in der Reformation verstärkend hinzu.

7. *Verwerfungen.* Die reformatorische Position enthält Negationen und Verwerfungen, die von Anfang an ausgesprochen wurden und auch heute ausgesprochen werden müssen.

Grundlegend für die Unterschiede in der Amtsauffassung ist der Dissens im Rechtfertigungs- und Schriftverständnis. Das muß noch einmal unterstrichen werden. Denn wenn sich die Heilsfrage im Glauben an das Evangelium entscheidet, dann ist in dieser zentralen theologischen Aussage der Reformation ein Entweder-Oder enthalten, das sachlich angemes-

---

23 Der Gemeindebezogenheit entspricht das 451 im Kanon 6 des Konzils von Chalkedon ausgesprochene Verbot der „absoluten" Ordination. Im 1. Jt. hielt man überall an ihm fest; in den Ostkirchen wie im Protestantismus gilt es bis heute.

sen nur durch die *particulae exclusivae* dargelegt werden kann. Wird an dem exklusiven Verständnis der *particulae exclusivae* nicht festgehalten,[24] bleibt die Heilsfrage offen, was wiederum einschließt, daß das Kreuz Jesu Christi entwertet wird.

Für das Amtsverständnis folgt daraus, daß die mit der Schrift gegebene Basis der Argumentation aus sachlicher Notwendigkeit nicht durch die kirchliche Tradition erweitert werden darf. Das bedeutet, daß die Schriftgemäßheit als dogmatisches Kriterium bei der theologischen Bewertung der Lehre vom Amt angewandt werden muß. Daraus ergibt sich ein grundsätzlicher Gegensatz zwischen dem biblisch-reformatorischen und dem nachapostolisch-mittelalterlichen Amtsverständnis: Während Luther die kirchlichen Institutionen der Heilsvermittlung einer kritischen Überprüfung durch die Schrift unterzieht, prallt eine solche Überprüfung an der nachapostolisch-mittelalterlichen Auffassung deshalb ab, weil die kirchliche Tradition an der Offenbarungsqualität der Schrift zu partizipieren beansprucht. Entscheidend für das Verständnis dieses prinzipiellen Gegensatzes ist, daß Luther in der Verschmelzung von Schrift und Tradition nicht die Bezeugung der biblischen Wahrheit durch die Kirche, sondern deren Verdunklung gesehen hat. Aus der Anwendung der reformatorischen Rechtfertigungs- und Schriftlehre auf das Amtsverständnis ergeben sich die folgenden Verwerfungen, die am Schluß noch einmal hervorgehoben werden sollen:

7.1. Eine Hierarchie aus göttlichem Recht gibt es in der Kirche Jesu Christi nicht. Sie basiert auf der Verschmelzung von Offenbarung und Kirche und hat der Heiligen Schrift genommen, was dieser allein zukommt, nämlich den Titel, göttlichen Rechts zu sein.[25] Die kirchliche Hierarchie ist zu verwerfen, weil sie auf der Usurpation göttlichen Rechts beruht und der Heiligen Schrift als dem prophetischen und apostolischen Zeugnis von Gottes Offenbarung in Christus ihre Exklusivität raubt.

7.1.1. Damit entfällt jede hierarchische Stufung des kirchlichen Amtes aus göttlichem Recht. „Es ist kein anderer Vorrang in der Kirche als der Dienst

---

24 Die Verwendung des „allein" „in ‚inklusivem' Verstand" findet sich bereits bei den „katholischen Theologen der Reformationszeit" (E. Wolf, Sola Gratia?, 1949, in: ders., Peregrinatio (I), München ²1962, 113–134, 119). Im inklusiven Sinn wird das „allein" katholischerseits auch in den ökumenischen Dokumenten gebraucht.

25 Vgl. WA 59, 466, 1061 f. Im *ius divinum* ist Gott selbst „das handelnde Subjekt" (R. Slenczka, Freiheit und Verbindlichkeit des Glaubens, in: ders., Neues und Altes, hg. v. A. I. Herzog, Bd. 3, Neuendettelsau 2000, 124–143, 125).

des Wortes."[26] Aus der Relation des Amtes zu dem *einen* Evangelium ist die Singularität des Amtes zu folgern. Das *eine* Amt kann mehrgliedrig sein, aber diese Gliederung beruht auf menschlichem Kirchenrecht. Nicht das Bischofsamt als solches, aber sehr wohl dessen hierarchische Begründung wird in der Reformation mit Recht abgelehnt. Die Reformation knüpft an das Verständnis des Bischofs als des Leiters der frühchristlichen Ortsgemeinde an. Sie verwirft das Amt des mittelalterlichen Diözesanbischofs aus göttlichem Recht und überträgt die übergemeindliche äußere Leitung der ganzen Kirche. Wegen der besonderen Rechtskonstruktion des Heiligen Römischen Reiches mußte sie in Deutschland stellvertretend von dem christlichen Landesherrn wahrgenommen werden.

7.1.2. Der päpstliche Primat läßt sich aus göttlichem Recht nicht begründen. Im Primatsanspruch gipfelt vielmehr die Inbeschlagnahme der Offenbarung Gottes zum Zweck klerikaler Machtausübung und kirchlicher Bestandssicherung. Der päpstliche Primat *de iure divino* ist zu verwerfen, weil er sich ein Recht anmaßt, das in der Kirche allein dem erhöhten Herrn zukommt.

7.2. Die Lehre von der besonderen Sakramentalität des Standes der Amtsträger ist zu verwerfen. Der dreieinige Gott vergegenwärtigt sich nicht durch den Priesterstand, sondern durch die Heilsmittel. Der Gedanke von der Sakramentalität des *ordo* erschließt nicht den Zugang zum Verständnis der Offenbarung Gottes, sondern versperrt ihn.

7.2.1. Darin eingeschlossen ist die Verneinung der Sakramentalität der Ordination sowie des *character indelebilis*.

7.2.2. Die Bindung des Amtes an die Sukzession der Amtsträger wird verworfen. Sie beruht auf der Verselbständigung des Klerus gegenüber dem Evangelium, versucht die Wirksamkeit des Evangeliums und der Sakramente in die Abhängigkeit der Amtsträger zu bringen und dient der Sicherung klerikaler Herrschaftsinteressen. Die *successio apostolica* gewährleistet allein die exklusive Bindung des Amtes an das biblische Evangelium.

7.3. Die Herleitung des Amtes aus dem Priestertum aller Gläubigen ist zu verwerfen. Beide sind gleicherweise göttlichen Ursprungs und göttlichen Rechts. Das Amt geht nicht in die Verfügungsgewalt der Kirche über, sondern bleibt an Christi Mandat gebunden. In der Bindung an die Heils-

---

26 WA 2, 223, 34 f. Übers.

mittel ist Christus durch das Wirken seines Geistes gegenwärtig und gibt durch den Glauben an das Evangelium Anteil an seinem Tod und seiner Auferstehung.

8. *Rückblick, Folgerungen, Ausblick.* Luther wollte, „daß das Wort im Schwang gehe"[27]. Er dachte nicht separatistisch, sondern stand im Dienst der ganzen Christenheit. Im Ablaßstreit griff er „die Gewalt der Kirche" an,[28] die sich längst von dem Evangelium gelöst hatte. Aber da das Evangelium die befreiende Antwort auf die Grundfrage des Menschen in seinem Sein vor Gott ist, schied ein Nachgeben von vornherein aus; denn die gesamte Welt wiegt die Wahrheit nicht auf, die im Wort Gottes liegt, verlöre doch der Mensch mit dem Wort Gottes auch Gott selbst, den Schöpfer des Himmels und der Erde.[29] Was Luther 1521 in Worms vertrat, war die Superiorität des Wortes Gottes über Kirche und Welt. Stand er in Worms noch allein, war 1530 in Augsburg bereits die bekennende Kirche auf dem Plan. Aber die Kirche, die den Namen hat, grenzte in der Folgezeit die Kirche aus, die das Evangelium bekennt.

Die Spur der das Evangelium bekennenden Kirche läßt sich durch die nachreformatorischen Jahrhunderte verfolgen, aber auch die Spur, die von dem Evangelium wieder wegführt. So sehr sich die Rezeption der reformatorischen Theologie in der Neuzeit unterscheidet, darin stimmt sie doch überein, daß das sakramentale Amtspriestertum, der päpstliche Primat, die kirchliche Hierarchie und die Stufung des Amtes aus göttlichem Recht in den protestantischen Amtskonzeptionen prinzipiell ausgeschlossen blieben. Nicht aus traditionellem Konfessionspatriotismus heraus, sondern aus sachlichen Gründen muß die an das Evangelium gebundene Kirche darauf auch in Zukunft bestehen. Denn die Heilige Schrift kennt kein sakramentales Amtspriestertum, sie weiß nichts von einer kirchlichen Hierarchie aus göttlichem Recht. Die Probleme, die im Dialog der lutherischen mit der römisch-katholischen Kirche seit etwa 1970 behandelt werden, sind nach reformatorischem Verständnis theologische Scheinprobleme. Für Luther, aber auch zum Beispiel für Calvin, waren diese Probleme durch die Schrift definitiv entschieden. „Etwas lehren, was innerhalb der Schrift mit keinem Wort vorgeschrieben ist . . ., das gehört nicht zu den Dogmen der Christen", gab Luther 1525 Erasmus von Rotterdam

---

27 WA 12, 37, 27. Mod.
28 WA 51, 540, 21 f.
29 Vgl. WA 18, 627, 9–12.

zur Antwort.[30] Das gehöre vielmehr zu den Geschichten des Lukian, der scherzhaft und klug mit kurzweiligen Dingen spiele.[31]

Träfe es zu, daß der ökumenische Dialog über das Amt von dem Bemühen bestimmt ist, getrennte Kirchen „im gemeinsamen, übereinstimmenden Verständnis des apostolischen Glaubens zusammenzuführen"[32], dann hätte von vornherein deutlich gemacht werden müssen, daß es für den päpstlichen Primat, die hierarchische Stufung des kirchlichen Amtes aus göttlichem Recht und die Sakramentalität des Standes der Amtsträger gar keine apostolische Grundlage gibt. Diese Institutionen beruhen vielmehr auf der Verselbständigung des kirchlichen Amtes gegenüber dem apostolischen Evangelium. Sie lassen sich nicht aus der Notwendigkeit kirchlicher Ordnung erklären – die keiner der Reformatoren je bestritten hat –, sondern sie dienen als Herrschaftsinstrument für die Amtsträger gegenüber dem Volk Gottes.[33]

8.1. *Paradigmenwechsel im ökumenischen Gespräch.* Im ökumenischen Gespräch ist ein Paradigmenwechsel unabdingbar notwendig! Er hat zur Voraussetzung: Gottes Wort allein verbürgt die Einheit der Kirche, nicht verbürgt die Einheit der Kirche die Wahrheit des Wortes Gottes.[34] Die den heutigen ökumenischen Kontext bestimmende Praevalenz der Einheitsfrage beruht auf der Mißachtung der Wahrheitsfrage, die gar nicht zum Zuge kommen kann, wenn sie nicht an der ersten Stelle steht. Diese Praevalenz ist unreformatorisch und sucht die menschlichen Wünsche und

---

30 WA 18, 661, 16–18. Übers.

31 A. a. O., Z. 18–20.

32 So z. B. H. Meyer, Die ökumenischen Dialoge und die Einheit der Kirche, in: H. Brandt / J. Rothermundt (Hg.), Was hat die Ökumene gebracht?, Gütersloh 1993, 11–14, 13.

33 Standen Amt und Priestertum aller Gläubigen bei Luther in einer gemeinsamen Front gegen klerikale Bevormundung, haben sich in dem heutigen ökumenischen Gespräch Theologen mit verschiedener Konfessionszugehörigkeit zusammengesetzt, ohne daß Gottes Volk beteiligt wäre. Das hat, um ein Wort von H. Thielicke (Auf der Suche nach dem verlorenen Wort, Hamburg 1986, 32) zu gebrauchen, eine ökumenische „Funktionärsbauchrednerei" hervorgebracht. Der Diskurs ist von vornherein durch die vorgegebenen ökumenischen Zielvorstellungen begrenzt. Über den inhaltlichen Erörterungen hängt das Damoklesschwert formaler gegenseitiger Anerkennung. Dadurch wird die Lektüre der Dokumente zur geisttötenden Strafarbeit.

34 Bereits Athanasius von Alexandrien (um 297–373) hat „der Kirche aller Zeiten ins Gewissen gebrannt, daß die kirchliche Einheit mit der Wahrheitsfrage des Glaubens steht und fällt" (K. Beyschlag, Grundriß der Dogmengeschichte, Bd. I, Darmstadt ²1988, 278).

Sehnsüchte des *homo religiosus* nach der *una sancta* zu befriedigen.[35] „Die Einheit erscheint als Wahrheit, wo nicht mehr die Wahrheit Grund der Einheit und zugleich Abgrenzung gegen die Unwahrheit ist."[36]

Nach dem Neuen Testament liegt die Katholizität und Einheit der Kirche im Evangelium beschlossen.[37] Sie kann nicht durch ein besonderes „Amt der Einheit" zur Darstellung gebracht werden, würde doch dadurch die im Evangelium gegebene Einheit und Katholizität wieder an eine zusätzliche Bedingung geknüpft. Auch für Luther liegt die Einheit der Kirche in dem Handeln des dreieinigen Gottes durch das Evangelium und die Sakramente begründet. Das bedeutet, a) daß sie vorgegeben ist, b) daß sie extern ist, nämlich verborgen in Christus, und c) daß sie sichtbar in den Heilsmitteln in Erscheinung tritt, nicht aber in Organisationsformen, Gottesdienstordnungen oder kirchlichen Amtsträgern. Gemeindeordnungen, kirchliche Verfassungen, Zeremonien und Ämter sind nicht konstitutiv für die Einheit der Kirche, sondern ergeben sich konsekutiv aus Gottes kirchegründendem Handeln durch die Heilsmittel. Sie sind keineswegs entbehrlich, sondern gehören zur äußeren Gestalt des Kirchentums. Aber die äußere Einheit ist nicht mit der inneren Einheit der Kirche identisch, so gewiß sie auf diese durch die Bindung an die Heilsmittel korrelativ bezogen ist. Gerade weil die Kirche aufgrund der Wirksamkeit der Heilsmittel auf dem Plan ist, darf die in Erscheinung tretende äußere Kirche nicht mit der inneren Kirche identifiziert werden. In jedem Akt kirchlicher Selbstverfügung liegt vielmehr ein Keim zur Kirchenspaltung verborgen!

Wird die Einheit der Kirche durch Gottes Wort zu Gehör und durch die Sakramente sichtbar zur Darstellung gebracht, kann sie nur durch die Übereinstimmung in der Lehre des Evangeliums und in der Verwaltung der Sakramente bewahrt werden (CA VII). Das ist „genug"; mehr wäre weniger und würde mit der Lösung von der im Evangelium vorgegebenen inneren Einheit der Kirche durch die Bindung an zusätzliche Faktoren zur Zerstörung der äußeren Einheit der Kirche führen. Wendet man diese

---

35 Vgl. E. Wolf, Die Einheit der Kirche im Zeugnis der Reformation, 1938, in: ders., a. a. O. (Anm. 24), 146–182, bes. 182. S. a. W. Mostert, Die theologische Bedeutung von Luthers antirömischer Polemik, 1988/90, in: ders., Glaube und Hermeneutik, hg. v. P. Bühler u. a., Tübingen 1998, 137–154, bes. 153.

36 R. Slenczka, Kirche zwischen Auftrag und Erwartungen, 1978, in: ders., a. a. O. (Anm. 25), 101–105, 104.

37 Vgl. H. Conzelmann, Amt II, RGG, Bd. 1, ³1957, 335–337.

befreiende Erkenntnis der Reformation auf den heutigen ökumenischen Kontext an, schließt sie ein, daß die Einheit der weltweiten Kirche und die Gemeinschaft aller Christen durch das Evangelium und die Sakramente *gegeben* ist. Sie schließt prinzipiell aus, daß die Einheit der Kirche an weitere Kriterien gebunden wird. Nur weil bestimmte Kirchentümer im Lauf ihrer Geschichte zusätzliche Faktoren als konstitutiv für das Kirchesein von Kirche herausgestellt haben, ist ja das Ringen um die Einheit vonnöten. Das Ziel dieses Ringens muß in der Beseitigung der Einlaßbedingungen für die Kirchengemeinschaft liegen, welche die Kirchentümer zusätzlich zu der Übereinstimmung in der Lehre des Evangeliums und in der Verwaltung der Sakramente oder gar als Ersatz für die Konstitutiva der Kirche aufgerichtet haben. Denn das sind Gebilde des Halbglaubens – mitunter imposant, aber nicht von Gott geboten. Die Hervorbringungen des Halbglaubens, die Zusätze *(additamenta),* stellen das Licht des Evangeliums nicht auf einen Leuchter, sondern unter einen Scheffel. Sie unterminieren die Apostolizität der Kirche. Deshalb darf keine ökumenische Vereinbarung getroffen werden, die zu Lasten der Wahrheit des Evangeliums und der Freiheit des Glaubens geht![38]

„Die Stimme des guten Hirten wird das Einzige sein, was alle vereint. Das Wort Gottes wird die Einheit der Kirche auf Erden sein."[39] Der Ökumeniker Dietrich Bonhoeffer hat mit diesem Einheitsverständnis den Anschluß an die Reformation gewahrt. Von Bonhoeffer ist wie von Luther zu lernen, daß das kirchliche Einheitsverlangen nicht an die Stelle des Glaubens an die Parusie Jesu Christi treten darf. Denn sonst wären es wieder die Bauleute, die den Eckstein verwürfen.[40]

Die organisatorische Vereinigung aller Kirchen und Konfessionsbünde ist nicht zu erwarten. Sie ist auch gar nicht notwendig. Ein solcher Zusammenschluß richtete vermutlich mehr Schaden als Nutzen an. Als Modell

---

38 Dieser Aspekt kommt in neueren ökumenischen Einheitskonzeptionen zu kurz; z. B. auch bei O. Cullmann (Einheit durch Vielfalt, Tübingen ²1990). Denn: „Das Selbstverständnis der Reformation verwehrt es . . ., die Vielzahl von Konfessionen . . . als Ausdruck eines gliedhaften Organismus und als Lobpreis der Mannigfaltigkeit göttlichen Schöpferreichtums zu verstehen" (Wolf, a. a. O. (Anm. 35), 150 f.). Einheit entsteht in der Reformation nicht durch Vielfalt, sondern Vielfalt ist eine Begleiterscheinung der Einheit, die auf dem Evangelium beruht.

39 D. Bonhoeffer, Predigtmeditation zu Joh. 10,11–16, 1940, in: ders., Werke, hg. v. E. Bethge u. a., Bd. 15 (DBW 15), Gütersloh 1998, 560–564, 564.

40 Vgl. Ps. 118,22; Mk. 12,10 par.; Apg. 4,11 f.; 1. Petr. 2,7 und Eph. 2,20.

für die reformatorischen Kirchen kann die EKD dienen, in der konfessions- und ordnungsverschiedene Landeskirchen unter dem *einen* Evangelium zusammengefaßt sind. Mit Kirchen, welche die in der Bibel bezeugte apostolische Grundlage meinen überbieten zu müssen, kann es dagegen keine korporative Einheit geben. Im diakonischen Bereich läßt sich aber die Kooperation im Interesse der Bedürftigen nach pragmatischen Gesichtspunkten regeln. Auch in der Öffentlichkeitsarbeit können kollegiale Formen der gemeinsamen Repräsentation erprobt werden. Diese Zusammenarbeit endet freilich dort, wo eine Partikularkirche den Alleinvertretungsanspruch erhebt.

Im Zeitalter der Globalisierung ist die ökumenische Vernetzung von Lehre, geistlicher Leitung, Aufsicht und äußerem Kirchenregiment unabdingbar. Dabei sollte diese Reihenfolge nicht umgekehrt werden, unterscheidet sich die Reformation doch dadurch wohltuend von anderen Epochen, daß Ordnungsfragen zwar nicht vernachlässigt, aber auch nicht an die erste Stelle gerückt werden.

Eine Bildungsinstitution, die sich der Auslegung der Heiligen Schrift durch das wiederentdeckte Evangelium so vorbehaltlos zur Verfügung stellt, wie es die deutschen und skandinavischen Universitäten in der Reformation getan haben, wäre auch heute erforderlich. Zusätzlich zu den nach wie vor bestehenden Möglichkeiten im Bildungsbereich müßten im heutigen ökumenischen Kontext Hochschulen und Schulen geschaffen werden, die von dem reformatorischen Ansatz ausgehen und ihn wieder öffentlich zur Geltung zu bringen vermögen. Die modernen Kommunikationsmittel sollten dabei so unbefangen eingesetzt werden wie der Buchdruck im Zeitalter der Reformation. Die Lehre und geistliche Leitung als Hauptaufgaben der Episkopé lassen sich, was die technischen Voraussetzungen anlangt, heute viel leichter wahrnehmen als in den vergangenen Jahrhunderten.

Auch das äußere Kirchenregiment darf sich nicht auf regional oder national strukturierte Landeskirchen beschränken. Diese Beschränkung ist provinziell und wird der Universalität des Evangeliums nicht gerecht. Das Vakuum, in das der Papst in der Öffentlichkeit immer wieder hineinstößt, muß durch eine an Bibel und Bekenntnis gebundene Kirchenleitung auf Weltebene, die das Kirchenregiment *nicht* in der Form der kirchlichen Jurisdiktion ausübt, gefüllt werden. Dieses müßte auf menschlichem Kirchenrecht beruhen und sollte die kybernetischen Funktionen der Episkopé unter angemessener Beteiligung des Priestertums aller Gläubigen in kollegialer Form wahrnehmen. Ein auf Zeit gewähltes Gremium hätte dem Wort Gottes die öffentliche Aufmerksamkeit auf Weltebene zu sichern, die ihm gebührt. Da die Reformationskirchen mit „Laien" keine schlechteren Erfahrungen als mit Amtsträgern gemacht haben, könnte der Vorsitz einem Nichttheologen übertragen werden.

8.2. *Reformation des Protestantismus.* Bevor sich der Protestantismus an die Ausbildung effektiverer ökumenischer Strukturen heranwagen kann, muß er sich von innen her erneuern. Denn auch und gerade im Protestantismus ist die Übereinstimmung in der Lehre des Evangeliums und in der Verwaltung der Sakramente die Bedingung für die Bewahrung des Erbes der Reformation.[41] Werden die Protestanten weiterhin die Errungenschaften der Reformation so leichtfertig aufs Spiel setzen, wie das in den ökumenischen Gesprächen geschehen ist,[42] wird das Erbe der Reformation an andere übergehen, aber der Protestantismus wird dann vermutlich als geschichtsbildende Kraft verschwinden. Er leidet unter geistlicher Auszehrung, weil er die grundlegende Botschaft, das in der Reformation wiederentdeckte Evangelium, nicht ernst nimmt. Seine Erneuerung kann daher nur durch das Ernstnehmen des Gesetzes und des Evangeliums in Gang gesetzt werden.[43]

Weil Luther von der Heiligkeit Gottes und seiner Gebote zutiefst erschüttert worden war, vertrat er zu seiner Zeit die katholische Kirche gegen die verweltlichte Papstkirche, die das prophetische und apostolische Zeugnis der Bibel leichter nahm, als es genommen werden darf. Angesichts dieses Befundes ist man fassungslos, daß es ausgerechnet in der vom Protestantismus geprägten Kultur zur weitgehenden Außerkraftsetzung der Zehn Gebote und zum Verschwinden des Gedankens an das Jüngste Gericht gekommen ist. Die heute in der westlichen Welt herrschende Dekadenz kommt nicht zuletzt aus dem Protestantismus und beruht auf der

---

41 Vgl. Th. Harnack, Praktische Theologie, Bd. 1, Erlangen 1877, 153: „. . . von ihrem Glauben und ihrem Bekenntnis kann und darf sie (sc. die luth. Kirche) nichts aufgeben, denn das hiesse ihren apostolischen Charakter aufgeben und auf ihren ökumenischen Beruf verzichten."

42 Mit Recht stellt H. Schmoll fest: „Sie (sc. die Protestanten) haben Kernstücke der reformatorischen Lehre wie die Rechtfertigungslehre, das Priestertum aller Gläubigen, ihr Amts- und Kirchenverständnis entweder nicht erörtert oder bis zur Unkenntlichkeit verwässert." (Protestantische Selbsttäuschung, in: Frankfurter Allgemeine Zeitung, Nr. 209/36 D, 8. Sept. 2000, S. 1)

43 Vgl. W. Huber, Kirche in der Zeitenwende, Gütersloh 1998, 234 ff.

Vernachlässigung der Gesetzespredigt.[44] Nur unter der Voraussetzung jedoch, daß Gottes Gesetz unverbrüchlich gilt, kann das Evangelium gehört und geglaubt werden. Denn das Evangelium ist die Botschaft von der Rettung aus dem unausweichlichen Gericht, vergleichbar der unerwarteten Rettung aus einem brennenden Haus.

Die Entklerikalisierung von Kirche und Gesellschaft war in der Reformation die Kehrseite der Erneuerung aus der Bibel. Nach der neuzeitlichen Umformung der Reformation beruht der protestantische Antiklerikalismus dagegen auf der Anpassung an die säkularisierte Gesellschaft: „Protestantismus ohne Reformation kann auf die Dauer nur Auflösung des Christlichen in die moderne Gesellschaft hinein bedeuten."[45] Soll reformatorisches Gedankengut im Protestantismus wirksam werden, muß der Bibel in Unterweisung, Lehre, Predigt, Seelsorge und Öffentlichkeitsarbeit wieder der erste Rang eingeräumt werden, und zwar nicht als Ehrenvorrang, sondern im Sinn einer letzten Weisungs- und Entscheidungsinstanz. Nur wenn sie das ist, kommt sie auch als Trostbuch zum Zuge. Der dreieinige Gott, den die Bibel bezeugt, läßt sich beim Wort nehmen. Zu seinem Handeln gehört, daß er urteilt. Dieses Urteil gelten lassen, das ist der Ursprung, aus dem alles weitere folgt. Das gilt freilich ebenso in negativer Hinsicht.

Die Säkularisierung des Amtes ist so wenig reformatorisch wie dessen Klerikalisierung. Um des Evangeliums von der Rechtfertigung des Gottlosen und um der Freiheit des Glaubens willen bedarf es des Amtes, das ausschließlich an Gottes Wort gebunden ist. Das ist das Vermächtnis der Reformation. Daran gilt es wieder anzuknüpfen! Es ist die Lebenslüge des neuzeitlichen Protestantismus, daß er sich auf Luther beruft, aber nicht mehr auf denselben Grundlagen steht.

Ohne die pastoraltheologischen Probleme in diesem Rahmen behandeln zu können, denn sie bedürfen einer eigenen Darstellung, sei doch immerhin angemerkt, daß in dem Diskussionspapier der EKD *Der Beruf des Pfarrers / der Pfarrerin heute* (November 1989) der Ursprung, der spezifische Auftrag und die Vollmacht des Amtes gar keine ausdrückliche

---

44 Vgl. G. Rohrmoser, Christliche Dekadenz in unserer Zeit, Bietigheim 1996, 55 ff., bes. 60 u. 69. Es ist mir zweifelhaft, ob zur Behebung des Schadens „eine Korrektur der Selbstsäkularisierung (sc. der ev. Kirche)" ausreicht (so Huber, a. a. O. (Anm. 43), 12).

45 P. Brunner, Die Reformation Martin Luthers als kritische Frage an die Zukunft der Christenheit, in: ders., Bemühungen um die einigende Wahrheit, Göttingen 1977, 34–57, 56.

Erwähnung finden. In diesem Papier spiegelt sich die Selbstsäkularisierung des kirchlichen Amtes im heutigen Protestantismus auf exemplarische Weise wider. Durch sie wurde der Niedergang des Protestantismus jedoch nicht aufgehalten, durch sie wurde er vielmehr beschleunigt! Das in diesem Entwurf beschriebene Amt „hindert seinen Träger, seine theologische Existenz im Amt zu gewinnen und zu bewahren"[46]. Es ist nicht auszuschließen, daß die protestantischen Amtsträger, welche die Selbstsäkularisierung des kirchlichen Amtes betreiben, einmal zu hören bekommen: „Das Wort Gottes! ,Gib mir mein Wort zurück', wird der Richter am Jüngsten Tag sagen."[47]

8.3. *Ausblick.* Gewiß überschreitet ein Ausblick die methodisch gesicherte Erkenntnisbemühung, aber er soll doch gewagt werden. War das 20. Jahrhundert „das Jahrhundert der totalitären Verführung"[48] mit in der Geschichte beispiellosen Verbrechen – wie läßt sich die gegenwärtige Situation im Blick auf den Dienst an Gottes Wort charakterisieren?

Wohl noch stärker als in der Zeit der Ideologien und des Totalitarismus ist im Zeitalter der Unterhaltungsindustrie davon auszugehen, daß das Verhältnis des Menschen zum Wort aufs empfindlichste gestört ist.[49] Wie soll man leben in einer Welt, in der nichts mehr wirklich ernstgenommen[50] und in der die Wahrheit täglich durch eine Flut von Belanglosigkeiten und Trivialitäten zugedeckt wird?

Unter Bezugnahme auf Aldous Huxley stellt Neil Postman fest: „Die Menschen in *Schöne neue Welt* leiden nicht daran, daß sie lachen, statt nachzudenken, sondern daran, daß sie nicht wissen, worüber sie lachen und warum sie aufgehört haben, nachzudenken."[51] Wie auch immer Post-

---

46 E. Wolf, Das kirchliche Amt im Gericht der theologischen Existenz, in: ders.,
    Peregrinatio II, München 1965, 161–178, 177. Bei Wolf in anderem Zusammenhang.
47 G. Bernanos, Tagebuch eines Landpfarrers. Ein Roman, 1935/36, dt. v. J. Hegner,
    Berlin 1970, 68.
48 K. D. Bracher, Zeit der Ideologien, Stuttgart 1982, 18. Dabei dienten „Soziologismus
    und Psychologismus . . . als Trittbrett der machtpolitischen Ideologien" (86).
49 Grundlegend für das Verständnis von Wort und Sprache ist m. E. das Denken von E.
    Rosenstock-Huessy; vgl. bes. Des Christen Zukunft, München 1956, und Die Sprache
    des Menschengeschlechts, 2 Bde., Heidelberg 1963, 1964.
50 Vgl. E. Rosenstock-Huessy, Dienst auf dem Planeten. Kurzweil und Langeweile im
    Dritten Jahrtausend, Stuttgart 1965, 18.
51 N. Postman, Wir amüsieren uns zu Tode, Frankfurt/M. ⁴1985, 198. Postman vergleicht
    G. Orwell (1984, 1949, New York 1983) mit A. Huxley (Brave new World, 1932; dt.
    Schöne neue Welt, Frankfurt/M. ⁵⁷2000) und „handelt von der Möglichkeit, daß

mans These, insbesondere seine Einschätzung der Rolle des Fernsehens kommunikationstheoretisch zu beurteilen ist, zweifellos wird in der von Showbusiness und Entertainment bestimmten Fernseh-Öffentlichkeit, deren Gewicht sich nach Einschaltquoten bemißt, auch die Religion als Unterhaltung zu präsentieren versucht.[52] Postman meint, wenn man das Christentum als seichte Unterhaltung darbiete, dann werde aus ihm „eine ganz andere Art von Religion"[53]. Darin ist ihm zuzustimmen; denn wo das Wort ausgehöhlt wird, dort wird die Beziehung zu Gott beschädigt. Daran schließen sich aber sogleich Fragen an. Zwei seien zum Abschluß angeschnitten: (1.) Was bedeutet das für das Verhältnis von Kirche und Fernsehen? (2.) Wie läßt sich die durch die Massenmedien – das Fernsehen stehe pars pro toto – heraufgeführte Situation theologisch bewerten?

(1.) Die partielle Zustimmung zu der These Postmans schließt die kritische Einstellung der Kirche zu dem Medium Fernsehen als einem Instrument der Massenverdummung, der Trivialisierung, der politischen Manipulation, der Konsumsteigerung und der Entfesselung primitiver Instinkte ein. Das Fernsehen verharmlost, was Gott apodiktisch geboten hat, zum Beispiel im Sexualbereich, und gibt moralische Handlungsanweisungen auf Lebensgebieten, die Gott der freien Gestaltung überlassen hat. Es mischt sich in Erziehungsfragen ein und regiert in die Familien hinein, ohne daß es konkrete Verantwortung übernähme und die Lasten mittrüge. Es schärft nicht den Verstand, sondern stumpft ihn ab und fördert das Denken und Reden in verordneten Bahnen. Es grenzt Themen aus, die behandelt werden müßten, und suggeriert ein öffentliches Interesse an Problemen, die belanglos sind. Es ist ein Zeitwilderer ohnegleichen und macht von sich selbst als einer Art öffentlicher Droge abhängig.

Aus diesen Einwänden, die sich vermehren ließen, ist indessen nicht auf eine prinzipielle Ablehnung zu schließen. Die Kirche braucht keine Berührungsängste zu haben. Sie sollte das Medium Fernsehen vielmehr zivilisieren helfen und gezielt nutzen – nicht nur für öffentliche Stellungnahmen oder für die Darstellung ihrer karitativen Arbeit, sondern auch für ihre Lehre und ihren Verkündigungsauftrag. Die Kommunikationsform ist

---

Huxley und nicht Orwell recht hatte" (Postman, 8): Orwells *Big Brother* kontrolliere die Menschen dadurch, daß er Schmerzen zufüge; in Huxleys utopischem Roman werde die Kontrolle dadurch ausgeübt, „daß man ihnen Vergnügen zufügt" (ebd.).

52 Vgl. Postman, a. a. O., 12, 144 u. ö.
53 A. a. O., 149 f.

freilich durch den Inhalt festgelegt. Das Medium ist so wenig die Botschaft wie der Moderator. Die Botschaft der Kirche ist und bleibt das Evangelium von der Gnade Gottes. Die Ausrichtung dieser Botschaft muß sich auch im Fernsehen an dem Auftrag und der Verheißung Jesu Christi orientieren.

Die Chancen, die das Fernsehen bietet, sind wahrscheinlich größer als die Risiken. Sie sollten viel entschlossener wahrgenommen werden, gegebenenfalls – zusätzlich zu den bestehenden Möglichkeiten – durch kircheneigene Sender. Neben der evangelistischen Arbeit kann das Fernsehen vor allem als Forum für die Öffentlichkeitsarbeit dienen, aber auch als „Fernuniversität". Die Kirche bedarf der professionellen Bildungs- und Öffentlichkeitsarbeit. Ohne sie gliche sie in der modernen Massengesellschaft einem steuerlosen Schiff.[54] Die Öffentlichkeitsarbeit ist nicht an ein hochsakralisiertes Amt gebunden, sondern wird durch inner- und zwischenkirchliche Übereinkunft und Beauftragung geregelt. Nach lutherischem Verständnis ist sie weniger ein Aufgabenbereich des Amtes als des Priestertums aller Christen.[55]

(2.) Was die theologische Bewertung der Gefahren des Medienzeitalters betrifft, so ist zunächst zu unterstreichen, daß der Prozeß der Entleerung des Wortes durch die Inflation des Wortemachens eine beispiellose Gefährdung des Menschen darstellt. „Das Wort und die Verheißung Gottes ist der ganze Unterhalt des neuen Menschen", hebt Luther hervor.[56] Gegenüber Erasmus von Rotterdam betont er, das Leben ohne das Wort sei ungewiß und dunkel.[57] Ähnlich wie die Poesie und der Bildungssektor ist die Kirche viel unmittelbarer von dem neuen Zeitalter betroffen als andere Lebensbereiche. Die angemessene Reaktion kann jedoch nicht das Verstummen sein, sondern die Heiligung des Wortes durch das Gebet[58] sowie die bewußte Pflege des gesprochenen und geschriebenen Wortes in der

---

54 Vgl. M. Beintker, Das Wort vom Kreuz und die Gestalt der Kirche, in: ders., Rechtfertigung in der neuzeitlichen Lebenswelt, Tübingen 1998, 155–169, 168 f. Schon die Reformation war ein „Medienereignis"; vgl. B. Hamm, Die Reformation als Medienereignis, JBTh 11 (1996), 137–166.

55 Vgl. Th. Harnack, Die Kirche, ihr Amt, ihr Regiment, 1862, Nachdr. Gütersloh 1947, § 130, in dem Harnack die „Gaben der kirchlichen Kybernese" behandelt. In der Ausübung der Öffentlichkeitsarbeit durch „Laien" ist eine Parallele zum Judentum zu sehen. Dieses macht in Deutschland die wirkungsvollste Öffentlichkeitsarbeit.

56 WA 1, 209, 22 f. Mod. Mit Bezug auf Mt. 4,4 (5. Mose 8,3).

57 WA 18, 655, 10.

58 Vgl. E. Rosenstock-Huessy, Die Sprache des Menschengeschlechts, Bd. 1, Heidelberg 1963, 116: „Im Gebet hört das verruchte Geschwafel meines Ich auf. Ich werde zu dem Geschöpf, zu dem sein Schöpfer Dich sagen kann."

Öffentlichkeit. Dadurch kann vielleicht nicht der Überflutung gewehrt werden, aber es bleiben Sprachinseln erhalten.

„Gott und Wort gehören wesensmäßig zusammen."[59] Der dreieinige Gott begegnet dem Menschen in seinem Wort und handelt an ihm durch sein Wort. Und der Mensch kann mit Gott nicht anders handeln als durch den Glauben an das Wort der Verheißung.[60] Daran hat sich im Medienzeitalter nichts geändert. Alle Zeiten sind Gott gleich nah und fern. Auch heute hat die Botschaft der Bibel die Kraft, ein Leben zu ändern und zu tragen. Solange die Bibel zugänglich ist, gibt es zur Resignation keinen Grund![61]

Schenkt das Hören auf Gottes Wort das Leben, dann wird das Leben durch Weghören und Ungehorsam verfehlt. „Gott ruht nicht, er wirkt ohne Unterlaß."[62] Er behaftet Menschen bei ihrem Weghören und gibt sie an das Nichtige anheim (Röm. 1,18–32). Streben sie von Gott weg in Richtung auf ein vermeintliches Glück, gibt er sie an ihre Jagd nach Glück preis. Aber die ständige Jagd nach Glück ist schlimmer als das bewußt wahrgenommene Unglück. Darin kann man die Signatur des Menschen im Medienzeitalter sehen. Die Vergnügungssucht und die Gedankenlosigkeit, in die er hineintaumelt, hat eine verborgene geistliche und theologische Tiefendimension: Gottes Zorn ist darin wirksam.

Gottes Zorn ist aufgehoben – allein in Christus freilich. Kehrt der Mensch um und sucht seine Gerechtigkeit im Glauben an das Evangelium vor Gott in Christus, wird er entdecken, daß sie in Christus für ihn heraufgeführt ist. Das galt gestern, es gilt heute, es wird in Ewigkeit gelten (vgl. Hebr. 13,8)! Diese Entdeckung der „kostbaren Perle" (Mt. 13,45 f.) darf dem Menschen des Medienzeitalters so wenig vorenthalten werden wie in den Zeiten zuvor. Dazu hat „(uns) Gott, der uns mit sich selber versöhnt hat durch Christus ... das Amt gegeben, das die Versöhnung predigt" (2. Kor. 5,18).

---

59   R. Slenczka, Geist und Buchstabe, in: ders., Neues und Altes, hg. v. A. I. Herzog, Bd. 1, Neuendettelsau 2000, 16–53, 43. Unter Bezugnahme auf 1. Mose 1 und Joh. 1.

60   Vgl. WA 6, 516, 30–32; s. a. WA 57 III, 143, 1–4.

61   E. Canetti hielt im Kriegsjahr 1943 über die Bibel fest, man könne sie „nicht ohne Empörung und nicht ohne Verlockung lesen"; sie sei „dem Unglück des Menschen angemessen" (Die Provinz des Menschen. Aufzeichnungen 1942–1972, Frankfurt/M. 1981, 30 und 45).

62   Das Magnificat verdeutscht und ausgelegt, 1521, WA 7, 574, 30 f. Mod. S. a. Luthers Lehre vom verborgenen Gott in De servo arbitrio (WA 18, 683, 11 – 691, 39) und dazu H. J. Iwand, Erläuterungen, in: M. Luther, Daß der freie Wille nichts sei, MA.E 1, ³1962, 251–315, bes. 292 ff.

Abkürzungen

Die Abkürzung der biblischen Bücher und die Schreibweise der biblischen Eigennamen erfolgt nach der revidierten Lutherbibel (Stuttgart 1985). Den allgemeinen Abkürzungen, ferner den Abkürzungen für Zeitschriften, Sammelwerke, Lexika usw. liegt das Internationale Abkürzungsverzeichnis für Theologie und Grenzgebiete (IATG), zusammengestellt von S. Schwertner, Berlin / New York ²1994, zugrunde. Zusätzliche Abkürzungen:

Mod.   Modernisierte Wiedergabe der deutschen Schriften Luthers.
Übers.   Übersetzung(en), hauptsächlich aus dem Lateinischen.

Verzeichnis der abgekürzt zitierten Quellen

AWA   Archiv zur Weimarer Ausgabe der Werke Martin Luthers. Texte und Untersuchungen, hg. v. G. Ebeling u. a., Köln / Wien 1981 ff.

BSLK   Die Bekenntnisschriften der evangelisch-lutherischen Kirche, Göttingen ¹¹1992.

BSRK   Die Bekenntnisschriften der reformierten Kirche, hg. v. E. F. K. Müller, 1903, Nachdr. in 2 Teilen, Waltrop 1999.

CR   Corpus Reformatorum, 101 Bde., Berlin 1834 ff.

DCL   Dokumente zur Causa Lutheri (1517–1521), 2 Bde., hg. v. P. Fabisch / E. Iserloh, CCath 41–42, Münster/Westf. 1988, 1991.

DH   H. Denzinger / P. Hünermann (Hg.), Enchiridion symbolorum definitionum et declarationum de rebus fidei et morum. Kompendium der Glaubensbekenntnisse und kirchlichen Lehrentscheidungen, Freiburg/Br. ³⁷1991.

DWÜ   Dokumente wachsender Übereinstimmung. Sämtliche Berichte und Konsenstexte interkonfessioneller Gespräche auf Weltebene, hg. v. H. Meyer, D. Papandreou, H. J. Urban, L. Vischer, Bd. I: 1931–1982, Paderborn / Frankfurt/M. ²1991; Bd. II: 1982–1990, 1992.

LD   Luther Deutsch. Die Werke Martin Luthers in neuer Auswahl für die Gegenwart, hg. v. K. Aland, 10 Bde., 1 Ergänzungs- und 1 Registerband, Stuttgart / Göttingen 1957–⁴1983.

MA   Martin Luther, Ausgewählte Werke, hg. v. H. H. Borcherdt / G. Merz, 6 Bde. und 7 Ergänzungsbände, München ³1948–1965 (MA.E = Ergänzungsband).

MWA   Melanchthons Werke in Auswahl, hg. v. R. Stupperich, 7 Bde., Gütersloh 1951–1975.

StA   Martin Luther, Studienausgabe, hg. v. H.-U. Delius, bislang 6 Bde., Berlin / Leipzig 1979–1999.

W²   Dr. Martin Luthers sämmtliche Schriften, hg. v. J. G. Walch, St. Louis, Mo., Bde. I–XXIII, ²1880–1910 (Nachdr. Groß Oesingen 1986/87).

WA   D. Martin Luthers Werke. Kritische Gesamtausgabe, 68 Bde., Weimar 1883–1999 (Graz 1964 ff.).

WA.B   –, Briefwechsel, 18 Bde., 1930–1985.

WA.DB   –, Deutsche Bibel, 15 Bde., 1906–1961.

WA.TR   –, Tischreden, 6 Bde., 1912–1921, Nachdr. 2000.

Bibelstellenregister

Altes Testament

Das 1. Buch Mose (1. Mose)

Das 2. Buch Mose (2. Mose)

Das 3. Buch Mose (3. Mose)

Das 4. Buch Mose (4. Mose)

Das 5. Buch Mose (5. Mose)

Die Psalmen (Ps.)

Der Prophet Jesaja (Jes.)

Namenregister

1. Historische Personen[1]

Agricola, Johann (1494–1566) 208, 325
Agricola, Michael (1508–1557)   327
Albrecht von Mainz, Erzbischof und
  Kurfürst (1490–1545)   79, 141
Alveldt, Augustin von (um 1480–1535)
   93, 110, 177
Ambrosius Catharinus (1484–1553)
   94, 177, 191–194, 234, 267
Ambrosius von Mailand (339–397)   101
Amsdorf, Nikolaus von (1483–1565)
   167, 169, 252, 258
Andrews, Lancelot (1555–1626)   314
Anselm von Canterbury (1033–1109)
   41, 60, 286
Aristoteles (384–322 v. Chr.)   26
   49, 51, 130
Arnold, Gottfried (1666–1714)   340
Arnoldi von Usingen, Bartholomäus
  (1465–1532)   43, 65
Athanasius von Alexandrien
  (um 297–373)   479
Augustin(us), Aurelius (354–430)   34
   46–49, 62, 81, 101, 123, 124, 137, 202
   237–238, 239, 247, 252, 268, 335, 336

Barnes, Robert (1495–1540)   309, 311
Bellarmini, Roberto (1542–1621)
   332, 335
Bengel, Johann Albrecht (1687–1752)
   148
Bernhardi, Bartholomäus (1487–1551)
   175

Biel, Gabriel (um 1410–1495)   238
Bodelschwingh, Friedrich d. Ä. von
  (1831–1910)   273
Bonaventura, Johannes (um 1217–1274)
   317
Bonifatius VIII. (Papst 1294–1303)   183
Bucer, Martin (1491–1551)   298
   302, 306, 313
Bugenhagen, Johannes (1485–1558)
   174, 244, 414

Caesar, G. Julius (100–44 v. Chr.)   15
Cajetan de Vio, Thomas (1469–1534)
   80, 81, 85, 108, 119, 324, 439, 441, 467
Calixt, Georg (1586–1656)   338
Calvin, Johannes (1509–1564)   298
   302–308, 316, 325, 372, 373, 405, 478
Campeggio, Lorenzo (1474–1539)   289
Capito, Wolfgang (1478–1541)   129
Cartwright, Thomas (1535–1603)   315
Chemnitz, Martin (1522–1586)   317
Christian III. (König von Dänemark
  1536–1559)   414
Chrysostomus, Johannes
  (um 345–407)   110, 273
Cicero, Marcus T. (106–43 v. Chr.)   16
Clemens von Rom (Ende 1. Jh.)
   262–263
Clemens VI. (Papst 1342–1352)   80
Cochläus, Johannes (1479–1552)   296
Cranach, Lukas d. Ä. (1472–1553)   77
Cranach, Lukas d. J. (1515–1586)   77
Cranmer, Thomas (1489–1556)   309, 314
Cyprian von Karthago (um 200–258)
   101, 110

---

1   Dazu werden die Personen gezählt, die am Ende des landesherrlichen Kirchen-
    regiments (1918) nicht mehr lebten. Die Namen aus der älteren Sekundärliteratur
    werden dagegen unter den Autoren aufgeführt.

2. Autoren[2]

2 Die Namen von Herausgebern sind nur in den Fällen aufgenommen, wenn kein Autor
genannt ist. Bei einigen Autoren war der Vorname nicht ausgeschrieben.

Sachregister

Nachwort

Theodor Fontane (1819–1898) ärgerte sich zwar, wenn seine Prosa banal genannt wurde, denn das war sie nicht, aber er ging dieses Risiko ein, weil er verstanden werden wollte. Darf man sich daran orientieren? Dagegen ist wohl nichts einzuwenden, sofern man sich des Abstandes bewußt bleibt. So habe ich theologische Imponierprosa unter allen Umständen vermeiden wollen. Freilich läßt sich das Amt der Kirche, mit dem die Kirche, in gewisser Hinsicht auch die Theologie, selbst zum Thema erhoben wird, nicht leichter darstellen, als es ist.

Mit Dankbarkeit blicke ich auf die Zeit zurück, in der es mir vergönnt war, vor Beginn der Alltagsarbeit über das Amt der Kirche nachzudenken. Wenn ich der Arbeit überdrüssig zu werden drohte, habe ich mich mit Römer 12,7 wieder aufgerichtet.

Pfarrer Albrecht I. Herzog, der Geschäftsführer des Freimund-Verlages, hat mich zur Veröffentlichung des Manuskripts ermutigt und diese mit seinem Rat begleitet. Die Literaturbeschaffung oblag meiner Frau Gabriele. Sie hat diese Last geduldig getragen. Das Manuskript hat Frau Bärbel Maus in die vorliegende Form gebracht. Ohne ihre Gewissenhaftigkeit und ihren unermüdlichen Einsatz wäre diese Studie nicht fertiggestellt worden. Bei Übersetzungen aus dem Französischen war mir Frau Julia Beese-Kubba behilflich. Für Gespräche standen mir meine Freunde Herbert Kraus, Pfarrer i. R. in München, und Dr. Thomas Vogtherr, Ansbach, immer zur Verfügung. Herr Professor Torleiv Austad aus Oslo hat freundlicherweise das Vorwort geschrieben. Ich kann nur unterstreichen, daß ich seine Einschätzung teile. Ihnen allen wie auch denen, die ungenannt bleiben, danke ich sehr!

Ein kirchlich engagierter Nichttheologe fragte nach der Lektüre ein wenig irritiert, ob mir bewußt sei, daß das in dem Manuskript dargestellte Amt in der Praxis der evangelischen Kirche nur äußerst selten anzutreffen sei? Das ist mir bewußt. Über den Zustand der evangelischen Kirche gebe ich mich keinen Illusionen hin. Sie steht zwar auf dem Boden der Heiligen Schrift, aber setzt sich über deren alleinige Geltung hinweg. So schwankt sie zwischen Resignation und Selbstgleichschaltung mit den in der Gesellschaft und in der Ökumene vorherrschenden Trends hin und her. Sie besitzt nicht die Vollmacht, den Trends entgegenzutreten, da sich der Antinomismus in ihren eigenen Reihen nur graduell von dem Antinomismus unterscheidet, der das gesellschaftliche Leben bestimmt. In Deutschland kommt Endzeitstimmung auf, wenn ein gewisser Bahntransport in Gorleben eintrifft, aber daß in diesem Land die Gebote Gottes mit Füßen getreten werden, das erregt niemanden. Dietrich Bonhoeffer hat in der Übertretung „aller 10 Gebote" den „Abfall von Christus" gesehen (Ethik, hg. v. I. Tödt u. a., DBW 6, München 1992, 131).

Auch die besorgte Frage, ob denn das reformatorische Amtsverständnis an den theologischen Fakultäten und Predigerseminaren vertreten werde, ist zu verneinen. Es wird zwar gelehrt – wie es auch die lautere Evangeliumsverkündigung durchaus gibt. Aber diese ist so wenig repräsentativ für die Kirche wie jene Lehre für die Theologie. Die Theologie ist der Kirche in der Aushöhlung der Schriftgrundlage vorausgegangen. Sie hat sich ähnlich weit von dem in der Reformation wiederentdeckten Gesetz und Evangelium entfernt wie die Kirche. Sind beide zur Bezeugung der Wahrheit des Evangeliums noch imstande?

Wenn der sein Haus auf Sand baut, der Jesu Wort hört, aber nicht tut (Matthäus 7,26), dann besagt das doch, daß die weit überwiegende Mehrheit der Menschen, und zwar gerade in der christianisierten Welt, mit ihrem Lebensentwurf vor Gott scheitern wird. Das zu bezeugen gehört zu dem spezifischen Auftrag des Amtes der Kirche. Darin ist es heute so unentbehrlich wie zu allen Zeiten. Nur auf dieser Grundlage kann die Botschaft des Evangeliums laut werden, daß der Gerechte aus Glauben leben wird (Habakuk 2,4; Römer 1,17).

Solange die Bibel zugänglich ist und mit ihr das Gesetz und das Evangelium, besteht kein Anlaß zur Resignation oder zur Anpassung an die erbarmungsvolle Oberflächlichkeit unserer Zeit, wohl aber zum Umdenken. Gottes unverfügbarem Wort zu dienen, dazu ist das Amt der Kirche eingesetzt.

Bückeburg, 9. April, dem Todestag Dietrich Bonhoeffers, 2001
Werner Führer